KB042245

제5전정판

기획과 결정을 위한

정책분석론

노화준

박영사

제5전정판 머리말

과학기술과 사회는 빠르게 변화하고 소용돌이치면서 합의하기도 어렵고 예측하기도 어려운 복잡한 문제들을 제기한다. 이러한 복잡성 상황하에서 제기되는 정책문제들을 해결하기 위하여 정책계획을 세우고 설계할 정책분석을 하기 위해서는 고도의 정책분석 지식과 훈련을 통한 정책분석역량의 배양과 뒷받침이 절실히 요구된다. 이러한 요구에 부응하기 위하여 지난 1989년 본서의 초판을 출간한 이래 4차에 걸쳐서 개정과 증보를 해왔으며 이 과정에서 한 학기에는 공부하기 어려울 만큼 본서의 양이 방대해 졌다.

이러한 점을 감안하여 제5전정판에서는 내용의 증보보다는 어렵다고 지적된 부분의 내용들을 좀 더 읽기 쉽고 이해하기 쉽도록 보완하고 자세히 부연 설명하였으며, 새로운 사례들을 추가하였고, 그동안 제도가 변경되거나 정부기관들의 명칭이 변화한 경우에는 그 내용들을 현실에 맞도록 수정·보완하였다. 이번 개정을 통하여 본서가 정책분석을 이해하고, 역량을 기르며, 정책기획 및 정책설계 실무에 활용하는 데 큰 도움이 되었으면 하는 마음이 간절하다.

본서는 한 학기에 다루기에는 그 양이 방대하므로 학생들의 수준과 니즈(needs)에 따라 적절하게 선택하여 다룰 수 있도록 대부분의 장들을 독립적으로 이해할 수 있게 집필하였다. 따라서 가장 필요로 하는 장들을 선택하여 읽을 수 있고 강의할 수 있을 것이다.

이번 개정작업에 많은 협조를 하여주신 박영사 편집부의 전은정 님과 기획부의 조성호 이사님께 심심한 감사를 드리며, 아울러 원고정리와 교정에 많은 수고를 하여준 노유경 석사에게도 감사의 뜻을 표한다.

2017년 1월
관악산 연구실에서
저　자 씀

머 리 말

이 책은 정책분석에 관한 이론과 방법들을 체계적으로 정리하여 소개하고자
쓴 것이다.

지난 1960년대 후반부터 정책학이 우리나라에 도입된 이래 정책학분야에 관
한 많은 연구논문과 정책학·정책결정·정책평가 등에 관한 여러 권의 著書들이
출간되었으나 정책학 연구와 강의 및 정책실무에서 가장 핵심이라고 할 수 있는
정책분석에 관한 책은 아직 출간되지 못하고 있다.

흔히 "아이들에게 고기를 남겨 주려고 하지 말고 고기잡는 방법을 가르쳐
주어라"라고 하는 속담이 인용되곤 하는데 정책학의 교육에 있어서도 이 속담은
가장 적절한 교육지침이 아닌가 생각된다. 정책분석은 바로 고기를 잡는 방법에
해당되는 정책을 만드는 방법, 즉 정책문제를 정의하고 목표를 설정하며, 대안들
을 개발·설계하고 정책대안의 평가기준들을 활용하며, 정책목표와 대안들간의
인과관계에 관한 因果模型을 작성하여 정책대안들을 평가하는 것에 관한 이론과
방법들을 다루는 정책학의 가장 핵심적인 분야의 하나이다.

정책분석은 記述的인 성격과 處方的인 성격을 동시에 가지고 있다. 정책분
석의 기술적인 성격 때문에 정책분석에 관한 저술에는 가치와 사실에 관한 기술
과 설명이 필요하고, 정책분석의 처방적 성격 때문에 정책분석에 관한 저술에는
인과적 모델링에 관한 이론과 數理的 기법들이 포함되어야 한다. 이 책의 저술
에 있어서는 정책분석에 관한 책의 저술에 필요한 이들 두 가지 요구조건들을
충족시키면서 적절한 균형과 조화를 이룰 수 있도록 저술하려고 노력하였다.

이 책은 대학교의 상급학년과 비교적 數理的 基礎가 약하다고 생각되는 정
책분석을 실제로 담당하고 있는 정책분석 실무자들을 위하여 쓴 것이다. 그렇기
때문에 다음과 같은 몇 가지 점들에 특히 유의하여 저술하였다.

첫째, 정책에 관한 사실보다는 정책분석의 각 과정에서 사용되는 기본논리
를 이해시키려는 데 중점을 두었다. 둘째, 어려운 數理的 기법의 소개보다는 정
책분석에 이용되는 기초적이며 핵심적인 분석기법들을 이해하고 활용할 수 있도

록 하고, 이것을 기초로 高級의 정책분석기법들을 공부할 수 있는 가이드 라인을 제공하려는 데 중점을 두었다. 셋째, 정책지표·정책정보체제·정책분석윤리 등 정책분석을 올바로 수행하는 데 필수적으로 요구되는 지원시스템과 倫理的 기초를 이해시키는 데에도 중점을 두었다.

이 책은 수많은 先學들의 연구결과에 크게 의존하고 있다. 그러나 淺學菲才한 저자가 정책분석의 심오한 이론과 핵심적인 기법들을 제대로 기술하고 설명하여 전달하였는가 하는 데 대한 의문을 떨쳐버리기 어렵다. 이 책에서 잘못된 모든 내용에 대한 책임은 저자의 것이며, 앞으로 선배 동료교수들과 同學의 여러 연구자들의 비판과 애정어린 지적을 수용하고, 切磋琢磨를 통하여 하나하나 수정해 나감으로써 좀더 알찬 책으로 꾸며나가고자 한다.

끝으로 이 책의 편집과 교정에 많은 수고를 하여 주신 박영사 편집부의 여러분들과 원고정리와 교정에 수고를 아끼지 않은 전북대학교 행정학과의 姜仁載 교수 및 서울대학교 행정대학원의 金泰逸 석사와 徐魯源 군에게도 심심한 謝意를 표하는 바이다.

1989년 2월

冠岳山 연구실에서

盧 化 俊 씀

차 례

제 2 장
정책분석을 위한 증거자료의 수집, 분석과 커뮤니케이션

제 4 장
정책대안의 탐색, 개발 및 설계

제 5 장
정책대안의 평가기준

제 6 장
정책분석에 있어서 상황변화와 결과의 예측

제 8 장
의사결정분석과 계층화 분석법

제 9 장
편익비용분석의 절차와 방법

제10장
비용과 편익의 추정

제11장
편익비용분석의 이슈와 방법상의 주요 문제

제12장
비용효과분석

제13장
규제영향분석

제14장
인과분석과 영향평가

제15장
정책분석과 윤리

정책분석의 의의와 절차

정부의 정책에 대해서는 이해관계 당사자인 국민, 정책을 결정하고 집행하는 일을 맡고 있는 행정관료, 그리고 정책을 연구대상으로 하고 있는 연구자 등 많은 사람들이 관심을 가지고 있다. 그리고 그들은 각각 나름대로 정책을 분석하고 평가한다.

그렇다면 정책을 분석한다는 것은 무엇을 의미하는가? 정책분석은 왜 중요하고, 어떠한 유형과 접근방법들이 있으며, 그의 특징은 무엇인가? 그리고 정책분석은 어떠한 절차에 따라 이루어지는가? 이러한 문제들에 대한 이해를 높이는 것은 앞으로 정책분석을 이해하고 올바로 수행하는 데 밑거름이 될 것이다.

제 1 절 정책분석의 중요성, 기원 및 의의

1. 중요성

우리의 일상생활에서 정책에 의하여 영향을 받지 않는 것은 거의 없다. 사람이 태어나서 출생신고를 하고 결혼을 하며 죽은 다음 장례를 치르기까지의 모든 것들이 국가에서 시행하는 정책에 의하여 영향을 받는다. 또 식생활·주거·교육·보건·

국방의무·조세·환경·교통 등 우리의 일상생활과 관련된 모든 것들도 정책에 의하여 영향을 받는다.

국민들의 교육수준이 전반적으로 높아지고, 민주화가 진행되어 감에 따라 국민생활의 모든 영역에 영향을 미치는 정부정책에 대한 국민들의 관심이 높아지게 되고, 국가정책에 자기들의 의견을 적극적으로 반영시키고자 하는 노력이 증가하고 있다.

국회나 지방의회에서는 국민들의 일상생활에 직접·간접으로 영향을 미치는 정부의 정책과 관련하여 해당 정책에 대하여 책임 있는 행정관료들의 책임을 따지는 강도가 높아지고 있으며, 국민들은 정책이 합리적이며 공평하고 자기들의 이익이 충분히 반영되고 보장될 수 있도록 만들어지고 있는지 여부를 알고 싶어한다. 정책분석은 바로 이러한 궁금증들에 대하여 대답하기 위한 필요성에 의하여 대두되고 있는 새로운 학문분야들 가운데 하나이다. 국회의원들이 정부정책이 잘 되었는지 잘못되었는지, 그리고 잘못되었다면 어디가 어떻게 잘못되었는지를 따지고, 이를 바로잡거나 개혁하기 위한 방안을 마련하기 위해서 정보가 필요한데 이러한 정보를 산출해 내는 활동 또한 정책분석이다.

국민들이 자기와 관련이 있다고 생각하는 정부정책의 내용이 합리적이고 공평하며, 정책이 만들어지는 절차가 어떠하였으며, 어떠한 요인들의 영향을 많이 받았는가 하는 데 대해서 궁금증을 가질 수 있다. 이 때 여기에 대한 대답을 해 주기 위해서 정보를 산출해 내는 활동이 있는데 이것도 정책분석이다. 그런가 하면 국회의원이나 이해관계 당사자인 국민들이 정책의 합리성이나 효율성 또는 형평성 등에 대하여 질문할 때 행정관료들이 이에 대한 대답을 하기 위해서는 정보가 필요한데 이 때 필요한 정보를 산출해 내기 위해서 활용되는 것도 정책분석이고, 정부가 추구하는 목적달성에 가장 효과적이고 능률적인 정책대안을 개발하고 선택하는 데 필요한 기초적인 판단의 자료가 되는 정보를 산출해 내는 데에 활용되는 것도 정책분석이다.

정책은 한번 채택되면 국민생활에 미치는 영향이 광범위하고 장기간에 걸쳐 일어날 뿐 아니라 그러한 영향들 가운데에는 정책이 의도한 것과 의도하지 않은 것, 바람직한 것과 바람직하지 않은 것들이 뒤섞여 있다. 그러므로 정책에 의하여 영향을 받거나 받으리라고 생각하는 개인이나 집단들은 사회문제를 제기하고 자기들이 원하는 방향으로 문제를 해결하려고 노력한다. 따라서 이러한 정책의 효과와 영향들을 검토하고, 사회문제를 제기하고 있는 개인들이나 집단들의 주장과 그들의 영향력에 대해서 검토하는 데에도 정보가 필요하게 되는데 이러한 정보를 산출해 내는 데 활용되는 것이 정책분석이다.

현대사회는 매우 빠른 속도로 변화하고 있으며 사람들은 이러한 변화에 따라 자기들의 이익이나 권리가 어떻게 영향을 받는지에 매우 민감하다.

오늘날 과학기술은 매우 빠른 속도로 변화하고 있으며 그러한 과학기술의 발전은 한편으로는 사람들의 편의를 위하여 활용하고자 하는 욕구를 높이고 있는 반면에, 또 다른 한편으로는 그러한 과학기술의 발전이 사회에 새로운 문제들을 일으키기도 한다. 예컨대 과학기술발전을 교통문제 해결에 활용하려는 욕구와 수요가 증가함에 따라 교통소통을 원활히 할 새로운 도로를 건설하거나 지하철 노선을 건설하여야 한다는 욕구가 높아지기도 한다. 또 교통이 좋아지면 인접지역에 새로운 산업단지를 조성하여야 한다는 요구가 대두되기도 한다. 그런가 하면 새로운 자동차 수의 증가나 새로운 산업단지의 증가들이 대기오염을 증가시킴으로서 새로운 환경문제를 일으키기도 한다. 이것은 새로운 교통정책이나 새로운 환경정책의 개발의 필요성을 제기하기도 하고, 새로이 개발한 정책의 타당성 문제를 제기하기도 한다. 새로이 개발한 정책의 타당성을 판단할 정보들을 산출해 내는 데 활용되고 있는 것도 정책분석이다.

이 경우 정책분석은 두가지 실무적인 질문들에 대하여 대답하려고 노력한다. 첫째, 해야 할 최선의 정책은 무엇인가? 둘째 이 해결책을 통하여 실제로 얻을 수 있는 최선의 결과는 무엇인가? 이들 두 가지 기본적인 질문들에 대답하는 것이 정책분석의 목적이다.

그러므로 국민생활의 구석구석에 정책이 미치는 영향이 중요하면 중요할수록, 제기된 사회문제의 해결이 사회에 미치는 영향이 크면 클수록 관련된 정책의 결정을 위하여 판단의 기초를 제공해 주는 정보를 산출해 주고, 정책결정과 집행의 결과에 대한 책임을 따지는 데 기초가 되는 정보를 산출해 주며, 국민 각자가 정책이 자기에게 미치는 영향을 판단하여 자기의 이익을 투입하기 위한 활동을 하는 데 도움을 줄 수 있는 정보를 산출해 주는 정책분석은 그만큼 더 그 중요성이 높아진다.

2. 현대 공공정책분석의 기원

정책분석은 정부의 정책과 그 기원을 같이 한다고 할 수 있을 것이다. 왜냐하면 현대적인 의미의 과학적인 분석은 아니라고 할지라도 정부가 정책을 결정하고 그 집행결과를 평가할 때에는 어떠한 형태로든 여러 가지 분석이 이루어졌을 것이기 때문이다. 그리고 정책분석이 독자적인 학문으로서의 체계를 갖추고 활용되기 이전에도 정치학・경제학・사회학・사회복지학・행정학 등 여러 분야에서 각기 개발한 방법론들을 사용하여 정부의 정책을 분석하여 정보를 산출함으로써 정부의 정책결정에 활용하여 왔고 또 앞으로도 각 사회과학분야에서 발전시킨 여러 가지 분석방법들은 정부의 정책을 분석하는 데 계속해서 활용될 것이다.

이와 같이 여러 사회과학분야에서 발전시킨 방법들이 분석에 활용되어 왔으나 독자적인 분야로서의 정책분석이 성립되기 시작한 것은 1960년대부터가 아닌가 생각된다(Wolf, Jr., 1982: 546-551; Dubinick and Bardes, 1983: 254-256; Haveman, 1987: 191-218).

이 시기에 미국의 경우 사회적으로는 사회복지와 도시문제 등 국내문제의 해결이 심각한 문제로 대두되었고, 행정적으로는 위대한 사회건설을 위한 사회복지프로그램이 대폭적으로 증가되었으며, 기획예산제도와 같은 합리적인 정책결정 수단이 중시되었고, 방법론적으로는 경제학・사회학 등 정책분석에 주로 활용되어 온 기존 학문분야 이외에도 관리과학・시스템분석・통계분석 등 정책분석방법의 발전에 기초가 되는 계량적인 분석방법들이 정책분석을 위하여 체계적으로 도입되기 시작하였던 것이다.

이와 같은 시대적 요청, 행정의 필요성, 그리고 이를 뒷받침할 수 있는 다른 인접 학문들의 발전이 하나의 분야로서의 정책분석이라는 새로운 학문의 탄생을 가능하게 하였다.

정책분석에 대한 연구는 1970년대에 들어오면서 더욱 활발해지고 있었으며 정책분석에 대한 저서와 학술지들이 속속 발간되기 시작하였다.[1]

우리나라의 경우 1970년대 후반부터 정책분석에 대한 필요성이 인식되어 정책학・정책형성 등의 일부로서 정책분석을 대학교에서 강의하기 시작하였다. 그 후 1980년대에 들어오면서 독립된 교과목으로 개설되기 시작하였으며, 정부에서도 중견공무원들에게 정책분석에 대한 교육을 실시하기 시작하였다. 정책분석은 2000년

---

1) Policy Analysis, Systems Approaches and Decision Making이라는 부제가 붙은 Policy Science가 1970년부터 발간되기 시작하였고, *Journal of Policy Analysis and Management*가 1980년부터 발간되기 시작한 것이 그 좋은 예들이다.

대에 들어서면서 정책학분야에서 가장 중요한 핵심분야로 인식되어 급속히 발전하
고 있다.

3. 정책분석의 유형

정책분석·정책과학·정책연구 등은 여러 학자들에 의하여 다른 의미로 사용되
기도 하고 때로는 상호 교환적으로 사용되기도 한다.

정책분석이라는 말은 정책내용에 대한 연구, 정책과정에 대한 연구, 산출의 결
정요인에 관한 연구, 정책결과의 목적달성에 관한 평가연구 등을 지칭하는 데 사용
되기도 하였으며, 한편으로는 사회문제를 정의하고, 자료를 수집·분석하는 등 정책
결정을 위한 정보를 산출하는 활동, 정책결정과정의 변화에 대한 창도(advocacy), 정
책에 대한 창도(policy advocacy) 등을 지칭하는 데 사용되기도 한다(Hogwood and
Gun, 1984: 26-29).

Lasswell은 정책학을 정책 및 정책과정에 관한 지식(knowledge of policy and the
policy process)과 정책과정에서 사용될 지식(knowledge in the policy process)의 산출로
구분하였는데(Lasswell, 1970: 3-14) 이러한 분류기준에 의한다면 정책내용에 관한
연구, 정책과정에 관한 연구, 정책산출의 결정요인에 관한 연구, 정책평가 등은 전
자에 속하며, 정책평가, 정책설계와 정책결정을 위한 정보산출, 과정창도 및 정책창
도 등은 후자에 속한다고 볼 수 있다.[2]

전자는 주로 기존 정책의 내용을 분석하거나 이들 정책의 형성과정을 분석하는
데 초점을 두는 데 비해서, 후자는 정책들을 계발(enlightening)하거나 정책에 영향
을 미칠 것을 목적으로 하는 분석이다.

Dror는 바람직한 정책대안을 식별하는 데 도움이 되는 정보를 산출하는 과정을
의미하는 정책분석이라는 용어는 정책결정에 관한 형태를 연구하는 데 사용되는 동
일한 용어인 정책분석과는 엄격히 구분되어야 한다고 주장하고 있다(Dror, 1971a).
많은 학자들은 정책에 관한 분석을 주로 정책연구라고 부르고 정책을 위한 분석을
정책분석이라고 구분하여 부르고 있다.

[표 1-1]은 정책분석활동들을 '정책을 위한 분석'과 '정책에 관한 분석'으로 이

---

2) 정책평가는 정책집행결과에 대한 실태를 묘사하는 측면과 평가를 통하여 문제점과 개선방
향을 제시하는 측면을 가지고 있으므로 그 성격상 양쪽에 모두 속하는 것으로 분류된다.

[표 1-1]   활동별 정책분석의 구분

정책을 위한 분석			정책에 관한 분석	
정책의 창도	정책에 대한 정보	정책의 모니터링과 평가	정책의 결정에 관한 분석	정책의 내용에 관 한 분석

자료: Gordon, Lewis and Young, 1997: 27.

원화하여 기술해 주고 있다. 여기에 포함된 정책분석의 활동유형들은 ① 연구자가 추구해 볼 만한 가치가 있다고 생각하는 어떤 목적을 달성하는 데 도움이 될 것으로 식별된 정책을 직접적으로 창도하는 것으로 귀결되는 연구인 정책창도, ② 정책결정자들에게 정책설계와 계획을 위한 정보와 어드바이스(advice)를 제공해 줄 수 있는 정책에 대한 정보의 산출, ③ 정책과 프로그램의 집행이나 그 결과에 대한 사후적 분석인 정책의 모니터링과 평가활동, ④ 공공정책의 형성과정에 작용하는 투입과 전환과정에 대하여 연구하는 정책의 결정요인에 관한 분석, 그리고 ⑤ 특정한 정책이 추구하는 의도와 운용에 관하여 연구하는 정책내용의 분석 등이다(Gordon, Lewis and Young, 1997: 26-35). 이와 같은 활동별 정책분석 유형의 분류는 정책분석이라는 이름으로 수행되고 있는 대부분의 연구활동들을 기술해 주고 있을 뿐만 아니라, 이를 통하여 애매모호한 정책분석의 범위와 성격들을 이해하는 데 큰 도움을 주고 있다.

4. 정책분석의 의의

앞에서 우리는 정책분석의 유형을 살펴봄으로써 정책분석이 무엇인가 하는 것을 이해할 수 있게 되었다.

정책분석이라는 의미는 좀더 한정적으로 사용할 때에는 정책을 위한 분석을 의미하는 것으로 사용하고 있고, 좀더 포괄적으로 사용할 때에는 정책에 관한 분석까지도 포함하는 것으로 사용하고 있다. 정책분석이라는 용어를 좀더 한정적으로 사용할 때는 정책분석은 무엇이 해야 할 최선의 선택인가? 그리고 무엇이 실제로 성취할 수 있는 최선의 결과인가 하는 두 가지의 실무적인 질문에 대답하는 것을 의미한다(Munger, 2000:1). 이러한 정책에 대한 정의는 정책분석을 좀더 한정적으로 사용한 정의이다. 일반적으로 정책에 관한 분석을 기술적 정책분석(descriptive policy analysis)이라고 하고, 정책을 위한 분석을 규범적 정책분석(normative policy analysis)이라고 부르기도 한다.

Dye는 정책분석이란 무엇을 하며, 왜 그것을 행하고, 그리고 그것이 어떤 차이를 가져왔는가 하는 것을 규명해 내는 것, 다시 말하면 정부가 수행하는 활동들의 원인과 그 결과들을 기술하고 설명하는 것이라고 하였는데(Dye, 1976: 1-3), 이러한 의미에서 기술적인 정책분석은 공공정책의 원인과 결과를 체계적으로 식별하고 과학적인 추론의 방법을 사용하여 신뢰성이 높고 보편성을 가진 지식을 탐색하는 활동이라 할 수 있다.

이와 같이 정책분석이 정책의 수립·집행 및 평가과정에서 이루어지는 일종의 설명이기 때문에 설명으로서의 정책분석은 그 취지와 절차에 있어서 일반적으로 과학활동에서 이루어지는 설명과 다를 바가 없다(강신택, 1982: 337). 다시 말하면 정책분석을 기술적인 정책분석이란 의미로 사용하고 있는 연구자들은 정책문제의 제기, 정책형성, 정책집행 및 정책평가 등 정책과정의 모든 절차와 이러한 과정을 통하여 산출된 정책의 내용에 대한 분석을 바로 정책분석이라고 보고, 그 연구방법과 절차는 사회과학연구의 방법 및 절차와 하등 다를 것이 없다고 본다. 그리고 이러한 정책분석을 행하는 중요한 목적은 정책과정의 절차와 내용에 관하여 설명하고, 지식을 축적하며, 이를 통하여 어떤 정책활동 결과의 예측가능성을 높이고자 하는 데 있다고 본다.

여기서 주의하여야 할 점은 정책분석을 기술적인 정책분석이라고 하는 의미로 사용하고 있는 사람들은 정책창도와 정책분석을 엄격히 구분하여야 한다고 주장하고 있다는 점이다(Dye, 1976: 3). 물론 정책의 창도 그 자체는 정책결정자나 일반시민들을 계몽하는 데 있어서 매우 중요한 것이지만 정책분석활동과 정책창도활동의 노력은 서로 다른 것으로서 정책분석은 정책에 관한 지식을 축적하고 이론을 형성하는 데 그 탐구의 목적을 두어야 한다고 보는 것이다.

이와는 달리, 규범적인 정책분석이란 의미로 정책분석이란 용어를 사용하고 있는 사람들은 정책분석을 정책분석가에 의한 정책선호의 창도활동으로 보고 있다. Quade는 정책분석이란 정책결정자들이 그들의 판단력을 행사하는 데 있어서 판단의 기초를 높여 줄 수 있는 방법으로 정보를 산출하고, 제공하는 모든 유형의 분석이라고 정의하고 있는데, 이것이 그 좋은 예이다(Quade, 1975: 4-5). 그러므로 정책분석을 위해서는 과학적인 방법뿐만 아니라 여러 가지 경험에 의한 직관과 판단력도 사용하게 된다.

 Dror는 정책분석이란 복잡한 정책이슈에 직면했을 때 바람직한 대안들을 설계하고 식별하기 위한 일련의 접근방법과 방법론이라고 규정함으로써(Dror, 1971b: 223) 정책분석을 문제해결을 위하여 대안을 탐색하고 개발하며, 대안들을 체계적으로 비교평가함으로써 최선의 대안을 선택하는 데 도움을 주는 방법론으로 보고(Weimer and Vining, 2005: 26; Munger, 2000: 6), 대안들의 비교평가와 정책창도의 중요성을 강조하였다. Wildavsky도 정책분석을 해결할 수 있는 문제들을 창조하는 활동이라고 정의하며(Wildavsky, 1979: 338-389) 정책분석의 문제해결과 문제해결을 위한 대안 창도활동을 중요시하고 있다.

 같은 맥락에서 정책분석의 문제해결의 과정적 측면을 강조하여 Nagel은 정책분석이란 어떤 정책대안이 정책과 목적 간의 관계에 비추어 주어진 목적을 달성하는 데 가장 바람직한 것인지를 결정하는 것이라고 정의하고 있고(Nagel, 1986: 247-248), Behn과 Kaplan은 고객을 강조하여 정책분석이란 고객으로 하여금 공공의 난제(public dilemma)에 대응할 수 있도록 하는 방법들을 개발하는 데 도움을 주는 활동이라고 정의하고 있다(Behn, 1985: 428-432; Kaplan, 1988: 761-778).

 정책결정은 어떤 소수의 정책결정자에 의하여 이루어지는 경우도 있으나 민주주의 사회에서는 대부분의 경우 다수의 참여자들이 상호 간에 자기 주장(argument)을 펴고 설득하는 과정에서 이루어진다. 이러한 민주적인 정책결정과정에서 정책창도자가 전개하는 주장이 설득력을 얻기 위해서는 주장을 뒷받침할 설득논리와 증거(evidence)가 필요한데, 규범적 정책분석은 바로 이러한 설득논리를 개발하고 이를 뒷받침할 증거를 산출하여 제공하는 활동이다(Majone, 1989: 7-9).

 최근에는 정책분석을 응용사회과학으로 보려는 견해가 지배적이다. Dunn에 의하면 "정책분석이란 정책문제를 해결하기 위하여 정치적 상황에서 활용될 수 있는 적합한 정보를 산출하고 전환하기 위하여 탐색하고 논증하는 데 복수적인 방법들을 사용하는 하나의 응용사회과학"이라는 것이다(Dunn, 1981: 7-30).

 정책분석의 방법은 부분적으로는 기술적인 것이며, 정책의 원인과 결과에 대한 사실적 정보는 정책문제에 대한 이해를 높이기 위하여 필수적인 것이다. 그러나 정책분석은 일반적인 기술적 이론들을 발전시키고 검증하는 것을 강조하는 전통적인 사회과학의 학문분야 범위 내에서는 성공적으로 수행하기 어렵다. 그러므로 정책분석은 일반적인 기술적 이론들의 발전이나 검증에만 국한되지 않는다. 정책분석은 여러 가지 학문분야의 내용들과 방법들을 통합하고 전환하고자 할 뿐만 아니라 특정한 정치적 상황하에서 문제를 해결하는 데 활용될 수 있는 정책에 적합한 정보를 산출하고자 하기 때문에 경험적 규칙성을 설명하는 데 깊은 관심을 갖는 전통적인 학문의 관심영역을 넘어서게 된다. 더욱이 정책분석은 사실에 대한 정보를 산출하는 데 국한하지 않고, 가치와 바람직한 행동노선에 대한 정보를 산출하는 데까지 그 관심의 영역이 확대되었다. 따라서 정책분석은 정책의 가치판단(평가)과 정책의 창도까지도 포함한다.

5. 정책분석 방법의 학습

일반적으로 방법론의 강의에 있어서는 정책문제에 쉽게 응용될 수 있는 분석기법 도구상자(toolbox of analytical techniques)를 수강자들에게 제공하는 데 중점을 둔다. 그러나 이 방법에는 여러 가지 장애가 따른다. 이러한 접근방법에서는 문제 유형과 특정한 방법들 간의 적정한 짝을 찾아내고, 이 짝에 따라 해결방안을 기계적으로 만들어 내면 된다는 생각을 갖도록 할 위험이 있다. 그러나 이렇게 간단한 경우는 거의 없는 것이 일반적이다. 이 접근방법에 대한 또 하나의 장애는 정부가 직면하고 있는 복잡한 문제들은 일반적으로 다양한 측면들을 가지고 있으며, 그렇기 때문에 단일한 분석적 접근방법을 필요로 하는 것이 아니라 다양한 접근방법들을 필요로 한다는 것이다. 단일한 접근방법으로 검토되는 문제들은 종종 그 문제가 처한 맥락적 상황을 잃어버리고, 정책문제가 아니라 수학문제로 전락해 버리기도 한다.

이와 같은 학습방법에 대한 반작용으로 어떤 논자들은, 각 문제들이 고유(unique)하기 때문에, 분석을 위한 적절한 사고의 틀(frame of mind)을 가지는 것이 필요하다고 주장한다. 바꾸어 말하면, 이러한 문제들에 접근하기 위하여 사용될 수 있는 표준적인 방법이 없으므로 그때그때마다 상황에 맞추어 어떤 한 방법이 새로 고안되어야 한다는 것이다. 그러나 앞에서 설명한 이들 두 가지 주장들은 모두 극단적이기 때문에 그 중간에 어떤 절충을 취해야 할 필요가 있다. 즉, 이들 문제들을 나타낼 어떤 표준적인 절차가 존재할 수 있고, 이 절차 내에서 복잡한 문제들을 분석하는 데 사용될 수 있는 기본적인 방법들을 찾을 수 있다. 본서에서는 정책분석을 시작하는 초보자들을 위하여 이러한 기본적인 분석방법들을 함께 모아서 이해시키려는 데 초점을 맞추고자 한다.

　　본서의 목적은 ① 특정한 기본적인 방법들을 빠르고 적절하게 활용할 수 있는 상황을 인지하는 것을 배우고, ② 정책문제에 대한 분석방법을 사용하고 접근방법을 설계(design)하는 능력을 기르며, ③ 분석결과들을 적절한 의사결정자들에게 전달(communicate)하는 방법을 배우도록 하는 데 있다.

제 2 절   정책분석의 필요성, 범위 및 접근방법

1. 정책과정에 있어서 정책분석의 필요성

　　정책과정에서 정책분석은 왜 필요한가? 이에 대한 대답은 정책과정에서 정책분석의 결과가 어떻게 활용되며, 어떠한 역할을 하는가를 보면 쉽게 이해할 수 있다.

　　정책과정은 정책의제의 설정과정, 정책결정과정, 정책집행과정 및 정책평가와 피드백과정으로 볼 수 있다. 정책분석은 앞 절에서 정책결정과정에서 정책창도자가 자기의 주장을 신뢰할 수 있는 증거(credible evidence)를 생산하여 제공하고, 또한 정책결정자가 합리적인 판단을 내리는 데 필요한 정보를 생산하여 제공하는 것이라고 정의한 바 있다. 이에 비추어 본다면 정책분석은 정책결정과정에서 사용될 정보를 생산하여 제공하기 위해서 필요하다는 것을 알 수 있다.

　　그러나 정책분석은 정책결정과정에서 신뢰할 수 있는 정보를 생산하여 제공하기 위해서만 필요한 것이 아니고, 정책이슈가 정책의제 설정과정에서 공식적인 정

[그림 1-1] 정책흐름의 수렴

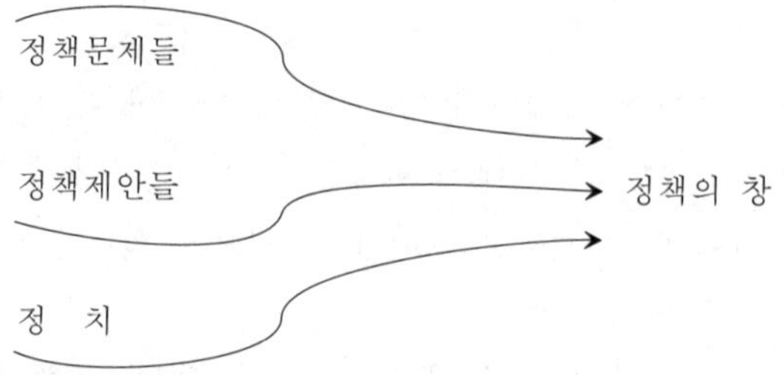

정책문제들

정책제안들　　　　　　　　　　　　　정책의 창

정　치

책의제로 채택되도록 도와주는 역할을 수행하는 데도 필요하다.

정책의제설정(policy agenda-setting)은 정책과정에서 첫 번째 단계이다. 정책의제는 정부의 행정 관료들이나 정책결정자들(선거를 하는 국민을 포함)이 깊은 관심을 기울이는 이슈들이나 문제들의 리스트이다. 어떠한 정책이슈나 정책문제가 우선순위가 높은 정책의제에 등재되는 과정에서는 문제의 흐름, 제안들(proposals)의 흐름, 정치의 흐름이라는 세 가지 흐름들이 하나로 수렴하는 현상이 일어나게 된다 (Kingdon, 1995; Coffman, 2007).

이 기본적인 모형에서 정책문제들이란 정책의사결정자들이 다른 문제들보다 특정 문제에 더 주의를 기울이도록 설득하는 과정을 일컫는다. 만일 관련된 문제가 심각한 것으로 감지된다면, 정책제안이 정책의제로 채택될 기회가 높아질 것이기 때문에 문제에 대한 인지는 매우 중요하다. 문제에 대한 인지는 문제가 어떠하다고 알게 되느냐(즉 데이터 또는 지표들을 통하여, 재난이나 위기 같은 관심을 집중하고 있는 사건들을 통하여, 또는 다른 유권자들의 피드백을 통하여), 또는 문제가 어떻게 정의되느냐(즉 프레임이 짜이거나 라벨이 붙여지느냐)에 따라 영향을 받을 수 있다.

정책제안(policy proposal)은 임시적인 정책대안들을 창출하고, 토론 등을 통하여 수정하는 등 이를 진지하게 검토한 후 최종적인 대안을 채택하는 과정을 나타낸다. 동일한 문제에 대하여 경쟁적인 제안들이 나올 수 있기 때문에 시간을 두고 여러 가지 전술을 사용하고자 하는 의사가 있어야 한다. 제안은 만일 그 제안이 기술적으로 실행가능하고, 의사결정자의 가치에 부합하며, 비용이 합당하고 국민들의 정서에 부합하면 더 성공적인 것이 될 수 있다.

정치는 선거에 당선된 정치인들의 변화, 정치적인 분위기나 무드(mood)(즉 보수적, 조세회피 등) 및 창도집단이나 반대집단의 목소리들과 같이 정책의제에 영향을 미치는 정치적인 요소들을 말한다.

정책의제설정의 성공 여부는 이들 세 가지 과정들에 달려 있다(Kingdon, 1995). 이들 세 가지 과정들은 독립적으로 작용하지만, 각 과정의 행위자들은 중복되거나 서로 상호작용한다. 성공적인 의제설정은 최소한 두 개 요소들이 중요한 시점에서, 즉 "정책의 창"이 열릴 때, 함께 와야 한다.

예를 들면 창도자들은 정책제안들을 발전시키고, 올바른 문제가 오기를 기다렸다가, 문제가 오면 곧 거기에 그들의 제안을 첨부한다. 연구자들은 하나의 문제를 먼저 식별한다. 그러나 이들은 모두 정치상황이 바뀔 때까지, 즉 "정책의 창"이 열리기를 기다려야 할지도 모른다.

그러나 "정책의 창"은 단지 기회가 어떤 찬스(chance)에 우연히 오는 것이 아니라 적극적으로 창조(create)될 수도 있다.

"정책의 창"이 열리도록 하기 위해서는 우선 적극적으로 정책문제나 정책제안에 투자하여야 한다. 즉 창도자나 연구자들을 지원하여 이들의 정책분석을 통하여 정책문제나 정책제안들이 유권자인 일반국민들이나 관련된 정부 행정 관료들, 또는 의사결정자들에게 호소력을 가질 수 있는 것으로 발전되도록 임파워먼트(empower-ment)시켜야 하는 것이다. 따라서 성공적인 정책의제설정을 위해서는 수준 높은 정책분석이 절실하며, 정책의제설정과정에서 정책분석 역할의 중요성은 더해지는 것이다.

2. 정책분석의 범위

정책분석의 범위는 먼저 정책분석이 활용되고 있는 정책문제들의 유형들을 검토해 보고, 다음에 정책분석이라고 불리고 있는 활동들의 범위를 살펴봄으로써 정의될 수 있다.

먼저 정책문제의 유형은 문제의 해결에 필요한 분석적 활동의 유형에 따라 네 가지 카테고리의 분석으로 분류해 볼 수 있다. 이들은 특정한 이슈의 분석, 프로그램분석, 다수프로그램분석(multi-program analysis), 그리고 전략적 분석(strategic analysis) 등이다(Carley, 1980: 28). 이들 네 가지 정책분석의 유형들은 ① 정책적 질문의 복잡성의 정도, ② 정책결정 환경의 정확성의 정도, ③ 가능한 정책대안들의 범위의 정도, ④ 평가기준의 광범성의 정도, 그리고 ⑤ 정책분석을 수행하는 데 소요되는 시간의 길이 등에 의하여 구분된다(Ukeles, 1977: 223-228). 이것을 그림으로 나타내면 [그림 1-2]와 같다.

특정 이슈분석은 매일매일의 관리로 특정지어지는 유형으로서 구체적이고 단기적인 의사결정을 위한 분석이라 할 수 있다. 예컨대 여러 개의 작업장이 있는 지하철공사에서 작업장별로 적정한 차량·장비 및 인력을 배치하기 위한 분석은 일상의 관리과정에서 직면하는 의사결정의 효율성을 제고시키기 위한 이슈분석이라 할 수 있다.

프로그램분석이란 단일한 정책분야의 프로그램을 설계하거나 적정한 프로그램 대안을 선택하는 데 필요한 정보를 산출하기 위한 분석이다. 전국적으로 실시할 보

[그림 1-2] 정책문제의 유형별 정책분석

특 정 한 이슈분석	프로그램 분 석	다수프로 그램분석	전략적 분 석
저	←— 문제의 복잡성 —→		고
고	←— 정책결정 환경의 정확성 —→		저
소수	←— 대안의 수 —→		다수
협소	←— 의사결정의 평가기준 —→		광범
단	←— 소요되는 시간 —→		장

건진료프로그램을 분석하는 것이 그 좋은 예이다. 다수프로그램분석은 경쟁적인 프로그램 영역 사이에 자원을 할당하기 위한 분석이다. 제한된 예산을 보건진료시설의 확충에 할당하는 것이 바람직한지, 아니면 보건환경을 개선하는 데에 할당하는 것이 바람직한지를 결정하는 데 필요한 정보를 산출하기 위한 분석이 그 좋은 예가 된다.

끝으로 전략적 분석은 대규모 정책에 대한 의사결정이나 광범위한 자원할당 등과 관련된 문제들을 다룬다. 주택부문의 다양한 프로젝트들 가운데 어디에 자원을 할당해야 할 것인지를 해결하기 위한 분석이 그 좋은 예이다.

3. 정책분석의 접근방법

응용학문으로서의 정책분석은 사회과학이나 행태과학으로부터 지식과 방법들을 빌려올 뿐만 아니라 또한 행정학·법학·철학·윤리학 및 시스템분석이나 관리과학으로부터도 지식과 방법을 빌려온다. 그러므로 정책분석가는 세 가지 종류의 질문, 즉 가치(value), 사실(facts) 및 행동(action)에 대한 정보와 이유 있는 주장(argument)을 산출해 낼 것으로 기대된다. 여기서 가치란 무엇이 바람직한 것인가 하는 것으로서 이러한 가치의 성취는 문제가 해결되었는지에 대한 주된 테스트가 된다. 그리고 사실이란 이러한 가치의 성취를 제약하거나 촉진하는 것이며, 행동이란 이것의 채택 여부가 가치의 성취를 가져오거나 문제의 해결 여부에 영향을 미치는 것을 말한다.

이들 세 가지 종류의 질문에 대한 정보와 이유 있는 주장을 산출하는 데 있어서 분석가는 정책분석을 위하여 경험적, 평가적 및 규범적 접근 등 세 가지 접근방법들 가운데 어느 하나 또는 그 이상의 접근방법을 채택하게 될 것이다(Krone,

[표 1-2] 정책분석을 위한 세 가지 접근방법

접 근 방 법	1차적 질문	정보의 유형
경 험 적	사실이 어떠하냐?(사실)	사실지향적
평 가 적	무엇이 바람직한가?(가치)	평가적
규 범 적	무엇이 행해져야 하는가?(행동)	창도적

1980: 37-46). 경험적 접근방법은 주어진 공공정책의 현황과 원인 및 효과에 대하여 기술하는 데 주로 관심을 갖는다.

여기서 1차적인 질문은 사실이 어떠한가 하는 사실에 관한 것이고, 산출된 정보는 그 성격상 사실지향적인 것이 된다. 이와는 반대로 평가적 접근은 주로 어떤 정책의 값어치(worth)나 가치(value)를 결정하고, 무엇이 바람직한 것인가를 탐색하기 위한 것이다. 그러기 때문에 산출된 정보는 성격상 평가적인 것이 된다.

끝으로 규범적 접근은 공공문제를 해결하게 될 미래의 행동노선을 건의하는 데 주로 관심을 갖는다. 이 경우 질문은 어떤 행동이 행해져야 하는가 하는 것이며, 산출된 정보의 유형은 성격상 창도적인 것이 된다.

정책분석을 위한 이들 세 가지 접근방법들을 정리하면 [표 1-2]와 같다.

4. 정책분석의 특성

정책분석은 앞에서 살펴본 바와 같이 국내문제, 국제문제, 국가의 안보 등에 관한 문제와 관련된 공공정책의 선택문제에 과학적인 방법을 응용하는 일종의 응용과학이다. 그렇기 때문에 주어진 문제에 대한 정책분석을 제대로 해 내자면 문제와 관련된 정치학·경제학·행정학·사회학 등을 포함한 광범위에 걸친 사회과학에 대한 지식과 공학이나 환경과학 등을 포함하는 형이하학적 과학(physical science)에 대해서도 폭넓은 지식을 가지고 있어야 할 뿐 아니라 통계분석기법이나 시스템분석기법들과 같은 분석적 기법들에 대해서도 정통하고 있어야 한다.

그러나 이것은 광대한 양의 지식과 탁월한 능력을 요하기 때문에 한 사람의 분석가가 이들을 모두 마스터한다는 것은 매우 어려운 일일 뿐만 아니라 또한 이들 지식과 기법들에 꼭 같이 동일한 수준으로 정통한다는 것도 매우 기대하기 어려운 일이다.

　　정책분석은 여러 분야의 전문가들이 팀을 구성하여 협동적으로 수행하여야 효과적이라고 하는 것도 바로 이러한 이유 때문이다. 그러나 개개의 정책분석가들은 몇 가지의 분석기법에 정통하고 있어야 할 뿐 아니라 사회복지·보건·환경·에너지·노동·과학기술·교육·상역(商易)·금융·재정 등 여기에서 일일이 나열할 수는 없는 여러 분야 중 최소한 어느 한 실질적인 정책분야(substantive policy field)에 관한 지식과 경험을 가질 것이 요망된다.

　　정책분석은 인접한 다른 분야의 학문이나 전문직종에 비해서 이들과는 다른 몇 가지 중요한 특징들을 가지고 있으며 이러한 특징들이 또한 정책분석의 발전에 공헌하고 있다.

　　첫째, 정책분석은 좀 더 광범위한 정책이슈들을 다루고 있다. 그렇기 때문에 경제학이나 경영과학(operations research) 등에 비해서 여러 학문분야의 관점에서 분석한다는 데 중요한 특징이 있다. 예컨대 공공정책에서 형평성과 능률성 간의 교환(trade off)과 관련된 이슈나, 한국과 미국 간의 군사비분담에 관한 여러 가지 대안들이 가지는 군사적·정치적 의미 등은 정책분석이 다른 여러 기존의 학문분야들보다도 정치적·조직적·기술적 및 경제적인 여러 가지 측면들을 복합적으로 고려하여야 한다는 것을 나타낸다.

　　둘째, 정책분석은 복잡성과학(science of complexity)의 관점에서 정책문제를 분석하고 해결방안을 모색한다. 이는 정책분석이 어떠한 문제를 전체 시스템과 분리하여 문제를 분석하고 부분적 최적해를 구하려는 것이 아니라 어떤 하나의 문제를 전체 시스템의 기능(the unitary system functioning as a whole), 전체 시스템을 구성하고 있는 다른 하위시스템들과의 상호작용관계라는 맥락에서 문제를 분석하고 해결 방안을 모색함을 의미한다.

　　셋째, 정책분석은 정치학이나 행정학에 비해서 통계학이나 시스템분석에서 개발한 계량적 기법들을 더 많이 사용한다. 정책분석가나 정책을 다루는 실무자들의 입장에서 본다면 그들은 정책분석과정에서 센서스 자료, 보건관계 자료, 사회복지관계 자료, 노동관계 자료, 교통관계 자료, 주택관계 자료, 범죄관계 자료, 무역과 금융관계 자료, 군사관계 자료, 통일관계 자료 등 여러 가지 관련된 자료들을 수집하고 분석하며 검증하는 일에 점점 깊이 빠져들어 가고 있는 것이다.

　　넷째, 정책분석은 경영과학(OR)이나 시스템분석에 비해서 정책이 결정되고 난 이후의 정책의 집행이나 관리의 측면에 더 많은 관심을 가진다. 만일 정책분석이 정책이 집행되어 잘못된 결과를 가져올 경우까지를 명시적으로 고려하지 않는다면 그것은 올바른 정책분석이라고 하기 어렵다.

다섯째, 정책분석은 이미 앞의 규범적인 정책분석에서 설명한 바와 같이 여러 가지 대안들의 목적함수의 구체화, 형평성의 고려, 윤리적인 딜레마 등을 포함하는 규범적인 이슈들에 대하여 경제학보다 더 많은 관심을 기울인다(Wolf, Jr., 1981).

여섯째, 정책분석은 점점 더 테크놀로지·공학·에너지·환경·교통·주택 등과 같은 형이하학적 과학(physical sciences) 등을 포함하는 이슈 및 선택문제 등과 관련되는 경향이 높아져 가고 있다.

일곱째, 정책분석은 사회복지·보건·주택·교육·노동·환경 등과 같은 정부 프로그램의 실험연구와 밀접한 관계를 가지고 있다.

위에서 지적한 정책분석의 특성들에 관한 리스트들은 정책분석의 전문성이 무엇이며 정책분석이 관련을 맺으면서 여러 가지 도움을 받고 있는 인접한 다른 학문 분야들과 어떻게 다른가 하는 것을 나타내는 특성들에 대한 하나의 조합이라고 할 수 있다.

제 3 절 정책분석의 기본절차와 본서의 구성

1. 기본절차

이미 기술적인 정책분석과 규범적인 정책분석의 연구형태의 차이에서도 밝힌 바와 같이 정책분석의 형태와 절차는 정책분석의 접근방법에 따라서도 다를 뿐 아니라 동일한 접근방법을 취하는 경우에도 분석과제의 성격과 분석자에 따라 다를 수 있다.

그러나 이와 같이 분석의 형태와 절차가 다양하다고 할지라도 무엇인가 표준이 될 기본절차가 있다고 한다면 실제의 정책분석을 이해하고 응용하는 데 큰 도움이 될 수 있다.

그러면 규범적인 정책분석의 기본절차는 어떠한가? 이것은 인간이 어려운 문제에 당면했을 때 문제를 해결해 나가는 것과 기본적으로 동일하다. Dewey는 「어떻게 생각할 것인가」라는 저서에서 어려운 문제에 당면했을 때 취해야 할 바람직한 행동과정으로서 문제의 인지, 문제의 소재에 대한 식별과 정의(흔히 이것을 자료의 수집이라고 부름), 가능한 해결방안(가설)의 제안, 각 가설들이 무엇을 함축하는가 하는 것에 대한 규명, 이들 각 가설들이 함축하는 바가 문제의 소재와 정의에 상응하는 것인지에 대한 검정 등 다섯 가지 단계를 제시하고 있다(Dewey, 1910: 72). Dewey가 제시한 이러한 문제해결 단계에는 제안된 대안들을 따로 분리설정하여 존재하는 평가의 기준에 따라 평가하는 단계가 없다는 것이 특징이다. 물론 이러한 Dewey의 문제해결단계를 따라서도 사람들이 가지고 있는 많은 문제를 해결할 수 있을 것으로 보인다.

그러나 대부분의 정책분석에 대한 연구자들은 목표의 설정과 정책대안의 평가 기준을 설정하는 것을 명시적으로 정책분석의 단계에 포함시켜야 한다고 보고 있다. Dubnick와 Bardes는 전문가의 입장에서 볼 때 정책분석가가 그들의 목적과 추구하는 가치를 분명히 할 수 있어야 한다고 강조하고, 이와 아울러 ① 정책문제를 효과적으로 정의하고 진단할 수 있어야 하고, ② 정책대안을 제안할 수 있어야 하며, ③ 추구하는 목적달성을 도와 줄 수 있는 모형을 개발하고 그들 모형들을 검정할 수 있는 방법들을 개발할 수 있어야 하고, ④ 중간목표들을 설정할 수 있어야 하며, ⑤ 여러 가지 정책프로그램들의 실행가능성을 추정할 수 있어야 한다고 함으로써(Dubnick and Bardes, 1983: 238) 정책분석에 있어서 목표설정을 강조하고 있다.

Hy도 정책분석에 있어서 목표설정을 중요시하여 정책분석이 ① 목표의 식별, ② 설정된 목표에 의한 정책성과의 평가, ③ 변화에 대한 건의 등 최소한 3단계를 거쳐서 이루어지는 것으로 보고 있다(Hy, 1978: 12-13). 그리고 목표의 식별에 있어서는 그 목표가 절차적 목표인지 또는 정책내용의 목표인지를 결정하고, 아울러 이들 목표들을 타당화할 수 있는 결정수단을 발전시켜야 하며, 정책효과의 결정에 있어서는 목표가 실현된 정도를 확인하고, 효과성·능률성·노력 등 구체적인 성과의 평가기준에 의하여 분석하여야 한다. 그리고 건의의 작성에 있어서는 급격하게 변화하는 상황에 비추어 기존의 목표들을 수정·보완 또는 재배열하고 달성하기 어렵다고 판단되는 목표들은 버려야 한다고 부연하여 설명하고 있다.

이와 유사한 견해는 Edward Ⅲ와 Sharkansky에 의해서도 제안되고 있다(Edwards Ⅲ and Sharkansky, 1978: 7-8; MacRae, Jr. and Wilde, 1979: 7-12). 이들은 합리적인 정책결정의 과정으로서 ① 무엇이 문제이며 왜 그러한 문제가 일어나게 되었는가 하는 원인을 밝혀 내는 문제의 식별단계, ② 문제해결을 위하여 무엇을 해야 하며 다른 목표들과 관련시켜 볼 때 이 문제와 관련된 목표의 우선순위를 어디쯤에 둘 것인지를 밝히는 목표의 명확화와 서열의 결정단계, ③ 설정된 목표와 달성에 적합한 여러 가지 옵션과 그들에 관한 이용가능한 정보의 수집단계, ④ 각 대안들이 가져올 결과들을 예측하고 이들을 능률성이나 형평성을 높임으로써 목표달성에 가장 근접할 수 있는 대안을 선택하는 단계 등 5단계를 제안하고 있다.

정책분석 절차에 대한 이상의 여러 가지 논의들을 종합해 볼 때 정책분석은 ① 정책문제의 정의, ② 목표의 설정과 대안의 탐색·개발 및 설계, ③ 효과성 측정수단의 형성, ④ 효과성 측정수단에 의한 대안의 평가, ⑤ 최적대안의 건의 등 다섯 가지 기본절차를 거쳐서 이루어지는 것으로 볼 수 있다.

2. 본서의 구성

본서의 내용은 정책문제의 해결과정에 따라 다음 [그림 1-3]에 나타나 있는 것과 같은 순서로 되어 있다.

[그림 1-3]에서 점선으로 표시된 사각형 안에 표시된 내용들은 정책분석과정의 각 단계들을 나타낸다. 이에 따라 다음 장(chapter)부터는 정책문제의 정의, 목표의 설정과 대안의 탐색·개발 및 설계, 정책대안의 평가기준, 정책분석기법의 응용 등의 순서로 설명하였다. 그런데 정책분석기법들은 다양하기 때문에 이들 정책분석기법들을 몇 개의 카테고리로 묶어서 각각 1개 장씩으로 정리하여 설명하였고, 편익비용분석 및 관련된 내용들은 내용이 방대하여 몇 개의 장으로 나누어 기술하였다.

정책문제는 경제·사회적 상황이 변화함에 따라 국민들의 니즈가 변화함으로써

[그림 1-3] 본서 내용의 구성

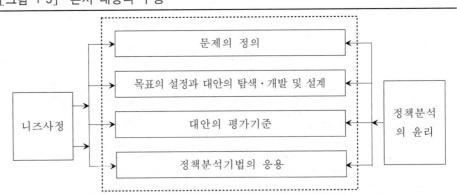

대두된다. 그러므로 니즈의 사정과 니즈에 기초를 둔 우선순위설정은 정책개발의 시발점이 된다. 본서에서는 상황변화의 예측 다음에 니즈 사정과 니즈에 기초한 우선순위설정을 해결전략 대안선택의 접근방법과 아울러 독립된 장으로 하여 설명하였다.

끝으로 정책결정은 국민 전체에 미치는 영향이 심대하고 장기적이기 때문에 정책결정에 있어서 윤리적인 측면은 아무리 강조하여도 지나치지 않을 것이다. 정책분석은 정책결정을 위한 합리적인 정보를 산출하여 제공하는 것이기 때문에 필연적으로 정책분석에 있어서도 윤리의 문제가 뒤따르게 된다. 이 책의 마지막 장에서는 바로 이러한 정책분석에 있어서의 윤리문제를 다루었다.

요   약

1. 정책은 국민생활의 구석구석에 장기간에 걸쳐서 직접·간접의 영향을 미칠 뿐만 아니라 정책결정자가 의도한 영향과 의도하지 않는 영향을 동시에 가져오기 때문에 일반국민·행정관료 및 행정부를 통제하는 국회의원 등 모든 사람들의 중요 관심 대상이다. 정책분석은 정책에 대하여 관심을 가지고 있는 이들 모든 당사자들에게 그들의 원하는 정보를 산출해 주는 것이기 때문에 그 중요성이 더욱 높아져 가고 있다.

2. 정책분석은 정책에 관한 분석과 정책을 위한 분석으로 구분해 볼 수 있다. 정책에 관한 분석은 정책의 결정에 관한 분석과 정책의 내용에 관한 분석이며, 정책을 위한 분석은 정책의 창도를 위한 분석, 정책결정에 도움이 되는 정보산출을 위한 분석 및 정책의 모니터링과 평가 등이 포함된다.

3. 문제해결을 지향하는 정책분석은 일종의 응용사회과학이라 할 수 있다.

4. 정책문제의 유형은 문제해결에 필요한 분석적 활동의 유형에 따라 특정한 이슈의 분석, 프로그램분석, 다수프로그램분석, 그리고 전략적 분석 등 네 가지 카테고리로 분류할 수 있다. 이들은 문제의 복잡성, 정책결정의 환경, 대안의 수, 의사결정의 평가기준, 분석에 소요되는 시간 등이 각기 다르다.

5. 정책분석가는 세 가지 종류의 질문, 즉 가치, 사실 및 행동 등에 대답할 정보를 요구하고, 이유 있는 주장을 펼칠 것으로 기대된다. 그리고 이러한 질문에 따라 정책분석의 결과 산출되는 정보는 각각 사실지향적인 것, 평가적인 것 및 창도적인 것 등이 된다.

6. 기술적인 정책분석과 규범적인 정책분석은 분석의 대상, 분석의 형태, 분석의 접근방법, 그리고 분석에 사용되는 모형 등에 있어서 부분적으로는 유사하거나 중복되는 것이 있으나 대부분의 경우 많은 차이를 가지고 있다.

연습문제

1-1 정책분석의 중요성에 대해서 설명하여라.

1-2 현대 공공정책분석은 언제부터 기원되었으며, 그렇게 보는 이유는 무엇인가?

1-3 규범적인 정책분석이란 무엇인가?

1-4 정책분석과정에서 정책분석이 필요한 이유는 무엇인가?

1-5 정책문제의 분석에 있어서 특정한 이슈의 분석, 프로그램분석, 다수프로그램분석, 전략적 분석 등은 각각 어떻게 다른가?

1-6 정책분석에 있어서 경험적 분석, 평가적 분석 및 규범적 분석은 어떻게 다른가?

1-7 기술적인 정책분석과 규범적인 정책분석을 비교하여라.

1-8 정책분석의 특성에 대하여 설명하여라.

1-9 정책분석의 기본적 절차에 대해서 설명하여라.

제 2 장

정책분석을 위한 증거자료의 수집, 분석과 커뮤니케이션

　모든 분석은 수집된 자료를 토대로 이루어지며 정책분석도 예외가 아니다. 그러므로 분석결과는 수집된 자료의 질에 따라 달라질 수 있다. 수집된 자료의 타당성, 신뢰성, 정밀성이 떨어지면 분석결과 역시 타당성, 신뢰성, 정밀성이 떨어질 수밖에 없다. 따라서 분석의 질적 수준을 향상시키기 위한 첫째 조건은 양질의 자료를 수집하는 것이다.

　일반적인 자료수집과 기초적 통계분석 방법들은 조사방법에서 자세히 다룬다. 여기에서는 일반적인 조사방법이나 정책분석에서 공통적으로 사용되는 기초적인 자료수집방법과 정책분석에서 특히 알아두어야 할 자료의 소스와 수집방법, 수집된 자료의 분석결과를 정책결정자, 정책과정에 참여하는 이해관계 당사자들에게 전달하는 커뮤니케이션 방법, 그리고 주의하여야 할 고려사항들에 대하여 고찰하고자 한다.

제 1 절   자료수집 전에 해야 할 일

1. 증거자료 수집의 목적

증거자료의 수집은 정책분석의 특정한 단계에서만이 아니라 정책분석의 전 단계에서 필요하다. 그래서 증거자료의 수집을 정책분석의 한 단계로 분류하지 않았다. 그러나 정책분석에 있어서 증거자료의 수집은 매우 중요한 활동이다. Bardach는 "정책분석 과정에서 정책분석가들이 대부분의 시간을 투입하는 두 가지 활동은 생각하는 것과 증거자료를 입수하는 것이다"고 하고 있는데(Bardach, 2000: 7-8) 이는 자료수집의 중요성을 말해 주고 있다. 물론 브레인스토밍, 집단토론 등 정책문제를 생각하는 과정이 훨씬 더 중요하다고 할 수도 있지만, 증거자료는 이러한 생각의 방향을 좌우하는 요소 중의 하나이다. 더욱이 문서를 읽고, 도서관에서 필요한 자료들을 찾아내고, 기존의 연구자료나 통계자료들을 열심히 읽고, 사람들과 인터뷰하며, 또 이러한 인터뷰를 위하여 여행하고, 인터뷰를 하기 위하여 기다리는 등 증거자료 수집에는 많은 시간이 소요된다.

보통 어떤 자료들은 확보하기 어렵다. 그러나 더 좋은 자료들을 확보하려고 계속 시간을 지연시킬 수는 없다. 그러한 분석은 역사적 기록에 남을 가능성은 높겠지만 정책결정 실무에는 활용될 수 없다. 그러므로 자료수집활동에 투입되는 시간을 절약해야 한다. 투입시간 절약을 위해서는 정보로 전환될 수 있는 자료들을 수집하고 이 정보가 현안 정책과 관련된 어떤 증거(evidence)로 전환될 수 있어야 한다.

그렇다면 자료, 정보, 증거의 차이점은 무엇인가? 우선 자료(data)란 현실 세계에 대한 사실을 말한다. 그런데 자료는 모든 종류의 통계를 포함할 뿐만 아니라 통계 이상의 것을 의미한다. 예컨대 어떤 부처의 관리자가 언론을 슬기롭게 다룰 수 있는 능력도 자료라고 할 수 있다. 한편 정보는 분석가가 세계를 서로 다른 논리적·경험적 카테고리들로 구분하도록 도와 준다는 점에서 어떤 의미(meaning)를 갖는 자료다. 예컨대 10개 국 국민들의 흡연정도는 자료이다. 그러나 이 자료는 담배를 적게 피우는 국가로부터 많이 피우는 국가 순으로 10개 국을 순차적으로 배열하면 정보가 된다. 또 증거는 연구문제의 중요한 특성, 문제가 어떻게 해결되거나 완화될 수 있는가하는 데 대하여 분석가나 중요한 위치에 있는 사람들이 가지고 있는 믿음에 영향을 미치는 정보이다. 예컨대 10개 국 국민들의 흡연 정도가 건강에 어느 정도 영향을 미치는가에 관련된 자료는 증거라고 할 수 있다.

분석가는 주로 세 가지 목적에서 증거자료를 필요로 한다(Bardach, 2000: 8-9). 첫째, 분석가가 정의하고자 하는 문제의 성격과 심각성의 정도를 평가하기 위해서 필요하다. 그리고 둘째, 분석가가 관여하고 있는 구체적인 정책상황의 세부적인 특성들(features), 예를 들어 정부기관의 업무부담(workloads), 특정한 지역의 인구학적 특성의 변화 등을 평가하기 위해 증거자료가 필요하다. 마지막으로 셋째, 현재 분석가가 처해 있는 것과 매우 유사한 상황, 다른 관할 영역, 또는 다른 시기에 효과적으로 작동한 정책들을 평가하기 위해서도 증거자료가 요구된다. 이들 세 가지 목적들은 가능한 정책결과들(policy outcomes)을 현실적으로 예측할 수 있게 해 준다.

2. 자료를 수집하기 전에 생각하라

생각하는 것과 자료를 수집하는 것은 상호 보완적인 활동이다. 분석가가 자신이 무엇을 알아야 하고, 또 왜 알아야 하는가 하는지에 대해서 끊임없이 생각한다면 자료 수집활동은 훨씬 더 효율적으로 이루어질 수 있다. 분석가들이 공통적으로 범하는 잘못(mistake)은 그들이 실제로 관심을 가지고 있는 문제와 관련하여 어떤 증거로 발전될 가능성이 희박한 자료들을 수집하는 데 많은 시간을 허비한다는 것이다. 분석업무를 맡은 사람들이 이와 같은 잘못을 저지르는 이유는 자료를 수집한다고 분주하게 여기저기 뛰어다니면 생산적인 것 같이 보이고 또 본인도 그렇게 느끼는 반면, 최상급의 아이디어를 생각해내기는 매우 어려울 뿐만 아니라 때로는 좌절을 느끼게 하기 때문이다.

쓸데없는 자료들을 수집하는 데 귀중한 시간을 낭비하는 것을 막기 위해서는 자료를 수집하기 전에 증거 가치를 철저하게 따지고, 자제력(self-control)을 발휘해야 한다(Bardach, 2000: 9-10).

첫째, 증거 가치(證據 價値)를 깊이 생각해야 한다. 모든 증거들의 생산에는 많은 비용이 들기 때문에 분석가는 비용과 가치를 비교형량(比較衡量)해 보아야 한다. 수집된 증거들의 추정 가치는 얼마나 될까? 의사결정을 내리기 전까지 수많은 요소들이 관련되지만 수집된 증거자료의 값어치를 따져보려면 그 증거자료들을 의사결정분석틀(framework)에 비추어 보면 도움이 된다.

　　일반적으로 어떤 증거의 가치는 다음과 같은 여러 가지 요인에 따라 달라진다. 즉, 증거자료로 인해 더 나은 의사결정으로 대체될 가능성, 이렇게 대체된 의사결정이 증거자료 없이 내린 의사결정의 산출결과(outcome)보다 직·간접적으로 더 좋은 정책결과를 산출할 가능성, 그리고 증거자료가 없었을 때의 산출결과와 증거자료로 인해 더 향상된 결과간의 차이 등이 그것이다.

　　둘째, 자제력을 최대한 발휘해야 한다. 많은 경우 분석가가 아무런 증거자료들을 수집하지 않은 채 오랫동안 깊이 생각한 결과 어떤 훌륭한 훈련된 추측을 해낼 수 있다는 것은 놀라운 사실이다. 이와 같은 어림짐작(guesstimates)으로 당면한 질문에 대답하기 위해서 필요한 좋은 증거자료들을 수집하는데 실제로 소요되었을 시간과 에너지들을 절약할 수 있다면 이것은 하등 잘못이 아니다. 불필요한 자료들을 수집하는 것을 막기 위해서 분석가는 자료수집업무를 착수하기 전에 다음과 같은 질문들을 스스로에게 해 보아야 한다. 즉, "수집된 자료가 이러이러한 것에 반대되는 여차여차한 것으로 판명된다고 가정해 보자. 그렇다면 그것이 문제해결에 어떤 의미(implication)를 가질 것인가?" "만일 모든 일이 다 잘되어 획득한 자료들이 어떠할 것이라고 추측했던 것과 실제 그 자료들을 획득하는 데 트러블(trouble)이 발생했다면 이들 자료들은 어떠한 차이를 보일 것인가?" "분석가가 어림짐작했던 상태와 실제로 자료들을 획득함으로써 분석가가 이해할 수 있었던 상태간의 실질적인 차이를 확인하는 것이 분석가에게 얼마만한 가치가 있는 것인가?"

　　경험있고 노련한 정책분석가들이 때때로 어림잡아 추정(back-of-the-envelope estimates)하여 사용하는 것은, 값비싼 자료수집이 가져올 가치(value)에 대한 — 위에서 언급한 것과 같은 — 비판적인 태도에 기인한다. 그러나 자료수집에 많은 투자를 하는 것이 분석가에게 실제로 대가를 가져올 것이라는 확신이 섰을 때에는, 위에서 언급한 어떤 것도 자료를 수집하는(많은 경우 막대한 시간과 금전상의 비용이 드는) 일을 게을리 하는 것에 대해 면죄부를 줄 수 없다. 정당화할 수 있는 어림짐작(guesstimate)과 정당화할 수 없는 어림짐작 간에는 분명하고 엄청난 차이가 있다.

3. 자료의 소스

1) 자료 소스의 식별

정책분석의 정의에서 정책분석은 일종의 응용사회과학 연구라고 정의하였다. 그러나 대부분의 경우 정책분석은 사회과학 연구와는 달리 오리지널(original)한 연구라기보다는 2차적인(derivative) 연구의 성격이 강하다. 바꾸어 말하면 정책분석에서 생산하는 정보는 다른 사람이 이미 개발한 아이디어나 자료를 창의적으로 요리하여 생산되는 경우가 대부분이다. 예를 들면 미국환경청(EPA)에서 규제정책을 새로 도입하거나 기존의 규제정책을 수정·강화하기 위하여 규제영향분석을 실시할 때 필요한 모든 자료들을 처음부터 다시 수집하여 오리지널한 분석을 하는 것이 아니라 편익이전(benefit transfer)이라는 방법을 사용하여 예전에 분석했던 정보들을 수집하여 규제영향분석에 사용하는 경우도 있다.[1] 수질오염에 대한 규제를 강화하는 방안을 마련하기 위하여 규제영향분석을 할 때 규제에 따른 편익을 새로 조사하는 것이 아니라 그 이전에 연구한 결과를 편익이전의 방법으로 빌려다가 활용하는 것이 그 예이다.

정책연구자의 역할은 이미 다른 사람이 개발한 아이디어나 자료를 발군의 실력을 발휘하여 발견해 내고, 맞추어 보고, 해석하고, 비판하여, 종합(synthesize)하는 것이다. 물론 사회과학 연구도 이러한 일을 하지만 사회과학연구는 독창성에 더 큰 값어치를 부여한다. 이런 의미에서 정책분석가는 전문가들에 대한 전문가라 할 수 있다. 여기서 말하는 전문가들이란 어떤 정책영역에 비교적 세련된 지식과 경험을 보유한 학자들이나 연구자 또는 실무자들이다.

그러므로 가장 중요한 정보와 아이디어 및 자료의 소스는 전문가인 사람들과 그들의 생각과 아이디어가 수록되어 있는 문서들(documents)이다. 그리고 각 기관들은 이러한 사람들과 문서들을 보유하고 있다. 이러한 기관들 가운데 중요한 것으로는 각급 도서관, 중앙정부기관, 지방정부기관, 준공공기관, 공사의 연구기관, 각종 여론조사기관, 민간 조직, 학회와 비영리 시민단체(NGO), 언론기관, 인터넷 웹사이트 등을 들 수 있다.

---

1) 편익이전의 방법은 과거의 연구에서 추정한 편익에 대한 추정값을 과거 연구상황과 금번 연구상황을 비교·검토하여 모든 조건들이 유사한 경우 필요한 수정을 가한 다음 그대로 이번 연구에 활용하는 것이다.

도서관 가운데 대표적인 것으로는 국립중앙도서관, 국회도서관, 대학도서관, 정부기관의 도서관, 각 시·도 도서관을 포함한 공공도서관이 있다. 이들 가운데 많은 도서관들은 정책분석가가 관심을 가지고 있는 정책문제와 관련된 전문서적, 국내외에서 발간한 학술잡지, 석·박사 학위논문, 각급 학회에서 발행한 학회 논문집(proceedings), 대학교나 연구기관의 특별 논문집(occasional papers), 각종 신문 등을 다수 보유하고 있다. 각 도서관들은 소장한 자료에 대한 안내서를 발간하고 있으며, 소장 자료들을 컴퓨터를 구축하여 저장하고 있기 때문에 저자, 도서명 또는 검색하고자 하는 주제를 입력하면 쉽게 자료를 검색할 수 있다. 그러나 선진국에 비해서 우리의 도서관들은 아직 소장된 전문서적의 양이 적고, 특수 분야의 정책문제와 관련된 전문서적이나 학술지 등이 매우 부족한 실정이다.

중앙정부기관들이나 지방정부들도 자체적인 도서실이나 여러 가지 명칭의 문서보관소를 가지고 있다. 그러나 그에 못지않게 중요한 것은 정책과 관련된 아이디어와 경험을 가진 사람들(전문가들)을 보유하고 있다는 것이다. 많은 경우 이들 중앙정부기관이나 지방정부들은 관련 분야의 통계연보들을 발간하고, 인터넷 웹사이트를 운영하고 있어 정책분석가들은 여기에서 일차적인 자료들을 수집할 수 있다.

준공공기관, 전경련을 포함한 제 단체, 비영리 시민단체 등도 정기적으로 자료들을 수집하여 발간하기도 한다. 한국행정연구원, 한국지방행정연구원, 각 시도의 발전(개발)연구원, 한국개발연구원, 한국보건사회연구원, 한국여성개발원, 삼성경제연구소 등을 포함한 공사의 각 연구기관들은 각기 관련 전문분야의 자료들을 수집하여 보관하며, 연구보고서들을 발간한다. 한국행정학회, 한국정책학회, 한국경제학회, 한국사회학회, 한국정책분석평가학회, 미국평가학회(American Evaluation Association), 정책분석관리학회(Association of Public Policy Analysis and Management) 등을 포함한 국내외의 각 분야별 행정 및 정책, 경제, 보건, 사회복지, 환경, 교통, 지방행정 분야의 학회들은 정기적으로 학술지를 발간하고 학회 토론집을 발간하고 있다.

2) 자료 소스로서의 문서와 사람들

앞서 언급한 바와 같이 정책연구에서 대부분의 정보, 자료 및 아이디어의 소스는 문서(documents)와 사람들이다. 그러므로 이들 두 가지 소스들을 협의하고 참고하되 이들 두 가지 소스들과 번갈아가면서 협의하는 것이 바람직하다. 여기서 문서는 읽을 수 있는 모든 것, 즉 서적, 학술지에 실린 논문, 신문과 잡지, 정부 보고서, 통계자료, 기관간의 비망록, 토의자료(position paper), 각 기관에서 발행하는 블레틴 등을 지칭한다. 그리고 사람은 관련 분야에 경험과 전문지식을 가진 개인들과 그룹들을 포함한다. 정책문제연구는 때로는 어느 한 쪽에 더 비중을 두기도 하지만, 이들 두 가지 타입의 소스에 관한 조사들을 모두 포함한다.

실제 조사과정에서는 한 소스에서 다른 소스로 옮기기도 하고, 때로는 동일한 소스 내에서 한 매체에서 다른 매체로 옮기기도 한다. 즉 사람(전문가)에 대한 조사에서 알아낸 새로운 사실이나 아이디어들을 확인하거나 의문점에 대한 추가적인 질문을 위해 소개받거나 새로운 전문가로 알려진 다른 사람들로 조사의 대상을 옮기기도 한다. 이것이 사람에서 사람으로 조사 대상을 옮기는 경우이다. 때로는 조사대상으로 선정된 사람에게서 알아낸 정보를 토대로 읽어야 할 문서가 무엇인가를 알아내고, 이러한 정보를 토대로 새로운 문서를 구하여 읽기도 한다. 이것이 사람으로부터 문서로 조사대상을 옮기는 경우이다. 때로는 문서를 읽는 과정에서 알아낸 정보나 아이디어를 바탕으로 새로운 문서를 찾아서 읽거나 다른 새로운 사람들과 인터뷰를 하기도 한다. 전자는 문서에서 문서로, 후자는 문서에서 사람으로 조사대상을 옮기는 경우이다. 이와 같이 정책연구과정에서는 새로운 아이디어나 정보 및 자료들을 획득함에 따라 조사대상을 옮겨가면서 정책에 대한 아이디어들을 개발하고 발전시켜 나간다. 이러한 의미에서 정책연구의 과정은 끊임없이 계속되는 학습(learning)과 발전의 과정이라 할 수 있다.

3) 소스의 탐색과 지식의 탐색

정책분석 프로젝트를 시작하는 초기에 정책분석가는 꼭 알아야 할 것이 무엇인지를 잘 판단할 수 없는 불확실성과(목적에 대한 불확실성), 그리고 그것을 알아내기 위해서 어디를 향해서 가야 하는지를 모르는 불확실성(수단에 대한 불확실성)이라는 이중적 불확실성(dual uncertainty)에 직면한다. 이들은 한 유형의 불확실성의 감소가 다른 유형의 불확실성 감소의 결과인 동시에 조건이라는 점에서 상호 의존적이다.

먼저 분석가가 알아야 할 것이 무엇인가를 판단하는 데 대한 그의 아이디어가 분명할 때(목적이 분명할 때) 어떤 일이 일어나는지를 생각해 보자. 정책분석가는 그가 알아야 할 것이 무엇인가 하는 것이 분명하다면, 아이디어가 분명하지 않았다면 제외할 수도 있는 소스와 협의할 수 있고, 그의 목적이 무엇인지를 잘 알고 있다면,

좀 더 확실한 적실성을 가진 소스에 대한 탐색을 강화할 수도 있는 두 가지 가능성
이 동시에 있다. 이것은 목적이 수단을 결정하는 전통적인 연구모형이다. 즉 계속적
으로 발전하는 한 세트의 지식목적들(knowledge objectives)이 소스선택과 협의의 전
략을 형성하는 것이다. 이러한 접근방법은 다른 여타 사회과학 탐구에서와 마찬가
지로 정책분석에도 그대로 적용될 수 있다.

   그러나 정확하게 그 반대의 접근방법도 적용 가능하다. 적절한 자료의 소스를
찾는 것이 시간이나 에너지 면에서 비용이 많이 들기 때문에 분석가는 풍부한 자료
소스를 발견하면, 비록 원래의 지식목적에 충실하지 않고 빗나가는 감이 있을지라
도, 그 자료들을 깊이 있게 탐색하는 경우가 있는데 이것은 현명한 일이다. 예컨대
정책분석가가 어느 한 특정 도(예컨대 A도)의 범죄자들의 누범비율을 감소시키기
위한 정책대안을 마련하여 도 의회에 보고하려 한다고 가정해 보자. 정책분석가가
자료를 수집하는 과정에서 현재 관심을 가지고 있는 해당 도(A도)에는 과거에 수집
해 놓은 관련 자료들이 그렇게 많이 축적되어 있지 않을 수도 있다. 그런데 인접한
어떤 다른 도(예컨대 B도)에는 과거에 그러한 자료들을 수집하기 위해 많이 노력한
결과 범죄 통계에 관한 자료들이 풍부하게 축적되어 있다면, 그는 그 인접도(B도)
의 자료를 더 많이 수집하여 심층적인 분석을 할 수도 있는 것이다.

   이러한 류의 실용주의의 한 가지 위험성은, 분석가가 바로 이웃한 다른 곳에
훨씬 더 풍부한 또 다른 자료의 소스가 있다는 것을 모른 채, 현재 풍부한 자료의
소스인 것처럼 보이는 곳에만 너무 많은 시간과 노력을 허비할 수도 있다는 것이
다. 그러므로 초기에 여러 가지 가능한 소스들을 조사하고, 정책영역과 그것을 학습
하는 데 어떤 수단들이 있는지에 대하여 광범위에 걸쳐서 개괄적으로 검토하는 데
더 많은 시간을 투입하는 것이 현명한 것이다. 초기에 이와 같이 여러 가지 가능한
소스들을 조사한 후에 드물게 풍부한 것으로 보이는 소스에 되돌아 올 수도 있는
것이다. 이렇게 하는 것이 소스가 분석가를 가이드 할 위험을 피하도록 하고, 분석
가가 좀 더 바람직하고 가능한 것을 찾는다는 지식목적의 시각을 잃어버릴 수 있도
록 하는 위험으로부터 분석가를 보호해 줄 수 있다. 그러므로 최종 분석에서는 목
적(지식)이 수단(소스)을 지배하는 전통적인 모형과 손에 가지고 있는 수단으로부터
목적이 나온다는 실용적 모형 간의 균형을 이루도록 하여야 한다.

제 2 절 자료의 수집

대표적인 자료수집방법에는 문헌조사, 인터뷰 및 서베이(survey)가 있다. 이들 세 가지 자료수집방법 가운데 조사는 사회조사방법론, 행정조사방법론 등 별도의 분야로 다뤄지고 있기 때문에[2] 여기에서는 사회조사방법론에서 비교적 깊이 다루지 않는 정책분석과 관련된 문헌조사와 인터뷰에 초점을 맞추고자 한다.

또한 조사된 자료의 통계분석은 사회조사방법이나 행정계량분석에서 다루고 있으므로 관련 분야 서적을 참고하면 도움이 될 것이다.[3]

1. 문헌조사

1) 도서관의 정보

"태양 아래 아무 것도 새로운 것은 없다"는 격언은 정책분석에도 그대로 적용된다. 대부분의 문제들은 다른 상황에서 누군가에 의하여 언급되었다. 대부분의 정책분야에는 국내외의 학술지들이 있으므로 먼저 이러한 학술지들을 참고하여 분석가가 당면하고 있는 문제와 관련된 주제의 논문들을 찾아 읽는 것으로부터 자료탐색을 시작한다. 어떤 논문들을 읽고 필요하면 인용된 참고문헌을 다시 찾아 읽으면서 아이디어를 정리해 간다. 국내에서 발간되고 있는 정책분야 학술지로는 한국정책학회보, 한국정책분석평가학회보 등을 들 수 있으며, 각 정책분야별로 학술지들이 발간되고 있다. 영문 학술지로는 미국 정책분석 관리학회지(*The Journal of Policy Analysis and Management*)와 같은 정책과정 중심의 학술지를 비롯하여[4] 각 전문영역별로 많은 학술지들이 발간되고 있다. 학술지 이외에 현재 당면하고 있는 주제와 관련된 전문서적들은 도서관에서 컴퓨터에 기초한 레퍼런스 시스템(computer-based reference system)을 이용하여 검색할 수 있다. 찾고자 하는 주제 또는 저자를 입력

---

2) 조사(survey)에 의하여 자료를 수집하는 방법에 대해서는 남궁근, 2001; 홍두승, 1987 참조.
3) 기초적인 통계분석에 대해서는 노화준, 1989 참조.
4) 정책과정 중심으로 영어로 발표되고 있는 그 외의 중요 학술지로는 *The Public Interest, Policy Studies Review, The Policy Studies Journal, The Journal of Public Policy,* Canadian Public Policy 등을 참고할 수 있다. 정책 및 관련된 영문 학술지의 리스트에 대해서는 Weimer and Vining, 1999: 296-303 참조.

하여 도서관이 소장하고 있는 전문서적을 검색하거나 도서관 사서의 도움을 받아 읽고자 하는 도서들을 찾을 수 있다. 다만 외국의 도서관에 비하여 국내 도서관들은 소장하고 있는 학술지나 전문 서적이 매우 빈약하다는 것이 제약점이다.

정책분석문제와 관련된 석사학위나 박사학위 논문들도 정책문제를 이해하고 자료의 소스를 알아내는 데 도움이 된다. 대부분의 대학 도서관들은 자기 대학교를 졸업한 석·박사 학위논문들을 소장하고 있으며, 국회도서관은 매년 전국 각 대학교의 석·박사학위 논문들을 수집하고 있다. 때로는 학술지 논문이나 석·박사 학위 논문들이 발간된 지 수년을 경과하여 현재 당면하고 있는 문제와 관련하여 적실성이 떨어질 수도 있다. 이러한 경우에는 각종의 최신 통계자료들을 조사하여 보완적 분석을 해야 한다.

신문들은 현재의 정책 이슈에 대하여 많은 정보의 소스를 제공해 준다. 대부분의 신문들은 인터넷 웹사이트에 최근 자료들을 몇 가지 카테고리로 분류하여 검색할 수 있도록 정보를 제공하고 있다.

2) 정부기관의 정보

대부분의 중앙정부 기관에서는 통계연보를 발행하고 있으며, 지방정부에서도 통계연보를 발행하는 경우가 많다. 그리고 여러 가지 형태로 당해 기관의 활동들을 기술한 책자들을 발행하고 있으며, 국회나 지방의회의 요구에 응답하기 위하여 질의에 응답하는 보고서들을 제출하고 있다. 이러한 문서들은 정부기관의 도서관, 자료실 등에 보관되어 있기도 하고, 업무를 담당하는 국·과에서 보관하고 있기도 하다. 그리고 최근에 국회를 통과한 법이나 시행령들을 포함하여 정부기관이 발행한 문서들 가운데 일반 국민들에게 공개 가능한 자료들은 각 기관의 인터넷 홈페이지에 수록되어 관심을 가진 사람들의 접근이 가능하다.

3) 공공기관들의 관리기록과 통계자료

각 공공기관들이 보유하고 있는 파일들(files)은 정책과 관련된 풍부한 정보들을 포함하고 있다. 열쇠는 어떻게 이들 파일에 접근하느냐 하는 것이다. 교육청, 병원, 상공회의소 등을 포함한 대부분의 공공기관들은 정기적인 프로그램 정보를 보유하고 있다. 그러나 이러한 정보의 질(quality)은 천차만별이다. 그리고 이들 기록들이 잘 집대성되지 못한 경우도 허다하다. 또 집대성되어 있는 경우라 할지라도 그 자료들을 분류한 카테고리나 정의들이 정책분석가가 필요로 하는 것과 일치하지 않거나, 카테고리에 포함되어야 할 자료가 부분적으로 누락되어 있기도 하고, 표를 작성하는 데 사용된 분류기간의 길이가 동일하지 않은 경우도 있으며, 기록의 실무 작업이 기간에 따라 변화하기도 한다. 자료들이 어떻게 기록되었는지를 담당자에게 물어서 확인하는 것도 자료의 질을 판단하는 데 중요하다. 즉 자료를 기록하는 책임을 맡은 사람이 있었는지, 그리고 자료를 수집하고 보고하는 것을 표준화하기 위하여 어떠한 노력을 기울였는가를 질문하여야 한다. 이러한 요인들은 자료의 질적 수준을 좌우하기 때문이다.

기관이나 프로그램 기록들의 단점에도 불구하고 이들을 놓쳐서는 안 된다. 이들 기록들은 역사적인 또는 어떤 추세를 나타내는 유일한 자료의 소스일 수도 있고, 이들 자료들을 재구조화하고 검토하는 데 요구되는 시간과 노력들은 그만한 보상을 가져올 수 있다. 그러므로 이 자료들을 사용해서 간단한 분석을 할 수 있을지 또는 어떤 알려진 사실을 재현할 수 있을지 하는 것과 같은, 자료의 질과 일관성을 신속하게 체크해 보는 것이 바람직하다.

4) 인터넷 웹사이트

정책문제에 대한 개념과 이론의 변화, 새로운 이슈에 대한 많은 정보들을 인터넷 웹사이트를 이용해서 탐색할 수 있다. 많은 검색 인터넷 웹사이트들이 발전되고 있다. 널리 이용되고 있는 자료 검색을 위한 인터넷 웹사이트의 예로는 www.google.com과 www.msn.com 등을 들 수 있다.

예를 들어 www.google.com을 이용해서 사회적 자본(social capital)의 개념과 연구동향 등에 대해서 알아보고자 하는 경우 www.google.com이나 www.google.co.kr에 들어간다. 사회적 자본에 대한 정보를 얻고자 하는 경우를 예를 들어 보면, 만일 한국어로 찾고자 하면, 첫화면 검색창에 "사회적 자본"을 입력하고, 검색버튼을 누르면 된다. 만일 영어로 찾고자 하면, 첫화면에서 google.com in English를 선택한 후 바뀐창에 "social capital"을 입력하고 search버튼을 누르면 된다. 그러면 컴퓨터 화면에서 social capital(사회적 자본)에 대한 각종의 연구결과나 그것을 전문적으로 연구하는 웹사이트들이 소개된다. 여기에서 정책분석가가 원하는 연구결과를 참고하거나, 웹사이트들을 찾아가면 원하는 더 많은 논문들이나 정보 및 자료들을 출력해 낼 수 있다.

5) 관   찰

연구에서 관찰법의 활용은 사회과학 조사방법론 책들에 잘 소개되어 있다. 관찰은 프로그램 영향을 문서화하는 데 사용되는 사후적인 프로그램 자료(post program data)나 사전적 프로그램 자료(preprogram data)를 포함한 정책자료의 중요한 소스이다. 어떤 주어진 정책 이슈에 대하여 그들이 어떻게 느끼는지를 사람들에게 물어보는 대신에 그들의 행태를 추적할 수 있다. 사람들이 자동차 속도제한을 준수하고 있는가, 공장을 운영하고 있는 사람들이 법에 규정된 대로 오염물질들을 정화하여 배출하고 있는가 하는 것을 관찰하는 것이다. 정책이슈와 관련된 문제에 대하여 주의 깊게 설계된 관찰을 통하여 짧은 기간 내에 유용한 자료들을 산출해 낼 수 있다. 그러나 관찰은 어떤 대상자들의 활동이나 행태들을 일정한 기간 동안 관찰하고 표준화된 기록절차를 발전시키며, 자료기록을 위하여 사전에 결정된 카테고리들을 고안하고, 수집된 자료들이 대표성을 가진다는 것을 확인할 수 있는 다른 스텝(steps)들을 취할 때 하나의 유용한 연구방법이 될 수 있다.

관찰은 프로그램의 운용에 대하여 또는 어떤 한 그룹이나 조직이 경험한 문제에 대하여 신속하게 통찰력을 제공할 수 있다. 관찰은 또 관찰 대상자들이 자신들이 관찰되고 있다는 것을 의식하게 함으로써 그들의 행동을 변화하게 하는 호손효과(Hawthorne effects)를 일으키는 문제를 야기하기도 한다.[5] 관찰은 시간 소비적인 것일 수도 있고, 관찰의 정확성이 관찰자의 능력에 의존할 수도 있으며, 관찰자가 외적 변수에 대한 통제력을 거의 가지지 못하는 경우도 있다. 관찰은 많은 경우 계량화되기 어려우며, 또한 대부분 소규모 표본에 의존하는 등 여러 가지 제약점들도 아울러 가지고 있다. 관찰에 의하여 수집된 자료들이 일화와 같은(anecdotal) 성격의 자료들을 제공해 줄지라도 그 내용 자체는 유용한 경우가 많다. 관찰은 정책분석가가 문제에 대하여 통찰력을 얻는 데 도움을 줄 수 있고, 다른 소스로부터 얻은 자료들의 질을 체크하는 데 도움을 줄 수도 있다.

---

5) 호손 효과(Hawthorn Effect)란 연구의 대상이 되는 사람들이 자신들이 관찰의 대상이라는 것을 인식하고 연구자의 의도에 맞도록 그들의 행태를 변화시키는 현상이다.

2. 인 터 뷰

1) 정책정보를 위한 인터뷰의 의의

정책연구에서 관련 분야의 정보통으로 알려져 있는 전문가들과 인터뷰를 하는 것은 자료를 식별하고 수집하는 중요한 방법의 하나이다. 대규모 인터뷰 방법은 사회조사, 표준화된 설문조사와 아울러 중요한 정책자료의 수집방법으로 활용되어 왔다. 이 조사방법들은 일반적으로 대규모 모집단에서 무작위 표본추출방법(random sampling)으로 추출된 사람들로부터 자료를 추출하는 것이다. 엘리트에 대한 전문화된 인터뷰(specialized interview)는 다수의 사람들에 대한 인터뷰 노력과는 다르다.[6]

전문화된 인터뷰는 어떤 특수한 사건이나 과정들에 대한 전문적인 지식을 가진 사람으로서 분석가에 의해서 선택된 핵심적인 사람들을 대상으로 비표준화된 정보들을 수집하는 방법이다(Dexter, 1970; Murphy, 1980). 이 비표준화된 인터뷰 방법을 집중적인 인터뷰 방법(intensive interviewing)이라 부르기도 한다. 이와 관련해서 반표준화된 접근방법(semistandardized approach)은 초점을 맞춘 인터뷰 방법이라 부른다.

정책분석가들은 엘리트 인터뷰 방법을 신속하고 기본적인 자료수집방법으로 사용한다. 그들은 이 접근방법을 응답자들이 어떤 문제에 대한 대답을 글로 작성하기를 원하지 않을 때, 계량적인 정보를 획득하기 어려울 때, 대규모 인터뷰 조사요원으로 고용된 사람들이 새로 대두되고 있는 정책문제의 복잡성에 대하여 둔감할 때, 그리고 단기간 동안 수행해야 할 프로젝트나 관련분야의 문헌이 없거나 적은 새로운 토픽(topics)에 관한 자료를 수집하고자 할 때 사용한다. 이러한 경우 정책분석가들은 관련된 기관에서 일하는 사람, 프로그램 참여자들 및 인쇄되어 공개되지 않은 문서들에 접근 가능한 사람들과 같은 전문가들의 통찰력을 얻을 필요가 있는 것이다.

2) 조사적 접근

정책분석가는 심각한 시간적 제약하에서 이론적 질문이 아닌 응용적 질문에 대답하기 위해서 노력한다. 그러므로 분석가들은 자료를 수집할 때 조사적 접근방법

---

6) 엘리트 인터뷰(집중적 인터뷰)란 어떤 특별한 사건이나 과정에 전문적 지식을 가진 핵심적인 사람들로부터 비표준화된(nonstandardized) 정보를 수집하는 인터뷰과정을 말한다.

(investigative approach)을 필요로 한다. 전문가들은 과거에 표(table)로 작성된 적이 없는 자료들을 찾는 데 있어서 이들 공표되지 않은 자료들이 어디에 소재하고 있는지, 그리고 누구를 만나는 것이 좋은지 등에 대해 가장 잘 알고 있는 최선의 자료 소스이다. 전문가들의 초기 아이디어들에 대한 반응은 분석가의 문제정의에 도움을 줄 수 있다. 그들은 분석가가 조사 설문지를 작성하는 데 유용한 정보를 제공하며, 인터뷰할 수 있는 사람들의 리스트 작성을 도와줄 수 있다.

만일 분석가들이 몇 가지 원칙들을 충실하게 따른다면 좀 더 정확하고 일관성 있는 자료들을 수집할 수 있다. 그러므로 누구도 절대적으로 좋은 자료들을 수집할 수는 없지만, 이러한 원칙들을 알고 있는 분석가들은 새로운 영역이나 변화하고 있는 영역에서 유용한 정보들을 획득할 좀 더 좋은 기회를 가질 수 있다. 분석가가 처음으로 이러한 유형의 조사적 접근을 할 때에는 누구를 인터뷰할 것인가, 최초에 어떻게 접근할 것인가, 그리고 어떻게 민감한 정보들을 획득할 것인가 하는 의문들이 있기 마련이다. 분석가의 자료수집전략은 분석을 위해서 어떤 정보들이 필요한가를 잘 이해함으로써 형성되어야 한다. 대부분의 상황에서는 다음과 같은 유형의 정보들, 즉 역사적 배경과 상황(context)에 관한 자료, 기본적인 사실(facts), 주요 행위자들의 정치적 태도와 자원, 미래에 대한 예측과 전망, 추가적인 접촉과 추가적인 자료들(materials) 가운데 몇 가지 정보들이 필요하다.

3) 인터뷰 포맷

정보의 필요성들이 결정된 후에만, 분석가들은 그러한 필요에 부응할 수 있는 가장 적절한 전략들을 결정할 수 있다. 이때 결정해야 할 중요한 의사결정의 하나는 인터뷰 포맷(format)이 구조화된(structured) 것이냐 아니면 구조화되지 않은 것이냐, 그리고 질문들이 개방형(open-ended)이냐, 폐쇄형(closed-ended)이냐 하는 것이다. 여기서 구조화된 인터뷰 포맷이란 인터뷰를 담당하는 사람이 물어보고자 하는 한 세트의 질문들이 사전에 준비되어 있는 반면, 구조화되지 않은 인터뷰 포맷이란 질문하는 과정에서 앞에서 던진 질문에 어떻게 대답하느냐에 따라 새로운 질문들을 계속 만드는 것을 허용하는 질문형태이다.

이 가운데 구조화되지 않은 인터뷰 포맷은 분석가에게 응답자가 대답하는 과정에서 나타날 수 있는 일관성이 없는 응답에 대하여 분석가가 더 깊이 질문하고 알아낼 수 있는 기회를 준다. 한편 개방형 질문은 응답의 방법과 범위가 사전에 결정된 것에 한정되지 않으며, 폐쇄형 질문은 질문에 대한 응답으로 사전에 결정하여 제시된 한정된 한 세트의 응답 가운데 하나 또는 몇 개를 선택하여 대답하도록 하는 질문 형태이다. 각 유형의 질문들과 포맷들은 각각 장단점을 가지고 있다. 그렇기 때문에 어떤 유형의 질문과 포맷을 선택하느냐는 질문의 표현과 분석하고자 하는 주제가 이미 얼마나 알려져 있느냐에 따라 달라진다. 일반적으로 분석의 초기에 질문자는 응답자가 새로운 이슈들을 제기할 수 있는 자유를 주기를 원하므로 좀 더 비구조화된 유형의 질문과 개방형 포맷의 질문을 선호할 것이다.

인터뷰 포맷의 선택은 또한 응답자의 스타일과 지위를 고려하여 이루어져야 한다. 어떤 전문가들은 사전에 결정된 질문들에 대한 한 세트의 응답들 가운데에서 대답을 선택하는 것을 싫어할 수도 있다. 그리고 주제의 내용이 복잡하거나 민감할 때에도 미리 구조화된 것을 피하려는 경향이 있다. 복잡한 이슈에 대한 질문들에 대해서는 응답자는 어떤 일화나 관련된 스토리들(stories)을 이야기함으로써 응답에 대신하는 수도 있다. 그러므로 응답자들이 정책이슈의 미묘성(subtleties)이나 뉘앙스를 묘사할 기회를 주도록 하는 것이 바람직하다(Patton and Sawicki, 1993: 99-100).

또한 필요한 정보의 유형도 고려해야 한다. 많은 수의 표본에 대한 조사를 토대로 태도에 관한 자료들이 요구되는 경우 표의 작성과 분석의 편의를 위해서는 구조화되고 폐쇄된 형태의 질문들이 필요할 것이다. 이와 반대로 분석가가 어떤 한 정책이슈를 둘러싼 정치적 환경을 이해하고자 하는 경우에는 응답자에게 융통성을 부여하는 것이 바람직하다. 이러한 경우 정보는 분석을 위하여 미리 확정된 포맷을 필요로 하지 않는다. 그러므로 분석가는 좀 더 심층적 분석과 이해를 위해 균형성(symmetry)을 희생할 수도 있다.

4) 정책정보 수집을 위한 인터뷰 대상자의 선택

정책분석을 위해서는 여러 가지 유형의 전문가들과 인터뷰할 필요가 있다. 어떤 전문가들은 정책 대안을 분석하는 데 필요한 광범위한 기초적 사실들을 알고 있는가 하면, 어떤 전문가들은 관련된 분야에서의 오랜 경험으로 새로운 정책분야에 외삽법을 사용하여 예측을 가능하게 도와줄 수도 있다. 물론 앞에서 언급한 바와 같이 중요한 문헌 검토를 통하여 잠재적인 접촉 대상자들의 리스트를 확보할 수도 있다. 그러나 어떤 목적을 위하여 누구를 인터뷰할 것이냐를 정하는 것은 쉬운 일이 아니다. 그러므로 먼저 정책과 관련된 기관의 내부 인사들이나 다른 분석가들의 조언을 구하면 도움이 될 수 있다. 인터뷰 대상자는 전문가들이 무엇을 알고 있는 지 뿐만 아니라 그들이 누구를 알고 있는지까지도 고려하여 선택하여야 한다. 왜냐 하면 그들이 충분한 정보를 가지고 있지 못할지라도 분석가에게 정책이슈에 대하여 더 정통한 자료와 정보 및 아이디어를 가지고 있는 다른 전문가들을 지적해 줄 수 도 있기 때문이다.

5) 정보 제공자에 대한 고무

인터뷰는 정보제공자와 연구자 간에 진행되는 상호작용 과정이다. 이 과정에서 주된 에너지소스는 연구자가 아니고 정보제공자가 되어야 한다. 연구자는 정보제공 자가 말하도록, 그리고 말을 계속하도록 고무해야 하며, 일단 적절한 계기가 주어지 면 연구자의 역할은 방향을 설정하고, 재설정하며, 너무 빠른 경우 속도를 조절하 고, 정보제공자의 말들을 크로스 체크하는 것이 되어야 한다. 이 절차는 정보제공자 가 자기 스스로 상황을 정의하고, 인터뷰과정을 통제한다는 감(感)을 느낄 수 있도 록 하는 것이 되어야 한다. 이러한 느낌은 정보제공자가 그의 마음을 이야기하는 데 좀 더 편안함을 느끼도록 할 것이다. 인터뷰를 조사의 한 과정으로 포함하는 대 부분의 사회과학 연구에서 인터뷰를 하는 사람은 가능한 한 응답자가 말하는 자료 들을 기록하는 중립적인 도구로 가정된다. 그러나 정책 연구를 위한 인터뷰의 경우 에는 이 모형은 적합하지 않다(Bardach, 2000: 60-61). 정보제공자는 연구자가 중립적 인 도구 이상의 어떤 것이 되어야 한다고 전제한다. 연구자가 하는 작업의 전체적 인 목적은 어떤 정책건의에 도달하는 것이고, 그렇기 때문에 연구자가 잘 맞지 않 는 위장된 모습으로 비추어지도록 노력하는 것은 현명한 행동이 아니기 때문이다.

그러므로 연구자는 도발적으로 정보제공자를 탐색하거나 자기 주장적인 질문이 나 코멘트를 하는 것을 꺼릴 필요가 없다. 이러한 것들은 정보제공자의 위트(wits) 를 좀 더 날카롭게 하고, 그의 기억력을 고무시킬 수 있으며, 나아가서는 정보제공 자의 에너지가 전체 인터뷰과정에 녹아들도록 그의 심리적 기제(metabolism)를 충분 히 높이도록 작용할 것이다. 만일 좀 더 교묘하게 처리(finesse)한다면, 정보제공자 는 자극을 오히려 감사하게 생각할 것이다. 이러한 연구자의 교묘한 처리는 닫힌 마음(closed mind)이나 적대적인 것같이 보이지 않는 자기주장(argumentative)으로 구성된다. 정보제공자가 원한다면 현재 이야기하고 있는 토픽으로부터 다른 토픽으 로 적절하게 옮겨갈 수 있도록 자기 주장적인 말을 끄집어낼 수도 있다. 그렇게 함으로써 연구자는 응답자가 어색한 침묵에 빠지지 않도록 응답자의 에너지를 항상 높은 상태로 유지시킬 수 있다.

3. 빠른 서베이

정책분석가는 문헌조사 및 인터뷰와 동시에 또는 이를 대신하여 서베이(survey) 가 필요하다고 판단할 수도 있다. 그러나 시간이나 예산상의 제약으로 사회과학 연구에서 사용되는 조사방법론을 통하여 본격적인 서베이를 하지 못하고 빠른 서베이 (quick survey)를 수행해야만 하는 경우도 있다. 그러므로 분석가는 서베이가 필요한 경우 먼저 본격적인 서베이를 실시해야 하는 상황인지, 아니면 빠른 서베이만으로 끝내야 할 상황인지를 판단해야 한다. 빠른 서베이를 실시하는 경우 모집단 전체에 대한 서베이보다는 모집단으로부터 추출한 표본서베이, 특히 소규모의 표본서베이 를 수행하는 경우가 많다. 다음에는 서베이와 관련된 기본적인 개념들을 간략하게 설명하고자 한다.

1) 서베이의 유형

서베이(survey)를 실시하기로 한 경우에는 서베이시행 전에 서베이결과를 어떻게 활용할 것인지를 미리 결정해야 한다. 이는 서베이결과를 어느 특정한 시점의 상태를 기술하는 데 사용할 것인가 또는 일정한 기간의 상태들을 기술하는 데 사용할 것인가 를 결정하는 것을 말한다. 첫번째 유형의 서베이를 하나의 단일한 모집단의 횡단면적 서베이(cross-sectional survey)라 하고, 후자를 종단면적(longitudinal) 서베이라 한다.

횡단면적 서베이에서는 하나의 모집단 또는 어느 한 시점에서 여러 타깃 모집 단들의 자료들을 수집한다. 그리고 이렇게 수집한 자료들을 통하여 이들 여러 모집 단들의 특성들을 여러 차원들, 예컨대 소득, 교육, 주택의 소유여부, 연령 등의 차원 에서 비교검토해 볼 수 있고, 이들 모집단 가운데에서 어느 한 모집단 또는 어느 한 하위 집단 내의 특성들을 비교해 볼 수도 있다. 종단면적 서베이에서는 여러 시점에 서 하나 또는 몇 개의 하위집단들의 특성에 관한 자료들을 비교하기 위하여 자료들 을 수집한다. 예컨대 어떤 정책에 대하여 그것이 이슈가 되기 전과 이슈화가 된 후, 또는 집행하기 전과 집행한 후 응답 간에 차이가 있는지를 검토하기 위하여 자료들 을 수집한다. 수집한 자료들을 사용하여 필요에 따라 여러 시기에 걸쳐서 추세분석을 할 수도 있고, 정책에 대한 논의가 개시된 후에만 국한하여 분석을 할 수도 있다.

2) 서베이의 방법

서베이의 방법들(survey methods)에는 우편조사, 전화조사 그리고 각 개인에 대한 대면조사 등이 있는데 각각 장단점들을 가지고 있다. 우편조사의 결점은 응답자가 그것을 무시하는 경향이 많아서 응답 비율이 매우 낮고, 그 결과 대표성 없는 표본이 될 수 있다. 그러나 우편조사는 다른 자료수집 방법에 비해 조사요원의 시간이 비교적 적게 소요된다는 이점이 있어 널리 활용된다. 전화조사는 비교적 비용이 적게 들고 시간이 절약된다는 이점이 있지만 전화번호부에 등재되지 않은 사람들은 조사대상에서 제외됨으로써 대표성 확보에 문제가 있다. 직접 사람을 대면하는 인터뷰 조사는 복잡한 이슈나 시각적 또는 역사적 요소들을 포함하는 이슈에 관한 자료들을 수집할 때 바람직한 방법이다. 또 인터뷰 방법은 교육을 잘 받지 못한 사람들이나 우편조사에 답을 하지 않는 사람들에 대한 조사에 유용하다. 인터뷰 조사방법은 조사요원이 잘 훈련되어야 하며, 그렇지 않은 경우에는 응답자의 답변에 영향을 미칠 수 있다는 제약점이 있다.

3) 표본의 추출

표본조사에서 표본의 추출은 모집단을 대표할 수 있도록 표본의 크기가 충분히 커야 한다. 표본추출방법에는 확률적 표본추출방법과 비확률적 표본추출방법이 있다. 확률적 표본추출방법으로는 무작위적 표본추출방법(random sampling), 체계적 표본추출방법(systematic sampling), 층화표본추출방법(stratified sampling), 군집표본추출방법(clustered sampling) 등이 널리 활용된다.[7] 비확률적 표본추출방법으로는 할

---

7) 무작위표본추출은 모집단의 모든 단위들이 표본으로 추출될 확률이 동일하도록 표본을 추출하는 방법이다. 일반적으로 모집단의 표본추출단위에 대한 리스트를 작성하고, 난수표(random number table)를 이용하여 표본을 추출한다.
   체계적 표본추출은 어떤 리스트에 올라 있는 표본단위를 일정한 간격으로 추출함으로써 무작위 표본추출을 하는 것과 같은 표본추출방법이다.
   층화표본추출은 모집단을 몇 개의 중요한 동질적인 하위모집단으로 나누고 각 하위 모집단으로부터 적절한 크기의 표본을 확보할 수 있도록 표본을 추출하는 기법이다.
   군집표본추출은 모집단을 몇 개의 하위모집단으로 나누는데 이때 이들 하위모집단 내에는 이질적인 요소들이 포함되고 각 하위모집단 간에는 거의 차이가 없는 (예컨대, 선거여론조사 시 전국을 몇 개의 도와 광역시로 나누는 것) 집단으로 나누어 각각의 하위모집단으로부터 표본을 추출하는 방법이다. 집락표본추출 또는 지역표본추출이라 부르기도 한다.

당표본추출, 편의적 표본추출 등이 활용되는데, 표본의 대표성확보가 어렵다는 것이
제약점이다.

제 3 절   자료분석과 커뮤니케이션 및 기타 고려사항

1. 기본적인 자료분석과 분석결과에 대한 커뮤니케이션

1) 기본적인 자료분석

자료분석은 추출해 내고자 하는 정보가 무엇이냐에 따라 기본적인 통계분석 방
법이나 여러 가지 정책분석기법들을 활용한다. 기본적인 통계적 자료분석은 기술통
계(descriptive statistics)와 추측통계(inference statistics)를 이용하여 이루어진다. 이러
한 방법을 다루는 통계학에 관한 서적들이 많이 보급되어 있어 기초지식을 용이하
게 얻을 수 있다. 이 책에서는 다음 몇 개의 장에 걸쳐서 중요한 정책분석기법들을
다루게 될 것이다.

2) 분석결과에 대한 커뮤니케이션

보고서의 작성은 분석가가 그들의 고객에게 얼마나 효과적으로 커뮤니케이션
하느냐와 관련된 것이다. 만일 보고서 작성이 늦어지면, 아무리 좋은 분석이라 해도
무용지물이 될 것이다. 그리고 그 내용이 이해하기 어렵다면, 애써 작성한 보고서가
별로 활용되지 못할 것이다. 단순하고, 정확하며, 잘 문서화된(well documented) 공
정한 보고서는 분석결과를 효과적으로 전달하는 데 필요한 기본 요건이다.

대부분의 정책분석가들은 다른 분석가들이 아니라 고객인 독자들을 위하여 보
고서를 작성한다. 그러므로 분석가가 독자들을 자신이 의도하는 방식으로 확신시키
기 위해서는 생소한 전문용어(jargon)의 사용을 피하고, 필요 이상의 장황한 기술을
피하며, 간단명료한 문장을 사용하여 필요한 정보만을 기술하도록 하여야 한다.

사용된 자료는 정확(accurate)해야 한다. 그러므로 사실을 검증하고, 계산결과를
검토해야 한다. 만일 분석가가 어떤 것을 추측(speculation)한 경우에는 이를 명시적
으로 나타내야 한다. 그리고 의견과 사실을 구별해야 한다. 정확성은 또한 완전성을
의미한다. 보고서에 모든 세부적인 사항들을 다 포함하지는 못하겠지만, 포함될 사

항들을 선택함에 있어서는 분석가의 개인적인 입장과 대립되는 사실들을 무시해서는 안 된다. 보고서를 문서로 작성함에 있어서는 분석가의 분석결과가 다른 분석가들에 의해서도 반복(replicate)될 수 있도록 해야 한다. 그렇게 하기 위해서는 모든 것들을 잘 문서화해서 분석가가 사용한 사실들이 체크될 수 있고, 제3자에 의해서 분석이 다시 실시되면 분석가가 도달했던 것과 동일한 결론에 도달될 수 있어야 한다. 분석가는 자신이 수행한 분석작업의 단점에 대해서 비판적이어야 하며 변명을 늘어놓아서는 안 된다. 분석가가 전제해야만 했던 가정들과 단순화한 방법들(shortcuts)을 보고하는 것이 바람직하다. 분석가가 늘어놓은 사과성 변명들은 분석가가 내린 결론에 대한 신뢰성을 떨어뜨림으로써 분석결과 도달된 결론은 채택하지 않을 가능성을 높인다. 의사전달의 공평성(fairness)은 주요한 여러 가지 대안적 견해들과 설명들을 보고함으로써 확보할 수 있다. 그러므로 다른 대안적인 관점들을 지지할 수 있는 사실들도 있는 그대로 제시해야 한다. 분석과정에서 사용한 다른 사람들의 아이디어나 보고서들은 그대로 인용하여야 한다.

3) 보고서의 체제

보고서의 체제는 보고서를 읽는 사람들에 대한 안내도(road map)이다. 그러므로 보고서는 이해하기 용이한 부분들로 구성되어야 한다. 그리고 분석가는 독자들에게 하나의 주제로부터 다른 주제로 옮겨 가고자 하는 이유를 분명히 해야 한다. 정책건의를 부각시켜야 하며, 첫페이지(front page)에 그것을 명시해야 한다. 그리고 핵심적인 사항과 정책적 함의들을 부각시켜야 한다. 보고서의 작성체제는 여러 가지가 가능하겠지만 대체로 다음과 같은 것이 표준적인 체제로 널리 사용되고 있다.

1. 요약
2. 문제의 정의
3. 평가의 기준
4. 대안들
5. 분석과 비교
6. 결론
7. 다음 조치(next step) 등

널리 활용되고 있는 또 다른 접근 방법의 하나는 결론을 맨처음에 위치시키고, 그러한 결론에 도달되도록 하는 이유(rationale)의 내용을 요약하고 기대되는 결과들을 제시하는 것이다. 이러한 접근방법은 브리핑 차트의 작성이나 간단한 메모(memo)의 작성에 효과적이다. 대부분의 정책분석의 고객들은 분석가가 어떻게 그러한 결론에 도달했는가 하는 것보다 일차적으로 결론에 더 관심을 가진다는 사실을 염두에 두어야 한다.

2. 기타의 고려사항

정책분석과정이나 정책분석결과의 보고과정에서는 다른 사회과학연구와는 다른 문제들이 제기된다. 그 중의 하나가 신뢰성 보호(protecting credibility)의 문제이다.

다른 사회과학연구와 마찬가지로 정책분석연구도 종국에 가서는 지적기반(intellectual ground)에 대한 비판을 면하기 어렵다. 그러나 사회과학연구와는 달리 정책연구는 정치적 기반이 훨씬 더 취약하며, 정책연구의 주제에 대한 공격에 취약한 것이 사실이다. 사회과학 연구에서는 주제가 연구의 산출물에 심각한 비판의 대상이 되는 경우는 드물다. 그러나 정책연구에 있어서 비판은 불가피하다. 그러므로 정책분석가는 지적인 공격과 아울러 정치적인 동기에서 자행되는 공격으로부터 분석결과에 대한 정치적 신뢰(credibility)를 확보하기 위한 절차를 취해야 한다.

사회과학연구와는 달리 정책분석은 지적인 계몽(intellectual enlightenment)을 위한 것이 아니다. 물론 정책분석의 부산물로 그러한 지적인 계몽이 가능할 수도 있다. 그러나 정책분석의 목적은 정책문제에 대한 정책 관련자들의 이해를 높이고, 책임있는 행동노선을 창도할 수 있는 정도에 이르기까지 그 정책문제를 극복할 수 있는 수단에 대한 이해를 높이는 데 있다. 사회과학연구가 전형적으로 좁게 한정된 문제에 대해서 좀 더 정제된 해석을 하려는 것과는 대조적으로 정책분석은 전형적으로 폭넓고 복잡한 현상을 다루면서 사실(truth)에 대한 아주 개괄적인 추정에 만족한다. 정책 분석연구가 이와 같은 총체적이고 개괄적인 성격을 띠기 때문에 정치적인 비판을 불러일으킨다.

그러므로 정책분석연구자가 그 자신을 보호할 수 있는 장치를 어떻게 마련하느냐 하는 것은 중요한 일이 아닐 수 없다(Bardach, 2000: 67-68). 첫째, 분석가는 후에 자기(또는 기관의 이해관계)를 무시했다고 주장하면서 보고서(report)의 기초를 위태

롭게 할지도 모를 개인(기관의 이해)의 베이스(base)를 터치(touch)해야 한다. 그렇게 예상되는 상대방에 대해서는 그들의 견해를 고려하였다는 증거로 보고서에 사전에 그들을 인터뷰한 내용을 인용하는 것이 비판을 최소화할 수 있는 좋은 아이디어라 할 수 있다. 둘째, 분석가가 특히 불확실하다고 느끼는 사항에 대해서는 관점이나 견해 또는 추정(estimates) 등을 둘러댈 수 있는 지적 또는 정치적 권위를 가진 전문가나 이에 상응하는 사람들을 찾도록 노력하여야 한다. 이미 출판된 소스를 인용하거나 인터뷰 내용을 인용하는 것도 좋은 방법이다. 셋째, 분석가는 특히 누가 잠재적인 적대자가 될 것인지에 대하여 특히 주의를 집중하고, 그들이 비판하리라고 생각되는 제안들(propositions)을 식별해 내야 한다. 그리고 그것들에 대해서는 사전에 전문적인 인용을 통하여 대비하고, 동시에 반대 주장에 너무 많은 스페이스(space)를 주거나 또는 반대주장을 너무 부각시키지 않으면서도 반대주장이 있다는 사실을 사전적인 레퍼런스(reference)를 통하여 밝혀야 한다.

통계적인 자료들은 많은 경우 신뢰를 높이는 데 유용하다. 이러한 목적을 위하여 사용되는 경우 통계자료들은 정보의 역할보다는 문서화의 역할을 한다. 이들 통계자료들은 정치적 반대자들이 비판할 수도 있는 어떤 사실을 일반화(generalization)하는 것에 대한 타당성을 문서화하는 데 활용될 수 있다.

끝으로 정책분석가는 포획된 마음(captured mind)자세로부터 자유로워야 한다. 정보제공자의 미리 잘 준비된 자료와 세계관(world view)에 접근할 수 있는 대가로 분석가는 때로는 친절한 정보제공자가 내린 정책문제 정의와 그가 선호하는 해결방안을 무비판적으로 받아들일 수도 있다. 이러한 유혹에서 벗어나기 위하여 분석가는 분석가에게 친절한 정보제공자들의 입장에 동의하지 않으리라고 생각되는 다른 개인이나 조직들과도 접촉해야 한다. 한 가지 방법은 친절한 정보제공자에게 그의 견해와 강하게 의견을 달리하는 사람이 누구며, 왜 그들이 그렇게 반대하는가를 질문하고, 그 반대자들의 견해를 듣는 것이다.

요 약

1. 정책분석을 위한 증거자료의 수집은 정책분석의 어느 특정 단계가 아니라 전 단계에서 필요하다. 정책분석가는 정의하고자 하는 문제의 성격과 그 정도를 파악하기 위하여, 관여하고 있는 구체적인 정책상황의 세부적인 특성들을 평가하기 위하여, 정책분석가가 당면하고 있는 것과 유사한 정책들을 평가하기 위하여 증거자료가 필요하다.

2. 정책분석가는 자료수집에 착수하기 전에 먼저 깊이 생각하는 시간을 가져야 한다. 정책분석가가 무엇을 알아야 할 필요가 있고, 왜 알아야 하는가를 생각한다면 자료수집활동을 더욱 효율적으로 수행할 수 있다.

3. 정책분석에서 중요한 정보와 아이디어 및 자료의 소스는 전문가인 사람과 그들의 생각과 아이디어가 수록되어 있는 문서들(documents)이다. 그리고 각 기관들은 이러한 사람들과 문서들을 보유하고 있으므로 수집하고자 하는 자료와 관련 있는 기관들을 탐색하고 식별하는 것이 정책분석가의 제1차적인 과제이다.

4. 문헌조사에서 도서관의 활용은 매우 중요하다. 도서관은 관련된 분야의 국내외 서적과 학술지를 소장하고 있으며, 어떤 도서관은 정부에서 출간한 자료들을 보관하고 있기 때문이다. 그 외에도 정부기관의 도서관이나 기록보존소에서 보관하고 있는 공공기관들의 관리기록과 통계자료들도 중요한 자료의 소스들이다. 인터넷 웹사이트는 각종 자료들을 손쉽게 탐색할 수 있다는 점에서 그 중요성이 높아져 가고 있다.

5. 정책연구에서 관련분야의 정보통으로 알려져 있는 전문가들과 인터뷰하는 것은 자료를 탐색하고 식별하며 수집하는 중요한 방법의 하나이다. 인터뷰 포맷에는 구조화된 것과 비구조화된 것이 있으며, 질문방법에는 개방형과 폐쇄형이 있다.

6. 정책분석자료를 수집하기 위해서 때로는 빠른 조사를 실시하기도 한다. 빠

른 조사에서도 일반적인 조사(survey)에서 사용하는 방법들을 그대로 활용할 수 있다. 모집단의 상태를 기술하기 위해서는 횡단면적 조사와 종단면적 조사들을 모두 활용할 수 있다.

7. 대부분의 정책분석가들은 다른 분석가들을 위하여 보고서를 작성하는 것이 아니라 고객인 독자들을 위하여 작성한다. 그러므로 분석가가 그의 독자들을 자신이 의도하는 방식으로 확신시키기 위해서는 독자에게 생소한 전문용어(jargon) 사용을 피하고, 필요 이상의 장황한 기술을 피하며, 간단명료한 문장을 사용하여 필요한 정보만을 기술해야 한다.

8. 보고서의 체제는 보고서를 읽는 사람들에 대한 안내도(road map)이다. 보고서의 작성방법은 다양하나 보고서의 첫머리에서 정책건의를 부각시켜야 한다. 일반적으로 보고서에 포함될 내용은 요약, 문제의 정의, 평가의 기준, 대안들, 분석과 비교, 결론, 다음 조치(next step) 등이다.

연 습 문 제

2-1 증거자료란 무엇인가? 왜 증거자료를 수집하기 전에 먼저 많은 생각을 해야 하는가?

2-2 귀하가 거주하고 있는 도시(또는 인근도시)의 다음 자료들을 구하고자 한다. 5시간 이내에 핵심자료 소스에 대한 참고자료(reference)의 리스트(참고문헌, 접촉할 사람 등)를 작성하여라.

(개) 인구통계, (내) 지역별 아파트 전세 값의 분기별 변화, (대) 계층별 소득수준, (래) 실업률, (매) 청소년 범죄비율, (배) 교통서비스에 대한 시민의 만족도, (새) 직장에 출퇴근하는 패턴, (애) 청년층의 교통사고 비율, (재) 대기오염, (채) 구(區)별 휴식을 위한 공간(공원)비율.

2-3 [문제 2-2]의 자료들을 구하는 데 귀하가 거주하는 인접 대학교들의 도서관들은 얼마나 도움이 되었는가? 정부기관, 연구기관, 준 공공기관의 도서관(자료실)들은 어떻게 활용되었는가?

2-4 귀하가 관심을 가지고 있는 정책문제에 대하여 지역의 정치인, 선거직 공무원 및 일반직 공무원들에 인터뷰를 신청하고자 한다. 어떠한 방법으로 인터뷰 대상자를 선택하고 접촉하겠는가? 그들의 반응은 어떠하리라고 생각하는가? 그렇게 생각하는 이유는 무엇인가?

2-5 인터넷 웹사이트를 사용하여 귀하가 관심을 가지고 있는 정책문제에 대한 자료를 수집하고자 한다. 어떻게 접근하고자 하는가를 구체적으로 기술하여라. 현 단계에서 그들은 얼마나 도움이 되는가?

2-6 자료수집에서 조사적 접근이란 무엇인가? 이 방법의 필요성과 유용성은 무엇인가?

2-7 횡단면적 조사와 종단면적 조사는 어떻게 다른가? 그들은 각각 어떠한 성격의 정보를 산출하기 위한 분석을 하는 데 필요한 자료들을 수집하는 데 유용하다고 생각하는가? 각각 두 가지씩 예시하고 수집 방법들을 설명하여라.

제 3 장

정책문제의 식별, 구조화와 정의의 방법

　　정책문제의 정의는 정책분석의 첫단계이다. 모든 일을 수행함에 있어서 처음이 잘못되면 그 일이 끝까지 잘못되어 나가듯이 정책분석의 첫단계인 정책문제에 대한 정의가 잘못되면 그 이후에 이루어질 정책목표의 설정과 대안의 탐색·개발 및 설계, 올바른 대안의 선택을 위한 정보의 산출도 잘못될 것이고, 이러한 잘못된 정보에 토대를 두고 이루어질 정책결정 그 자체도 나쁜 영향을 받게 될 가능성이 매우 높다. 그렇기 때문에 정책분석에 있어서 정책문제의 정의는 매우 중요한 첫단계인 것이다.

　　그러나 정책문제를 올바로 정의하기 위해서는 정책의 구조를 올바로 이해하여야 한다. 이 장에서는 먼저 정책이 무엇이고, 어떻게 구성되어 있는가를 살펴보고, 이를 토대로 정책문제가 무엇이고, 어떻게 식별하며, 정책문제를 어떻게 구조화할 것인가에 대하여 살펴본다. 정책문제에 대한 이해를 토대로 정책문제 정의가 무엇을 의미하며, 정책문제의 정의에는 어떠한 접근방법들이 있는가, 그리고 그 정의를 위하여 사용되는 분석방법론들에는 어떤 것들이 있으며, 정책문제 정의의 절차와 정책문제 정의과정에서 빠지기 쉬운 공통적인 함정에는 어떠한 것들이 있는가 하는 것들에 대해서 설명함으로써 정책문제 정의에 대한 이해를 높이고 실제 정책문제에 당면했을 때 문제에 대해서 정의를 내릴 수 있는 능력을 배양할 수 있도록 하는 기초를 마련하고자 한다.

제 1 절   정책의 의의와 정책의 구조에 대한 이해

1. 정책의 의의

한 사회를 형성하고 있는 사회구조, 사회문화, 사회적인 가치관, 규범, 국민들의 행태 등은 끊임없이 변화하고 있다. 외국문물의 유입, 새로운 사상의 대두, 과학기술의 발전 등이 이러한 변화의 주요 요인들이다. 세계화의 진전, 정보통신기술의 발전 등이 그 예들이다.

사회를 형성하고 있는 사회문화나 가치관, 사회적 규범이나 행태, 물리적 환경 등이 사회의 각 분야별로 볼 때 바람직한 방향으로 변화되어 가고 있는 것들도 있지만 때로는 바람직하지 않은 방향으로 변화되어 가고 있는 것들도 있다.

정부는 사회를 형성하고 있는 이러한 구성요소들, 즉 사회의 각 분야별 사회문화, 가치, 규범, 질서, 구조, 행태 등이 바람직한 방향으로 변화되어 갈 때에는 이것을 유지·발전시키고자 노력하지만 이러한 요소들이 바람직하지 않은 방향으로 변화되어 갈 때에는 이것을 의도하는 방향으로 재구성하고자 노력한다.

정부가 사회의 각 분야별 사회문화, 가치, 규범, 질서, 구조, 행태 등 사회적 상태나 조건들을 유지하거나 또는 변경시키고자 할 때 사용하는 간여(intervention)의 수단이 정책이다. Lowi는 정책을 어떤 정부당국이 적극적이거나 소극적인 유인과 제재들(sanctions)을 사용함으로써 시민들의 행태나 조건에 영향을 미치고자 하는 의도를 정의해 놓은 일반적인 진술(statement)이라고 정의하고 있는데(Lowi, 1972: 25-53), 이러한 정책에 대한 정의는 우리가 사용하고 있는 정책에 대한 정의와 유사하다.

이렇게 볼 때 정책이란 어떤 한 사회분야에서 사회적 시스템·구조·문화·가치·규범·행태·물리적 환경 등을 어떻게 바꾸며, 또 어떠한 방법으로 바꾸고자 하는가 하는 정부간여의 수단이다. 다시 말하면 정책이란 어떠한 사회를 어떻게 만들겠다고 하는 것을 권위 있게 결정해 놓은 것이다. 여기서 어떠한 사회를 만들겠다고 하는 것은 비전이며, 어떻게 만들겠다고 하는 것은 전략이다.

2. 정책의 구조

우리는 앞에서 정책이란 어떠한 사회를 어떻게 만들겠다는 것을 권위 있게 결정해 놓은 것이라고 정의하였다. 여기서 권위 있게 결정해 놓았다는 것은 국민을 대표하는 정통성 있는 당국이나 이러한 당국에 의하여 권한을 부여받은 기관에 의하여 결정되었다는 것을 의미한다.

정책은 [그림 3-1]에서 보는 바와 같이 비전(vision)과 전략의 두 개의 수준으로 조화해 볼 수 있다. 정책의 비전은 정책엘리트집단의 공유된 가치(value), 조직의 임무(mission), 그리고 이를 실현하는 데 공헌할 것으로 기대되는 정책목적으로 구성되어 있고, 비전을 실현할 전략은 정책목표들과 수단 및 활동들로 구성되어 있다.[1]

정책의 구성요소들 가운데 목표들(objectives)과 이를 달성하기 위한 수단 및 활동들을 일반적으로 프로그램이라 부른다. 그러므로 하나의 정책은 여러 개의 프로그램들을 포함할 수 있다. 또한 하나의 프로그램은 이 프로그램 목표를 달성하기 위한 다수의 수단과 활동들로 구성되어 있는데 이들이 프로젝트이다. 따라서 하나의 프로그램에는 다수의 프로젝트들이 있을 수 있다. 정책과 프로그램 및 프로젝트 간의 관계는 우리나라의 과학기술을 발전시키기 위한 과학기술진흥정책을 예로 들면 쉽게 이해할 수 있다. 과학기술발전은 정책문제를 제기하고 결정하는 엘리트집단의 공유된 가치이다. 이러한 공유된 가치를 실현하기 위하여 정부의 여러 부처들은 각기 임무(mission)를 가지고 있다.

[그림 3-1] 정책의 구조

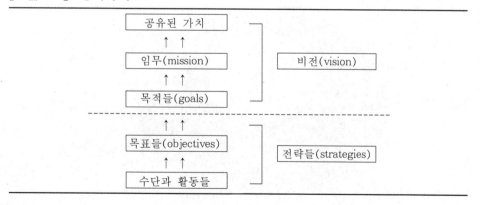

---

1) 어떤 학자들은 비전을 "미래에 도달될 어떤 상태"로 정의하기도 한다. 또한 정책목적은 일반적인 정책방향을 나타내는 데 비해서 정책목표는 정책이 달성할 타겟을 나타내는 것이 일반적이다.

예컨대 미래창조과학부는 과학기술을 발전시키기 위하여 우수한 과학기술 인력을 양성하는 임무와 아울러 수준 높은 과학기술연구를 수행할 수 있도록 과학기술연구자들을 뒷받침할 임무를 가지고 있다. 미래창조과학부는 우수한 과학기술 인력을 양성하여야 한다는 임무를 달성하기 위하여 여러 가지 목적들(goals)을 설정하고 이를 달성하기 위한 프로그램들을 설계하게 된다. 그러한 목적들 가운데 하나로 중·고등학교 과학기술교육의 수준을 일정수준으로 끌어 올리는 것으로 설정할 수 있을 것이다. 중·고등학교 학생들에 대한 과학기술교육수준을 일정수준 이상으로 향상시키기 위한 목적을 달성하기 위하여 여러 가지 프로그램들을 개발할 수 있을 것이다. 모든 중·고등학교 학생들이 과학기술교육시간에 실험을 할 수 있는 실험실습실을 건설한다든지, 생물이나 화학실험을 할 수 있는 최신 실험실습장비를 구입하여 보급한다든지, 또는 과학기술교육 담당교사들을 방학기간을 이용하여 재훈련시킨다든지 하는 것, 즉 중·고등학교 실험실습실 건설프로그램, 실험실습장비 보급프로그램, 과기분야의 교사재훈련프로그램 등이 그 좋은 예들이다. 이들 프로그램에서 A시의 M중학교에 실험실습실을 건설하기로 결정하고 예산을 편성하였다든지, N고등학교에 실험 실습장비를 구입하여 보급할 수 있도록 예산을 편성하였다면, 이들은 각각 프로젝트들이다. 이와 같이 정책은 몇 개의 프로그램들로 구성되어 있고, 다시 프로그램은 몇 개(또는 다수)의 프로젝트들로 구성되어 있다. 물론 경부

[그림 3-2] 정책의 구성요소

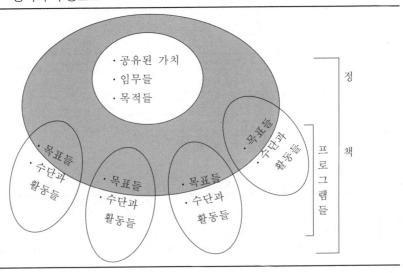

고속철도의 건설프로젝트와 같이 대규모 프로젝트는 그 자체가 하나의 정책이 될 수도 있다. 이제 이상에서 설명한 정책과 프로그램 및 프로젝트간의 관계를 그림으로 표시하면 [그림 3-2]와 같다.

정책과 관련된 임무, 목적, 목표, 수단과 활동들을 포함하는 행동계획(action plan)에 대한 개념들에 대해서는 다음 여러 장에서 고찰하게 될 것이다.

제 2 절   정책문제의 의의와 정책문제의 유형

1. 정책문제의 의의

정책문제에 대한 정의를 내리기 위해서는 먼저 정책문제란 무엇인가, 정책문제에는 어떤 것이 있는가, 그리고 정책문제의 정의는 왜 중요한가 하는 것들을 이해하여야 한다.

일반적으로 정책문제란 그것이 정책문제로 식별되면 공공 액션(public action)을 통해서 성취될 수 있는 한 세트의 실현되지 않은 가치(value)나 필요성 또는 기회들을 의미한다. 정책문제는 또한 어떤 한 공동체에 속하는 어떤 부류의 사람들에게 불만을 초래하는 외적인 조건들의 시스템으로 간주되기도 한다(Dunn, 1981: 99). 정책문제는 한 사람이나 두 사람이 아닌 다수의 사람들이 갖는 불만이다.

개인들이 갖는 불만족이 정책문제가 되기 위해서는 무엇보다도 먼저 경험적 토대를 가져야 한다. 문제의 범위나 심각성에 대해서 구체적인 경험적 자료가 제시될 때 개인적인 문제가 공공의 정책문제가 될 수 있다. 어떤 지역에서의 주택부족이나, 어떤 도시에서의 교통소통이 정책문제가 되려면 그 지역의 주택부족률이나 교통소통에 걸리는 시간이 구체적인 자료로 제시되어야 한다.

정책문제를 논의할 때에는 또한 문제의 복잡성의 정도를 구분하는 것이 중요하다(Guess and Farnham, 2000: 27). 일반적으로 문제가 복잡하면 해결기도 어렵고, 시간도 더 오래 소요된다. 정책결정자들은 때로는 단순한 문제와 복잡한 문제 간의 차이를 무시하고 시민들의 동의를 얻기 위하여 서두르는 경향이 있다. 일반적으로 정책문제는 뒤얽혀 있는 문제(messy problem)와 그렇지 않은 문제(not messy problem)의 두 부류로 구별할 수 있다. 전자는 복잡한 문제이고, 후자는 단순한 문제로 불린다. 여기서 이슈는 현재의 문제를 해결하고 미래의 정책위기를 방지할 수 있는 의사결정을 내리기 위하여 우리가 어떻게 문제들을 정의하고 구분하느냐 하는 것이다. 일반적으로 뒤얽혀 있지 않은 문제들은 드물며, 뒤얽혀 있지 않은 문제들은 인사관리나 조직 내부관리 문제와 같은 일상적인 지원문제들에 한정되어 있다.

정책문제에 대한 정밀한 정의는, 동일한 정보가 서로 다르게 해석될 수 있는 현실에 직면해서 좌절되기도 한다. 동일한 문제에 대하여 서로 다른 이해관계집단들(stakeholders)이 서로 다른 정의를 내리는 경우가 다반사다. 이러한 서로 다른 정의에 따라 서로 다른 이해관계 집단들에게 서로 다른 편익과 비용을 배분하는 정책들이 도출되기도 한다. 일반적으로 가장 많은 정치적 자원들(예컨대 기술적 세련성, 보상이나 처벌, 카리스마 및 강력한 지지도 등)을 가진 이해관계자들이 문제에 대한 정의에 가장 큰 영향력을 가지며, 또 궁극적으로는 대안 선택에도 가장 큰 영향력을 행사한다.

2. 정책문제를 보는 여러 가지 시각

우리는 앞에서 정책문제란 한 세트의 실현되지 않은 가치나 필요성 또는 기회라고 정의하였다. 정책문제를 이렇게 정의하는 경우에 무엇을 실현되지 않은 가치나 필요성 또는 기회로 볼 것이냐 하는 시각에 따라 어떤 현상을 정책문제로 볼 수도 있고 또 그렇지 않을 수도 있다. 무엇을 정책문제로 보느냐 하는 문제를 보는 시각 또는 접근방법에는 기능적·규범적 접근방법, 가치갈등 접근방법 및 주장형성 활동으로서의 접근방법 등이 있다.

1) 기능적 및 규범적 접근방법

기능적 병인학적 접근방법(functional etiological approach)은 사회문제를 정의하는 가장 전통적인 접근방법이다. 이 접근방법은 사회적 병리현상을 나타내는 사회적 무질서(disorganization), 일탈행위, 사회적 역기능 등을 사회문제로 보는 시각이다. 이 기능적 병인학적 접근방법의 핵심은 사회의 목적달성을 가로막는다든지, 사회의 원활한 기능을 방해한다든지, 또는 사회를 비평형(disequilibrium) 상태로 몰아넣는다든지 하는 조건들이나 행태들을 식별하고, 이들 조건들이 발생하게 된 원인들을 분석하고 설명하는 것이다(Merton, 1971). 위에서 말하는 사회적 무질서란 사회시스템이 부적절하거나 실패해서 사회가 추구하는 목적이나 그 사회를 구성하고 있는 구성원들의 목표가 만일 그 사회시스템이 원활히 기능하였으면 달성하였을 만큼 충분히 달성되지 못한 상태를 말한다. 이에 비해서 규범적 접근방법은 규범적 표준들(normative standards)을 사회문제를 식별하고 정의하는 기초로 삼는 전략이다. 물론 기능적 접근방법을 사용하는 분석가들뿐만 아니라 가치-갈등 접근방법을 사용하는 분석가들도 규범적 표준들을 사회문제를 식별하고 정의하는 데 활용한다. 규범적 접근방법에서는 사회문제를 널리 공유하고 있는 사회적 표준들(standards)과 실제 사회생활 조건들 간의 차이가 심각할 때 이것을 사회문제로 본다.

정책문제로서의 이러한 사회문제의 접근방법은 정책문제가 객관적인 현실로 주어진 것이기 때문에 분석가는 이러한 객관적 현실을 그대로 기술하거나 분석해 내면 된다고 보는 접근방법이다. 이러한 접근방법에서는 정책문제를 바람직한 상태와 현재상태 간의 차이(discrepancies)로 규정하는 것이 특징이다.

문제의 정의는 상황을 정확히 이해하고 그 상황의 특성을 밝혀 내는 것이라고 보는 견해가 지배적이었다. 장님이 코끼리의 어느 특정 부분만을 만져보고 코끼리가 기둥 같다거나 또는 벽 같다고 하는 오류를 범해서는 안 되며 코끼리의 형상을 정확히 파악한 다음 코끼리의 형상을 기술해야 하는 것과 같이 정책분석가는 정책문제가 무엇인가를 정확히 파악한 다음 객관적인 실체(objective reality)로서의 문제의 특성과 범위를 기술해야 한다는 것이다.

문제정의에 대한 이러한 인식은 문제가 객관적인 현실로 주어져 있다고 보는 데에서 비롯된 것이다. '문제를 모형에 맞추려고 하지 말고 모형을 문제에 맞추어라'라고 하는 말은(Walker, 1978: 7; Eden and Sims, 1979: 119-127) 정책문제가 객관적인 현실로서 주어진 것이기 때문에 정책문제에 대한 정의는 이 주어진 문제를 정확히 이해하고 그 특성을 밝히는 것이라고 보는 단적인 표현인 것이다.

문제를 식별하고 정의하는 과정에서 수집하여 사용할 수 있는 자료들은 대상이 되고 있는 문제에 따라 다르겠으나, 어떤 대상들에 대한 사회조사자료, 각종 사회지표, 소비자물가지수, 범죄통계, 실업자통계, 그 외 각 정부기관이나 통계전문기관에서 발간하는 통계연보 등 계량적인 자료들이 중요한 자료들이 될 것이다.

어떤 경우에는 이들 수집된 자료들이 그대로 문제를 식별하고 정의하는 데 활용될 수도 있겠으나 어떤 경우에는 이들 수집된 자료들 가운데 관심의 대상이 되고 있는 항목(item)의 시계열적인 변화의 추세를 분석하거나 다른 사회, 다른 조직의 동일한 상황을 나타내는 자료항목들과 비교 분석한다든지 또는 수집된 자료항목에

대한 어떤 국제적인 표준치나 국내에서 설정한 어떤 기준치들과 비교함으로써 문제
점들을 도출해 낼 수 있을 것이다.

　이들 기능적 및 규범적 접근방법에 대한 가장 신랄한 비판은 무질서나 일탈행
위, 또는 사회적 표준이라고 하는 것이 객관적인 실체가 아니라 주관적인 가치판단
의 문제라는 것이다.

2) 가치-갈등 접근방법

　사회문제를 정의함에 있어서 가치-갈등론자들은 객관적 조건과 문제로서의 조
건들(conditions as a problem)에 대한 정의는 구분되어야 한다고 보고 있다. 그들에
의하면 사회문제란 사회 내에 있는 상당수의 자격을 갖춘 관찰자들의 주목을 끌고,
그들에게 어떤 유의 집합적 행동(collective action)이 사회에 의하여 재조정
(readjustment)되거나 치유되어야 할 것으로 인지되는 사회적 상태나 조건이라는 것
이다(Spector and Kitsuse, 1987: 41). 즉 사회문제란 사회 내에 있는 상당수의 사람들
이 어떤 조건이 그들이 소중히 여기는 어떤 사회적 규범에서 크게 벗어난 상태라는
것이다. 이렇게 볼 때 사회문제는 주관적인 상태(subjective state)이며, 그렇기 때문
에 사회문제를 정의하기 위해서는 집단의 집합적 심리(collective mind)에 대한 분석
이 요구된다고 보는 것이다. 따라서 마치 법이 공식적인 범죄성립의 여부를 결정하
는 원인(기준)인 것같이 가치판단이 공식적인 사회문제 여부를 결정짓는 원인(기준)
이라고 볼 수 있음을 의미한다.

　가치-갈등의 문제정의론자들에 의하면 사회문제란 사회를 구성하고 있는 구성
원들에 의하여 축조된 정의이며, 이들 축조물들(constructions)은 가치판단의 표현이
라는 것이다. 그러므로 이들은 사회문제로서의 조건에 대한 정의는 사회구성원들에
의하여 이루어진 성취물이며, 가치판단이 사람들로 하여금 어떤 조건들을 사회문제
들로 정의하도록 이끌어 나간다고 보는 것이다.

　어떤 현상에 대한 개인들이나 집단들의 가치판단은 때로는 사회적 갈등을 가져
오기도 한다. 강원도의 동강을 개발할 것이냐의 여부에 관한 사회적 갈등은 물부족
을 문제로 보는 시각, 생태파괴를 문제로 보는 시각, 그리고 지방자치단체의 재원부
족을 문제로 보는 시각 등 다양한 시각과 이해관계에 기초하여 가치판단을 달리하
는 개인들이나 집단들 간의 갈등이다. 전라북도의 새만금사업도 환경보존을 지고의
가치로 여기는 집단과 개발을 지고의 가치로 여기는 집단 간의 갈등이다.

정책문제가 객관적 현실로 주어지는 것이 아니라 개인이나 집단들의 가치판단에 의하여 제기된다고 주장하는 견해는 또 한편으로는 정책문제가 정책분석가의 사고의 투사에 의하여 형성된다는 입장을 취한다. 사람들은 어떤 현상을 보는 데 그들의 마음 속에 먼저 어떤 형태를 떠올리게 된다. 마찬가지로 정책결정자도 문제가 되고 있는 상황을 다루는 데 있어서는 먼저 그것을 나타내거나 어떤 개념(또는 모형)을 발전시킨다. 어떤 학자들은 문제를 보는 이러한 개념 또는 모형을 정책프레임(policy frame)이라고도 한다.[2] 정책분석가는 그가 발전시킨 이러한 개념에 따라 문제를 해결하려고 노력하는 것이다(Ackoff, 1978: 13).

그러므로 문제에 대한 그의 개념이 잘못된 경우에는 그가 개념화한 문제에 대한 해결방안은 실제로 존재하고 있는 문제를 해결할 수 없는 것일지도 모르는 것이다. 정책문제의 식별 및 정의와 관련된 이러한 주장의 가장 중요한 점은 정책문제가 그 자체로서 객관적인 실체가 아니라 현실에 어떤 준거의 틀을 적용함으로써 생성된 산출물이라고 하는 점이다(Dery, 1984: 4; Etzioni, 1976: 2-3).

현실인식에 대한 이러한 견해는 문제의 정의에 대한 우리의 생각을 근본적으로 재검토해야 할 필요성을 제기한다. 이러한 견해에 따르면 문제에 대한 정의는 행동자, 즉 정책결정자·관리자·정책분석가 등이 그들이 변화시키고자 하는 현실과 대결하기 위한 하나의 틀이라는 것이다. 이러한 행동을 위한 준거틀이 있음으로써 정책결정자나 관리자들의 문제에 대한 해결방안은 비로소 어떤 센스(sense)를 갖게 되는 것이다.

우리는 흔히 범죄·공해·인플레이션 등에 대한 정부의 통계자료들에 대하여 정책결정자나 또는 정책과 이해관계를 가지고 있는 당사자들이 서로 달리 해석하는 것을 보게 된다. 이 때문에 정책과 관련된 동일한 정보를 가지고도 그들 정책결정자들이나 이해관계 당사자들은 문제에 대한 서로 다른 정의에 도달하게 되는 것이다. 이것은 어떤 현상에 대한 사실 그 자체가 일관성이 결여되어서 그런 것이 아니라 정책분석가, 정책결정자 및 이해관계 당사자들이 가지고 있는 현상을 보는 준거의 틀이 다르기 때문인 것이다.

Dunn은 정책문제의 중요한 특성으로서 정책문제의 상호 의존성, 정책문제의 주관성, 정책문제의 인공성, 정책문제의 동태성 등을 들고 있다(Dunn, 1981: 98-

---

2) Allison에 의하면 대규모조직은 어떤 규칙적인 행태의 패턴에 따라 기능을 수행하며, 그 구성원들은 스테레오 타입의 방법으로 문제를 정의하는 경향을 보인다고 한다(Allison, 1971).

100). 정책문제의 주관성이나 인공성은 바로 정책문제의 정의가 정책분석가나 정책결정자 또는 이해관계 당사자들이 가지고 있는 준거틀이나 또는 대안적인 개념들(alternative concepts)에 따라 주관적으로 구축하는 인공적 현실이라는 점을 지적하는 것이다.

3) 사회적 주장형성활동으로서의 사회문제

사회문제에 대한 정의에 있어서 기능적 및 규범적 접근방법이나 가치-갈등 접근방법들은 사회문제에 대한 정의를 어떤 형태로든지 조건들과 관련시키고 있다. 그러나 사회문제를 주장형성활동들(claims-making activities)로 보는 입장은 조건보다는 활동이라는 개념에 더 큰 비중을 두고 있다.

'사회문제를 어떤 조건들'로 규정하는 경우 그러한 조건들을 규정하는 데 방법론적 및 개념적 난관에 봉착하기 때문에 그보다는 오히려 사회문제란 어떤 조건들이 존재한다는 것을 주장하고 그러한 조건이 문제라고 정의해 나가는 활동이라고 보는 것이 타당하다는 것이다(Dunn, 1981: 74-75). 이러한 문제정의의 접근에 의하면 사회문제란 어떤 추정되고 있는 조건에 대해서 불만이나 주장을 만들어 나가는 개인이나 집단의 활동들로 정의될 수 있다. 그러므로 사회문제형성활동의 핵심은 조건에 대한 변화나 개선 또는 개혁을 위하여 주장, 불만, 요구 또는 청원을 형성하거나 펼쳐나가는 활동들이다. 이 사회문제형성활동에는 언론인, 의사, 정치가, 사회사업가, 소비자관련 단체, 노동조합, 시민단체 등 여러 종류의 개인과 집단들이 참여한다.

다양한 개인과 집단들은 문제정의를 위한 주장형성활동에 참여할 뿐 아니라 그들은 때로는 자기들의 주장을 관철하기 위하여 경쟁한다. 그런 의미에서 문제의 식별과 정의는 정치적 게임의 일부이다(Stone, 1988: 106). 정책문제정의의 기능은 문제를 설명하고, 기술하며, 건의하고, 또 무엇보다도 설득하기 위한 것이다(Rochebort and Cobb, 1994: 15). 각 정책문제의 식별과 정의의 기능은 중요한 정책이슈에 대해서 문제가 어떻게 발전되어 왔고, 누가, 그리고 무엇이 그 해결방안에 대하여 책임이 있는가를 나타내는 것이다. 정책문제의 식별과 정의과정에서 정책 이슈들은 또한 정책결정자나 여타의 이해관계집단들의 관심을 끌기 위하여 경쟁한다. [표 3-1]은 미국 보스턴시에서 교육의 도전과 장애요인에 관한 조사결과이다. 조사는 1993년 9월부터 1995년 1월 사이에 지역사회의 사업가, 정치지도자, 교육전문가들에 대한 면접을 통하여 이루어진 것이다.

[표 3-1] 교육의 도전과 장애요인

도전/장애요인	빈도(인)	백분비(%)
• 행 정		
리더십과 정치력부족	22	17%
		17%
• 학교운영		
빈약한 교육프로그램	14	11%
학교관료주의/교원노조	14	11%
		22%
• 재정과 정부간 관계		
예산부족	11	9%
연방 및 주정부의 위임	3	2%
		11%
• 시민들의 지원부족		
시민대중의 무관심	21	17%
학교주변환경	6	5%
		22%
• 사회문제와 기타 외부조건		
빈 곤	14	11%
인 종	12	9%
범 죄	7	6%
경제불황	3	2%
		28%
합 계	127	100%

자료: Portz, 1996: 371-386.

[표 3-1]에 나타난 교육의 도전과 주요 장애요인이 무엇인가 하는 문제에 대해서 행정, 학교운영, 재정과 정부 간의 관계, 시민들의 지원부족, 사회문제와 기타 외부조건 등 다양한 요인들이 문제로 지적되고 있다. 이들 각 요인들은 보스턴의 학교교육의 발전에 장애가 되는 문제의 원인들로서 지적되고 있는 것이다. 정책결정자가 이들 문제의 원인들 가운데 어떤 요인들을 중요한 정책의제로 채택하느냐에 따라 문제해결을 위한 정책방향은 달라질 수 있다. [표 3-1]의 보스턴의 학교교육 문제에 있어서 교육위원회의 정책의제 이슈로는 예산과 재정, 교육프로그램과 학업

성취, 행정과 리더십 및 감독, 교원노조와 인사관리 등이 중요한 것으로 나타났다. [표 3-1]에 나타난 교육의 도전과 장애요인에 관한 미국 보스턴시의 조사결과는, 만일 우리나라에서도 조사한다면, 우리나라 대부분의 도시에서도 정도의 차이는 있지만 거의 유사하게 나타날 것이다.

여기서 중요한 것은 이러한 이슈들이 정책의제로 등장하게 된 원인들이 무엇이냐 하는 것이다. 보스턴시의 경우 이러한 이슈들이 중요한 정책의제로 부상하게 된 주요 원인은 문제의 가시성(problem visibility), 정치적 후원(political sponsorship) 및 실행가능한 해결방안 등인 것으로 밝혀졌다(Portz, 1996: 371-386). 이러한 조사결과는 정책문제의 식별과 정의가 설득력을 가지고 정책결정자들의 관심을 끌어 정책의제로 부상하기 위해서는 가시성, 정치적 후원의 획득가능성, 해결방안의 실행가능성을 높일 수 있는 방향으로 이루어져야 함을 의미한다.

4) 절충적 접근방법

개인이나 집단들이 펼쳐나가는 주장은 그들 개인이나 집단이 옳다고 믿는 가치나 규범, 또는 이익에 기초하고 있다. 그들이 가지고 있는 가치나 규범 또는 이익을 유지하거나 보호하기 위하여 그들은 어떤 사회적 조건이나 상태를 유지하거나 변화시켜 나가야 한다는 주장을 하는 것이다.

사회적 조건이나 상태에 대한 객관적인 기술과 이에 대한 가치판단이 없이는 어떤 주장이나 요구를 형성하거나 펼쳐나가기 어렵다. 이러한 관점에서 사회문제의 식별과 정의에 있어서는 조건에 대한 객관적인 기술 및 이에 대한 가치판단적 요소와 주장형성활동적 요소들이 동시에 요구된다고 할 수 있으며, 이들 요소들이 조화를 이룰 때 사회문제 정의의 설득력과 호소력은 더욱 높아질 것이다.

3. 잘 구조화된 문제와 잘 구조화되지 못한 문제

1) 정책문제의 일반적 성격

현대 사회는 날로 더 복잡해져가고 있으며, 우리는 이러한 복잡해져가는 사회에서 쉽게 해결할 수 없는 점점 더 어려운 정책문제들에 직면하고 있다. 비록 이들 많은 문제들을 해결하려고 시도하지만 이들 문제들에 대한 분명한 정답을 얻기가 쉽지 않다. 그래서 현대 사회가 직면하고 있는 이러한 문제들의 특성을 묘사하기 위하여

"애매모호한"(fuzzy), "주관적인," "난해한"(wicked)이라는 용어들을 사용하기도 한다.

이들이 갖는 몇 가지 특성들을 들어보면 다음과 같다. 첫째, 정책문제들은 잘 정의되지 않는다. 둘째, 정책문제가 순수하게 기술적인 문제(technical problem)이거나 또는 순수하게 정치적인 문제인 경우는 드물다. 셋째, 그들의 해답은 일반적으로 그것을 적용해 보기 전에는 올바른 것으로 판명될 수 없다. 넷째, 정책문제에 대한 해결방안들이 의도한 결과들을 성취할 수 있다는 보장을 얻기 어렵다. 다섯째, 문제에 대한 해답이 최선이면서 동시에 가장 비용이 적게 소요되는 경우는 드물다. 여섯째, 해답의 적절성을 공공재(public goods)라는 관점에서 측정하기 어려운 경우가 많다. 일곱째, 해결방안의 공정성을 객관적으로 추정하기가 매우 어렵다.

현실세계의 문제를 객관적으로, 그리고 최종적으로 정의하기가 어렵고, 또 정책문제에 대한 해결방안을 빨리 모색해야 할 필요성이 많기 때문에 문제를 단순화할 수 있는 기법들을 사용하여야 한다. 문제의 성격과 해결방안에 관한 정보를 산출하기 위하여 우리는 문제의 구조화(problem structuring)라는 정책분석적 절차를 적용한다. 이 절차는 정책분석에서 가장 중요하면서도 가장 잘 이해되지 않고 있는 측면이다(Dunn, 1981: 98).

일반적으로 정책문제를 정의하기 위하여 사용할 적절한 기법의 선택은 일차적으로 자료의 추세(data trends)에 대한 예비적인 평가, 변수들 간의 인과관계, 관련된 이해관계자들(stakeholders)이 취하는 입장 등에 따른다. 이들 각각에 대한 우리의 가정들의 변화에 영향을 미칠 수 있는 새로운 정보들은 문제를 구조화(structuring)하는 과정에서 출현한다. 우리가 가지고 있는 정보들을 토대로 어떤 한 기관이 중·단기적으로 수행할 행동을 가이드해 나갈 문제를 구조화할 수 있느냐 하는 것이 정책문제 정의가 당면하는 첫번째 과제이다. 정책문제들은 복잡성과 상호의존성의 정도에 따라 잘 구조화된 문제(well-structured problem), 적정하게 구조화된 문제(moderately-structured problem) 및 잘 구조화되지 못한 문제(ill-structured problem) 등으로 구분할 수 있다(Dunn, 1981: 103-104). 여기서는 이들을 좀 더 단순화해서 잘 구조화된 정책문제와 잘 구조화되지 못한 정책문제로 분류하고자 한다.

2) 잘 구조화된 정책문제

잘 구조화된 정책문제들은 하나 또는 소수의 정책결정자들을 포함하고, 소수의 정책대안들을 갖는다. 하급기관들의 운용문제들, 예컨대 기관이 보유하고 있는 자동차들의 적정한 교체시기, 수리시기, 감가상각 문제들이 잘 구조화된 정책문제들의 예이다. 잘 구조화된 정책문제란 정책결정자들의 선호들과 정책문제의 해결대안들 및 그들간의 관계들이 비교적 잘 정의된 문제들을 말하며, 잘 구조화되지 못한 정책문제란 이와는 반대로 정책결정자들의 선호들과 정책문제의 해결 대안들 및 그들간의 관계들이 잘 정의되지 못한 문제들을 말한다.

일반적으로 정책결정 문제들은 정책결정자, 정책결정자들의 선호 또는 효용들, 정책문제의 해결대안들, 결과상황들(outcome states) 및 결과들 간의 관계들이 확실한 경우도 있고 확률적인 경우도 있으며, 불확실한 경우도 있다.[3] 여기서 잘 구조화된 문제란 이런 관계들에 대한 정보가 충분히 알려져 있어서 이 문제가 정밀한 분석방법들로 다룰 수 있도록 형성될 수 있는 문제이다(Mitroff and Betz, 1972: 11-22). 예컨대 선형계획, 의사결정분석, 재고관리 등의 기법으로 다룰 수 있도록 기술된 것이 잘 구조화된 문제이다. 이와 반대로 정밀한 분석방법들을 적용하기 어려운 문제들이 잘 구조화되지 못한 정책결정문제 또는 뒤얽힌(messy) 정책결정문제이다(Simon, 1973: 181-201). 잘 구조화되지 못한 문제는 정책결정자들, 그들의 선호 또는 효용들, 대안들, 결과상황들 및 결과들 가운데 어느 한 가지나 또는 두 가지 이상의 것들이 알려져 있지 않거나 또는 애매한 정책문제들이다.

흔히 정책분석 기법으로 알려진 시스템분석방법들이나 관리과학(management sciences) 또는 경영과학(operations research)의 방법들은 대부분 잘 구조화된 정책문제들을 분석하기에 적합한 정책분석방법들이다.

3) 잘 구조화되지 못한 정책문제

잘 구조화되지 못한 정책문제는 정책목적, 정책의 국면(policy phase), 정책수단들 및 정책문제의 영역(policy problem domain)들에 몇 가지 공통적인 특징들을 가지고 있다(Harmon and King, 1985: 28).

이미 앞에서 살펴본 바와 같이 정책은 비전과 전략으로 구성되어 있다. 정책이

---

3) 아침에 일어나 비가 올 확률이 30%라고 일기예보가 있는 경우 우산을 가지고 갈지 여부를 결정하는 의사결정문제에서 대안, 결과상황, 결과는 다음과 같다.
대   안 : 우산을 가지고 가느냐 안 가지고 가느냐
결과상황 : 그날 낮에 실제로 비가 왔느냐 오지 않았느냐
결   과 : 우산을 가지고 간 경우와 가지고 가지 않은 각각의 경우에도 그 결과는 비가 실제로 왔느냐 또는 오지 않았느냐에 따라서 달라진다.

추구하는 가치가 구체화된 것이 정책목적(policy goal)이다. 구조화되지 못한 정책문제의 첫 번째 특징은 정책목적이 애매하거나 알려져 있지 않다는 것이다. 그러므로 달성해야 할 목적이 무엇인가를 결정하는 것 그 자체가 문제의 일부라 할 수 있다. "우리의 문제는 올바른 것을 행하지 않는 것이 아니라 무엇이 옳은지를 알아내는 것이다"라고 하는 말은 많은 정책들이 그 목적이 뚜렷하지 않다는 문제점을 가지고 있음을 의미한다.

잘 구조화되지 못한 정책문제의 두 번째 특징은 정책목적들이 그것을 통하여 달성되어야 할 과정인 각 국면들이 불확실한 상태로 남아 있는 경우가 많다는 것이다. 각 국면들간의 연계는 수시로 일어날 수 있는 과거나 미래로의 피드백 고리들(feedback loops)로 연결되어 있어서 마치 서로 뒤엉켜 있는 강줄기들의 망(network)과 같다. 그러므로 한 국면에서의 성공이 다른 국면에서의 성공으로 이끌어 줄 것이라는 보장이 없다. 예컨대 최적대안의 선택이 성공적인 집행으로 이끌어 줄 것이라는 아무런 보장도 없다는 것이다.

세 번째 특징은 정책목적을 달성하는 데 필요한 정책수단들이 불분명하거나 알려져 있지 않다는 것도 중요한 특징의 하나이다. 어떤 조건하에서 어떤 정책수단들이 가장 효과적인 것인가 하는 데 대한 지식이 초보적 수준에 머물러 있거나 또는 이용가능하지 않은 경우가 바로 그것이다.

네 번째 특징은 가능한 목적들과 국면들 및 수단들의 영역(domain)이 한정되어 있지 않다는 것이다. 무한히 많은 세트의 목적들과 국면들 및 수단들이 정책분석가들에게 이용 가능한 경우가 많다. 따라서 정책분석가는 그가 관리할 수 없을 만큼 방대한 정책문제의 영역에 직면하는 어려움을 경험하게 되는 것이다.

다섯 번째 특징은 정책문제들은 관련된 변수들이 여러 기관들에 걸쳐 있는 경우도 있다는 것이다. 이러한 문제들은 기술적으로는 간단하지만 기관들 간에는 복잡하게 뒤얽혀 있다. 책임이 여러 기관에 분산되어 있는 문제들의 경우에는 기관들 간에 정책의 집행과 관련된 책임과 의무들을 떠넘기려 하기 때문에 서로 다른 문제의 정의에 도달하게 되는 경우도 있다. 때로는 각 기관들과 관련된 서로 대립하고 있는 고객들의 압력 때문에 문제들을 분명하게 정의하려는 인센티브가 결여되는 경우도 있다. 예컨대 환경정책문제와 관련된 국토교통부와 환경부 간의 대립, 생명과학기술개발정책과 관련된 미래창조과학부와 보건복지부 간의 입장차이가 그것이다. 일반적으로 정책문제에 대한 정의가 잘 안 되는 중요한 이유들로는 ① 정책문제와 관련된 분야에서 사회적 가치에 대한 합의가 잘 이루어지지 않고 있다는 것, ② 정책결정자들이 사회적인 선호에 기초해서 행동하려 하기보다는 핵심적인 고객집단과 함께 그들 자신들의 가치를 극대화시키려는 경향을 가졌다는 것, ③ 기존의 정책과 프로그램에 자원을 지원하겠다는 약속 때문에 정책결정자들이 새로운 대안들을 고려하기 어렵고, 이에 따라 기관의 변화에 맞추어 정책문제를 재정의하기가 어렵다는 것 등을 들 수 있다(Guess and Farnham, 2000: 36-38).

이상에서 살펴본 바와 같이, 구조화되지 못한 정책문제들이 도처에 산재해 있는 것은 정부가 결정한 정책에 의하여 영향을 받거나 또는 영향을 미치는 이해관계자들에 의하여 서로 상충되는 정책문제들이 끊임없이 창출되고, 유지되며, 또 변화되고 있기 때문이다. 한강이나 낙동강의 수질오염방지와 관련된 정책이나 노동정책들을 상상해 보면 구조화되지 못한 정책문제들이 왜 도처에 산재해 있는가를 이해할 수 있다. 그리고 이들 이해관계를 가진 당사자들의 관점들(perspectives)과 행위들은 상호간에 의존적이고, 그들이 정책학습(policy learning)을 해감에 따라 계속 변화되어 간다는 것도 정책문제가 더욱 구조화되기 어려운 이유가 되고 있다. 이러한 상황에서 정책분석가의 첫 번째 임무는 문제를 정책문제로 구조화(structuring)하는 것이다. 잘 구조화된 문제에 대한 해를 구하는 것을 제 1 차적 문제(first order problem)라고 한다면, 문제를 해결하기에 용이하도록 구조화하는 문제, 즉 제기된 문제를 구조화하는 것을 제 2 차적 문제(second order problem)라고 부르기도 한다. 그러므로 정책분석은 현재 당면하고 있는 정책문제가 제 1 차적 문제인가 제 2 차적 문제인가를 구분하는 데에서부터 시작하여야 한다.

제 3 절   정책문제 식별과 정의를 위한 방법론과 정의의 절차

1. 정책문제 정의의 중요성

1) 정책문제 정의의 중요성

정책문제의 정의는 정책문제 해결에 있어서 매우 중요한 첫걸음이다. 이 정의는 주어진 정책분석 프로젝트를 완성하는 데 필요한 모든 일을 하는 이유와 분석가가 증거 수집활동을 하는 데 있어서 방향감을 제공해 준다. 그리고 문제에 대한 최종적인 정의는 분석 후 어떻게 스토리(story)를 기술할 것인가 하는 스토리의 구조를 짜는데 도움을 준다. 정책문제의 정의가 중요한 이유는 여러 가지가 있겠으나 그들 가운데에서도 중요한 것으로 다음 네 가지를 들 수 있다.

첫째, 정책문제 정의는 정책과정 전반에 큰 영향을 미친다. 정책문제의 정의의 단계는 정책분석의 맨 첫번째 단계이다. 그렇기 때문에 정책문제에 대한 정의는 이후의 정책분석과정의 전반에 영향을 미칠 뿐만 아니라 전체적인 정책과정에도 영향을 미치게 된다. 만일 정책문제에 대한 정의가 잘못 내려지게 되면 정책목표의 설정도 잘못될 수 있고, 이에 따라 목표달성을 위한 대안의 탐색과 개발, 나아가서는 적정대안의 선택까지도 잘못될 수 있는 것이다. 그러나 잘못 내려진 정책문제 정의의 영향은 이에 그치지 않고 정책의 집행과 집행결과에 대한 사후평가에까지도 영향을 미침으로써 전반적인 정책과정에도 부정적인 방향으로 영향을 미칠 수 있는 것이다.

둘째, 정책문제 정의가 잘못될 경우에 따르는 오류는 메타오류(또는 근본적인 오류)이다. 정책분석에 대한 과거의 경험이나 연구에 의하면 정책분석이 실패한 가장 중요한 원인들 가운데 하나는 문제에 대한 잘못된 해결방안을 선택했기 때문이 아니라 문제를 잘못 형성했기 때문이라고 보고되고 있다(Ackoff, 1985).

정책분석에 있어서 메타오류를 이해하기 위해서는 먼저 정책분석의 오류가 무엇인가를 이해해야 한다.

일반적으로 정책분석의 오류란 정책문제의 해결에 대한 잘못된 정보나 지식의 산출이라고 정의할 수 있다. 정책문제의 해결에 대한 잘못된 지식이나 정보가 산출되는 것은 정책문제에 대한 정의가 잘못됨으로써 정책문제의 구성 자체가 잘못된 것에 기인되는 경우도 있고, 정책문제의 구성은 올바로 되었으나 주어진 목표를 효과적으로 달성하기 위한 행동대안의 탐색과 개발의 잘못에 기인되는 경우도 있다. 이것은 마치 환자에 대한 의사의 처방이 잘못되는 것은 환자가 가지고 있는 병(환자가 가지고 있는 문제)에 대한 진단(문제에 대한 정의 또는 구성)이 잘못되어 처방이 잘못되는 경우도 있고, 진단은 정확하게 되었으나 효과적인 치료방법의 선택(행동대안의 선택)이 잘못되어 처방이 잘못되는 경우도 있는 것과 같다.

여기서 정책문제의 구성 또는 창출이란 문제를 안고 있는 상황을 파악하고 (sensing), 이들 문제상황을 토대로 개념화(problem conceptualization)함으로써 실질적인 정책문제를 형성하고, 문제의 구체화(problem specification)를 통하여 공식적인 문제를 만들어 내는 것을 의미한다(Mitroff and Kilman, 1978: 116-118; Dunn, 1981: 107-

108). 문제의 구성은 문제의 분류, 문제의 성격·범위·심각성·중요성 등에 대한 정의와 결정, 추구해야 할 가치의 설정, 이러한 가치의 달성을 제약하는 제약요인의 식별 등을 포함하게 된다.

문제의 형성이 잘 되었느냐 또는 잘못 되었느냐 하는 것은 실질적 문제(substantive problem)와 공식적인 문제(formal problem)가 원래의 문제상황에 얼마나 잘 부합되고 있느냐 하는 정도로써 나타내진다. 만일 정책분석가가 '이것이 문제이다'라고 하여 제시한 공식적인 문제가 문제상황을 잘 나타내지 못하면 못할수록 그만큼 더 오류는 커지게 될 것이다. 이와 같은 공식적인 문제가 실질적인 문제상황을 잘못 나타내는 것을 메타오류 또는 제 3 종의 오류라고 부른다(Mitroff and Betz, 1972: 133-142). 따라서 제 3 종의 오류란 정책분석가가 해답을 구하려고 노력한 정책문제가 실제로 문제가 되고 있는 상황을 제대로 나타내고 있지 않은 데 따른 오류이며, 구성된 문제가 정책결정자가 해결하고자 하는 정책문제가 아닌 그러한 오류를 지칭하는 것이다.

이에 비해서 정책문제의 형성은 올바로 되었으나 효율적인 행동대안을 탐색하거나 식별해 내는 데 실패함으로써 정책문제의 해결방안에 대한 잘못된 지식이나 정보를 산출할 수도 있는데 이러한 오류를 제 1 종 오류 및 제 2 종 오류라 부른다.[4] 여기서 제 1 종 오류란 정책의 행동대안이 실제로는 효과가 없거나 다른 행동대안과 그 효율성에 있어서 하등의 차이가 없는데도 효과가 있다거나 또는 더 효율적일 것이라고 하는 잘못된 정보를 산출하는 데 따르는 오류이고, 제 2 종 오류란 어떤 행동대안이 실제로는 효과가 있거나 또는 다른 행동대안들보다 더 효율적인데에도 효과가 없다거나 또는 더 효율적이 아니라고 하는 잘못된 정보를 산출하는 데 따르는 오류이다.

셋째, 정책문제에 대한 정의가 불완전하면 정책분석을 깊이 있게 해 내기 어렵다. 불완전한 정책문제에 대한 정의는 때로는 잘못 내려진 정책문제에 대한 정의에 못지 않게 위험할 수 있다. 만일 정책문제가 구체적으로 기술되거나 언명되지 못한다면 충분히 깊이 있는 정책분석을 해 내기가 어려울 것이다. 이는 정책문제에 대한 정의가 정책을 깊이 숙고하고(deliberations) 이에 대한 반응을 가이드하는 역할을 하기 때문이다. 아무리 훌륭한 문제에 대한 해결방안이라고 할지라도 만일 이것이

---

4) 제 1 종 오류란 귀무가설이 진(眞)인데도 불구하고 이것을 기각하는 경우의 오류이고, 제 2 종 오류란 귀무가설이 진(眞)이 아닌데도 이것을 받아들이는 경우의 오류이다.

불충분한 문제에 대한 정의에 토대를 둠으로써 실제로 존재하고 있지 않는 문제에 대한 해답이라고 한다면 현실적으로 실질적인 문제를 해결하는 데에는 아무런 도움이 되지 못할 것이다(Steiss and Daneke, 1980: 124).

넷째, 정책문제에 대한 정의는 정책의제설정(agenda setting)과 밀접히 관련되어 있다. 정책문제의 정의는 사람들이 생각하는 방법과 이슈들에 관한 것이다. 그리고 문제정의는 사람들이 이슈를 어떻게 인지하고 있고, 어떻게 해석하는가 하는 것을 포함한다. 한편 정책의제설정은 어떤 특정한 이슈가 대중들의 관심을 집중시키고, 나아가서는 그것이 정책결정자들의 관심을 집중시켜서 좀 더 높은 수준의 정책적 숙고(policy deliberation)를 하도록 하는 것을 포함한다. 정책문제에 대한 정의는 특정한 문제들을 정책의제에 올려 놓는 데 결정적으로 중요한 역할을 수행한다.

2) 문제정의의 문제와 선택의 문제

정책문제의 정의가 무엇인가를 올바로 이해하기 위해서는 먼저 정책분석문제와 선택의 문제가 어떻게 다른가 하는 것을 이해하여야 한다.

정책분석문제의 성격에 대해서 어떤 논자들은 분석의 문제란 바람직한 상태가 주어졌을 때 어떻게 효율적으로 그 목표상태를 실현하느냐 하는 것이라고 가정하고 있다. 정책분석문제에 대한 이러한 가정은 정책분석문제를 '의사결정상황'(decision situation) 또는 '선택의 문제'(choice problem)로 보려는 특성을 나타내는 것이라 하겠다. 정책문제에 대한 이러한 견해는 문제에 대한 정의가 의사결정이라는 용어가 갖는 의미의 범위 밖에 놓이게 된다는 것을 의미한다.

그러나 의사결정 또는 정책결정에 있어서의 문제해결의 대안이라는 것이 문제를 어떻게 정의하느냐 하는 데 따라 결정되는 것이라는 점에서 정책문제를 선택의 문제와 동일시하는 것은 그릇된 생각이라 할 수 있다. 이러한 사실을 좀 더 분명히 밝히기 위하여 의사가 환자의 병을 치료하는 과정(문제해결과정)을 생각해 보도록 하자.

어떤 환자가 머리가 아프다고 의사를 찾아왔다고 가정해 보자. 그러면 의사는 이 환자를 어떤 방법으로 치료할까 하는 대안을 찾기에 앞서 먼저 이 환자가 왜 머리가 아프게 되었는가 하는 원인을 규명하기 위하여 진단을 하게 될 것이다. 이 환자는 감기에 걸려서 머리가 아플 수도 있고, 소화가 안 되어서 머리가 아플 수도 있으며, 귀나 코에 이상이 있어서 머리가 아플 수도 있고, 혈압이 높아서 머리가 아플 수도 있으며, 또는 해결하기 어려운 심리적 갈등 때문에 머리가 아플 수도 있는 것이다. 이와 같이 머리가 아플 수 있는 원인이 여러 가지가 있을 수 있기 때문에 의사는 먼저 환자를 정밀하게 진찰하고, 그 환자가 왜 머리가 아프게 되었는가를 규명한 다음, 이러한 병의 원인에 대한 진단의 결과와 환자의 신체적 조건 등을 감안하여 병을 치료하는 데 가장 적절하다고 생각되는 치료방법을 선택하게 될 것이다. 만일 환자가 감기 때문에 머리가 아픈 것이 발견되었다면 감기치료에 적합한 처방을 내릴 것이고, 만일 혈압이 높은 것이 발견되었다면 혈압을 내리는 데 적합한 처방을 내릴 것이다. 그러나 혈압이 높다 하여도 그 혈압이 어느 정도 높으며, 또 그 사람의 신체적 건강상태가 어떠하냐 하는 데 따라 복용하여야 할 적합한 약의 종류와 분량은 달라지게 될 것이다.

앞에서 살펴본 바와 같이 환자의 병(문제)을 치료하는 과정을 보면 먼저 환자의 병을 진단하고, 진단의 결과에 따라 치료의 방법(문제해결)을 결정하게 된다. 그리고 병의 원인이 규명된 뒤에도 어떤 치료의 방법이 최선의 치료방법이냐(대안선택의 문제) 하는 것은 계속 결정하여야 할 문제로 남아 있는 것이다.

위에 든 머리가 아픈 환자의 예에서 알 수 있는 바와 같이 정책분석의 문제와 선택의 문제는 동일하지 않은 것이다. 진단에 의하여 병의 원인이 규명되었을 때 비로소 가장 효율적인 치료방법이 무엇이냐 하는 치료방법 선택의 문제가 제기되듯이, 정책문제에 대한 정의를 통하여 과연 제기된 정책문제가 무엇인가 하는 것이 규명되어야 이러한 문제를 해결하기 위한 최선의 방법이 무엇인가 하는 선택의 문제가 제기되는 것이다. 이러한 관점에서 볼 때 정책문제에 대한 정의의 과정은 바로 문제에 대한 진단의 과정이라 할 수 있고, 문제에 대한 정의를 내린다는 것은 문제에 대한 진단을 통하여 문제의 원인과 성격, 그리고 문제의 범위 등을 규정하는 것이라 할 수 있다. 이와 같이 문제에 대한 진단을 통하여 문제에 대한 정의가 내려지면, 성격이 규명된 문제의 해결을 위한 여러 가지 대안들을 모색하게 되는데 이것이 선택의 문제인 것이다.

그런데 환자가 가지고 있는 병의 원인이 무엇이냐 하는 진단결과에 따라 그 병을 치료하기 위한 방법선택의 범위가 결정되듯이,[5] 정책문제에 대한 정의에 따라

---

5) 환자가 머리가 아픈 원인이 혈압이 높기 때문이라고 진단이 내려지게 되면 치료의 대안은 혈압을 치료하는 방법들 가운데서 나오게 될 것이고, 귀나 코에 이상이 있어서 머리가 아픈 것이라고 진단이 내려지게 되면 치료의 대안들은 귀나 코를 치료하는 방법들 가운데서 나오

대안개발의 범위가 결정되는 등 이후의 정책분석활동이 결정되게 되는 것이다.

Mintzberg 등은 "문제에 대한 진단은 정책분석에서 가장 중요한 루틴(routine)이다. 왜냐하면 문제에 대한 진단은 대부분의 경우 아무리 묵시적인 것이라 할지라도, 차후의 행동노선을 결정하는 것이기 때문이다"(Mintzberg, Raisinghani and Théorêt, 1976: 246-276)라고 하여 문제에 대한 정의가 선택활동의 범위를 결정한다는 성격을 강조하고 있다.

이러한 의미에서 문제에 대한 정의는 어떤 행동을 문제에 대한 해라고 규정하거나 이러한 행동을 만들어 내는 일종의 무대장치(stage setting)로서 볼 수 있다(Dery, 1984: 6-7). 연극의 진행은 무대장치가 완성되면 이 무대 위에서만 진행되게 된다. 이와 마찬가지로 문제에 대한 정의가 내려지게 되면 정의에 의하여 규정된 범위 내에서 문제해결의 활동은 이루어지게 되는 것이다. 따라서 선택의 문제란 정의가 내려진 문제인 것이다.

선택의 문제에 있어서 가장 중요한 과제는 목표달성에 가장 효율적이라고 생각되는 대안을 선택하는 일이다. 이러한 관점에서 보면 문제를 해결한다는 것은 사전에 설정된 목적에 기여하기 위하여 탐색된 대안들 가운데에서 적합한 대안을 선택한다는 것을 의미한다. 이러한 해결의식(solution mindedness)은 사람들로 하여금 문제에 대한 해결방안을 찾는 데만 몰두하게 함으로써 보다 더 본질적이라 할 수 있는 문제의 탐색에서 벗어나도록 한다.

이와는 반대로 문제의식(problem mindedness)은 문제의 성격을 탐구하는 데 초점을 두게 된다. 이러한 문제의식은 주어진 대안들 가운데에서 적절한 대안을 선택하는 것보다 대안들의 식별과 개발을 더욱 강조한다. 물론 마지막에는 선택을 해야 할 것이다. 그러나 주어진 여러 가지 해결방안들 가운데 대안을 선택하는 것보다 선행되어야 할 문제와 대안들을 만들어 내는 것이 더 중요하다. 따라서 우리의 주의를 '선택의 상황'으로부터 '문제의 상황'으로 돌리는 것이 필요하다(Maier and Sollen, 1962: 151-157). 다시 말하면 해결대안을 선택하는 과정보다 문제의 성격을 밝히고 무엇이 문제인가를 정의하는 것이 선행되어야 문제를 올바로 해결할 수 있는 가능성이 높아지게 된다.

게 될 것이다. 이러한 의미에서 병에 대한 진단은 치료방법의 범위를 결정하는 것을 의미한다고 할 수 있다.

3) 정책문제 정의의 의의

정책문제에 대한 정의에 대해서 논의하기 전에 먼저 여기서 사용하고 있는 정책문제란 말의 의미부터 분명히 해 둘 필요가 있다. 여기서 사용하고 있는 정책문제란 어떠한 어려운 상황이 발생하여 이것을 해결해야 한다는 의미에서의 정책문제란 뜻도 포함되어 있지만 또 한편으로는 어떤 상황의 변화로 인하여 새로운 기회가 제공되었을 때 이러한 기회를 어떻게 활용하여야 하는가라고 하는 의미에서의 정책문제도 포함하고 있다.

어떤 학자들은 해결해야 할 문제로서의 정책문제와 활용할 기회로서의 정책문제를 모두 포함하는 개념으로서 정책이슈라는 용어를 사용하기도 한다(Hogwood and Gunn, 1984: 108-109). 그러나 여기에서는 이러한 정책이슈라는 용어와 아울러 정책문제라는 용어를 사용하고 있는데, 이 때 정책문제란 용어에는 주어진 기회를 어떻게 이용하는 것이 가장 바람직한가 하는 기회의 활용까지를 포함하는 좀 더 넓은 의미로 사용하고 있다.

뒤에 설명하겠지만 어떤 문제상황이 발생하여 정책분석가에게 정책에 대한 분석이 의뢰되면 정책분석은 이 정책문제가 어떠한 문제인가 하는 것을 명확히 기술하는 것으로부터 시작되는 것이다. 이와 같이 정책분석가에게 맡겨진 문제에 대한 명확한 기술을 일반적으로 문제에 대한 정의라고 부르고 있다.

그렇다면 정책분석가가 가지고 있는 문제를 명확하게 기술한다는 것이 구체적으로 무엇을 의미하는가? 문제에 대한 기술이란 ① 문제에 대한 해를 찾는 데 있어서 부적합한 준최적화(suboptimization)에 도달하는 것을 피하기 위하여 문제에 대한 경계들을 설정하고, ② 문제가 되고 있는 상황(problematic situation)이나 조건들에 대하여 시민들이 느끼고 있는 감정의 범위·성격·강도 등에 대한 평가, 특히 시민들이나 관련당사자들이 현재의 조건에 대하여 느끼고 있는 만족과 불만족 등을 평가하는 것을 의미한다(Bardach, 1981: 161-171).

이렇게 볼 때 정책문제에 대한 정의는 조건의 성격과 정도를 기술하고, 그러한 조건에 대한 태도를 나타내며, 어떻게 해서 이러한 조건들이 오게 되었는가 하는 원인과 이것을 치유할 수 있는 해결방안이 무엇인가에 대한 힌트를 제공하는 것이다(Rochefort and Cobb, 1993: 56-73).

그런데 정책에 의하여 영향을 받거나 또는 정책에 영향을 미칠 수 있는 정책과정에 참여하는 자들이나 관련당사자들은 일반적으로 다양하기 때문에 그들이 처하고 있는 입장에 따라 그들이 정의하고 있는 문제가 되는 상황도 또한 다양할 수밖에 없다. 뿐만 아니라 그들이 가지고 있는 문제상황은 불변하는 것이 아니라 시간의 흐름에 따라 또한 여러 가지로 변화하게 된다. 그러므로 정책분석가는 자기가 분석하고자 선택하는 상황의 측면을 천명하지 않으면 안 된다. 분석가는 여러 관련자들이 가지고 있는 문제상황들을 일반화하거나 또는 그 문제의 일부만을 선택할 수도 있을 것이며, 상황을 좀 더 일반적으로 기술된 가치나 또는 좀더 정밀하게 기술된 가치에 관련시킬 수도 있을 것이고, 정책에 의하여 영향을 받거나 또는 정책을 결정할 사람들이 가지고 있는 여러 가지 견해들을 조정하려고 노력할 수도 있을 것이며, 참여자들의 견해 가운데 어느 특정한 그룹의 관점을 선택할 수도 있을 것이다.

    정책문제의 상황에 대한 분석가의 수정은 정책분석가 자신의 가치, 그가 분석에 사용할 수 있는 시간과 자원, 정책에 의하여 영향을 받을 사람들과의 상호 작용, 조정에 의하여 발견된 사실들, 그리고 정책분석가가 건의할 정책대안을 결정하는 데 영향을 미치리라고 생각되는 사람들이나 집단들의 입장 등을 또한 고려하지 않으면 안 될 것이다.

    그러므로 정책문제에 대한 정의는 사람들의 관심사와 그들이 관심을 가지고 있는 실질적인 문제(substantive matter) 자체가 무엇이며 그것이 갖는 의미가 무엇인가를 밝히는 데서부터 시작되는 것이다.[6] 정책분석은 이와 같이 실질적인 문제를 다루는 것이지만 정책분석가가 이것을 어떻게 받아들이느냐 하는 것은 이들 실질적인 문제에 대한 사람들의 관심(people's concerns)이 어떠하며 그들의 영향력이 얼마나 크냐 하는 정도에 따라 크게 영향을 받게 된다.

    정책문제에 대한 정의가 이와 같이 이슈에 대하여 서로 다른 관심과 이해관계를 가진 집단들 간의 조직 내외적인 역학관계에 의하여 영향을 받는다는 의미에서 정책문제의 정의과정을 정책의제의 설정 및 채택과정과 마찬가지로 고도의 정치적인 과정의 하나라고 규정할 수 있다(Hogwood and Gunn, 1984: 109).

    정책문제에 대한 정의과정이 이와 같이 하나의 정치적인 과정이기 때문에 정책문제에 대한 정의를 내리기 위해서 정책분석가는 문제의 실체에 대한 분석을 함과

---

6) 사회적으로 중요한 사건들은 어떤 의미(meaning)를 가지며 이 문제에 대한 대응은 실제로는 이 사건이 갖는 의미에 대한 반응(response)이기 때문에 사건 그 자체보다 그 사건이 갖는 의미가 무엇이냐 하는 것이 더 중요한 것이다(Seaerberg, 1984: 2-11).

동시에, 정책결정에 대하여 영향을 미칠 수 있거나 정책에 의하여 영향을 받으리라
고 생각되는 사람들과 정책의 실질적인 형태를 결정할 정책결정자들의 가치, 기대,
그들의 관심사 및 그들의 조직 내외에서의 역학관계 등의 맥락을 검토하지 않으면
안 된다.

2. 정책문제의 식별과 정의를 위한 주요 분석방법론들

1) 정책문제의 식별

정책문제는 분석가에게 부여되는 경우가 대부분이다. 고객이나 감독자, 또는 정
책결정자들이 분석가들에게 최소한 개략적인 문제정의를 내려준다. 분석가가 더욱
노련해지면, 분석가는 환경을 관찰하여 이상징후를 찾아내거나, 새로 출현하고 있는
전략적 이슈들에 관한 정보들을 수집함으로써 문제를 찾아내도록 노력한다.

최초의 문제를 정하는 데 필요한 원자료(raw material)는 분석을 의뢰한 고객으
로부터 나오기도 한다. 고객이 처하고 있는 정치적 환경에서 이루어진 논쟁들과 토
론과정에서 사용된 일상적인 언어들로부터 정책문제를 도출할 수 있다(Bardach,
2000: 1). 여기서 말하는 언어란 고객이 수행한 이슈 묘사언어(issue rhetoric)를 지칭
한다. 이슈 묘사는 하나의 기술적 문제에 좁게 국한될 수도 있고, 광범위한 사회적
이해의 충돌 속에 자리잡을 수도 있다. 어느 경우이든 분석가는 이러한 묘사를 토
대로 분석적으로 가능하고, 정치적으로나 기관의 입장에서 문제를 완화시킬 수 있
는 수단으로서의 의미가 있는 문제를 식별하고 정의를 내릴 수 있어야 한다.

2) 정책문제 정의를 위하여 사용되는 분석방법론들

정책분석이 응용사회과학의 한 분야이기 때문에 사회과학연구를 위하여 사용되
는 대부분의 분석방법론들이 정책문제의 정의에 도움이 되는 정보를 산출하기 위하
여 사용될 수 있다. 이들 분석방법론들 가운데에서도 가장 널리 사용되고 있는 방
법들로는 경계분석, 분류분석, 인과분석, 유추의 활용, 브레인스토밍, 가정분석법 등
을 들 수 있다(Dunn, 1994: 165). 그리고 이들 방법론들은 대부분 대안의 탐색과 개
발에도 사용된다. 이들 분석방법론들은 다른 정책분석절차들과 같이 사용이 가능
하다. 정책분식가들은 해결방안을 찾아내는데 주어진 시간과 문제를 정의하는 데
사용할 수 있는 분석적 능력 등을 고려하여 분석에 사용할 방법론을 선택하여야

한다.

(1) 경계분석

경계분석(boundary analysis)은 문제의 위치, 그 문제가 존재했던 기간, 문제를 형성해온 역사적 사건들을 구체화하는 것이다. 분석가는 현재 분석하고 있는 문제와 다른 문제들과의 관계를 이해하여야 한다. 문제의 범위를 정의하기 위하여 분석가는 광범위한 조사기법들을 채택하고, 적절한 자료들을 검토하며, 현장 검사를 시행하고, 현재 직면하고 있는 정책문제 영역과 관련된 특정한 학술용어들을 마스터해야 한다. 정책분석가는, 저널리스트들이 어떤 스토리에 관해서 중요한 것이 남아 있지 않다는 것을 확인하기 위하여 여러 가지 대안적 자료 소스들을 체크하는 것과 마찬가지로, 경계분석과정에서 세 가지 절차들을 사용한다(Guess and Farnham, 2000: 39-40).

첫번째 단계에서는 포화표본추출(saturation sampling) 방법을 사용하여 표본을 추출한다. 포화추출방법은 이슈와 관련된 이해관계자들을 전화 또는 개인적 인터뷰를 통해서 문제점에 관해서 질문하고, 그들에게 추가적인 이해관계자들이 있으면 추천하도록 요구하여 표본을 추출하는 방법이다. 이때 행정가들에게 불만을 가진 이해관계자들이 흔히 제외되는 경우도 있는데 이들이 제외되지 않도록 주의하여야 한다. 추천받은 이해관계자들에 대한 질문을 계속해서 새로이 추천되는 이해관계자들이 나타나지 않을 때까지 포화표본추출을 계속하여야 한다. 이러한 방법은 정책결정에 있어서 핵심적인 영향력을 행사하는 실력자들을 제공해 주기 때문에 실제 문제에 대한 정의를 할 때 그들의 영향력을 추정하는 데 사용될 수 있다. 두 번째 단계에서는 광범위에 걸쳐 다양한 견해를 가진 표본으로 추출된 경쟁관계에 있는 이해관계자들이 주장하는 문제점들을 이끌어 낸다. 이때 이해관계자들의 문제에 대한 주장내용이 크게 다르다는 것을 알게 되는 경우가 대부분이다. 셋째 단계에서는 새로운 개념들에 대한 누적도수분포표를 작성하여 문제의 경계를 추정한다. 이 누적도수분포는 횡축에는 이해관계자들이 주장한 문제점들의 내용을, 그리고 종축에는 누적도수를 기록한다. 새로이 주장되는 내용에 대한 도수가 차차 줄어들어서 누적도수분포도가 어떤 수평선에 접근하여 평평(flat)해지면 이것은 더 이상 새로운 개념이 나타나지 않는다는 것을 의미하며, 문제의 경계가 설정된 것을 의미한다.

(2) 분류분석

분류분석(classification analysis)은 분석과 교정행동의 설계를 촉진시킬 수 있도록 당면하고 있는 문제를 그 문제를 구성하고 있는 구성요소들로 분해한다. 통계학에서 사용하는 간단한 자료분류원칙에 기초하여 분석가는 문제를 논리적 구성요소로 나누고 사람들이나 대상들을 더 큰 몇 개의 집단이나 계급으로 분류한다. 이들 두 가지 절차들에 대한 규칙들은 모두 잘 알려져 있다. 정책문제의 정확한 인지(perception)에 대한 절대적인 가이드라인은 없다. 그러나 분류들은 적절하고 논리적으로 일관성이 있어야 한다(Dunn, 1994: 167; Guess and Farnham, 2000: 40-41).

첫째, 분류는 당면한 문제에 관련된 적절한 것이어야 한다. 분류의 카테고리들은 행동과 성과를 마음 속에 그리면서 설계되어야 한다. 종종 분류들이 의사결정을 좀 더 향상시키는 데 적절하지 않도록 이루어지는 경우도 있다. 의사결정보다는 이론적인 지식을 산출하기 위하여 분류가 시도되는 경우도 많다. 이러한 분류에 의한 분석결과가 실무에 사용되는 일은 매우 드물다. 분류가 적절해야 할 필요성은 매우 높은 것이 사실이지만 적절성에 대한 가이드라인은 없는 실정이다. 한 가지 주의하여야 할 점은 분류가 문제의 원인을 보는 분석가의 견해로부터 나와야 한다는 점이다. 이렇게 되면 분류하는 데 대한 가정들(assumptions)이 투명해질 수 있고 문제들에 대한 좁은 정의를 피할 수 있다. 예컨대 빈곤문제의 분류는 부적절한 소득, 문화적 박탈, 또는 심리적인 동기의 문제라고 하는 여러 가지 인과적 가정들에서 이루어 질 수 있다. 상충되는 가정들이 무시되고 분석가가 어느 한 유형의 분류에만 초점을 맞춘다면 그것은 잘못된 정책형성으로 이끌어 갈 수 있다. 적절한 자료들을 무시한다면 이것 역시 빈곤 비율에 대한 그릇된 설명으로 이끌것이다. 자료들을 적절하게 분류하지 못하거나 밑에 깔려 있는 가정들을 명확하게 하지 못하면 잘못된 정책을 산출하게 될 것이다.

둘째, 분류 시스템에서 카테고리들은 상호 배타적이고 총망라적이어야 하며, 주제는 일관성이 있어야 한다. 즉 각 카테고리들과 하위의 카테고리들은 단일한 분류원칙에 의하여 이루어져야 한다. 만일 그렇지 않으면 하위의 계급들은 서로 중복될 수 있다. 한 가족이 빈곤선 이상에 있느냐의 여부와 복지 지원을 받느냐의 여부가 이러한 중복의 좋은 예이다. 동일한 가족이 이들 두 가지 카테고리에 속할 수 있기 때문에 이 카테고리들은 일관성이 없다.

(3) 인과분석

문제가 되고 있는 상황을 올바로 진단하여 문제를 이해하고 관련 변수들을 식별함으로써 문제를 정의하고 해결방안들을 탐색, 개발하기 위해서는 무엇보다도 먼

저 문제의 원인을 정확하게 밝혀내야 한다. 인과분석을 본격적으로 수행하기 위해
서는 모형형성과 자료의 수집분석 등 기본적인 사회과학 연구가 그대로 적용될 수
있으나 여기에서는 기본적인 개요만을 살펴보기로 한다.

정책문제를 구성하기 위한 기법들 가운데의 하나는 계층분석(hierachy analysis)
기법이다.[7] 여기서 말하는 계층분석이란 문제가 되는 상황의 가능한 원인을 식별해
내는 기법을 말한다. 이러한 문제구성을 위한 기법의 예에서도 보는 바와 같이 인
과분석은 문제의 올바른 이해를 돕기 위한 중요한 분석수단의 하나가 되고 있으며,
이러한 인과분석을 통해서 문제에 대한 올바른 정의도 가능하게 된다.

인과분석에 사용되는 규칙들은 적절성, 총망라성, 상호배타성 및 일관성 등 분
류 분석에 사용되는 규칙들과 동일하다. 인과분석은 분석가들이 어떤 징후들과 원
인들을 구별할 수 있도록 도와 주고, 다음과 같은 중요한 세 가지 종류의 원인들간
의 차이를 나타내는 카테고리들로 자료들을 묶는 것을 도와 준다.

첫째, '가능한' 원인들은 멀지만(remote) 문제 발생에 기여하는 원인이다. 둘째,
'개연성 있는'(plausible) 원인들은 근접한 것이면서 경험적으로 연결된 원인들이다.
이들은 단기적으로 행동으로 옮길 수 있는 통제변수들이다. 개연성 있는 원인들을

---

7) 계층분석의 예: 화재원인을 밝혀 내기 위한 계층분석

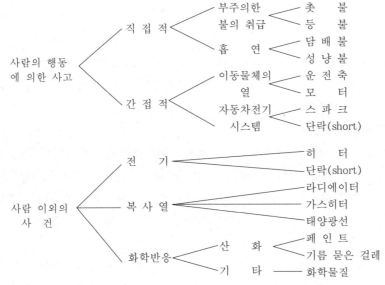

자료: Dunn, 1994: 124-126.

탐색함에 있어서 분석가는 상관관계와 인과관계를 구분하여야 하는데 이것들을 구분하는 데 어려움을 겪기도 한다. 변수들간의 상관관계는 통계분석을 통하여 발견할 수 있으며, 변수들간의 선후관계에 관한 논리 모형을 개발하거나 변수들간의 시간적 선후관계들을 분석함으로써 이들 변수들간의 상관관계가 인과관계인지 여부를 체크할 수 있다. 셋째, '행동으로 옮길 수 있는'(actionable) 원인들은 정책결정자가 중·단기적으로 조작할 수 있는 원인들이다. '개연성 있는' 원인들과 '행동으로 옮길 수 있는' 원인들은 정책결정자가 알고자 하는 원인들이다. 인과분석의 목적은 개연성 있고 행동으로 옮길 수 있는 원인들을 식별하고 이에 기초해서 의사결정을 내리고자 하는 데 있다.

인과분석은 또한 논리적인 정책선택에 따라 일어날 수 있는 의도하지 않은 결과들의 분석도 해야 한다. 집 잃은 개의 숫자를 줄이려는 정책목적을 생각해 보자. 개 우리를 건설하여 집 잃은 개를 줄이고자 하는 대안은 소유자의 행태가 처벌되지 않으면 집을 잃거나 떠돌아다니는 개의 숫자가 더 많아지는 결과를 가져올 수도 있다. 그러므로 개 소유주에 대한 규제와 개 우리의 건설은 이 정책이냐 저 대안이냐 하는 독자적인 원인들로 보아서는 안 된다는 것이다. 문제를 적절하게 정의하기 위해서는 모든 관련된 정책가정들과 원인들을 검토할 필요가 있다(Dunn, 1994: 171). 정책문제를 정의하는 과정에서 모든 개연성 있는 추가적인 원인들을 포함하여 검토하지 못한다면 이것은 중요한 의도하지 않은 부정적인 결과를 초래할 수도 있다.

인과분석의 단계에서는 첫째 통제할 수 있는 변수들을 식별하여야 하며, 둘째 위에서 설명한 가능한 원인(원격 원인)과 개연성 있는(근접한) 원인을 구분하고, 셋째 행동으로 옮길 수 있는 원인들에 초점을 맞추어야 하며, 넷째 단기적·중기적·장기적 효과들을 구분하여야 한다.

(4) 유추법의 사용

유추법(analogy)은 정책문제를 구조화하기 위하여 비교경험(comparative experience)을 사용한다. 현재 당면하고 있는 문제와 비슷한 과거의 문제에서 어떤 교훈을 얻을 수도 있고, 현재 다른 부처나 다른 지방 또는 다른 도시에서 겪고 있는 경험들을 비교 분석함으로써 문제의 구조화나 대안의 탐색에 도움을 얻을 수도 있다.

정책결정자들은 정책문제를 구조화하는 것을 돕기 위하여 적어도 다음과 같은 세 가지 유형의 유추법을 사용할 수 있다(Guess and Farnham, 2000: 45-46). 첫째, 정책결정자들은 정치적 차원을 드러내기 위해서 자기 자신이 개인적으로 이해관계자 또는 고객의 입장에서 봄으로써 개인적 유추를 사용한다. 예컨대 시내버스에 타봄으로써 출퇴근시에 시민들이 겪고 있는 교통 혼잡을 경험하고, 버스 노선을 줄이는 데 대한 정치적 반대의 강도를 체험할 수 있다. 또는 일일교사로 하루종일 봉사해봄으로써 현장 경험을 통하여 교사의 격무와 잡무의 심각성이나 평준화 지역에 있어서의 학급 수업의 어려움의 본질을 이해할 수도 있다. 둘째, 분석가는 둘 또는 그 이상의 문제 상황들 간의 유사한 관계들을 발견함으로써 직접적인 유추를 사용할 수 있다. 예컨대 마약 탐닉의 문제를 구조화하기 위해서 분석가는 접촉전염병의 통제 경험으로부터 직접적인 유추를 할 수도 있다. 셋째, 정책분석가는 온도계, 전기 회로, 수력 시스템, 생태 시스템 등과 같은 메커니즘들을 사용함으로써 상징적 유추를 사용하기도 한다. 이러한 유추를 사용함으로써 분석가는 자기의 주장들을 분명히 할 수 있고, 전문가들간의 의견 불일치의 범위를 줄일 수도 있다.

(5) 브레인 스토밍

브레인스토밍(brainstorming) 방법은 문제를 식별하고 개념화하는 단계에서나 해결대안을 창출해 내는 과정에서 널리 사용된다.[8] 앞에서 살펴본 문제정의를 위하여 사용되는 기법들이 좀 더 합리적이고 경험적·기술적인 토대에 의존하는 데 비해서 브레인스토밍 방법은 집단 동태(group dynamics)에 더 초점을 맞추며, 좀 더 혁신적이고 효과적인 계획을 세우기 위하여 문제 정의에 관한 창의적인 차원을 탐색하려고 노력한다. 브레인스토밍을 좀 더 효과적인 것이 되도록 하기 위해서는 다음과 같은 두 가지 점에 유의하여야 한다(Dunn, 1994: 175).

첫째, 브레인스토밍을 하는 그룹은 이슈에 관한 일반 대중들의 불만의 소스에 대하여 잘 알고 있는 여러 직업 분야의 전문가들로 구성되어야 한다. 둘째, 브레인스토밍 단계는 아이디어의 창출단계(또는 자유로운 형태의 단계)와 아이디어의 평가단계(또는 비판적 단계)로 구분하여야 한다. 브레인스토밍 단계를 이와 같이 두 단계로 나누는 것은 분석가가 비판을 두려워하여 의견을 개진하기를 꺼려함으로써 유용한 통찰력이나 건전한 아이디어를 제공할 가능성을 막아버리는 것을 피하기 위함이다.

(6) 가정 분석

가정분석(assumption analysis)은 여러 독립적인 조직들이 정책결정에 순차적으

---

8) 브레인스토밍 방법에 대한 설명은 제 4 장 제 2 절 참조.

로 관련되어 있고, 문제의 정의에 영향을 미칠 다른 여러 정책들을 분석가가 문제의 검토 과정에 포함시켜야 할 때, 구조화되지 않은 문제들의 검토와 문제의 정의에 매우 유용한 방법이다. 이러한 경우 분석가는 문제 정의의 주역들(actors)에 따라, 그리고 문제가 어떻게 정의되던 문제가 직면할 수밖에 없었을 실제적인 한계에 따라, 가정들이 어떻게 변화되어 왔는가를 알아야 할 필요성이 절실해진다.

브레인스토밍의 경우와 마찬가지로 가정들을 찾아내고 또 여기에 도전하기 위하여 갈등의 창의적인 활용이 요구된다. 그러나 브레인스토밍의 경우와 달리 가정분석은 이전에 건의된 정책들로부터 시작한다(Guess and Farnham, 2000: 47-48). 분석가는 식별된 이해관계자들을 검토하고, 건의된 해결방안으로부터 역으로 이 해결방안을 지원하는 자료들 및 가정들에 대한 검토의 순으로 작업을 진행한다. 자료와 가정들을 짝지워 검토할 때 가정들은 이해관계자들이 건의한 정책을 연역할 수 있게 해 줄 것이다. 자료와 건의된 정책 간에 합치성이 부족하면 정책과 자료 및 가정들간의 연계를 좀 더 비판적으로 검토해야 한다. 동일한 자료 셋(data set)을 가지고 문제들과 가정들을 열거함으로써 문제정의와 정책건의의 신뢰성을 검토할 수 있다. 이 기법은 참여자들이 가정들과 이에 반대되는 가정들을 체계적으로 비교하도록 해 준다. 가정들의 통합(synthesis)을 통해서 문제 정의가 원래의 형태대로 남아 있을 수 있도록 입증되거나 또는 수정할 필요가 있다는 것을 알 수 있게 된다.

3. 정책문제 정의의 절차와 공통적인 함정

1) 정책문제 정의의 절차

우리는 앞에서 정책문제 정의의 의의와 접근방법 및 문제정의 과정에서 사용되는 여러 가지 방법론들에 대해서 살펴보았다. 그러면 정책문제는 어떠한 절차에 따라 정의되고 기술되는가? 정책문제는 그 성격이 매우 다양하기 때문에 일률적으로 말하기 어려우며, 다양한 절차와 방법들이 사용되고 있으나 일반적으로 다음과 같은 일곱 가지 단계를 거쳐 기술된다(Patton and Sawicki, 1993: 152-154).

① 문제에 대한 심의
② 문제의 경계에 대한 기술
③ 사실 기초의 개발

④ 목적과 목표의 나열

⑤ 정책포락선(policy envelop)의 식별

⑥ 잠재적 비용과 편익의 전시(display)

⑦ 문제에 대한 기술(problem statement)의 검토 등

우리는 이미 이들 정책문제 정의의 절차와 관련된 여러 가지 개념과 방법들에 대해서 고찰하였으므로 여기에서는 이를 토대로 이들 절차에 대해서 간략하게 살펴보기로 한다.

(1) 문제에 대한 심의

문제가 주어졌을 때 우리는 문제에 대해서 생소한 경우도 있지만 어느 정도 알고 있는 경우가 대부분이다. 그러므로 분석문제가 주어졌을 때 무엇보다도 먼저 우리가 알고 있는 것을 모으고 이용 가능한 자료들에 대한 목록을 작성하기 위하여 우리의 생각을 구조화할 필요가 있다. 이 첫 번째 단계는 수단이 허용하는 한 경험적 상황을 세밀하고 완전하게 기술하는 것이 되어야 한다. 이미 앞에서 살펴본 바와 같이 정책문제란 마땅히 "어떠어떠하게 되어야 할 것"이라고 기대되었던 것이 그렇게 되지 않은 것을 의미하는 것이기 때문에, 문제의 정의 밑면에 깔려 있는 가치들이 명시적으로 표현되도록 하여야 한다. 고객, 분석가, 정책에 의하여 영향을 받은 일반 국민들과 이해관계자들이 어떻게 문제를 형성하는 데 영향을 미쳤는가 하는 것을 분명하게 하여야 한다. 이때 그 가치들이 무엇인가 하는 것을 명시적으로 기술할 것인가, 아니면 암시적으로 나타낼 것인가 하는 것은 당면하고 있는 문제의 성격이나, 분석가 및 고객에 따라 다를 것이다.

(2) 문제의 경계에 대한 기술

문제가 존재하였던 기간의 길이, 문제를 형성하였던 역사적 사건들을 구체화한다. 또한 현재 분석하고 있는 문제와 관련된 다른 문제들에 대해서도 숙지하고 있어야 한다. 이들 다른 문제들이 해결되느냐 또는 악화되느냐 하는 데 따라 분석하고 있는 문제가 영향을 받을 수 있기 때문이다.

(3) 사실 기초(fact base)의 개발

문제의 정의는 어떤 기초적인 정보를 요구한다. 개략적인 계산(back-of-the envelope calculation)이 문제에 대한 정보를 산출하는 데 도움이 될 수 있다. 이미 언급한 바와 같이 복수의 자료 소스들을 활용하고 여러 가지 추정 기법들을 활용하

여야 한다. 자료들을 검증하고, 그리고 이들 자료들을 이미 받아들여지고 있는 사실 및 벤치마크들(benchmarks)과 비교할 필요가 있다.

(4) 목적과 목표의 나열

가능한 해결방안의 수용여부는 각 행위자들의 목적과 목표에 따라 달라진다. 어떤 목적과 목표들은 잠정적이고 분석이 진행됨에 따라 수정될 수 있다. 그럼에도 불구하고 일반적인 목적에 대한 기술과 목표들에 대한 리스트는 미리 준비해 두어야 한다. 그렇지 않으면 문제가 잘못 정의될 위험이 있다.

이때 목표들은 측정될 수 있도록 기술되어야 하며, 각 목표들에 대한 측정방법은 구체화되어야 한다.

(5) 정책포락선의 식별

정책문제에 있어서 고려되어야 할 변수들의 범위를 나타내는 정책포락선(policy envelope)은 종국적으로 검토되어야 할 대안들에 영향을 미친다.[9] 정책포락선은 때로는 고객에 의하여 지정되기도 하지만, 때로는 분석가가 일하고 있는 상황에 의하여 결정되기도 한다. 그리고 때로는 이용가능한 시간과 자원에 의하여 정의되기도 한다. 분석가는 공동체, 주의집중그룹(attentive group) 및 여타의 행위자들로부터 정책포락선의 규모에 관한 중요한 실마리를 얻기도 한다. 정책분석가는 적절한 의사결정자와 아울러 정책이 영향을 받을 수 있는 곳에 레버리지(leverage)를 설정하여야 한다.

만일 정책에 민감한 변수들이 정책포락선에 포함되지 않는다면, 아주 좋은 정책이 식별되지 못할지도 모르며, 식별된다 할지라도 집행되기 어려울 수도 있다.

(6) 잠재적 비용과 편익의 전시

정책과 관련된 행위자들이나 관심을 가진 사람들에게 정책문제와 관련된 잠재적 비용들과 편익들을 문장, 도표 또는 테이블 형태로 보고한다. 만일 문제가 해결되면 각 행위자들은 무엇을 얻고 잃는지를 나타내도록 한다. 여기서 주목해야 할 것은 각 해결대안들이 가져올지도 모르는 영향에 관한 것이 아니고, 정의된 문제와 이론적인 해결에 대한 견해들의 범위이다. 분석가는 이 시점에서 가정들과 분석적

---

9) 정책포락선(policy envelope)은 하나의 정책문제의 정의에 포함되는 변수들의 범위이다. 한편 개략적인 계산(back-of-the envelope calculation)이란 한 정책문제의 방향과 크기를 정의하기 위하여 중요한 숫자를 추정하는 간단한 방법들이다. 또한 정책문제의 몇 가지 핵심적인 차원들(key dimensions)을 설정하고, 알려진 레퍼런스 포인트들(reference points)을 기초로 이들의 수치적인 추정치들을 체크하는 방법들을 가리키기도 한다.

한계에 대해서 다시 기술하여야 하며, 그렇게 함으로써 혹시 있을지도 모를 의도하지 않은 편향(bias)들이 독자적인 검토자들에 의하여 발견될 수 있도록 해야 한다.

(7) 문제에 대한 기술의 검토

문제는 행동으로 옮길 수 있도록 기술되었는가? 가능한 대안들에 대한 어떤 실마리를 찾을 수 있도록 통찰력들은 충분히 개발되었는가? 이러한 기본적인 사항들 이외에도 비계량적인 요인들을 검토하기 위하여 추가적인 정치적 분석(political analysis)이 필요한가 하는 것과 본격적인 정책분석을 시행하기 전에 좀 더 필요한 추가적인 분석이 필요한가를 식별하기 위한 이슈페이퍼(issue paper)의 작성이 필요한지도 검토해야 한다.[10]

2) 정책문제 정의에 있어서 공통적인 함정

정책문제를 정의하는 데 있어서는 다음과 같은 두 가지 함정들을 피해야 한다(Bardch, 2000: 5-7).

첫째, 정책문제 정의에 해결방안을 포함시켜서는 안 된다. 문제정의 과정에서 해결방안은 명시적으로 들어가지 않는다 해도 정의에 사용된 언어 의미(semantic)의 부주의한 사용에 의하여 암시적 해결방안이 들어갈 수 있다. 예컨대 "홈리스 가족(homeless families)들을 위한 보호소가 너무 적다"라는 문제 정의는 더 많은 보호소가 최선의 해결 방안임을 암시할 수도 있으며, 먼저 어떤 가족이 홈리스 가족이 되는 것을 막는 대안들을 생각할 수 있는 분석가의 사고를 막을 수도 있다. 따라서 "너무 많은 홈리스 가족들이 있다"는 문제의 기술이 더 바람직하다.

또 다른 예로는 "새로운 학교들이 너무 느리게 지어지고 있다"는 문제의 정의는 문제의 해결방안으로 "좀 더 많은 학교들"을 암시함으로써 분석가가 현재 보유하고 있는 시설들을 더 효율적으로 활용하는 것과 관련된 사고를 하는 것을 막을 수 있다. 그러므로 "현재 이용가능한 학급 공간에 비해서 학생들이 너무 많다"는 문제의 기술이 더 바람직하다.

둘째, 진단적 문제 정의에 암시되어 있는 인과적 주장에 대하여 의문을 가져야

---

10) 이슈 페이퍼(issue paper)란 좀 더 체계적인 연구를 통한 분석을 할지 여부를 결정하기 위한 하나의 실행가능성 연구(feasiblility study)이다. 이것은 문제에 대한 좀 더 구체적인 분석의 기초를 제공해 주지만, 손쉽게 이용 가능한 자료와 정보로부터 발전된다. 이슈페이퍼는 정책분석의 전 과정의 각 단계들을 하나하나 간략하게 터치한다. 그러한 이슈페이퍼는 연구자가 정책을 평가하는 데 관여하는 그러한 단계들에는 거의 노력을 할애하지 않는다.

한다. 흔히 문제를 정의할 때 "문제의 원인이 되는 어떤 조건들이 또한 문제들"이
라는 식의 표현을 많이 사용하고 있는데, 이때 원인들은 단지 가정되는 원인들이
아니라 실제의 원인들이어야 한다.

요 약

1. 정책이란 어떠한 사회를 어떻게 만들겠다고 하는 것을 권위 있게 결정해 놓은 것이다. 여기서 어떠한 사회를 만들겠다고 하는 것은 비전이며, 어떻게 만들겠다고 하는 것은 전략이다.

2. 정책의 비전을 구성하는 것은 공유된 가치, 임무, 목적들이며, 전략을 구성하는 것은 목표들과 수단 및 활동들이다. 이들 공유된 가치, 임무, 목적들, 목표들, 수단과 활동들의 체계를 정책의 구조라 한다.

3. 하나의 정책은 여러 개의 프로그램들을 포함한다. 프로그램들은 정책목표와 활동 및 수단들로 구성되어 있다.

4. 문제에 대한 정의는 정책분석 전반에 영향을 미칠 뿐만 아니라 정책이 결정된 후의 정책집행과 정책평가 등 정책과정 전반에 영향을 미치기 때문에 매우 중요하다. 정책문제에 대한 잘못된 정의는 정책분석의 근본적인 오류이기 때문에 메타오류 또는 제3종의 오류라고 한다.

5. 정책문제에 대한 명확한 기술을 정책문제에 대한 정의라고 한다. 정책문제를 기술한다는 것은 ① 문제에 대한 해를 찾는 데 있어서 부적합한 준최적화(suboptimization)에 도달하는 것을 피하기 위하여 문제의 경계들을 설정하고, ② 문제가 되고 있는 상황이나 조건들에 대하여 시민들이 느끼고 있는 감정의 범위·성격 및 강도 등에 대한 평가, 특히 시민들이나 관련당사자들이 현재의 조건에 대하여 느끼고 있는 만족과 불만족 등을 평가하는 것을 의미한다.

6. 문제의 정의과정은 정책문제의 설정 및 채택과정과 마찬가지로 서로 이해관계와 관점을 달리하는 여러 집단들이 상호 작용하는 정치적인 과정의 하나이다.

7. 정책문제는 그 자체로서 객관적인 실체가 아니라 현실에 어떤 준거의 틀을 적용함으로써 생성된 산출물이며 따라서 정책분석가의 주관적 해석에 의하

여 인공적으로 구축되는 현실이라고 할 수 있다.

8. 인과적 분석은 정책문제의 정의 단계에서 거쳐야 할 필수적인 단계의 하나이다.

9. 정책문제 정의의 접근방법 가운데 중요한 것으로는 기능적 및 규범적 접근방법, 가치-갈등 접근방법, 주장형성활동의 접근방법 등을 들 수 있다. 최근의 동향은 가치-갈등 접근방법과 주장형성활동의 접근방법의 요소들을 절충한 접근방법이 설득력을 얻고 있다.

10. 정책문제의 식별과 정의에 사용되는 주요방법론으로는 경계분석, 분류분석, 인과분석, 유추법, 브레인스토밍, 가정분석 등을 들 수 있다.

11. 문제정의를 위해서는 통계자료를 수집·활용하여야 한다. 시계열적인 통계자료의 비교분석이나 어떤 표준치와의 비교분석 등은 문제를 분명히 하고 의사소통을 원활히 하는 데에는 도움이 된다.

12. 정책문제 정의는 정치적 게임의 일부이다. 정책문제 정의가 정책의제로 부상하기 위해서는 이슈와 해결방안의 가시성, 정치적 후원의 획득가능성, 해결방안의 실행가능성이 높아야 한다.

13. 정책문제의 정의는 ① 문제에 대한 심의, ② 문제의 경계에 대한 기술, ③ 사실기초의 개발, ④ 목적과 목표의 나열, ⑤ 정책포락선의 식별, ⑥ 잠재적 비용과 편익의 전시, ⑦ 문제에 대한 기술(problem statement)의 검토 등의 단계를 거쳐 이루어진다.

연습문제

3-1 다음 각각에 대하여 설명하여라.

　　1) 정책의 의의와 구조

　　2) 정책문제 정의는 왜 중요한가?

　　3) 정책문제 정의란 무엇인가?

　　4) 문제정의의 문제와 선택의 문제 간의 차이

　　5) 정책분석에 있어서 메타오류

3-2 정책문제는 정책결정자나 정책분석가가 가지고 있는 문제를 보는 개념 또는 모형을 반영하는 정책프레임(policy frame)에 의하여 구성된다고 보는 견해가 있다. 이 견해에 대하여 논평하라.

3-3 문제정의의 세 가지 접근방법의 차이를 설명하여라.

3-4 문제정의에 있어서 가치의 수렴과 창조 역할의 중요성에 대하여 설명하여라.

3-5 문제정의에 있어서 통계활용의 중요성을 설명하여라.

3-6 정책문제 정의의 정치적 성격을 설명하고, 정책문제에 대한 정의가 정책결정자들의 관심을 끌 수 있기 위한 주요 요인들을 예를 들어 설명하여라.

3-7 귀하의 부서와 관련된 정책문제 5개를 식별해 보아라. 이것들이 정책문제인 이유는 무엇인가?

3-8 위의 [문제 3-7]에서 식별한 정책문제들을 정의할 때 기능적·규범적 접근방법, 가치·갈등적 접근방법, 사회적 주장형성 활동으로서의 문제점의 접근방법들 가운데 어떠한 방법에 의하여 정의하고자 하는가? 그 이유는 무엇인가? 귀하가 가지고 있는 정책문제에 위의 각각의 접근방법을 사용하여 문제를 정의하고자 할 때 이점과 제약점들은 무엇인가?

3-9 위의 [문제 3-7]에서 식별한 5가지 정책문제 정의에 필요한 정보를 산출할 때 사용하는 경계분석, 분류분석, 인과분석, 유추분석, 브레인스토밍, 가정분석 등 여러 가지 분석방법들 가운데 각각 어떤 방법들이 활용될 수 있겠는가? 왜 정책문제에 따라 활용하고자 하는 분석방법의 선택이 달라질 수 있는가?

3-10 문제정의의 접근, 분석을 위하여 선택된 분석방법론 등을 활용하여 산출된 정보를 토대로 [문제 3-7]에서 식별한 정책문제들을 문제정의의 절차에 따라 정의하여라. 이때 추가적으로 필요한 정보가 있으면 문제정의의 절차에 제시된 방법들에 따라 산출하여라.

3-11 정책문제의 정의 과정에 있어서 정책포락선(policy envelope)의 개념은 어떻게 활용될 수 있는가? [문제 3-10]의 정책문제 정의에 있어서 정책포락선의 개념은 얼마나 유용했는가?

3-12 귀하가 [문제 3-7]에서 식별한 정책문제들을 분석함에 있어서 이슈 페이퍼의 개념은 어떻게 활용될 수 있는가?

제 4 장

정책대안의 탐색, 개발 및 설계

    정책대안을 설계하는 데 있어서 비전과 전략의 개념, 구성요소들에 대한 이해는 효과적인 정책설계를 할 수 있는 기초를 제공한다.

    이번 장에서는 먼저 정책의 비전과 전략의 개념 및 구성요소, 이들 구성요소들의 구체적인 개념들을 살펴보고, 다음에는 정책목표를 명확히 하고 우선순위를 결정하는 방법과 절차를 기술하였다. 이러한 기술의 과정에서 정책의 성과측정에 대해서도 아울러 설명함으로써 정책설계의 기초를 견고히 하도록 노력하였다.

    다음에는 정책결정과정의 하나의 중요한 단계로서 정책설계단계를 설정하고, 이 정책설계단계가 정책대안의 탐색, 개발 및 정책대안의 평가단계와 어떻게 연계되어 있는가를 분석하고, 정책설계에 영향을 미치는 요인들과 이들 각 요인들의 성격에 대해서도 기술하였다.

    정책대안의 설계에 있어서는 정책목표의 우선순위와 수단 간의 연계를 식별하고 아울러 정책수단의 평가를 통하여 정책대안설계를 구체화하고 세련되게 다듬어 가는 절차를 기술하였다.

제 1 절   정책의 비전과 정책목표의 우선순위

1. 정책의 비전 및 전략의 개념과 구성요소

1) 비전의 개념과 구성요소

우리는 앞 장에서 "정책이란 어떠한 사회를 어떻게 만들겠다고 하는 것을 권위 있게 결정해 놓은 것"이라고 정의한 바 있다. 이러한 정책에 대한 개념정의에서 어떠한 사회를 만들겠다고 하는 것을 나타내는 것이 정책비전(vision)이고, 어떻게 만들겠다고 하는 것을 나타낸 것이 전략(strategy)이다. 다시 말하면 정책의 구성을 두 부분으로 나눈다면 어떠한 상태에 도달해 있기를 원하느냐 하는 것을 나타내는 부분이 비전이고, 어떻게 거기에 도달하겠느냐 하는 것을 나타내는 부분이 전략이다.

비전은 개인에도 있고 조직에도 있다. 개인이 10년 후 또는 20년 후에 무엇이 되어 있기를 바란다고 말한다면 그것이 그 개인의 비전이다. 지도자는 물론 개인도 비전을 가질 수 있다.

인생은 경쟁과 선택의 과정이다. 사회나 조직의 지도자들은 이것을 잘 이해하고 있다. 그래서 그 지도자들은 자기를 따르기를 바라는 사람들의 가슴(heart)과 마음을 사로잡으려고 경쟁한다. 지도자들이 가지고 있는 비전은 사회나 조직의 과거와 현재에 대한 이해를 의미한다. 지도자들은 이것을 토대로 사회나 조직이 미래의 어떤 상태에 이르는 지도(road map)를 제시하고, 사회나 조직의 구성원들에게 가이드라인——그들이 바람직하다고 생각하는 것을 성취하기 위하여 어떻게 행동하고 상호 작용해야 하는가——을 제의한다. 한 지도자의 비전은 직관적인 것일 수도 있고 고도로 구조화된 것일 수도 있다. 그러나 그것이 어떤 형태이든 간에 경쟁과 선택이라고 하는 두 가지 테스트를 거쳐서 성공 여부를 결정짓는 기초(bedrock)를 이룬다.

지도자와 마찬가지로 국가나 기업, 비영리 조직들도 모두 비전을 가지고 있다. 국가나 기업의 비전은 국가나 기업의 가장 기본적인 가치, 소망, 목적(goals)들에 대한 언명(statement)이다(Quigley, 1993: 3-6). 국가나 조직의 비전은 국가나 조직의 유일성(uniqueness)과 미래에 대한 이미지(image)를 나타낸다. 그것은 국가나 조직구성원들의 가슴과 마음에 대한 호소이다. 그러므로 그것은 사회나 조직이 현재 어디에 있는가를 분명하게 납득시키고, 미래에 도달하고자 하는 곳이 어디인가에 대한 지도(road map)를 제시하여야 한다.

정책이란 미래에 우리가 실현하고자 하는 상태, 도달하고자 하는 상태와 조건을 성취하기 위한 수단이다. 따라서 정책은 미래에 실현하고자 하는 상태에 대한 정책비전을 가지고 있다. 정책비전은 미래에 실현하고자 하는 사회의 상태나 조건에 대한 이미지를 나타낸다.

그렇기 때문에 정책은 국민 개개인들에게 매우 중요하다. 따라서 국민들은 정책의 이미지에 대해서 다음과 같은 기본적인 것들을 알고 싶어한다.

· 그 정책이 실현하고자 하거나 상징하고자 하는 독특한 또는 가장 기본이 되는 믿음들(distinctive or fundamental beliefs), 즉 가치들은 무엇인가?
· 우리조직과 관련된 부분들이 현재 어떤 상태에 있으며, 그리고 어떤 상태에 이르기를 바라는가(purposes), 즉 미션은 무엇인가?
· 어떤 것을 하기로 했으며(committed to), 그리고 그것이 어디를 지향하고 있는가, 즉 일반적으로 도달되어야 할 것으로 식별된 최종 목적들 또는 산출결과(general end purposes or outcomes)들은 무엇인가?

이상에서 제기한 것들에 대한 대답들이 비전의 필수적인 구성요소들이다.

이미 비전을 구성하는 요소로서 미션에 대해서 논의하였지만 미션은 일반적으로 정부조직의 임무 및 프로그램과 관련되어 있다. 그렇기 때문에 미션은 정부조직과 그 정부조직의 프로그램들에 대한 현재와 미래의 목적들(purposes)에 관한 언명 또는 기술(statement)로서 정의된다. 조직과 관련된 미션은 또한 그 조직이 무엇을 하며, 왜 그것을 하며, 또 누구를 위하여 그것을 하는가, 즉 조직의 존재이유를 나타낸다. 국가가 물, 공기 및 토지자원을 보호함으로써(무엇) 모든 국민들이(누구를 위하여) 이들 자원의 활용을 극대화하도록 한다(왜)라고 하는 언명(statement)은 공해방지에 관한 미션의 좋은 예이다.

한편 정책목적은 정부부처 프로그램들이 가져 올 산출결과(outcome)에 대한 기술이다.[1] 정책목적들은 ① 한 정부조직의 우선순위, ② 미래에 한 정부조직이 취할

---

1) 정책분석에서 산출물(outputs)과 산출결과(outcomes)의 구분은 매우 중요하다. 산출물은 프로그램활동의 결과로 나온 것이며, 관리자의 통제범위 내에 있다. 산출결과는 산출물로부터 나온 것이며, 정책대상에 일어나는 변화이다. 산출결과는 관리자의 통제범위 밖에 있으며, 일반적으로 문제나 정책목적과 관련되어 있다.

행동에 대한 분명한 방향 및 ③ 정부조직이 한 일의 결과로서 미칠 임팩트나, 나오게 될 산출결과물, ④ 분명한 목표들을 형성하게 될 기초 등을 제시해 준다.

2) 정책목표와 성과

정책대안은 [그림 3-1]에서 보는 바와 같이 정책의 계서적 구성요소, 즉 가치, 미션, 목적, 목표, 수단과 활동 등의 계서적 구성요소들 가운데 정책목표, 수단과 활동으로 구성되는 전략부문이다. 정책의 비전부문이 '어떠한 사회를 만들겠는가' 하는 것을 나타낸다면 전략부문은 '어떻게 만들겠는가' 하는 것을 나타낸다. 다시 말하면 정책의 비전이 사회가 어떠한 상태나 조건에 도달되기를 원하는가 하는 것을 나타낸다면, 전략은 어떻게 그러한 상태나 조건에 도달하겠는가 하는 것을 나타낸다. 정책대안 또는 수단(instrument)과 관련하여 사용할 때 전략(strategy)이란 용어는 정책수단들(policy instruments)의 조합으로 정의된다. 전략이란 용어는 예측적(만일 X가 일어나면, Y가 그 뒤에 일어난다), 규범적(만일 당신의 목표가 a이면, b를 행하라), 기술적(상호 연계하에 c와 d가 일어난다)으로 사용된다(Elmore, 1987: 174-186). 성공적인 전략 또는 정책수단의 조합이란 어떤 목적을 효과적으로 달성할 수 있도록 하고, 어떤 수단을 선도적 역할(leading role)을 하도록 어떤 수단을 그에 뒤따르는 역할(following)을 하도록 적정하게 배합한 것이다. 그리고 분석가가 서로 다른 전략을 택하는 경우 분석가가 정책결정자에게 주는 규범적 어드바이스(advice) 또한 매우 달라질 수 있다.

정책대안을 구성하는 요소들 가운데 전략부문은 정책목표, 정책수단 및 활동들을 포함하는 행동계획이다. 정책비전의 일부를 구성하는 정책목적들(policy goals)이 식별된 일반적인 목적들(purposes)이라고 한다면 정책목표들은 좀더 구체적이고 측정가능한 타켓들(targets)이다. 그리고 행동계획은 이러한 목적과 목표들을 달성하기 위하여 식별된 전략과 좀더 구체적이고 세부적인 작업계획들(work plans)을 포함한다.

우리가 성과를 측정(performance measurement)하고자 하는 경우 그 대상은 바로 이 행동계획을 집행하고 그 결과로서 나타난 산출결과이다. 성과측정은 정책이 대상으로 하는 사회조건이나 상황에 대하여 행동계획이 이룩한 성과를 측정하는 것이기 때문에, 성과측정과 관련된 이슈는 우리가 어떻게 정책에 의하여 이룩된 사회상태의 변화나 진전(progress)을 측정하느냐 하는 것이다. 또한 성과측정은 책임성과 계속적인 개선을 확실하게 담보하는 것을 목적으로 한다.

· 기대되는 결과들(results)은 무엇인가, 즉 목표들은 무엇인가?

· 무엇을 사용하여 달성하겠는가, 즉 수단들(instrument)은 무엇인가?

· 성공 여부를 어떻게 측정하겠는가, 즉 성과측정은 어떻게 하겠는가?

위에서 볼 수 있는 바와 같이 정책목표들은 정부조직이 제공하는 어떠한 서비스나 프로그램이 주어진 일정한 기간 동안에 달성할 것으로 기대되는 최종적인 결과로서 기술되는 측정가능한 타겟이다.

정책목표는 ① 분명하게 기술되고 이해하기 용이하며, ② 일방적이 아니고 구체적(specific)이며, ③ 측정가능하고, ④ 산출물지향적이며, ⑤ 정부조직의 미션 및 목적들(goals)과 일관성을 유지하고, ⑥ 결과지향적인 것일 때 잘 작성된 정책목표로 평가된다.

한편 정책목표달성을 위하여 사용되는 주요 정책수단들로는 위임(mandate), 유인책(inducements), 제재(sanction), 능력배양(capacity building), 시스템 변동(system changing) 등을 들 수 있다. 여기서 위임은 개인이나 정부기관들의 행태를 지배하는 규정(rule)들이며, 규칙이나 지시에 대한 순응(compliance)을 확보하기 위한 수단이다. 유인책은 개인이나 정부기관이 단기적으로 수행한 어떤 행위의 성과에 대한 반대급부로서 조건부로 돈을 이전(transfer)하는 것을 의미한다. 능력배양은 개인이나 정부기관이 미래의 시설과 장비, 지능 또는 인력자원 등에 대한 투자를 할 수 있도록 하는 조건으로 돈을 이전시킨 것이다. 그리고 시스템의 변동은 공공재나 서비스를 전달함으로써 시스템을 바꾸기 위하여 개인들이나 정부기관에 권한(authority)을 이전시키거나 새로운 기능들을 수행할 하위시스템들을 새로 만드는 것을 의미한다. 정책분석의 중요한 역할 중의 하나는 정책목표를 달성하기 위하여 사용될 효과적·효율적인 정책수단들을 선택하거나 새로 설계하기 위한 정보들을 산출해 내는 것이라 하겠다.

3) 정책도구

정책도구(policy instrument)는 정책 목적을 달성하기 위한 정책수단들로 대부분의 경우 정책설계의 핵심 내용이다. 그렇기 때문에 정책대안 탐색이나 창안은 대부분 정책도구의 탐색이나 창안이라 하여도 지나친 말이 아니다. 정책분석은 정책대안의 탐색과 창안을 효과적으로 수행하는 것을 뒷받침하기 위해서 수행되며, 이러한 분석기능을 원활하게 수행하기 위해서는 관련 정책분야의 정책도구에 대한 이해를 높이는 것이 필수적이다. 여기에서는 정책도구 일반에 대한 개념과 유형들에 대하여 간략하게 살펴보고자 한다.

(1) 정책도구의 개념

도구(instrument)에 대한 개념은 첫눈에는 간단한 것 같으나 기술하기에는 어려운 개념이다. 왜냐하면 도구란 말은 매우 광범위한 의미로 사용되고 있기 때문이다. 예컨대 "재무관리와 통제"도 도구로서의 자격을 가지고 있으며, "목표에 의한 관리"나 기술정책에서 사용되는 "정책실험"도 도구로서 분류될 수 있다. 분명한 것은 도구는 어떤 특정한 현상의 성격에 대해서는 어떤 정보도 제공하지 않지만 그 현상이 어떤 한 특정한 목표를 달성하는 하나의 수단이라고 하는 사실에 관한 정보를 제공한다는 것이다. 이러한 의미에서 도구란 행위자들이 하나 또는 그 이상의 목적들을 달성하기 위하여 사용하거나 사용할 수 있는 모든 것이라 할 수 있다. 이러한 의미에서 정책도구란 정책목적들을 달성하기 위하여 사용하거나 사용할 수 있는 모든 것이다.

도구의 개념은 대상(object)으로서의 성격과 활동으로서의 성격을 가지고 있다(de Bruijn and Hufen, 1998: 13-15). 대상 또는 객체로서의 도구의 의미는 법률 서적에서 사람들이 도구로서의 법과 행정지도들을 말할 때 나타난다. 이 경우 사람들은 법이나 정부가 수행하는 행정지도를 형성하는 총체적 세트(set)로서의 지시(instruction)와 규칙(rules)들을 일컫는다. 도구는 또한 활동으로서 간주될 수 있다. 이러한 의미로 사용되는 경우 도구는 사회적 과정들에 영향을 주거나 지배하는 데 초점을 맞춘, 유사한 특성들을 나타내는 정책활동들의 모음(collection)을 지칭한다. 정책도구는 이러한 관점에서 정책산출이나 효과를 내기 위하여 사회적 과정들에 영향을 주고자 하는 정책활동들이라고 할 수 있다(de Bruijn and Hufen, 1998: 14).

(2) 정책도구의 유형

정책도구를 유형화하려는 노력은 끊임없이 시도되어 왔으며 여러 가지 도구의 유형들이 제시되어 왔다. 이들 유형 분류들 가운데 가장 널리 사용되는 것은 규제, 재무 및 정보 이전(information transfer) 등이다.

규제적 도구(regulatory instrument)들은 사회적 행위자들의 행태를 정상화 하는 것을 목적으로 하는 것으로 법률적 성격을 띤 수단들이며, 네 가지 중요한 측면들을 가지고 있다(de Bruijn and Hufen, 1998: 17-18). 첫째, 규제적 도구들은 수단적 기능을 가질 뿐만 아니라, 또한 정상화하고(normalizing) 보증하는 기능들을 보유하고 있다. 즉 법은 정부의 행위들을 표준화하고, 사회적 행위자들이 정부간여에 반대하는 것을 보증하기도 한다. 부안핵폐기물저장시설에 대한 반대, 새만금사업에 대한 반대, 경부고속철건설에 있어서 천성산터널공사에 대한 반대 등이 그 좋은 예들이다. 이러한 보증 기능은 동시에 이러한 유형의 도구들의 규제적 능력들을 한정시키는 작용을 할 수 있다. 둘째, 규제적 도구들의 사용은 모니터링과 시행(enforcement)을 요구한다. 그러나 정부는 모니터링과 시행 비용들을 감당할 여유가 없을 수도 있다. 셋째, 규제적 도구들은 강제적 성격을 갖는다. 이러한 강제는 많은 경우 정부와 사회적 행위자들 간의 서로 뒤얽혀 있는 관계에 잘 들어맞지 않아서 정책이 대상으로 하는 행위자들의 저항을 불러일으키기도 한다. 넷째, 규제는 반응적 성격을 갖는다. 규칙의 형성은 느린 과정이며, 그렇기 때문에 사회에서 일어나는 어떤 발전들에 훨씬 뒤늦을 수 있다. 무엇보다도, 규제는 어떤 것이 일어난 후 사후적으로 집행되는 도구인 경우가 많다. 바람직하지 않은 행태가 탐지된 후에 규제는, 예컨대 형사 고발을 위하여 사용될 수 있는 것이다.

재정적 인센티브들을 사용하여 사람들의 행태에 영향을 미치는 것은 규제에 의하여 영향을 미치는 것에 대한 대안으로서 간주된다. 지방자치단체인 시·군 간의 통합을 장려하기 위하여, 만일 인접한 시·군 통합이 이루어지는 경우 재정적 지원을 확대하겠다고 하는 것은 재정적 인센티브의 좋은 예이다. 인센티브와 규제 간의 가장 중요한 차이는 인센티브가 비강제적 성격을 갖는다는 것이다. 이것이 이들 인센티브 도구가 어떤 정책 영역에서 인기를 갖는 이유이다.

재정적 도구들은 어떤 제약이 있을 수 있는가? 무엇보다도 재정적 인센티브들은 전가 메커니즘(shifting mechanism)의 원인이 될 수 있다. 예컨대 징세는 제품의 가격에 전가될 수 있고, 보조금은 이미 존재하고 있는 비재정적인 행태적 인센티브들을 밀어제칠 수 있다. 재정적 인센티브들은 그들의 제한적인 강제적 성격 때문에, 타겟이 되는 행위자들에게 그들의 행태를 변화시킬 선택(choice)의 여지를 줄 수 있다. 재정적 인센티브는 어떤 행동을 적극적으로 하도록 유인하는 적극적 인센티브(positive incentive)의 성격을 띠는 것이 있는가 하면, 어떤 행동을 하지 않도록 하는 부정적 인센티브(negative incentive)가 있다. 전자의 예로는 기업의 연구개발을 촉진하기 위하여 조세를 감면해 주는 조세정책수단을 들 수 있다. 그리고 후자의 예로는 부동산 투기를 억제하기 위하여 양도소득세와 재산세의 세율을 높이는 것을 들 수 있다.

재정적 인센티브의 사용은 정책이 초점을 맞추고 있는 행위자들의 행태를 결정하는 데 영향을 미치는 요인들에 관한 세부적인 지식을 필요로 한다. 이들 도구들이 갖는 제한된 강제력 때문에 인센티브들이 정밀하게 적용되는 것이 매우 중요하다. 그러나 타겟이 되는 행위자들에 대한 지식이나 정보가 충분하지 못한 경우가 많다.

최근에는 정보 이전(information transfer)의 중요성이 증대되고 있다. 이러한 종류의 도구들은 현대 사회에 존재하는 종류의 관계들에 잘 들어맞는 것으로 지적되고 있다. 이러한 주장의 밑에 깔려 있는 아이디어는 국가의 권위에 의존하는 도구들은 퇴장되어야 한다는 것이다. 더 이상 강제가 아니라, 정보이전 등을 통하여 확신(conviction)을 주는 것이 정책의 방향을 제시하는 주요 요소가 되어야 한다는 것이다(Dahme and Grünow, 1983: 117-141). 소프트한 도구로서의 정보이전은 타겟집단의 참고기제(frame of reference)와 양립할 수 있는 경우 가장 효과적인 정책도구가 될 것이다.

2. 정책목표의 명료화와 우선순위의 결정

1) 목표의 명료화

정책목표를 논의함에 있어서 제일 주의하여야 할 사항 가운데 하나는 정책목표와 조직목표 간의 구분에 관한 사항이다. 현재 문제가 되고 있는 정책은 어떤 행정기관이 그 조직의 목표를 달성하기 위하여 수행하고 있는 여러 가지 정책들 가운데 하나이다. 이들 정책들은 어떤 행정기관이 정부의 목표 또는 조직목표로 내세우고 있는 목표들을 달성하기 위한 수단들이며, 그렇기 때문에 현재 당면하고 있는 정책도 조직의 목표를 달성하기 위한 하나의 수단이라고 볼 수 있는 것이다.

바로 조직목표와 정책 간의 이러한 관계 때문에 목표의 계서구조적 차원에서 보면 정책목표는 조직목표의 하위목표를 구성한다고 할 수 있는 것이다(Simon, 1957: 63). 물론 어떤 정책문제가 제기되는 것을 계기로 하여 조직목표를 재검토하고 수정하는 경우도 있으나 일반적으로 조직목표 또는 정부의 목표는 주어진 것으로 간주하고 그것을 달성하기 위한 수단으로서의 정책목표를 설정하게 된다.

어떤 문제가 제기되면 정부의 행정관료들은 자기가 소속된 조직의 목표에 비추어 문제를 해석하고 문제를 정의하려고 한다. 그렇기 때문에 조직목표는 문제 정의에 있어서 문제의 범위와 문제상황의 심각성의 정도를 결정하는 길잡이가 된다.

문제상황에 대한 정의는 정책이 추구해야 할 정책목표의 설정을 의미한다(MacRae, 1979: 19). 이러한 점에서도 정책목표는 조직목표의 하위목표라고 할 수 있다.

물론 문제가 정의된다고 하여 정책목표가 자동적으로 결정되는 것은 아니다. 동일한 문제상황에 처한 경우라 할지라도 정책결정자가 처하고 있는 상황에 따라, 또 그의 가치지향, 이용가능한 자원, 문제해결에 주어진 시간 등에 따라 정책목표는 달라질 수 있기 때문이다.

그러나 일반적으로는 문제상황에 대한 정의가 이루어지고 나면 해결해야 할 문제의 성격과 범위, 문제의 심각성 등이 규명되기 때문에 문제해결이나 기회활용을 위한 정책목표의 설정은 문제가 정의되기 이전보다는 훨씬 더 용이해질 수 있다.

정책결정자나 정책분석가는 문제해결에 주어진 인적 및 물적 자원과 시간 등 제반여건과 실행가능성, 문제해결의 전략이나 접근방법 등을 고려하여 정책목표를 설정하거나 건의하게 될 것이다.

2) 우선순위의 결정

이상적으로는 잘 작성된 정책목표에서도 기술한 바와 같이 정책목표가 분명한 것이 바람직하나 현실적으로는 정책목표를 분명히 하기가 어려운 경우가 많다. 그 이유에는 여러 가지가 있으나 중요한 것들을 몇 가지 들어보면 다음과 같다.

첫째, 대부분의 정책문제에서는 이해관계나 입장을 달리하는 여러 집단들이 관련되어 있다. 이와 같이 동일한 문제에 대하여 여러 집단들이 관련되어 있고, 이들 관련된 집단들의 이해관계나 입장들이 서로 다르기 때문에 문제를 보는 시각도 서로 다를 수 있고 그들의 주장도 각기 달라질 수 있는 것이다. 이명박 정부가 2009년에 추진하고자 했던 4대강 사업이나 충남 공주·연기에 건설하기로 한 행정중심 복합도시를 교육과학비즈니스 도시로 바꾸고자 했던 시도 등이 그 좋은 예들이다. 따라서 이와 같이 서로 이해관계와 주장이 다른 여러 집단들의 지지를 획득하기 위하여 문제해결을 위한 정책목표를 제시할 때 정책목표에 대한 해석이 각 집단에 따라 서로 달라질 수 있도록 애매하게 하는 경우도 있게 된다(Edwards III and Sharkansky, 1978: 111).

둘째, 어떤 정책문제에는 하나의 정책문제에 서로 이해관계나 입장이 다른 여러 행정기관들이 관련되고 있는 경우가 있다. 경기도 과천~사당 간(서울시) 도로확장 및 포장의 경우와 같이 서울시, 경기도 과천시, 그리고 건설교통부(추진 당시의 명칭) 등이 관련되어 있고, 그들의 이해관계가 각기 달랐던 경우는 그 좋은 예이다. 이와 같이 동일한 문제에 대하여 서로 이해관계나 입장을 달리하는 여러 행정기관들이 관련되게 되면 그러한 경우에는 그들 각 행정기관들이 추구하는 조직의 목표들이 서로 다른 것이 일반적이기 때문에 동일한 문제해결을 통하여 서로 다른 목표들을 달성하려고 시도하게 된다. 따라서 하나의 정책에 두 가지 이상의 복수의 목표들이 설정될 수 있는데 이들 목표들은 서로 보완관계를 가지는 경우도 있겠으나 서로 상충되는 갈등관계를 가질 수도 있기 때문에 목표 그 자체가 애매해질 수도 있다.

셋째, 어떤 정책의 경우에는 하나의 정책을 통하여 여러 가지의 목표들을 동시에 추구하기 때문에 목표가 다양해지고 불분명해지는 경우도 있다. 이와 같이 하나의 정책을 통하여 여러 가지의 목표들을 동시에 추구하려 하는 경우 그 목표가 뚜렷하지 못하고 애매한 것으로 나타날 수도 있다.

이상에서 살펴본 바와 같은 여러 가지 이유로 정책목표가 애매하거나 다양하기 때문에 정책목표들간의 관계를 분명하게 정리하고 또 복수의 정책목표를 추구하는 경우에는 그들 간의 우선순위를 결정해야 할 필요성이 대두된다.

하나의 정책이 여러 가지 목표들을 동시에 추구하는 경우에는 이들 목표들은 완전히 합치되는 관계, 상호보완적인 관계, 서로 전혀 관련이 없거나 독립적인 관계, 상호 의존적인 관계, 서로 모순되거나 충돌되는 관계, 서로 경쟁적인 관계 등 여러 가지 관계를 가지게 된다(정정길, 1988: 368-371).

하나의 정책이 여러 가지 정책목표들을 동시에 추구할 때 그들 목표들 간에 이와 같이 여러 가지 관계를 가지게 되기 때문에, 정책분석에서 정책결정에 도움이 될 수 있는 정책대안에 대한 정보들을 산출하고 정책이 결정된 후 정책집행과정에서 효과적인 정책집행이나 정책집행결과에 대한 효과를 평가하기 위한 지침을 마련하기 위해서는 이들 정책목표들 간의 우선순위를 결정해야 하는 것이다.

이들 다양한 정책목표들 가운데 어떤 정책목표가 다른 정책목표보다 더 중요한가를 결정하는 것은 그렇게 용이한 일이 아니다. 왜냐하면, 이미 위에서 논의한 바와 같이, 하나의 정책이 추구하는 여러 가지 정책목표에는 이해를 달리하는 여러 이익집단이 각각 관련되어 있거나 또는 여러 행정기관들이 관련되어 있는 경우가 많기 때문이다. 따라서 정책목표들 간의 우선순위를 결정하는 과정은 일종의 정치과정이라고 할 수 있으며 정책결정자의 가장 중요한 역할 중의 하나라고 할 수 있다(Hogwood and Peters, 1983: 161-162).

정책목표의 우선순위의 결정이 이와 같이 어려운 정치과정이라고 할지라도 만일 이들 다양한 정책목표들 가운데 우선순위를 결정할 어떤 평가기준에 대한 합의가 이루어질 수 있다고 한다면, 우선순위의 결정은 훨씬 더 용이해질 수 있을 것이다.

정책목표의 우선순위를 결정하는 데 고려하여야 할 기준으로서는 여러 가지가 제시되고 있다. 어떤 학자들은 ① 잠재적인 기회가 발전을 위하여 얼마나 성숙되었는가 하는 성숙의 정도나 각 문제의 취급의 용이도 등과 같은 본질적이고도 고유한 기준(intrinsic criteria), ② 사용자나 고객이 서비스에 대하여 지불하고자 하는 정도를 나타내는 수요(demand), ③ 여러 가지 조건이나 문제가 퍼져 있는 상황이나 정도, 각 문제들의 영향의 강도, 영향을 받는 집단의 성격, 그 문제에 의하여 영향을 받는 집단이 보이고 있는 그 문제에 대한 관심도 등으로 측정되는 니즈(needs), ④ 목표달성이 가져올 사회적 또는 경제적 순편익 등을 중요한 기준으로 제시하고 있다(Hogwood and Peters, 1983: 164-167). 또 어떤 학자들은 ① 정책목표의 달성이나 문제의 해결로서 얻게 되는 효과, ② 정책목표달성이나 정책문제 해결을 위한 비용, ③ 정책효과와 비용의 배분, ④ 정책목표의 달성가능성이나 정책문제의 해결가능성 등을 제시하고 있다(정정길, 1988: 372-378).

이들 정책목표의 우선순위를 결정하는 데 고려하여야 할 기준들은 동일한 것을 서로 다른 차원과 각도에서 독립된 기준으로 제시된 것도 있는가 하면 서로 다른 기준들도 있어 정책목표의 우선순위결정에 큰 도움이 될 것으로 보인다. 이들 여러 가지 기준들 가운데 서로 같은 성질의 기준들은 한데 묶고 빠진 것을 보완하여 좀 더 포괄적인 것으로 재정리한다면 ① 그 정책만이 추구할 수 있는 고유한 가치, ② 필요성과 수요의 충족 등을 포함한 사회 전체적인 공익의 증진, ③ 상위목표달성을 위한 전략적 효과성, ④ 실행가능성 등으로 발전시켜 볼 수 있을 것이다. 이들 각 기준들을 좀 더 부연하여 설명하면 다음과 같다.

첫째, 각 정책문제들은 그것이 어떤 문제의 해결이든 또는 어떤 주어진 기회의 활용이든 그 정책만이 가장 큰 공헌을 할 수 있는 고유한 가치(intrinsic value)가 있다. 이미 앞에서 목표의 계서구조에서도 설명한 바와 같이 정책은 어떤 한 행정조직이나 또는 정부 전체의 목적을 달성하기 위한 수단이기 때문에 정책목적은 그보다 더 상위에 있는 조직목표나 정부목표의 하위목표를 이루고 있다. 그렇기 때문에 그 정책이 그보다 상위에 있는 조직목표나 정부의 목표를 달성함에 있어서 다른 정책이 아니라 바로 지금 관심의 대상이 되고 있는 이 정책만이 더 효과가 있을 수 있는 추구해야 할 어떤 고유한 가치가 있을 수 있다. 바로 현재 검토하고 있는 정책만이 효과적으로 추구할 수 있는 그러한 고유한 가치가 무엇인가 하는 것을 정책목표의 우선순위를 결정함에 있어서 가장 우선적으로 고려하여야 한다.

둘째, 정책문제의 정의는 이해관계를 달리하는 어떤 대상집단이나 또는 이해관계를 달리하는 어떤 행정기관들의 역동적인 상호 작용 과정에서 이루어지게 된다. 따라서 힘이 있는 집단이나 행정기관의 문제에 대한 해석이나 주장이 문제의 성격을 규정하고 목표를 설정하는 데 큰 작용을 한다.

그렇기 때문에 문제가 왜곡되고 목표가 잘못 설정될 가능성도 항상 잠재되어 있기 마련이다. 그러므로 이러한 왜곡의 가능성을 최소화하여 진정한 다수국민의 니즈(needs)와 수요(demand)를 정책목표에 반영시키기 위해서는 그 정책과 관련된 문제해결이나 기회의 활용에 있어서 공익이 무엇이며, 공익증진에 얼마나 기여할 것이냐 하는 것이 우선순위결정에 있어서 중요한 기준이 되어야 한다(박동서, 1984: 156-165; 박동서, 1988: 453-464).

셋째, 정책목표는 더 상위에 있는 조직목적이나 또는 정부목적을 달성하기 위한 하위목적이다. 따라서 더 상위에 있는 목적달성에 있어서 공헌을 할 수 있는 전략적 가치가 무엇이냐 하는 전략적 효과성을 정책목표의 우선순위결정에 고려하여야 한다. 경제발전을 위한 상공정책이나 과학기술개발정책·지역개발정책 등의 목표설정에 있어서는 이러한 전략적 효과성이 특히 중요시되어야 한다.

넷째, 아무리 바람직한 정책목표라 할지라도 실행가능성이 희박하다면 그것은 공허한 계획에 불과하다. 따라서 목표의 우선순위를 결정함에 있어서는 실행가능성 여부를 항상 고려하여야 한다.

물론 모든 정책목표의 우선순위를 결정하는 데 이들 네 가지 기준들이 똑같이 중요한 것은 아니기 때문에 당면하고 있는 문제의 성질에 따라 상대적인 중요성은 달라질 수도 있다고 하는 점에 유의하면서 우선순위결정과정에서 선택적으로 고려하여 활용하여야 할 것이다.

제 2 절   정책대안의 탐색, 개발과 설계

1. 정책대안의 소스, 탐색 및 개발

1) 광범위한 정책대안 식별의 중요성

하나의 대안은, 만일 그것이 고려의 대상이 되는 옵션의 세트에 포함되어 있지 않다면 선택될 수 없기 때문에, 그리고 대안의 창출은 도전적인 과업이기 때문에, 많은 분석가들은 분석과정의 이 단계에서 대안탐색에 심혈을 기울인다. 잠재적인 대안들은 단견적인 분석가나 고객에 의하여 제약될 수 있다. 왜냐하면 이들 대안들은 정치적으로 받아들여질 수 없거나, 너무 비용이 많이 소요되거나, 또는 너무나도 기발하여 아무도 그것들이 받아들여질 것으로 믿지 않기 때문이다. 이상(ideal)은 모든 가능한 옵션들을 고려하는 것이다. 그러나 이것은 광범위한 조사분석에서도 거의 가능하지 않다. 모든 가능한 대안들을 고려하려고 노력하는 대신에, 분석가는 충분히 많은 대안들을 창출해 내서, 그들 가운데에서 선택이 이루어질 수 있도록 하여야 한다. 그러나 사소한 부분에서 약간씩만 다른 많은 대안들을 세부적으로 평가할 필요는 없다. 대안들을 고려의 대상으로서 전면적으로 평가하려는 시점은 분석가가 이제 받아들여질 만한 대안들이 대부분 고안되었으므로 대안탐색을 중지할 때라고 판단할 때이다. 그러나 대안 창출에 대한 도전은, 별로 대수롭지 않다고 생각했던 대안들이 정치적인 반대가 적다거나, 다른 대안들보다 편익들은 적지만 비용이 매우 저렴하다거나, 또는 새로운 테크놀로지(technology)를 이용가능하게 한다는 등의 이유로, 때로는 어떤 대안을 채택할 수도 있다는 데 있다. 그러므로 정책대안들을 창출할 때에는 가능한 한 더 많은 대안들을 찾으려고 노력하여야 한다. 그리고 체계적인 방법으로 유망하지 않은 대안들을 제거하되, 어떠한 조건들이 갖추어질 때에는 그 이전에 부적합한 것으로 판단했던 대안들을 다시 고려할 수 있다는 것도 알아야 한다.

2) 정책대안들의 소스

분석가들은 어디에서 대안들을 얻을 수 있는가? 그들은 어떻게 대안들을 산출해 내거나 발견하거나 또는 창안해 낼 수 있는가? 이러한 대안들의 획득과정에서 필요한 것이 기저선(baseline)이 되는 대안이다. 기저선은 현재 상태(status quo)를 유지하는 대안(no-action alternative)이다. 예컨대 대기오염을 줄이는 대안들을 검토할 때, 아무런 액션(action)을 취하지 않는 경우, 10년 후, 20년 후에 도달될 대기오염의 정도(상태)가 비교의 기준이 되는 베이스라인이다. 이러한 기저선 대안에 추가해서 정책문제와 관련이 있는 경험자들로부터 부가적인 대안들이 나올 수도 있고, 관련된 문제에 대한 사례연구를 통하여 대안을 발견할 수도 있다. 또한 유사한 문제들에 대한 유추(analogy), 전문가들의 경험들과 통찰력, 관계 당국의 요구사항,

참여자들의 신념, 법적인 규정(legal prescriptions), 기술적 지식 등에서 대안이 나올 수도 있다.

정책대안의 소스는 위에서 본 바와 같이 여러 가지로 세분할 수 있으나, 창의력, 경험, 통찰력, 문제와 관련분야의 이론, 그리고 이해관계 당사자 등 크게 네 가지 범주로 구분해 볼 수 있다.

창의력은 대안개발에서 가장 중요시되는 아이디어의 소스이다(Brewer and de Leon, 1983: 62-63). 여기서 창의력이란 정책문제를 새로운 시각에서 보고 그 문제를 해결하기 위하여 그 전에 없었던 새롭고 독특한 관점이나 방법을 포함하는 대안을 제시하는 능력을 말한다(Lasswell, 1959: 203). 정책대안의 개발과정에서 창의력과 혁신(innovation)을 도입하는 가장 중요한 목적은 분석가들에게 현존하는 조직의 노선을 넘어서서 생각하도록 압력을 가하자는 데 있는 것이다. 대안의 개발과정에서 합리적 기법은 창의력에 대한 보조물에 지나지 않으며, 창의력이야말로 새롭고 더 좋은 대안을 고안하는 데 있어서 가장 핵심적인 방법이다(Dror, 1968: 179).

정책대안개발에 있어서 창의력이 중요한 역할을 하기 때문에 창의력을 발휘하도록 고취되어야 한다는 원칙에는 모두 다 동의하지만 어떻게 하면 창의력을 발휘하도록 자극을 주고 동기를 부여하며 분위기를 조성할 수 있을까 하는 것이 실제로 더 어려운 과제이다. 일반적으로 창의력이란 개인적인 특성에 속하는 것이기 때문에 이러한 창의력을 가진 사람들을 정책대안개발과정에 참여시키는 것이 가장 중요하다. 아울러 이미 정책문제 정의에서 설명한 바 있는 브레인스토밍(brainstorming) 방법, 시넥틱스(synectics)의 활용 등을 창의적인 정책대안개발을 위하여 활용할 수 있다.

정책대안의 또 하나의 중요한 소스는 다른 국가, 다른 도시나 지역, 또는 다른 조직들이 유사한 문제에 대하여 어떠한 방법으로 대처하였는가 하는 경험을 탐색하여 그들을 차용해 오는 것이며, 이러한 과거의 경험을 토대로 한 여러 가지의 가상적 조작을 함으로써 변형된 아이디어들을 개발해 내는 것이다. 유사한 문제에 대한 다른 국가, 다른 도시나 지역 또는 다른 조직들의 과거의 경험들은 정책대안들을 제공해 줄 뿐만 아니라 그들 대안들의 효과에 대한 정보까지도 제고해 준다는 이점을 가지고 있다.

정책대안의 다른 또 하나의 소스는 제기되고 있는 문제와 관련된 분야의 이론, 특히 과학과 기술에 대한 이론과 지식이다. 과학과 기술의 발전에 대한 지식은 문제해결에 대한 여러 가지 접근가능성의 범위를 넓혀 주고 다양화시켜 준다.

정책대안은 또한 이 정책문제에 의하여 영향을 받으리라고 생각되는 대상집단들을 모두 나열하고, 이들 각 이해관계집단들을 위한 해결방안들을 모색하는 과정에서 창안될 수도 있다. 이 방법은 전 국민들이 영향을 받는 정책에는 그리 큰 도움이 되지 않을 수도 있으나 어떤 집단에만 특히 큰 영향을 미침으로써 특별히 고려하여 할 필요성이 있는 경우에는 매우 효과적인 방법이다(Mood, 1983: 32-33). 관련되는 정책문제를 정의하고 그에 대한 해결대안들을 모색하는 과정 속에 그 문제에 이해관계를 가진 개인이나 집단들의 대표자들에게 자문을 구하거나 또는 이익집단들이 정책결정기관에 접근할 수 있는 제도적 장치를 마련하여 그들로 하여금 의견을 개진할 통로와 기회를 마련하여 준다면 문제해결에 효과적인 여러 대안들이 자연스럽게 제안될 수도 있는 것이다(Edwards III and Sharkansky, 1978: 152-158). 이 과정에서 유의하여야 할 점은 현재 상태에서 손해를 보고 있거나 고통을 당하고 있는 사람이나 집단들뿐 아니라, 현재의 상태에서는 아무런 피해를 받고 있지 않으나 검토되고 있는 문제를 해결하는 과정에서 새로이 이해관계를 가지거나 피해를 입을 것으로 예상되는 사람이나 집단들도 문제의 정의와 대안개발과정에 참여시킴으로써 대안의 개발과 설계에 영향력을 미칠 수 있도록 하여야 한다는 점이다.

3) 정책대안의 탐색과 창안

정책대안의 소스에 대한 설명 과정에서 대안의 탐색과 창안의 방법에 대해서 기술했지만, 여기에는 잠재적인 대안을 식별하는 몇 가지 구체적인 방법들에 대하여 간략히 살펴보기로 한다.

(1) 연구분석과 실험

정책대안을 개발하는 중요한 방법 중의 하나는 연구방법들을 사용하여 조사연구(survey research)를 실시하는 것이다. 조사연구를 실시함으로써 정책에 의하여 영향을 받는 사람들의 태도, 여론, 신념들을 조사하여 여러 가지 행동대안들에 대한 제안과 선호들을 탐색할 수 있다. 조사연구를 통하여 다른 분석이나 전문가들이 개발한 가능한 대안들에 대한 자료들을 수집할 수 있다. 비교분석방법을 사용하여 특정한 문제와 관련된 정책에 대한 여러 가지 관할 분야들(jurisdictions)의 자료들을 수집하고, 서로 다른 상황하에서 각 대안들이 갖는 효과들을 검토하기 위하여 이 자료들을 비교할 수 있다. 또한 실험집단과 통제집단을 사용하는 진실험적 방법이나 준실험적 방법과 같은 실험적 방법들을 사용하여 어떤 대안들이 더 효과적인지를 검토하고, 여러 상황하에서 좀 더 효과적인 것으로 만들기 위하여 이미 개발된 대안들을 수정할 수 있다.

(2) 아무런 행동도 취하지 않는 대안 분석

대안들은, 어떤 고객이나 어떤 정부당국, 어떤 커뮤니티집단들(community groups)과 같은 다양한 주체들이 문제가 존재한다는 것을 인식하고 정책대안들이나 행동들을 채택하여 시행한다면 그 문제를 완화시킬 수 있을 것이라고 하는 믿음이 있기 때문에 대안으로 탐색된다. 어떤 정책 대안을 선택할 것인가를 결정하기 위해서는 제시된 제안들이 현상(status quo)을 변화시키는 데 얼마나 효과적인가를 추정한 정보가 필요하며 이를 위하여 평가를 시행한다. 분석가는 이 교정행동을 채택하면 상황이 어떻게 변화할 것이며, 그러한 행동이 없으면 그 상황이 어떻게 될 것 같은가를 알고 싶어 한다. 그러한 판단을 내릴 수 있기 위하여, 분석가는 다른 행동대안들을 분석하는 것과 같이 아무런 행동을 취하지 않는 대안(no-action alternative)을 분석하는 데 많은 시간을 투자하여야 한다. 아무런 행동도 취하지 않는 대안(no-action alternative)을 구체적으로 발전시키고, 그의 결과들을 예측함으로써 다른 모든 대안들의 결과를 측정할 벤치마크(benchmark)를 제공할 수 있다. 아무런 행동도 취하지 않는 대안을 분석하는 중요한 이유 중의 하나는 유용한 기저선 대안(baseline alternative)을 창안하기 위한 것이다.

어떤 계획이나 프로그램대안들을 집행하기 전에 평가할 때에는, 어떤 변화들이 제안 중인 행동의 직접적인 결과인지를 평가할 필요가 있다. 이러한 영향들 (impacts)은 두 상태들, 즉 제안된 행동을 취함으로써 오는 미래상태와 기저선 (baseline)의 기준 상태들 간의 차이로서 정의된다. 이들 기저선의 기준 상태에는 다음과 같은 것들을 포함한다(McAllister, 1980).

① 어떤 행동이 취해지기 전에 존재하고 있는 원래 상태, 이 상태를 현재의 상태 또는 현존하는 조건이라 부른다.
② 어떤 계획이나 프로그램이 없는 경우 발전하여 도달하는 상태, 이것을 아무런 행동도 취하지 않는 대안의 상태인 대응적 사실(counterfactual)이라 부른다.
③ 어떤 목적이나 타겟 상태
④ 이상적인 상태

위의 기저선 기준 상태들 가운데 두 번째가 분석을 위한 벤치마크로서의 이점들을 제공한다. 왜냐하면 이 상태가 제안된 행동이 없는 경우의 행동대안들의 시나리오와 정확하게 일치하기 때문이다.

(3) 빠른 조사

실용적인 관점에서 볼 때 어떤 분석가가 정책분석을 시작하는 경우에는 다른 분석가들이나 친구들에게 자기가 새로운 문제에 대하여 분석과제를 가지고 있다는 것을 알리는 것이 바람직하다. 왜냐하면 그들은 새로 분석을 시작하는 분석가에게 새로운 대안들을 제안하거나 또는 아이디어들을 전달하기 위하여 항상 긴장상태로 남아있을 것이기 때문이다. 분석가는 전화를 걸고 아이디어들을 테스트하고, 새로운 아이디어들을 공유하기 위하여 네트워크를 발전시킨다. 정책대안들을 산출해 내기 위한 첫걸음은 이 네트워크에 있는 사람들과 접촉하는 것이다. 좀 더 공식적인 접근방법은 아이디어를 산출해 내거나, 가능한 소스나 접촉할 다른 사람들을 찾아내기 위하여 같은 분야에 있는 다른 분석가나 전문가들에 대한 체계적인 전화조사를 실시하는 것이다. 이러한 빠른 조사(quick survey)의 결과로 제안된 새로운 대안들, 유사한 문제들을 경험한 다른 지역이나 조직들, 적절한 문헌, 다른 유형의 어드바이스(advice)나 상담(counsel) 등에 관한 리스트를 산출해 낼 수 있다. 이러한 빠른 조사의 접근 방법은 대중집회, 공청회, 신문의 사설과 칼럼, 독자의 소리 등에 제안된 대안들을 기록하고 분류하는 것도 포함할 수 있다.

(4) 문헌조사

문헌조사를 통해서도 대안들에 대한 아이디어를 얻을 수 있다. 기획 및 정책분석과 관련된 책들과 학술지들은 현재 문제가 되고 있는 정책문제에 대한 해결 대안들을 탐색하는 것을 설명하는 사례들을 포함하고 있을 수 있다. 우리는 이미 앞에서 문헌들은 인터뷰할 사람들에 이르게 하고, 인터뷰한 사람들은 참고문헌을 제안함으로써 새로운 참고문헌들에 이르게 한다고 하는 것을 자료의 수집 과정에서 설명한 바 있다.

(5) 유형들의 발전

만일 문제가 몇 개의 유형이나 계급(class)으로 그룹지어질 수 있다면, 유사성이 더 분명해질 것이다. 문제에 의하여 영향을 받는 사람들이나 그룹들 또는 조직들의 유형을 생각하면 대안을 식별하는 데 도움이 된다. 어떤 유형들을 발전시키는 것은, 분석가가 맨 처음 정책에 의하여 영향을 받는 집단들을 식별하고, 각 대안들에 대

한 그들의 가능한 반응들을 식별하여, 그것들을 토대로 그들이 좀 더 수용할 수 있
는 유망한 대안들을 만드는 구체적인 수단들을 발전시키는 리스트작성 접근방법이
라 할 수 있다.

(6) 유추, 은유 및 시넥틱스

어떤 문제에 대한 가능한 하나의 해답은 과거에 그와 유사한 문제가 어떻게
해결되었는가를 검토함으로써 발견될 수 있다. 이러한 접근방법을 유추(analogy),
은유(metaphor) 또는 직유(simile)라 부른다. 이들 용어들은 구체적으로 구분하기는
어렵지만 모두 유사한 상황을 관찰함으로써 해결방안들을 탐색하는 수단으로 사용
된다.[2] 이 방법들은 모두 문제의 정의에서 설명한 바와 같이 문제해결과정에서 문
제를 정의하고, 가능한 해결대안들을 식별하기 위하여 활용된다. 이 방법을 옹호하
는 사람들은 현재 우리가 당면하고 있는 문제가 새로운 것 같지만, 사실은 옛날에
도 유사한 문제가 있었다는 것을 인식하지 못하기 때문에 종종 그 해결방안을 찾아
내는 데 실패한다고 주장한다. 가능한 해결방안을 생각함에 있어서, 분석가는 문제
의 특성들(attributes)에 대한 리스트를 작성하고, 이 특성과 닮은 것(analogy)을 식
별해 낸다. 그 배면에 깔려 있는 아이디어는 우리가 한 문제와 그 해결방안에 대하
여 알고 있는 것을 다른 문제와 그들의 해결방안에 서로 관련시키면 도움을 얻을
수 있다는 생각이다. 유추는 그 문제와 아주 다른 영역으로부터 도출할 수도 있다.

문제를 해결하기 위하여 유추법(analogies)을 사용하는 것이 창조공학 또는 시넥
틱스(synectics)의 기초이다. 시넥틱스 과정은 문제해결자에게 문제에 대한 새로운
관점들(perspectives)을 제공하고 가능한 해결방안을 제공하려는 것이다.[3] 시넥틱스는

---

2) 유추(analogy)란 현재의 문제를 해결하기 위한 가능한 대안들을 식별하기 위하여 과거에
  유사한 문제들이 어떻게 해결되었는지 검토하는 것이다. 은유(metaphor) 또는 직유(simile)
  라고도 한다. 개인적 유추(personal analogy)는 자기 자신을 문제상황에 놓고 문제를 식별하
  려고 노력하는 것을 포함한다. 배나 잠수함 설계를 개선하기 위하여 분석가가 자기 자신을
  물고기 또는 바다에 사는 생물로 상상하는 것 등이 그 예이다. 직접적 유추(direct analogy)
  는 다른 문제에 대한 해결방안들 가운데에서 당면하고 있는 문제에 대한 해결방안을 탐색하
  는 것을 포함한다. 동물들이 추위를 극복하는 방법들이 에너지를 보존하는 방법들을 제시할
  수도 있다. 상징적 유추(symbolic analogy)는 하나의 문제를 기술하기 위하여 대상물들과 탈
  개인적인(impersonal) 이미지를 사용한다. 상징적 유추는 양적이 아니라 질적인 것이며, 관
  계(association)에 의하여 산출된다. 분석가는 기술적으로 정확한 것보다 미학적으로 만족하
  는 것을 해결방안으로 상상하려고 노력한다. 환상적 유추(fantasy analogy)에서는 분석가는
  작가나 화가와 같이 일하는 것이 허용되며, 세계를 이상적인 형태로 묘사한다. 환상적 유추
  는 사고를 자극하고, 가능한 모든 옵션들을 제안하기 위하여 분석의 초기단계에서 유용하다.
3) 시넥틱스(synectics)는 어떤 문제에 대한 해결방안을 찾을 기회를 높이기 위하여 문제해결
  자들(분석가 등)에게 새로운 관점을 제공할 수 있도록 사람들을 함께 모으는 기법의 하나이

개인들을 문제기술(problem stating)과 문제해결 그룹에 함께 참여시켜서 문제해결방
안의 발견 기회를 높이도록 한다. 시넥틱스 과정은 "낯선 것을 익숙하게 만들고 아울
러 익숙한 것을 낯설게 만드는 것"을 포함한다. 이들 가운데 전자는 분석가가 문제를
정의하고 이해하려고 시도할 때 문제해결 상황에서 언제나 수행하는 것이다. 그러나
후자는 문제를 새로운 관점에서 보아야 하기 때문에, 문제에 대한 새로운 관점을 얻
기 위하여 시행한다. 왜냐하면 대부분의 문제는 새로운 것이 아니기 때문이다(Gorden,
1961: 34). 문제에 대한 새로운 관점은 새로운 해결방안을 가져올 수도 있다.

시넥틱스는 익숙한 문제들을 새로운 관점에서 볼 수 있도록 하기 위하여 개인적
유추(personal analogy), 직접적 유추(direct analogy), 상징적 유추(symbolic analogy) 및
환상적 유추(fantasy analogy) 등 네 가지 유추법을 사용한다(Gorden, 1961: 35-36).

(7) 브레인스토밍

이미 문제 정의에서 기술한 바와 같이 브레인스토밍(brainstorming)은 문제에 대
한 가능한 해결방안을 개념화하기 위하여 사용될 수 있다. 브레인스토밍은 어떤 문
제를 다루기 위하여 소집된 비공식적이고 신속한 모임의 형태로부터 참모, 전문가
및 컨설턴트들로 구성된 좀 더 구조화된 모임의 형태에 이르기까지 다양하다.

브레인스토밍을 위한 그룹의 크기는 클수록 좋다는 의견도 있으나 4인에서 12
인 정도의 크기가 더 효과적이라고 한다.[4] 브레인스토밍그룹은 문제와 관련된 분야
에서 전문성을 인정받고 있는 인사들로 구성된다. 모임은 두 단계로 구조화되는 것
이 일반적이다. 첫번째 세션(session)에서는 아무런 제약 없이 아이디어를 산출하고,
아이디어에 대한 비판과 평가는 최소화한다. 그리고 다음 세션에서는 아이디어를
평가한다. 가능한 문제해결방안들은 순위를 부여하고 하나의 문제해결방안으로 포
장된다. 브레인스토밍의 창시자인 Osborn은 참된 브레인스토밍 세션은 판단유예원
칙(deferment-of-judgement principle)을 따르는 것이라는 점을 강조한다(Osborn, 1963:
152). 즉 아이디어에 대한 평가는, 아이디어를 제공하는 사람들이 자기가 비판을 받
고 있다고 느낌으로써 좋은 아이디어를 말하기를 꺼리는 것을 막기 위하여, 아이디
어 산출 국면이 끝난 후에 하는 것이 바람직하다는 것이다.

다. 시넥틱스는 익숙한 문제들을 새로운 관점에서 볼 수 있도록 유추법을 사용한다.
4) 브레인스토밍(brainstorming)은 한 사람의 아이디어가 다른 사람의 아이디어 창출을 격발하
도록 고안된 아이디어 산출을 위한 공식적인 그룹과정기법(group process technique)이다. 긍
정적인 보강(reinforcement)은 장려되는 반면에 비판은 최소화하도록 하여야 한다(Osborn,
1963: 166-179).

구두로 하는 브레인스토밍 이외에도 모임에 참석하지 못하는 사람들의 아이디어를 발굴하기 위하여 글로 쓴 브레인스토밍이 대규모 집단을 대상으로 사용되기도 하며, 전자메일(electronic mail)을 통한 전자 브레인스토밍(electronic brainstorming)이 아이디어의 산출을 촉진하기 위하여 사용되기도 한다.

(8) 시작은 종합적으로 하고, 종료는 초점을 맞추어라

분석의 마지막 단계에서 분석가는 셋 또는 넷 이상의 주된 대안들을 검토하기를 원하지 않을 것이다. 그러나 이미 앞에서 강조한 바와 같이 최적의 대안이 검토대상 대안들의 세트에 포함되지 않는 잘못을 저질러서는 안 된다. 그러므로 대안을 개발하는 초기단계에서는 가능한 모든 대안들의 리스트를 작성하되, 본격적인 분석을 시작하기 전의 검토과정에서는 명백하게 열등한 대안들은 폐기하고, 유사한 대안들은 함께 통합해서 최종적으로 검토하는 대안의 수는 소수로 해야 한다. 대안을 개발하는 초기에는 다음과 같은 점에 착안하면 실행 가능성이 높은 대안을 개발하는 데 도움을 받을 수 있다(Bardach, 2000: 12-14).

- 정책문제와 관련된 핵심적인 정치인들이(political actors) 적극적으로 제안하거나 그들의 마음 속에 가지고 있다고 생각되는 대안들에 주목한다.
- 핵심적인 정치인들에 의하여 현재 논의되고 있는 대안들보다 더 우수한 것으로 판명될 수 있는 대안들을 개발하도록 노력한다.
- 항상 현재의 추세가 방해받지 않고 계속되도록 하는 대안(no-action alternatives)을 분석의 초기에 포함시키도록 한다. 그리고 자연적인 변화를 가져오는 다음과 같은 공통적인 변화들을 검토하도록 한다. ① 선거 후의 정치적 변화, ② 비즈니스 사이클(business cycle)에 수반되는 실업과 인플레이션 비율의 변화, ③ 전반적인 조세정책이나 지출정책에 의하여 기인되는 어떤 기관 예산의 긴축(tightness) 또는 방만(looseness) 여부, ④ 인구의 전출입이나 인구의 연령구조의 변화와 같은 인구학적 변화 등.

4) 피해야 할 함정

대안개발에 있어서 염두에 두어야 할 가장 중요한 사항은 기술적으로 가능하고 좋은 아이디어가 평가되어야 할 대안의 세트에 포함되어 있지 않다고 한다면, 아무리 어려운 모형을 사용해서 세련된 분석을 한다 해도 그것은 시간의 낭비에 불과하다는 것이다. 물론 문제해결에 효율적이고 건전하며, 적절한 대안들을 식별하는 것을 보증하는 방법은 찾기 어렵지만 다음과 같은 함정들을 피한다면 좋은 대안을 산출할 가능성은 그만큼 더 놓아 질 수 있을 것이다(Patton and Sawicki, 1993: 251-253.).

첫째, 과거의 경험에 너무 지나치게 의존하지 말라는 것이다. 이는 현존하는 정신적 모형들(mental models)에 너무 의존함으로써 적절한 대안보다 익숙한 대안을 채택할 가능성을 높이고, 우리의 시야를 너무 좁혀서 새로운 가능성을 놓치게 할 수 있기 때문이다. 둘째, 아이디어나 통찰력이 생길 때 기록하는 것을 놓치지 말라는 것이다. 셋째, 문제정의에 있어서는 너무 빨리 변경불가능하게 고착화(locking in)되어서는 안 된다는 것이다. 문제정의는 고정된 것이 아니라 평가기준을 구체화하고 대안들을 식별하는 과정에서 새로운 차원이 발견될 수도 있으며, 그에 따라 적절하고 최적화한 대안들을 식별하는 데 실패할 수도 있기 때문이다. 넷째, 선호(preference)를 너무 일찍 서둘러 형성하지 말라는 것이다. 분석의 초기에 선호를 확정해 놓으면, 가능한 대안들을 기각하거나 고려하지 못하게 될 가능성을 높일 것이기 때문이다. 다섯째, 아이디어가 제시될 때 그것을 비판하지 말라는 것이다. 아이디어에 대한 비판은 사람들이 잠재적으로 유용한 아이디어를 제안할 용기를 저하시키고, 결과적으로 좋은 아이디어들이 발견될 가능성을 낮출 것이기 때문이다. 여섯째, 조건이 변했는데도 한번 폐기한 대안들을 재고하는 것을 실패해서는 안 된다는 것이다. 분석과정에서 상황이나 조건이 변화하면, 분석의 초기에 폐기했던 대안들이 후에는 바람직한 대안이 될 수도 있기 때문이다.

2. 정책대안 설계의 의의와 절차

1) 정책대안 설계의 의의와 중요성

(1) 정책대안 설계의 의의

일반적으로 설계란 목적지향적인 활동이다. 어떤 목적을 달성하거나 문제를 해결하기 위하여 조작가능한 요소들을 재배열하는 것이 설계이다(Linder and Peters, 1988: 738-750). 도시설계나 엔지니어링 설계 등이 그 좋은 예들이다.

이들 도시설계나 엔지니어링 설계들은 문제를 해결하기 위하여 통제가능한 요소들을 재배열함으로써 문제를 극복하거나 그 이전보다 더 나은 방향으로 시스템을 유도해 나가는 것이다. 그러므로 설계란 목적지향적인 활동일 뿐만 아니라 규범적이고 처방적인 성격을 띤 활동인 것이다. 정책설계도 사회가 당면한 문제를 해결하기 위하여 조작가능한(manipulable) 요소들을 목적과 수단들 간의 인과관계에 따라 재배열하는 것이라고 할 수 있다. 정책설계가 이와 같이 목적지향적이며 처방적인 성격을 띤 분석활동이기 때문에 여기에는 고도의 합리성과 치밀성이 요구된다. 만일 정책이 다루어야 할 문제가 목표가 분명한 정형화된 문제(well defined problem)인 경우에는 정책설계는 문제에 대한 최적해를 나타내는 통합적 개념(integrative concept)으로서의 상징적 의미를 가진다. 그러나 만일 문제가 목표가 불분명하고 가치에 대한 갈등이 존재하는 비정형화된 문제(ill defined problem)인 경우에는 정책설계는 분석의 창조적인 측면, 즉 기술(craft)에 반대되는 예술(art)을 나타낸다. 이러한 관점에서 정책설계는 어떤 사회가 당면한 문제에 대한 창조적인 해결방안(또는 전략)을 나타낸다고 할 수 있다.

정책형성과정에서 요소들의 배열은 바로 어떤 정책목적들을 달성하기 위한 의도로 정책요소들을 구체화한 실질적인 제안이라 할 수 있는 전략대안이다. 그런데 정책이란 어떠한 사회를 어떻게 만들겠다고 하는 것을 권위 있게 결정해 놓은 것이기 때문에 이 제안은 바로 어떠한 사회를 어떻게 만들겠다고 하는 제안이라 할 수 있다. 이러한 정책에 대한 개념 정의와 연결시켜 보면 정책설계란 사회가 당면하고 있는 문제를 해결하고 이를 통하여 국민생활을 향상시킬 수 있도록 사회시스템을 유지하거나 변경(달성하고자 하는 결과)하기 위하여 정부가 조작가능한 시스템요소들을 목적과 수단 간의 인과관계에 따라 재배열하는 것(전략의 설정)을 말한다. 그러므로 정책설계는 전략설계적 성격과 사회설계적 성격을 아울러 가지게 된다.

그러므로 정책대안은 한편으로는 정부의 프로그램대안(alternative program)이면서 동시에 사회설계의 대안(alternative social design)인 것이다. 하나의 프로그램은 하나의 사회설계와 일 대 일로 대응한다. 하나의 프로그램은 하나의 사회질서를 창출하거나 재구성할 수단인 것이다. 그렇기 때문에 어떤 한 정부조직이 당면하고 있는 하나의 정책문제를 해결하기 위하여 여러 가지의 정책대안들을 개발하였다고 한다면 이것은 여러 가지 서로 다른 사회설계대안들을 작성하였다는 것을 의미하며 동시에 여러 가지의 서로 다른 프로그램을 설계하였다는 것을 의미하는 것이다.

하나의 정책대안이 갖는 프로그램 설계로서의 성격과 사회설계로서의 성격을 도시하면 다음 [그림 4-1]과 같다.

[그림 4-1]에서 전략들은 정책결정자나 정책결정집단의 신념(belief)에 기초한

[그림 4-1] 정책대안의 프로그램 설계로서의 성격과 사회설계로서의 성격

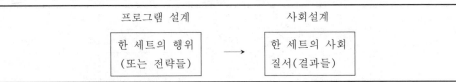

[그림 4-2] 하나의 변동이론 논리모형

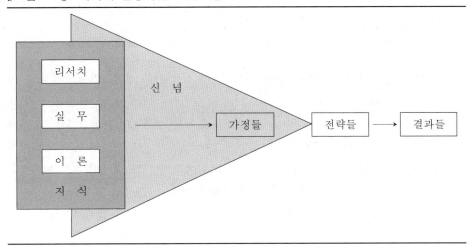

가정들(assumptions)에 기초를 둔다. 그리고 이 신념은 정책문제와 관련된 분야의 리서치(research), 실무(practice) 및 이론 등에 의하여 만들어진 지식에 의하여 형성된다.

그러므로 정책대안의 설계는 하나의 변동이론 논리모형(a theory of change logic model)에 그 기초를 두고 있다고 할 수 있다. [그림 4-1]을 하나의 변동이론 논리모형으로 나타내면 [그림 4-2]와 같다(Knowlton and Phillips, 2013: 22).

[그림 4-2]는 전략들의 가정들에 의하여 만들어지고 있으며, 이 가정들은 지식에 토대를 둔 신념에 기초하여 만들어지고 있음을 나타내고 있다. 그리고 이 지식들은 리서치, 실무 및 이론에 기초하여 창조된다.

정책분석은 분석활동을 통하여 이러한 전략을 만들어 내는 기초가 되는 관련된 여러 가지 지식들과 정보들을 산출해서 정책결정자들과 프로그램 설계자들에게 제공한다.

[그림 4-3]   프로그램과 변동이론모형 간의 관계

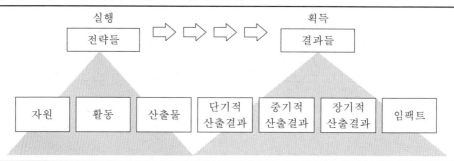

[그림 4-1]과 [그림 4-2]는 정책대안들(또는 전략들)이 정책결정자가 목표로 하는 결과, 즉 한 세트의 사회질서를 효율적으로 실현하기 위하여 한 세트의 행위 또는 전략들이 합성효과(synergy effects)를 낼 수 있도록 구성되어야 함을 나타내 주고 있다. 이것이 프로그램 논리모형(program logic model)이다. 사회변동이론의 논리모형에서 프로그램 논리모형으로 전환되는 과정을 살펴볼 때 프로그램 설계는 이룩하고자 하는 사회설계라고 하는 것을 좀 더 확실하게 이해할 수 있을 것이다.

[그림 4-3]에서 볼 때 실행하고자 하는 프로그램 활동과 그 결과로 얻을 수 있는 산출결과들, 즉 사회변동들 간에는 밀접히 관련되어 있음을 알 수 있다. 그러므로 하나의 프로그램에는 실행하고자 하는 전략의 내용들과 그 결과로 획득하고자 하는 사회변동의 내용들을 모두 포괄하지 않으면 안된다. 실행하고자 하는 전략의 내용들은 투입할 수 있는 자원들, 수행하고자 하는 활동들, 그리고 그 결과로 산출되리라고 가정하는 산출물들을 포함한다. 그리고 획득할 수 있는 결과들, 즉 사회변동의 내용들은 대상집단에 최초로 일어나는 변화인 단기적인 산출결과, 그 다음에 일어나는 변화인 중기적인 산출결과, 최종적으로 일어나는 장기적인 산출결과들을 포함하며, 이것들이 전체적으로 사회변동에 영향(impact)을 미친다. 여기서 금연프로그램을 예로 들어보면, 단기적인 산출결과는 금연프로그램에 의하여 대상집단에 일어나는 변화, 즉 담배가 해롭다는 것을 깨닫는 것과 금연방법의 습득, 금연에 대한 태도의 변화 등을 지칭한다. 중기적 산출결과는 금연프로그램이 시행되게 된 원인이 되었고, 해결하고자 하는 금연 그 자체이다. 그러므로 여기서 금연은 프로그램이 만들어지게 된 문제 그 자체이자 프로그램의 목적인 것이다. 그리고 장기적 산출결과는 금연프로그램의 참여자가 금연함으로써 얻을 수 있는 것, 즉 본인의 건강

[그림 4-4]   기본적인 프로그램 논리모형

증진과 가족의 건강증진 및 가족 간의 화목 등이다. 이러한 산출결과들이 사회 전체에 금연운동의 확산이라는 임팩트를 미치고, 담배피우는 사람이 적은 사회를 만들어가게 된다.

위의 논의를 토대로 프로그램 논리모형을 작성하면 [그림 4-4]와 같은 기본적인 프로그램 논리모형을 작성할 수 있다.[5]

[그림 4-3]과 [그림 4-4]에서 하나의 정책대안, 즉 프로그램은 일련의 자원, 활동 및 산출결과들로 구성되어 있으며 이들 하나하나의 자원과 활동들은 관심의 대상이 되는 산출결과, 즉 목적하고 있는 사회질서를 실현할 수 있는 하위목표(산출결과)를 실현하거나 직접적으로 관심의 대상이 되는 결과를 가져오는 데 중요한 영향을 미치는 수단들임을 알 수 있다. 그렇기 때문에 정책대안을 설계한다는 것은 프로그램을 설계한다는 것을 의미하고 프로그램을 설계한다는 것은 그것을 통하여 실현하고자 하는 사회질서를 설계한다는 것을 의미하는 것이다.

(2) 정책대안 설계의 중요성

정책설계에 관한 종래의 이론들은 정책문제 해결대안의 평가(assessment)단계를 중요시하였으나 그에 선행하는 정책대안의 설계단계는 그다지 큰 중요성을 부여하지 않았다. 그러나 정책목표를 달성하기 위한 정책대안의 평가가 이미 주어진 정책대안들에 대해서만 수행된다면 최선으로 평가된 정책대안이 최적의 대안이라는 보장은 없을 것이다. 따라서 적극적으로 정책대안들을 탐색, 개발, 창안해 내는 정책설계의 중요성은 아무리 강조해도 지나치지 않을 것이다.

정책대안 설계가 정책결정과정의 하나의 중요한 과정으로 인식되어야 할 중요

---

5) 프로그램 논리모형에 대한 자세한 설명에 대해서는 노화준(2015) 참조. [그림 4-4]에 기술된 프로그램 논리모형은 선형의 프로그램 논리모형이며, 조직화된 시스템(organized system)에서의 평가를 위한 평가설계에서 주로 사용된다. 그러나 자체조직화하는 복잡적응시스템(self-organizing complex adaptive system)에서의 평가를 위해서는 다양한 변형된 프로그램 논리모형들이 평가설계에서 활동되고 있다.

성은 다음과 같은 여러 가지 이유에서도 찾을 수 있다(Alexander, 1982: 279-292).

첫째, 정책은 항상 문제해결과정만이 아니다. 조직의사결정에 대한 쓰레기통 모형(garbage can model)에서 제안하고 있는 바와 같이 거꾸로 문제가 무엇인가를 탐색하고 정의하는 과정에서 정책에 대한 자극을 받을 수 있다. 둘째, 정책대안설계는 정책설계에 의하여 시발된 사회변동과 정책혁신 사이를 연결시켜 줌으로써 정책혁신을 가속화한다. 여기서 말하는 정책혁신은 효과적인 사회변동을 추진하기 위한 정책수단과 추진방법의 혁신을 의미한다. 셋째, 정책대안의 설계는 정책결정의 하나의 통합과정으로서 정책발전의 필수적인 과정이다. Wildavsky는 정책분석은 제안된 해결방안이 없이는 이루어질 수 없다고 말하고 있다. 그리고 바람직한 정책분석은 정교하고 사려 깊은 설계를 포함하고 있으며, 맹목적으로 주어진 옵션을 받아들이는 것만은 아니다. 아주 신선한 정책대안을 설계하는 것은 불만족스러운 기존의 대안들을 철저하게 평가하는 것보다 몇 배나 더 가치가 있는 것이다(Wildavsky, 1979: 26).

민주주의 정치과정에서는 참여를 통하여 시민들의 가치와 이익들이 정책문제의 정의과정에 반영되며, 정책설계는 이 과정에서 형성된 특정한 정책목적과 정책수단(policy tools)들을 연결시켜 줌으로써 정책목표 형성과정과 분석과정 및 선택과정을 통합시켜 준다.

2) 정책대안 설계의 절차

(1) 정책대안의 설계와 정책문제 정의활동

정책대안의 설계는 아이디어의 탐색과 창출 등 여러 가지 정책분석활동들과 관련이 있지만 특히 정책문제의 정의 및 정책대안의 평가활동들과 밀접히 관련되어 있다. 정책문제의 정의, 정책대안의 설계 및 정책대안의 평가 등은 순환적으로 반복되는 과정이며, 이러한 반복과정에서 정책문제의 정의는 정책대안 설계와 정책대안의 평가를 통해서 계속적으로 수정되어 간다.

이미 앞 장에서 기술한 바와 같이 정책문제의 정의는 일반적으로 최초로 정부간여의 기회로 인식되었던 사회적 조건의 성격, 정도 및 가능한 원인들을 파헤치는 활동들을 포함한다. 후향적 맵핑(backward mapping)으로서의 정책문제 정의는 정부간여의 기회, 바람직하지 않은 사회적 조건에 대한 전략적 사고로 생각될 수 있다. 즉 어떠한 행태들이 정부간여 기회로서의 바람직하지 않은 조건들을 발생시켰는

가? 어떠한 가치나 이해관계들이 이러한 행태들에 이르도록 작용했는가? 이들 이해
관계나 가치관의 관점에서 볼 때 이러한 행태들을 바꿀 수 있는 기회는 무엇인가?
후향적 맵핑은 정책이 궁극적으로 성취해야 할 타켓을 분석의 출발점으로 삼으며,
타켓들을 정책설계자와 분리시키는 각 정부조직 수준에서 이러한 질문들을 반복
한다.

이러한 후향적 맵핑은 분석가들로 하여금 아주 광범위한 문제들을 좀 더 관리
가능한 하위의 문제들로 분해하도록 고무시켜 주며, 좁은 범위에 초점을 맞추고, 특
정한 행태에 명시적으로 주의를 집중함으로써 좀 더 세부적인 정책대안설계를 산출
하는 경향을 보인다. 또한 후향적 맵핑은 이 과정을 통하여 각 타켓별로 하나 이상
의 세부적인 정책대안설계를 산출할 수 있도록 해 준다(Weimer, 1993: 110-121).

(2) 정책대안의 평가와 정책대안의 설계

정책대안의 최초의 설계는 일반적인 문제들에 일반적인 정책수단들(generic
instruments)을 매치시킴으로써, 또 후향적 맵핑, 정책대안에 대한 아이디어의 차용
과 창안 등에 의하여 그 초안이 만들어질 수 있다. 그러나 이 설계 초안은 이 정책
대안에 포함되어 있는 각종 정책수단들이 가져올 결과들을 평가하고 예측함으로써
더 개선될 수 있다.

최초로 작성된 정책대안들은 여기에 포함된 각종의 파라미터들의 값이 구체화
되지 않은 것이 일반적이다. 예컨대 댐을 건설하는 건설 초안은 편익비용분석을 통
하여 평가가 끝난 후에야 구체적인 설계가 완료될 수 있는 것이다. 이는 정책대안
에 대한 평가를 수행함으로써 정책대안에 대한 재설계를 하게 되는데 이것이 최적
화로서의 재설계(redesign as optimization)이다.

정책대안에 대한 평가는 정책대안의 전반적인 설계명세서·내용에 관해서도 이
루어져야 하는 것이지만 성공적인 집행의 전망에 대해서도 고려되어야 한다. 이 과
정의 분석에 이용되는 방법이 전향적 맵핑(forward mapping)의 방법이다. 전향적 맵
핑은 정책이 소기의 결과를 산출하기 위해서 필요하다고 생각되는 모든 요소들을
식별하고, 이들 요소들을 통제(control)하고 있는 개인이나 집단들의 이해관계를 평
가하며, 적시에 필요한 요소들을 제공하도록 그들을 유도할 전략을 발전시키는 것
이다.

전향적 맵핑의 가장 기본적인 기법은 시나리오 작성이다(Bardach, 1977). 이 시
나리오 작성에 깔려 있는 가장 간단한 질문은 "이 정책을 채택하면 소망하는 산출

물을 산출해 내리라고 하는 가능한 스토리(story)를 말할 수 있는가?" 하는 것이다. 만일 그 대답이 "아니오"라고 한다면 정책대안은 재설계되어야 한다.

하나의 시나리오가 좋은 시나리오라고 할 수 있으려면 어떤 요소들이, 언제, 그리고 누구에 의하여 제공되어야 하는가 하는 것을 묘사해 주어야 한다. 시나리오 작성자는 묘사된 내용에 포함된 각 행위자들에게 다음과 같은 세 가지 질문들을 던짐으로써 시나리오를 비판적으로 검토해야 한다.

첫째, 요구되는 요소(required element)가 행위자의 이익과 일치하는가? 둘째, 만일 제공되는 요소가 행위자의 이익과 부합되지 않는다면 그것을 적시에 효과적으로 회피하기 위하여 행위자는 어떠한 전술을 사용할 수 있는가? 셋째, 행위자가 그 요소를 제공하도록 유도하기 위해서 어떠한 역전술들(counter-tactics)을 동원할 수 있는가? 만일 시나리오에 묘사된 것이 이들 비판을 이겨낸다면, 그 묘사된 내용은 집행을 위한 전략과 그것을 실행하는 데 필요한 자원의 목록을 제공해 주는 것이다.

그러나 만일 그 대답이 부정적이라면, 그 묘사된 내용은 그것이 가능할 때까지 재작성되어야 한다. 만일 그것이 가능하지 않다면, 그 때는 정책대안이 재설계되어야 한다.

(3) 정책대안 설계의 일반적 절차

앞에서는 정책대안 설계와 관련된 여타의 정책분석활동을 검토하고, 이들 활동들이 정책설계활동들과 어떻게 연계되어 있는가를 살펴보았다. 정책분석에서 정책설계와 관련된 활동들을 종합하면 정책대안설계의 일반적인 절차를 설정할 수 있다.

정책대안의 개발과 설계는 위에서 살펴본 바와 같이 일회적인 행위가 아니라 반복적인 과정이다. 이러한 반복과정을 거치는 동안에 원래의 아이디어는 정교하게 다듬어지고, 더욱 풍부해지며, 쓸모없는 아이디어는 버려지고, 새로운 아이디어는 추가된다.

정책대안이 개발되고 설계되는 이러한 반복과정을 개념적 도식으로 나타내면 다음 [그림 4-5]와 같다.

[그림 4-5]는 정책대안의 탐색·개발과 설계가 크게 다섯 단계에 걸쳐서 이루어지고 있는 반복과정임을 나타내 주고 있다. 즉 첫 번째 단계는 사회를 변동시켜야만 하는 필요성과 문제가 무엇인가를 정의하고 목적을 설정하는 단계이다. 둘째 단계는 문제해결을 위한 아이디어를 창출(generation)하는 단계이고, 세 번째 단계는

[그림 4-5] 정책대안의 개발과 설계과정

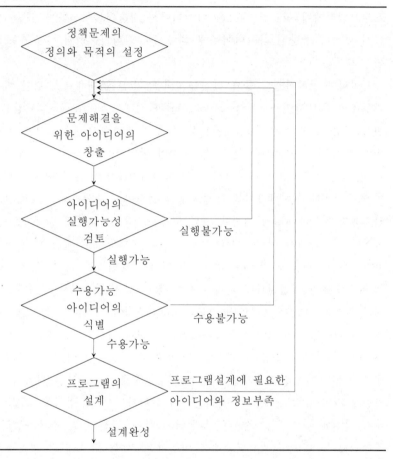

창출된 아이디어들의 실행가능성을 검토하는 단계이며, 네 번째 단계는 아이디어의 수용가능성을 검토하는 단계이고, 다섯 번째 단계는 프로그램을 설계하는 단계이다. 그리고 아이디어의 실행가능성을 검토하는 단계에서 실행가능성이 높은 아이디어가 충분히 확보되지 못하였다고 판단되면 다시 아이디어를 창출하는 단계로 되돌아가 새로운 아이디어를 창출하는 과정을 거치게 된다. 마찬가지로 수용가능한 아이디어가 충분히 확보되지 못하였다고 판단되는 경우에도 다시 아이디어를 창출하는 단계로 되돌아가 더 많은 추가적인 아이디어를 창출하는 노력을 하게 될 것이다.

끝으로 프로그램의 설계과정에서도 이미 확보된 아이디어들이 프로그램을 설

계하는 데 필요한 만큼 충분히 확보되지 못하였거나 적절하지 못하다고 판단되면,
프로그램설계에 필요한 새로운 아이디어를 창출하는 노력을 계속하게 되고 이 때
다시 새로이 창출된 아이디어들에 대해서도 실행가능성과 수용가능성을 검토하여
야 한다.

이러한 반복과정의 둘째 단계를 이루고 있는 문제해결을 위한 아이디어의 창출
과정에서는 브레인스토밍(brainstorming)과 시넥틱스(synectics)와 같은 창의력을 동
원하는 방법, 과거의 경험과 통찰력, 문제와 관련된 이론, 그리고 이해관계 당사자
들이 제시하는 문제해결방안 등을 통하여 당면하고 있는 문제를 해결하는 데 도움
이 될 수 있다고 생각되는 여러 가지 아이디어들을 창출해 내게 된다. 이 아이디어
의 창출과정에서는 제 3 자적 입장에서 객관적이라고 생각되는 문제해결방안들도 제
안되겠지만 문제해결의 결과에 따라 영향을 받는 이해관계 당사자들의 이익을 반영
하거나 정책문제가 여러 정부조직에 관련된 문제인 경우에는 각 조직의 이해관계에
따라 그들의 주장을 반영하는 성격을 띤 해결방안들도 다수 제안되게 된다.[6) 따라
서 정책문제의 해결결과에 따라 영향을 받는 이해관계 당사자들은 물론이고 정책문
제의 관할과 관련된 정부조직 가운데 어느 조직에 소속되어 있느냐 하는 것이 문제
해결과 관련된 아이디어의 창출과정에서 심대한 영향을 미치게 된다.

아이디어의 창출단계에서 창출된 아이디어들은 그 아이디어들의 실행가능성에
대한 검토단계에서 실행가능성 여부를 검토받게 된다. 이 단계에서는 경제적 실행
가능성, 기술적 실행가능성, 사회윤리적 실행가능성 및 정치적 실행가능성 등 여러
가지 차원에서 실행가능성이 검토되어야 한다. 물론 이들 실행가능성에 대한 본격
적인 검토는 대안의 평가단계에서 이루어질 것이므로 대안의 개발과 설계단계에서
는 개략적인 실행가능성만을 검토하게 될 것이다. 아이디어의 실행가능성을 검토하
는 단계에서는 특히 문제가 제기된 정치·경제·사회적 맥락(context)이 중요시된
다. 어떤 정치·경제·사회적인 맥락에서는 실행가능한 동일한 해결방안이 다른 특
정한 정치·경제·사회적 맥락에서는 받아들여지기 어려운 해결대안이 될 수도 있다.

실행가능성에 대한 검토단계를 거친 아이디어들은 다시 수용가능성 여부에 의
하여 스크린되어야 한다. 일반적으로 어떤 한 대안, 예컨대 A_2라는 대안이 어떠한

---

6) 금융실명제 실시시기에 대한 경제기획원(추진 당시)과 재무부(추진 당시) 간의 서로 다른
   입장은 정부 내에서도 소속된 부처의 입장에 따라 동일한 문제에 대한 서로 다른 해결방안
   들을 제안하고 있는 단적인 예이다.

결과상황이 일어나는 경우라 할지라도 대안 A_3보다 더 바람직하거나 최소한 동등할 때 대안 A_2는 대안 A_3를 지배(dominate)한다고 하거나, A_2가 A_3보다 우월하다고 한다. 그러나 만일 대안 A_1과 대안 A_2가 있을 때 어느 대안도 다른 대안을 지배하지 못할 때 이들 두 대안들은 모두 수용가능행위(admissible act)들이라고 한다.[7]

실행가능성과 수용가능성에 대한 검토과정을 거쳐서 프로그램 설계의 단계에 이르면 아이디어의 창출단계에서 창출된 아이디어들 가운데 실행가능하고 수용가능한 아이디어들만 살아남게 된다.

프로그램의 설계과정에서는 이들 아이디어들 가운데 서로 배타적인 아이디어들과 서로 보완적인 아이디어들을 몇 개의 그룹으로 분류한다. 그리고 각각 동일한 그룹으로 분류된 아이디어들을 중심으로 [그림 4-2]에서 기술한 바와 같은 결과선을 작성한다. 한 그룹에 속한 아이디어들 가운데 어떤 아이디어들은 하위목표를 달성하는 데 도움이 됨으로써 간접적으로 관심의 대상이 되는 결과를 실현하는 데 도움이 될 수 있고, 또 어떤 아이디어들은 직접적으로 관심의 대상이 되는 결과, 즉 실현하고자 하는 사회질서를 달성하는 데 도움이 될 것이다. 이와 같이 아이디어들과 달성하고자 하는 하위목표들 간의 연계를 설정하고, 한 세트를 구성하는 아이디어들간의 계서(hierachy)를 설정하는 것이 프로그램 설계이다. 정책분석가는 이러한 프로그램 설계를 통하여 실현하고자 하거나 재구성하고자 하는 사회질서를 설계하게 된다.

---

7) 다음 표와 같은 가상적인 의사결정문제의 이득표(pay-off table)가 주어졌다면 대안 A_2는 어떠한 결과상황이 일어나더라도 이득(pay-off)이 A_3와 최소한 동등하거나 더 바람직하다. 그러므로 대안 A_2는 대안 A_3를 지배한다고 할 수 있다. 그러나 대안 A_1과 A_2는 결과상황에 따라 대안 A_1이 더 바람직한 경우도 있고 대안 A_2가 더 바람직한 경우도 있다. 그렇기 때문에 대안 A_1과 A_2는 서로 다른 대안에 의하여 지배되지 않는다. 그러므로 대안 A_1과 A_2는 수용가능행위이며, 마찬가지로 대안 A_4도 수용가능행위이다.

[표] 가상적 의사결정문제의 이득표   (단위: 백만 원)

결과상황 행동대안	S_1	S_2	S_3
A_1	55	40	-4
A_2	52	43	-2
A_3	40	43	-2
A_4	10	30	0

요   약

1. 정책은 비전과 전략으로 구성되어 있다. 국가나 기업의 비전은 국가나 기업의 가장 기본적인 가치, 소망, 목적들에 대한 언명이다. 국가나 조직의 비전은 그들의 유일성과 미래에 대한 이미지를 나타낸다. 비전은 가치, 미션, 목적들로 구성되어 있다.

2. 정책의 비전이 사회가 어떠한 상태나 조건에 도달되기를 원하는가를 나타낸다면, 전략은 어떻게 그러한 상태나 조건에 도달하겠는가 하는 것을 나타낸다. 정책에서 전략은 정책수단들의 조합으로 정의된다. 정책대안을 구성하는 요소들 가운데 전략부분은 정책목표, 정책수단 및 활동들을 포함하는 행동계획이다.

3. 정책도구(policy instrument)는 정책목적을 달성하기 위한 정책수단들로 대부분의 경우 정책설계의 핵심 내용이다. 그렇기 때문에 정책대안 탐색이나 창안은 대부분 정책도구의 탐색이나 창안이라 하여도 지나친 말이 아니다. 그러므로 정책대안의 탐색과 창안을 효과적으로 수행하기 위해서는 관련 정책분야의 정책도구에 대한 이해를 높이는 것이 필수적이다. 정책목표의 달성을 위하여 사용되는 주요 정책도구들은 규제, 재무 및 정보이전, 능력배양, 시스템변경 등이다.

4. 정책목표의 우선순위를 결정함에 있어서는 잠재적 기회의 성숙 정도, 수요(demand), 니즈(needs), 사회·경제적 편익 등을 고려하여야 한다.

5. 정책설계는 목적지향적인 활동이며, 어떤 목적을 달성하거나 문제를 해결하기 위하여 조작가능한 요소들을 재배열하는 것이다. 정책대안의 설계는 프로그램설계로서의 성격과 사회설계로서의 성격을 갖는다.

6. 정책설계에 영향을 미치는 주요 요인들을 성격별로 구분해 보면 정책이 추구하는 목적과 관련된 요인, 정책목적과 활동수단들 간의 인과관계에 대한 지식, 정책문제의 성격, 정책에 대한 이해관계를 가지고 있는 대상집단들의

성격, 정책설계의 정치적 환경 등이다.

7. 정책설계에서 활용되는 후향적 맵핑방법은 정책의 궁극적인 타켓을 출발점
    으로 삼는다. 후향적 맵핑방법은 분석가들로 하여금 아주 광범위한 문제들
    을 좀 더 관리가능한 하위의 문제들로 분해하도록 고무시켜 주며, 좁은 범
    위에 초점을 맞추고 특정한 행태에 명시적으로 주의를 집중함으로써 좀 더
    세부적인 정책대안설계를 산출하도록 해 준다.

8. 문제해결을 위한 중요한 아이디어의 소스는 창의력, 경험과 통찰력, 당면하
    고 있는 문제와 관련된 분야의 이론 및 이해관계 당사자들의 주장 등 크게
    네 가지 범주로 구분해 볼 수 있다.

9. 정책대안의 식별을 위해서는 연구분석과 실험, 아무런 행동도 취하지 않는
    대안의 분석, 빠른 조사, 문헌조사, 유형들의 발전, 유추·은유 및 시네틱
    스, 브레인스토밍 등의 방법이 활용된다.

10. 정책문제에 대한 해결대안은 그 대안을 집행함으로써 새로운 사회질서를
    창출하거나 재구성하기 때문에 문제에 대한 해결대안은 바로 새로운 사회
    질서를 창출하거나 재구성하기 위한 사회설계라고 할 수 있다.

11. 정책대안의 개발과 설계는 문제해결을 위한 아이디어의 창출, 아이디어의
    실행가능성 검토, 아이디어의 수용가능성 검토 및 아이디어의 배열에 의한
    프로그램의 설계 등 네 단계를 거쳐서 이루어지게 된다. 그리고 이러한 대
    안의 개발과 설계의 과정은 반복적인 과정이다.

연습문제

4-1 정책비전과 전략의 개념을 설명하여라.

4-2 정책비전과 전략의 구성요소를 들고, 그들 각각의 개념에 대하여 설명하여라.

4-3 정책이 다목적을 가진 경우 이들 목표들간의 우선순위 결정에 고려하여야 할 기준들을 설명하여라.

4-4 정책설계의 개념을 설명하여라.

4-5 주요 정책수단들을 들고 그 개념들을 우리나라의 사례를 들어 설명하여라.

4-6 정책도구의 개념과 정책도구의 유형에 대하여 설명하여라.

4-7 정책대안의 소스, 탐색 및 창안과 관련된 다음 개념들에 대하여 설명하여라.

   (1) 기저선(baseline)

   (2) 아무런 행동도 취하지 않는 대안(no-action alternative)

   (3) 빠른 조사(quick survey)

   (4) 유추

   (5) 시넥틱스

   (6) 브레인스토밍

4-8 정책의 비전, 전략, 정책도구, 정책대안들은 정책설계와 어떤 관계를 가지고 있는가?

4-9 사회변동이론 논리모형과 프로그램 논리모형 간의 관계를 설명하여라.

4-10 다음 사회문제의 해결을 위한 아이디어들의 리스트를 작성해 보라.

   (1) 실   업   (2) 영세민들의 주택난

   (3) 흡   연   (4) 유원지의 쓰레기

   (5) 공무원 부정부패   (6) 알콜중독

   (7) 교통사고   (8) 마약중독

4-11 동일한 해결대안이라고 할지라도 정치·경제·사회적 맥락에 따라 실행가능성이 달라진다고 한다. 적절한 정책문제에 대한 해결대안을 들어 정

치·경제·사회적 맥락(context)이 이 대안의 실행가능성에 미치는 영향을 평가하여라.

4-12 정책대안은 제안한 개인이나 전문연구기관이 어디냐 하는 데 따라서도 그 개발과 설계에 큰 영향을 받게 된다. 동일한 정책문제에 대하여 우리나라의 전문연구기관들간에 서로 다른 정책대안이 제안되었던 사례를 들어 그들의 입장과 주장내용 등을 설명하여라.

4-13 서울을 비롯한 대도시에는 무허가 노점상에 대한 대책이 항상 문제가 되고 있다. 귀하가 거주하는 대도시(또는 인접 대도시)의 시장(mayor)의 무허가 노점상에 대한 대책은 무엇인가? 귀하는 어떠한 정책대안들을 제시할 수 있으며, 그 근거는 무엇인가?

4-14 귀하가 거주하는 지역에서 최근에 해결했던 문제는 무엇인가? 이 문제를 해결했던 과정에서 고려했던 다른 해결대안들은 무엇이었는가? 이 해결대안들과 관련된 이해관계 집단들은 누구인가?

4-15 호주제도는 여성의 측면에서 어떤 사회적 문제를 제기하였는가? 그 해결대안들은 무엇이었는가?

제 5 장

정책대안의 평가기준

정책분석의 목적들 가운데 가장 중요한 목적의 하나는 여러 가지 실행가능한 정책대안들 가운데 최선이라고 생각되는 정책대안을 식별해 내는 일이다. 이 때 한 세트의 정책대안들 가운데 어느 대안이 최선인가 하는 것을 판정할 수 있도록 해 주는 기준이 평가기준이다. 그러므로 한 세트의 대안들 가운데 최선의 대안을 식별 하기 위해서는 먼저 최선이 무엇인가 하는 최선에 대한 의미를 분명히 하여야 한 다. 최선이 무엇인가 하는 데 대한 해석이 달라지면 이것을 판단의 기초로 하여 평 가한 대안들의 선호에 대한 서열이 달라질 수도 있기 때문이다.

최선의 의미에 대한 정의는 정책분석을 수행하는 정책분석가 자신이 내려야 할 것이다. 그러나 정책분석이 정책결정자나 정책에 대하여 이해관계를 달리하는 제3 자의 의뢰에 의하여 이루어지는 경우 정책에 대한 분석을 하기 전에 먼저 최선의 의미에 대한 합의에 도달하여야 한다. 이와 같은 합의의 바탕 위에서 정책분석이 이루어진 경우 분석의 결과에 대한 수용가능성이 높아지게 될 것이다.

이 장에서는 최선의 정책을 선택하는 행동원칙이라고 할 수 있는 정책선택을 위한 기준들을 설명하고 체계화하며, 실제 정책분석에 있어서 그러한 기준들을 분 명하고 일관성 있게 활용할 수 있는 지침들을 제시하고자 한다.

제 1 절 정책평가기준의 여러 가지 형태

1. 정책분석에 있어서 분석과 평가

1) 분석과 평가 간의 차이

정책분석 과정에서 서로 연계되어 있으면서도 서로 분리되어 있는 두 개의 과정들, 즉 분석과정과 평가과정들이 어떻게 다른가를 생각해 보면 정책 대안 분석에 큰 도움이 될 것이다. 이들 가운데 첫 번째는 대부분 사실에 관한 것이며, 결과들에 대한 가치판단에는 큰 관심을 갖지 않는다. 반면에 두 번째는 주로 가치판단들에 관한 것이다. 이상적으로는 분석 부문에서는 분석적으로 세련되고 개방적 사고를 가진 모든 사람들은, 약간의 차이는 있지만, 옳고 그른 것에 관해서 동의할 수 있고, 그것이 설명하지 못하고 남겨둔 것에 대한 불확실성(residual uncertainty)에 대해서도 동의할 수 있다. 그러나 주관성과 사회적 철학이 좀 더 자유롭게 펼쳐질 수 있는 평가부문에서는 사실은 이와는 사뭇 다르다. 분석 부분이 X, Y, 또는 Z가 일어날 것 같은지 여부를 판단할 수 있는 이유를 밝히는 데 초점을 맞추는 데 비해서, 평가 부분은 X 또는 Y 또는 Z가 우리가 살아가고 있는 세계에 좋은지 또는 나쁜지를 알아내는 데 초점을 맞춘다. 평가기준의 선택은 정책분석 단계에서 평가 부분에 속한다. 평가기준들은 각 정책대안들과 관련된 미래에 가져올 것으로 예측된 정책 결과들의 바람직스러움의 정도를 판단하는 데 사용되는 평가를 위한 표준들(evaluative standards)이기 때문에, 가치와 철학이 정책분석 과정에 도입되는 단계라는 관점에서 이 단계는 정책분석에서 가장 중요한 단계이다.

우리는 다음에 정책대안들의 평가기준들의 유형에 대해서 자세히 살펴보겠지만, 정책대안의 평가기준들은 대안을 판단하는 데 사용되는 것이 아니라 대안이 가져올 것으로 예측되는 결과들을 판단하는 데 사용되는 기준이라고 하는 점에 유의하여야 한다.[1] 이 점이 분석과정에서 종종 혼란을 가져온다. 그리고 그 결과분석을 뒤얽히게 한다.

---

[1] 정책대안의 두 가지 중요한 평가기준인 소망성의 기준과 실행가능성(feasibility)의 기준들 가운데 실행가능성의 기준은, 예컨대 대안이 합법적이냐 하는 기준과 마찬가지로, 대안 자체를 판단하는 데 사용되기도 한다(Bardach, 2000: 19-27).

흔히 일상적인 대화에서 "이 대안이 최선의 대안같이 보이니, 이 대안을 추진하자"라고 하는 말을 종종 듣게 되는데 이것이 혼란을 가중시키는 것이다. 이러한 대화는 정책분석의 중요한 단계를 무시한 것이다. 이 대화가 올바른 것이 되려면, "대안 A는 결과 Oa를 가져올 것으로 예상된다. 그리고 이 결과 Oa는 여러 대안들이 가져오는 결과들 가운데 최선의 결과로 판단된다. 그러므로 대안 A는 최선의 대안이다"라는 것이 되어야 한다. 평가기준을 대안이 아니라 대안이 가져올 결과에 적용함으로써, 우리는 Oa를 좋아하는데 대안 A가 실제로 Oa를 가져올 수 있을지 여부에 대하여 확신을 가질 수 없을 때 대안 A를 선택하지 않기로 결정할 수 있으며, Oa를 산출할 가능성이 더 높은 다른 대안들을 찾으려고 노력할 수 있을 것이다.

정책대안평가기준들이 이와 같이 정책대안이 아니라 정책대안들이 가져올 것으로 예상되는 예측결과들을 적절한 정책대상집단들(relevant constituencies)이 받아들일 수 있는지를 비교하여 판단을 내릴 수 있도록 도와주는 기준들이지만, 일반적으로 정책대안들을 비교하고 판단하는 데 사용되는 기준이라고 통용되고 있다. 앞으로 우리가 정책대안의 평가기준을 대안들을 비교하고 판단하기 위한 기준이라고 사용한다고 할지라도 항상 그 정책대안들이 가져올 것으로 예측되는 결과들을 비교하고 판단하기 위한 기준을 의미하는 것으로 받아들여야 한다.

정책대안들을 비교하기 전에 평가기준들을 먼저 기술함으로써 분석가는 앞으로 대안들을 평가하는 데 따라야 할 규칙들(rules)을 선정하고, 그가 선호하는 옵션들을 합리화할 유혹을 줄일 수 있게 된다.

2) 평가기준의 의미

평가기준들은 사람들의 의사결정을 가이드하기 위하여 사용된다. 이들 평가기준들은 어떤 한 의사결정자(개인 또는 집단)가 주어진 의사결정상황하에서 적절하다고 판단한 모든 특성들(attributes), 목표, 또는 목적들을 측정하는 방법들(measures), 측정과 관련된 규칙들 및 표준들이다(Zeleny, 1982: 17). 우리는 이미 앞에서 정책분석 단계는 문제의 정의, 목표의 설정, 대안의 탐색과 개발, 평가기준의 설정, 정책대안의 예측과 비교평가, 선택들의 단계를 포함한다는 것을 설명한 바 있다. 이러한 정책분석의 단계에서 보듯이 정책분석은 문제를 정의하고, 일반적인 목적들과 아울러 정책분석을 의뢰한 고객의 좀 더 구체적이고 측정가능한 목표들을 설정하는 것으로부터 시작된다. 그리고 탐색되거나 개발된 각 대안들의 결과들을 추정한다. 이들 정책대안들의 영향들은 재무적 비용과 편익, 정치적인 결과들, 법률적인 이슈들 및 기타사항들을 포함한다. 평가기준들은 이들 대안들이 가져올 결과들을 비교하는 것을 돕기 위하여 사용된다. Quade는 "평가기준이란 정책대안들이 가져올 것으로 예측된 정보들을 사용하여 각 대안들을 선호(preference)의 순으로 서열을 부여하는 데 사용될 수 있는 표준"으로 정의하고 있는데(Quade, 1992: 31), 이러한 정의는 앞에서 우리가 내린 정의와 같은 의미이다. 여기서 측정방법들(measures)은 평가기준들을 조작화(operationalization)하는 데 사용된다. 그리고 조작화는 일관성을 위해서 평가기준을 좀 더 구체화하는 것을 의미한다. 그러므로 조작적 정의는 이 절차를 사용하는 모든 사람들이 동일한 결과를 얻을 수 있을 만큼 충분히 정밀하여야 한다(Blalock, Jr., 1979: 12). 이 과정에서 분석가가 사용하는 용어들이 좀 더 추상적이고 고객지향적인 것으로부터 좀 더 구체적이고 분석지향적인 것으로 이동하고 있다는 데 유의하여야 한다. 즉 정책목적, 정책목표, 평가기준 및 측정방법 등으로 내려갈수록 분석대상의 측정을 구체적으로 시행하는 데 도움을 얻을 수 있다.

목적 : 정책결정자가 장기적으로 성취하기를 바라는 것에 대하여 공식적으로, 그리고 광범위하게 표현한 언명(statement).

목표 : 대부분의 경우 시간차원과 정책대상집단들이 구체화된, 좀 더 초점이 맞추어지고 구체적으로 표현된, 정책이 도달되는 구체적인 타겟(end) 상태에 대한 언명.

평가기준 : 정책대안이나 프로그램 대안들의 예측된 결과들을 평가하기 위하여 사용될 수 있는 정책목표들의 차원에 대한 구체적인 언명(specific statement). 여기에 포함되어야 할 중요한 차원들은 비용, 편익, 효과성, 리스크(risk), 정치적 생존가능성, 행정적 집행의 용이성, 합법성, 불확실성, 형평성 및 시의성(timing) 등이다.

측정방법(measures) : 반드시 계량적이어야 할 필요는 없지만 실체적이고 (tangible), 조작적인 평가기준에 대한 정의들. 각 평가기준들은 그와 관련된 복수의 측정방법들을 가져야 한다. 측정방법들은 정책대안들이 천명된 평가기준들을 얼마나 만족시키는지를 판단할 수 있도록 하기 위하여 동일한 문제를 여러 가지 다른 시간상에서 비교하는 데 사용될 수도 있고, 동일한 문제를 여러 가지 다른 공간상에서 비교하는 데 사용될 수도 있다.

3) 문제정의의 바탕 위에서 평가기준의 선택

정책대안 평가기준으로서 가장 중요한 것은 정책대안이 가져올 것으로 예측된 결과가 제기된 정책문제를 받아들일 수 있는 수준으로 해결할 수 있느냐, 즉 정책문제의 정의에 따라 설정된 정책목적을 달성할 수 있느냐 하는 것이다. 그러나 일반적으로 어떤 한 행동노선은 여러 가지 방법으로 세계에 영향을 미친다. 그리고 이들 영향들은 바람직한 것들도 있고 그렇지 않은 것들도 있다. 이들 각 예측된 영향들에 대해서는 정책 결정자의 입장에서 그것들이 바람직한 것으로 생각되는지 여부와 그렇게 생각하는 이유들에 대해서 판단을 내려야 한다. 정책평가기준의 세트(set)는 그러한 판단을 구체화한다. 그리고 모든 중요한 영향들에 대해서는 위에서 기술한 바와 같은 판단을 내려야 하기 때문에, 중요한 영향의 종류가 다양하면 다양할수록, 그것들을 다룰 평가기준의 세트도 한층 더 풍부해져야 한다(Bardach, 2000: 20).

2. 정책평가기준의 여러 가지 형태

1) 평가기준으로서 갖추어야 할 몇 가지 기본요건

정책대안의 평가기준은 한 세트의 정책대안들 가운데 최선의 정책대안을 식별해 내기 위하여 정책대안들을 저울질하거나 재기 위하여 사용하는 일종의 측정을 위한 척도라고 할 수 있다. 정책대안들을 측정하기 위하여 사용하는 평가기준에는 여러 가지 형태를 띤 것들이 있을 수 있으나 그들이 공통적으로 갖추어야 할 기본적인 요건들이 있는데, 이들은 명료성, 일관성 및 보편성 등이다.

만일 어떤 정책대안의 평가기준이 여러 가지 의미를 포함하여 애매모호하다면 이러한 기준을 가지고 정책대안을 평가하기는 어려울 것이다. 예컨대 '복지향상'이나 '공익' 또는 '최대다수의 최대행복' 등과 같은 평가기준들은 정책대안의 평가기준으로서 널리 알려진 기준들이지만, 이러한 기준들은 서로 다른 시각을 가진 사람이라면 그 해석도 달라질 수 있기 때문에 실제의 정책분석과정에서 이들을 대안의 평가에 적용하고자 할 때에는 여러 가지 어려움에 직면하게 된다. 그러므로 이와 같은 정책대안의 평가기준들을 분명히 하기 위해서는 그 낱말 자체의 뜻을 구체화하여야 할 뿐 아니라 분석가가 당면하고 있는 문제해결에 기여하는 정도에 따라 계량적인 값을 부여할 수 있는 절차까지도 구체화하지 않으면 안 된다. 이와 같이 대안의 평가기준이 명료할 때 이러한 기준들은 계량적인 분석에도 이용될 수 있을 것이다.

　　어떤 정책대안의 평가기준이 명료성의 기본요건을 충족시키고 있다고 할지라도 일관성이 없을 때에는 이 기준을 적용하여 정책대안을 평가한 경우 그 결과에 대한 해석상의 어려움에 직면하게 된다. 예컨대 '최대다수의 최대행복'이라는 평가기준의 경우 행복이라는 용어에 대하여 명료하게 정의하였다고 가정하고, 한 걸음 더 나아가서 '행복'이란 것이 총체적인 양(aggregated quantity)으로 합산될 수 있는 것이라고 가정하는 경우에도 일관성의 문제는 계속해서 남아 있게 된다. 즉 어떤 경우에는 소수의 사람들에게 큰 행복을 가져다 줌으로써 총체적으로는 대량의 행복을 가져올 수도 있고, 또 어떤 경우에는 수많은 사람들의 행복을 조금씩 증가시킴으로써 총체적으로 대량의 행복을 가져올 수도 있다. 그러므로 이 경우 이 기준에 포함되어 있는 '최대행복'이라는 두 개의 낱말이 경우에 따라서는 대안을 평가하는 데 일관성을 유지하기 어렵도록 하는 작용을 할 수도 있는 것이다.

　　대안의 평가기준이 일관성을 가질 때 대안들의 선호에 대한 동일한 결론에 도달될 수 있다.

　　정책대안의 평가기준으로서 갖추어야 할 또 하나의 기본요건은 보편성이다. 물론 특정한 정책문제의 해결방안들을 비교평가하는 데에는 분야별로 특수한 평가기준들이 적용될 수 있으나 광범위한 정책대안들을 비교평가하기 위해서는 보편적으로 적용될 수 있는 평가기준이 요망된다(Rawls, 1971: 20-21). 보편성에 대한 기준은 특정한 대안의 세트에만 적용될 수 있는 평가기준들을 예로 들면 쉽게 이해할 수 있다. 대기오염과 관련된 정책대안의 평가에 있어서 "대기 중에 아황산가스의 집중도를 최소화할 수 있도록 오염물질을 배출하는 정책대안이 최선의 대안이다"라고 하는 기준은 대기오염을 포함하지 않는 정책선택의 문제에는 적용될 수 없기 때문에 능률성의 기준이나 형평성의 기준에 비해서 보편성이 있는 기준이라고 할 수는 없다. 그렇다고 해서 특수한 목적과 관련된 정책선택의 상황에서까지 꼭 보편성 있는 평가기준만이 적용되어야 한다는 것은 아니다. 보편성 있는 평가기준은 광범위한 대안들을 비교평가할 수 있도록 해 준다고 하는 이점이 있다. 그러나 특정한 평가기준들(specific criteria)은 보편적인 평가기준들보다 때로는 축조해서 사용하기에 용이할 수도 있기 때문에 한정된 대안의 세트에만 적용할 수 있는 특정한 평가기준들을 작성하여 활용하는 경우도 있다.

2) 소망성과 실행가능성

(1) 소 망 성

정책분석 있어서 최선이라고 하는 말의 의미는 정책의 소망성(desirability)과 관련된 것이다. 이 소망성이라고 하는 정책대안의 평가기준은 실행가능성(feasibility)이라는 평가기준과는 구분되어야 한다. 여기서 소망성이란 어떤 대안이 채택되어 수행되는 경우 그 결과가 얼마나 바람직스러운 것이냐 하는 바람직스러움의 정도를 측정하는 기준이다.

그런데 소망성이란 누구의 입장에서 본 소망성이냐 하는 것이 문제가 될 수 있다. 정책분석기준으로서의 소망성은 정책분석가나 정책결정자 개인의 이익 또는 정책결정자가 속하고 있는 집단이나 지역의 이익을 극대화하기 위한 이기적인 기준이 아니라 사회 전체의 이익을 추구하는 윤리적인 기준이다. 여기에 대해서는 항을 달리하여 좀 더 구체적으로 살펴보기로 한다.

(2) 실행가능성

실행가능성이란 어떤 정책대안이 채택되어 집행될 수 있는 가능성의 정도를 나타낸다. 앞에서 설명한 소망성의 기준과 여기서 설명하고 있는 실행가능성 기준의 개념들은 서로 밀접하게 관련되어 있을 뿐만 아니라 정책대안의 채택 여부에 결정적인 영향을 미치는 중요한 평가기준들이기 때문에 이들 두 가지 개념들의 관련성과 차이점에 대해서는 좀 더 구체적으로 이해할 필요가 있다.

어떤 정책대안의 궁극적인 가치는 그것이 채택되어 집행되는 경우 가져오게 될 편익의 정도와, 실제로 이러한 정책대안이 실행될 수 있는 것인지의 여부에 의하여 결정된다. 그러므로 한 정책대안의 가치는 그 대안의 소망성과 실행가능성의 정도에 의하여 결정되는 것이다. 정책대안의 소망성은 대안에 대한 체계적인 연구를 통하여 그 정도를 분석해 낼 수 있다. 그러나 실행가능성은 그 정도를 정밀하게 분석해 내기 어려운 것이 일반적이다. 실행가능성은 많은 경우 대안에 대한 제약요건으로 작용한다.

3) 윤리적 판단기준

정책대안의 분석에 있어서 어떤 정책대안의 소망성에 대한 평가가 사익에 비추어 이루어지는 것이 아니라 공익에 비추어 이루어질 때 이러한 소망성의 평가기준을 윤리적 판단기준이라고 부른다.

정책분석가가 정책분석을 할 때에는 두 가지 다른 유형의 윤리적 판단기준을 적용하게 된다. 그 첫째 유형은 목적론적(teleological)인 판단기준이고, 둘째 유형은 비목적론적(nonteleological)인 판단기준이다(MacRae, Jr., 1979: 51-55).

목적론적 판단기준은 행동 그 자체가 아니라 그 행동대안이 가져올 것으로 기대하는 결과의 목적달성에 대한 절대적 또는 상대적 공헌도가 그 기준이 된다. 이러한 분석에는 인과에 대한 지식이 요구되기 때문에 과학적 방법과 지식이 더 중요시되는 판단의 기준이다.

한편 비목적론적인 판단의 기준은 성격상 금지적 및 의무적인 판단기준에 속하며 행동대안이 가져올 결과와는 독립적인 판단기준인 경우가 많다. 아무리 손실이 따르더라도 이러한 정책은 반드시 수행하여야 한다고 하는 것은 그 좋은 본보기이다. 일반적으로 비목적론적인 판단의 기준은 정치적 공약에 의하여 유래되는 경우가 많고 사회제도적·윤리적 특수성에 그 뿌리를 두고 있는 경우도 있다.

비목적론적 판단의 기준이 이와 같이 어떤 한 사회의 제도적·윤리적 특수성에 그 뿌리를 두고 있기 때문에 어떤 한 사회에서는 소망스러울 것으로 받아들여질 수 있는 정책이라고 할지라도 다른 사회에서는 이것을 소망스러운 것으로 받아들이지 않고 금지하는 경우도 있을 수 있다. 그런가 하면 어떤 한 사회에서 과거에는 금지되어 있던 것이 현재에는 허용이 되는 경우도 있을 수 있으며, 또 현재에는 금지되어 있는 것이 미래의 어느 시점에서는 그것이 허용되는 것으로 받아들여질 수도 있을 것이다. 이러한 의미에서 비목적론적 판단의 기준도 절대적인 것은 아니며 시간에 따라 가변적인 것이라고 할 수 있다. 그러나 비목적론적 판단의 기준을 적용하여 정책대안을 평가할 때에는 정책대안을 분석하고 있는 시점에서 어떤 사항이 금지적 또는 의무적인 것이냐 아니냐 하는 것이 판단의 기준이 된다.

이러한 비목적론적 판단의 기준은 사회제도적 또는 사회윤리적 상황에서만 나오는 것이 아니라 때로는 생활환경의 변화에 따라 파생되기도 한다. 산업이 발전하여 공해물질의 배출이 심각해짐에 따라 대기 또는 수질을 오염시키는 각종 환경오염물질의 함유량의 허용치에 대한 규정은 널리 알려진 비목적론적 기준이라 할 수 있다. 뿐만 아니라 국민들의 경제생활수준이 향상되어 감에 따라 이러한 환경오염이라든지 산업재해에 대한 제한은 더욱 엄격해지는 경향을 띠고 있다.

성격상으로 볼 때 목적론적 판단의 기준은 각 대안들이 창출해 낸 구체적인 결

과의 상대적인 가치나 효용을 따지고 비교하는 데 비해서, 비목적론적 판단의 기준
은 일반적으로 하나의 정책이 절대적인 의미에서 올바른 것이냐 아니냐를 따지는
기준이다. 만일 목적론적 판단의 기준이 명시적이고 조작적인 것이 될 경우에는 대
안의 평가결과는 계량적이며 연속적인 값을 취하는 경향을 띠게 될 것이다. 그렇기
때문에 각 대안들 간의 결과에 대한 교환(trade-off)이 가능하게 되고 이로써 목적
달성을 극대화할 수 있게 된다. 사회복지, 욕구의 충족, 금전적 편익 등은 이러한
성격을 띠고 있다. 이와는 반대로 비목적론적 평가의 기준에 의한 어떤 대안의 결
과에 대한 평가는 일반적으로 불연속성을 띠게 된다. 분석의 결과는 이러 이러한
행위는 금지되었거나 또는 이러 이러한 행위는 가능하다는 형태로 나타난다. 따라
서 이들 목적론적 판단의 기준과 비목적론적 판단의 기준이 동시에 하나의 판단기
준으로 통합되게 되면 '비목적론적인 제약(평가기준)하에서 목적론적 평가의 기준을
극대화'하라고 하는 형태를 띤다.

제 2 절 여러 가지 형태의 실행가능성

정책대안의 실행가능성 기준은 사회윤리적 실행가능성, 정치적 생존가능성, 기
술적 실행가능성, 경제적 실행가능성, 행정적 집행가능성 등 다양하다. 이들 실행가
능성 기준들은 대부분의 경우 대안평가에서 제약조건들(constraints)로 작용한다. 이
들 다양한 실행가능성 기준들 가운데 사회윤리적 실행가능성은 그것이 정책대안의
정치적 생존가능성에 영향을 미친다는 점에서 정치적 생존가능성의 일부분으로 포
함시키기도 하며, 경제적 실행가능성은 그것이 정책의 집행능력과 관련되어 있다는
점에서 행정적 집행가능성의 기준에 포함시키기도 한다.

1. 정치적 생존가능성

1) 의의와 유형

대부분의 경우 정책은 정치적 활동 무대에서 개발되며 정치적 테스트에서 살아
남아야 한다. 어떤 논자들은, 정책이란 궁극적으로는 규범적인 것이기 때문에, 과학
적인 분석의 결과에 관계없이 정치적인 고려에 의존하게 될 수밖에 없다고 주장한

다(Formaini, 1990: 96). 만일 하나의 정책이 의사결정자, 정부관료, 또는 유권자들에 의하여 지지를 받지 못한다면 그 정책은 채택될 가능성이 거의 없거나, 또는 채택된다 할지라도 집행될 가능성이 거의 없다. 그 결과 정책대안은 반드시 정치적 평가를 받아야 한다.

실행가능한 정책(feasible policy)은 반드시 정치적으로 받아들여지거나 또는 최소한 수용불가능한 것이 아니어야 한다(Bardach, 2000: 24). 정치적인 수용불가능성은 두 가지 사실의 조합에 기인한다. 즉 너무 많은 반대[2]와 너무 적은 지원[3] 또는 그 둘 가운데 어느 한 가지에 속하는 경우이다.

정책분석가는, 그러나, 수용불가능성에 대해서 정태적인 견해를 가져서는 안 된다. 만일 분석가가 좋아하는 정책대안이 현재의 조건하에서 받아들여질 수 없는 것 같이 보인다면, 이러한 조건들을 변화시키기 위해서 어떠한 조치를 취해야 하는가를 항상 자문해 보아야 한다.

정책분석가는 또한 정책대안을 검토하는 과정에서 다음과 같은 질문들을 던져 보아야 한다. 어떤 정책대안이 여러 파워를 가진 집단들에게 받아들여질 수 있는가? 각 옵션들에 대한 지지를 얻기 위하여 어떤 양보를 해야 하는가? 필요한 경우 사용할 수 있도록 하기 위해서 의사결정자는 어떤 자원을 가지고 있어야 하는가? 대안에 대한 합의에 도달하기 위해서 어떠한 트레이드오프(trade off)가 수용가능한가? 이러한 질문들을 통해서 볼 때, 정치적 평가기준이란 결국 의사결정자, 정부관료, 영향력 있는 시민들과 집단들, 여타의 파워 소스들(power sources)의 입장에서 본 정책대안의 수용가능성(acceptability)이라 할 수 있다. 정치적 평가기준은 어떤 목표들을 추진할지 여부를 결정하는 데 사용되어서는 안 되며, 오히려 여러 대안들 가운데 어느 대안이 최소의 정치적 반대에 부딪치면서 집행될 수 있는지, 또는 한 대안의 정치적 생존가능성(political viability)을 높이기 위하여 정책분석의 의뢰자인 고객이 어떠한 노력들을 기울여야 하는지를 나타내는 것이어야 한다(Patton and Sawicki, 1993: 214-221).

사회윤리적 실행가능성은 사회적으로 영향력이 있는 집단이 정책대안의 채택에 영향력을 행사한다는 점에서 정책대안의 정치적 생존가능성의 테스트라 할 수 있

---

2) 너무 많은 반대란 그 반대가 광범위하거나, 격렬하거나, 또는 그 두 가지를 다 겸한 경우를 말한다.
3) 너무 적은 지원은 지원의 범위가 충분히 넓지 못하고 그 강도가 충분히 강하지 못하거나 또는 그 두 가지 중 어느 한 가지인 경우를 말한다.

다. 많은 경우 사회윤리적 실행가능성은 어느 사회의 사회규범과 사회문화적 전통
에 의하여 크게 영향을 받는다. 새로운 암치료 방법의 효과를 실험하기 위하여 암
환자를 실험대상으로 사용하는 것이 사회윤리적으로 용납되지 않는다고 하는 것들
은 그 좋은 예이다.

　　정치적 평가기준은 위에서 살펴본 바와 같이 행위자들의 신념들과 동기들을 다
룬다. 행위자들은 문제에 대하여 무엇을 믿으며, 그들이 원하는 것이나 필요한 것
은 무엇인가? 그들의 기본입장은 무엇이며, 협상 가능점은 무엇인가? 과거의 합의
나 연합(coalition) 때문에 어떠한 정치적인 의무들(obligations)이 지워져 있는가? 그
러한 의무들이 적절한 정치적 평가기준들을 제시해 주고 있는가? 수용가능한 대안
들에 대한 경계를 구체화시켜주는 법률, 규칙 및 규제들은 정치적 과정으로부터
온다.

　　모든 정책대안 분석에 포함되어야 할 정치적 생존가능성의 평가기준들은 수용
가능성, 적합성, 감응성 및 합법성 등이다.

2) 수용가능성

　　수용가능성은 하나의 정책이 정치과정에서 행위자들에 의하여 받아들여질 수
있는지 여부에 대한 결정과 고객과 여타의 행위자들이 새로운 정책들을 잘 받아들
이는 경향이 있는지에 대한 여부를 나타낸다. 전자의 견지에서는, 여러 가지 정책들
가운데 어떤 정책이 관련 있는 행위자들에 의하여 받아들여질 수 있는지 또는 어떤
정책이 가장 호감을 받고 있는지를 검토하는 것이다. 일회적인 활동을 위한 분석에
있어서는 분석가는 어떤 정책이 핵심적인 행위자들, 관심을 가진 일반대중, 정부관
료들 및 의원들에게 가장 받아들여질 가능성이 높은가 하는 관점에서 평가를 해야
하는 상황에 직면하는 경우가 많다. 그러나 여러 차례에 걸쳐서 고객을 위하여 분
석하거나 동일한 문제에 대하여 몇 차례에 걸쳐서 작업을 하는 경우에는 분석가는
언제 고객이나 일반대중 또는 행위자들이 새로운 아이디어들을 잘 받아들이는 경향
이 있는지를 식별해 낼 수 있다. 노련한 분석가라면 이러한 기회들을 새로운 정책
들을 평가에 포함시키는 호기로 이용할 수 있을 것이다.

3) 적 합 성

적합성(appropriateness)은 정책목표들이 공동체나 사회의 가치와 조화를 이루는
지 여부에 관한 이슈들을 나타낸다는 점에서 수용가능성과 밀접하게 관련되어 있
다. 우리는 천명된 목표들을 계속 추진해야 하는가? 이것은 인간의 가치, 권리, 재
분배 및 이들과 유사한 고려사항들을 포함하며, 윤리적인 문제들이다. 인간의 염색
체조작을 허용해야 할 것인지의 여부나, 인간의 복제를 허용해야 할 것인지의 여부
에 대한 정책결정문제들이 좋은 예들이다. 이러한 적합성의 평가 기준들은 정책분
석의 초기 단계에서 천명되어야 한다. 그러나 우리는 모든 평가기준들이 상호 간에
균형을 이루고 있는지를 검토할 때에 가서야 이 평가 기준에 역점을 두어 다룰 수
있을 것이다.

4) 합 법 성

합법성은, 법이 정치적 행동을 통하여 만들어지고 변경되므로, 정치적 평가기
준의 카테고리에 속하는 것으로 볼 수 있다. 정책분석가는 정책분석의 초기에 대안
의 설계에 영향을 미치는 현존하는 법률, 규칙 및 규제들을 검토하여야 한다. 만일
분석가가 바람직한 것으로 식별한 정책이 현존 헌법, 법률, 또는 자연법에 저촉되는
경우에는 그러한 정책대안은 생존가능성이 낮다. 노무현 정부에서 추진했던 행정수
도 이전정책이 헌법불합치 판결로 무산된 것은 현존 헌법에 저촉되어 추진하던 정
책대안이 생존하지 못했던 대표적인 예이다. 그러나 법적 권리는 끊임없이 변화할
뿐 아니라 애매한 경우도 많다. 그러므로 바람직하다고 판단한 정책이 현존하는 법
률에 의하여 지지를 받을 수 없는 것으로 판명된 경우에는 이 정책대안을 대안의
세트에서 제거하기보다는 변경되어야 할 법이 어떤 것인지, 그리고 그 과정에서 예
상되는 정치적인 문제들이 무엇인지를 식별하여야 하는 경우도 많다. 때로는 법정
에 호소하는 모험(gamble)을 하여 추진하는 정책대안이 합법적(또는 비합법적)이라
는 판결을 얻어낼 수도 있다.

5) 정치적 실행가능성의 예측

정치적 실행가능성은 주된 행위자들을 포함한 정책대안에 대한 이해관계 당사
자들의 정책이슈에 대한 입장, 그들에게 이용가능한 자원, 그리고 그들에게 이용가

능한 자원의 상대적인 서열 등에 의하여 결정된다(Dunn, 1981: 206-210). 따라서 이들 세 가지 주요 변수들의 변화를 추정함으로써 예측할 수 있다. 이들 변수들에 대한 추정은 주관적인 성격을 띠게 된다. 실제 정치적 실행가능성에 대한 사정은 일반 델파이(Delphi) 방법에 의한 예측절차와 동일한 방법을 사용하는 정책 델파이(policy Delphi) 방법을 사용하여 이루어진다. 정책 델파이 방법에 의한 정치적 실행가능성에 대한 사정은 정책이슈와 관련된 주된 행위자를 포함한 이해관계 당사자들의 식별, 정책이슈에 대한 그들의 입장, 이용가능한 투입자원의 능력, 그리고 이들 자원의 상대적인 서열 등에 대하여 관련 분야의 전문가 집단에게 몇 라운드에 걸친 설문조사를 실시함으로써 이루어질 수 있다. 그러나 이와 같은 정책 델파이 방법에 의하여 정책에 대한 정치적 실행가능성이 예측되었다고 할지라도 그 결과를 해석함에 있어서는 처음에는 불가능한 것같이 보이는 정책일지라도 정책추진자의 헌신적인 노력 여하에 따라서는 가능한 것으로 전환될 수도 있다고 하는 점을 항상 염두에 두어야 한다.

2. 기술적 실행가능성

기술적 실행가능성(technical feasibility)은 현재의 기술수준으로 제안된 정책대안을 실행할 수 있느냐 하는 의미로 사용되기도 하고, 제안된 정책대안이 정책목표를 효과적이고(effectiveness) 적합하게(adequacy) 달성할 수 있느냐 하는 것을 나타내는 의미로 사용되기도 한다.[4]

전자의 의미에서의 기술적 실행가능성은 정부에서 채택하여 수행하고자 하는 정책과 관련된 분야의 전반적인 과학기술 발전 수준이 충분히 발전되어 있어서 정책이 채택되는 경우 조직 내에 그 정책을 성공적으로 수행할 만한 관련 과학기술분야의 전문인력을 확보할 수 있는지의 여부와 밀접히 관련되어 있다. 지난 1980년대 초에 일본에서 TV 방송용 통신위성을 발사하였을 당시, 정부에서는 우리나라 전역이 일본의 TV 방송 가시청 권역에 들어가는 점을 중시하고 이에 대응하기 위한 여러 가지 정책대안들을 검토하였다. 그들 대응반응들 가운데 하나는 우리나라에서도

---

4) 적합성(adequacy)은 정책평가 기준의 하나로 정책이나 프로그램이 천명된 목표들을 충분히 충족시키는지 여부를 측정하는 척도이다. 예를 들면, 비록 영양프로그램이 저소득 임신 여성의 영양을 증진시킨다고 할지라도, 이 카테고리에 속하는 모든 여성들을 도와주는 것이 아니라면, 그 프로그램은 적합성이 낮은 것이다.

TV 방송용 통신위성을 발사하자는 방안이었다. 그러나 당시 우리나라의 통신공학 기술 수준은 방송용 통신위성을 제작할 만한 수준에 이르지 못하였고, 정부 내에 통신위성을 관리할 수 있는 기술인력을 확보하지 못할 것으로 판단하였기 때문에 이 방안은 일단 실행가능성이 희박한 대안으로 검토대상에서 제외시켰는데, 이것이 기술적 실행가능성의 좋은 예이다.

후자의 의미의 기술적 실행가능성, 즉 목표달성과 관련된 정책대안의 기술적 실행가능성의 카테고리에 속하는 평가기준은 효과성과 적합성이다. 어떤 의미에서는 이 평가기준들은 소망성의 평가기준의 성격을 띠고 있다. 효과성의 평가기준이 기술적 실행가능성을 측정할 때에는 제안된 정책이나 프로그램이 목표를 달성할 수 있도록 의도한 효과를 가져왔느냐 또는 가져올 것 같으냐를 평가하는 데 초점을 둔다. 즉 제안된 정책이 설정된 정책목표를 달성해 낼 수 있느냐 하는 것을 평가할 때에는 기술적 실행가능성의 평가기준이다. 그러나 정책의 효과가 바람직한 것이냐 하는 것을 평가할 때에는 소망성의 기준으로 분류된다. 효과성 평가의 일차적 목적은 현실 세계에서 일어나고 있는 변화는 프로그램에 의해서 이루어진 것이냐, 아니면 다른 요인들의 결과에 기인한 것이냐 하는 것을 밝히는 것이다. 때로는 프로그램의 효과성은 상당히 구체적이고, 그것들의 측정방법이 용이하게 개발될 수 있다.

예컨대 고체형 쓰레기(solid waste) 수집 서비스는 상당한 정도 직접적으로 측정될 수 있다. 그러나 교육프로그램의 효과 평가와 같이 무엇을 평가해야 하느냐에 대한 합의부터 어려운 경우도 있다. 지식의 습득 정도를 평가해야 하느냐 대상자의 가치관이나 행태 변화를 평가해야 하느냐 하는 논쟁은 계속되고 있다. 그렇기 때문에 이 경우에는 효과성 평가기준 그 자체가 매우 복잡하다. 그리고 프로그램의 영향(impacts)을 정확하게 예측하여야 한다는 문제까지도 개재되어 있다.

프로그램의 영향을 추정하는 데 이용가능한 가장 직접적이고 빠른 방법은, 현재 제안되고 있는 정책이나 프로그램이 다른 곳에서 얼마나 효과적으로 운영되었는지를 찾아내는 것이다. 그러나 프로그램이나 정책이 집행되는 맥락이 상당부분 달라질 수 있고, 이것이 프로그램의 효과에 중요한 영향을 미칠 수 있다. 그러므로 다른 맥락에서 이루어졌던 결과들은 현재 분석하고 있는 정책대안의 미래의 결과에 대한 완전한 지표들은 되지 못한다. 그러나 사전적인(ex-ante) 정책결과를 평가하기 위하여 사용되는 효과평가기준들과 방법들은 상당부분 사후적인(ex-post) 결과평가 방법들로부터 온 것들이다.

효과성 평가기준의 중요한 몇 가지 차원들은 정책이나 프로그램의 효과들이 직접적이냐 간접적이냐, 장기적인 것이냐 단기적인 것이냐, 계량화 가능한 것이냐 그렇지 못한 것이냐, 적합한 것이냐(adequate) 또는 부적합한 것이냐 하는 것 등이다. 하나의 정책이나 프로그램의 영향(impacts)들은 만일 그것들이 프로그램의 목표의 하나로 기술된 것이면 직접적인 것이고, 만일 기술된 목표의 하나가 아닌 경우에는 간접적인 것이다.

장기적인 영향들과 단기적인 영향들의 분류는 하나의 정책에 구체화된 활동이다. 즉 장기적인 영향을 구성하는 것이 무엇이냐 하는 것은 프로그램에 따라 변화한다. 일반적으로 장기적인 영향은 미래에 경험할 영향들이다. 그러므로 그 값어치를 정확하게 계량하기 위해서는 적절한 할인(discounting)을 필요로 한다. 단기적인 영향은 즉각적이고, 많은 경우 직접적이며 누그러뜨릴 수 있는 성질의 것이다.

효과는 적절한(adequate) 것일 수도 있고, 부적절한 것일 수도 있다. 즉 정책이나 프로그램은 기술된 정책문제를 완전하게 해결하지 못할 수도 있고, 기술된 목표들을 충족시키지 못할 수도 있다. 적절성은 이용가능한 자원으로 우리가 얼마나 문제 해결을 향해서 나아갈 수 있느냐 하는 것을 측정한다. 효과적인 프로그램이라고 할지라도 프로그램이 기술하고 있는 목표들을 완전히 달성하지는 못하거나, 좀 더 큰 문제의 일부만을 해결하는 데 그칠 수도 있다.

3. 행정적 집행가능성

아무리 우수한 정책이라 할지라도, 만일 행정적 재능과 시스템이 이용가능하지 않다고 한다면, 그 정책대안의 우수성은 일단 의문을 받지 않을 수 없다. 만일 채택된 정책대안이 집행가능하지 않다면, 정책결정의 실효성은 사라질 것이기 때문이다. 행정적 집행가능성을 평가하기 위한 기준으로 중요한 것은 권위(authority), 기관의 공약(institutional commitment), 역량 및 조직의 지원 등이다(Patton and Sawicki: 1993: 218-219).

1) 권 위

정책이 결정된다고 할지라도 정책집행을 담당하는 그룹이나 기관이 필요한 변화를 가져올 수 있고, 다른 그룹들에 필요한 협조를 요구할 수 있으며, 우선순위를

결정할 수 있는 분명한 권위가 없다고 한다면, 채택된 정책은 집행되어 원하는 효
과를 가져올 수 없을 것이다. 그러므로 아무도 집행할 수 없는 정책대안을 설정하
는 것을 피하기 위하여, 그리고 우수한 대안으로서의 잠재력을 가진 정책을 집행할
책임을 가진 권위를 세우기 위하여, 필요한 변화를 식별해 낼 수 있도록 분석의 초
기에 집행의 문제를 제기하는 것이 매우 중요하다.

2) 기관의 공약

기관의 최고 관리자 그룹에서부터 일선의 집행담당자에 이르기까지 집행과 관
련된 모든 사람들로부터 정책집행에 대한 공약(commitment)을 획득하는 것이 매우
중요하다. 행정자치부가 추진하고 있는 인접 지방자치단체들 간의 통합에 대하여
행정자치부의 최고관리자로부터 일선의 집행담당자들에 이르기까지 모든 관련자들
이 정책집행에 대하여 공약한다면, 시군통합에 대한 지역주민들의 찬성만 얻으면
행정적 집행가능성은 높아질 것이다. 대부분의 정책들은 그 정책을 담당하는 담당
자들의 행태 변화를 필요로 하며, 그러한 행태 변화가 없는 경우에는 정책집행에
필요한 수많은 자질구레한 행위들이 취해지기 어려울 것이다.

3) 역   량

정책집행에 필수적인 기관 내의 요원들의 역량(capability)이나 재정적 능력이
확보되지 못하면 채택된 정책집행은 어렵다. 그러므로 정책집행을 담당하는 기관의
요원들이 정책을 집행하는 데 요구되는 기술이나 기능(skill)을 가지고 있느냐, 그리
고 집행기관이 채택된 정책을 집행하는 데 필요한 재정적 역량을 가지고 있느냐 하
는 데 대한 판단은 정책채택과정에서 해결되어야 할 선결 과제이다.

어떤 정책대안이 기술적으로 실행가능하다고 할지라도 재정적으로 얼마나 비용
이 들게 되며 누가 이 비용을 부담할 것인가 하는 것이 또한 문제가 된다. 특히 비
용이 많이 소요되는 정책의 경우 정부의 예산범위 내에서 수행할 수 있는지의 여부
와 이 정책의 집행을 위하여 재원을 조달하는 경우 누가 이것을 부담하느냐 하는
것이 정책의 실행가능성 여부에 커다란 영향을 미친다. 앞에서 언급한 TV 방송용
통신위성 발사의 대안을 좀 더 깊이 검토하였더라면 이 통신위성의 제작 발사에 소
요되는 수백억 원의 자금을 과연 누구에게 부담시킬 것인가 하는 것도 큰 쟁점으로
대두하게 되었을 것이다. 만일 이 비용을 TV를 시청하는 시청자들에게 부담시키고

자 하는 경우에는 시청자들의 커다란 저항에 부딪히게 될 것이다. 그러나 만일 전체의 비용을 정부 예산으로 충당하고자 하는 경우에는 기회비용을 생각하지 않으면 안 된다. 왜냐하면 TV 방송용 통신위성을 제작 발사하기 위하여 수백억 원을 정부 예산에서 투입하는 경우 이와 경쟁하는 다른 정책들을 추진할 수 없게 될 수도 있기 때문이다. 그렇다면 TV 방송용 통신위성의 제작 발사 때문에 연기되거나 또는 영원히 고려대상에서 제외되어 기회를 잃게 될 수도 있는 다른 정책은 무엇이며, 얼마나 심각한 것이고, 또한 그것은 누구에게 심각한 문제인가? 이와 같이 정책을 집행하기 위한 자원의 동원 문제와 경쟁적인 다른 정책수행기회의 상실에 따른 기회비용을 경제적 실행가능성의 분석에서 중점적으로 검토하여야 한다.

능력 요소들에 대한 평가기준은 현재의 조건하에서 무엇이 가능하며, 집행을 촉진하기 위하여 어떠한 변화 조치들을 취해야 할지를 식별하는 데 필수적이다.

4) 조직의 지원

어떤 정책대안이 성공적으로 집행될 수 있기 위해서는 때로는 정책을 집행하기 위한 권위(authority)를 갖고, 기관의 핵심적 위치에 있는 사람들로부터 공약(commitment)을 획득하는 것만으로는 부족한 경우도 있다. 어떤 정책대안들은 그 조직이 충분한 장비, 물리적인 시설물 및 기타의 지원 서비스들이 필요한 경우도 있다. 만일 이들이 현재 이용 가능하지 못한 경우, 정책이 실제로 집행 단계에 들어가게 될 때 이들이 어떻게 이용가능하게 될 것인가 하는 것이 중요한 평가 기준이 된다.

제3절   정책 소망성 평가기준과 상충되는 평가기준들의 가중치

1. 소망성 판단기준의 여러 가지 형태

정책대안의 소망성은 정책이 달성하고자 추구하는 목적이 무엇이냐 하는 데 따라 달라질 수 있다. 만일 어떤 정책이 주민들에게 쾌적한 환경을 조성해 주는 것이라고 한다면 주민들의 환경에 대한 만족도가 평가의 기준이 될 것이며, 만일 값이 저렴한 주택을 공급하는 것이 목적이라면 투입 대 산출로 측정되는 능률성이 그 평가의 기준이 될 것이다. 또 만일 어떤 정책이 개인의 최저 필요수준을 충족시키고 나아가 소득분배상태를 시정하기 위한 것이라고 한다면 형평성이 정책의 소망성 평가의 기준이 될 것이다. 그렇기 때문에 정책대안의 소망성 평가의 기준도 세분화되어 수없이 많은 하위기준들이 평가기준으로 제안되어 왔다. 이들 여러 가지 정책의 소망성에 대한 평가기준들 가운데에서도 널리 적용되고 있는 기준들로는 효과성·능률성·만족도·형평성·리스크·일관성·자유·지역사회·기타의 아이디어 등을 들 수 있다.

이들 가운데 효과성은 이미 기술적 실행가능성 평가기준에서도 설명한 바와 같이 정책목표의 달성도를 측정하는 기준으로서 정책이 이룩할 성과가 어떠할 것이냐를 평가하는 기준이다. 이 효과성은 목표달성의 양에 의하여 정책대안의 소망성을 평가하는 기준이기 때문에 투입된 비용에 관계없이 성취한 양이 많을수록 더 바람직한 대안이라고 할 수 있다. 이러한 접근의 하나가 바로 효용론적 접근(utilitarian approach)이다. 이 접근방법은 '최대다수의 최대행복'을 그 판단의 기준으로 제시하고 있는데 여기서 최대행복은 비용에 관계없이 증가된 행복의 총량을 의미할 수도 있기 때문이다.

효과성이 정책목표의 달성도에 초점을 둔 기준이라고 한다면 능률성은 그러한 일을 성취하는 데 얼마만한 비용이 투입되었느냐 하는 것을 나타내는 기준으로서 일반적으로 정책을 집행하는 데 투입되어야 할 비용과 이러한 정책의 집행으로 산출될 산출물의 비율로서 정의된다. 이 기준에 의하면 아무리 정책의 목표달성도가 높다고 할지라도 그러한 목표를 달성하는 데 너무 많은 비용이 소요된다면 그러한 정책은 바람직하지 못하다는 것이다.

어떤 논자들은 경제적 능률성을 더 확대하여 경제적 및 재정적 가능성 기준(economic and financial possibility criteria)을 중요한 소망성 평가기준으로 보기도 한다.[5] 그리고 경제적 및 재정적 가능성 평가기준에 순가치의 변화(change in net worth), 경제적 능률성(economic efficiency), 비용편익분석, 수익성(profitability), 비용효과분석 등을 포함시키고 있다. 일반적으로 능률성 평가기준이라고 하면 위의 경제적 및 재정적 가능성 기준에 포함되는 여러 가지 하위 기준들을 포함하는 것으로

---

5) Bardach는 정책의 평가기준으로서 기술적 실행가능성, 정치적 생존가능성, 경제적 및 재무적 가능성 및 행정적 운영가능성 등으로 분류한다. 그리고 경제적 및 재무적 가능성 기준에 경제적 능률성(economic efficiency)을 포함시키고 있다(Bardach, 1972: 216).

해석된다.

주민의 만족도는 정책집행의 대상인 주민들이 실제로 정책을 집행하는 과정이나 결과에 대하여 얼마나 만족하느냐 하는 정도에 따라 정책의 소망성을 판단하는 기준이다. 민주주의 사회에서는 행정이 국민을 위한 행정이어야 하기 때문에 정책결정자의 입장에서 보아 아무리 바람직하다고 생각하는 정책이라고 할지라도 주민들이 만족하지 않는다고 한다면 그러한 정책은 주민들의 입장에서 본다면 바람직한 정책이라고 할 수 없는 것이다.

형평성의 기준은 대상인 고객들의 기회는 균등하게 주어졌는지, 그리고 사람들은 그들의 능력과 공헌도에 따라 대접을 받고 있는지, 부의 배분은 인간의 최소한의 욕구를 충족시킬 수 있도록 배분되었는지 하는 것 등을 측정하는 기준이다.

리스크(risk)의 기준은 불확실성과 밀접하게 관련된 기준이다. 리스크는 그 성격상 크게 두 가지로 나누어 볼 수 있는데 첫째는 정책선택의 결과를 결정짓는 데 있어서 대안과 결합될 결과상황(outcome state) 발생의 불확실성에 따르는 리스크이고, 다른 하나는 정책집행의 결과가 인간생활환경에 미칠 악영향과 관련된 리스크이다. 전자의 예로서는 국제적인 원유가의 불확실성하에서 석유의 비축량을 얼마로 할 것인가, 기술혁신이 급격히 이루어지고 있는 상황하에서 새로운 생산 설비투자를 얼마의 규모로 할 것인가 하는 것들을 들 수 있고, 후자의 예로서는 자동차의 배기가스에 포함될 납 성분에 대한 허용치를 얼마로 할 것인가 하는 것을 들 수 있다. 이 평가기준에 의하면 리스크의 극소화와 적정한 분산이 이루어질 때 그러한 정책은 바람직한 정책으로 평가된다.

일관성의 기준은 어떤 한 정책이 시계열적으로 보아 그 이전의 정책과 얼마나 지속성을 유지하고 있으며, 또한 어떤 한 시점에서의 정책이 동시에 추진되고 있는 다른 정책들과 달성하고자 하는 목표들 간, 목표와 수단들 간, 그리고 수단과 수단들간에 상호 보완 또는 위계적 관련성을 가지고 있는가 하는 것으로서, 전자를 통시적 일관성, 후자를 공시적 일관성이라 부른다. 만일 어떤 한 정책대안이 그 이전에 추진하였던 정책과 일관성을 유지하지 못한다든지, 또는 어떤 한 목적을 달성하기 위하여 추진하고 있는 정책의 목적이나 수단이 다른 정책의 목적이나 수단들과 상충된다든지 한다면 그러한 정책의 목표달성에 대한 기여도는 그만큼 저하되게 될 것이다.

자유·지역사회·기타의 아이디어들도 정책의 목적과 성격에 따라서는 중요한 평가기준이 된다. 자유 및 지역사회와 관련된 평가기준의 아이디어로는 자유시장 (free markets), 경제적 자유, 자본주의, 언론의 자유, 종교의 자유, 사생활 보호, 안전(security), 소속감, 질서, 공포로부터 해방, 전통적인 가족구조, 평등한 가족구조 (egalitarian family structure), 노동자들의 권한 신장, 비영리 부문의 발전성 유지 등을 들 수 있다. 이러한 평가기준들은 정책의 목적과 목표가 무엇이냐에 따라 다양하게 개발될 수 있다.

2. 능률성의 평가기준 및 중요한 몇 가지 경제 개념

1) 능률성 판단기준의 발전

능률성은 투입 대 산출의 비율로서 정의된다. 어떤 일을 하는 데 있어서 투입이 동일하다면 산출이 많을수록 더 능률적이고, 산출이 동일하다고 한다면 투입이 적을수록 더 능률적이다. 그리고 만일 투입과 산출이 동시에 변한다면 투입 대 산출의 비율이 높을수록 더 능률적이다.

이러한 능률성의 기준을 정책분석과정에서 적용할 수 있는 좀 더 구체적인 기준으로 발전시킨 것이 Pareto 최적의 기준이다.

Pareto 최적의 기준은 후생경제학에서 발전된 이론으로서 초보적인 경제분석에 대한 지식이 있다면 쉽게 이해할 수 있다.

어떤 소비자에게 일정한 수준의 만족 또는 효용을 주는 A, B 두 재화의 조합은 무수히 많다. 무차별곡선이란 소비자들에게 같은 수준의 만족을 주는 두 재화의 모든 조합을 나타내는 점들의 궤적이다. 그러므로 주어진 하나의 무차별곡선상에는 그 곡선상의 임의의 어떤 점에서 결정되는 두 재화를 가지더라도 그 소비자에게 동일한 수준의 만족을 주게 되므로 선택적으로 무차별인 것이다. 그리고 이들 무차별곡선들이 원점에서 멀어질수록 그 만족도는 상대적으로 높아지게 된다. 이러한 여러 가지 상이한 수준의 만족에 대응하는 무차별곡선군을 무차별지도(indifference map)라고 한다. 무차별곡선은 일반적으로 다음과 같은 세 가지의 성질들을 가지고 있다고 가정되고 있다.

첫째로, 무차별곡선들은 [그림 5-1]에서 보는 바와 같이 오른쪽 아래로 기울어진다. 왜냐하면 A재가 증가하면 B재가 감소하고, A재가 감소하면 B재가 증가하여야 그 만족이 불변할 것이기 때문이다. 둘째로, 무차별곡선들은 서로 교차하지 않는

[그림 5-1] 무차별곡선

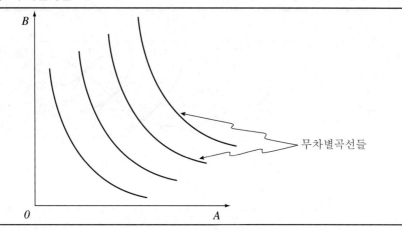

다. 만일 이들이 서로 교차한다면 상이한 무차별곡선들이 동등한 만족의 수준을 나타내는 모순에 빠지기 때문이다. 셋째로, 무차별곡선들은 원점에 대하여 볼록 (convex)하다. 이것은 A재를 한 단위 더 가지면서 만족도가 불변하기 위하여 포기하여야 할 B재의 양은 A재의 양이 증가함에 따라서 차차로 감소하여야 한다는 것을 의미한다. 왜냐하면 A재가 많아짐에 따라서 그 한계단위의 중요성은 감소하는데 비해서 B재의 한계단위의 중요성은 B재가 줄어들게 됨에 따라서 증가하기 때문이다.

[그림 5-1]을 갑이라는 사람의 무차별지도라고 하자. 그러면 을이라는 사람의 무차별지도도 같은 방법으로 그릴 수 있을 것이다. 다음에는 이들 갑과 을 두 사람으로 구성된 사회를 생각해 보기로 하자. 그리고 갑과 을이 보유하고 있는 A재와 B재의 합계를 각각 하나의 변으로 할 때 [그림 5-2]와 같은 Edgeworth의 상형도 (box)를 생각해 볼 수 있다.

[그림 5-2]에서 갑과 을 양인의 무차별곡선의 체계가 서로 상대편을 향하여 오목한 이상 양자의 무차별곡선들은 필연적으로 서로 교차하는 점들과 서로 접하는 점들을 가지게 될 것이다.[6]

가령 어떤 정책을 집행하기 전에 양자가 P점의 상태에 있었다고 하자. 그리고 어떤 정책을 집행한 결과 양자가 S점의 상태로 전환되었다고 하자.

_____

6) 두 사람의 무차별곡선들이 접하는 점들을 연결하는 곡선을 계약곡선이라 한다.

[그림 5-2] Edgeworth의 상형도

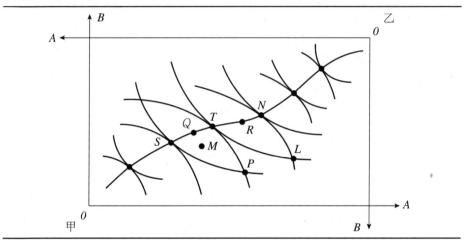

그러면 갑의 효용은 그대로 있는데(동일한 무차별곡선상에 있는데) 비해서 을의 효용은 증가(원점에서 더 멀어진 무차별곡선상에 있게 됨)된 것을 알 수 있다. 따라서 두 사람의 효용의 합은 증가된 것으로 알 수 있다. 마찬가지로 T점이나 Q점의 상태로 전환된 경우에도 P점보다 그 둘의 효용의 합은 증가될 것이다. 따라서 어떤 정책을 집행한 결과 그 상태가 P점에서 S점을 지나는 무차별곡선과 P점과 T점을 지나는 무차별곡선으로 둘러싸인 점들 가운데 어떤 점으로 전환되었다고 한다면 그 두 사람의 효용의 합은 증대되었다고 할 수 있다.

이상에서 본 바와 같이 어떤 정책을 집행한 결과 아무에게도 손실을 끼치지 않으면서 어느 한 사람이라도 더 좋은 상태로 만들 때 이러한 변화를 경제적 능률성을 향상시키는 변화라고 부르고, 이러한 변화를 Pareto 이동(Pareto movement) 또는 파레토개선(Pareto improvement)이라고 하며, Pareto 최적변화라고 부른다. 또한 어느 한 사람에게도 손실을 끼치지 않고는 다른 사람들을 더 좋게 만들 수 없는 경우 이러한 상황을 경제적으로 효율적인 상황이라 하고, Pareto 최적상황(Pareto-optimal)이라 부른다. 따라서 어떤 정책의 집행으로 Pareto 최적변화가 일어나게 될 때 그러한 정책은 능률성이라는 기준에 비추어 보아 바람직한 정책이라고 할 수 있을 것이다.

여기서 한 가지 주의하여야 할 점은 Pareto 최적상황이 아닌 상태로부터

Pareto 최적상황으로 옮기는 것 그 자체가 반드시 Pareto 최적변화라고 보아서는
안 된다는 것이다(Buchanan and Tullock, 1971: 172-174). 다시 말하면 위의 규칙은
한 변화의 성격을 기술한 것이지, 변화하기 전과 변화한 후의 상황이나 상태의 특
성을 직접적으로 연관시키지는 않은 것이다. 하나의 Pareto 최적상황이 아닌 점으
로부터 다른 최적상황이 아닌 점으로의 이동이 Pareto 최적변화인 경우도 있을 수
있고(P점으로부터 M점으로의 이동), 또 Pareto 최적상황이 아닌 하나의 점으로부터
Pareto 최적상황인 점으로의 전환 그 자체가 Pareto 최적변화가 아닌 경우도 있다
(P점으로부터 N점으로의 이동).

　　이 Pareto 최적의 판단기준은 두 가지 제약점을 가지고 있다. 이들 가운데 첫
째는 만일 어떤 정책의 집행으로 일부의 사람들에게는 효용의 증가를 가져오고 또
다른 일부의 사람들에게는 효용의 감소를 가져오는 경우가 있을 수 있는데, 이러한
경우에는 어떤 기준에 의하여 판단하느냐 하는 것이고, 또 다른 하나는 Pareto 최적
의 기준이 형평성에 대하여는 적절한 판단의 기준을 제공해 줄 수 없다고 하는 점
이다.

　　먼저 어떤 정책의 집행으로 일부의 사람들은 효용의 증가를 가져오는 반면에
또 다른 일부의 사람들은 효용의 감소를 가져오는 경우에는, 이러한 변화에 의하여
이득을 보게 되는 사람이 그 변화에 의하여 손해를 보게 되는 사람들보다 그 금전
적 가치를 더 높게 평가한다면, 이러한 변화를 상태의 호전이라고 할 수 있다. 이
기준이 Pareto 평가기준의 약점을 보완하기 위하여 Kaldor에 의하여 제안된 Kaldor
의 보상의 기준이다. 즉 어떤 정책의 집행의 결과 효용의 증가를 가져오는 사람들
의 효용의 합계가 효용의 감소를 가져오는 사람들의 손실을 보상하고도 남을 때 그
러한 정책은 상황의 개선을 가져온 것이라 할 수 있으며, 이러한 판단의 기준을
Kaldor의 평가기준이라고 한다. 편익비용분석은 이러한 총량적인 편익증가를 그 판
단의 기준으로 하는 평가방법의 하나이다.

　　다음 두 번째 제약점인 형평성의 문제는 [그림 5-2]에서 T점과 R점은 어떤 상
태가 더 형평성 있는 배분의 상태냐 하는 것이다. Pareto 최적의 판단기준은 경제적
능률성에 대한 판단의 기준으로서, T점과 R점 가운데 어떤 상태가 더 형평성 있는
배분이냐 하는 것과 같은 배분의 형평성 문제에 대해서는 아무런 판단의 기준을 제
공하지 못하고 있다.

2) 중요한 몇 가지 경제 개념

경제적 및 재정적 가능성 평가기준들은 프로그램에 얼마나 비용이 소요되며 그 프로그램은 어떠한 편익들을 산출해 낼 수 있는가를 측정한다. 이들 편익들은 직접적인 것들도 있고 간접적인 것들도 있으며, 장기적인 것들도 있고 단기적인 것들도 있으며, 계량화할 수 있는 것들도 있고 그렇지 못한 것들도 있다. 그들은 대부분 국민들이나 고객들에게 재정적 의미(implication)를 갖는다. 즉, 그 프로그램의 영향은 사적인 고객들에게는 이익과 손실을, 그리고 공적인 고객들에게는 수입과 빚을 가져온다. 정책들은 대부분 고객들에게 경제적인 의미를 갖는다. 즉 그들은 어떤 지역에 경제적 영향을 갖는다. 많은 정책과 프로그램들은 재정적 및 경제적 영향을 가져오며, 그러므로 이들은 이들 두 가지 유형의 평가기준들에 의하여 평가되어야 한다. 그렇기 때문에 이러한 평가기준들과 관련된 중요한 경제개념들을 먼저 이해하여야 한다. 미시경제와 공공정책분석이라는 제목의 많은 전문서적들이 출간되고, 정책학을 전공하는 대학교 학생들에게 이러한 내용들이 필수로 부과되고 있는 것도 이러한 이유에서이다(Apgar and Brown, 1987; Friedman, 1984). 다음에는 경제개념들 가운데 정책분석에 중요하다고 생각되는 몇 가지 개념들을 살펴보고자 한다.

(1) 자유시장 모형

정책변화에 대한 많은 처방들이 자유시장모형이나 완전시장 모형에 기초를 두고 이루어지고 있다. 정부가 기본적인 재화나 서비스를 제공하거나 세금을 부과하거나 또는 개인의 이해관계들에 대하여 규제를 가하는 것은 시장이 공공목표들을 달성하는 데 실패했기 때문이다. 그러므로 정책분석가가 자유시장의 개념과 완전시장조건들을 손상시켜서 정부 개입을 필요로 하는 요인들을 이해하는 것은 필수 과제이다.

완전시장 모형의 가정은, 교환에 의해서 사람들이 점차적으로 모든 사람들에게 더 큰 복지를 향해서 이동(move)할 수 있다는 것이다. 우리가 앞에서 살펴보았던 Pareto 이동(Pareto movement)과 Pareto 최적도 이러한 교환을 전제로 한 것이다. 교환을 통해서 두 당사자들의 기본적인 복지수준은 더 좋아질 수 있다. 이것은 다음과 같은 두 학생들의 예를 들어 보면 좀더 이해가 용이해질 수 있다.

기숙사에 거주하는 두 사람의 룸메이트가 있는데, 이들에게 생활조건은 모두 동등하다고 가정해 본다. 그러므로 시니오리티(seniority)와 같은 의사결정 규칙이 없는 한 공동의사결정 문제도 동등한 조건하에 합의가 이루어진다. 만일 한 학생은 방안 온도가 75°F가 되기를 희망하고 다른 학생은 65°F를 유지하기를 희망한다면, 온도계의 온도가 그 사이의 몇 도를 가리키든 어느 한 학생이나 또는 두 학생들은 결과에 만족하지 못하게 될 것이다. 이와 유사하게 두 룸메이트들은 한밤중의 소등 시간에 대하여 서로 다른 선호를 가질 수 있다. 이러한 상황하에서 두 학생들은 방 안의 온도와 소등시간에 대한 '시장'을 만들고, 각자의 입장에서 그들의 상대적인 중요성에 따라 이들 두 가지 재화들을 서로 교환할 수 있다. 이 경우 (Buchanan이 주장한 바와 같이) 각 변수들을 분리해서 생각하기보다 두 변수들을 동시에 고려함으로써, 두 당사자들 간의 상호 합의의 가능성이 향상되고, 권위적인 의사결정 규칙에 의존할 필요성이 적어진다. 그 결과는 합의에 참여한 당사자들의 선호가 더 충분하게 반영되므로 이러한 합의는 의사결정 규칙하에서보다 더 효율적이다 (Buchanan, 1968: 102-108).

Buchanan의 논리는 매우 중요하다. 왜냐하면 그 논리는 분석가들이 참여자들의 선호를 만족시키는 시스템의 능력에 부여하는 무게를 나타내기 때문이다. 이것은 경제학자들이 능률성(efficiency)이라는 용어를 어떠한 의미로 사용하는지를 분명하게 나타낸다. 즉, 어떤 재화와 서비스가 생산되어야 하는지를 결정할 책임이 있는 경제시스템이 좀 더 능률적인지 아닌지는 이 자원의 할당이 소비자들과 생산자들의 선호를 얼마나 밀접하게 반영하고 있는지에 따라 판단될 것이다. 한편 자유시장의 완전경쟁은 사회적 자원을 가장 효율적으로 배분시킬지는 모르지만, 그 결과가 반드시 형평성이 있는 것으로 판단될 수 있는 배분에 이르게 한다고는 할 수 없다. 또한 개인들이 시장에서 교환에 참여하기 위해서는 교환할 자원을 가져야 한다.

정책분석가들은 자유시장 모형이 작동 원리에 대한 지식과, 수요와 공급의 동태적인 작용에 관한 지식이 요구된다. 그 이유는 언제 자유시장이 실패하고 정부의 개입이 필요한가를 식별해 낼 수 있어야 하고, 또한 그들은 재화와 서비스의 공급자로서 공공부문이 그 정책의 효율성을 판단할 수 있어야 하기 때문이다.

자유시장이 왜 소비자들의 선호를 가장 잘 반영하고 사회적 자원을 최적으로 배분하는 장치로 작동하는 데 실패하는가에 대한 많은 이유들이 있는데(Patton and Sawicki, 1993: 193-194), 이들에 대한 이해는 정책분석에서 대안의 개발과 해결방안들을 처방하는 데 크게 도움이 된다. 첫째, 자유시장에 대한 가장 중요한 조건은 순수한 경쟁이다. 어떤 한 행위자나 소규모 집단이 그들의 활동을 통해서 시장을 변화시킬 수 있어서는 안 된다. 독점들이 시장을 변화시키는 그러한 행위자들의 예이다. 둘째, 시장의 그 외의 다른 조건들도 이상적인 경쟁상황을 가로막는 원인들이될 수 있다. 노동자들이나 특허, 전문적인 라이센싱(licensing) 절차 등 소비자들이나생산자들을 보호하기 위한 규칙이나 규제들도 시장을 왜곡시키는 영향을 가질 수있다. 셋째, 완전경쟁시장 조건의 하나는 완전한 정보의 이용가능성이다. 이러한 정보에는 상품들의 가격에 대한 정보들도 포함되지만, 또한 시장의 조건에 대한 정보들도 포함된다. 만일 완전한 정보가 모든 생산자들과 소비자들에게 이용가능하지않다면 시장 메커니즘은 실패하게 될 것이다.

시장실패의 네 번째 이유는 거래비용(transaction cost)의 존재이다.[7] 앞의Buchanan의 예에서도 지적한 바와 같이 자유로운 교환은 자유시장의 중심적인 메커니즘이다. 앞에서 예로 든 기숙사에 거주하는 학생들의 예에서 또한 보여 주고있는 바와 같이, 이러한 교환에는 여러 가지 노력들도 필요하다. 만일 이러한 교환이 같은 방을 사용하고 있는 두 사람의 룸메이트를 넘어서 전체 기숙사생에까지 확대한다고 가정하면, 그러한 교환들은 매우 많은 노력과 시간을 소요하는 일이 될것이다. 이것이 거래비용이다. 그러나, 이상적인 자유시장의 모형은 그러한 거래비용들을 전제하지 않고 있다. 시장실패의 다섯 번째 원인은 어떤 재화에 대해서는사용대가를 지불하지 않는 사람들이 있는데, 그 사람들이 그것을 사용하는 무임승차를 막을 수 없고, 그에 따라 가격 시스템이 자원을 효율적으로 분배하는 것을 가로막는다. 국방은 이러한 공공재의 전형적인 예이며, 그 외에도 그 대가를 지불하지않는 사람들의 사용을 배제할 수 없는 공공재는 무수히 많다. 시장실패의 여섯 번째 중요한 원인은 외부효과(externalities)이다. 즉, 직접 관련된 생산자나 소비자들이외의 다른 사람들에게 영향을 미치는 교환이 존재한다는 것이다.[8]

---

7) 거래비용은 시장에 참여하거나 경제적 거래를 하는 데 일어나는 일체의 비용이다. 사과를사는 경우를 예로 들어보면, 사과를 사러 가는데 드는 시간과 노력, 여러 가지 사과 중 어느사과가 가장 마음에 드는 사과인가를 찾아내는 데 드는 에너지와 노력, 그 사과를 사는데 어디로 가야 하며, 또 얼마에 사야 하는지, 사고자 하는 사람이 많은 경우 줄서서 값을 지불하는 데 드는 노력 등이다.

8) 외부효과란 어떤 사람이나 기업의 소비 또는 생산활동이 그 활동에 직접 관여하지 않는 다른 사람들에게 비용이나 편익을 가져다 주는 것을 말한다. 목재회사의 육림활동으로 사람들이 아름다운 자연을 감상할 수 있는 것이나, 공장에서 배출되는 대기오염으로 공장인근에 거주하는 사람들이 피해를 입는 것이 그 예들이다.

(2) 비 용

능률성의 분석은 비용과 편익에 관한 분석이다.[9] 그러므로 비용의 개념은 능률성과 관련된 정책분석의 중심적인 개념이다. 거의 모든 정부의 정책이나 프로그램들은 자원 투입을 필요로 한다. 이들 자원들은, 그것이 세금으로 거두어들인 돈이든 또는 다른 유형의 자원이든, 다른 용도로 사용될 수 있는 것으로부터 전환되지 않으면 안 된다. 그러므로 정책분석에서 사용되는 단순한 용어인 비용이라는 용어보다는 기회비용이라는 용어로 대치되어야 한다. 만일 어떤 프로그램이나 프로젝트에 투입해야 할 자원들 가운데 현재 활용되지 않고 있는 것이 있다면 분석의 결과는 매우 달라질 것이다. 정책분석에서 범하기 쉬운 공통적인 함정 가운데 하나는 모든 비용들을 모두 함께 무시한다는 것이다(Bickner, 1980: 57). 예컨대 어떤 매우 중요한 목적을 위하여 비용을 고려하지 않는다. "비용은 전혀 개의치 않는다"라는 것이 그들의 생각이다. 어떤 경우에는 전체 프로그램 비용들 가운데 단지 일부만 계산하는 잘못을 범하기도 한다.

공통적으로 범하는 비용 계산상의 잘못들로는, ① 현금지출만을 비용으로 계산하는 과오, ② 돈으로 환산할 수 있는 것만 비용으로 계산하는 과오 등을 들 수 있다. 그러나 대부분의 공공 정책이나 프로그램들은 금전으로 환산할 수 없거나 유형적인 것이 아닌 비용들을 포함한다. 이들 비용들은, 그럼에도 불구하고 매우 중요할 수 있다. 그리고 장기적인 비용 또한 종종 무시되는 경향이 있다.

자주 범하고 있는 또다른 잘못 가운데 하나는 정책이나 프로그램의 비용을 계산함에 있어서 고객의 관심 밖에 있는 사람들이나 정부에 그것이 떨어질 때에는 이 비용들을 무시해 버린다는 것이다. 예로서, 어떤 지방정부의 프로젝트의 비용을 계산할 때 당해 지방정부의 비용만을 비용으로 계산하고 그것을 지방정부 관할하에 있는 사람들이 받는 편익에 대비하여 능률성 여부를 판단한다는 점을 들 수 있다.

(3) 편 익

편익과 비용의 관계는 동전의 앞뒷면의 관계와 같다. 편익은 때때로는 비용의 절감으로 일컬어지기도 한다. 그러므로 비용에 관해서 기술했던 많은 내용들이 편익에도 적용되는 것이 일반적이다. 편익도 직접적인 것과 간접적인 것, 장기적인 것과 단기적인 것, 유형화할 수 있는 것과 그렇지 못한 것, 금전적으로 전환할 수 있

---

9) 여기에서 논의하는 비용과 편익에 대한 개념들은 제 9 장과 제10장에서 다루는 편익비용분석과 밀접하게 관련되어 있으므로 여기에서는 기초적인 개념만 다루고 있다.

는 것과 그렇지 못한 것, 고객이 속한 정부단위(government unit)에 귀속할 수 있는 것과 그렇지 못한 것 등으로 분류할 수 있다. 많은 편익들은 시장가격을 가지고 있으므로 용이하게 측정할 수 있다.

그러나 편익에 대한 시장가격이 설정될 수 없거나 또는 왜곡된 경우에는 잠재가격(shadow price)을 사용하여 편익을 측정한다. 잠재가격은 해당 재화나 서비스의 진정한 사회적 가치로서 그 재화나 서비스를 생산하기 위하여 사회가 치른 총희생이라 할 수 있다. 잠재가격은 다른 맥락에서의 편익에 대한 가치를 설정함으로써 측정한다. 여기서 말하는 다른 맥락이란 완전한 경쟁시장이다(Patton and Sawicki, 1993: 195). 어떤 편익에 대한 시장가격이 세금의 부과 때문에 심하게 왜곡되는 것은 완전경쟁시장가격이 아닌 전형적인 예이다. 이 경우 이 재화에 대한 잠재가격 또는 회계가격은 세금에 의하여 왜곡되지 않은 경제적 가치가 될 것이다. 일반적으로 국제시장가격이 잠재가격의 대용치가 된다. 잠재가격 설정의 기법은, 설정된 시장가격이 없는, 공공기관에 의하여 제공되는 레크레이션 편익들(recreational benefits)을 설정하는 경우 등에 이용된다.

물론 공공행위로부터 오는 편익들을 설정하는 중요한 이슈들은 어느 정도까지 상세하게 그 행위의 영향을 예측해 내느냐 하는 것이다. 그러나 그러한 영향에 대한 예측이 이루어지는 경우에도 추정된 영향에 대한 가치를 어떻게 부여하느냐 하는 것은 여전히 중요한 과제로 남는다.

3) 능률성 평가기준의 제약

사회정의라는 관점에서 볼 때 능률성의 평가기준은 몇 가지 제약점을 가지고 있다. 첫째, 분석가들은 전형적으로 사람들의 효용을 어떤 편익에 대하여 그들의 지불하고자 하는 의사(willingness to pay)를 추론하여 추정하지만, 분석적인 의미에서 볼 때, 돈을 적게 가진 사람들은 돈을 많이 가진 사람들만큼 정치적인 영향력을 갖지 못한다. 그러나 이 분석적인 반평등주의의 제약이 얼마나 심각한가 하는 것은 구체적인 사례에 따라 다른 것이다. 둘째, 이해관계가 걸려있는 사항의 값어치(value)에 대하여 그것을 방어하려고 하는 사람이 없다면, 그래서 누구도 지불하고자 하는 의사를 뒷받침하기 위하여 돈지갑을 열려고 하지 않는다면, 비록 정의라는 관점에서 그들이 매우 비중을 높게 두어야 함에도 불구하고, 능률성의 평가 기준은 그들에 대한 값어치를 매우 낮게 평가하게 될 것이다. 환경의 값어치들이 그 대표적인 예들이다.

4) 손상적 결과에 대한 능률성의 측정

투입 대 산출로 정의되는 능률성의 기준은 정책집행의 산출물이 손상적 사회지표(detrimental social indicators)로 측정되는 경우 해석상에 어려운 문제를 발생시킨다.

많은 정책문제들은 안전·부·보건·교육 등의 향상보다는 범죄·공해·차별·빈곤·질병·문맹 등의 감소로서 제기되고 논의되는데 이러한 것들을 나타내는 지표들을 손상적 사회지표라 한다.

이와 같이 정책집행의 결과가 손상적 사회지표로 측정되는 경우 능률성은 다음과 같은 세 가지 절차에 의하여 평가한다. 즉 첫째, 어떤 정책집행에 의하여 범죄·공해와 같은 손상적 사회지표로 측정되는 결과는 선형으로 감소되는 것이 아니라 $Y = aX^b$(단 $a > 0$, $b < 0$)와 같이 수익체감곡선(diminishing returns curve)에 의하여 감소하는 것으로 가정한다. 둘째, 수익체감곡선에는 a와 b라는 두 개의 모수(parameter)들이 있으므로 최소한 두 점 이상의 관찰치를 구하여 a와 b를 추정한다. 셋째, 위의 식에 X의 값으로 1의 값과 현재 문제가 되고 있는 시점의 X값을 집어 넣는 경우의 각각의 Y값을 구하고, 이 결과를 토대로 X값 1단위당 감소되는 평균 Y값을 구한다. 그러면 이 때 구한 X 한 단위당 감소되는 Y값이 손상적 사회지표로 측정되는 능률성을 나타낸다. 정책집행의 결과가 손상적 사회지표로 측정되는 경우의 능률성에 대한 평가는 다음과 같은 가상적인 예를 보면 쉽게 이해할 수 있을 것이다 (Nagel, 1984: 44-68; Nagel, 1982).

예 5-1   도시규모·소득수준 등 여러 가지 여건이 유사한 두 개의 도시 J시와 K시가 있다고 가정하자. 도시 J시는 50(만 원)의 방범예산을 투입하여 100건의 범죄가 발생하였고, 도시 K시는 25(만 원)의 방범예산을 투입하여 200건의 범죄가 발생하였다면 어느 도시가 더 능률적이라고 할 수 있겠는가?

[해] 이 문제에 대한 해를 구하는 여러 가지 방법들과 그와 관련된 문제점들에 대하여 이해하기 위하여 먼저 가장 손쉽게 접근할 수 있는 두 가지 방법들에 대하여 그 접근방법들과 문제점들을 설명하고, 마지막으로 수익체감곡선을 도입한 접근방법으로 그 해를 구하는 절차에 대하여 설명하고자 한다.

① 제1의 접근방법: 위의 두 도시의 범죄예방활동의 능률성을 산출/투입이라는 능률성의 정의에 따라 분석해 보면, J시는 100건/50(만 원)=2건/1(만 원), K시는 200건/25(만 원)=8건/1(만 원)이 된다. 그러면 J시의 방범활동이 K시의 그것보다 더 능률적이라는 결론이 나올 수 있다.

그러나 문제는 100건/50(만 원)=2건/1(만 원)이라는 그것 자체가 문제이다. 즉 방범예산을 50만 원 투입하면 범죄가 100건 발생하는데 1만 원 투입하면 범죄가 증가하는 것이 아니라 오히려 2건으로 줄어든다는 것이 문제이다.

② 제2의 접근: 위의 제1의 접근을 약간 변형하여 두 단계에 걸쳐 분석한다. 즉 첫째 단계에서는 J시는 100건/50(만 원)=2건/1(만 원)으로 1만 원의 예산을 덜 투입하면 범죄는 2건이 증가한다는 해석이고, K시는 같은 방법으로 8건/1(만 원)으로 방범예산을 1만 원 줄이면 범죄는 8건이 더 증가한다고 해석한다. 둘째 단계에서는 1만 원 투입하는 경우의 각 시의 범죄발생건수를 추정하는 것이다. J시의 경우 방범예산을 50(만 원)에서 1(만 원)로 감소시키면 범죄발생건수는 100+2(49)=198건이 되고, 같은 방법으로 K시의 경우 방범예산을 25(만 원)에서 1(만 원)로 감소시키면 범죄발생건수는 200+8(24)=392건이 된다. 따라서 J시의 경우가 더 능률적이라고 결론지을 수도 있다.

이 경우의 중요한 문제점은 J시와 K시의 예산투입의 감소에 따른 범죄발생건수의 증가율이 선형(linear)이라고 가정한 것이다.

③ 제3의 접근: 범죄의 발생건수는 방범예산을 줄이면 선형으로 증가하는 것이 아니라 비선형으로 증가할 것이라고 가정하는 것이 타당할 것이다. 이러한 현상은 $Y=aX^b$와 같은 수익체감곡선에 의하여 나타내는 것이 바람직하다. 수익체감곡선에는 a와 b라는 두 개의 모수(parameter)들이 있으므로 최소한 두 점의 관찰치가 있어야 이 값을 구할 수 있다. 만일 J시의 2010년 및 2005년의 범죄발생 건수와 방범예산이 각각 100건/50(만 원) 및 80건/60(만 원)이었다고 한다면 범죄발생건수와 방범예산 간의 관계는 대략 [그림 5-3]과 같다.

여기서 a와 b를 구하면 $a=13,335$, $b=-1.25$가 된다. 따라서 $Y=13,335X^{-1.25}$를 얻을 수 있다. 그러므로 $X=1$(만 원)이면, $Y=13,335(1)^{-1.25}=13,335$가 된다. 즉 J시에 방범예산으로 1(만 원)을 투입하면 범죄는 13,335건이 발생하게 될 것으로 예상할 수 있다. 이에 의하면 J시가 1(만 원)이 아니라 50(만 원)의 방범예산을 투입함으로써 예방된 범죄발생건수는 13,235건이 됨을 알 수 있고, 1(만 원)의 방범예산당 예방된 범죄건수는 평균 265건임을 알 수 있다.

같은 방법으로 K시의 1만 원당 평균적으로 예방될 것으로 추정되는 범죄발생건수를 구할 수 있게 되는데, 이들을 비교하여 어느 시의 방범활동이 더 능률적인가 하는 것을 비교할 수 있을 것이다.

[그림 5-3]   J시의 범죄발생과 방범예산 간의 관계

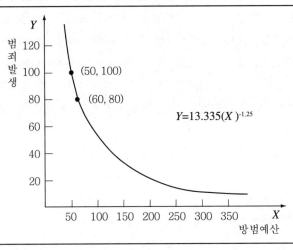

3. 형 평 성

1) 형평성의 개념

능률성의 기준과 아울러 정책대안의 평가기준으로서 가장 널리 활용되고 있는 기준이 형평성(equity)의 기준이다. 형평성의 기준은 때로는 능률성의 기준과 서로 상충되는 기준이 되기도 하지만 때로는 서로 보완적 관계를 가지고 있어서 형평성을 높이는 것이 또한 능률성을 높이는 결과를 가져오는 경우도 있을 수 있다. 그러나 일반적으로 능률성과 형평성은 최적정책의 판단에 있어서 상충되는 기준으로서 서로 트레이드 오프(trade off)되어야 할 관계를 가지고 있는 경우가 더 많은 것이 사실이다(Okun, 1975).

형평성의 기준은 능률성만큼 명료한 기준으로 발전되어 있지는 못한 실정이다. 그러나 형평성의 판단기준의 경우에도 이것을 좀 더 적용가능한 명료한 판단의 기준으로 발전시키기 위하여 분석의 틀을 설정해 보려는 시도는 그치지 않고 계속되어 왔다.

이러한 시도의 하나로 발전된 것이 형평성을 수평적 형평성(horizontal equity)과 수직적 형평성(vertical equity)으로 구분하여 생각하는 것이다(MacRae and Wilde, 1979: 64-69).

수평적인 형평성은 "동등한 여건에 있는 사람들을 동등하게 취급"하는 것으로 정의된다. 정치분야에 있어서 일정한 연령 이상에 도달한 사람들에게 똑같이 한 표의 투표권을 부여한다든지, 노동시장에서 동일한 일(equal work)에 대하여 동일한 임금을 지불한다든지, 교육에서 모든 어린이들에게 동일한 교육을 시킨다든지, 국방에서 일정한 연령에 달한 남자들에게 일정기간의 병역의무를 부과한다든지 또는 납세면에서 동일한 소득수준에 있는 사람들에게 동일한 금액의 세금을 물게 하는 것 등은 그 좋은 예라 하겠다.

한편 수직적인 형평성은 '대등하지 아니한 상황하에 있는 사람들을 서로 다르게 취급'하는 원칙으로서 일반적으로 이에 의해서 서로 다른 상황에 처해 있는 사람들을 좀 더 동등하게 만들 것을 목적으로 하는 판단의 기준이다. 서로 다른 소득수준에 있는 사람들에게 서로 다른 누진율을 적용한다든지, 의료보험에서 서로 다른 소득수준에 있는 사람들에게 서로 다른 금액의 보험료를 내도록 하는 것 등은 그 좋은 예들이다.

또 한 가지 수직적 형평성에 대한 해석은 사람들은 그들이 투입한 노력이나 능력 또는 필요 등에 의하여 서로 다른 취급이나 보상을 받아야 한다는 해석이며, 이는 사유재산이나 업적주의의 소망성에 대한 논의를 불러일으키게 하는 원인이 되었다.

많은 경우 형평성은 가치의 배분과 관련된 개념이다. 이와 같이 가치의 배분과 관련될 때 형평성은 절대적인 평등성이 아니라 지역·집단 또는 개인들이 어떤 최소한의 체면을 유지할 수 있는 수준의 가치를 배분받으며, 그 이상에 대해서는 비례적으로 어떤 가치를 배정받는 것으로 정의된다.

형평성에 대한 개념을 좀 더 명확하게 이해하기 위해서는 공평성과 밀접히 관련되어 있는 유사개념들에 대해서 살펴볼 필요가 있다.

형평성과 가장 밀접하게 관련된 개념의 하나가 평등성(equality)이다. 평등은 둘 또는 그 이상의 개인·집단 또는 지역들이 동등하게 취급받는 것을 의미한다. 한 개인이 다른 사람들과 차별받지 않고 동등하게 대우받는 것을 단순히 개인을 고려한 평등(individual regarding equality)이라고 한다(Rae, 1981: 20-28). Bentham의 '최대 다수의 최대행복'이라고 하는 효용론적 기준은 그 효용을 계산함에 있어서 모든 개인들을 차별하지 않고 동등하게 계산해야 한다는 점에서 평등의 개념이 그 원칙의 배면에 깔려 있다고 할 수 있다.

평등의 개념을 사용함에 있어서 한 가지 주의하여야 할 점은 평등에는 포괄적 평등(inclusionary equality)과 제한적 평등(exclusionary equality)이라고 하는 개념이 있으므로 이들을 구분해서 사용해야 한다는 점이다. 여기서 제한적 평등은 어떤 자격조건을 가진 사람들 가운데에서의 평등을 말한다. 예컨대 어떤 노동조합에 가입한 회원들은 모두 동등하게 취급되어야 한다고 하는 것은 제한적 평등을 의미한다. 이에 비해서 포괄적 평등은 그 카테고리의 범위를 넓혀서 좀 더 넓은 범위에 속하는 사람들이 모두 동등하게 취급받아야 한다고 하는 원칙이다. 예컨대 어떤 근로자가 노동조합에 가입했든 가입하지 않았든 모든 노동자가 고용주로부터 동등하게 취급받아야 한다고 하는 것은 포괄적 평등의 좋은 예이다. 민주주의의 발전과정을 보면 재산을 가진 남자만 투표권이 인정되던 것이 모든 남자에게 투표권이 인정되었고 다음에는 여자까지를 포함한 모든 개인들에게 투표권이 인정되게 되었는데 이것은 제한적 평등에서 좀 더 포괄적인 평등으로 평등의 개념이 확대되어 온 과정을 말해준다.

평등의 개념을 말할 때 또 한 가지 중요한 구분은 어떤 부분에 속하는 개인들(segmental subjects) 간의 평등과 블록 간의 평등(bloc regarding equalities)의 구분이다. 여기서 부분에 속한 개인들 간의 평등은 예컨대 대학교의 구성원들을 학생·교수 및 사무직원들과 같은 몇 개의 하위집단들로 구분할 때 학생들은 학생들 간에, 교수들은 교수들 간에 차별받지 않고 동등하게 취급받는 것을 의미한다. 그러므로 부분에 속한 개인들 간의 평등은 어떤 개인들이 속하는 집단을 몇 개의 상호 배타적인 하위집단들로 나눌 때 이들 하위집단들 간이 아니라 각 하위집단 내에 속한 개인들이 각기 자기가 속한 하위집단 내의 다른 개인들과 일 대 일의 동등한 취급을 받는 것을 의미한다.

이에 반해서 블록 간의 평등은 하위집단들이 서로 동등하게 취급되는 것을 의미한다. 이 때는 초점이 개인에게 있는 것이 아니라 하위집단에 주어진다는 점에 유의하여야 한다. 남녀평등이라고 할 때에는 국민을 남자와 여자의 두 개의 하위집단으로 나누고 남자라는 하위집단과 여자라는 하위집단이 동등하게 취급되어야 한다는 것을 의미한다.

다시 말하면 소득이라고 하는 면에서 남녀평등이어야 한다고 하는 것은 남자와 남자간에는 그 능력에 따라 소득에 차이가 있을 수 있고, 여자와 여자간에도 역시 그 능력에 따라서 소득에 차이가 있을 수 있겠으나, 남자의 평균소득과 여자의 평균소득 간에는 그 차이가 있어서는 안 된다고 하는 것을 의미하는 것이다(Rae, 1981: 32-38).

평등과 아울러 형평성의 개념과 밀접히 관련된 또 하나의 개념은 비례적 배정 (proportional allocation)이라는 개념이다. 여기서 비례적 배정이라 함은 둘 또는 그 이상의 개인·집단 또는 지역들에 어떤 가치를 배정할 때 특별히 선정된 특정의 점수(score)에 비례하여 그 가치를 배정하는 것을 의미한다. 여기에 대해서는 다음에 예를 들어 좀더 구체적으로 설명하고자 한다.

형평성의 원칙과 밀접히 관련된 또 한 가지 중요한 원칙은 John Rawls의 정의의 원칙이다. 이 원칙은 어떤 가치를 배정함에 있어서는 가장 불리한 여건에 처해 있는 사람들(the least advantaged)에게 가장 큰 혜택이 갈 수 있도록 배정하여야 한다고 하는 원칙이다. 예컨대 범죄예방을 위한 예산을 배정함에 있어서 그 우선순위는 최근 일정한 기간 동안에 가장 범죄가 많이 발생한 지역에 가장 많은 예산이 배정되도록 하여야 한다고 주장하는 것은 바로 Rawls의 정의의 원칙에 입각한 것이다.

2) 가치배정에 있어서의 형평성

형평성의 개념은 구체적인 가치의 배정을 중심으로 살펴볼 때 그 개념을 좀 더 구체적이고도 명확하게 파악할 수 있게 된다. 다음에는 가상적인 예를 중심으로 여러 가지 형평한 가치배정의 경우를 살펴보고 이것들을 토대로 형평성의 기준이 의미하는 바가 무엇인가 하는 것을 음미해 보기로 한다(Nagel, 1984: 69-70).

　　예 5-2　다음 [표 5-1]은 6억 원의 방범예산을 두 개 시에 배정하는 여러 가지 방법들을 예시한 것들이다.

첫 번째 경우는 평등한 배정으로 이는 두 지역에 각각 3억 원씩 배정하는 것을 의미한다. 그러나 이 경우 두 지역의 인구·범죄발생·부 등이 다르기 때문에 균등하게 배정하는 것이 불공정(unfair)할 수도 있다. 이것은 [표 5-1]의 (가)의 두 번째 행에 나타나 있다.

두 번째 경우는 공평한 배정인데 이것은 다시 다섯 가지의 경우로 나누어 볼 수 있다.

① 인구비례로 배정:　[표 5-1]에서 인구수에 따라 J지역에는 67%인 4억 원을, 그리고 K지역에는 33%인 2억 원을 배정한다. 이 결과는 [표 5-1]의 (가)의 다섯 번째 행에 나타나 있다.

② 범죄발생에 비례하여 배정: [표 5-1]의 (나)의 3행에서 범죄발생비가 J지역은 17%, K지역은 83%이므로 4행에서 각각 1억 원 및 5억 원씩 배정한다.

③ 부에 역비례하여 배정: 먼저 부의 점수에 대한 백분비를 구하고, 그의 역백분비를 구한 다음 이에 의하여 배정하는데 그 역비가 J지역 25%, K지역 75%이므로 각각 1.5억 원 및 4.5억 원씩 배정한다. 이 결과는 [표 5-1]의 (다)에 정리되어 있다.

④ 인구비와 범죄발생비의 복합: 인구비와 범죄발생비의 단순평균에 의할 경우 J지역의 평균 $(67+17)\frac{1}{2}=42\%$, K지역의 평균은 $(33+83)\frac{1}{2}=58\%$가 되어 각각 2.5억 원 및 3.5억 원씩 배정한다. 이것은 (나)의 5행에 나타나 있다.

그러나 인구비와 범죄발생비의 가중평균에 의한 경우, 예컨대 인구에 1의 가중치를, 그리고 범죄발생에 2의 가중치를 주는 경우 가중평균에 의하여 J지역은 2억 원, K

[표 5-1] 방범예산배정의 가상적 사례

(가) 6억 원을 두 지역에 평등하게 배정하는 경우와 인구비례로 배정하는 경우

지 역	평등한 배정 (원)	인구점수 (S_1)	백분비(%) (P_1)	비례적 배정 (A_1)(원)
J 시	3억	80	67	4억
K 시	3억	40	33	2억
합 계	6억	120	100	6억

(나) 6억 원을 인구와 범죄발생에 비례적으로 배정

지 역	범죄점수 (S_2)	백분비(%) (P_2)	배 정(원) (A_2)	복합배정 (원)(A_3)	가중복합 배정(원)
J	10	17	1억	2.5억	2억
K	50	83	5억	3.5억	4억
합 계	60	100	6억	6억	6억

(다) 역으로 전환할 필요가 있는 기준에 의한 배정

지 역	부점수 (S_3)	백분비(%) (P_3)	역으로 전환된 백분비(%)(P_4)	배 정 (원)
J	150	75	25	1.5억
K	50	25	75	4.5억
합 계	200	100	100	6억

지역은 4억 원을 배정한다. 이것은 (나)의 6행에 나타나 있다. 또한 음의 백분비와 양의 백분비의 단순합에 의하여 배정하는 경우[10] J지역은 (67%＋17%－75%)＝9%가 되고, K지역은 (33%＋83%－25%)＝91%가 되므로 각각 0.54억 원과 5.46억 원씩 배정한다.

앞의 [예 5-2]의 형평한 배정에 대한 사례는 공평성의 해석에 대하여 다음과 같은 점들을 시사해 주고 있다.

첫째, 형평성은 절대적인 평등성이 아니라 지역·집단 또는 개인들이 어떤 기준에 따라 비례적으로 어떤 가치를 배정받는 것을 의미한다.

둘째, 형평성은 가치의 배정에 있어서 지역·집단 또는 사람들이 그들의 필요와 자원에 따라 받아야 할 편익의 최소한의 수준의 제약 또는 범죄 등과 같이 그들이 받을 수 있는 손상의 최대한의 허용 수준의 제약을 의미한다. 또한 공평성은 지역·집단 또는 개인들이 부담해야 할 비용의 최소한의 제약 또는 최대한의 제약을 의미한다.

셋째, 어떤 기준에 의하여 가치를 배정할 것이냐 하는 배정기준의 선택은 정책결정자 또는 정책결정집단에 의하여 결정된다는 점에서 공평성의 해석에 있어서는 주관성을 배제하기 어렵다.

넷째, 형평성은 최소한의 요구조건을 충족시키고 있느냐 충족시키지 못하고 있느냐 하는 제약(constraint)으로 간주될 뿐만 아니라 또한 변수로서 간주될 수도 있다.

즉 지역·집단·개인들에 대한 최소한의 제약을 충족시키고 있는 경우에도 불공평성의 정도를 나타낸다고 하는 의미에서 변수로 취급될 수도 있는 것이다. 이와 같이 최소한의 조건을 충족시킨 후의 형평성을 극대화한다고 할 때, 이 때의 형평성은 평등성(equality)과 같은 개념이다.

4. 정책대안 선택에 있어서의 평가기준들 간의 조화

우리는 앞에서 정책대안의 선택에 있어서 평가기준이 되는 여러 가지 대안평가의 기준들에 대해서 살펴보았다. 실제 정책의 선택을 위한 대안의 평가에 이들 기

---

10) 부유층이 많이 거주하는 지역은 자체 경비원의 채용 등으로 방범활동을 할 수 있으므로 이러한 요인들을 예산배정시에 고려하는 경우이다.

준들을 적용함에 있어서는 전적으로 어느 한 가지 기준에 의하여 평가가 이루어지는 경우도 있겠으나 대부분의 경우에 있어서는 몇 가지 기준들을 조합하여 이들 기준들의 조합으로 이루어진 복합기준에 의하여 정책대안의 선호를 결정하는 것이 일반적이다. 이와 같이 정책선택을 위한 분석에 있어서 복합적인 기준적용의 필요성을 살펴보기 위하여 먼저 논의의 편의상 다음과 같은 가상적인 예를 들어 보기로 한다.

예 5-3 K부에서는 현재 각종의 민원업무를 처리하는 데 있어서 먼저 접수된 사례를 먼저 처리하는 선착순의 원칙에 의하여 업무를 처리하고 있다. 그러나 일부 국민들은 처리시간이 적게 소요되는 짧은 사례를 처리시간이 더 오래 소요되는 긴 사례보다 우선하여 처리하는 짧은 사례 우선처리의 원칙을 채택하여야 한다고 주장하고 있다. 다음 [표 5-2]는 논의의 편의를 위하여 작성된 가상적인 자료이다.

[표 5-2]에서 대기시간은 앞에서 처리하는 사례의 처리시간이 될 것이다. 따라서 어느 한 사례의 총소요시간은 대기시간과 처리시간을 합한 것이 될 것이다. 그러므로 갑, 을, 병의 세 사람의 민원처리에 소요되는 평균소요시간은 선착순의 원칙에 의하면

[표 5-2] 민원사업 처리시간과 관련된 자료 (단위: 일)

대안 1: 현재 적용하는 선착순에 의한 처리

접수자	사례 $\left(\dfrac{건}{소요일수} 당\right)$	대기시간	+	처리시간	=	총소요시간
갑	20	0		20		20
을	10	20		10		30
병	5	30		5		35
합 계		50		35		85
평 균		16.6		11.6		28.3

대안 2: 대안으로 제시된 가장 짧은 사례 우선처리원칙에 의한 처리

접수자	사례 $\left(\dfrac{건}{소요일수} 당\right)$	대기시간	+	처리시간	= 총소요시간	이익 또는 손실
병	5	0		5	5	+30
을	10	5		10	15	+15
갑	20	15		20	35	−15
합 계		20		35	55	+30
평 균		6.6		11.6	18.3	+10

건당 28.3일이 걸리는 셈이 된다. 그러나 그에 대한 대안으로서 검토되고 있는 짧은 사례 우선처리의 원칙을 적용하게 되면 건당 평균소요시간은 18.3일로서 평균 건당 10일이 절약되는 셈이 된다. 이러한 짧은 사례 우선처리의 원칙을 채택하여 절약되는 시간은 자원이나 인력이 더 소요되는 것이 아니고 단지 제도를 변경하는 것만으로 실현이 가능한 것이다.

그러나 이와 같은 제도의 변경은 몇 가지 전제조건이 충족되어야 실행 가능하다 (Nagel, 1984: 88-92). 첫째로는 각 사례당 처리에 소요되는 기간이 개략적으로나마 추정이 가능하여야 한다. 만일 사례당 처리에 소요되는 기간의 추정이 어렵다고 한다면 각 사례의 처리에 소요되는 기간을 토대로 한 짧은 사례 우선처리의 원칙에 의한 처리의 순서를 정하기 어려울 것이기 때문이다. 둘째는 긴 사례에 대한 처리를 뒤로 미룰 수 있는 최대한의 허용기간을 사전에 정하여야 한다. 만일 긴 사례를 뒤로 미룬다고 할 때 어느 정도까지 뒤로 미룰 것인가 하는 최대허용기간에 대한 사전설정이 없다고 한다면 긴 사례는 그 사례의 처리에 앞서 계속적으로 그보다 짧은 사례가 접수된다면 무한정 뒤로 밀려나게 될 가능성도 있기 때문이다. 따라서 예컨대 일주일이면 일주일 기간 단위로 접수한 사례를 중심으로 그들 접수된 사례들 가운데 짧은 사례 우선처리원칙에 의하여 사례를 처리해 나감으로써 가장 긴 사례에 대해서도 최대한의 설정된 기간 내에는 처리되도록 하여야 한다. 이것이 바로 형평성의 원칙에 의한 처리에 소요되는 최대한의 처리기간의 설정이라고 하겠다. 다시 말하면 형평성의 원칙에 의하여 소득배분이라든지 교육기회 등에 최소한의 필요(need)를 충족시킬 최소수준을 설정하듯 개인이나 집단이 어떤 불리한 처분을 받을 때에는 역시 최대한의 허용치에 대한 수준을 사전에 정하여야 한다.

셋째는 이러한 제도의 변경에 따라 손해를 보는 사람에게 적절한 보상을 해 주어야 한다. [표 5-3]에 나타난 가상적인 사례의 경우 접수자 갑, 을, 병 가운데 을과 병은 새로운 제도의 채택에 의하여 이익을 보는 반면에 갑은 그 전 제도를 실시하는 경우보다 더 손해를 보게 된다. Kaldor의 보상의 원칙에 의하여 새로운 제도의 채택으로 이익을 보게 된 을과 병에게 업무처리의 기간이 단축된 데 비례하여 일정한 수수료를 추가적으로 부과하고 이렇게 거두어들인 수수료로 손실을 보게 된 갑에게 보상을 해 줄 수 있다면 새로운 제도는 무난히 실행될 수 있는 바람직한 대안이 될 것이다. 그러나 갑이 접수한 민원은 그 처리에 20일이 소요되어 을과 병이 접수한 민원보다 훨씬 더 많은 정부의 인력과 자원을 사용함으로써 이미 충분한 보상을 받고 있다고 볼 수 있기 때문에 이 경우에는 갑에 대한 추가적인 보상은 불필요할 것이다.

위에서는 새로운 정책대안의 채택 여부를 검토하는 과정에서 몇 가지 평가의 원칙을 적용하는 데 관련된 사항들에 대하여 살펴보았는데 이러한 구체적인 사례를 중심으로 일반론적으로 논의하였던 평가의 원칙들이 구체적인 정책의 평가에 어떻게 적용될 수 있는가 하는 것을 살펴볼 필요가 있을 것 같다.

　Pareto 최적의 평가기준은 만일 어떤 한 사람이라도 정책을 실시하기 전보다 더 나빠진다고 한다면 그러한 정책은 채택되어서는 안 된다고 하는 것이다. 이것을 좀 더 완화해서 표현하면 Pareto 최적의 기준은 만일 어떤 한 정책(전자)이 다른 한 정책(후자)보다 그 정책(전자)의 실시로 더 나빠지는 사람이 적다고 한다면 그 정책(전자)은 다른 정책(후자)보다 더 바람직하다고 하는 기준이다. 그러므로 이 원칙은 그 정책을 실시하기 전과 후의 변화를 강조하는 원칙인 것이다. 이 원칙은 어떤 정책의 실시로 누구도 그 이전보다 더 나빠져서는 안 된다고 함으로써 언뜻 보아서는 누구에게도 손상을 주어서는 안 된다고 하는 데 대해서 매우 민감한 것 같이 보인다. 그러나 이 Pareto 최적의 원칙은 얼마나 많은 사람들이 최저욕구수준(minimum-needs level) 이하로 떨어지게 되어 손상을 입게 되는가 하는 데 대해서는 둔감한 원칙이다.

　때로는 Pareto 최적의 원칙은 사회적 합리성에 배치되는 경우도 있을 수 있다. 만일 사회적 합리성 또는 생산성이 사회적 편익에서 사회적 비용을 뺀 것이라고 한다면 Pareto 최적의 원칙은 때로는 비합리적이거나 비생산적인 것이 될 경우도 있는 것이다. 앞의 [예 5-3]의 사례가 바로 그러한 경우이다. 순수한 Pareto 최적의 원칙, 즉 어떤 한 사람이라도 정책을 실시하기 이전보다 더 나빠진다고 한다면 그러한 정책은 채택되어서는 안 된다는 원칙에 따르면 가장 짧은 사례 우선처리원칙은 기각될 것이다. 왜냐하면 만일 가장 짧은 사례 우선처리원칙에 따르면 가장 처리시간이 많이 소요되는 민원을 먼저 접수시킨 갑은 새로운 정책의 채택으로 그 이전보다 더 나빠지기 때문이다. 그 결과로 이 원칙은 효과성을 증진시킬 기회를 박탈하고 결과적으로 평균 28일에 처리하던 것을 18일에 처리할 수 있도록 함으로써 편익을 증진시킬 수 있는 기회를 실현시키지 못하도록 할 것이다. 또한 이 원칙은 추가적인 비용이 증가됨이 없이 편익의 증가를 실현시킴으로써 사회적인 편익과 비용의 차 또는 편익과 비용의 비로 측정되는 사회적 능률을 증진시킬 기회를 희생시킨 셈이 되는 것이다.[11] 그러나 Pareto 최적의 원칙을 다소 완화한 Kaldor의 보상의 원칙을 적

---

11) 편익비용분석에서 편익의 현재가치와 비용의 현재가치의 차는 순현재가치이며, 편익의 현재가치와 비용의 현재가치의 비율은 편익비용비이다. 순현재가치와 편익비용비는 모두 능률성을 측정하는 개념들이다. 여기에 대한 논의에 대해서는 제 9 장 참조.

용함으로써 이와 같은 엄격한 Pareto 최적의 원칙을 적용하는 데 따르는 문제점이 해소될 수 있게 된다.

두 번째 논란의 대상이 되는 철학적 원칙은 Rawls의 원칙이다. 이 원칙에 의하면 관련된 가치가 무엇이든 현재 가장 불리한 상황에 처해 있는 사람을 좀 더 나은 상황으로 끌어올릴 수 있다고 한다면 그러한 정책은 다른 정책보다 더 바람직한 정책이라고 하는 원칙이다. 이 원칙은 언뜻 보면 사람들을 최소한의 욕구를 충족시킬 수 있는 수준으로 끌어올린다고 하는 아이디어에 민감한 것같이 보이나 실제로는 반드시 그러한 것은 아니다. 이 원칙에 의하면 [예 5-3]의 [표 5-2]의 배정문제에 있어서 비록 을의 최저욕구수준이 충족된 경우라고 할지라도 갑보다 을의 소득수준이 낮은 한 갑의 부담을 증가시키는 한이 있더라도 을의 소득수준을 높이는 정책이 더 바람직한 정책으로 판단하게 할 것이다. 그러나 이러한 정책은 갑에서 을로 소득이나 부를 이전시킬 뿐 사회전체의 부를 증진시킨다든지 또는 사회전체의 생산성을 증진시킬 어떤 인센티브를 제공하는 것이 아니기 때문에 비합리적이라고 할 수 있을 것이다. 부유한 사람으로부터 그보다 덜 부유한 사람으로 소득이나 부를 이전시키는 것은 만일 그 덜 부유한 사람이 이미 최저필요수준을 충족한 이후라고 한다면 평등성은 증진시킬지 몰라도 형평성은 증진시킬 수는 없을 것이다.

한편 [예 5-3]의 경우에서 볼지라도 Rawls의 원칙은 민원 가운데 가장 그 처리기간이 길게 소요되는 갑에게 더 동정적이 될 것이기 때문에 어떤 최대허용기간의 제약(maximum constraint) 내에서조차도 가장 긴 처리기간이 소요되는 민원처리에 가장 높은 우선 순위를 두어 처리하게 할 것이다. 그 결과로 Rawls의 원칙을 적용하게 되면 오히려 선착순원칙에 의하여 처리하는 경우보다도 평균적으로 더 처리기간이 길게 되는 결과를 초래할 것이고, 이에 따라 사회적인 비합리성이 더 높아지는 경우도 발생하게 될 것이다.[12]

세 번째 논란의 대상이 되는 철학적 원칙은 최대다수의 최대행복을 증진시키는 것이 최선의 정책이라고 하는 효용론적 원칙이다. 이 원칙에 따르면 [예 5-3]에서 가장 짧은 처리기간이 소요되는 민원을 가장 먼저 처리하도록 하여야 한다는 상식적인 생각과 일치된다. 그렇게 함으로써 더 많은 사람들의 더 많은 편익을 증진시

---

12) 선착순원칙에 의하면 처리기간이 짧은 민원이 먼저 접수될 가능성도 있으나 Rawls의 원칙을 적용하면 항상 처리기간이 긴 민원을 먼저 처리해야 되기 때문에 평균처리기간은 길어지게 될 것이다.

킬 수 있게 될 것이다. 그러나 이 원칙에서 말하는 최대다수는 경우에 따라서는 최저필요수준(minimum-needs level) 이하에 있는 사람들에게 둔감함을 의미할 수도 있는 것이다. 따라서 이 원칙은 사회가 최저필요수준 밑에 있는 사람들을 끌어올리도록 하는 것보다 오히려 이미 최저수준의 필요를 충족시킨 더 많은 사람들에게 더 많은 행복을 가져다 줄 수 있는 그러한 정책을 선택하게 할 수도 있는 것이다. 이미 앞에서 언급한 바와 같이 이 효용론적 원칙에 의하면 [예 5-3]의 민원업무의 처리에 있어서 Pareto 원칙이나 Rawls의 원칙과는 달리 짧은 기간이 소요되는 민원의 우선처리원칙에 의하여 처리토록 하는 정책이 채택되도록 할 것이다. 그러나 긴 처리기간이 소요되는 민원은 무한정 뒤로 밀려나게 될 가능성도 있게 되고, 그렇게 함으로써 더 많은 사람들이 행복해질 수 있다면 긴 기간이 소요되는 민원은 최대한의 참을 수 있는 허용기간을 넘어서는 한이 있더라도 계속해서 뒤로 밀려날 가능성마저 있는 것이다. 이것은 분명히 소득이나 교육과 같이 최소한의 필요수준을 충족하여야 한다든지 공해나 자유의 계약 등과 같이 최대한의 참을 수 있는 허용치를 넘어서서는 안 된다고 하는 공평성의 원칙을 벗어나는 것이라고 하겠다.

그러므로 위의 예를 토대로 해볼 때 가장 좋은 정책은 어떤 편익이나 비용이 관련되든 간에 모든 개인이나 집단 또는 지역에 대하여 최소한의 필요수준(또는 최대한의 손상에 대한 허용범위)을 충족시켜 주면서 사회적 편익에서 사회적 비용을 뺀 차이가 가장 크도록 하는 정책이라고 할 수 있을 것이다. 이러한 정책의 판단을 위한 기준은 Pareto 최적과 Kaldor의 보상의 원칙, 효과성에 대한 효용론의 원칙, Rawls의 원칙 및 공평성에 대한 원칙들을 조합한 원칙에 그 토대를 두어야 할 것이다.

요   약

1. 평가기준들은 의사결정을 가이드하기 위하여 사용된다.

2. 정책대안들을 측정하기 위하여 사용하는 평가기준에는 여러 가지 형태를 띤 것들이 있을 수 있으나 그들 기준들이 공통적으로 갖추어야 할 기본적인 요건들이 있는데 이들은 명료성·일관성 및 보편성 등이다.

3. 정책대안평가의 기준으로서의 실행가능성은 어떤 정책이 실제로 채택되어 집행될 수 있는 가능성의 정도를 나타낸다. 실행가능성은 기술적 실행가능성, 경제적 실행가능성, 사회윤리적 실행가능성, 정치적 실행가능성 등으로 구분할 수 있다.

4. 정책에 대한 윤리적 판단기준은 목적론적 기준과 비목적론적 기준으로 구분된다. 목적론적 판단기준은 행동 그 자체가 아니라 그 행동대안이 가져오게 될 것으로 기대되는 결과의 목적달성에 대한 절대적 또는 상대적 공헌도가 기준이 된다. 한편 비목적론적 판단의 기준은 사회의 제도적·윤리적 특수성에 그 뿌리를 두고 있는 것으로서 성격상 금지적 또는 의무적인 판단기준에 속한다.

5. 효과성의 기준은 정책목표의 달성도를 측정하는 기준으로서 투입된 비용에 관계 없이 정책이 이룩한 성과가 어떠할 것이냐를 평가하는 기준이다. 이에 비해서 능률성의 기준은 어떤 정책이 이룩한 성과를 그 정책을 위하여 투입된 비용과 관련시켜 평가하는 기준이다.

6. Pareto 최적의 기준은 어떤 정책을 집행하기 이전보다 그 이후에 한 사람이라도 상태가 나빠지는 사람이 있다고 한다면 그러한 정책은 바람직하지 않다고 하는 기준이며, Kaldor의 기준은 전체적으로 보아 어떤 정책을 집행한 후에 효용의 증가의 합이 효용의 감소의 합보다 더 크다고 한다면 그러한 정책은 상황의 개선을 가져오는 정책이라고 하는 판단의 기준이다.

7. 형평성의 기준은 평등성, Rawls의 원칙 등과 밀접히 관련된 기준이다. 형

평성의 기준은 소득이나 교육 등 가치의 배정에 있어서 개인·집단 또는 지역에 어떤 최소한의 필요수준을 충족시키고 그 이상에 대해서는 능력·필요 등 일정한 기준에 비례적으로 이들 가치를 배정하여야 한다고 하는 기준이다.

8. 모든 정책대안 분석에 포함되어야 할 정치적 생존가능성의 평가기준들은 수용가능성, 적합성 및 합법성 등이다. 수용가능성은 하나의 정책이 정치과정에서 행위자들에 의하여 받아들여질 수 있는지 여부에 대한 결정과 고객과 여타의 행위자들이 새로운 정책들을 잘 받아들이는 경향이 있는지 여부를 나타낸다.

연습문제

5-1 다음 각각에 대하여 설명하여라.

(1) 실행가능성의 종류와 그 의미

(2) 대안평가기준들이 갖추어야 할 기본적인 요건들

(3) 정치적 실행가능성의 사정방법

(4) 효과성과 능률성의 기준의 비교

(5) Pareto 최적의 개념

(6) 평등성, Rawls의 원칙 및 형평성의 기준의 비교

5-2 정책분석가들은 '최소비용에 의한 최대편익'을 정책대안평가의 기준으로 제안하고 있다. 일관성이라고 하는 견지에서 이 기준을 비판하라.

5-3 Pareto 최적의 기준에 의하여 어떠한 정책대안이 더 좋은지 말하기 어려운 여러 가지 정책선택의 문제가 있을 수 있는데 이들을 예를 들어서 설명하여라.

5-4 많은 지역사회의 주민들은 외부지역에서 그들이 거주하고 있는 지역으로 사람들이 전입해 들어오는 것을 제한하는 정책을 고려해 왔다. 다음과 같은 여러 가지 입장에서 정책을 평가한다면 어떠한 평가기준들이 사용될 수 있겠는가? (i) 현재 거론되고 있는 지역사회에 거주하고 있는 주민의 복지 대 외부인의 복지, (ii) 형평성.

5-5 다음의 판단기준들이 목적론적 기준에 속하는지 비목적론적 기준에 속하는지를 말하고 그 이유를 설명하여라.

(1) 어떠한 비합법적인 정책도 선택되면 안된다.

(2) 인간의 잠재력을 최대한으로 실현시킬 수 있는 정책은 올바른 것이다.

(3) 인류의 생존기회를 극대화할 수 있는 정책은 최선의 정책이다.

(4) 빈곤을 다루는 정책들 가운데 사람들을 최저빈곤수준으로부터 벗어나게 할 수 없는 정책은 삭제되어야 한다.

5-6 사회조사는 다음과 같은 여러 가지 방법을 통하여 정책선택의 지침으로 활용될 수 있다. (i) 정책을 선택하기 이전에 시민들에게 어떤 정책을 선택해야 하는가 하는 데 대해서 질문할 수도 있다. (ii) 정책을 선택하기 이전

에 그 정책이 시민 개개인들에게 어떠한 영향을 미친다고 생각하는가를 질문해 볼 수 있다. (iii) 정책을 시행한 이후에 그 정책이 어떻게 바뀌어야 한다고 생각하는가 하는 데 대해서 시민들에게 질문해 볼 수 있다. (iv) 정책을 시행한 이후에 그 정책에 의하여 영향을 받은 시민들을 대상으로 그 정책이 어떠한 영향을 미쳤는가 하는 데 대해서 질문해 볼 수 있다. 이상의 네 가지 접근방법에는 각각 어떠한 윤리적 판단의 기준이 암시되어 있다고 생각하는가?

5-7 귀하가 작성한 다음 정책대안들 각각에 대하여 그 정치적 생존가능성을 평가하여라.

(1) 가출청소년 문제

(2) 중·고등학교 학생들의 심야학원 교습에 대한 금지 문제

5-8 귀하가 작성한 다음 정책대안들의 각각에 대하여 그 행정적 집행가능성을 평가하여라.

(1) 가출청소년 문제

(2) 중·고등학교 학생들의 심야학원 교습에 대한 금지 문제

5-9 귀하가 거주하는 대도시(또는 인접 대도시)의 시장의 노점상 문제를 해결하기 위한 정책대안들 각각에 대한 정치적 생존가능성을 평가하여라. 평가과정에서 직면한 가장 중요한 애로사항은 무엇이었는가? 그 이유는?

5-10 다음 정책목적들을 달성하기 위하여 설계된 공공정책이나 프로그램들의 효과성을 어떻게 측정할 수 있겠는가?

(1) 어떤 측정지역의 거리 범죄 (street crime)의 감소

(2) 직업이 없는 청소년들을 위한 직업훈련의 제공

(3) 러시아워(rush hours) 동안의 거리 교통 혼잡의 감소

(4) 불법적인 약물 남용의 감소

(5) 청소년 학생들에 대한 집단 따돌림의 감소

(6) 쓰레기 수거의 질적 개선

(7) 자동차 배기가스량의 감소

제 6 장

정책분석에 있어서 상황변화와 결과의 예측

미래상태가 어떠하며, 또 어떻게 변화해 갈 것인가, 액션(action)을 취하거나 취하지 않는 경우 그 결과는 어떻게 다를 것인가 하는 것을 이해하는 것은 정책결정자가 그에 대응할 정책의 방향을 설정하는 데 가장 핵심적인 기초가 된다.

정책결정자나 기획가에게는, 많은 경우, 동일한 변화의 추세에 대하여 여러 가지 예측결과들이 이용가능하다. 그러므로 가장 일어날 가능성이 높을 것 같은 예측을 선택하는 것 그 자체도 예측이라 할 수 있다. 왜냐하면 정책결정자는 그에게 가장 합리적으로 보이는 가정들(assumptions)과 방법들을 반영한 예측을 선택할 것이기 때문이다. 결과적으로 정책결정자는 한 세트의 미래에 대한 가정들과 이러한 가정들의 정수(精粹: essence)를 투사해 주는 예측방법들을 부지불식간에 선택하는 셈이 되는 것이다.

그러나 정책결정자나 기획가가 올바른 가정과 방법에 토대를 둔 예측을 선택하기 위해서는 다양한 예측방법에 대한 기초적인 이해가 필요하다. 그 이유는 아무리 전문가들이 조언을 한다 해도 예측방법에 대한 기초지식이 없다면 그 조언을 제대로 이해할 수 없을 것이기 때문이다. 이번 장에서는 다양한 미래예측방법들 가운데 가장 기초적인 방법들 및 미래예측과 관련된 용어들을 살펴봄으로써, 예측결과들 가운데에서 정책결정에 도움이 될 수 있는 적절한 예측방법들을 선택할 수 있고, 이들을 정책분석이나 기획에 활용할 수 있는 기초적 지식의 토대를 마련할 수 있도록 하고자 한다.

제 1 절   정책분석에 있어서 상황변화와 정책결과 예측방법의 분류

1. 상황변화와 정책결과의 평가

1) 상황변화와 정책결과의 예측과 평가

정책대안들이 개발되고 정책평가기준이 설정되면 정책이 가져올 결과들을 예측 또는 추정하고 평가기준들에 비추어 평가한다.

일반적으로 평가라고 하면 사후적인 평가(ex post evaluation) 또는 정책을 집행한 후의 결과에 대한 평가를 의미할 정도로 사후적인 평가는 일반화되었고, 이것을 수행하기 위한 많은 평가의 이론과 방법들이 개발되었다. 사후평가를 위한 이론과 방법론들을 개발하려는 노력의 결과 사후평가방법들은 표준화되고 하나의 학문분야로 발전하게 되었으며, 중요한 정부 제도의 하나로 정착되었다.

그러면 정책분석과정에서 이루어지는 평가, 즉 사전평가(ex ante evaluation)는 어떠한가? 사후평가는 정책을 집행한 후에 정책이 가져온 결과 또는 정책이 미친 영향을 평가한다. 이에 비해서 사전평가는 정책이 집행되기 이전에 제안된 정책이나 프로그램을 집행하였다고 가정하고, 정책집행에 따라 변화하게 될 미래상태들, 즉 결과들을 투사(project)하는 것을 포함하는 작업이다.

사전평가의 주된 활동은 정책행동을 취하지 않은 경우와 여러 가지 정책대안들을 집행하는 경우의 미래 상태에 대한 예측이다. 이미 정책대안의 개발에서도 언급한 바와 같이 아무런 행동을 취하지 않은 대안(no action alternative)이 가져올 미래 상태에 대한 예측은 한 정책대안이 미칠 영향을 평가하는 데 비교를 위한 기준선이 될 상태(baseline state)를 나타내는 것이기 때문에 필수적이다. 미래세계의 상태에 대한 예측은 어렵고 미묘하다. 왜냐하면 그것을 위하여 어떠한 유형의 방법을 사용하는 것이 적절한가에 대하여 주의를 기울여야 할 뿐 아니라 무엇을 예측할 것인가 하는 문제도 중요하기 때문이다. 무엇을 예측할 것인가 하는 문제는 문제가 어떻게 정의되었느냐 하는 것과 무엇이 평가되어야 하느냐 하는 데 크게 의존한다.

그러므로 사전평가의 핵심적인 관심사의 하나는 무엇을 평가할 것인가를 결정하는 것이고, 이것은 무엇을 예측할 것인가 하는 데 귀착된다. 사전평가의 주된 문제는 제안된 정책이 제대로 작동할 것이냐, 즉 그것이 바라고 있는 목표들을 달성할 수 있느냐 하는 것이다. 그리고 두 번째 문제는 그것이 효율적이고 형평성이 있으며, 정치적으로 생존가능성이 있느냐 하는 것이다. 이번 장을 포함해서 앞으로 여러 장에서는 정책이나 프로그램의 영향의 방향과 크기를 예측하고, 그러한 영향들의 기술적, 경제·사회적 및 정치적 중요성들에 대하여 평가한다. 그러기 위해 우리는 이번 장과 다른 여러 장에서 여러 가지 예측 방법과 예측된 결과들을 평가하는 방법들과 절차들을 살펴보고자 한다.

정책분석의 이 단계와 다른 단계들에서 핵심적인 질문은 분석가와 고객들 간의 관계에 관한 것이다. 즉 분석가는 고객을 위해서 중요한 의사결정을 내리는 데 얼마나 관여하여야 하는가 하는 것이다. 정책분석과정의 많은 단계들은 정책 대안의 선택에 큰 영향을 미치므로 모든 정책분석들은 객관적인 분석과 주관적인 선택을 조합(combine)하여야 한다(Majone, 1989: 28). 특히 그 필요성은 평가단계에서 절실하다.

2) 정책결과의 예측과 평가의 주요 방법들

정책결과를 평가하는 데 활용되는 방법들은 정책문제의 성격에 따라 다양하다. 이미 정책문제의 정의에서도 설명한 바와 같이 정책문제는 성격에 따라 잘 구조화된 정책문제와 잘 구조화되지 못한 정책문제로 나눌 수 있다. 우리가 정책결과를 예측하는 정책분석기법이라고 하면 잘 구조화된 정책문제의 해결대안들이 가져올 정책결과를 예측하는 방법들이다. 잘 구조화된 정책분석기법들도 매우 다양하다.

잘 구조화된 정책문제의 분석에 활용되는 다양한 정책분석방법들을 몇 개의 카테고리로 묶는 방법은 여러 가지가 있으나 가장 널리 이용되고 있는 방법의 하나는 이들 분석방법들을 ① 현상에 대한 미래예측에 활용되는 방법들, ② 비용-효용분석에 활용되는 방법들, ③ 영향평가에 활용되는 방법들, ④ 정책평가연구방법들, ⑤ 최적화방법들 및 ⑥ 정책지표 등으로 구분하는 것이다.[1] 이들 가운데 본서에서는 정책평가연구방법들을 제외하고는 모두 독립된 장으로 다루고 있다. 따라서 이들

---

[1] Carley는 정책분석기법으로서 위의 여섯 가지 중 최적화방법을 제외한 다섯 가지를 들고 있다(Carley, 1980: 49-62).

방법들의 구체적인 내용에 대해서는 다음에 독립된 장에서 자세히 다룰 것이기 때문에 여기에서는 미래예측에 중점을 두어 설명하고자 한다.

3) 미래의 종류와 예측의 목적

(1) 미래의 종류

일반적으로 미래상태는 잠재적 미래(potential futures), 개연적 미래(plausible futures) 및 규범적 미래(normative futures) 등으로 구분해 볼 수 있다(Miller, 1977: 202-210). 잠재적 미래는 일어나고 있는 사회상태와는 구분되며, 미래에 일어날 가능성이 있는 사회상태이다. 대안적 미래(alternative futures)라고도 한다. 개연적 미래는 정부가 사건들의 진로를 바꾸기 위하여 정책적 간여를 하지 않는다면, 즉 아무런 행동도 취하지 않는 대안을 택한다면, 현재의 상태가 그대로 연장되어 도달하게 되리라고 믿어지는 미래의 사회상태이다. 2020년대에는 교통체증이 더욱 심화될 것이라는 것은 개연적인 미래이다. 규범적 미래는 정책분석가나 정책결정자가 미래에 실현되거나 일어나야 한다고 생각하는 미래의 사회상태이다. 소비자물가 상승률이 영(zero)인 상태나 범죄발생이 영(zero)인 상태 등이 규범적 미래의 예이다. 잠재적 상태는 일어날 수 있는 모든 미래상태이기 때문에 변화의 폭이 가장 넓고, 개연적 미래는 일어날 가능성이 있는 미래의 상태이기 때문에 그 폭이 중간정도이며, 규범적 미래는 일어나야만 하는 미래이기 때문에 변화의 폭은 세 가지 미래 중 가장 좁다.

(2) 예측의 목적

예측의 목적은 미래의 상태와 밀접히 관련되어 있다. 예측을 통하여 잠재적 미래와 개연적 미래를 예측함으로써 정책문제의 심각성을 이해할 수 있고, 사회문제가 정책의제설정에서 정부의제로 진입시킬 수 있는 설득력과 지지를 높일 수 있으며, 정책이 결정되는 경우 집행가능성을 높일 수 있다. 또한 규범적 미래를 설정함으로써 개연적 미래와 규범적 미래 간의 갭(gap)을 추정할 수 있고, 정부개입의 정당성과 정책수요의 크기를 추정할 수 있다.

정책분석에 있어서 미래예측활동은 잠재적 미래, 개연적 미래 또는 규범적 미래에 대한 예측에 국한되지 않고, 이들 각 미래에 대한 일반 국민들과 이해관계 당사자들의 태도와 선호들(preferences)을 분석하고 평가함으로써 정책이 나아가야 할 행동노선과 정책의 실행가능성을 판단할 수 있는 기초적인 정보를 얻을 수 있게 된다. 이는 기업에서 시장조사를 통하여 마케팅 전략을 세울 수 있는 것과 마찬가지

이다. 정책분석가는 정부가 추진하고자 하는 정책에 대한 국민들의 태도와 선호도
를 분석함으로써 정책의 추진전략과 집행전략을 작성하는 데 필요한 정보들을 획득
할 수 있다.

2. 예측방법의 분류

예측방법은 예측에 사용된 자료(data), 예측을 수행하는 사람들의 유형, 또는
자료를 분석하는 데 사용된 방법들의 정교성의 정도 등 여러 가지 기준에 의하여
분류할 수 있다. 어떤 연구자들은 추세연장 기법(extrapolation technique)을 활용하는
방법, 이론적 모형을 사용하는 방법[2] 및 통찰력에 의한 예측(intuitive prediction)으
로 분류하기도 하고, 주관적 방법 대 객관적 방법, 연장적 방법 대 인과적 방법, 선
형적 방법 대 분류적 방법 등으로 분류하기도 한다.

1) 주관적 방법과 객관적 방법

주관적 방법(subjective methods)은 자료를 분석하는 데 사용되는 과정이 제대로
구체화되지 않은 방법들이다. 이 방법들은 또한 비명시적(implicit), 비공식적, 임상
적(clinic), 경험적 통찰력에 토대를 둔 방법이라고 부르기도 하고, 추측(guessmates)
방법이라고 부르기도 한다. 이들 방법은 단순한 과정(process)을 사용하기도 하고
복잡한 과정을 사용하기도 한다. 이들 방법들은 또한 투입자료로서 객관적인 자료
나 주관적인 자료들을 모두 사용할 수 있다. 그러나 한 가지 중요한 사실은 이들
자료들은 연구자들의 머리에 의하여 예측으로 전환된다는 것이다.

객관적인 방법들(objective methods)은 자료를 분석하는 과정이 제대로 구체화된
방법들이다. 이들 방법들의 절차는 아주 잘 구체화되어 있기 때문에 이 방법을 사
용하여 예측한 결과를 다른 연구자들도 복제(replicate)해서 동일한 예측결과를 얻을
수 있어야 이상적이다. 이들 방법들은 단순할 수도 있고 복잡할 수도 있다. 이 방법
들은 객관적인 자료나 주관적인 자료들을 모두 사용할 수 있다. 그리고 이 방법들

---

2) 이론적 예측(theoretical forecasting)은 모형작성(modeling)이라고도 한다. 미래에 어떤 일
   이 일어날 지를 예측하기 위하여 세계의 어떤 하위시스템(subsystem)이 어떻게 기능을 수행
   하는 가를 나타내는 축조물(construct)을 사용한다. 모형 가운데에는 문제를 계산할 수 있도
   록 축소시켜 주는 경험적인 모형도 있고, 검토하고 있는 문제를 계량화할 수 있도록 하지 않
   는 비경험적 모형들도 있다.

은 공식적인 분석(formal analysis)에 의하여 지지될 수도 있고 그렇지 않을 수도 있다. 그러나 중요한 사실은 투입물들(inputs)이 다른 연구자들에 의하여 정확하게 복제될 수 있는 과정을 사용하여 예측결과로 전환된다는 것이다. 더욱이 이러한 과정은 컴퓨터에 의하여 수행될 수 있다.

2) 연장적 방법과 인과적 방법

예측모델에는 인과성(causality)의 연장선이 있어서 한쪽 끝에는 인과성이 전혀 없는 끝이 있고, 다른 한 쪽에는 거의 완벽한 인과성이 있는 끝이 있을 수 있다. 인과성이 전혀 없는 쪽의 끝은 보통 네이브 엔드(naive end)라 부른다. 그리고 이 인과성에 대한 기술이 전혀 없는 쪽의 끝에 속하는 방법들을 추세 연장적 방법 또는 네이브 방법(naive method)이라 부른다(Wheelwright and Makridakis, 1980: 36-45). 예컨대 8월 추석날 고속도로에서 교통사고로 사망하는 사람이 얼마나 될 것인가를 1년 전 8월 추석날 고속도로에서 교통사고로 사망한 사람의 수를 사용하여 예측하는 것과 같은 방법이다. 연속선상의 중간에서는 예측모델이 어느 정도의 인과성을 고려한다. 8월 추석에 고속도로에서 교통사고로 사망하는 사망자 수를 예측하는 데 있어서 전년도의 동일한 날 사망자 수뿐만 아니라 일기예보를 고려하는 것이 그 예이다. 한편 연속선상의 다른 한쪽 끝에 있는 인과적 방법은 예측모형에 많은 인과요인들을 포함하는 방법이다. 8월 추석날 고속도로 상에서 교통사고로 사망하는 사망자수를 일기예보, 속도제한, 안전벨트의 착용 여부, 젊은 운전자의 비율, 장거리 여행 전에 점검한 차량의 비율 등을 사용하여 예측하는 것이 좋은 예이다.

추세 연장적 방법과 인과적 방법의 연속선은 [그림 6-1]에 설명되어 있다. 추세 연장적 방법들(naive methods)은 관심의 대상이 되는 변수에 관한 자료만을 사용한다. 즉 역사적 패턴만이 미래에 투사(projection)된다. 인과적 방법은 '왜?'라는 질문을 하기 위하여 관심의 대상이 되는 변수 이외의 다른 변수들에까지 확장된다. 인과관계에 관한 추정치들(estimates)이 구해진다(b). 그러므로 문제는 원인변수(변수 X들)의 예측의 문제로 전환되며, 인과관계에 관한 추정치들(b_h)이 예측하고자 하는 기간에까지 적합하도록 적절히 조정하는 것이 과제이다. 다음에는 인과변수와 인과관계에 관한 추정치들(b_h)을 이용하여 예측결과(Y_{t+h})를 계산함으로써 예측작업이 끝나게 된다.

여기서 원인이라는 말은 상식적인 의미로 사용되고 있다. 원인변수 X는 어떤

[그림 6-1] 연장적 방법과 인과적 방법

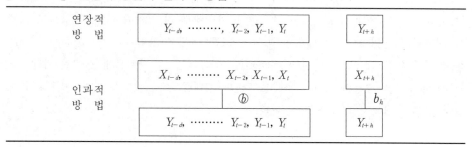

단, Y＝예측되어야 할 변수
X＝원인변수
d＝역사적 자료의 기간의 수
h＝예측 시계(time horizon)에 있어서 기간의 수
t＝연도
b＝역사적 자료의 인과관계
b_h＝예측 시계(time horizon) 동안의 인과관계들

한 사건 Y가 일어나는 데 필요하거나 충분한 변수이다. X는 또한 시간적으로 Y를 선행해야 한다. 이 '원인'이라는 용어는 논란이 많은 용어이기 때문에 '기능적으로 관계가 있는', '구조적 추정치(structural estimate)', '의존적인(dependent upon)', '결정 인자(determinant of)' 등의 용어를 사용하기도 한다.

3) 선형적 방법과 분류적 방법

객관적이고 인과관계에 의존하는 방법은 다시 선형적 방법과 분류적 방법으로 나누어 볼 수 있다.

선형적 방법은 일반적으로 '만일 X가 상승하면, 이것이 Y가 얼마 얼마까지 상승하도록 하는 원인이 된다'라고 하는 '인과관계(causality)'에 기초를 둔다. 선형적 방법은 다음 식(6.1)과 같은 형태를 띠는 것이 일반적이다.

$$Y = b_0 + b_1 X_1 + b_2 X_2 + \cdots \qquad \cdots\cdots\cdots\cdots (6.1)$$

여기서 Y는 예측되어야 할 결과변수이고, X_i들은 원인변수이며, b_0는 상수이고, b_i들은 두 변수 간의 관계들을 나타내는 파라미터들이다.

이 선형적 방법들은 그 모형들을 다루기가 용이하기 때문에 널리 사용되며, 회귀모형(regression model)이라고 부른다. 그리고 회귀분석에서는 b_i를 회귀계수라고 부른다.

한편 분류적 방법(classification)은 원인변수에 대하여 동일한 방법으로 반응하는 형태적 단위들(units)을 찾아내고, 이 단위들에 따라 그룹을 짓는 방법으로 예측을 시행하는 방법이다. 이 방법의 목적은 그룹 내에서 차이가 적고, 그룹 사이에는 큰 차이를 얻는 데 있다. 예견(prediction)을 위해서는 각 단위들에 떨어질 카테고리들(categories)을 결정하고, 각 카테고리 내의 행태를 추정한 다음 이에 기초해서 모집단 전체에 대해서 예측을 하면 된다.

제 2 절 추세연장적 예측과 인과적 예측

1. 추세연장적 예측

1) 추세연장적 예측의 기본 가정

추세연장적 예측은 현재까지의 추세를 미래로 연장한 것에 기초하는 예측방법이다. 추세연장적 예측에 사용되는 외삽법(extrapolation)은 판단적 예측과 아울러 가장 널리 사용되는 예측방법이다. 이 방법은 많은 장점들을 가지고 있다. 이 방법은 단순하고, 사용하는 데 비용이 적게 들며, 때로는 정치(sophisticated)한 방법들보다 오히려 더 정확할 수도 있다(Isserman, 1977: 247-259). 이 방법은 단기적 예측과 장기적 예측에 모두 사용될 수 있으나 장기적 예측에 사용될 경우 오류(errors)가 증가한다.

외삽법에 의한 예측은 지속성(persistence), 규칙성(regularity) 및 자료의 신뢰성과 타당성(reliability and validity of data) 등 세 가지 기본 가정에 기초를 둔다(Dunn, 1994).

여기서 지속성은 과거에 변화되어 왔던 방식이 미래에도 그대로 지속될 것이라는 가정이다. 또한 규칙성은 과거에 변화되었던 일정기간 동안의 변화의 패턴이 미래의 다른 기간에도 규칙적으로 반복되리라는 가정이다. 한편 자료의 신뢰성과 타당성은 외삽법에 이용될 자료가 내적으로 일관성을 띠고 있어 신뢰할 수 있을 뿐만 아니라 또 측정하고자 의도한 것을 측정할 수 있다는 가정이다. 측정이 유용한 것이 되려면, 추세의 측정이 정밀하여야 하며, 현재 다루고 있는 주제에 대한 조작적 정의(operational definition)가 타당하여야 한다.

숫자로 기술된 현상들은 추세연장 기법으로 예측될 수 있다. 추세연장은 또한 한 상황에서 얻은 경험을 다른 상황에서 일어날 정책대안의 결과들을 예측하기 위한 기초(base)로서 활용될 수 있도록 해 준다.

2) 외삽법에 사용되는 자료

자료의 선택은 그 자료를 어떻게 분석할 것인가를 결정하는 것에 못지않게 중요하다. 그러므로 외삽법을 사용하는 데 있어서 가장 기본적인 전략은 예측되어야 할 사건(event)을 대표할 수 있는 자료의 베이스(base)를 찾아내고, 그 안에 있는 패턴(pattern)을 이해하는 일이다. 이 때 기본가정은 미래의 사건은 이들 자료들의 패턴과 일치할 것이라는 것이다. 이 때 유용한 규칙의 하나는 먼저 자료들을 도면에 기록(plot)해 보라는 것이다. 자료에 대한 시각적인 체크 이상의 확실한 방법은 없을 것이기 때문이다.

추세연장적 예측에 사용되는 자료의 소스는 역사적 자료, 유사한 상황, 실험실 시뮬레이션(laboratory simulation) 및 현장 시뮬레이션(field simulation) 등 네 가지이다.

추세연장은 흔히 관심의 대상이 되고 있는 사건에 대한 역사적 자료에 기초하여 이루어진다. 만일 일정기간 동안 이 사건에 대한 직접적인 경험을 가지고 있다면, 그것은 예측하는 데 매우 유용한 방법이 될 것이다. 추세연장의 정확성은 두 가지 조건들에 의하여 영향을 받는다. 그 중 하나는 역사적 자료의 정확성이고, 다른 하나는 그 밑에 깔려 있는 조건들이 미래에 어떻게 변화할 것인가 하는 것이다. 그러나 자료에 대한 측정오류가 있는 경우 밑에 깔려 있는 변화과정이 안정적이라고 할지라도 예측오류는 클 수밖에 없다. 더구나 측정오류뿐 아니라 밑에 깔려 있는 과정까지도 변화하게 된다면 미래 예측오류는 몇 배로 증폭될 것이다.

상황이 급변할 것으로 예상되어 역사적 자료를 사용하기 어려운 경우에는 예측자는 유사한 상황(analogous situation)을 고려할 수도 있다. 예를 들면 새로운 교육프로그램이 어떤 학교 시스템에 도입되고, 그 결과가 어떻게 될 것인가를 예측하기 위하여 다른 학교 시스템에서 변화의 증거를 찾을 수도 있다.

즉 과거에 상황이 유사했던 다른 학교에서 동일한 프로그램을 도입한 후 일정기간이 지난 후에 어떠한 시스템 변화가 일어났던가 하는 자료를 수집한다면, 예측자가 도입하고자 하는 혁신적인 교육프로그램을 도입하는 경우 일어나게 될 학교시스템의 변화를 예견하는 데 도움을 받을 수 있을 것이다.

만일 실제 상황에서 이용 가능한 자료가 없는 경우에는 시뮬레이션을 통하여 자료를 창출해 낼 수 있다. 이 시뮬레이션은 실험실에서 수행될 수도 있고, 실제 상황에서도 수행될 수도 있는데 후자를 현장실험이라 부른다. 실험실 시뮬레이션은 현장 시뮬레이션보다 비용이 적게 들고, 변화에 대한 통제가 용이하며, 비밀리에 수행할 수 있다는 이점을 가지고 있다.

시뮬레이션에 의하여 창출된 자료를 사용하는 경우 예측자는 어떤 시스템의 행태가 시뮬레이션된 것과 동일할 것이라고 가정한다. 다른 절차로서는 미래의 행태가 시뮬레이션에 의하여 관찰된 현재의 행태가 아무런 변화 없이 그 평균값으로 나타날 것이라고 가정하는 것이다.

3) 자료의 분석방법과 예측

(1) 전통적 시계열

전통적 시계열분석은 시계열상에 나타나는 변동을 성질을 달리하는 몇 가지 변동의 합성으로 보고, 이들 각종의 변동들을 분해, 유리해서 그 각각을 측정하는 방법을 취하고 있다. 그리고 시계열상에 나타나는 구성요소로서는 추세변동(trend or secular trend), 계절변동(seasonal variation or movement), 순환변동(circular variation or movement) 및 불규칙변동(irregular variation or movement) 등 네 가지를 든다.

추세변동은 장기간에 걸친 지속적인 변동을 표시하며, 순환변동, 계절변동, 불규칙변동들은 파동요소(the fluctuating components)들을 표시한다. 이들 파동요소 중 순환변동은 1년 이상을 기간으로 해서 확장과 축소의 순환적 형태를 표시하며, 일방적 경향이 아니라는 점에서 추세변동과 다르다. 한편 계절변동은 사회적 계절로 인해서 매년 거의 규칙적으로 반복하는 변동으로서 1년 또는 그 이하의 기간이 하나의 주기라는 점이 순환변동과 다르다. 난방기구에 대한 수요가 겨울철에는 많고 여름철에는 적은 것이 계절변동의 예이다. 끝으로 불규칙변동은 아무런 규칙성이 없는 우연적 변화를 지칭한다.

앞에서 기술한 바와 같이 시계열 자료는 평균, 추세, 계절변동, 순환변동 및 불규칙변동 등으로 구성되어 있다. [그림 6-2]에서 X는 역사적 자료를 나타낸다. 그리고 점선으로 표시된 A는 새로이 추정된 평균의 현재상태, B는 최근의 추정된 평균에 추세가 더해질 때의 예측결과, C는 최근의 평균, 추세 및 계절적 요소가 조합된 예측결과이다.

[그림 6-2] 시계열 자료의 요소별 분해

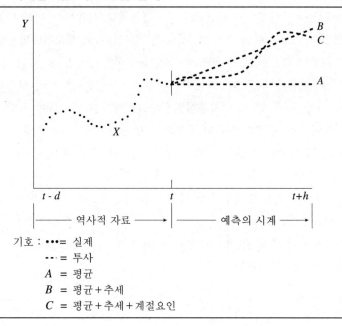

기호 : •••= 실제
　　　 --· = 투사
　　　 A = 평균
　　　 B = 평균＋추세
　　　 C = 평균＋추세＋계절요인

(2) 이동평균법

이동평균법(moving average method)은 평균되는 항의 초항과 말항을 항상 신진대사시켜(즉 초항을 새로 넣고 말항을 제외하는 방법으로) 구한 산술평균의 계열을 추세치로 삼는 방법을 말한다. 바꾸어 말하면 어느 시점 t에 있어서 관측된 값 Y_t를 중심으로 하여 이 시점 t의 전후의 값, 예컨대, Y_{t-2}, Y_{t-1}, Y_t, Y_{t+1}, Y_{t+2}의 산술평균을 계산하여 이 수치를 추세치로 간주하는 것으로 어느 시점 t에 있어서의 특유한 우발적인 변동이 제거될 수 있으리라는 것이 전제로 되어 있다.

이 방법을 사용하면 ① 계산이 간단하고 이해하기 쉬우며, ② 확실한 기준 없이 어떤 곡선을 선택함으로써 초래될지도 모르는 불합리를 최소화할 수 있다. 그 반면에 ① 양단기간의 추세치를 계산할 수 없고, ② 평균에 사용된 항목 수(즉 Y_t를 중심으로 관찰된 항목 수)에 따라 그 결과가 달라진다는 결점을 가지고 있다.

(3) 선형시계열에 의한 회귀분석법

선형경향추정(linear trend estimation)은 추세연장의 표준적인 방법이다. 이 방법은 선형회귀분석법을 이용하여 시계열의 관측치를 기초로, 즉 시간(time)을 독립변수로 하여, 미래 사회상태의 정확한 추정치를 수학적으로 얻는 절차이다. 과거 수년간의 매년도별 교통사고 발생건수를 관찰하고, 그 경험치를 이용하여 미래 일정시점의 교통사고 발생건수를 예측하는 것을 그 예로 들 수 있다. 선형회귀방법은 시계열상의 관측값들이 곡선형태가 아닐 때 예측의 오류(error)가 적어질 수 있다. 그러나 선형회귀방법은 계절변동이나 주기적 파동을 나타내는 시계열로부터 선형경향요소를 제거할 때에도 사용될 수 있다. 회귀분석법은 모든 역사적 자료들에 동등한 가중치들(weights)을 부여하며, 현재의 상태와 미래의 경향을 동시에 추정해 준다.

선형회귀분석 방법은 인과적 예측에서도 사용되는데 추세연장적 방법으로 사용되는 경우와 중요한 차이점은 인과적 예측에서는 독립변수의 선정이 인과적 이론에 토대를 두고 이루어지나, 추세연장적 방법으로 사용될 때에는 그렇지 않고 시간을 독립변수로 사용한다는 것이다.

만일 선형회귀 모형에 가법적인 경향요소(trend factor)가 사용된다면 선형회귀 모형은 다음과 같이 표현된다.

$$\hat{Y}_t = b_0 + b_1 X \qquad\qquad\qquad \cdots\cdots\cdots\cdots (6.\ 2)$$

여기서 종속변수 $\hat{Y}_t$는 주어진 연도의 경향추정값이고, 독립변수 X는 시간으로 측정된다. T로 표시하기도 한다. b_0는 $X=0$일 때 Y_t의 값(즉 절편)이며, b_1은 X가 한 단위 증가할 때 $\hat{Y}_t$의 증가량(즉 추세직선의 기울기)이다. 그리고 시간변수 X는 기준점으로부터의 거리를 각 연도에 부여한 값이다.

b_0와 b_1은 최소자승법(least square method)에 의하여 구할 수 있다.[3] 최소자승법에 의해서 b_0와 b_1을 구하는 식을 유도하는 방법에 대해서는 다음 제 2 항의 계량경제적 예측에서 설명하고자 한다.

$$b_1 = \frac{\sum XY - \dfrac{\sum X \sum Y}{n}}{\sum X^2 - \dfrac{(\sum X)^2}{n}} = \frac{\sum (X - \bar{X})(Y - \bar{Y})}{\sum (X - \bar{X})^2} \qquad \cdots\cdots\cdots\cdots (6.\ 3.\ 1)$$

$$b_0 = \frac{1}{n}\left(\sum Y - b_1 \sum X\right) = \bar{Y} - b_1 \bar{X} \qquad\qquad \cdots\cdots\cdots\cdots (6.\ 3.\ 2)$$

---

3) 통계적 관계와 최소자승법은 제 2 절의 계량경제적 방법에서 자세히 설명하고 있다. 최소자승법에 의하여 회귀계수를 구하는 절차를 먼저 이해하고자 하는 경우에는 다음 제 2 항의 통계적 관계의 설정과 최소자승법을 참조할 수 있다.

식 (6.3)에서 n은 관찰된 자료의 수이다.

예 6-1 다음 [표 6-1]은 우리나라의 연도별 원유도입량이다. 선형회귀방법에 의하여 서기 2000년의 원유도입량을 추정하여라.

[표 6-1] 연도별 원유도입량   (단위: 100만 Bbl)

연 도	원유도입량	연 도	원유도입량
1987	216.2	1993	560.6
1988	261.1	1994	573.7
1989	296.4	1995	624.9
1990	308.4	1996	721.9
1991	399.3	1997	873.4
1992	509.4		

[해] 관찰된 기간은 1987년부터 1997년까지 11년간($n=11$)이다. 1992년의 X값을 0으로 놓으면 1987년의 X값은 -5이고, 1997년의 X값은 5가 된다(즉 1년간의 구간을 1로 한다). 한편 예측연도인 서기 2000년의 X값은 8이 된다. [표 6-2]에는 b_1와 b_0의 값을 구하는 절차가 나타나 있다.

[표 6-2]에서 b_0의 값은 485.936이고, b_1의 값은 61.878임을 알 수 있다. 그리고 서기 2000년의 원유도입량은 980.96($10^6 Bbl$)로 추정되었다.

원유도입을 선형회귀방법으로 추정한 위의 [예 6-1]에서는 관찰된 연수가 홀수개인 경우였다. 이 때에는 관찰된 시계열의 한가운데에 있는 연도를 기준점으로 잡고 그 값을 0으로 놓았다(즉 1992년도의 X값을 0으로 놓았음). 그리고 관찰된 연도간의 간격을 1로 놓았다. 그러므로 1992년의 X값은 0, 1993년의 X값은 1, 1994년의 X값은 2, 1991년의 X값은 -1 등이 되었다.

그러나 관찰된 시계열의 연수(관찰된 해의 t)가 짝수인 경우에는 X값을 부여하는 데 이러한 방법을 사용하기 어렵다. 이 경우에는 관찰된 시계열을 두 부분으로 나누고, 관찰된 시계열의 중앙에 있는 두 개의 관찰값을 각각 -1과 $+1$로 놓고, 각 연도간의 간격을 2가 되도록 한다(왜냐하면 중앙에 있는 두 관찰값 간의 거리가 2이므로).

예를 들면 앞의 [예 6-1]에서 관찰된 시계열이 1987년에서 1998년까지 12년간(즉 짝수)이라고 한다면, 1992년의 X값으로는 -1, 1993년의 X값으로는 1을 부여한

[표 6-2] 선형회귀에 사용된 총원유 도입에 대한 시계열 자료와 회귀계수를
구하는 절차
(단위: 10^6Bbl)

연도 (1)	원유도입량 (Y) (2)	부여된 연도값 (X) (3)	(2)×(3) ($X \times Y$) (4)	(3)열의 제곱 (X^2) (5)	원유도입 경향 추정값 ($\hat{Y}$) (6)
1987	216.2	−5	−1,081.0	25	176.5
1988	261.1	−4	−1,044.4	16	238.4
1989	296.4	−3	−889.2	9	300.3
1990	308.4	−2	−616.8	4	362.2
1991	399.3	−1	−399.3	1	424.1
1992	509.4	0	0	0	485.9
1993	560.6	1	560.6	1	547.8
1994	573.7	2	1,147.4	4	609.7
1995	624.9	3	1,874.7	9	671.6
1996	721.9	4	2,887.6	16	733.4
1997	873.4	5	4,367.0	25	795.3
$n=11$	$\sum Y = 5{,}345.3$	$\sum X = 0$	$\sum XY = 6{,}806.0$	$\sum X^2 = 110$	

$\hat{Y}_t = b_0 + b_1 X$

$$b_1 = \frac{\sum XY - \sum X \sum Y}{\sum X^2 - \frac{(\sum X)^2}{n}} = \frac{6{,}806.0 - \frac{(0)(5{,}345.3)}{11}}{110 - \frac{(0)^2}{11}} = 61.878$$

$$b_0 = \frac{1}{n}(\sum Y - b_1 \sum X) = \frac{1}{11}[5{,}345.3 - (61.878)(0)] = 485.936$$

$\hat{Y}_t = 485.936 + 61.878X$

$\hat{Y}_{(2000)} = 485.936 + (61.878)(8) = 980.96(10^6 \text{Bbl})$

다. 그 다음에 1991년의 X값은 −3, 1990년의 X값은 −5, 1994년의 X값은 3, 1995
년의 X값은 5 등의 값을 부여한다. 이러한 방법으로 X값을 부여하면 1998년의 X
값은 11이 되고, 서기 2000년의 X값은 15가 된다. 그 외의 b_0와 b_1을 구하는 계산절
차는 [표 6-2]에 나타난 것과 동일하다.

　　선형회귀는 지속적인 경향을 연장하는 데 유용한 방법이지만 몇 가지 조건에
의해 제약을 받는다. 첫째, 시계열이 선형이어야 한다. 둘째, 과거의 역사적 경향이

미래에도 그대로 지속되어야 한다. 이러한 조건들이 충족되지 않으면 추세연장에 선형회귀를 사용할 수 없다.

(4) 그 외의 추세연장적 자료분석방법

추세연장적 자료분석에는 위에서 논의한 방법들 이외에도 마코브 체인(Markov Chains)방법, 박스-젠킨스(Box-Jenkins)방법 등이 있으나 이들 방법들의 사용방법에 대한 설명은 이 책의 범위를 넘는다.

(5) 복수적인 방법 사용에 의한 예측

미래예측결과에 대한 평가에 의하면 한 가지 추세연장적 방법에 집착하기보다는 여러 가지 방법들을 사용하여 예측하고, 그 결과들을 평균하는 것이 예측의 정확성을 높이는 데 더 효과적인 것으로 밝혀지고 있다. 그러므로 한 가지 정교한 방법의 사용보다는 다수의 간단한 예측모형을 개발하여 이들 여러 예측방법들의 조합에 의한 예측(combined forecasts)을 시도하는 것이 바람직하다.

2. 계량경제적 예측

1) 사용의 조건과 선행적 분석

(1) 의미와 사용의 조건

거의 모든 합리적인 의사결정들은 세계(world)의 하위시스템들이 어떻게 기능하는가를 나타내는 축조물(construct)인 어떤 모형에 기초해서 이루어진다. 중력법칙(law of gravity)에 관한 현존하는 연구 결과들이 하강하는 물체들이 땅에 도달하는 시간을 계산하는 데 큰 도움이 되듯이, 서로 다른 정책의 결과들이 어떤 것이 될지를 예측하는 데 그 결과들에 영향을 미치는 인간 행태에 관한 모형, 즉 복잡한 인간 행태 패턴을 기술하는 모형들이 큰 도움이 된다.

정책문제를 정의하는 첫번째 활동 가운데 하나는 건전한 분석이 가능하도록 문제를 나타낼 수 있는 모형들을 식별하는 것이다. 그러므로 정책분석가는 자기가 종사하는 분야의 공식적인 모형(formal models) 등에 익숙하여야 한다. 이들 모형들 가운데 일부는 계량화할 수 있는 해답을 계산해 내는 데 사용되기도 하고, 어떤 모형들은 행태에 관한 설명이론으로 사용되기도 한다. 이러한 모형들이 정책결과를 예측하는 데 사용되는 인과적 모형들이다.

인과적 예측방법은 이론적 예측이라 부르기도 한다. 계량경제적 방법은 인과적 예측방법의 한 부류이다. 계량경제적 방법들은 다음과 같은 세 가지 조건들이 만족될 때 사용되는 것이 바람직하다.

첫째는 인과관계에 대한 좋은 정보가 있을 때이다. 이 정보는 주관적 소스에서 나올 수 있고 객관적인 자료의 분석에서 올 수도 있다. 둘째는 인과변수들에 큰 변화들(또는 큰 차이들)이 있을 때이다. 인과변수들의 변화가 적을 때에는 이 모형을 사용할 이유가 거의 없다. 셋째 인과변수들의 변화의 방향이 정확하게 예견되고 이에 의하여 추정량들(estimates)이 추정될 수 있어야 한다.

(2) 선행적 분석

미래예측연구에 참여하는 연구자들은 과거의 경험으로부터 예측하고자 하는 세계에 대하여 유용한 정보를 얻을 수도 있다. 그러나 연구자들은 과거의 경험적 연구, 공학적 연구, 정치 경제 사회적 연구, 의회의 입법자료, 전문가들의 조사와 실험자료 등에서 필요한 정보를 얻을 수 있다. 선행적 분석은 이들 정보들을 유용하게 사용하는 방법을 제공해 준다.

계량경제적 방법에서 이러한 선행적 분석은 3단계에 걸쳐서 이루어진다. 첫 번째 단계에서는 인과적 변수들을 선택하고, 예측하고자 하는 종속 변수(즉 정책결과 변수)와의 관계를 나타내는 관계의 방향을 구체화한다.

두 번째 단계에서는 먼저 인과관계의 패턴을 구체화하고, 함수의 형태를 구체화하며, 관계의 크기를 구체화한다. 함수의 형태는 가법적인 모델(additive model)과 승법적 모델(magnitudes model) 등이 있다. 관계의 크기를 구체화할 때에는 연구자 자신의 판단이나 다른 전문가들의 판단을 사용한다. 관계의 크기(magnitudes of relationships)를 선형적으로 구체화하여야 할 필요는 인과에 대한 정보가 강하고, 큰 변화가 예상되며, 객관적인 자료들로부터 얻을 수 있는 정보가 별로 없을 때 더 강하다. 만일 관계에 대한 가중치를 얼마로 하여야 하는가를 결정하는 데 도움이 되는 정보가 없는 경우에는 모든 변수들의 비중을 동일하게 하는 단위 가중치(unit weights)를 사용한다. 여기서 단위 가중치란 예측변수들(predictor variables)의 가중치 값으로 +1 또는 -1을 부여하는 것이며, 그 방향(부호)은 선험적 정보에 의하여 결정하는 것이다.

세 번째 단계에서는 자료에 대한 바이어스 여부를 체크하여 조정하며, 관찰치들에 대하여 중요도에 따라 가중치들을 부여한다. 만일 관찰치들의 중요도가 동일하다고 판단되면 동일한 가중치를 부여한다.

선험적 분석을 행하지 않는 경우 변수들의 선택은 단계적 회귀분석 방법 (stepwise regressions method)을 사용하여 컴퓨터를 이용함으로써 이루어질 수 있다.

2) 객관적인 자료

분석에 사용되는 자료는 실험에 의하여 산출된 자료도 있고, 역사적 자료(비실험적 자료)도 있다. 이들 자료들은 시계열 자료, 횡단면적 자료(cross-sectional data) 및 종단면적자료(longitudinal data)의 형태로 구할 수 있다. 이들 자료들 간의 관계는 다음 [그림 6-3]과 같다.

시계열 자료(time series data)는 어떤 한 의사결정단위에서 생산된 자료들을 여러 기간에 걸쳐서 관찰한 것이다. 이에 비해서 횡단면적 자료들(cross-sectional data)은 어떤 한 기간에 여러 개의 서로 다른 의사결정단위에서 생산한 자료들을 관찰한 것이다. 한편 종단면적자료들(longitudinal data)은 여러 개의 의사결정 단위에서 여러 기간에 걸쳐서 생산한 자료들을 관찰한 것이다.

[그림 6-3] 자료 매트릭스

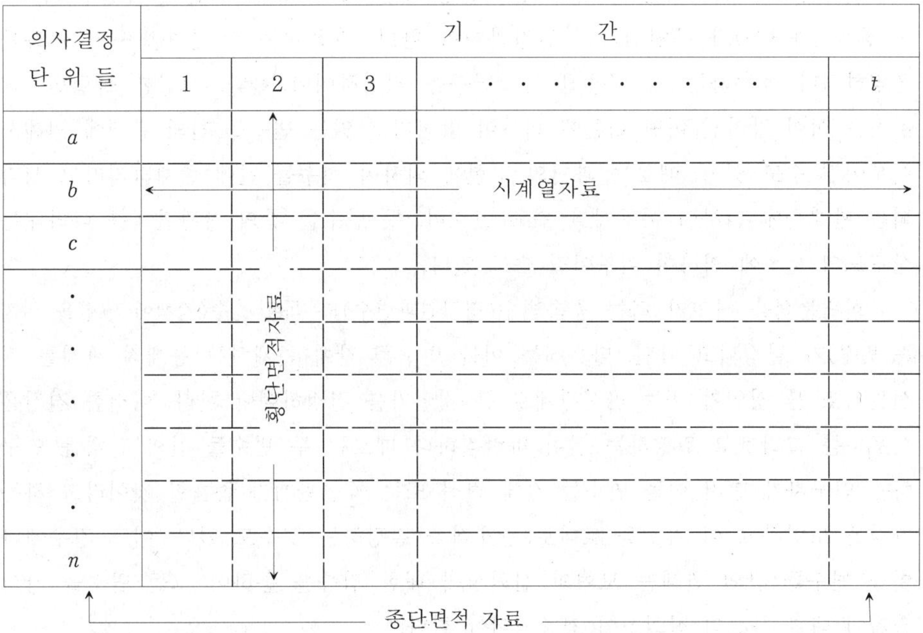

3) 회귀분석에 의한 자료 분석

인과적 예측모형에서 변수들간의 선형관계를 추정하는 데 사용되는 유용한 방법 가운데 하나가 회귀분석방법이다. 회귀분석방법에 대해서는 이미 추세연장에 의한 예측방법에서 간략하게 살펴보았다. 그 때에는 독립변수로서 시간을 사용하였으나 인과모형에서는 독립변수로서 원인변수 또는 정책설명변수들을 사용한다는 것이 다르며 그 이외의 절차는 동일하다. 회귀분석에서 독립변수가 하나인 경우를 단순회귀(simple regression)라 부르고, 독립변수가 둘 또는 그 이상일 때 이것을 다중회귀(multiple regression)라 부른다. 많은 이론적 예측에 여러 개의 독립변수를 사용하는 다중회귀분석이 필요하다.

(1) 두 변수들 간의 통계적 관계

회귀분석을 하기 위해서는 먼저 두 변수들 간의 통계적 관계를 설정하여야 한다. 두 변수들 간의 통계적 관계는 직선관계와 곡선관계 등 여러 가지 형태가 있다. [그림 6-4]는 직선관계와 곡선관계에 대한 산포도를 그림으로 나타낸 것이다.

(2) 최소자승법에 의한 회귀모형의 설정

회귀분석에 있어서는 먼저 우리가 설명 또는 예측하고자 하는 종속변수(여기서는 정책결과변수)가 무엇인가를 결정하여야 한다. 다음에는 이 종속변수의 변화를 설명하거나 예측하는 데 이용될 독립변수를 결정하여야 한다. 이러한 독립변수의 결정은 이미 알려진 어떤 이론에 의하여 밝혀지고 있는 변수들 간의 관계에 의해서 이루어질 수도 있고, 때로는 과거의 경험에 의하여 변수들 간에 존재하리라고 생각되는 관계들에 의하여 이루어질 수도 있으며, 두 변수들 간의 상관관계를 나타내는 산포도의 분석에 의하여 이루어질 수도 있다.

회귀분석을 하고자 하는 종속변수(정책결과변수)와 독립변수(정책에 영향을 미치는 변수)가 결정되고 나면, 다음에는 이들 변수들 간에 존재하는 통계적 관계를 직선관계로 볼 것인가 또는 곡선관계로 볼 것인가를 결정하여야 한다. 이러한 결정은 산포도를 그려보고 결정하는 것이 바람직하나 때로는 두 변수들 간의 관계를 연구하는 연구자가 먼저 이들 변수들 간에 직선 또는 곡선관계가 존재할 것이라고 하는 가정을 도입하고 이 가정을 토대로 관계식을 결정하는 경우도 있다. 어느 경우에나 이들 변수들 간의 관계는 모형의 신뢰성에 대한 검증을 통하여 그들 변수들 간의 관계에 대한 가설의 신뢰성이 검증되어야 한다.

[그림 6-4] 두 변수 간의 관계가 직선의 경우와 곡선인 경우의 예

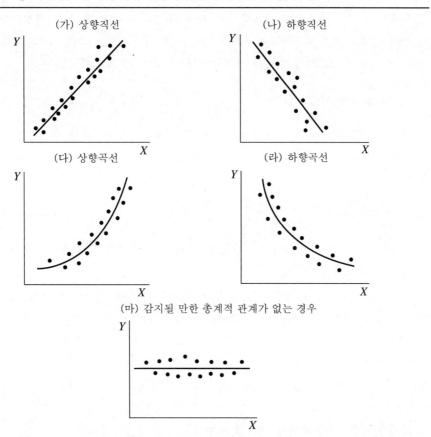

일단 자료점들에 대한 산포도가 작성되고 나면 가장 오차(error)가 적도록 하는 하나의 회귀직선을 결정하여야 한다. 주어진 자료점들을 통과하면서 두 변수들간의 관계를 설정해 주는 회귀직선을 결정하는 방법에는 목측법(sight-judgement method) 과 최소자승법(least square method)의 두 가지 방법이 있다. 여기서 회귀직선을 결정한다는 말의 의미는 식(6. 4)와 같은 형태로 표시될 수 있는 모집단의 회귀방정식에서 β_0와 β_1의 값을 추정한다는 것을 말하는 것이다.

$$Y = \beta_0 + \beta_1 X + \varepsilon \qquad \cdots\cdots\cdots\cdots (6.\ 4)$$

식(6. 4)에서 β_0는 절편, 그리고 β_1은 기울기를 나타낸다. 이들 β_0와 β_1을 회귀계수(regression coefficient)라 한다. β_0에 대한 추정값을 b_0, β_1에 대한 추정값을 b_1이라 놓으면, b_0와 b_1의 추정에 의하여 추정되는 회귀직선식은 다음 식(6. 5)와 같이 된다. 이 식은 식(6. 2)와 같으나 설명의 편의상 여기에 다시 쓴 것이다.

$$\hat{Y}=b_0+b_1X \qquad\qquad \cdots\cdots\cdots\cdots \text{(6. 5)}$$

위의 식(6. 5)에서 $\hat{Y}$을 Y햇(hat)이라 읽으며 $\hat{Y}$은 Y에 대한 추정값을 의미한다. $\hat{Y}$과는 달리 표본의 관찰값 Y는 오차를 포함하고 있으므로 다음과 같이 나타낼 수 있다.

$$Y=b_0+b_1X_1+e \qquad\qquad \cdots\cdots\cdots\cdots \text{(6. 6)}$$

위의 식(6. 5)와 식(6. 6)의 관계를 명확하게 이해하기 위하여 그림으로 나타내면 [그림 6-5]와 같다.

목측법에 의하여 회귀직선을 추정하고자 하는 경우에는 먼저 산포도를 작성하고 가장 오차가 적으리라고 생각되는 선을 그으면 된다. 그리고 이렇게 구한 회귀직선에서 Y축과 만나는 점의 값을 b_0로, 그리고 이 회귀직선의 기울기를 b_1으로 결정한 다음, 이 값들을 식(6. 5)에 대입하면 원하는 회귀모형이 작성된다. 목측법에 의한 회귀직선의 추정은 비교적 단순하여 용이하게 이용될 수 있다는

[그림 6-5] 선형회귀모형의 추정과 오차항

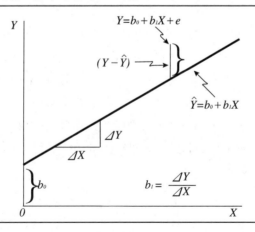

이점이 있으나 이렇게 추정된 회귀직선은 사람에 따라 여러 가지로 다를 수 있
다는 결점도 아울러 가지고 있다. 이러한 목측법의 결점을 보완하여 누가 회귀
직선을 추정한다고 하여도 관찰된 X와 Y의 값들이 동일한 경우에는 절편과 회
귀계수의 값 b_0와 b_1의 값들이 동일하게 되는 객관적인 방법이 최소자승법이다.

최소자승법은 오차의 자승의 합이 가장 적도록 하는 방법으로 두 변수들 간
의 관계를 나타내는 직선을 구하는 방법이다. 일반적으로 두 변수들 간의 관계
를 나타내는 직선은 절편과 기울기에 의하여 결정되기 때문에 최소자승법에 의
하여회귀직선을 구한다는 말은 바로 오차의 자승의 합이 가장 적도록 절편과 기
울기를 구한다는 의미가 된다.

식(6. 5)와 식(6. 6)에서 잔차는 $e_i = (Y - \hat{Y})$가 되기 때문에 최소자승법이란 e_i^2
의 합계, 즉 $\sum (Y - \hat{Y})^2$을 b_0와 b_1으로 편미분하고, 그 결과를 0으로 놓음으로써 구
할 수 있다. 이렇게 얻은 결과를 정리하면 다음과 같은 정규방정식(normal equation)
으로 표현된다.

$$\left. \begin{array}{l} \sum Y = nb_0 + b_1 \sum X \\ \sum XY = b_0 \sum X + b_1 \sum X^2 \end{array} \right\} \qquad \cdots\cdots\cdots\cdots (6.\ 7)$$

우리는 식(6. 7)로 표시되는 정규방정식을 풂으로써 β_0와 β_1의 점추정값
(estimates) b_0와 b_1을 구할 수 있는데, 이들 연립방정식을 풀어서 정리하면 각각 다
음과 같이 된다.[4]

$$b_1 = \cfrac{\sum XY - \cfrac{\sum X \sum Y}{n}}{\sum X^2 - \cfrac{(\sum X)^2}{n}} \qquad \cdots\cdots\cdots\cdots (6.\ 8)$$

또는

$$b_1 = \frac{\sum (X - \bar{X})(Y - \bar{Y})}{\sum (X - \bar{X})^2} \qquad \cdots\cdots\cdots\cdots (6.\ 9)$$

위의 식(6. 9)는 다음과 같이 고쳐 쓸 수도 있다.

---

4) 회귀계수의 유의미성에 대한 검증방법에 대해서는 노화준, 「행정계량분석」, 서울: 법문사,
1986, pp. 351-355 참조.

$$b_1 = \frac{\sum XY - n\overline{X}\,\overline{Y}}{\sum X^2 - n\overline{X}^2}$$ ············ (6.10)

한편 b_0는 b_1의 값을 식(6. 7)의 첫번째 식에 대입하여 구할 수 있다.

$$b_0 = \frac{1}{n}(\sum Y - b_1 \sum X)$$ ············ (6.11)

$$= \overline{Y} - b_1 \overline{X}$$

예 6-2　다음 [표 6-3]은 연도별 1인당 국민소득과 원유 도입량의 변화이다. 회귀방정식을 구하고, 1인당 국민소득이 12,000US달러($)일 때 예상되는 1년간의 원유도입량을 추정하여라.

[표 6-3]　1인당 국민소득과 연간 도입량의 변화

연 도	1인당국민 소득(US100$)	원유도입량 ($10^6 Bbl$)	연 도	1인당국민 소득(US100$)	원유도입량 ($10^6 Bbl$)
1987	32.2	216.2	1993	74.8	560.6
1988	43.0	261.1	1994	84.7	573.7
1989	52.1	296.4	1995	100.4	624.9
1990	58.8	308.4	1996	105.5	721.9
1991	67.6	399.3	1997	95.1	873.4
1992	69.9	509.4			

자료: 통계청, 「한국통계연감」, 제44호, 1998, p. 250; p. 505.

[해]　[표 6-4]에서와 같은 계산과정을 거쳐서 b_0와 b_1의 값을 추정하면 $b_0 = -92.7294$, $b_1 = 8.118$의 값을 얻을 수 있다. 따라서 구하는 회귀직선은 다음과 같다.

$\hat{Y} = -92.7294 + 8.118X$

따라서 1인당 국민소득이 120(US100$)일 때의 1년간 도입될 원유량은 881.4306 ($10^6 Bbl$)로 추정된다.

[표 6-4] 1인당 국민소득으로부터 미래의 원유도입량을 추정하기 위한 계산표

연도 (1)	원유도입량 (10^6Bbl) (Y) (2)	1인당국민소득 (US100$) ($X$) (3)	(2)×(3) (X)×(Y) (4)	(3)열의 제곱 (X^2) (5)	(2)열의 제곱 (Y^2) (6)
1987	216.2	32.2	6,961.64	1,036.84	46,742.44
1988	261.1	43.0	11,227.30	1,849.00	68,173.21
1989	296.4	52.1	15,442.44	2,714.41	87,852.96
1990	308.4	58.8	18,133.92	3,457.44	95,110.56
1991	399.3	67.6	26,992.68	4,569.76	159,440.49
1992	509.4	69.9	35,607.06	4,886.01	259,488.36
1993	560.6	74.8	41,932.88	5,595.04	314,272.36
1994	573.7	84.7	48,592.39	7,174.09	329,131.69
1995	624.9	100.4	62,739.96	10,080.16	390,500.01
1996	721.9	105.5	76,160.45	11,130.25	521,139.61
1997	873.4	95.1	83,060.34	9,044.01	762,827.56
$n=11$	$\sum Y=$ 5,345.3	$\sum X=784.1$	$\sum XY=$ 426,851.10	$\sum X^2=$ 61,537.01	$\sum Y^2=$ 3,034,679.25

$$b_1 = \frac{\sum XY - \dfrac{\sum X \sum Y}{n}}{\sum X^2 - \dfrac{(\sum X)^2}{n}} = \frac{426,851.10 - \dfrac{(784.1)(5,345.3)}{11}}{61,537.01 - \dfrac{(784.1)^2}{11}} = 8.118$$

$$b_0 = \frac{1}{n}(\sum Y - b_1 \sum X) = \frac{1}{11}[5,345.3 - (8.118)(784.1)] = -92.7294$$

$$\hat{Y} = -92.7294 + 8.118X$$

$$\hat{Y}_{120} = -92.7294 + 8.118(120) = 881.4306(10^6 Bbl)$$

한편 다중선형 회귀모형은 다음 식(6.12)와 같다.

$$Y = \beta_0 + \beta_1 X_1 + \beta_2 X_2 + \varepsilon \qquad \cdots\cdots\cdots\cdots (6.12)$$

위의 식에서 X_1은 첫 번째 독립변수, X_2는 두 번째 독립변수이고, Y는 종속변수이며, ε는 무작위오차항을 나타낸다.

관찰된 표본을 통하여 β_0, β_1, β_2가 추정되어야 하는데 추정되는 다중선형 회귀

모형은 다음 식(6.13)과 같다.

$$\hat{Y} = b_0 + b_1 X_1 + b_2 X_2 \qquad\qquad \cdots\cdots\cdots\cdots (6.13)$$

$\hat{Y}$과는 달리 표본에서 관찰되는 Y는 오차를 포함하고 있으므로 다음과 같이 나타낼 수 있다.

$$Y = b_0 + b_1 X_1 + b_2 X_2 + e \qquad\qquad \cdots\cdots\cdots\cdots (6.14)$$

독립변수가 더 많아지면 식(6.13) 또는 식(6.14)에 추가되는 독립변수를 더한 다중선형 회귀모형을 작성할 수 있다. 다중회귀모형의 회귀계수들도 OLS(ordinary least squres) 방법에 의하여 구할 수 있으며, 통계분석 패키지를 활용하여 쉽게 구할 수 있다.

만일 독립변수들이 오차항 ε와 상관관계가 없다면, 회귀계수추정량들(coefficient estimators)은 불편(unbiased) 추정량이다. 다중회귀모형에 대한 자세한 논의는 본서의 수준을 넘는다.

4) 상관분석과 결정계수

회귀분석은 인과적 예측에서 또 하나의 중요한 특징을 갖는다. 그것은 상관분석(correlation analysis)을 이용하여 변수들간의 관계를 해석할 수 있다는 점이다.

상관계수는 −1에서 +1까지의 값을 가지며, +이면 두 변수간에 양의 상관관계, −이면 음의 상관관계가 있음을 나타낸다. 그리고 상관계수의 값이 0에 가까워지면 두 변수 간에 상관관계가 거의 없음을 의미하고, ±1에 가까워지면 두 변수 간에 상관관계가 매우 높다는 것을 의미한다.

상관관계를 나타내는 상관계수 r은 다음과 같은 식에 의하여 구한다.

$$r^2 = \frac{\left[\sum XY - \dfrac{\sum X \sum Y}{n}\right]^2}{\left[\sum X^2 - \dfrac{(\sum X)^2}{n}\right]\left[\sum Y^2 - \dfrac{(\sum Y)^2}{n}\right]} \qquad \cdots\cdots\cdots\cdots (6.15.\ 1)$$

$$r^2 = \frac{\left[\sum (X - \bar{X})(Y - \bar{Y})\right]^2}{\sum (X - \bar{X})^2 \sum (Y - \bar{Y})^2} \qquad \cdots\cdots\cdots\cdots (6.15.\ 2)$$

$$r = \pm \sqrt{r^2} \qquad\qquad\qquad\qquad \cdots\cdots\cdots\cdots (6.16)$$

한편 r^2은 결정계수(coefficient of determination)라고 하며, 회귀방정식이 포함된 독립변수(설명변수)가 종속변수를 얼마나 설명해 주는가를 의미한다. 결정계수의 값은 0에서 1 사이의 값을 가지며, 1에 가까울수록 설명력이 높다. 만일 $r^2=0.75$라면 독립변수가 종속변수의 변화 가운데 75%를 설명한다는 것을 의미한다. 다만 다중회귀분석에서는 일반적으로 상관계수의 제곱(r^2)을 결정계수(R^2)로 표현하며, 독립변수들이 전체적으로 종속변수들을 설명하는 정도를 나타낸다.

예 6-3 앞의 [예 6-2]에서 1인당 국민소득과 연간 원유도입량 간의 상관관계는 얼마인가? 그리고 1인당 국민소득이 연간 원유도입량 변화에 대한 설명력은 얼마인가?

[해] [표 6-4]에서 $\sum X=784.1$, $\sum Y=5,345.3$, $\sum XY=426,831.06$, $\sum X^2=61,537.01$, $\sum Y^2=3,034,679.02$이므로 이것을 식(6.12)에 대입하면 r^2은 다음과 같다.

$$r^2=\frac{\left[426,831.06-\dfrac{(784.1)(5,345.3)}{11}\right]^2}{\left[61,537.01-\dfrac{(784.1)^2}{11}\right]\left[3,034,679.02-\dfrac{(5,345.3)^2}{11}\right]}$$

$$=0.8503$$

$$\therefore\ r=\pm\sqrt{r^2}=\pm\sqrt{0.8503}=\pm0.92$$

그런데 자료에 의하면 1인당 국민소득이 증가함에 따라 연간 원유도입량이 증가하는 경향을 보이고 있으므로 상관관계는 0.92라고 볼 수 있다. 또한 1인당 국민소득은 연간 원유도입량 변화의 85.03%를 설명해 주고 있다.

예 6-4 통계적 방법의 정책분석에의 활용

통계적 분석방법은 정책대안의 검토와 정책결정에도 중요한 분석방법으로 활용되고 있다. 1985년에 미국 연방정부 환경청에서 제정한 가솔린(gasoline)에 포함될 수 있는 납(lead)의 표준(standards)의 작성과정은 대표적인 사례이다. 이 사례를 이해하기 위해서는 많은 과학기술적인 용어들에 대한 이해가 필요하나 여기에서는 이러한 용어사용을 최소한으로 줄이고, 통계적 예측방법들이 정책대안들의 분석에 어떻게 활용될 수 있는가 하는 데 대해서만 간략하게 기술하고자 한다.

이 문제와 관련된 이슈들은 크게 두 가지이다. 첫째, 정부는 자동차가 배출하는 배기가스에 포함된 납(lead)의 양을 줄이기 위하여 촉매컨버터(catalytic converter)를 부착하도록 제도화하였는데, 사람들은 납이 포함된 휘발유를 계속 사용하고 있다. 납이 포함된 휘발유 값이 납을 포함하지 않도록 정제된 휘발유 값보다 더 싸기 때문이다. 그 결과 자동차에 부착된 고가의 촉매컨버터가 곧 기능을 발휘하지 못하게 되고, 쓸모없게 되어 결과적으로 막대한 경제적 손실을 가져올 뿐 아니라 대기를 오염시켜 대기중에 포함된 납의 양을 증가시키는 원인이 되고 있다. 둘째, 대기중에 포함된 납의 양과 혈액 속에 포함된 납의 양 간에는 큰 상관관계가 있다는 과학적 증거(scientific evidence)들이 속속 발표되고 있어, 혈액에 포함된 납의 양을 줄이기 위하여 대기중에 포함된 납의 양을 줄여야 한다는 것이 중요한 사회적 이슈로 대두되고 있다. 혈액에 포함된 납의 양이 증가되면 고혈압, 심근경색, 심장마비 등과 같은 각종 질병발생 가능성이 높아진다고 하는 연구들도 속속 발표되고 있다.

따라서 가솔린(gasoline)에 포함된 납의 양을 어느 정도로 줄이도록 하느냐 하는 것이 큰 사회적 이슈로 대두되고 있었다. 그런데 가솔린에 포함된 납의 양을 획기적으로 줄이기 위해서는 정유공정에서 포함된 납의 양을 줄일 수 있도록 추가적인 시설을 해야 하므로, 이것이 다시 휘발유 값을 인상시키도록 작용하는 요인이 되기 때문에 정유업자들은 휘발유에 포함된 납의 양을 획기적으로 줄이는 가솔린 표준의 제정을 반대하였다. 그러므로 새로운 가솔린 표준을 제정하기 위하여, 새로운 가솔린 표준의 제정에 따른 사회경제적 편익과 비용분석이 필요하게 되었는데, 통계적 분석방법은 이러한 편익비용분석을 위한 기초자료를 산출해 내는 방법으로 사용되었다.[5]

미국연방정부 환경청(EPA)에서는 이 과제에 대한 연구팀을 작성하여 연구를 수행하였다. 이 연구팀에서는 먼저 NHANES II(the Second National Health and Nutrition Examination Survey) 자료를 활용하여 가솔린에 포함된 납의 양과 미국 성인들의 피에 포함된 납의 수준 간의 관계를 검토하였다. 가솔린에 포함된 납의 양과 피에 포함된 납의 수준 간의 관계는 다음 [그림 6-6]과 같았다.

[그림 6-6]은 가솔린에 포함된 납의 양과 사람들의 피에 포함된 납의 수준 간에는 강한 양의 상관관계가 있으리라는 것을 보여준다. 그러나 [그림 6-6] 두 변수들 간의 관계를 경험적으로 알아내기는 어렵다는 문제를 제기해 주고 있다. 가장 핵심이 되는 질문은 다음과 같다. 즉 미국에서 지난 1개월 동안에 가솔린에 포함된 납의 양을 줄이면 매 1,000톤 줄이는 데 따라 미국사람들의 피에 포함된 평균적인 납의 수준은 얼마나 되겠는가 하는 경험적 질문이다.

이 질문에 답하기 위하여 미국환경청(EPA)의 연구팀은 회귀모형을 사용하기로 하였다. 그런데 피에 포함된 납의 수준에 영향을 미치는 요인들은 가솔린에 포함된 납의 양뿐만 아니라 다른 요인들, 예컨대 흡연, 섭취하는 비타민 C의 양, 성별, 연령, 살고

---

5) 편익비용분석방법에 대해서는 제 9 장 및 제10장 참조.

[그림 6-6] 가솔린 생산물에 포함된 납과 평균 NHANES Ⅱ 피의 납의 수준

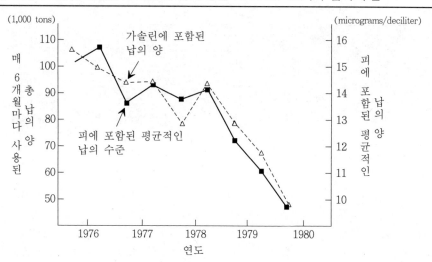

자료: Joel Schwartz, Hugh Pitcher, Ronnie Levin, Bart Ostro, and Albert Nichols, *Cost and Bene-fits of Reducing Lead in Gasoline: Final Regulatory Analysis*(Washington, DC: U.S. Environmental Protection Agency, Office of Policy Analysis, February 1985), E-5.

있는 지역(농촌, 소도시, 대도시) 등도 영향을 미치는 것으로 알려지고 있다. 따라서 EPA의 연구팀은 이러한 여러 가지 피의 납 수준에 영향을 미치는 요인들을 독립변수로 하는 다중회귀 분석모형을 작성하고, 각 요인들의 회귀계수들을 추정하였다. 이 분석결과를 요약하면 다음 [표 6-5]와 같다.

[표 6-5]에서 추정된 가솔린 회귀계수는 일일당 매 100메트릭톤(metric ton)의 가솔린 납(galsoline lead) 소비당 피에 포함된 납수준은 $2.14 \mu g/dl$임을 알 수 있다. 그리고 이 회귀계수는 p-value=0.0000<0.01이므로 t검증에서 유의수준 0.01하에서 매우 유의미하다. 즉 관찰된 회귀계수가 일어날 확률은 10,000번에 한 번 일어날 확률이므로 매우 유의미함을 알 수 있다.

회귀계수가 통계적으로 유의미한 것으로 확인된 후에 또 하나 중요한 것은 이 회귀계수가 실질적으로 유의미(substantively significant)한 것이냐 하는 의문이다. 즉 변수가 고려할 만한 가치가 있는 변화를 가져올 수 있느냐 하는 것이었다. 미국 EPA의 연구팀은 NHANES Ⅱ조사 시점에서 가솔린에 포함된 납의 소비량은 국가적으로 1일 평균 250메트릭톤(metric tons)인 것으로 추정하였다. 그리고 엄격한 규제를 가하면 가솔린에 포함된 납의 소비량은 일일평균 25메트릭톤(metric tons)에 이르기까지 감소시킬

[표 6-5]   피에 포함된 납의 수준에 영향을 미치는 요인들의 기본적인 다중회귀 분석모형의 주요 결과[a]

효 과	회귀계수	표준오차	p-value
절편	6.15		
가솔린	2.14	0.142	0.0000
저소득	0.79	0.243	0.0025
중위수준소득	0.32	0.184	0.0897
소년(8세 이하)	3.47	0.354	0.000
흡연하는 시가렛수	0.08	0.012	0.000
직업적인 노출	1.74	0.251	0.000
비타민 C	−0.004	0.000	0.0010
청소년(teenage)	−0.30	0.224	0.1841
남자	0.50	0.436	0.2538
남자 청소년	1.67	0.510	0.0026
성인남자	3.40	0.510	0.0000
소도시	−0.90	0.292	0.0039
농촌	−1.29	0.316	0.0003
인	−0.00	0.000	0.0009
음주자	0.67	0.173	0.0007
다량음주자	1.53	0.316	0.0000
동북지역	−1.09	0.332	0.0028
남부지역	−1.44	0.374	0.0005
중서부지역	−1.35	0.500	0.0115
교육수준	−0.60	0.140	0.0000
비타민 B$_2$	0.188	0.071	0.0186
비타민 A	0.018	0.008	0.0355

a) 종속변수: NHANES II 조사에서 백인의 피에 포함된 납($\mu g/dl$)

자료: Joel Schwartz et al., *Costs and Benefits of Reducing Lead in Gasoline: Final Regulatory Impact Analysis*(Washington, DC: Environmental Protection Agency, 1985), III-15. The original document reported incorrect standard errors; standard errors reported here were provided by Joel Schwartz.

수 있다고 생각하였다. 즉 일일평균 감소량은 225메트릭톤이 될 것으로 보았다. 이에 따라 피에 포함된 납의 양은 평균 4.8$\mu g/dl$만큼 감소시킬 수 있을 것으로 추정하였다.[6] 의학적으로 검토해 볼 때 이 감소량은 매우 유의미하다고 결론지었다.

이러한 의학적 검토와 아울러 검토해야 할 사항은 인과관계에 대한 검토였다. 왜냐하면 통계적 상관관계는 인과관계는 아니기 때문이다. 생물학적 검토와 이러한 분석결과가 재현(replicate the results)될 수 있느냐 하는 것 등 다양한 검토를 수행한 후 이 분석결과를 규제의 편익비용분석인 규제영향분석(regulatory impact analysis)에 활용함으로써 최종적인 규제표준을 확정하였다.[7]

제 3 절 판단적 예측

1. 판단적 예측의 유형

이론이나 경험적 자료 가운데 어느 하나 또는 모두가 이용가능하지 않을 때 판단에 의한 예측, 통찰력에 의한 예측, 질적 및 주관적 예측방법들이 사용된다. 때로는 체계적이고 수학적인 예측을 위하여 자료를 사용하는 것이 실패로 돌아갔을 때 판단적 예측방법이 사용되기도 한다(Toulmin and Wright, 1983: 208-287).

추세 연장적 예측과 인과적 예측에 있어서는 경험적 자료나 이론이 중요한 역할을 한다. 그러나 판단적 예측에 있어서는 사람들의 식견 있는 판단이 중요한 역할을 한다.

판단적 예측은 예측하고자 하는 일반 대상자들의 판단결과를 종합하여 예측하는 경우와 예측에 참여하는 전문가들의 식견 있는 판단을 종합하여 예측하는 경우로 구분된다. 전자의 예로서는 예측대상자들의 의도(intentions)와 여론(opinions)조사를 들 수 있고, 후자의 예로서는 델파이(Delphi)방법, 전문가 판단유도법(Expert Judgement Elicitation) 및 교차충격 매트릭스(the cross impact matrix) 방법 등을 들 수 있다.

---

6) 피에 포함된 감소되는 납의 양은 다음과 같이 계산된다.

$(225$메트릭톤/1일$) \times (1$일 매 100톤당 $2.14 \mu g/dl) = 4.8 \mu g/dl$

7) 규제영향분석에 대해서는 제13장 참조.

2. 의도와 여론

의도조사와 여론조사에 의한 예측은 마케팅과 정치적 예측에 널리 활용된다. 정책개발을 위한 정책선호 예측에도 널리 활용될 수 있을 것이다.

여기서 의도란 사람들이 그들이 어떻게 하리라고 하는 계획된 행태에 관한 언명(statements)이나 그들이 통제할 수 있는 일에 대한 언명이다. 여론(opinions)은 판단자의 통제 밖에 있는 일에 대하여 언급하는 것이다. 그러므로 여론에 의한 예측은 판단자들이 통제할 수 없는 사건들에 대한 예측이다.

먼저 의도에 관한 연구(intentions studies)는 주어진 상황에서 사람들이 어떻게 행동할 것이라고 말하는가 하는 것에 대하여 조사하는 것이다. 의도에 관한 자료는 다음과 같은 여섯 가지 조건들을 충족시킬 때 특히 유용하다.

① 사건이 중요할 때
② 반응(response)에 의한 대답을 얻을 수 있을 때
③ 반응자들이 계획을 가지고 있을 때
④ 반응자들이 정확하게 보고할 때
⑤ 반응자들이 그들의 계획을 이행할 수 있을 때
⑥ 새로운 정보가 계획을 바꿀 가능성이 거의 없을 때

한편 여론에 관한 자료는 응답자들의 영향(impact)을 미칠 수 있는 상황들에 한정되지 않기 때문에 의도에 관한 자료보다 더 일방적이다. 여론자료들은 수집하기에 용이하다. 또한 여론자료들은 표본추출오류(sampling error)를 염려하지 않아도 될 만한 범위 내에서 적은 수로 하는 것이 일반적이다.

의도에 관한 자료와 여론에 관한 자료수집 중 어느 것을 행할 것인가 하는 판단은 앞에서 제시한 의도에 관한 자료수집이 유용한 여섯 가지 기준에 비추어 보면 그 판단이 용이할 것이다. 여기에 비추어 보면 의도에 관한 자료는 단기적 예측에 적합하다. 그러나 이에 비해서 여론에 관한 자료는 단기적 예측과 장기적 예측에 모두 유용할 수 있다.

3. 델파이방법

델파이방법은 전문가들의 의견을 유도하고 통합하기 위하여 사용하는 방법이다. 델파이방법은 한 집단의 전문가들이 공동작업을 하고 그들의 아이디어를 공유함으로써 얻을 수 있는 많은 이점들을 최대한으로 살릴 수 있도록 하는 양태로 전문가들의 의견을 조사(poll)한다.[8]

델파이방법의 가장 중요한 특색은 한 사람의 전문가가 아니라 예측대상분야와 관련되고 있는 한 전문가집단이 예측을 위하여 동원된다는 데 있다. 일단의 전문가들의 의견을 체계적으로 추출하게 되면 개개인들이 가지고 있는 지식이 집단 내 타인들의 무지를 상호 보완해 줄 수 있다는 이점이 있다. 부연하면, 미래예측을 위하여 전문가집단을 사용하게 된다면 ① 그 집단 내의 개개 전문가가 활용하게 될 정보의 양은 증가되어 최소한 한 명의 전문가가 활용할 수 있는 정보의 양보다 증가될 가능성이 크며, ② 예측하고자 하는 분야에 대해서 고려할 수 있는 요인들의 수가 증대되어 최소한 한 개인이 고려하는 요인들의 수보다 더 많게 될 것이고, ③ 한 집단은 한 개인의 경우보다 더 위험부담의 성향이 높으며 따라서 미래예측에 있어서 일개 전문가로서는 감히 취할 수 없는 위험부담도 하나의 집단으로서는 그 위험 부담을 지고자 할 가능성이 더 커질 수 있다.

그러나 전문가집단을 이용한 예측의 방법은 위에서 말한 이점뿐만 아니라 다음에 열거하는 불리한 점들도 아울러 가지고 있다.

미래예측에 전문가집단을 이용하게 되면, ① 어느 한 전문가에게 이용 가능한 잘못된 정보보다 더 많은 잘못된 정보가 전문가집단에게 이용될 가능성이 있고, ② 한 사람의 전문가의 입장에서 볼 때 다수의 의견이 분명히 잘못된 의견이라고 판단될 때에도 그 집단이 개인에게 사회적 압력을 가할 우려가 있으며, ③ 한두 사람의 강한 성격의 소유자가 그 집단의 결론에 큰 영향을 미칠 수도 있고, ④ 한 집단의 몇몇 구성원들이 예측하고자 하는 미래의 어떤 측면에 이해관계를 가지고 있는 경우에는 자기들의 견해를 다수의 의견으로 형성시키는 것이 주된 목적이 되므로 그 집단의 진정한 예측이 오도될 우려가 있다는 등의 단점을 들 수 있다.

---

8) 일반적인 델파이방법은 동질적인 전문가 집단의 어떤 합의(consensus)를 얻으려는 데 목적이 있는 데 비해서 정책델파이(policy delphi)는 주요 정책 이슈에 대한 반대의견을 포함한 다양한 의견을 창출해 내는 데 목적이 있다. Policy Delphi에 대한 더 자세한 논의에 대해서는 (Turoff, 1975: 84-191)참조.

델파이방법에서 사용하는 미래예측의 절차는 다음과 같이 크게 세 가지의 특징을 가지고 있다.

첫째, 익명을 사용함으로써 예측집단의 구성원들은 상호 간에 미지이며, 따라서 설문지상에 답해진 의견을 자기의 체면을 손상시키지 않고서도 수정 가능하고, 둘째, 통제된 피드백(feedback)을 포함하는 반복과정을 통하여 미래예측을 담당한 기관은 미래예측의 이슈에 적절한 정보를 추출해 낼 수 있고 참여한 그룹요원들에게 제시할 수 있으며, 셋째, 다수의 견해를 통계적으로 종합·분석함으로써 미래사태를 확률적으로 표현할 수 있다.

델파이방법의 목적과 단계는 그것을 사용하는 성격에 따라 달라질 수 있다. 델파이방법의 사용은 테크놀로지 발전의 예측(technological forecasting)과 정책분석으로 나눌 수 있다. 테크놀로지 발전의 예측은 관심을 갖는 주제에 관한 전문가 그룹에 의존하게 된다. 그러므로 전문가들은 관심분야의 이슈나 문제에 가장 정통하고 있어야 한다. 이슈나 문제들은 연구촉진자(facilitator)나 분석가 또는 모니터링 팀에 의하여 기술되어야 한다. 이에 비해서 정책분석 델파이방법은 정책이슈와 관련된 전반적인 이해관계자들(stakeholders)의 의견과 견해들을 통합하고, 의사결정자에게 의견들이 어떻게 나누어져(spread) 있는가를 알리기 위하여 사용한다.

델파이방법은 전문가들의 의견을 체계적으로 추출하고 통계적으로 종합·분석 표현하는 일련의 과정으로 여러 가지 변형된 방법이 있어서 일정하지 않으나 대략 다음과 같은 단계(round)들을 거치게 된다.

[제 1 단계]   예측되어야 할 이슈나 문제들을 선정하고, 설문서를 작성하며, 이들 이슈나 문제들에 정통하고 있는 전문가들을 선정한다. 최초의 설문지는 개방식이며 완전히 임의적이라는 데 특징이 있다.

[제 2 단계]   설문서에 오른 이슈들에 대한 충분한 자료들을 제공함으로써 전문가들이 이슈에 익숙하도록 한다. 미래예측 그룹에 속하고 있는 각 전문가들은 제 1 단계에서 선정되어 리스트에 오른 사태들에 대해서 이들 각각의 사태가 언제쯤 발생될지를 추정한다. 이것이 전문가들의 의견의 유도(elicitation)이다. 설문지가 회수된 후에는 전문가들에 의하여 제시된 결과들을 검토하여 정확성을 높인다. 또한 연구책임자는 참여자들의 의견을 통계적으로 종합·요약한다. 이 때 추정된 각 사태의 발생시기(년대)에 대해서는 중위수, 1사분위수, 3사분위수 등 대표치를 산출한다. 두 번째 설문지에는 사태의 리스트, 제 2 단계에서 추정한 각 사태의 중위수, 1

사분위수, 3사분위수 및 그 양단에 속하는 의견(1사분위수 및 3사분위수 밖에 속하는 의견)에 대한 추정이유를 요약하여 포함시킨다.

[제 3 단계] 두 번째 설문지를 받은 전문가들은 각 사태의 종합의견(예컨대 중위수의 연도)들을 개관한 후각 사태에 대해서 다시 그 발생시기(연도)를 추정한다. 이 때 어느 사태에 대한 종합의견과 자기의 새로운 의견과 차이가 클 때에는 자기 의견을 합리화시킬 수 있는 근거를 제시하여야 한다. 설문지가 회수된 후에는 제2단계에서와 마찬가지로 중위수, 1사분위수, 3사분위수 및 그 양단에 속하는 의견들이 추정된 이유 등을 요약하여 새로운 설문지를 작성한다.

[제 4 단계] 제 3 단계와 같은 과정을 되풀이 한다.

이상과 같은 과정을 통하여 의견의 분산도를 대표해 주는 3사분위수와 1사분위수간의 차의 1/2로 정의되는 사분편차는 매 분석단계마다 점점 좁아지게 되고, 그에 따라서 발생년도를 대표해 주는 중위수도 변하게 되며, 정밀도도 높아지게 된다. 그러면 이러한 과정을 몇 단계까지 되풀이하여야 하느냐 하는 것이 문제인데, 이는 분산도와 정밀도의 필요성에 따라서 연구책임자가 만족할 만한 수준에 이른다고 판단할 때까지 되풀이하여야 한다.

예 6-5 **델파이 설문서 예시(Helmer에 의해 작성)**

· 이 설문서는 응답자들로부터 심사숙고한 의견을 얻는 델파이기법 사용을 높여 주기 위한 네 번에 걸친 설문서 중 첫 번째 설문서입니다.

· 다음 여섯 개 질문의 각각은 다음 수십 년 내에 미국에서 발전할 사항들입니다.

· 각 질문들에 대하여 답변하는 것 이외에도 귀하께서는 각 질문에 1에서 7 사이의 순위를 부여해 주시기 바랍니다. 여기서 "1"은 이 질문에 답변하는데 있어서 귀하 자신의 능력이 다른 답변자들이 가졌을 것으로 기대하는 능력에 비해서, 진실(truth)에 더 가까울 가능성이 상대적으로 볼 때 최상일 것이라고 느끼는 경우이며, "7"은 그 가능성이 상대적으로 볼 때 최하일 것이라고 느끼는 경우를 의미합니다.

순 위	질 문	답*
☐	1. 귀하께서 볼 때 몇년도에 중위(median) 가족수입(1967년 달러)이 현재의 수입의 두 배가 될 수 있을 것으로 생각 하십니까?	
☐	2. 몇년도에 사용하고 있는 자동차들 가운데 전기자동차가 50%에 도달할 수 있을 것으로 보십니까?	
☐	3. 몇년도에 가정의 컴퓨터 콘솔(console)이 중앙컴퓨터(central computer) 및 데이터 뱅크와 연결되는 비율이 50%에 도달할 것으로 보십니까?	
☐	4. 몇년도까지 원자력 발전에 의해 생산한 전력이 수력발전에 의해 생산한 전력에 상업적으로 경쟁력이 있을 것으로 보십니까?	
☐	5. 몇년도까지 뉴욕에서 샌프란시스코 사이를 왕래하는 데 소요되는 여객기의 비행시간이 현재의 절반에 이를 것으로 보십니까?	
☐	6. 몇년도까지 개인들의 현금거래(1967년 달러) 비율이 현재의 그것의 10분의 1에 도달할 것으로 보십니까?	
☐	7. 몇년도에 최초로 달에 여행하는 사람이 최소한 한 달 이상 머물다 지구로 귀환할 것으로 보십니까?	

* "불가능(never)"도 응답가능합니다.

· 다음 항목들에도 대답해 주시고, 이름을 기재해 주십시요(이름을 기재하는 것은 다음 라운드에 다시 설문서를 보내기 위한 것입니다. 어떤 의견의 특성이 어떤 특정한 개인의 것이라고 밝히지 않을 것입니다).

하나를 체크하십시오: ☐ 나는 남아있는 다음 세 번의 설문조사에도 참여하고 자 한다.

☐ 나는 남아있는 다음 세 번의 설문조사에 참여하고자 하나 꼭 하려는 것은 아니다.

☐ 나는 남아있는 다음 세 번의 설문조사에 참여할 생각 이 없다.

이름(블록글자체로 기재해 주십시오): _____

자료: Helmer(1968).

4. 전문가 판단유도법

전문가 판단유도법(Expert Judgement Elicitation)은 델파이방법의 일종으로 발전하였다. 전문가 판단유도법은 계량적인 의사결정분석의 일부로서 양(quantities)에 대한 믿음(beliefs)을 생각하고 구체화하기 위하여 전문가들과 작업하는 과정이다.

전문가 판단유도법은 보건, 환경 등과 같은 자연과학 분야의 의사결정에서 확률분포와 어떤 분포의 상한(upper limit)과 하한(lower limit) 등을 추정하는 것과 관련하여 전문가들의 판단을 유도해 내기 위하여 사용한다. 이 접근방법은 주로 데이터(data)가 부족한 경우에 정보를 얻기 위하여 널리 사용되고 있다(Hora and Jensen, 2002; Meyer and Booker, 1991).

그러면 왜 전문가 판단유도법의 활용이 필요한가? 이는 이 접근방법을 사용하면 다음과 같은 이점들이 예상되기 때문이다.

- 전문가들이 가지고 있는 지식의 도움을 받는다면, 비전문가들도 좀 더 좋은 의사결정을 내릴 수 있을 것이다.
- 의사결정문제를 몇 개의 요소로 분해함으로써, 전문가들은 그 문제에 대한 그들의 지식을 체계적으로 구체화할 수 있다.
- 정보들을 함께 조합하고 산출결과들(outcomes)을 분석함으로써, 분석가들은 가장 핵심적인 구성요소들(critical components)을 식별할 수 있고, 전문가들 가운데 차이를 구별할 수 있으며, 정보의 가치(value of information)를 결정할 수 있다.
- 잃어버린 데이터를 메울 수 있다.
- 크게 돌출된(outbreak) 데이터를 비교해 볼 수 있다.
- 특성판단(attribution judgement)에 영향을 미치는 요인들을 검토할 수 있도록 해준다.
- 어떤 불확실한 양(quantities)에 관한 값이 정책분석에 필요하고, 데이터나 이해(understanding)의 부족으로 확률을 추정할 통상적인 통계적 기법을 사용하기 어려울 때, 남아있는 유일한 옵션은 전문가들에게 그들의 최선의 전문직업적인 판단(professional judgement)을 구할 수밖에 없을 것이다(Morgan, Henrison and Small, 1990: 102).

전문가 판단유도법은 의사결정을 개선시킬 수 있는 다학문적 접근방법이며, 전문가들의 의견이 주관적이라고 할지라도, 전문가 판단유도법은 "건전한 과학"의 일부로서 신뢰할 수 있고 재현가능(reproducible)하다. 그리고 수용도와 질(quality)을 높이기 위해서는 동료리뷰(peer review)와 투명성이 필수적이다. 또한 전문가 판단유도법은 전통적인 과학적 연구를 대체하지는 않는다.

그러면 언제 전문가 판단유도법을 사용하는가? 이것은 과학적 측면과 정치 및 경제적 측면으로 나누어 생각할 수 있다. 먼저 과학적 측면에서는 ① 편익비용분석을 위한 편익의 추정과정에서 과학(science)이 불완전하거나 너무 고가일 때, 또는 어떤 결과들(results)이 적시에 이용가능하지 않은 경우, ② 편익비용분석을 위한 편익의 추정과정에서 관심을 가진 화학물질의 유독성을 추정할 때 등이다.

한편, 정치적 및 경제적 측면에서는 미래가 불확실할 때 미래의 이자율(interest rate)을 추정하거나 기술적 발전과 혁신의 비율(rate)을 예측할 때 사용한다.[9]

전문가 판단유도법을 사용하기 위해서는 전문가 판단유도조사(expert elicitation survey) 방법을 사용하는데, 그 단계는 다음과 같다(Stiber, 2005; Ayyub, 2001).

· 관련분야의 전문가 판단유도에 조예가 깊은 기관이 있는 경우에는 이 기관과 협력하여 질문서를 작성한다.
· 문제를 구체화하고, 어떤 양(quantities)이 평가될 필요가 있는지를 결정한다.
· 균형잡힌 한 세트의 전문가들을 선택한다. 이때 전문가들이 자기들의 전문성 정도(experties)에 대하여 자체평가하도록 한다.
· 전문가들과 더불어 문제를 좀 더 정교하게 형성하고, 평가되어야 할 양들(quantities)이 무엇인가를 검토한다.
· 판단(judgement)의 개념들, 확률, 공통적인 발견적 학습법(heuristics) 등에 관한 선행판단유도(pre-elicitaiton) 워크숍을 개최한다. 또한 관심영역(domain of interest)에 관한 배경정보들을 제공한다.
· 확률이나 양(quantities)에 대한 판단을 유도한다.
· 의견에 대한 컨센서스(consensus)를 발전시키고, 개인들이 개진한 믿음들(beliefs)을 종합하거나 조합(combine)한다.

---

9) 편익비용분석에서 이자율에 관한 논의에 대해서는 제 9 장 참조.

[표 6-6] 불연속 변수의 주관적 확률평가

질적인 묘사	확률의 크기	근 거
있음직하지 않음 (unlikely)	0.1%(일천 번에 한 번의 기회)	역사적으로 그러한 조건이나 사건이 일어난 적이 없음; 그것이 일어날 어떤 그럴듯한(plausible) 시나리오를 생각하기 어려움. 그러나 상당히 많은 노력을 하면 하나의 시나리오를 식별해 낼 수 있음
가능한 (possible)	1%(일백 번에 한 번의 기회)	역사적으로 그러한 조건이나 사건이 일어난 것이 관찰되지 않았음. 그러나 그것이 일어날 수 있는 여러 개의 시나리오들을 식별할 수 있음
개연성 있는 (probable)	10%(열 번에 한 번의 기회)	이런 유형의 어떤 한 사건이 과거 역사적 데이터베이스에서 관찰되었음
있음직한 (likely)	50%(열 번에 다섯 번의 기회)	이런 유형의 여러 개의 사건들이 역사적 데이터베이스에서 관찰되어 왔음
매우 있음직한 (very likely)	90%(열 번에 아홉 번의 기회)	이런 유형의 사건들이 매우 많이 역사적 데이터베이스에서 관찰되어 왔음

자료: Stiber(2005).

· 동료리뷰(peer riview)를 실시한다.
· 응답결과에 관한 정보를 보고한다.

전문가 판단유도법을 사용하여 주관적 확률을 질적으로 묘사하는 경우 이것을 양적으로 전환하는 데에는 [표 6-6]과 같은 전환방법을 사용하면 도움을 받을 수 있다.

5. 교차충격 매트릭스 방법

두 개 이상의 다른 예측결과들을 조합하는 경우 정책결정을 위하여 매우 귀중한 새로운 정보를 추출해 낼 수도 있다. 두 가지 이상의 예측결과를 조합하는 데에는 여러 가지 방법들이 이용되고 있는데 그 중에서도 교차충격 매트릭스(the cross impactmatrix)는 여러 가지 다른 예측결과 간의 상호작용을 분석평가하는 체계적인 방법으로 높이 평가되고 있다. 이 교차충격 매트릭스는 원래 델파이 방법을 사용하여 얻은 결과들 상호 간의 비교를 가능케 하도록 고안되었으나 오늘날에는 여러 가지 다른 방법으로 얻은 예측결과들 간의 상호 비교를 위해서도 널리 이용되고 있다.

다수의 예측결과들을 조합하는 절차는 각각의 예측결과 2개씩 1개조로 하여 한 장씩 차례로 상호작용 여부를 체크해 나가는 것이다.

만일 상호작용이 있는 것이 확인되는 경우에는 그것이 그 이후에 계속해서 미치는 영향을 추적하여야 한다. 만일 직접적인 상호 작용이 없는 경우에는 제 3의 예측 결과와의 상호작용을 통하여 영향을 미치는지의 여부를 확인한다. 이러한 예측결과간의 상호작용을 쉽게 확인하는 방법은 아직 발견되지 않았으나 그것을 조직적으로 확인해 볼 수 있는 체계적인 방법이 개발되었는데 이것이 바로 Gordon과 Helmer에 의하여 개발된 교차충격 매트릭스 방법이다(Gordon and Helmer, 1969).

미래의 예측된 두 개의 사건이 상호작용하는 방법은 크게 세 가지 측면으로 나누어지게 된다. 첫째는 상호작용의 방식(mode)이고, 둘째는 상호작용의 힘(force)이며, 셋째는 그 영향의 시차(time-lag)이다. 여기서 상호작용의 방식이란 하나의 사건이 다른 또 하나의 사건의 발생가능성을 촉진 또는 감소시키거나, 필수적으로 발생케 하거나 또는 발생가능성을 완전히 제거하는 것을 말한다. 한편 상호작용의 힘은 하나의 사건이 다른 사건의 발생에 미치는 영향이 강한가 또는 약한가를 나타내 주는 척도를 말한다. 영향력의 시차란 사건의 발생이 다른 사건의 발생에 즉각 영향력을 당장 미치는 것인지, 아니면 그러한 영향력을 미치기 위해서는 어느 정도 시간이 걸리는지 말해 준다. 따라서 두 개의 예측결과의 가능한 상호작용을 비교 검토하기 위해서는 그 상호작용의 방법, 힘 및 시차를 결정할 필요가 있다.

이제 두 개 이상의 사건들 간의 상호작용을 검토하기 위해서 세 가지 사건들의 상호작용을 예로 들어보자. [그림 6-7]은 이들 세 가지 사건들 간의 상호작용관계를 나타내 주고 있다.

[그림 6-7]에서 각각의 열(rows)에는 E_1, E_2, E_3의 세 가지 사건이 소개되었으며, 그 사건이 발생할 확률은 P_1, P_2 및 P_3이고, 그 세 가지 사건이 일어날 연도는 Y_1, Y_2 및 Y_3로 예측되었다. 각 사건발생의 역사적 연도별로 볼 때 $Y_1 < Y_2 < Y_3$로서 Y_3가 가장 늦게 일어난다고 가정한다. 세 가지 사건, E_1, E_2 및 E_3는 각 행(column)의 최상단에도 소개되었는데 이들 사건들은 각 열에 표시돼 있는 사건 E_1,

[그림 6-7] 예시적인 교차충격 매트릭스

사 건	확 률	연 도	E_1	E_2	E_3
			사건의 발생		
E_1	P_1	Y_1	////////	촉진 10% 즉시	필수화 50% 7년
E_2	P_2	Y_2	감소 −20% 5년	////////	촉진 0% 즉시
E_3	P_3	Y_3	감소 −10% 즉시	제거 −70% 즉시	////////
			사건의 미발생		

E_2, E_3와 동일한 사건들이다. 매트릭스 내에 있는 각 셀(cell)은 상응하는 두 사건들 간의 상호 작용을 표시해 준다. 예를 들면 [그림 6-7]의 최상 최우단에 있는 셀 (cell)에는 사건 E_1과 E_3의 상호 작용결과를 표시하고 있다. 여기서 대각선상의 셀은 무의미하므로 분석에서 제외되며 사선들로 표시되어 있다. 대각선상에 있는 셀을 중심으로 그 양쪽에 두 사건들의 상호작용을 표시하는 셀이 각각 하나씩 있음을 볼 수 있다.

여기서 시간적으로 선행하는 사건들만이 후에 발생되는 사건에 영향을 미칠 수 있다는 것을 전제하는 것이 합리적이다. 이러한 가정을 도입하면 우리가 [그림 6-7]에서 두 가지 사건의 상호작용을 표시하는 셀이 둘이라는 것이 두 가지 사건들 간의 상호작용을 설명하고 예측하는 데 매우 편리하다. 즉 대각선상의 셀을 중심으로 위쪽에 위치하고 있는 셀들은, 만일 각 열(rows)의 사건(선행사건)이 발생할 때 두 사건 간의 상호작용을 표시하며, 대각선상의 셀을 중심으로 아래쪽에 위치하고 있는 셀들은 만일 각 행(column)의 사건(선행사건)들이 발생하지 못할 경우, 두 사건들간의 상호작용을 표시하고 있다. 예컨대 [그림 6-7]에서 사건 E_1과 E_3의 상호작용은 대각선상의 셀들을 중심으로 우상단에 있는 셀은 사건 E_1이 일어난 경우 사건 E_3의 발생에 미치는 영향이며, 그 영향의 방식(mode)은 E_3가 반드시 일어나도록 작용하는데, 그 발생의 가능성을 50% 증가시키는 데 공헌하며, 그 영향은 대개 7년 후에 나타나게 된다는 것을 나타낸다. 그 반면에 대각선 셀의 좌하단에 있는 E_1과 E_3의 작용 셀은 만일 E_1이 발생되지 않는 경우에 그것이 E_3에 미치는 영향을 표시하며, 그 영향의 방식은 E_3의 발생가능성을 감소시키고, 그 감소도는 −10% 정도이며, 그 영향은 즉각적으로 나타나기 시작한다는 것을 나타낸다. 같은 방법으로 다른 상호작용의 셀들도 설명이 될 수 있다.

위에 든 예는 교차충격 매트릭스의 각 셀들이 어떻게 채워질 수 있는가를 설명해 주고 아울러 상호작용에 대한 조사자가 그러한 작용을 하나도 빠뜨리지 않고 모두 확인해 볼 수 있다는 것을 암시해 준다. 여기서 주의할 점은 후속사건의 발생이 선행하는 몇 개의 사건발생에 영향을 받을 경우, 그 증가하는 확률의 총합이 100%를 넘어서는 안 되고, 또 감소하는 경우에는 그것의 합계가 0% 이하가 되어서도 안 된다는 점이다. 예컨대 E_1의 발생이 E_3의 발생가능성을 20% 증가시키고, E_2의 발생이 E_3의 발생가능성을 10% 증가시켰다고 가정하고 또 원래 E_3의 발생가능확률은 80%였다고 가정한다면, E_1과 E_2의 발생결과 E_3의 발생은 110%가 될 것이다. 따라서 이러한 모순을 제거하기 위해서 조정이 필요하게 된다.

만일 선행사건들의 발생결과, 후속할 사건의 발생확률의 합계가 100%가 넘는 경우에는 그 100% 한계에 가까워질수록 선행사건의 동일한 충격에 의하여 후속사건의 발생가능확률의 증가율은 적어진다. 즉 동일한 사건 E_1의 발생에 의한 충격이라도 E_3의 원래의 발생 확률이 80%인 경우에 비해서 원래의 E_3의 발생확률이 60%인 경우에는, 후자일 때 E_3의 발생확률의 증가가 전자의 경우에 비해서 더 크다는 것을 뜻한다. 따라서 E_3의 원래의 발생확률이 100%에 가까우면 가까울수록 E_1또는 E_2의 발생에 의해서 받는 동일한 충격에 의해서 E_3의 발생확률 증가율은 상대적으로 낮아지게 될 것이고, 이에 따라 E_3의 발생확률이 전체적으로 100%가 넘어서지 않게 될 것이다. 선행사건이 발생하지 않음으로써 후속될 사건의 발생에 미치는 음의 충격에 대해서도 동일한 원리가 적용되어 후속사건의 발생확률이 0% 이하가 되지 않게 된다.

교차충격 매트릭스는 정책결정자가 정책을 결정하기 이전에 시뮬레이션을 통해서 그 정책의 영향을 측정해 보는 데 매우 도움이 된다.[10]

만일 어떤 정책의 실시가 미래의 어떤 사건의 발생에 영향을 미친다고 가정하

---

10) 국내의 가능한 미래정치상황에 대한 대안을 디자인하는 과정에서의 교차충격 매트릭스의 이용방법에 대해서는 (Dror, 1971: 72-75)참조.

는 경우, 그 충격이 주는 영향력 행사의 방법(mode), 그 강도(strength) 및 시차(time-lag)를 검토하여 그 정책의 영향력에 의한 변화가 바람직한 것인지의 여부를 평가하고, 이에 따라서 그 정책의 채택, 수정, 또는 폐기의 여부를 결정할 수 있다.

6. 빠른 직관적 예측

때로는 공식적인 델파이방법을 적용하기에는 시간이 매우 부족한 경우도 있다. 이때 델파이 방법과 같이 전문가들의 지식을 조직적으로 활용하여 미래를 예측하되 그 예측과정은 훨씬 더 융통성 있게 간편화하여 미래를 예측하는 것이 빠른 직관적 예측(quick intuitive forecast)이다. 빠른 직관적 예측은 델파이방법의 원칙들, 즉 관련분야에 전문지식을 가진 10여명의 소수 전문가들을 예측에 포함시키고, 서로 독립적이며 익명의 상태에서 첫 라운드에 참여한 전문가들을 인터뷰하며, 제 일차적인 인터뷰 결과가 발표된 후에는 개별 참여자들을 재면접함으로써, 합의된 예측(consensual forecast)을 발전시킨다.

첫 번째 원칙은 전문가들을 선택한다는 것이다. 예컨대 대도시 내에 있는 낙후된 지역의 재개발을 촉진시키기 위하여 재산세율을 낮출 것인지 여부에 관한 정책대안을 검토한다고 가정해 보자. 여기서 중요한 질문은 이 지역의 재산세율의 인하가 실제로 재개발을 촉진시킬 것인지의 여부이다. 또 하나의 질문은 재산세율을 낮추지 않고도 재개발을 촉진시킬 것인지의 여부, 즉 아무런 행동도 취하지 않는 전략이 효과가 있느냐의 여부이다.

이 방법을 적용하는 데 있어서 첫단계는 인터뷰를 할 정책관련분야에 정통한 사람들을 선택하는 것이다. 위의 낙후지역 재개발정책사례의 경우에는 다른 도시에서 재산세율 감면에 의하여 재개발을 하는 데 참여했던 경험이 있는 도시계획가들과 아울러 같은 도시의 재개발업자 및 비즈니스 리더들(business leaders)을 인터뷰 대상으로 선정한다. 이러한 도시재개발 경험지역에서 선택한 인터뷰 대상들과 거의 동일한 배경을 가진 동일한 수의 인터뷰 대상자들을 새로 재개발하고자 하는 지역에서 선발한다. 그리고 여기에 부동산, 금융 및 마케팅 전문가들을 인터뷰 대상자로 선발하여 추가한다. 시간이 제한되어 있다는 점을 감안하여 인터뷰할 전문가 수를 10명 내외로 한다. 질문할 내용은 잘 조직화되고, 질문의 핵심은 분명하여야 한다.

두 번째 원칙은 익명성이다. 위의 첫 번째 단계에서 선발한 전문가들은 각각 독립적으로(서로 모르는 상태에서) 인터뷰가 이루어져야 한다. 최소한 첫 번째 라운드가 끝날 때까지 이 인터뷰 대상집단에 누가 참여하고 있는지 서로 모르도록 하는 것이 바람직하다. 첫 번째 라운드의 인터뷰가 완성되면, 그 인터뷰 결과는 집계되어 집계된 결과를 인터뷰에 참여한 대상자들에게 알려 준다. 이때 그 집계내용에는 그들 인터뷰한 내용들 간에 즉, 가정(assumptions), 자료 및 논리상에 있어서 비일관이 있다면 이것을 부각시켜야 한다. 이러한 내용은 요약하여 문서화하는 것이 좋으나 시간이 부족한 경우에는 구두로 전할 수도 있다. 다음에 델파이 방법에 있어서와 마찬가지로 첫 번째 라운드의 인터뷰 대상이었던 10여명의 전문가들이 이 집계결과에 코멘트하고, 만일 그들이 처음 인터뷰에서 대답했던 내용들 가운데 수정할 내용이 있으면 수정하도록 요청받는다. 만일 두 번째 라운드에서 어느 정도 정책대안의 결과에 대한 예측에 컨센서스가 이루어지면, 그 두 번째 라운드에서 집계한 결과는 정책대안의 결과를 예측한 것으로 종결된다. 그러나 컨센서스가 이루어지지 않으면 첫번째 라운드 후에 수행했던 절차를 반복함으로써 예측결과에 대한 컨센서스를 높이도록 한다.

7. 시나리오 작성

1) 시나리오 작성의 목적

정책결과를 예측하는 데 활용되는 시나리오(scenario)는 사람들이 바라보는 미래에 대한 이야기의 줄거리, 즉 스토리(stories)이다. 시나리오 작성은 대안을 평가하고, 정책분석의 결과를 프리젠트(present)하는 수단으로서 사용된다. 만일 여러 가지 대안들이 채택되면 그 결과가 어떤 것이 될 것인가를 분석하기 위하여 각본을 작성한다. 한편, 정책평가단계에서는 분석가는 분석가 개인이나 고객이 여러 가지 대안들을 이모저모로 생각하는 데 도움을 얻기 위하여 사용할 수 있도록 시나리오를 작성하기도 한다.

시나리오는 또한 정책대안이 채택되어 집행되는 미래세계의 상태를 기술하고, 이 과정에서 발생할 수 있는 문제들을 예측하며, 어떻게 이것들을 피할 것인가 하는 것에 관한 실무적인 어드바이스(advice)를 주는 데도 사용된다.

시나리오 작성은 또한 정책실무상황에서 집행에 대하여 체계적으로 생각할 수 있는 유용한 틀(framework)을 제공해 준다.

2) 시나리오 작성의 방법

시나리오 작성에는 자료의 준비가 필요하다. 이 자료들은 정책분석과정에서 수집된다. 먼저 일반적인 정책영역이 기술된다. 그리고 대안들이 분석될 단계들을 설정한다. 대안들은 세부적으로 기술되어야 하며, 적절한 행위자들과 핵심적인 이익집단들 및 타협되어야 할 영역들이 또한 기술되어야 한다. 다음에는 시나리오가 작성된다.

시나리오 작성방법에는 전방향 사상(forward mapping)방법과 후방향 사상(backward mapping) 방법이 있다.

시나리오 작성에 있어서 가장 기본은 정책들과 바람직하다고 생각하는 결과들 간을 연결하는 한 체인(chain)의 행태들을 구체화하고(specifying) 질문을 던지는 것이다. 이 경우 시나리오는 정책으로부터 결과들로 이동하므로 전방향 사상방법이라 부른다. 이에 비해서 후방향 사상방법은 바람직하다고 생각하는 결과들(desired outcomes)로부터 시작하여, 그 결과들을 산출하는 가장 직접적인 방법들이 무엇인가를 결정한다. 그 다음에 행동들(actions)을, 조직의 계층을 통해서 바람직하다고 생각하는 결과를 실현하기 위하여 채택하여야 하는 가장 높은 수준의 정책에 후방향 사상(backward mapping)(즉 결과에서 원인으로 투사)하는 방법이다(Weimer and Vining, 1999: 401-404).

전방향사상방법에서는 특히 "한 체인의 행태들을 구체화한다"고 할 때 구체화(specific)라는 말에 유의하여야 한다. 여기서 구체화란 바라는 결과가 일어나도록 하기 위해서 누구에 의해서 무엇이 수행되어야 하는가 하는 것이다. 시나리오 작성은 분석가가 비현실적인 암묵적가정들(implicit assumptions)을 찾아내는 데 도움을 준다.

전방향사상방법을 사용한 시나리오 작성은 ① 정책을 결과에 연결하는 시나리오 초안의 작성, ② 시나리오에 등장하는 인물들의 이해관계라는 관점에서 작성된 초안의 비판 및 ③ 시나리오가 좀 더 가능한 것이 되도록 수정·보완하는 것을 포함하는 3단계를 거친다(Weimer and Vining, 1999: 401-404).

(1) 시나리오 초안의 작성

시나리오는 정책과 관련된 사람들이 보는 미래에 대한 이야기들(narratives)이다. 시나리오는 필수적인 등장인물과 관련된 이야기의 줄거리들(plots)에 의하여 연결된 시작과 끝을 가지고 있다. 이야기의 줄거리들은 등장인물들의 동기들 및 능력들과 일관성을 이루고 있어야 한다. 이 줄거리들은 정책을 집행하는 데 적절한 관련이 있는 중요한 고려 요인들을 전달한다고 하는 측면에서 풍부(rich)해야 한다.

이야기의 줄거리는 일련의 상호연결된 행동들로 구성되어 있다. 이야기는 각 행동에 대한 네 개의 질문들에 대답해야 한다. 즉 행동(action)은 무엇인가? 누가 행동을 취하는가? 언제 행동을 취하는가? 왜 그들은 그러한 행동을 하는가?

(2) 시나리오에 대한 비판

시나리오에 대한 비판은 다음과 같은 관점에서 이루어진다. 즉 시나리오는 가능한가? 등장하는 모든 행위자들은 이야기의 줄거리가 요구하는 것들을 해낼 수 있는 능력이 있는가? 만일 그렇지 않다면 정책분석가가 작성한 시나리오의 줄거리는 가능성의 테스트를 통과하지 못하였기 때문에 재작성되어야 한다. 물론 만일 시나리오 작성자가 가능한 줄거리를 구체화할 수 없다면, 그 정책이 실패할 운명이라는 것은 거의 확실하다. 시나리오의 가능성에 대한 더 흥미 있는 테스트는 행위자들의 동기를 검토함으로써 이루어질 수 있다. 즉 그들은 이야기의 줄거리에서 요구하고 있는 사항들을 수행하고자 하는가 하는 것을 검토함으로써 시나리오의 실현 가능성을 검증할 수 있다.

(3) 시나리오에 대한 수정

시나리오를 앞의 비판에 비추어 재작성한다. 비록 그 시나리오가 바라는 결과(desired outcome)에 이르도록 리드(lead)하지 못한다 해도, 이야기의 줄거리는 가능한 것이 되도록 노력해야 한다. 만일 그렇게 하고도 아직도 그 시나리오가 바라는 결과에 이르도록 리드한다면, 그러면 정책결정자는 집행계획의 기초를 가졌다고 할 수 있다. 만일 그것이 바라는 결과에 이르도록 리드하지 못한다면, 정책결정자는 그 정책이 실행가능하지 않다고 결론 내릴 수 있다.

3) 시나리오의 유형

시나리오는 분석결과들을 프리젠테이션하는 데 사용된다. 시나리오는 왜 어떤 대안은 기각되고, 어떤 것은 다른 것들보다 더 우수하며, 그리고 그 정책대안이 채택되는 데 필요한 단계들이 무엇인가를 보여 주기 때문이다.

시나리오에는 낙관적인 시나리오, 가장 나쁜 상황의 시나리오 및 중간 정도의 시나리오 등이 있다.

낙관적인 시나리오는 입장의 결정, 협상 및 절충 과정을 기술하며, 최소한의 절충을 거친 후에 정책이 채택되는 시나리오이다. 이 시나리오는 정책과정이 미묘하게 얽히고 설킨 것을 파헤치고, 정책이 진행되어 나갈 과정의 여러 가지 루트들(routes)을 탐색하며, 적절한 모든 행위자들을 관련시키며, 그들의 동기와 믿음, 그들이 가진 자원들이 무엇인가를 밝혀내고, 정상적인 상황하에서 정책의 결과가 어떤 것이 될 것인지를 예측한다.

가장 나쁜 상황의 시나리오는 정책제안이 상상할 수 있는 가장 나쁜 방법으로 실격되는 경우이다. 이 시나리오의 밑에 깔려 있는 아이디어는 잘못될 수 있는 모든 일들에 대하여 체계적으로 생각할 수 있게 해주고, 이러한 가능한 위험에 대한 경고의 신호에 대한 통찰력을 발전시키며, 이러한 징조가 식별되면 고객이 그에 대비하여 손실을 최소화할 수 있도록, 그러한 파국(catastrophe)이 어떠한 모습을 띨 것인가에 대한 아이디어들을 얻게 한다는 것이다.

이들 두 가지 시나리오들은 가장 낙관적인 경우와 가장 비관적인 경우의 정치적 스펙트럼(spectrum)의 양쪽 끝을 확정짓는다. 그리고 그 사이에는 수많은 중간단계의 시나리오들이 가능하며, 다른 가능한 결과들에 대한 유용한 정보들을 제공해 줄 수 있다.

시나리오들은, 그러므로, 분석가가 현실적인 방법으로 정치적 문제들과 함정들에 대하여 생각할 수 있게 해 준다. 정치적 요인들은 분석의 사용자들에게 유용한 방법으로 분석되고, 해석되며, 또한 제시되어야 하는데, 시나리오는 그러한 방법들 가운데 하나이다. 시나리오는 또한 정치적으로 좀 더 생존 가능한 대안들을 식별할 수 있도록 하고, 대안이 좀 더 잘 받아들여질 수 있도록 수정할 수 있는 정보를 제공해 주며, 불확실성과 부수효과(side effects)들을 고려하도록 가능한 집행 이슈들을 부각(highlight)시켜 줌으로써 분석가들과 그의 고객들을 도와준다.

제 4 절 예측의 평가

1. 정확성 평가의 기준

예측결과를 정당하게 평가할 수 있는 기준들에는 여러 가지가 있다. 정확성

(accuracy)은 이들 카테고리에 속하는 기준들 가운데 중요한 기준의 하나이다. 예측의 결과들은 물론 복수의 평가기준들에 의하여 평가함으로써 유용성을 높일 수 있다. 정확성은 이들 여러 가지의 예측결과들을 평가하는 데 적용할 수 있는 유익한 주요 평가기준이다. 예측결과에 미치는 여러 가지 요인들의 영향력에 대한 일반적인 명제들이 만들어질 수 있는지 여부에 대한 유일한 평가기준은 정확성이다. 따라서 이러한 여러 가지 이유로 인해서 예측결과에 대한 평가기준으로서 정확성이 널리 활용되고 있다.

2. 정확성 식별의 틀

예측결과의 정확성과 바이어스(bias)를 평가하는 접근방법에는 내부자 접근방법과 외부자 접근방법이 있다.

1) 내부자 접근방법

내부자 접근방법(insider approach)은 전문가 자신들에 의하여 예측결과를 평가하는 것이다. 이 때 주로 평가하는 대상은 자료의 적절성, 가정(assumptions)의 선험적 타당성, 예측을 위하여 채택한 방법론의 특성에서 오는 바이어스(bias, 예컨대 선형의 관계만을 채택함으로써 오는 선형방법의 바이어스), 추세 자체의 맥락(context) 등이다. 따라서 예측결과의 정확성은 논리적 일관성, 가정(assumption)의 개연성(plausibility), 구체적인 상황에 응용한 기법의 타당성 등으로부터 추정한다(Ascher, 1978: 6-7).

2) 외부자 접근방법

예측결과를 예측자들의 행태라는 관점에서 평가하는 것이 외부자 접근방법(outsider approach)이다. 즉 예측결과의 과학적인 타당성보다 과거에 수행했던 예측결과가 얼마나 정확성을 가지고 있었는가를 검토하고 이를 토대로 현재의 예측결과의 정확성을 판단하고, 필요한 수정을 가하는 접근방법이다. 예컨대, 만일 어떤 특정한 예측자가 과대추정(overestimation)하는 경향이 높은 것으로 알려져 있다면, 현재의 예측결과도 너무 높을 가능성이 있는 것으로 판단할 수 있으며, 정책결정자는 이에 따라 예측결과를 해석한다. 그리고 어떤 바이어스(bias)가 표면으로 나타날 확률은 과거에 바이어스가 얼마나 일관되게 표출되었는가, 그리고 과거와 현재의 상황적 맥락이 얼마나 유사한가에 따라 달라질 것이다.

3. 가정의 계속 보존(drag)

1) 가정의 계속 보존의 의의

예측을 할 때 도입한 가정들(assumption)의 타당성이 자료에 의하여 상반되게 나타난 후에까지도 처음에 했던 가정들을 계속해서 사용하는 것을 가정의 계속보존(assumption drag)이라고 부른다. 즉 옛날에 사용했던 핵심적 가정들(old core assumptions)을 계속 사용하는 것을 말한다. 이러한 가정의 계속보존 현상은 예측의 정확성을 떨어뜨리는 중요한 요인이 된다.

2) 가정들을 계속 보존하는 이유

가정들을 계속 보존하는 현상이 일어나는 이유는 다음과 같다(Ascher, 1978: 52-53).

첫째, 전문가들의 사회화와 관련된 것으로, 이 경우 어떤 분야에서 얻어진 예지(wisdom)가 의문시되기 힘들다. 즉 대부분의 예측자들이 어떤 분야에 전문화한다는 것이 이미 시기가 지난 가정들을 그대로 계속 보존하는 이유 가운데 하나이다. 또한 어떤 한 예측분야의 전문가들은 자기 자신의 전문분야 이외의 영역에 대해서는 묵시적으로나 명시적으로 과거의 예측결과들에 의존하지 않으면 안 된다. 그런데 자기의 전문분야 이외에서 도입한 가정들에 대해서는 그의 지식에 한계가 있기 때문에 자기분야 이외의 타영역에서는 명확한 예측결과들을 산출해 내기 어렵다. 더 중요한 것은, 옛날에 수행했던 예측결과들이 아직도 계속 타당한지의 여부를 평가할 수 없는 경우도 있다. 만일 재원이 이 새로운 연구를 수행할 만큼 충분히 확보되어 있지 못한 경우에는 예측자들은 옛날에 연구를 수행할 때 도입했던 가정들이 얼어붙어 있는 기존의 연구에 의존하는 경우가 많다. 이러한 재원부족이 가정들을 계속 보존하는 데 대한 중요한 원인의 하나가 되고 있다.

둘째, 오랜 동안에 걸친 가정들에 상반되는 것같이 보이는 경험적 자료들이 잘못을 오도하는 일시적인 요동에 불과하지 않은가 하는 의심에서 과거의 가정들을 계속 보존하기도 한다. 즉 최근의 자료가 실제로 옛날의 가정들을 무효화할 만큼 새로운 패턴을 나타내는지의 여부가 불확실하다는 것이다. 과거의 패턴으로부터 벗어난 편차들(deviation)을 모두 심각하게 받아들이는 것도 물론 위험하다. 이 편차들 가운데에는 기본 패턴에 일어난 사소하고 일시적인 변덕일 수도 있기 때문이다. 그러나 이 일시적인 변화가 미래에 성장하게 될 새로운 패턴의 출발인 경우, 일시적인 변덕으로 간주하는 데 따른 오류는 매우 클 수도 있다.

셋째, 신뢰할 만한 실제 자료들이 기록되고, 수집되며, 전파되기까지에는 과도한 지체(delay)가 있는 것이 일반적이다.

넷째, 준비기간이 긴 많은 예측 노력들은 처음에는 지배적이었으나 발표할 때쯤에는 이미 쓸모 없게 되어버린 경험적 가정들을 보존한다.

쓸모 없게 되어버린 가정들의 계속적인 보존은 예측의 정확성을 주로 결정하는 데 중요한 핵심적인 가정들에 영향을 미치고, 이 문제의 소스(source)가 복수적이고 장기간에 걸친 것이기 때문에, 가정의 계속 보존은 실제 예측에 있어서 가장 중대한 문제의 하나가 된다. 따라서 예측결과의 활용자들은 최소한 그 예측결과가 낡아빠진 자료나 이론에 기초하여 작성된 것인지의 여부를 결정하기 위하여 예측의 기저에 깔려 있는 행태적 가정들을 주의 깊게 검토해 보아야 한다.

요   약

1. 정책대안들이 개발되고 정책평가기준이 설정되면 정책이 가져올 결과들을 예측하고 평가기준에 비추어 평가한다. 정책이 집행된 후에 실시하는 사후평가는 정책이 미친 영향을 평가한다. 그러나 정책을 집행하기 전에 결정단계에서 수행하는 사전평가는 정책을 집행하였다고 가정하는 경우 어떤 결과가 올 것인가 하는 미래상태들을 투사(projection)하는 것을 포함한다.

2. 정책결과를 평가하는 데 활용되는 방법들은 정책문제의 성격에 따라 다양하다. 일반적으로 정책분석기법이라고 하면 잘 구조화된 정책문제의 해결대안들이 가져올 정책결과를 예측하는 방법들이다. 이들 분석방법들은 현상에 대한 미래예측에 활용되는 방법들, 비용효용분석에 활용되는 방법들, 영향평가에 활용되는 방법들, 정책평가연구 방법들, 최적화 방법들 및 정책지표 등으로 구분해 볼 수 있다.

3. 미래상태에는 잠재적 미래, 개연적 미래 및 규범적 미래 등으로 구분할 수 있다.

4. 미래예측방법들은 여러 가지로 분류할 수 있다. 가장 널리 사용되는 분류방법은 주관적 방법 대 객관적 방법, 연장적 방법 대 인과적 방법, 선형적 방법 대 분류적 방법 등의 분류이다.

5. 연장적 예측은 현재까지의 추세를 미래로 연장한 것에 기초를 둔 예측방법이다. 연장적 예측은 외삽법을 사용하여 이루어진다. 자료의 분석방법으로는 전통적 시계열방법과 지수적 평활법, 이동평균법, 선형시계열에 의한 회귀분석법 등이 널리 사용된다.

6. 계량경제적 방법들(econometric methods)은 인과적 예측방법들의 한 부류이다. 계량경제적 방법들은 ① 인과관계에 대한 좋은 정보가 있을 때, ② 인과변수들에 큰 변화들이 있을 때, ③ 인과변수들의 변화의 방향이 정확하게 예견되고, 이에 의하여 추정량들이 추정될 수 있을 때 사용한다.

7. 회귀분석은 변수들간의 통계적 관계를 이용하여 미래를 예측하는 기법이다. 회귀분석은 독립변수와 종속변수 간의 관계를 선형의 관계로 가정하여 그 관계를 설정한다. 이 때 이들 변수들 간의 관계를 나타내는 절편 b_0와 회귀계수 b_i들을 추정하기 위하여 최소자승법을 이용한다.

8. 판단적 예측에 있어서는 사람들의 식견 있는 판단이 예측에 있어서 중요한 역할을 한다. 판단적 예측의 중요한 방법으로는 의도의 조사, 여론조사, 델파이(Delphi)방법, 전문가 판단유도법, 교차충격의 방법 등을 들 수 있다.

9. 델파이방법은 한 집단의 전문가들이 공동작업을 하고, 서로의 아이디어들을 공유함으로써 얻을 수 있는 많은 이점들을 최대한으로 살릴 수 있도록 하는 양태로 전문가들의 의견을 조사(poll)하는 데 사용되는 방법이다.

10. 정책결과를 예측하는 데 활용되는 시나리오(scenario)는 사람들이 바라보는 미래에 대한 이야기의 줄거리, 즉 스토리(stories)이다. 시나리오 작성은 대안을 평가하고, 정책분석의 결과를 프리젠트(present)하는 수단으로서 사용된다. 시나리오 작성방법에는 전방향사상(forward mapping)방법과 후방향사상(backward mapping)방법이 있다.

연습문제

6-1 다음에 대하여 설명하여라.

(1) 정책결정에 있어서 미래예측의 중요성

(2) 가정의 계속보존(assumption drag)

(3) 미래의 종류

6-2 귀하가 거주하는 도시의 (또는 인접 도시의) 2015년도의 인구 및 교통 수요를 과거 15년 동안의 인구증가와 교통수요 증가 자료를 가지고 각각 예측하여라.

(1) 절대 인구 및 교통인구수의 변화에 의한 예측

(2) 인구 및 교통인구 연도별 증가율의 변화에 기초한 예측

6-3 귀하가 거주하는 도시(또는 인접 도시)의 연간 물 사용량을 추정할 수 있는 모형을 작성하고 2015년도의 물 사용량을 추정하여라.

(1) 연간 물 사용량의 변화를 가장 잘 설명할 수 있다고 생각하는 변수를 선정하고, 이에 의하여 물 사용량을 추정하여라.

(2) 연간 물 사용량의 변화를 가장 잘 설명할 수 있다고 생각하는 변수 두 개를 선정하고, 이에 의하여 물 사용량을 추정하여라.

6-4 위의 [문제 6-3]에서 독립변수를 하나 사용한 경우와 두 개 사용한 경우의 결정계수(R^2)의 값들은 각각 얼마인가? 또 독립변수를 두 개 사용한 경우에는 독립 변수를 하나 사용한 경우에 비하여 예측에 대한 설명력이 얼마나 증가하였는가?

6-5 1999년부터 2008년 기간 동안의 연도별 승용차 판매대수와 1인당 국민소득(US\$)에 관한 자료를 수집하고,

(1) 이 자료를 기초로 단순회귀모형에 의하여 2013년의 연간 승용차 판매대수를 추정하여라. 단 2013년의 1인당 국민소득(US\$)은 21,500달러(US\$)라고 가정한다.

(2) 시계열방법에 의하여 2013년의 승용차 판매대수를 추정하여라.

(3) 두 가지 방법에 의한 예측결과들을 비교하고 예측의 정확성을 늘릴 수 있는 조합방법(combines method)의 사용을 검토하여라.

6-6 델파이(Delphi)방법에 의하여 태양열 에너지를 이용한 자동차의 실용화에 대한 연도를 예측하고자 한다. 전문가집단의 구성방법, 설문서의 작성방법 및 예측과정을 구체적으로 설계하여라.

6-7 정책결과를 예측하는 데 빠른 직관적 예측(quick intuitive forecast)방법을 사용해야 할 필요성을 설명하고, 정책사례를 하나 들어 이 방법을 적용하여 예측하는 절차를 설명하여라.

6-8 정책결과를 예측하는 데 시나리오 작성방법을 사용하는 목적과 시나리오 작성의 방법을 정책사례를 예로 들어 설명하여라.

6-9 정책결과를 예측하는 데 가정의 계속보존(assumption drag) 이유와 그것이 가져오는 문제점에 대하여 설명하여라.

6-10 초·중·고등학교 학생들의 학원비와 과외비 등 사교육비가 사회적 이슈로 등장한 지 오래다. 귀하가 거주하고 있는 도시(또는 바로 인근 도시)의 사교육비 규모를 추정하고자 한다.
   ⑴ 어떠한 예측방법이 적절하겠는가?
   ⑵ 그 이유는 무엇인가?
   ⑶ 귀하가 선택한 방법에 의하여 2015년도의 총 사교육비 규모를 추정하여라.

6-11 대학생들이 운동선수로 활동하기 위해서는 학교평균성적이 일정한 점수 이상 (예컨대 C+ 또는 B−) 이상을 유지해야 한다는 정책을 시행하려고 한다고 가정해 보자. 그러한 정책이 대학에 미치는 영향은 어떤 것이 되겠는가? 델파이 방법을 사용하여 예측하고자 한다. 대학교육 행정가, 대학교수, 대학생들 가운데에서 표본을 추출하는 방법과 질문을 위한 설문서를 작성하여라.

6-12 남북한 간에는 스포츠교류, 문화교류 및 기술교류 등을 추진하려고 노력하고 있다. 교차충격 방법에 의하여 그 시기를 예측하고자 한다. 연구설계를 구체적으로 작성하여라. 이 과정에서 당면하는 어려움은 무엇인가?

6-13 우리나라는 동북아에서 다국적기업들의 극동지구 사업본부가 위치하는 허브 국가(중심 국가)가 되려는 정책을 추진하고 있다. 시나리오 작성방법에 의하여 이 정책의 결과를 예측하고, 집행과 관련된 구체적인 문제점들을 식별하여라. 그 이유는 무엇인가?

제 7 장

니즈사정, 니즈의 우선순위설정 및
해결전략 선택의 접근방법

　　대부분의 정부조직이 수행하는 프로그램들은 그 프로그램이 대상으로 하는 서비스 대상자들의 니즈(needs)를 충족시키기 위하여 수행한다. 그리고 경제·사회적 상황이 변화하면 프로그램 서비스 대상자들의 니즈도 변화한다. 그러므로 경제·사회적으로 적정한 프로그램을 개발하고 프로그램 집행의 효과성과 효율성을 높이기 위해서는 프로그램 서비스 대상자들의 니즈변화를 정확하게 포착하고, 우선순위가 높은 니즈에 대한 효과적인 해결전략을 선택하는 것이 매우 중요하다. 이를 위해서는 먼저 니즈가 무엇인지, 니즈사정은 어떻게 하며, 우선순위가 높은 니즈는 어떻게 식별해 낼 수 있는지, 그리고 우선순위가 높은 니즈를 해결할 해결대안들은 어떻게 탐색하고, 해결대안들의 우선순위를 설정하는 방법들은 어떤 것들이 있으며, 어떻게 활용할 수 있는지를 이해하여야 한다. 이번 장에서는 니즈의 개념, 니즈사정의 개념과 니즈사정의 주요 방법들, 니즈의 우선순위 설정을 위한 주요 방법들 및 우선순위가 높은 니즈의 해결전략들의 탐색과 주요 해결전략선택의 접근방법들에 대하여 살펴보고자 한다.

제 1 절   니즈사정의 유형, 절차와 방법

1. 니즈사정의 의미와 우선순위설정의 중요성

1) 니즈의 의미

정책문제의 발생은 대부분의 경우 정부조직 내외적인 상황변화로부터 기인한다. 그리고 이러한 상황변화는 많은 경우 사람들의 니즈(needs)의 변화를 수반한다. 국민소득의 향상은 사람들의 건강과 여가활동에 대한 관심을 증대시키고, 병원에 대한 니즈를 증대시키며, 자동차의 증가는 깨끗한 공기에 대한 국민들의 니즈를 증가시킨다. 국민들의 평균수명의 증가는 사람들이 정년 후에도 장기간 동안 안심하고 살아갈 수 있는 새로운 소득에 대한 니즈를 증가시킨다. 커뮤니케이션 기술의 발전은 노년층에게 인터넷을 활용할 수 있는 기술을 익힐 새로운 인터넷 활용교육 니즈를 증가시킨다.

사회의 변화는 지역사회의 행정에 대한 니즈도 변화시킨다. 인구가 50만인 C시는 최근 과학기술비즈니스 벨트의 조성으로 인구가 급격히 증가하여 교육, 보건, 사회서비스, 교통 및 토지이용 계획들에 대한 새로운 니즈를 증대시키고 있다. 이때 C시는 이러한 니즈의 증가에 대응하여 시민들에게 새로운 액션플랜(action plan)을 작성하여 제시할 필요가 있으며, 이를 뒷받침할 기초가 될 니즈에 대한 정보를 얻을 수 있는 니즈사정(needs assessment)의 필요 또한 높아지고 있다.

위에서 언급한 니즈와 니즈사정의 예들은 주로 정책의 대상인 국민들의 니즈와 그 니즈의 변화들이다. 그러나 니즈의 변화는 정책이나 서비스의 대상인 국민들에게만 국한되지 않는다. 조직구성원들이 일하는 데 필요한 지식(knowledge)과 기술(skill)도 급속히 발전하고 있으며, 아울러 조직목적을 달성하기 위하여 성과를 올리는 데 요구되는 조직구성원들의 동기, 태도 등도 끊임없이 변화하고 있다. 그렇기 때문에 조직의 성과를 올리기 위해서는 조직구성원들에게 어떠한 인적자원 발전(human resource development: HRD)의 니즈가 있는지도 파악할 필요가 있다.

그러면 니즈란 무엇인가? 니즈라는 용어는 명사로 사용될 때도 있고 동사로 사용될 때도 있기 때문에 이것을 구분할 필요가 있다. 먼저 니즈라는 용어가 명사로 사용될 때에는 니즈는 현재의 상태(what is)와 되어 있어야 할 상태(what should

[표 7-1] 현재상태(what is)와 도달되어야 할 상태(what idealy should be)
및 가능한 상태(what is likely)의 예

분야	현재의 상태	도달되어야 할 상태	가능성이 높은 상태
보건	국민의 30%가 과체중	연령, 키, 성별별로 100% 합리적인 체중	5년 내에 75%가 표준체중에 도달할 것으로 보임
수학	학군 내 중학교 2학년 학생들의 65%가 관할 교육청이 설정한 표준(standard) 성적을 얻고 있음	85%가 내년에 설정된 표준에 도달되어야 함	70%가 내년에 설정된 표준에 도달될 것으로 보임
영어	학군 내 중학교 2학년 학생들의 50%가 관할 교육청이 설정한 영어회화 표준 성적을 얻고 있음	90%가 내년에는 설정된 표준에 도달되어야 함	60%가 내년에 설정된 표준에 도달될 것으로 보임

be) 간의 측정 가능한 차이, 또는 관심을 가지고 있는 그룹이나 상황이 현재 처하고 있는 상태와 바람직한 상태 간의 측정 가능한 차이로 정의된다(Witkin and Altschuld, 1995: 9; Gupta, 2007: 14-15). 니즈는 현재 상태도 아니고 미래 상태도 아니며, 그 둘 간의 갭(gap)이다. 그러므로 니즈는 그 자체로서는 어떤 하나의 사물(thing)이 아니고, 오히려 현재의 상태를 검토하고, 미래의 어떠한 상태 또는 조건에 대한 비전(vision)과 비교하여 끄집어 낸 추론(inference)이라고 할 수 있다.

위 [표 7-1]은 현재의 상태와 도달되어야 할 상태의 예들이다.

한편 니즈라는 용어가 동사로 사용될 때에는 니즈는 차이(discrepancy)를 메우기 위하여 요구되거나 바라는 것(desired), 즉 해결방안(solution)이나 목적에 대한 수단들을 가리킨다. 니즈라는 용어를 사용할 때 니즈와 해결방안을 구분하는 것은 매우 중요하다. 예를 들면, 우리는 독거노인들을 매일 다니면서 돌볼 필요(need)가 있다고 하거나, 사교육을 방지하기 위하여 방과 후 교육 프로그램을 운영할 필요(need)가 있다고 말한다면, 이러한 논의는 어떠한 바람직한 목적을 달성하기 위한 해결방안에 대한 논의이지 니즈사정(needs assessment)에서 말하는 니즈는 아니다. 그러므로 명확하게 이해하여야 할 것은 니즈는 해결방안이 아니라 문제라고 하는 것이며, 대부분의 경우 니즈는 동사가 아니라 명사로 표현된다고 하는 것이다. 니즈

(needs: N)와 해결방안(Solution: S) 및 관심(concern: C) 간의 차이는 다음과 같은 예들을 보면 비교적 쉽게 이해할 수 있을 것이다.

· 발전된 기술사회에서 제대로 기능을 수행하기 위해서는 학생들은 높은 수준의 독서 기술(reading skill)을 갖는 것이 필요하다(C).
· K시의 R공업고등학교 학생들의 30%는 한국공업고등학교 표준에 미달하는 직업교육을 받고 있다(N).
· K시 교육청은 공업고등학교 수업의 정상화를 위한 정교한 전자실습장비를 구입할 수 있도록 예산을 배정할 필요(needs)가 있다(S).

위의 예들에서 C와 N은 모두 문제(problem)들이며, 모두 니즈로 분류된다.

2) 니즈사정의 의미와 이점

니즈사정(Needs Assessment: NA)은 니즈평가라고 부르기도 한다. 일반적으로 충족되지 않은 니즈(unmet needs)는 해결해야 할 정책문제들이다. 이러한 해결해야 할 정책문제를 식별해 내는 것이 니즈사정의 중요한 과제이다.

니즈사정은 현재의 상태와 바람직한 상태 간의 차이를 결정하고, 그러한 차이들의 성격과 원인들을 규명하며, 미래의 액션(action)을 위하여 우선순위를 결정하는 것이다. 니즈사정은 조직개선과 자원배분에 대한 우선순위설정과 의사결정을 니즈에 기초하여(needs-based) 내릴 수 있도록 할 목적으로 수행되는 체계적인 한 세트의 절차이다. 또한 니즈사정은 특정한 그룹에 이익을 줄 정책 또는 프로그램 결정을 가이드(guide)할 가치들(values)에 대한 정보 또는 인지(perception)를 도출하기 위하여 수행된다(Witkin and Altschuld, 1995: 5-10).

니즈사정의 접근은 몇 가지 주요한 성격을 가진다. 니즈사정은 정해진 일련의 국면들(phase)을 통해서 진행되는 체계적인 접근이며, 특정한 목적을 위하여 설계된 절차와 방법들을 사용하여 데이터를 수입한다. 니즈사정은 또한 해결책들이 도출될 수 있도록 하기 위해 우선순위를 설정하고, 평가기준들을 결정함으로써 기획가와 관리자들이 내린 의사결정을 방어할 수 있도록 해준다.

니즈사정은 특정한 맥락(context)에 의하여 영향을 받으며, 사정(assessment)을 위한 준비태세가 되어 있는 정도에 따라 영향을 받는다. 또한 니즈사정은 조직의 활동이며 니즈사정 활동은 정치적 성격을 갖는다.

니즈사정에서 그룹(group)이라는 말은 매우 중요하다. 의사나 교사들은 매일 직접적으로 환자나 학생들을 다루면서 그들의 니즈를 사정한다. 그러나 니즈사정은 각 개인들에 대한 진단정보를 제공하려고 시행하는 것은 아니다. 니즈사정의 목적은 프로그램이나 이 프로그램을 수행하는 시스템 개선과 자원 배분의 우선순위에 관한 의사결정을 하기 위한 것이다. 니즈사정은 각 개인들에 대하여 수집한 데이터를 종합함으로써 이루어지거나, 시스템에 의하여 서비스를 받는 사람들에게 질문하거나, 또는 서비스를 받는 사람들에 관하여 질문들을 함으로써 이루어질 수 있다. 그러므로 넓은 의미에서 니즈사정은 개개인에 대한 진단이 아니라 정책이나 프로그램에 대한 관심에서 이루어진다.

니즈사정을 하면 그 결과로 많은 이익들을 얻을 수 있다. 니즈사정은 관심을 가진 문제들이나 기회들(opportunities)에 대한 프레임(frame)을 세울 수 있게 하고, 니즈와 관련된 이슈나 상황에 대하여 이해관계를 가진 사람들이나 그룹들 간의 니즈해결을 위한 관계를 설정할 수 있게 해준다. 니즈사정은 또한 학습, 훈련 및 성과를 향상시킬 기획을 할 수 있는 기초를 제공해준다. 좀 더 구체적으로 말하면, 니즈사정은 자원들을 전략에 맞도록 조율할 수 있게 해주고, 문제들이나 기회들을 명확하게 해줄 수 있으며, 미래의 액션을 위한 목적을 설정할 수 있도록 해주고, 의사결정을 위한 정보를 제공해 줄 수 있다. 니즈사정은 또한 변화를 가져오기 위한 레버리지 포인트들(leverage points)과 자원들을 식별가능하게 해주고, 이니셔티브(initiatives)를 위한 목표들을 설정할 수 있게 해주며, 액션의 우선순위 설정을 가능하게 해주고, 인적자원발전이 성공할 수 있도록 하기 위해서 누가 참여하여야 하는가를 결정할 수 있게 해준다. 니즈사정은 또한 결과를 평가할 베이스라인 데이터(baseline data)를 제공해줄 수 있게 하는 이점을 아울러 가지고 있다.

3) 니즈의 우선순위설정의 중요성

앞에서 우리는 충족되지 않은 니즈(unmet needs)는 해결하여야 할 정책문제들이라고 하였다. 그런데 사회상황이 변함에 따라 다양한 새로운 니즈가 나타나고, 기왕에 존재하던 니즈의 성격들도 변화한다. 이것은 정부가 새로이 해결해야 할 정책문제들이 계속 대두될 뿐 아니라 그 문제들의 성격들도 계속 변화한다는 것을 의미한다.

모든 정책문제들은 그 문제들에 대하여 이해관계를 달리하는 이해관계자들 (stakeholders)이 존재한다. 또한 니즈 가운데에는 빨리 충족시켜야 할 것과 좀 시간을 가지고 천천히 해결해도 될 것이 있다. 그러므로 해결해야 할 정책문제들(이 경우에는 충족시켜야 할 니즈)의 우선순위를 설정하는 것이 매우 중요하다. 니즈사정을 통하여 식별한 니즈의 우선순위를 설정하는 것이 중요한 이유들에 대하여 몇 가지 예를 들어보면 다음과 같다.

- 니즈를 해결하기 위하여 투입할 수 있는 조직의 자원이 한정되어 있어 분산투자보다 포커스(focus)를 맞출 필요가 있다.
- 하나의 니즈의 해결은 조직이 추구하는 목적 달성의 정도와 조직성과에 영향을 미친다.
- 하나의 니즈는 다른 니즈와 연계되어 있어서 하나의 니즈의 해결은 다른 문제의 해결에 영향을 미친다.
- 니즈에 대한 이해관계 집단들의 파워와 이해관계의 강도가 다르다.
- 니즈를 충족시키지 않은 데 따른 조직에 대한 리스크(risk)가 다르다.
- 니즈의 분야에 따라 영향을 받는 사람들의 수가 다르다.
- 니즈에 대한 이해와 정보는 전략기획의 작성과 목적설정의 기초가 된다.
- 니즈를 충족시키는 데 소요되는 비용이 다르다.
- 니즈가 조직 구성원들이 업무를 수행하는 인적자원발전과 관련되어 있는 경우 그 니즈의 해결이 조직의 업무성과에 영향을 미친다.

이상에서 살펴본 니즈와 관련된 예들을 볼 때 니즈의 우선순위 설정은 조직발전과 정책과정에 매우 큰 영향을 미치며, 그렇기 때문에 니즈의 우선순위 설정은 매우 중요한 과제이다.

2. 니즈사정의 주체와 니즈사정을 하는 이유

1) 니즈사정의 주체

니즈사정은 여러가지 형태의 조직이나 기관에서 수행한다. 예를 들면, 중앙정부기관, 학교시스템, 사회적 서비스기관, 기업조직, 지방정부기관, 대학교, 비영리 조직 등이다.

2) 니즈사정을 하는 이유

니즈사정을 하는 이유는 해당 조직에 따라 여러 가지가 있겠지만 중요한 것을 들어보면 다음과 같다.

- 한정된 자원을 효과적으로 활용할 수 있다.
- 조직의 강점(strength)과 약점(weakness)을 식별 가능하게 한다.
- 문제에 대한 깊이 있는 생각과 의사결정의 개선에 도움을 줄 수 있다.
- 우선순위의 설정, 좀 더 좋은 프로그램 기획 또는 개선에 도움을 줄 수 있다.
- 니즈와 문제의 원인을 식별할 수 있고, 그 결과 좀 더 좋은 문제 해결전략을 선택할 수 있도록 해준다.
- 조직에서·컨센서스(consensus) 구축에 활용할 수 있다.
- 추구하는 가치(value)를 표면화 해 준다.
- 구체적 기준에 근거한 프로그램 우선순위를 설정하는 데 필요한 정보를 제공해 준다.
- 니즈를 교정(rectifying needs)하지 않는 데 따르는 리스크를 이해할 수 있게 해준다.
- 프로그램 기획에 핵심적인 단계이며, 평가와 연계되어 있다.
- 일반적으로 프로그램 시작단계에 실시하지만, 주기적으로도 니즈사정을 실시함으로써 프로그램을 모니터링 하는 데 도움이 된다.
- 니즈사정의 결과로 좀 더 분명하게 프로그램 목적을 설정할 수 있고, 좀 더 초점을 맞춘 해결책을 선택할 수 있도록 해준다.
- 해결책에 영향을 미치며, 문제의 밑면에 깔려 있는 핵심적인 변수들을 식별 가능하게 해준다. 즉, 니즈사정을 하면 ① 잠재적인 성과 표준들과 관련된 산출결과 변수들을 식별할 수 있도록 해주며, ② 과정 변수들의 식별을 가능하게 해주고, ③ 과정이 실패하는 곳에 대한 인과분석과 과정평가 및 형성적 평가에 따라 문제의 원인이 되는 변수들을 식별 가능하게 해준다.
- 좋은 니즈사정은 좀 더 바람직한 책무성의 확보와 평가에 이르도록 해 준다.

3. 타깃그룹의 레벨과 니즈사정의 유형

니즈사정의 유형을 이해하는 방법 중의 하나는 니즈사정을 그 대상이 되는 타깃그룹(target group)과 관련하여 생각하는 것이다. 니즈사정은 시스템 내에 있는 사람들에게 초점을 맞추어 수행하여야 한다. 이것을 용이하게 이해할 수 있는 방법 중의 하나는 시스템을 구성하고 있는 사람들의 니즈를 세 개 레벨의 니즈(three level of needs)로 구분하여 이해하는 것이다. 다음 [그림 7-1]은 세 개 레벨의 타깃그룹들의 니즈와 시스템 및 외부 영향들 간의 관계를 나타내고 있다. 각 레벨의 타깃그룹과 니즈사정 간의 관계는 서비스 수혜자가 서비스를 제공하는 시스템의 내부에 있느냐, 아니면 시스템의 밖에 있느냐 하는 데 따라 이들을 다시 두 개의 도식(schema)으로 나누어 나타낼 수 있다.

[그림 7-1]의 (가)는 서비스 수혜자가 서비스를 제공하고 있는 시스템의 내부에 있는 경우이고, (나)는 서비스 수혜자가 시스템의 밖에 있는 경우이다. [그림 7-1]에서 타깃그룹은 레벨 1, 레벨 2 및 레벨 3으로 나누어지고 있으며, 레벨 1은 서비스 수혜자 그룹이고, 레벨 2는 서비스 제공자 그룹이며, 레벨 3은 서비스를 제공하는 것을 지원하는 시스템의 자원들을 나타낸다. 이에 따라 니즈도 레벨 1 니즈,

[그림 7-1] 세 개 수준의 타깃그룹과 시스템 및 외부 영향들 간의 관계도

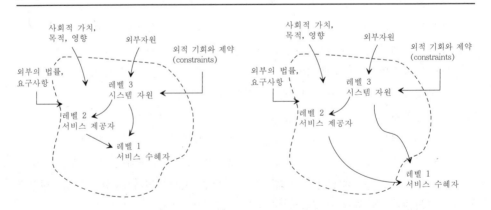

(가) 서비스 수혜자가 시스템 내에 있는 경우   (나) 서비스 수혜자가 시스템 밖에 있는 경우

자료: Witkin and Altschuld, 1995: 5-10.

레벨 2 니즈 및 레벨 3 니즈로 구분할 수 있다.

[그림 7-1]에 나타나고 있는 세 개 수준의 구성요소들의 예들을 들어보면 다음과 같다.

- 레벨 1(제1차적)-서비스 수혜자: 학생, 고객, 환자, 정보의 사용자, 연구지원기관의 서비스를 받는 연구자 등
- 레벨 2(제2차적)-서비스 제공자 및 정책결정자: 교사, 사회사업가, 의료기관에 종사하는 전문가들, 도서관 사서, 행정가, 감독자, 관리자, 연구지원기관의 종사자 등
- 레벨 3(제3차적)-자원과 해결책(solutions): 시설, 장비, 테크놀로지, 프로그램, 전산시스템, 보수와 후생, 프로그램 전달시스템, 시간배정, 작업조건 등

니즈사정과 관련된 시스템의 세 개 레벨의 구성요소들 간의 관계는 다음과 같다. 즉 레벨 1에 속하는 사람들은 시스템이 궁극적으로 존재하는 목적이 되는 사람들(고객 또는 이해 관계자들)이며, 니즈사정 과정의 핵심이 된다. 레벨 2에 속하는 사람들은 정보제공, 서비스 제공, 훈련, 기술적 지원, 감독 기능, 의사결정 등을 통하여 레벨 1의 사람들 및 다른 레벨 2의 사람들과 직접, 간접의 관계를 가진다. 레벨 2의 사람들도 같은 레벨 2의 사람들 및 레벨 1의 사람들과 관련하여 그들의 기능을 수행하는 것과 관련된 충족되지 않은 니즈(needs)를 가지고 있다. 그러므로 니즈사정은 레벨 1의 사람들뿐 아니라 레벨 2의 사람들 및 레벨 3의 자원들에 대해서도 동시적으로 실시되어야 한다. 한편, 레벨 1의 서비스 수혜자들은 [그림 7-1]의 (가)와 같이 시스템 내에 속하기도 하고 (나)와 같이 시스템 밖에 존재하기도 한다. 서비스 수혜자가 시스템 내에 속하는 경우는 각급 학교들을 예로 들 수 있으며, 시스템 밖에 존재하는 경우는 연구비 지원기관에서 연구비를 지원받는 대학교수나 기타의 연구자들을 예로 들 수 있다.

니즈사정의 대상이 되는 타깃그룹들을 [그림 7-1]에서와 같이 서비스 수혜자, 서비스 제공자 및 시스템 자원으로 구분하면, 니즈사정의 유형은 서비스 수혜자들에 대한 니즈사정, 서비스 제공자, 관리자 및 정책결정자들에 대한 니즈사정, 그리고 시스템자원에 대한 니즈사정 등 세 가지로 유형화할 수 있다.

서비스 수혜자에 대한 니즈사정은 교육기관의 경우 학생들의 교육니즈에 대한

사정, 의료기관의 경우 환자들의 치료니즈에 대한 사정, 제품생산회사의 경우 고객들의 제품에 대한 니즈사정, 연구비지원기관의 경우 연구자들의 연구지원니즈에 대하 사정 등을 예로 들 수 있다.

서비스제공자, 관리자 및 정책결정자들에 대한 니즈사정은 인적자원발전 또는 인적성과기술(human performance technology: HPT) 등에 대한 이니셔티브(initiative)를 취하는 데 기초가 되는 정보를 제공해준다(Gupta, 2007; Tobey, 2005).

인적자원발전을 위하여 수행하는 니즈사정의 접근방법은 지식과 기술사정(knowledge and skill assessment), 직무분석(job and task analysis), 역량에 기초한 니즈사정(competency-based needs assessment) 및 전략적 니즈사정(strategic needs assessment) 등이다. 지식과 기술사정 접근방법은 조직구성원들이 업무를 수행하는 데 요구되는 지식과 기술 니즈들에 초점을 맞추는 접근방법이다. 만일 그러한 니즈들이 존재한다면, 관련된 정보들은 니즈들에 대한 훈련프로그램을 설계하고 집행하는 데 활용될 수 있을 것이다.

직무분석 접근방법은 직무기능(job function)의 범위, 책임 및 과제들에 대한 정보에 초점을 맞추는 접근방법이다. 이 접근방법은 감독자들(supervisors)이 성과검토(performance review)를 잘못함으로써 조직의 성과를 저하시키는 것을 방지할 수 있도록, 실제로 수행하고 있는 성과검토방법과 마땅히 수행되어야 할 바람직한 성과검토 방법들 간의 갭(gap)을 찾아내고, 이 갭을 채우는 데 필요한 지식, 기술 및 여타의 개선점들에 관한 정보를 얻기 위하여 수행된다. 역량에 기초한 니즈사정은 특정한 직무를 수행하는 데 필요한 역량들에 초점을 맞춘다. 여기에서 역량이란 어떠한 직무를 성공적으로 수행할 수 있기 위해서 조직구성원들이 가져야 할 지식, 기술, 태도, 가치, 동기 및 신념 등이다. 역량에 기초한 니즈사정 접근방법은 성공적인 감독자들에게는 나타나고 있지만, 그렇지 못한 감독자들에게는 나타나지 않고 있는 특정한 행태들을 식별하기 위하여 수행된다(Tobey, 2005; Gupta, 2007).

한편 전략적 니즈사정은 조직의 비즈니스 전략상황(context)에서 존재하는 학습 및 성과상의 갭들을 식별해 내는 데 초점을 둔다. 정책결정자들은 이 니즈사정 접근방법을 감독자들이 단위조직이나 조직 전체의 전략적 목적달성에 기여하거나 또는 기여하지 못하는가를 식별하고, 그들의 성과에 기여하는 작동메커니즘(work mechanism)에 대한 정보들을 얻기 위해여 활용한다(Gupta, 2007). 이 접근방법에서는 조직의 내적 및 외적 환경요소들도 고려한다. 전략적 니즈사정에서 획득한 정보들은 바람직한 워크프로세스(work process)와 산출결과들을 그려내고, 감독자 훈련 프로그램을 발전시키며, 훈련과 관련되지 않는 다른 요소들이 무엇인가를 알 수 있도록 해줌으로써 장기적인 성과개선계획을 발전시킬 수 있는 기초를 제공해준다.

4. 니즈사정의 단계와 방법들

1) 니즈사정의 단계

니즈사정이 몇 단계에 걸쳐서 이루어지느냐 하는 것은 니즈사정에 무엇까지를 포함시키느냐 하는 데 따라 달라진다. 다시 말하면 레벨 1 니즈, 레벨 2 니즈 및 레벨 3 니즈까지 포함하여 니즈사정을 한 다음 니즈들을 해결할 액션계획을 세우고, 액션계획들을 집행하고 모니터링하는 것까지 포함하느냐, 아니면 레벨 2 니즈사정의 한 접근방법인 조직구성원들의 업무성과를 올릴 훈련프로그램을 설계할 기초가 되는 정보들을 수집할 목적으로 지식과 기술의 사정활동들이나 직무분석, 역량에 기초한 사정 또는 전략적 니즈사정 등에 한정하느냐 하는 데 따라 니즈사정의 단계는 달라질 수 있다.

니즈사정에 니즈들을 해결할 전략들을 결정하고, 해결전략들에 대한 액션계획까지 포함하는 가장 포괄적인 니즈사정은 니즈사정을 세 개의 국면(phase)으로 나누어 수행하는 것으로 보는 모형이다. 이 모형은 니즈사정을 사전적인 사정국면(preassessment phase), 니즈사정국면 및 사후적인 사정국면(postassessment phase)으로 구분한다. 그리고 니즈사정의 각 국면들은 [표 7-2]에서 보는 바와 같이 각각 서로 연계되어 있다.

[표 7-2]에서 보는 바와 같이 니즈사정 활동들은 서로 밀접하게 관련되어 있으며, 앞 국면에서의 활동이 잘못되면 그 다음 국면에서의 활동이 크게 영향을 받을 수 있다.

니즈사정의 각 국면들은 다시 몇 개의 단계들로 나눌 수 있는데 이들 각 국면별 단계들을 요약하면 [표 7-3]과 같다.

한편 조직의 서비스제공자나 정책결정자들이 성과를 올리는 데 요구되는 지식, 기술 및 기술의 니즈에 대한 사정은 조직 내외적인 상황들을 조사하는 단계, 비즈니스 니즈(business needs)를 식별하기 위한 데이터를 수집하는 단계, 잠재적인 훈련을 통한 개입(intervention)을 식별하는 단계, 성과·학습 및 학습자(learner)의 니즈

[표 7-2] 니즈사정의 각 국면의 활동들과 산출결과들

국면 1: 사전사정(탐색)	국면 2: 사정(자료수집)	국면 3: 사후사정(활용)
NA를 위한 관리계획의 설정	NA의 상황(context), 범위 및 경계설정	모든 적용수준의 니즈들에 대한 우선순위의 설정
NA의 일반적 목적의 정의 주요 니즈영역 및 이슈들의 식별	니즈에 관한 자료의 수집 레벨 1의 니즈에 관한 일차 적 우선순위의 설정	대안적 해결책을 고안함 해결책을 집행하기 위한 액 션계획(action plan)의 발전
니즈영역에 관한 현존하는 정보식별	레벨 1, 2 및 3에 있어서의 인과분석수행	NA의 사정
아래 사항들의 결정 · 수집할 자료 · 소스들 · 방법들 · 자료의 가능한 활용	모든 자료들을 분석하고 종 합함	결과들의 커뮤니케이션
산출결과들: 국면 2 및 국면 3을 위한 제 1 차적 계획 및 NA의 사정계획	산출결과들: 높은 우선순위 니즈들에 기초한 액션(action)을 위한 평가기준(criteria)	산출결과들: 액션계획, 서면 또는 구두 브리핑(briefings) 및 보고

자료: Witkin and Altschuld, 1995.

를 식별하기 위한 데이터를 수집하는 단계, 데이터를 분석하는 단계, 훈련설계 단계 등을 거쳐서 수행된다(Tobey, 2005; Gupta, 2007).

위의 각 단계들 가운데 제 2 단계인 비즈니스 니즈를 식별하기 위한 자료를 수집하는 단계는 기회를 포착하고(capitalize), 문제들을 해결하며, 전략을 지원하는 데 도움이 될 정보들을 산출할 데이터를 수집하는 활동을 하는 단계이다. 제 4 단계인 성과, 학습 및 학습자의 니즈를 식별하기 위한 데이터를 수집하는 단계에서는 요구되는 성과가 무엇인가, 학습자들의 현재의 성과는 어떠한가, 요구되는 지식과 기술은 무엇인가, 학습자들의 현재의 지식과 기술들은 어떠한 상태에 있는가, 학습자들의 여타의 니즈는 무엇인가 하는 것들을 식별해 내는 데 필요한 데이터를 수집하는 단계이다. 그리고 제 5 단계인 데이터의 분석단계는 성과, 지식 및 기술들의 갭들을

[표 7-3] 니즈 사정모형(NA Model): 국면들과 핵심적 단계들

국면	중요한 국면내용	핵심적인 단계들
국면 1: 사전 사정	NA와 가능한 니즈들에 대해 알아내는 것에 초점	1. 니즈사정에 초점을 둠: 활동에 대한 포커스 설정 2. 니즈사정위원회(Needs Assessment Committee: NAC)를 구성함 3. 바람직한 상태와 현재상태에 대해 사전적으로 가능한 많은 것을 알아냄 4. 제 2 국면 또는 제 3 국면으로 이동하거나 중지함
국면 2: 사정	니즈에 대하여 더 알아야 할 필요가 있는가, 좀 더 집중적인 데이터수집활동이 필요한가, 니즈의 원인이 무엇인가에 대한 아이디어가 있는가에 초점	5. 상태가 어떠하며, 어떻게 되어야 하는가에 대한 전면적인 NA의 실시 6. 레벨 1, 레벨 2 및 레벨 3의 각각의 차이를 식별해냄 7. 차이들에 대한 우선순위의 설정 8. 니즈들에 대한 인과적 분석의 시행 9. 해결방안에 대한 평가기준 및 해결전략 등의 일차적인 식별 10. 국면 3으로의 이동
국면 3: 사후 사정	액션(action)을 취할 준비는 되어 있으며, 또한 제안된 액션에 대하여 안심할 만큼 니즈에 대하여 충분히 알아냈는가?	11. 니즈들을 해결할 최종적인 의사결정을 하고 해결전략들을 선택함 12. 해결전략들에 대한 액션계획들(action plans)을 발전시키고 지지(support)의 베이스를 구축함 13. 액션계획들을 집행하고 모니터링함 14. 전반적인 NA노력들을 평가함

자료: Altschuld, 2007.

식별해내고, 건의할 내용을 식별해내는 단계이다. 그리고 제 6 단계인 데이터와 분석결과를 피드백하는 단계는 훈련프로그램을 설계하고 실시하며, 훈련투자에 대한 수익(return on investment)을 예측하는 단계이다. 또한 이 단계에서는 근무환경, 보상(rewards), 결과, 워크프로세스 등과 같은 훈련 이외의 사항에 대한 건의도 아울러 하도록 한다.

2) 니즈사정의 방법들

니즈사정을 위한 데이터는 의견(opinion)과 사실(facts)의 두 종류이다. 여기서 사실은 개인들의 견해와 독립적으로 검증할 수 있는 언명(statement)이다. 이러한 데이터들을 수집하고 분석하기 위한 니즈사정의 방법들도 니즈사정이 서비스 수혜자들의 니즈, 서비스 제공자들의 니즈 및 시스템 니즈 등에 대한 포괄적인 니즈사정을 목적으로 하여 수행되느냐, 서비스 제공자들의 니즈, 예컨대 그 중에서도 지식과 기술에 초점을 맞추어 수행하느냐 하는 데 따라 사용되는 방법의 종류와 범위도 달라질 수 있다.

니즈 평가를 위한 데이터 수집방법의 주요 카테고리는 기록보관(archives) 데이터, 커뮤니케이션 데이터, 상호작용(interactive) 데이터, 분석데이터 등이다. 여기서 보관된 기록데이터는 각종 기록(records), 사회지표, 인구학적 데이터, 센서스 데이터, 유행병 연구데이터, 병원의 치료기록, 프로그램 평가데이터 등 다양하다. 커뮤니케이션 데이터는 문서화된 설문서를 통하여 수집된 데이터, 인터뷰 데이터, 우편에 의한 델파이 데이터 등을 들 수 있다. 상호작용 데이터는 청문회 데이터, 지역사회 포럼 데이터, 포커스그룹(focus group) 인터뷰,[1] 미래에 대한 시나리오 등을 들 수가 있다. 분석적 방법으로는 피시본(Fishbone) 구조를 사용한 분석,[2] 성공사상(suc-

---

1) 포커스그룹 인터뷰에서는, 어떤 것에 대해서 공통점을 가진 사람들을 함께 모은 다음, 어떤 구체적인 토픽에 대해서 그들의 의견과 아이디어를 질문하는 방법이다. 대부분의 포커스그룹은 다섯 명 내지 여덟 명으로 구성된다. 포커스그룹이 효과적인 것이 되기 위해서는 노련한 기술을 가진 촉진자(facilitator)가 필요하다. 포커스그룹 촉진자는 그들 자신이 내용에 대한 전문가(content expert)나 중재자, 또는 심판자가 아니라 비판단적인 태도로 반응들(responses)을 수용하며, 그룹워크(group work)에 대하여 의사결정을 내리거나 코멘트하는 것을 피하여야 하고, 개방적이고 상호존중하는 분위기를 조성하여야 한다(Schwarz, 1995).
2) 피시본 다이어그램(fishbone diagram)은 어떤 한 문제에 대한 모든 원인들을 보여주는 데 사용된다. 다음 그림은 일하는 사람들의 불만족을 나타내는 피시본 다이어그램이다.

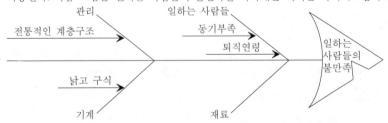

피시본 다이어그램을 작성하기 위해서는 먼저 문제를 기술하고(위 그림에서는 일하는 사람들의 불만족), 다음에는 문제의 원인들을 몇 개의 카테고리로 나누어 기술한다.

cess mapping), 실패나무분석(fault tree analysis),[3] 위험평가(risk assessment), 교차
충격분석(cross impact analysis)[4] 등을 들 수 있다.

지금까지 설명한 네 가지 카테고리의 니즈사정 방법들과 그 방법들의 성격 및
생산된 정보들의 성격에 대한 개략적인 내용들이 [표 7-4]에 요약되어 있다.

3) 니즈사정을 위한 설문조사

니즈사정에는, [표 7-4]에서 보는 바와 같이, 니즈사정의 목적에 따라 다양한
방법들이 사용될 수 있다. 이들 다양한 방법들 가운데에서도 서베이 방법은 가장
널리 사용되고 있는 방법 중의 하나이며, 다른 방법들과도 서로 보완적으로 사용되
고 있으므로 서베이 방법의 기초를 이해하는 것은 니즈사정을 이해하고 수행해 나
가는 데 매우 중요하다.

니즈사정에 있어서 설문지의 활용은 니즈사정을 위하여 자료를 수집하기 위한
다른 탐색적 방법들을 사용한 후에 사용하는 것이 바람직하다. 일반적으로 서베이
방법은 관리하기 쉽고, 비용이 저렴하며, 대상집단의 규모(소규모집단 또는 대규모집
단)에 관계없이 집행할 수 있고, 응답자가 니즈 사정자 앞에 있지 않아도 된다는
이점이 있다. 그러나 서베이 방법은 니즈사정에서 타당성과 신뢰성 검증 없이 사용
하면 잘못된 정보를 제공할 위험이 있다. 니즈사정에서 설문서를 설계할 때에는 다
음과 같은 사항들을 고려하여야 한다.

① 서베이가 다른 니즈사정 데이터 수집 방법들과 조화를 이루는가?
② 사전적인 사정에 기초해볼 때 어떤 종류의 질문을 위한 설문이 필요한가?
③ 수집된 데이터를 가지고 어떤 타입의 의사결정을 내릴 수 있는가?
④ 사용 가능한 데이터를 끄집어내기 위해서는 어떤 종류의 질문을 해야 하는가?
⑤ 우선순위를 설정하기 위해서는 데이터들을 어떻게 분석해야 하며, 어떻게
　　다른 니즈사정 데이터들과 비교 검토해야 하는가 하는 것 등

니즈사정을 위한 설문항목의 포맷(format)은 다른 목적의 서베이에 있어서와

---

3) 실패나무분석(FTA)는 실패사건들로 구성된 논리 다이어그램(logic diagram)이다. FTA는
　 시스템 접근 방법이다. FTA는 바라지 않는 사건(unintended event)이 일어날 가능성을 막거
　 나 줄일 수 있도록 시스템을 재설계 또는 모니터링 하는 기초를 제공해준다.
4) 교차충격분석에 대해서는 제6장 3절 참조.

[표 7-4] 니즈사정 방법들의 개관

	데이터의 유형	코멘트 기술	생산된 정보
기록보관소	· 레코드/일지와 진행기록 · 사회지표 · 인구학적 데이터 · 센서스 데이터 · 역학적(epidemiological) 데이터 · 과소 처리된 비율 · 테스트 데이터 · 데이터 베이스에서 검색된 정보 · 기타 유사한 기존 소스들	· 데이터는 새로 만들어낼 필요는 없고, 데이터 베이스나 레코드에 이미 루틴하게 기록되어 관리되고 있어 존재하는 데이터 · 니즈 사정자는 어떤 경우에는 자료를 수집하기 위하여 새로운 기록보관 시스템을 개시하도록 할 수도 있다.	· 주로 타깃그룹들의 현재의 상태에 대한 계량적인 데이터 · 데이터는 니즈들의 인과적 요인이나 기여요인들을 이해하는데 도움을 준다. · 어떤 데이터 베이스나 기록들은 질적인 분석이나 해석을 요하는 코멘트나 메모들을 포함할 수도 있다.
의사전달적 (communica-tive)-비상호작용적 (non-intera-ctive)	· 서면화된 설문서 · 중대사건 기법(critical incident technique) · 우편 델파이 서베이 · 웹에 기초한 서베이 · 관찰	· 이들 방법들은 일차적으로 구조화된 도구들(instruments)이나 양식들(forms)에 의존한다. · 서베이는 척도가 부여된 설문을 사용한다. · 관찰(observations)은 고려하고 있는 현상을 기술하는 데 있어서 세부적인 절차들(protocols)을 따를 수도 있고, 좀 더 자유롭게 할 수도 있다.	· 획득한 어떤 데이터들은 성격상 매우 계량적인 것일 수도 있지만, 그 데이터들은 대부분 반응(responses)이나 관점들(perspectives)을 나타내는 가치, 판단 및 여론으로부터 오기도 한다.
의사전달적-상호작용적	· 청문회 · 커뮤니티 그룹 포럼 · 포커스그룹 인터뷰(focus group interview: FGI) · 사이버 또는 가상공간 FGI · 핵심 정보제공자(key informant) 인터뷰 · 시나리오 토의(scenario discussions)	· 인터뷰 이외에도 이들 절차들은 다양한 정도의 상호작용을 하는 소규모 또는 대규모 그룹들을 사용하는 것을 포함한다.	· 어떤 주제들(themes)과 반복해서 일어나는 개념들(concepts)로 요약되어야 할 고도로 질적인 데이터
분석적	· 피시본 다이어그램 · 원인과 결과분석 · QFD(quality function deployment) · 실패나무분석 · 성공사상 · 과업분석(task analysis) · 리스크분석 · 트렌드 분석(trend analysis) · 교차충격분석 · 역장분석(force field analysis)	· 이 프로세스들은 니즈와 관련되어 있거나 니즈를 해결할 방법들과 관련된 해결전략들, 원인들 또는 리스크들을 검토하기 위하여 그룹들에 의하여 수행된다.	· 어떤 해결전략들을 실패로 몰아갈 수도 있는 문제들을 집중조명(highlight)한다. · 성공가능이 매우 높을 것 같은 니즈들에 대한 해결방안을 선택하도록 하는 지침을 제공한다. · 니즈사정 프로세스에서 얻은 다른 정보들을 가지고, 니즈들에 대한 좀 더 종합적인 이해를 하도록 한다.

자료: Witkin and Altschuld, 1995; Altschuld, 2007.

마찬가지로 개방형 설문과 다수 선택형 설문들을 사용할 수 있고, 척도도 카테고리 척도, 순위척도 등을 사용할 수 있다. 그리고 선택형 설문에서는 이원비교(paired comparison) 방법을 사용하거나, 여러 항목 중 가장 중요하거나 가장 중요하지 않은 항목 몇 개를 선택하도록 하는 방법 등을 사용할 수 있다.[5]

예 7-1 다음 질문 항목들은 병원 서비스에 대한 고객만족도와 치료에 있어서 고객의 관여도에 대한, 현재의 상태와 중요도를 나타내고 있습니다. 각 항목에 대하여 보기에 따라 가장 적합한 것을 하나씩 체크해주시기 바랍니다.

보기:

현재상태의 측정	측정의 중요성
모름＝산출결과에 대하여 모름	모름＝산출결과에 대하여 모름
1＝거의 없음	1＝아주 조금 중요함
2＝오랜만에 한번	2＝조금 중요함
3＝보통	3＝평균 정도 중요함
4＝자주	4＝좀 더 중요함
5＝항상	5＝매우 중요함

Ⅰ. 서비스에 대한 고객만족도

현재상태의 측정		중요도
모름 1 2 3 4 5	치료배당의 용이성	모름 1 2 3 4 5
모름 1 2 3 4 5	치료옵션의 범위	모름 1 2 3 4 5
모름 1 2 3 4 5	문화적으로 적정한 치료옵션	모름 1 2 3 4 5
모름 1 2 3 4 5	최초방문시기의 대기시간	모름 1 2 3 4 5
모름 1 2 3 4 5	예약을 위한 대기시간	모름 1 2 3 4 5
모름 1 2 3 4 5	치료자와의 관계	모름 1 2 3 4 5
모름 1 2 3 4 5	케이스 관리자와의 관계	모름 1 2 3 4 5

⋮

Ⅱ. 치료에 있어서 고객의 관여도

치료에 관한 의사결정 과정에

모름 1 2 3 4 5	고객의 참여	모름 1 2 3 4 5
모름 1 2 3 4 5	고객이 치료자 선택	모름 1 2 3 4 5
모름 1 2 3 4 5	고객이 치료기관 선택	모름 1 2 3 4 5

⋮

---

5) ・개방형(open ended): 응답자가 몇 구절로 간략하게 기술할 수 있도록 하는 설문

한편 서비스 제공자들의 성과의 갭(performance gap)은 성과를 올리는 데 현재의 상태와 바람직한 상태 간의 차이이다. 지식과 기술(skill)에 대한 사정은 어디에서 성과를 올리는 데 결함이 있는가를 식별함으로써 그러한 갭을 정의하는 데 도움을 준다. 이러한 정의를 바탕으로 사정을 위한 도구(assessment tool)를 발전시키고, 이렇게 발전시킨 도구를 사용하여 사정 데이터를 수집한다. 다음 [예 7-2]는 지식과 기술을 사정하기 위한 도구를 예시한 것이다. 여기서 수집한 데이터들을 성과기술 프로파일(performance skill profile)과 상호 보완적으로 활용한다면 서비스 제공자들의 성과의 갭을 식별해 내는 데 더욱 용이해질 수 있을 것이다.

예 7-2 다음 항목들은 귀하께서 하시는 과제에 대한 기술입니다. 보기를 참조하여 각 업무활동들에 대하여 그 과제가 귀하의 업무에 비추어본 중요도, 귀하께서 그 과제를 처리하는 데 소요되는 시간, 그리고 귀하께서 그 일을 얼마나 잘 수행하고 있다고 느끼는지에 대하여 가장 적합한 것을 하나씩 골라 동그라미를 쳐 주시기 바랍니다.

보기:

중요도	소요되는 시간	수행 정도(performance)
1=중요하지 않음	0=이 과제를 해본 일이 없음	1=기술이 없거나 매우 낮음
2=약간 중요함	1=다른 과제들에 비해 아주 적게	2=그럭저럭 해나감
3=중요함	2=다른 과제들에 비해 약간 적게	3=이 분야에서 아무 문제 없이 해나감
4=매우 중요함	3=다른 과제들과 동일하게	4=높은 기술 또는 강점을 가졌음
5=결정적으로 중요	4=다른 과제들에 비해 약간 더 많이 5=다른 과제들에 비해 약간 더 많이	5=최고의 기술을 가졌음

- 선택형: 몇 개의 기술(statements) 또는 항목들 가운데 응답자가 선택하도록 하는 설문
- 카테고리척도(category scale): 대부분의 경우 빈도, 양(amount), 만족도 등에 대하여 응답자의 의견을 질문하며, 5점 척도, 4점 척도, 6점 척도 등을 주로 사용한다(예: 매우 드물다. 드물다. 절반 정도이다. 많다. 항상 그렇다는 5점 척도의 예이다). 카테고리 척도는 제공되는 서비스, 프로그램, 교과목(course), 커뮤니케이션 유형과 채널 등의 만족 정도에 대한 강도를 나타낸다.
- 순위부여(ranking): 설문 항목들이 중요성이나 선호의 중요성에 따라 순위가 부여된다.
- 이원비교: 설문항목들이 둘씩 짝을 지어 제시되고, 응답자가 각각 하나씩 선택한다.
- 다수선택형(가장 중요하거나 가장 중요하지 않은 3개 또는 5개 항목 선택): 여러 개의 기술들(statements) 가운데 가장 중요한 것 3개 또는 가장 중요하지 않은 것 3개씩을 고른다.

의료보장 테이프 처리			
리스트 편집	1 2 3 4 5	1 2 3 4 5	1 2 3 4 5
테이프 리스트 클레임(claim)	1 2 3 4 5	1 2 3 4 5	1 2 3 4 5
서류 클레임	1 2 3 4 5	1 2 3 4 5	1 2 3 4 5
리뷰어(reviewer)에 대한 분류도구 클레임	1 2 3 4 5	1 2 3 4 5	1 2 3 4 5
의료보장 테이프 처리에 대한 요구	1 2 3 4 5	1 2 3 4 5	1 2 3 4 5
모든 지불에 대한 점검	1 2 3 4 5	1 2 3 4 5	1 2 3 4 5
모든 불합격품에 대한 리뷰	1 2 3 4 5	1 2 3 4 5	1 2 3 4 5
정정한 정보를 재처리 의뢰	1 2 3 4 5	1 2 3 4 5	1 2 3 4 5
주요 문제들에 대하여 감독자와 상담	1 2 3 4 5	1 2 3 4 5	1 2 3 4 5
그룹에 대한 작업	1 2 3 4 5	1 2 3 4 5	1 2 3 4 5
일차적인 보험을 정정하기 위하여 환자를 부름	1 2 3 4 5	1 2 3 4 5	1 2 3 4 5
보험을 업데이트하기 위하여 의료보장을 요청(call)	1 2 3 4 5	1 2 3 4 5	1 2 3 4 5

니즈사정 서베이에 있어서 응답자들에게 전반적인 판단을 내리도록 한 경우 수집한 응답결과를 해석하는 데 직면하는 중요한 결점 중의 하나는 척도가 애매하거나 응답자들이 마음속에 진정으로 생각하고 있는 것이 무엇인지 추론하기가 어렵다는 것이다. 이러한 결점을 극복하기 위하여 니즈사정 서베이에서는 행태가 고착된 순위부여 척도(behaviorally anchored rating scale: BARS) 개념을 사용하기도 한다. 이들 척도들은 성과를 가능한 한 주의 깊게 정의함으로써 잘못 이해할 여지를 최소화하려고 한다. BARS는 다음과 같은 단계들을 거쳐서 개발한다(Witkin and Altschuld, 1995).

① 조사하고자 하는 분야에 지식을 가진 사람으로부터 구체적인 효과적 또는 비효과적인 성과행태(performance behavior), 또는 중요한 사건들(critical incidents)의 풀(pool)을 수집한다.
② 이들 중요한 사건들을 특성에 따라 몇 개의 소규모세트로 묶음으로써 문제의 성과 차원을 결정한다. 그리고 그 특성(trait)의 정도(많음, 중간, 적음)를 광범위하게 정의한다.
③ 다른 그룹의 사람들을 통하여 이들 차원들과 척도가 적정하게 설정되었는지를 검토한다.
④ 각 차원별로 항목들을 척도로 전환한다.
⑤ 최종적인 조사설문지를 확정한다.

예 7-3   두 개의 응답차이 포맷(format)을 사용한 이 BARS의 예는 APEX 서베이의 일부이다(Witkin, Richardson, Sherman & Lekene, 1979). 학생들은 각 설문항목들에 대하여 두 개의 응답을 하도록 한다. 하나는 학생들 자신이 하는 행태를 나타내고, 다른 하나는 같은 또래 학년의 학생들이 나타내야 할 것이라고 생각하는 행태이다.

각 설문 항목에 대하여 보기와 같이 두 개의 답을 선택하여 동그라미를 치시오.

■ 보기: 귀하께서는 지금 무엇을 할 수 있습니까?   A ⒝ C D E
          귀하와 같은 학년의 학생들은 무엇을 해야 합니까?   A B C ⒟ E

25. 도서관에서 나는 책을 어떻게 찾고 있는가?					A B C D E
A 다른 사람의 도움을 통해서만	B A와 C의 중간	C 카탈로그를 사용하여	D C와 E의 중간	E 카탈로그와 참고문헌의 가이드를 사용하여	
도서관에서 나와 같은 학년의 학생들은 어떻게 책을 찾아야 합니까?					A B C D E
26. 여러 가지 다른 커리어와 직업에 대하여: 나는 얼마나 알고 있는가?					A B C D E
A 직업과 커리어에 대하여 아무것도 모르거나 아주 조금 알고 있음	B A와 C의 중간	C 요구되는 기술 (skill)에 대하여 조금	D C와 E의 중간	E 보상과 요구조건에 대한 모든 것	
여러 가지 다른 커리어와 직업에 대하여: 나와 같은 학년의 학생들은 얼마나 알고 있어야 하는가?					A B C D E
27. 미래의 커리어와 훈련에 대한 계획: 내가 가지고 있는 것은?					A B C D E
A 커리어와 훈련에 대하여 노 아이디어 (no idea)	B A와 C의 중간	C 커리어와 훈련에 대한 약간의 아이디어	D C와 E의 중간	E 하나의 커리어를 선택하고, 훈련에 대한 구체적인 아이디어	
미래의 커리어와 훈련에 대한 계획: 나와 같은 학년의 학생들은 어떠한 생각을 가지고 있어야 하는가?					A B C D E

자료: Witkin and Altschuld, 1995.

제 2 절 니즈에 기초한 우선순위설정과 해결전략 선택의 접근 방법

1. 니즈에 기초한 우선순위설정방법

1) 니즈에 기초한 우선순위설정의 필요성

일단 니즈들에 대한 데이터들을 수집하여 분석하고 나면, 어떠한 니즈가 가장 중요한 니즈인가 하는 것을 결정하여야 한다. 이것이 니즈에 대한 우선순위설정이다. 니즈의 우선순위 설정은 이용 가능한 예산, 인력, 시설 및 기타 자원들을 가장 잘 배정함으로써 조직의 목적을 효율적으로 달성하기 위하여 필요하다.

니즈의 우선순위 설정은 용이한 것으로 생각할 수 있으나 니즈가 복잡한(complex) 경우에는 토의 방법만으로는 결정하기 어렵다. 예컨대 많은 자원들을 우선순위가 높은 분야에 투자하기로 하는 경우 중요한 외부 이해관계자들에게 니즈선택을 정당화하여야 한다. 어떤 니즈분야에 자원을 배분하고 나면, 자원이 한정되어 있으므로 그 자원을 다른 니즈의 해결에는 사용할 수 없기 때문에 정당화할 필요가 있는 것이다. 일반적으로 니즈에 기초한 좀 더 합리적인 우선순위설정방법의 사용이 필요한 것은 첫째는 니즈사정위원회(NAC)나 조직의 의사결정기구가 투표 등 전통적인 방법보다 더 설득력 있는 우선순위결정방법을 사용하기를 원할 때, 둘째는 니즈가 단순하지 않고 복잡하여 니즈들에 대한 우선순위설정을 외부의 이해관계자들에게 정당화하기 어려울 때, 셋째는 많은 니즈들이 식별되었는데 이것들이 복수의 여러 이해관계 집단들과 관련되어 있어서 이해관계자들에게 자원배분들에 대하여 정당화할 필요가 있을 때 등이다. 여기서 좀 더 합리적인 우선순위설정방법이란 니즈에 대한 우선순위설정이 어떤 명시적인 또는 묵시적인 평가기준에 기초하여 이루어지는 방법이라는 것을 의미한다.

2) 니즈의 우선순위설정의 주요 방법들

니즈에 기초한(needs-based) 주요한 우선순위설정기법들로는 단순접근방법, Sork의 다기준 접근방법, 분해된 요소별 우선순위설정방법(disaggregated prioritization), 리스크사정(risk assessment) 방법 등을 들 수 있다(Altschuld and Witkin, 2000).

이들 방법들 가운데 단순접근방법과 리스크사정방법에 대해서는 간략하게 설명하고, Sork의 다기준접근방법과 분해된 요소별 우선순위에 대해서만 구체적으로 살펴보고자 한다.

(1) 단순비교방법과 리스크사정접근방법

단순접근방법은 이원비교(paired comparison),[6] 순위부여, 제로섬게임(zero-sum game) 등의 방법으로 니즈의 우선순위를 결정하는 접근 방법이다. 이원비교방법이란 니즈를 둘씩 짝을 지어 비교하는 방법이며, 이 기법의 전형적인 예로서는 계층화 분석법(analytic hierarchy process)을 들 수 있다. 제로섬 게임 방법은 니즈사정위원회의 각 멤버들에게 일정수의 선거권(votes) 또는 일정액의 금액(칩, 동전, 지폐 등)을 지급하고, 그들은 자기에게 주어진 선거권이나 돈을 자기가 원하는 니즈에 할당하도록 하는 방법이다. 가장 많은 표(votes)를 얻은 니즈를 중요도가 높은 니즈로 본다. 이들 방법은 니즈의 리스트가 길지 않고(20개 이내), 프로그램 측면에서나 개념적 측면에서 복잡하지 않을 때, 그리고 우선순위에 따른 자원 배분에 대하여 심각한 이의제기가 예상되지 않을 때 적용하는 것이 바람직하다. 이 접근방법의 장점은 니즈사정위원회가 쉽게 이해하고 사용할 수 있으며, 우선순위설정작업을 신속하게 완성할 수 있다는 점이다. 그러나 우선순위설정을 위한 평가기준들이 명시적이지 않아서 좀 더 복잡한 상황에서는 잘 적용하기 어려울 수도 있다는 것이 단점이다.

리스크사정접근방법은 니즈들을 그들에 유의하지(attending) 않거나 해결하지 않는 데 따르는 리스크라는 관점에서 검토한다. 이 접근방법은 건강이나 환경공해 등과 같이 증대된 니즈를 충족시키지 않는 데 따르는 리스크(risk)가 중요할 때 활용한다. 일반적으로 리스크는 우선순위를 설정하지 않는 것이 다반사다. 그리고 수질이나 대기오염 등과 같은 환경분야에 비하여 교육이나 사회분야 프로그램들의 리스크를 사정하기는 어려우며, 대부분의 니즈사정자들은 이 개념에 익숙하지 않다는 어려움이 있다.

(2) Sork의 다기준접근방법

Sork의 다기준접근방법은 니즈들의 우선순위를 설정하는 기준으로써 중요도와

---

6) 이원비교방법에 의한 우선순위설정에 대해서는 제 8 장 제 2 절 계층화 분석법 참조.

실행가능성 이라는 두 가지 기준들을 제시하였다(Sork, 1995; Altschuld & Witkin, 2000). 하나의 니즈의 중요도의 결정은 하나의 판단기준에 의하여 결정되는 것이 아니라 복수의 구성요소들에 의하여 평가된다. 이들 각 평가기준들에 의하여 평가 된 다음, 평가 기준별 점수들을 합산하여 전체적인 우선순위 점수들을 얻을 수 있 다. 실행가능성도 역시 복수의 평가기준들에 의하여 평가되며, 각 평가기준들에 의 하여 평가된 점수들을 합산하여 전체적인 실행가능성의 우선순위 점수를 얻는다.

Sork의 다기준접근방법은 니즈가 복잡하지 않고, 니즈에 기초하여 설정한 우선 순위가 외부의 선거구민이나 이해관계집단에 방어가 가능할 때 활용되고 있다. Sork에 의하여 제시된 다섯 가지의 중요도 평가기준은 다음과 같다(Sork, 1995).

① 영향을 받는 사람의 수: 영향을 받는 사람이 많으면 많을수록 더 중요한 니 즈이다.
② 조직목적에 대한 기여: 조직목적에 대한 기여도가 높을수록 더 중요한 니즈 이다.
③ 즉각적인 주목의 요구 정도: 즉각적인 주목이 요구될수록 더 중요한 니즈 이다.
④ 현재의 상태와 바람직한 상태 간의 차이의 크기: 차이가 클수록 더 중요한 니즈이다.
⑤ 특정영역에서 하나의 니즈를 해결하는 것이 갖는 수단적 가치: 긍정적인 효 과가 크면 클수록 더 중요한 니즈이다.

위의 다섯 가지 중요도 평가기준들 하나하나에 비추어 니즈의 중요도를 평가하 는데, 1에서 5까지의 5점 척도를 사용하여 평가하되, 가장 중요한 것은 5점, 가장 중요도가 낮은 것은 1점을 부여한다. 니즈사정위원회의 각 위원들은 각각 개별적으 로 각 니즈들에 대하여 각 측면별로 평가한 후, 이들 각 위원들의 점수들을 니즈별 로 전체적으로 합산한 다음, 니즈별로 합산한 점수들을 비교하여 각 니즈별 중요도 를 결정한다. 그러므로 니즈별 중요도는 점수가 높은 순서가 된다. 각 위원별 니즈 의 중요도 평가는 다음 [표 7-5]와 같은 표를 사용하여 정리하면 평가 작업이 용이 하다. [표 7-5]에서 가중치는 각 중요도 평가기준들에 얼마나 높은 비중을 두느냐 하는 정도를 나타내며, 니즈사정위원회에서 사전에 결정하여야 한다.

[표 7-5] 니즈의 중요도의 평가기준들과 최종적인 중요도 순위

니즈	영향을 받는 사람의 수 가중치	조직목적에 대한 기여도 가중치	즉각적인 주목의 요구 정도 가중치	차이의 크기 가중치	수단적 가치 가중치	가중치를 부여한 중요도 순위 점수의 합	최종적인 중요도 순위
1							
2							
3							
4							
5							
⋮							

한편 Sork에 의하여 제시된 교육프로그램의 세 가지 실행가능성의 평가기준들은 다음과 같다(Sork, 1995).

① 교육의 효력(efficacy): 교육적 간여가 니즈를 감소시키거나 제거하는 데 기여할 수 있는 정도를 나타내며, 그 정도가 클수록 효력이 크다.
② 자원의 이용가능성: 니즈를 감소시키기 위하여 프로그램에 자원투입이 가능한 정도를 나타내며, 정도가 높을수록 이용가능성이 높다.
③ 변화에 대한 공약(commitment): 조직이 변화하려는 의지를 나타내며, 의지가 높을수록 공약의 강도가 높다.

실행가능성의 기준은 영역별 프로그램에 따라 달라질 수 있으며, NAC 또는 조직의 의사결정자들은 이 기준들을 추가, 삭제, 변경 등을 통하여 적정하게 변경하여 사용할 필요가 있다. 실행가능성의 평가절차도 니즈의 중요도 평가절차와 동일하며, 그 구체적인 절차는 다음과 같다.

① 각 니즈들은 위의 실행가능성 평가기준 하나하나에 비추어 평가한다. 1에서 5까지의 5점 척도를 사용하여 평가하되 가장 실행가능성이 높은 것은 5점, 가장 실행가능성이 낮은 것은 1점을 부여하도록 한다.

[표 7-6] 니즈의 실행가능성의 평가기준들과 최종적인 실행가능성 순위

니즈	교육의 효력 가중치	자원의 이용가능성 가중치	변화에 대한 공약 가중치	가중치를 부여한 실행가능성 순위 점수의 합	최종적인 실행 가능성 순위	가중치를 부여한 중요도와 실행가능성 점수들의 합계	최종적인 전반적 순위
1							
2							
3							
4							
5							
⋮							

② NAC 각 위원들은 각각 개별적으로 각 니즈들에 대하여 각 측면별로 실행가
  능성을 평가한 후, 이들 각 위원들의 점수들을 니즈별로 전체적으로 합산한
  다음, 니즈별 합산 점수들을 비교하여 니즈별 실행가능성 순위를 결정한다.
③ 니즈별 실행가능성은 점수가 높은 순서가 된다.

  각 위원별 니즈의 실행가능성평가는 다음 [표 7-6]과 같은 표를 사용하여 정리
하면 실행가능성에 대한 평가 작업이 용이하다. [표 7-6]에서 가중치는 중요도 평
가에 있어서와 마찬가지로 각 실행가능성 평가기준들에 얼마나 높은 비중을 둘 것
이냐 하는 정도를 나타내며, 역시 니즈사정 위원회에서 사전에 결정하여야 한다.
  위와 같은 Sork의 우선순위 설정절차는 니즈사정 위원회의 위원들 간에 중요도
와 실행가능성에 합의가 이루어지면 니즈의 우선순위설정에도 용이하게 합의를 할 수
있을 것임을 말해준다. 다음 [그림 7-2]는 중요도와 실행가능성에서 모두 높은 점수
를 얻은 니즈를 우선순위가 높은 니즈로 설정하는 2차원적 그래프를 나타내고 있다.
  만일 니즈사정위원들 간에 니즈의 중요도 평가나 실행가능성의 평가에 심한 격
차를 나타낸다면 니즈사정자는 왜 이러한 차이가 나오게 되었는지를 탐색하여야 한
다. 그리고 이러한 우선순위상에 의견의 차이가 나오게 된 것에 대하여 공개적이고
솔직한 토의가 되어야 한다.

[그림 7-2] 중요도 평가기준과 실행가능성 평가기준의 2차원적 그래프

(3) 분해된 요소별 스크린을 통한 우선순위설정

이미 Sork의 중요도 및 실행가능성 평가에 의한 우선순위설정에서 본 바와 같이 많은 우선순위설정에 대한 의사결정이 여러 가지 기준들에 의하여 부여한 순위들을 합산하여 이루어진다. 그러나 분해된 요소별 스크린을 통한 우선순위설정 접근방법은 위의 방법들과 대비되는 대안적 방법이다. 분해된 요소별 스크린을 통한 우선순위설정방법의 기본절차는 다음과 같다.

① 중요도 또는 실행가능성 같은 평가기준들에 속하는 개개 구성요소들을, NAC나 조직의사결정 그룹이 먼저 숙고와 토론을 거쳐서, 가장 높은 것으로 부터 가장 낮은 것으로 순위를 부여한다.
② 위에서 순위가 부여된 평가기준들 가운데 가장 높은 순위가 부여된 기준(구성요소)에 비추어 각 니즈들을 평가한다.
③ 위와 같은 니즈들에 대한 평가를 두 번째 높은 순위가 부여된 평가기준(구성요소)에 대해서도 평가하며, 이러한 평가기준(구성요소)별에 의한 니즈의 평가를 평가기준들(구성요소들)이 소진될 때까지 반복한다.
④ 모든 평가기준들에 의한 스크린을 통과한 니즈들을 높은 우선순위를 가진 니즈로 결정한다.

분해된 요소별 스크린을 통한 우선순위설정은 먼저 중요도 평가기준이 존재함을 전제로 한다. 분해된 요소별 스크린을 통한 우선순위설정방법의 기본절차는 다

음 [예 7-4]와 같은 적용 예를 보면 좀 더 용이하게 기본절차를 이해할 수 있다.

예 7-4 Sork의 중요도 평가기준을 활용한 분해별 요소별 스크린 방법

Sork의 중요도 평가기준(구성요소)들 가운데 "니즈의 해결이 조직목적에 대한 기여도"가 NAC에 의하여 가장 순위가 높은 평가기준(스크린 1)으로 결정되었다고 가정한다. 이 평가기준에 의하여 니즈를 평가해서 평균 4점 또는 그 이상 획득한 니즈만이 스크린을 통과한다고 가정하고, 이 기준에 비추어 각 니즈들을 평가한다. 첫 번째 스크린을 통과한 니즈들을 두 번째로 높은 순위를 가진 중요도 평가기준(구성요소) 예컨대 "영향을 받는 사람의 수"에 비추어 평가한 후, 역시 4점 이상을 획득한 니즈들을 스크린을 통과한 것으로 간주한다.

위와 같은 스크린과정을 통하여 살아남은 니즈들에 대하여 다음으로 높은 순위를 가진 평가기준(구성요소)에 비추어 스크린하며, 이러한 과정을 반복한다. 모든 중요도 평가기준(구성요소)들에 의한 스크린과정을 통과한 니즈들, 즉 제거되지 않고 살아 남아있는 니즈들을 높은 우선순위를 가진 니즈들로 결정한다. 만일 니즈들이 모두 스크린과정을 통과하지 못하는 경우에는 가장 많은 스크린과정을 통과한 니즈들을 우선순위가 높은 니즈로 결정한다. 다음 [표 7-7]은 이 과정들을 요약한 것이다.

[표 7-7] 니즈의 우선순위설정에 있어 분해된 요소별 스크린 접근방법의 적 용 예*

스크린 니즈들	스크린 1	스크린 2	스크린 3	스크린 4	스크린 5
1. _____	예	예	아니오		
2. _____	예	예	예	예	예
3. _____	예	예	아니오		
4. _____	예	예	예	예	아니오
5. _____	아니오				
6. _____	아니오				
7. _____	예	예	예	예	예
⋮	⋮	⋮	⋮	⋮	⋮

* 일곱 개의 니즈들 가운데 스크린 과정을 통과한 2번 니즈와 7번 니즈가 가장 중요한 니즈 인 것으로 판단한다.

자료: Altschuld and Witkin, 2000.

분해된 요소별 스크린을 통하여 우선순위를 설정하는 접근방법의 장점은 다른 이해관계자들에게 설명하기 쉽고, 단순화된 방법으로 분명하며, 잘 조직화되었고, 일관된 절차를 가졌다는 점이다. 그러나 의사결정을 단편화함으로써 우선순위설정에 있어서 평가기준들 간에 있을지도 모를 상호작용에 대한 통찰력을 잃어버릴 수도 있다는 점이 결점이다.

2. 높은 우선순위를 가진 니즈에 대한 해결전략 선택의 접근방법

앞의 항에서 우리는 식별된 니즈 가운데 높은 우선순위를 가진 니즈가 무엇인가를 중요도에 따라 결정하는 우선순위 설정방법들에 대하여 살펴보았다. 앞의 항에서 논의한 방법과 절차들에 따라 니즈들의 우선순위가 결정되고 나면, 다음에는 높은 우선순위를 가진 니즈에 대한 해결전략들을 선택하여야 한다.

높은 우선순위를 가진 니즈에 대한 해결전략들을 탐색하는 과정에서는 다음과 같은 세 가지 사항들을 유의하여야 한다. 첫째, 해결방안들은 항상 조직이 해결하려고 하는 니즈의 관점에서 정의되어야 한다. 둘째, 하나의 해결방안을 성급하게 확정하는 것을 피하여야 한다. 높은 우선순위를 가진 니즈에 영향을 미칠 가능성을 가진 복수의 전략들 또는 디자인들을 식별하려고 노력하도록 하여야 한다. 셋째, 잠재적인 해결전략들을 평가할 평가기준들을 발전시키거나 식별하여야 한다. 이러한 점들을 유의하면서 니즈에 대한 해결전략들을 탐색한다면, 니즈해결에 효과적인 적절한 전략대안들을 탐색해 낼 수 있을 것이다.

높은 우선순위를 가진 니즈에 대한 해결전략들을 탐색하고 선택하는 접근방법들은 여러 가지가 있지만, 그들 가운데에서도 널리 사용되고 있는 접근방법으로는 문헌검토,[7] 벤치마킹(benchmarking),[8] 다특성효용이론(multi-attribute utility theory:

---

7) 관련분야의 문헌검토는 관련분야에 대한 지식을 넓혀주기 때문에 어떤 문제에 대한 해결대안이나 해결대안들의 중요성에 대한 이해를 높이는 데 필요하다. 문헌검토는 MAUT와 QFD 등에 대한 기초를 제공해주며, 문헌검토가 없으면 MAUT나 리스크 데이터들에 대한 논의도 한계를 가질 수 있다. 문헌검토를 통하여 해결전략을 탐색하는 절차를 살펴보면 다음과 같다.

· 해결전략을 찾는 단계에 이르면 NAC는 이미 대부분의 NA과정을 완료한 상태이며, 인과분석 내용은 조직이 어떤 액션을 취할 수 있을지를 제시해 줄 것이다. NAC는 이 단계에서 높은 우선순위를 가진 니즈들에 기초하여 가능한 해결전략을 탐색하고자 한다.

· 이 과정에서는 NAC를 가이드할 많은 정보들이 이용가능하겠지만, NAC는 무엇보다도 먼저 관련분야 전문가들을 찾아 자문을 구하고, 현존문헌들을 통하여 현존하는 해결방안들을 탐

MAUT) 및 품질특성발전(quality function deployment: QFD) 등을 들 수 있다. 이들 기법들 가운데 다음에는 다특성효용이론(MAUT)과 품질특성발전(QFD) 접근방법들에 대하여 살펴보고자 한다(Altschuld & Witkin, 2000).

1) 다특성효용이론 접근방법

(1) 다특성효용이론의 의미

다특성효용이론은 의사결정그룹에게 서로 다른 해결방안들이 핵심적인 중요도의 평가기준들(key criteria of importance)을 만족시키는 정도를 정의하고 판단할 수 있도록 도와줌으로써, 어떠한 유형의 의사결정이라도 내릴 수 있도록 도와줄 수 있는 하나의 절차이다(Posavac & Carey, 1989; Pitz & McKillip, 1984; Camaso & Dick, 1993).

다특성효용이론은 니즈의 중요도에 대한 순위를 결정(rank ordering of needs)하는 우선순위설정방법과 유사하나, 다른 점은 니즈의 중요도 순위를 결정하는 것이 아니고, 해결전략들을 비교하는 데 중점을 두는 우선순위설정기법이라는 것이다(Altschuld & Witkin, 2000).

(2) 다특성효용이론에 의한 우선순위설정의 절차

Posavac과 Carey(1989)는 MAUT를 집행하는 과정으로서 10단계 절차를 제시하였으며, Altschuld와 Witkin(2000)은 그들 단계의 일부를 부분적으로 통합하여 다음과 같은 8단계 절차를 제시하였다.

[제 1 단계] 조직의 상황, 해결전략들을 선택하여야 할 니즈들 및 니즈들에 대한 의사결정들을 내리는 것과 관련된 고유한 이슈들을 식별한다.

[제 2 단계] 높은 우선순위를 가진 니즈들에 대한 해결전략들 또는 옵션들(options)을 식별한다. 이 단계는 NAC로 하여금 문제를 해결하기 위하여 하나의 해결

색하는 것이 바람직하다.
  · 만일 문제영역이 복잡한 경우에는 NAC는 몇 개의 하위위원회(sub-committee)로 나누어 각각 관련 문헌들 가운데 일부분씩을 검토하여 니즈 사정자에게 보고토록 하고, 니즈 사정자가 이들을 종합하도록 하면 효율적으로 문헌을 검토하여 해결전략을 탐색할 수 있다.
  · 성공적인 사이트에 대한 현장방문을 통하여 관찰하고, 관련 니즈에 대한 서비스를 제공하거나 행정업무를 담당하고 있는 관련자들과 토의를 하면 문헌내용들을 확인할 수 있다.
8) 벤치마킹은 다른 유사한 조직들과 그룹들이 자기 조직의 니즈들과 유사한 니즈들을 어떻게 다루고 해결했었는지를 식별하는 과정으로 정의할 수 있다. 다른 조직들을 벤치마킹대상으로 선택하려고 하는 것은 더 잘하려고 하는 개방적이고 성실한 행정이다. 벤치마킹을 통한 개선은 서비스를 받을 사람들(레벨 1 타깃그룹)의 니즈들을 정의하고, 목적과 목표들을 설정하며, 산출결과들을 측정할 방법을 가지고, 경쟁적이 되며, 최선의 실무(best practice)에 기초한 노력 등에 입각하여 이루어진다.

대안만을 생각하지 않고 더 많은 대안들을 탐색하도록 하는 사고과정(thought process)을 촉진한다.

　[제 3 단계]   해결전략대안들을 판단할 수 있도록 하는 평가기준 또는 가치의 차원들을 식별한다. 여기서 복수적인 평가기준의 설정은 NAC가 수행한 문헌검토 및 인과분석 등에 기초하여 이루어질 수 있다. 평가기준들의 예로서는 직접비용, 옵션을 집행하는 데 필요한 요원들의 기술들, 설계하는 데 필요한 설계비용들, 옵션을 유지하는 데 필요한 장기적인 유지비용들, 문제에 영향을 미칠 가능성(likelihood), 레벨 1 타깃집단에 의한 해결대안의 수용가능성 등을 들 수 있다. 평가기준들의 수는 대략 10~15개 정도가 적당하다.

　[제 4 단계]   중요성의 순서에 따라 평가기준들에 대한 서열을 부여한다. MAUT에서는 상대적인 중요성에 따라 평가기준들을 서열화하는 데 대한 합의(consensus)가 필수적으로 요구된다.

　[제 5 단계]   평가기준들을 중요도에 따라 상대적인 가중치를 부여하고, "비율들을 유지"하며, 이 비율들 또는 결과로 나타나는 가중치들을 표준화(normalize)한다. 이것을 시행하기 위해서는 먼저 위의 4단계에서 가장 낮은 서열이 매겨진 평가기준을 선택하여 여기에 임의의 가중치, 예컨대 10점을 부여한다. 다음에는 두 번째로 낮은 서열이 매겨진 평가기준을 선택한 다음 이것을 가장 낮은 서열이 매겨진 평가기준과 비교하여 만일 두 배 중요하면 20점, 1.5배 중요하면 15점, 세 배 중요하면 30점을 부여하는 식으로 상대적인 점수를 부여한다. 세 번째로 낮은 서열을 가진 평가기준, 네 번째로 낮은 평가기준들도 모두 가장 낮은 평가기준과 비교하여 상대적인 가중치를 설정한다.

　이러한 과정을 모든 평가기준들에 대하여 적용하여 가장 낮은 서열을 가진 평가기준에 비교한 각 평가기준들의 상대적인 가중치를 설정하는데(이것이 "비율들을 유지"한다는 아이디어임), 이 절차는 각 평가기준들의 상대적인 강도(strength) 또는 상대적인 강조점(emphasis)을 분명하게 해준다.

　[제 6 단계]   옵션이 평가기준을 극대화할 확률을 추정한다. 이 확률은 옵션 또는 해결방안이 각 평가기준들에 미치는 영향을 의미하며, 효용(utility)이라 부르기도 한다. ① 이 확률값(또는 효용값)을 얻기 위하여 NAC의 각 구성원들은 해결방안이 평가기준에 미칠 것으로 보이는 영향의 정도를 추정할 수 있는 하나의 확률값을 부여한다. ② 이 목적으로 사용되는 척도는 0과 1 사이의 값이다. 이 때 0은 해당

해결방안이 어떤 한 평가기준에 대하여 아무런 영향도 미치지 않는 것을 나타내며 (그러나 0을 사용하는 것은 가급적 피하는 것이 좋음), 1.00은 해당 평가기준에 최대 한의 영향을 미치는 것을 나타낸다. 일반적으로 영향이 낮은 것을 나타내는 확률값 으로는 대략 0.2의 값을, 영향이 높은 것을 나타내는 확률값으로는 대략 0.7의 값을 부여하도록 권장되고 있다. ③ 이 최종적인 확률값을 효용(utility)이라 부른다. 이 효용값은 개별적인 NAC 구성원들이 추정한 값들을 평균한 것이며, 각 구성원들이 어느 정도 동의하는 값이 될 것이다. 만일 확률의 추정값들 사이에 심한 편차가 생 기는 경우에는 그룹토의를 통해서 확률추정상에 일어난 차이를 해소하도록 노력하 여야 한다.

[제 7 단계] 각 옵션에 대한 최종적인 효용값을 계산한다. 효용값의 계산과정 은 다음과 같다. ① 각 옵션들은 이제 각 평가기준별로 평균적인 확률추정값(또는 효용점수)을 갖게 된다. 각 옵션별 최종적인 효용을 계산하기 위해서는 이들 각 효 용점수값에 해당 평가기준들의 중요도(importance)값에 대한 가중치를 곱해 준다. ② 어떤 특정한 해결대안의 모든 평가기준들에 대하여 위와 같은 작업을 모두 수행 한다. 그리고 이들을 모두 합해 준다. ③ 이와 같이 각 대안별로 합한 값들을 대안 의 최종적인 효용값이라 하며, 대안별로 비교한다. 그리고 대안별로 비교해서 어느 한 대안의 합계가 더 크면 더 클수록 그 해결대안이 그렇지 않은 다른 대안보다 선 택되어야 할 가능성이 더 높아진다. 이 과정을 요약하면 [표 7-8]과 같다.

[표 7-8] MAUT 적용을 위한 일반적인 표의 틀

중요도평가기준 〜 해결전략	가중치	표준화된 가중치$(W_i)^{a)}$	해결전략 A	해결전략 B
1. _____				
2. _____				
3. _____				
4. _____				
⋮				
가중치 합계	$\sum W_i = 100^{a)}$	합계$^{b)}$	합계$^{b)}$

a) 모든 가중치를 합한 다음, 이 합계한 값으로 개별 가중치들을 나누어주고, 여기서 얻은 값 에 100을 곱해줌.
b) 합계는 개별적인 평가기준의 확률값과 해당 가중치를 곱한 값들을 모두 합한 것임.

[제 8 단계] 의사결정을 내린다. MAUT절차는 어떤 해결전략을 선택할지에 대한 상당히 좋은 아이디어를 위원회에 주었다. NAC는 해결전략을 가중치가 부여된 중요도요인들과 확률의 추정에 의하여 선택한다. 만일 비용이 평가기준이 포함되지 않았다면, 어떤 코스트(cost) 파라미터들이 옵션을 집행하는 데 필요한가, 그리고 어떤 종류의 인적자원이 옵션을 시작하고 유지하는 데 필요한가, 만일 단기적인 관점에서 어떤 옵션이 더 바람직하지만 장기적인 관점에서 본다면 평가기준에 대한 옵션의 확률추정은 달라지지 않겠는가 하는 것 등을 NAC는 최종적인 결론에 도달하기 전에 고려하여야 한다.

위에서는 다특성효용이론을 적용하여 해결전략을 선택하는 절차에 대하여 간략하게 기술하였는데, 이것을 실제로 어떻게 응용하는가 하는 것은 다음 [예 7-5] 같은 가상적인 적용사례를 보면 이 절차를 이해하는 데 도움이 될 것이다.

예 7-5 가상적인 사례에 대한 MAUT의 적용과 해결전략 선택

대도시인 S시는 매일 극심한 교통난에 시달리고 있어 시민들이 무엇인가 대책을 세울 것을 강력하게 요구하고 있다. S시는 교통 및 도시문제 전문가들로 교통대책위원회를 구성하고 해결방안을 제시하도록 위임하였다. 교통대책위원회는 브레인스토밍 과정과 실행가능성 검토를 통하여 다음과 같은 몇 가지 해결대안들을 제시하였다.

· 새로운 내부 및 외부 순환도로를 건설하는 방안(A안)
· 시에 몇 개의 위성커뮤니티를 건설하고, 그 사이를 경전철로 연결하는 방안(B안)
· 기업들이 가상 사무실(virtual office)을 개설하여 일주일에 며칠은 재택근무를 하고 인터넷을 통하여 커뮤니케이션하도록 하는 방안(C안)
· 기업체와 산업체들이 출퇴근 시간을 서로 엇갈리게 정하여 매일 교통량을 시간대별로 분산시키는 방안(D안)
· 위의 각 방안들을 혼합하는 전략대안을 포함한 기타의 해결방안(E안) 등

한편 NAC 위원들이 숙고와 논의를 통해서 결정한 각 해결전략들을 평가할 중요한 평가기준들의 가중치들과 표준화된 가중치들은 [표 7-9]와 같다고 가정한다.

다특성효용이론(MAUT)을 적용하여 해결전략을 판정하기 위해서는 다음 [표 7-10]과 같은 계산과정을 거친다. 여기서는 편의상 A안과 B안 등 두 가지 해결전략에 대한 비교과정만을 제시하였다. A안과 B안의 각 안들에 대한 평가기준을 극대화할 확률에 대한 값들은 NAC 구성원들이 합의에 의하여 부여한 값들이다.

[표 7-9] 중요도에 따라 서열화된 해결전략의 평가기준들

순위	해결전략의 평가기준	가중치	표준화된 가중치
1	해결전략의 비용	90	45
2	문제에 대한 단기적 효과	60	30
3	문제에 대한 장기적 효과	40	20
4	해결전략에 대한 정치적 수용성	10	5
	가중치의 합계	200	100

[표 7-10] S시의 교통난 해소를 위한 MAUT의 응용

해결전략 중요한 평가기준	표준화된 가중치	새로운 도로의 건설(A안)		위성도시의개발(B안)	
		(기준을 극대 화할 확률)	(확률과 가중 치의 곱)	(기준을 극대 화할 확률)	(확률과 가중 치의 곱)
비용	45	0.40	18	0.80	36
단기적 효과	30	0.80	24	0.15	4.5
장기적 효과	20	0.60	12	0.40	8
정치적 수용성	5	0.50	2.5	0.30	1.5
합계	$\Sigma W = 100$		56.5		50.5

MAUT 방법을 적용하여 분석한 결과 [표 7-10]에서 보는 바와 같이 S시의 교통난 해소를 위한 최선의 해결 전략은 새로운 도로의 건설인 것으로 판단된다.

다특성효용기법은 [예 7-5]를 통해서 볼 수 있는 바와 같이 NAC로 하여금 평가기준들과 그들의 중요성을 비교적 짧은 그룹과정 내에 식별하도록 강제한다. 그러나 그룹들은 평가기준들과 그들의 가중치들을 식별하고 합의하는 것이 매우 어려울 수도 있다. 그리고 서로 다른 그룹들은 평가기준에 대하여 서로 다른 수치를 부여할지도 모른다는 결점이 있다.

2) 품질특성발전(QFD) 접근방법

(1) 품질특성발전의 의미

우선순위가 높은 니즈를 행동계획(action plan)으로 전환시키는 것은 매우 어려운 과제이다. 특히 니즈가 복잡하고 중요한 문제들과 관련되어 있는 경우 더 어렵

다. 해결대안과 관련해서 보면, 기획은 니즈 평가와는 아무런 관련이 없는 서로 분리된 활동으로 보이는 경우도 많으며, 니즈 사정자와 니즈사정위원회 구성원들은 그들이 힘들게 수행하여 결정한 니즈와 그들이 수행하는 기획 간에 어떤 연결이 있는 것으로 보지 않는 경우도 있을 수 있다.

품질특성발전(Quality Function Deployment: QFD)의 목적은 고객의 요구사항을 생산품의 요구사항(product requirements)이나 프로그램의 요구사항으로 전환시키는 것이다. 다시 말하면 QFD는 고객의 목소리(voice of customer)를 생산품 또는 프로그램 설계특성으로 전환시키는 도구이다(Cohen, 1995). 그러한 의미에서 QFD는 기획도구이며, 그것은 최종생산품이나 프로그램 설계특성이 확실하게 고객의 기대를 충족시킬 수 있도록 한다. QFD는 니즈의 우선순위를 토대로 생산품이나 프로그램 설계특성의 우선순위 설정을 하나의 차트(chart)에서 가능하게 한다. 이 방법은 1966년 일본에서 생산제품의 품질을 높이고, 기획과정에서 필수적으로 요구되는 니즈의 가시화 및 지능화를 돕기 위하여 Yoji Akao(1966)에 의하여 발전되었다. 또한 이 방법은 1980년대 미국에 도입된 이래 공학과 경영학 분야에서 급속하게 발전되기 시작하였으며, 대학 교육을 위한 각 분야별 교과과정의 편성, 전략기획, 정책형성 등 다른 분야에서도 광범위하게 응용되기 시작하였다.

(2) 품질특성발전에 대한 이해를 용이하게 하는 방법과 주요 특징

QFD에 대한 이해를 용이하게 하기 위해서는 QFD과정의 핵심인 HOQ(House of Quality)를 이해하는 것이 중요하다. HOQ는 니즈와 이들 니즈를 감소시키거나 해결할 프로그램의 특징들(features of program) 또는 설계 특징들 간의 관계를 나타낸다. HOQ는 QFD과정을 쉽게 이해할 수 있도록 해주는 가시적 요약(visual summary)이며, 또한 고객들이나 소비자들의 니즈에 기초한 해결전략들을 계량화하기 위한 하나의 절차이다. QFD는 니즈사정위원회가 문제를 해결하는 데 높은 가능성을 가진 해결방안들을 결정하고 선택하는 것을 도와준다.

QFD과정은 각 전문분야들(interdisciplinary) 간의 협력을 촉진한다. 그러므로 QFD는 조직 내에서 서로 다른 부서들 간에 얼마나 의사소통이 잘 되는가에 크게 의존한다. QFD는 정부조직, 학교, 회사, 지역사회의 기관들이 고객이나 수혜자 등 레벨 1 니즈들에 기초하여 프로그램을 개발하도록 한다. 니즈는 전 QFD과정의 가장 중요한 시금석이 된다. 탐색된 해결전략들은 항상 고객의 니즈에 비교되고, 이에 기초하여 판단되어야 한다.

Shillito(1994)에 의하면 품질특성발전은 다음과 같은 몇 가지 중요한 특징들을 가졌다고 한다.

① 고객과 고객의 니즈들에 초점을 맞춘다.

② 해결대안을 찾고 설계하는 데 경쟁시장의 힘들(forces)을 분석한다.

③ 현존하는 팀이나 조직 내에서 상호 협력하는 그룹을 조직하여 작업을 수행한다. QFD는 조직 내의 개인 및 그룹들 간에 깊이 있는 의사소통이 필요하기 때문이다.

④ QFD는 먼저 니즈를 검토하고, 이 니즈를 해결할 수단들을 발전시킨다.

⑤ 불투명한 고객의 니즈와 인식들(perceptions)을 측정 가능한 산출결과인 목적들로 전환시키고, 이 목적들을 달성할 수 있는 프로그램 또는 생산품(products)으로 발전시킨다.

(3) 기본골격

QFD의 가장 중요한 특징 중의 하나는 한눈에 니즈와 해결대안들, 해결대안들 간의 관계 및 니즈들을 통하여 해결대안들의 우선순위를 설정하고 프로그램 설계특성들을 확정할 수 있다는 것이다. QFD는 [그림 7-3]과 같은 HOQ다이어그램(diagram) 또는 매트릭스(matrix)를 사용한다.

HOQ는 일곱 가지의 요소들로 구성되어 있는데, 이들 요소들은 모두 [그림 7-3]에 나타나 있다.

① 고객의 니즈: 고객의 니즈는 고객의 소리(voice of customer: VOC)이며, 고객의 특성(attribute), 고객의 요구사항 또는 품질에 대한 요망사항이라고 부르기도 한다. 고객의 소리는 고객의 언명들(statements)로부터 도출한 구조화된 요구사항의 리스트이다. 즉 고객이 '무엇'을 원하는가를 나타낸다. 이들은 친연관계 다이어그램(affinity diagram)[9]과 트리 다이어그램(tree dia

---

9) 친연관계 다이어그램이란 고객의 소리(VOC) 항목들이 많은 경우 이것들을 유사한 성질의 항목들끼리 묶어서 그 수를 줄이고, 유사한 항목들끼리 묶은 것은 기술적 요구에 따라 다시 이름을 붙인다. 양초의 경우 고객들의 니즈가 시각적으로 매력적일 것, 향기로울 것, 불꽃(flame)이 클 것, 연기가 없을 것, 액체가 떨어지지 않을 것, 타는 수명이 길 것 등이라고 하면, 이것들을 기술적 요구사항에 따라 다음과 같은 친연관계 다이어그램과 트리(tree) 다이어그램으로 그릴 수 있다.

[그림 7-3]   전형적인 HOQ 매트릭스

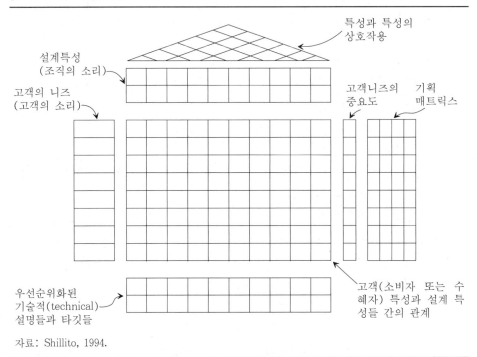

자료: Shillito, 1994.

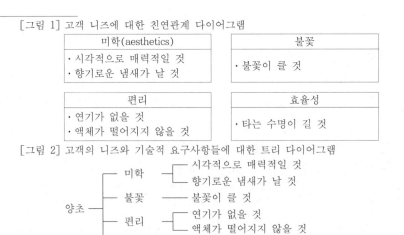

[그림 1] 고객 니즈에 대한 친연관계 다이어그램

미학(aesthetics)	불꽃
· 시각적으로 매력적일 것 · 향기로운 냄새가 날 것	· 불꽃이 클 것

편리	효율성
· 연기가 없을 것 · 액체가 떨어지지 않을 것	· 타는 수명이 길 것

[그림 2] 고객의 니즈와 기술적 요구사항들에 대한 트리 다이어그램

gram)으로 구조화(structure)된다.

② 설계특성: 이것은 프로그램의 특성(feature), 생산제품의 특성, 엔지니어링 특성 또는 기술적 요망사항이라고도 부르며, 조직의 소리이다. 이들은 또한 그 항목들이 많은 경우에는 친연관계 다이어그램과 트리 다이어그램을 사용하여 발전시킬 수 있다. 이들 설계 특성들은 조직이 '어떻게' 고객들의 니즈를 만족시킬 수 있는가 하는 방법을 사용하여 발전시킬 수 있다. 이것은 시장에 대한 서베이(survey)에 의하여 관찰된다.

③ 고객니즈의 중요도: 고객의 니즈가 무엇인가를 알아야 할 뿐만 아니라, 또한 그들 니즈가 얼마나 중요한가 하는 것을 알아야 한다. 이는 시장에 대한 서베이에 의하여 관찰된다.

④ 기획 매트릭스: 고객의 니즈가 '무엇'을 원하는가를 나타내고, 설계특성이 '어떻게' 고객의 기대를 충족시킬 것인가를 나타낸다면, 기획매트릭스는 '왜' 이런 결과가 왔는가를 분석하는 부분이다. HOQ의 이 부분은, 만일 생산품인 경우에는 각 고객니즈에 대하여 벤치마킹할 경쟁조직의 생산제품에 비교해서 해당 조직의 생산제품의 경쟁력에 대한 분석을 포함한다(만일 대학교의 특정분야의 교과과정이라면 경쟁대학의 동일분야의 교과과정의 경쟁력에 대한 분석을 포함한다). 이 기획 매트릭스에는 현재의 생산제품(교과과정)이 얼마나 개선되어야 할 필요가 있는가, 이 개선에 의하여 판매 유리점(lever-age)이 얼마나 높아지게 될 것인가, 그리고 각 고객니즈에 대한 최종적인 전반적인 점수(final overall score) 또는 가중치(weight)는 얼마가 될 것인가 하는 것 등을 포함한다. 각 점수들은 고객의 중요도, 필요한 개선 정도 및 판매의 유리점 등에 의하여 인수분해(factored)된다.

⑤ 고객의 니즈와 설계특성 간의 관계: 니즈사정위원회는 이 매트릭스의 본체를 각 설계특성들(생산 제품의 경우 각 생산제품의 특성들)이 얼마나 각 고객의 니즈에 영향을 미치는가를 나타내도록 하는 데 활용한다. 고객의 니즈(고객의 소리)와 설계특성(조직의 소리)을 나타내는 트리(tree) 다이어그램들은 서로 직각으로 만난다. 이것을 간단한 그림으로 나타내면 [그림 7-4]와 같다.

[그림 7-4]의 매트릭스에서 한 차원의 항목들(예컨대 고객들의 소리 항목: "무엇"에 해당)은 다른 차원의 항목들(설계특성항목: "어떻게"에 해당)에 대

[그림 7-4] 고객니즈와 설계특성 간의 관계

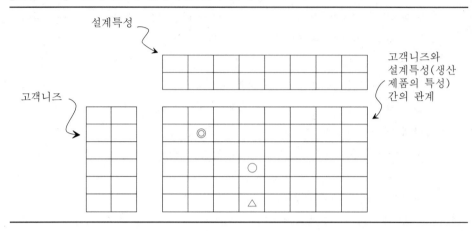

해서 사상(mapped)된다. 이 매트릭스는 고객니즈("무엇"에 해당)와 설계특성("어떻게"에 해당)이라는 두 개 차원에 있는 항목들 사이의 관계를 체계적으로 평가할 수 있도록 하는 구조를 제공한다. 매트릭스에 있는 각 셀(cell)들은 그 이전에는 분명하지 않았던 고객니즈와 프로그램 설계특성(제품의 특성)들 간의 관계를 물어볼 수 있는 기초를 제공해 준다.

고객니즈와 프로그램 설계특성 간의 관계들은 [그림 7-4]에 예시적으로 보여주고 있는 것과 같은 기호들(symbols)을 사용하면 코드화할 수 있다. 이 기호들 가운데 원이 두 개 그려진 것은 고객니즈와 프로그램 설계특성 간에 매우 강한 관계가 있다는 것을 나타내며 일반적으로 9점을 부여한다. 원이 한 개 그려진 것은 중간 정도의 관계가 있다는 것을 나타내며 3점을 부여하고, 삼각형이 그려진 것은 낮은 관계를 나타낸다. 그리고 공란으로 비어 있는 것은 아무런 관계가 없는 것을 나타낸다.

⑥ 프로그램 설계특성과 특성들 간의 상호작용: 설계특성들 가운데 어느 하나의 특성의 변화가 다른 특성들의 변화에 어떤 영향을 미치는가를 나타낸다('어떻게' vs '어떻게'). 영향관계의 정도에 따라, [그림 7-4]에 있어서와 마찬가지로 두 개의 원은 강한 영향관계를, 하나의 원은 중간 정도의 영향관계를, 그리고 삼각형은 낮은 관계를 나타내며, 공간은 아무런 영향관계가 없음을 나타낸다. 어떤 경우에는 어떤 한 특성의 바람직한 변화가 다른 특성

에 부정적인 효과를 미칠 수도 있다. 이들 상관관계들은 NAC 위원들이 그 러한 임팩트와 트레이드오프(trade offs)들을 식별할 수 있도록 해준다.

⑦ 우선순위화된 기술적 설명들과 타겟들: 이 부분은 이전의 모든 변수들이 각 프로그램 설계특성(생산품의 특성)들에 미치는 영향의 정도들을('얼마나 많이' 영향을 미치는가)을 요약한 것이다. 여기서 구한 값들은 설계특성의 우선순 위를 나타낸다. 이 부분은 또한 설계특성들(엔지니어링 특성들)의 타깃 측정 값과 다른 벤치마킹조직(다른 경쟁조직)의 경쟁력에 대한 분석값들을 포함 하기도 한다.

이상의 일곱 가지 요소들은 사용함으로써 QFD는 프로그램을 설계하는 데 상식 (common sense)을 적용할 메커니즘으로 사용될 정보의 저장소가 된다.

(4) 품질특성발전의 기본절차

QFD는 여러 가지 목적에 따라 다양한 절차를 가지고 있다. 그러나 기본절차는 고객이나 소비자들의 니즈를 탐색하고, 이들 니즈의 우선순위를 설정하는 단계, 이 니즈 또는 문제들을 해결할 해결전략을 탐색하고 니즈와 해결전략들 간의 관계에 대한 중요도를 설정하고 분석하는 단계 및 니즈의 우선순위와 해결대안의 중요도 간의 관계들을 통합하여 해결대안들의 최종적인 우선순위 또는 설계특성들(design feature)을 확정하는 단계 등 3단계 절차를 거친다.

이들 각 단계들은 QFD의 사용목적에 따라 각각 세분화하여 실제로는 더 많은 단계를 거칠 수 있다. 예를 들어 니즈의 수가 많고 복잡한 경우에는 그들의 성격과 친연관계에 따라 몇 개의 카테고리로 묶는 작업을 하는 단계를 추가할 수 있고, 해 결대안의 우선순위를 탐색하는 과정에서 벤치마킹이 필요한 경우에는 니즈의 비중 들을 설정하는 과정을 세분하여 벤치마킹단계를 추가할 수 있다.

QFD는 고객의 니즈 또는 레벨 1 니즈에 대한 정보들을 수집하는 것으로부터 시작한다. 이 정보들은 제품의 사용, 고객이 제품에 대하여 바람직하지 않다고 생각 하는 측면, 왜 회사제품을 구입하지 않는가 하는 것 등 다양하며, 정부의 프로그램 에 대해서도 왜 서비스에 만족하지 않는가 등의 요인들을 생각해 볼 수 있다. 데이 터는 서베이, 포커스그룹 인터뷰(focus group interviews), 개인적인 인터뷰, 관찰, 시 제품 테스트 및 기타 현존하는 데이터베이스 등에서 수집할 수 있다. QFD는 또한 니즈들의 우선순위를 설정하는 것을 포함한다.

(5) HOQ상에 포함되는 주요 내용과 설계특성의 우선순위설정과정

위에서는 전형적인 HOQ 매트릭스의 기본 골격에서 간략하게 설명하였다. 다음에는 HOQ를 적용한 간략한 사례를 중심으로 HOQ상에 포함된 주요 내용들을 보완적으로 설명하면서, 프로그램 설계특성의 우선순위를 설정하는 과정에 대해서 기술하고자 한다. 여기서 한 가지 유의하여야 할 점은 QFD와 벤치마킹을 동시에 사용하는 경우와 벤치마킹을 사용하지 않는 경우는 그 분석 과정이 약간 다른데 여기서는 QFD와 벤치마킹을 동시에 사용하는 경우에 대하여 설명하고자 한다. 만일 벤치마킹을 사용하지 않는 경우에는 분석과정에서 이 부분이 없는 것으로 생각하면 될 것이다.

① 고객의 니즈와 기대: [그림 7-5]에서 보는 바와 같이 고객니즈(고객의 소리)는 하우스(house)의 왼편에 표시된다. 여러 가지 자료수집방법들을 사용하여 니즈사정위원회나 연구팀은 고객들의 니즈와 기대가 무엇인가를 알아내기 위한 데이터를 수집한다. 수집한 데이터들을 분석한 다음 친연 다이어그램과 트리 다이어그램을 사용하여 고객니즈의 계서(hierarchy)를 설정한다. 니즈는 우선순위가 높은 순서에 따라 위에서부터 나열될 수도 있고, 우선순위와 상관없이 나열될 수도 있다. 어느 경우이든 NA의 결과로 나타난 가장 중요한 니즈들만을 나타내야 한다. 설명의 편의상 [그림 7-5]의 연필에 대한 HOQ사례를 제시하였는데, 여기에는 왼편에 5개의 니즈가 제시되었다(Shillito, 1994).

② 고객니즈의 중요도: 하우스의 오른쪽 편 열(column)에는 여러 가지 방법으로 결정된 고객 니즈의 중요도(또는 우선순위)를 표시한다. 중요도는 연구팀에 의하여 결정되며, 5점 척도(또는 10점 척도)를 사용하여 등급이 부여(rating)된다. 5점은 매우 중요한 것을, 1점은 중요하지 않은 것을 나타낸다. 기본적인 질문은 이 특성이 고객들에게 얼마나 중요한가 하는 것이다. 고객니즈에 대한 중요도 등급을 결정하는 과정에서는 팀 구성원들 간에 많은 논의를 거친다. 그리고 팀 구성원들 간에 합의가 이루어져야 하다. 이 과정은 다양한 고객들 가운데 누구의 견해를 어떻게 등급부여에 반영할 것인지를 사전에 결정해 놓아야 한다.

③ 경쟁력 분석: 경쟁력분석은 하우스의 기획 매트릭스(planning matrix)에서

[그림 7-5] 연필에 대한 HOQ(House of Quality)

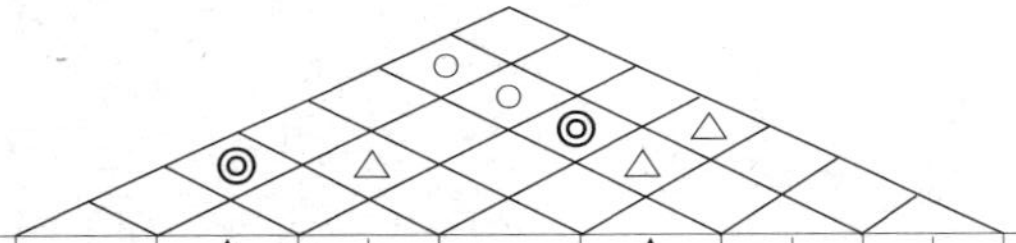

→ 증가
→ 감소
- 현상유지

고객의 니즈들 / 생산품의 기술적 요구사항(PTA)	A 길이	B 깎는 기간 사이의 시간	C 배출된 납먼지	D 롤(role) 각도	E 연필당 페이지	F 지우기 위한 압력 사이클	G 배출된 지우개 먼지	중요도	우리의 현재 생산품	경쟁자의 생산품	우리의 미래 생산품	개선비율	세일즈 포인트	원소스 (raw source)	표준화된 점수
방향	-	←	→	-	←	→	→								
1. 쥡기 용이	3\36							3	4	3	4	1.0	1.0	3.0	12
2. 더러워지지 않음		3\57	9\171		9\171	1\19		4	5	4	5	1.0	1.2	4.8	19
3. 포인트가 오래 지속	1	9\333	3\111		9\333			5	4	5	5	1.25	1.5	9.4	37
4. 구르지 않음				9\108				3	3	3	3	1.0	1.0	3.0	12
5. 지우기 쉬움					1\20	9\180	9\180	3	3	5	5	1.7	1.0	5.1	20
합계	73	390	282	108	524	199	180	1,756						25.3	100
%	4	22	16	6	30	11	10	100							
측정단위	mm	일	mg	%	페이지	사이클	mg								
현재의 측정값	1+	2	3	6	25	10	5								
OM 측정값	18	4	3	6	32	9	10								
타깃 측정값	16	4	3	8	30	9	5								

자료: Shillito, 1994.

이루어진다. 벤치마킹 정보들은 그 이후의 HOQ의 정보들에 활용되지는 않지만, 그 정보들은 경쟁력분석과 기획의 목적에 유용한 것이다. 만일 니즈의 우선순위가 높고, 자기조직의 현재의 위치(status)가 그에(우선순위에) 비해서 낮으면, 그리고 만일 훨씬 높은 수준이 요구되고, 또 만일 경쟁자나 벤치마킹 그룹의 성취도가 높으면, 몇 가지의 질문이 일어나게 되며 이 질문들에 답하여야 한다.

· 그들이 하는 올바른 일은 무엇인가?
· 우리가 잘못하는 일은 무엇인가?
· 우리가 해야 할 일로 하지 않는 일은 무엇인가?

이 질문들은 니즈사정 상황(context)에서는 적절한 관심사항들이다. 경쟁력분석은 조직의 생산품이나 서비스에 대한 평가에서부터 시작된다. 조직의 생산품이나 서비스가 현재 고객의 니즈들을 충족시키고 있는 정도에 등급을 부여한다(1점에서 10점 사이의 점수가 부여되며, 1점은 가장 낮은 것으로 평가된 점수, 10점은 가장 높은 것으로 평가된 점수임). [그림 7-5]에서 '우리의 현재의 생산품'은 조직이 현재 니즈들을 충족시키는 정도를 나타낸다. 다른 조직들(경쟁조직 또는 벤치마킹조직)의 생산품이나 서비스가 니즈를 충족시키고 있는 정도도 같은 방법으로 평가한다(1점~10점 척도로 평가). [그림 7-5]에서 '경쟁자의 생산품'은 이것을 나타낸다.

④ 미래의 목표: 조직의 제품이나 서비스가 미래의 니즈를 충족시키거나 해결하고자 하는 정도에 등급을 부여한다(1~10점 척도로 평가). [그림 7-5]에서 '우리의 미래 생산품'은 이것을 나타낸다. 이 때 모든 특성들을 모두 개선하려고 생각하는 함정을 피하여야 한다.

⑤ 개선비율(improvement ratio): 이 비율은 조직이 충족시키거나 해결하고자 하는 정도(위의 ④항)를 조직이 현재 니즈를 충족시키고 있는 정도(위의 ③항의 우리의 현재 생산품)로 나누어 구한 값이다. [그림 7-5]에서 '개선비율'은 이것을 나타낸다.

⑥ 세일즈 포인트: 이것은 개선에 의하여 시장에서 유리점(leverage)을 얻을 수 있는지 여부에 대하여 등급을 부여한 것이다. 그 정도에 따라 1.5(아주 강함), 1.2(약간 유리), 1.0(현상유지) 등의 점수를 부여한다.

⑦ 고객니즈의 원점수(raw score): 이것은 연구팀이 위의 세 가지 변수들(고객

의 중요도, 개선비율 및 세일즈포인트)에 대한 평가를 토대로 고객니즈의 계서(hierarchy)를 결정한 것이다. 이 값은 다음과 같이 구한다.

　고객니즈 원점수＝(고객의 중요도) × (개선비율) × (세일즈 포인트)

예를 들면 "잡기용이"의 원점수는 3 × 1 × 1＝3로 계산한다. 고객의 원점수들은 다음에 표준화(normalize)된다. 그리고 이 표준화된 값은 고객니즈의 우선순위이며, 수요자 가중치(demand weight)라 부르기도 한다. 다음에 설계특성 요소들의 가중치를 구하는 데 활용된다.

⑧ 프로그램 설계특성(또는 엔지니어링 특성): 하우스의 상단, 즉 천정은 조직이 해결할 수 있는 니즈, 그리고 조직이 변화시키거나 수정할 수 있는 능력을 가진 설계 특성들(design features)로 구성되어 있다. 이들 설계특성들은 문헌들, 과거의 경험, 벤치마킹하는 조직들 및 무엇이 작동하고 무엇이 작동하지 않는지에 대하여 풍부한 이해를 가진 조직의 여러 부서에서 온 사람들로 구성된 팀(core-disciplinary) 등으로부터 온다. 니즈사정위원회는 수차례 모임을 갖고 브레인스토밍을 통하여 HOQ를 위하여 가장 중요한 설계특성들을 결정한다. HOQ 그림은 한 페이지에 적합하게 나타낼 수 있을 때 가장 큰 시각적 효과를 가질 수 있기 때문에 설계특성들을 선택하는 데 신중하여야 한다. 일반적으로 설계특성은 10개 또는 그 이하로 하는 것이 바람직하다(Shillito, 1994; Altschuld and Witkin, 2000).

⑨ 설계특성(DF)과 고객니즈들 간의 관계의 특성: 이것은 설계특성이 고객니즈를 해결하는 데 미치는 영향의 중요도이다. 설계특성과 고객니즈 간의 관계는 NAC나 연구팀이 추정한다. 기본적인 질문은 "설계특성(또는 엔지니어링 특성)이 고객의 니즈를 만족시키는 데 효과가 있느냐?" 하는 것이다. 이 질문에 대한 대답을 하는데 중요도에 따라 두 개의 원, 하나의 원, 삼각형, 빈공간 등 기호를 사용하거나 점수화하여 9, 3, 1점을 부여한다. 이것은 [그림 7-5]에서 고객니즈들과 설계특성들의 교차하는 셀(cell)들 내의 사선을 그은 부분의 윗부분에 기록된 점수들이다.

⑩ 설계특성과 고객니즈 간의 관계점수(score): 설계특성의 점수를 계산한다. 이 점수는 설계특성에 부여한 중요도 점수(사선을 그은 부분의 위에 기록된 점수, 즉 ⑨에서 구한 값들)와 표준화 점수들(오른쪽 기획매트릭스의 마지막 열)을 곱해서 얻은 것이다. 예를 들면 고객의 니즈 중 '잡기용이'와 설계특

성 중 '길이'가 교차하는 셀(cell)에는 3/36이 있는데 여기서 3은 고객니즈
관점에서 '길이'를 해결하는 설계특성에 부여한 중요도이고, 36은 앞의 중요
도 점수 3과 표준화된 점수(기획 매트릭스의 가장 마지막 열) 12를 곱해서
얻은 값이다. 그리고 하나하나의 설계특성의 최종점수값은 각 설계특성 열
(colum)의 점수들을 모두 합한 것이다. 설계특성 가운데 '길이'에 대한 최종
점수값은 36과 37을 더해서 구하며, 그 값은 73이다.

⑪ 백분비율점수(니즈들의 하단의 행(row)에 표시된 점수값): 이 점수는 바로
위에서 얻은 최종점수([그림 7-5]의 니즈들의 밑에 합계로 표시된 값들)들을
모두 합해서 얻은 값으로 개개의 최종점수들의 값(위의 ⑩항)을 나눈 다음,
여기에 100을 곱해서 얻은 값이다.[10) [그림 7-5]에서는 하단의 %로 표시
된 것이 각 설계특성들의 백분비율점수이다. 이 때 백분비율점수들을 모두
합하면 100%가 된다. 이 백분비율점수는 고객니즈에 의하여 가중치가 부여
된 각 설계특성(엔지니어링 특성)의 우선순위를 나타낸다.[11)

⑫ 각 설계 특성들 간의 상관관계: HOQ를 완성하기 위해서는 지붕(roof)과 바
닥(basement)이 추가된다. HOQ의 지붕은 하나의 설계특성이 다른 설계특성
에 미치는 영향을 나타낸다. 이것은 미래예측에서 한 사건의 발생이 다른
사건의 발생에 어떤 영향을 미치는가를 분석하는 교차충격분석(cross-impact
analysis)과 유사한 것이다. 지붕은 설계특성들이 상호작용하는 것을 포착해
내기 위한 간단한 시각적 형태(visual form)의 하나이다. 지붕에 나타나는
설계특성들 간의 상호작용분석은 상호작용의 강도에 따라 상관관계는 두 개
의 원, 하나의 원 또는 삼각형 등 기호로 나타내거나, 9점, 3점 및 1점을 부
여한다(9점은 강한 상호작용, 3점은 중간 정도, 1점은 약한 상호작용, 그리고
공란은 아무런 상호작용이 없음을 나타냄). 상호작용의 강도와 아울러 상호
작용 방향성을 나타내기 위하여(즉 긍정적 또는 부정적 영향) 다른 평가시스
템(rating system)을 고안하여 사용할 수도 있다. 하나의 설계특성이 니즈들

10) 예컨대 연필길이의 최종점수값은 73점(36점+37점)이다. 그리고 배출된 납먼지의 최종점수값
은 390점(57점+333점)이다. 그리고 이들 최종점수값들의 총합계는 73+390+282+108+524+
199+180=1,756점이다. 따라서 연필길이의 백분비율점수는 73점÷1,756점=4%이고, 배출된
납먼지의 백분비율점수는 390점÷1,756점=22%이다.
11) [그림 7-5]에서 아래에서 세 번째 행(row)의 '현재'의 측정값은 해당 조직의 설계특성의
현재의 측정값이며, OM측정값은 경쟁자의 현재의 측정값이고, 타깃측정값은 최적인 개선목
표 측정값이다.

에도 영향을 미치고, 동시에 다른 설계특성들에도 높은 긍정적인 임팩트를 미치는 것이 바람직하다. 그러면 이 설계특성은 해결전략으로서 중요한 것이 될 것이다. 그러나 때로는 그러한 상호작용은 고려하지 않을 수도 있는 것으로 알려지고 있다.

이상에서 설명한 바와 같이 이 하나의 HOQ 다이어그램이 니즈와 해결전략들에 관한 대단히 많은 양의 정보들을 포함한다. 다른 기획접근방법에도 이러한 많은 정보들을 포함하고 있지만, HOQ가 가진 것과 같이 니즈들과 해결전략들에 관한 많은 정보들을 동시에 가진 것은 매우 드물다.

HOQ는 한 페이지 차트에 니즈에 토대를 둔 대량의 정보들이 요약된다. 그러므로 설계특성들의 긍정적 및 부정적 상호작용 가능성을 인식하도록 해주는 장점을 아울러 가지고 있다. 그러나 제조업 상황에서 사용하는 것을 원용하였기 때문에 어떤 다른 니즈사정 상황에서는 잘 맞지 않을 수도 있고, 사회문제에 적용하는 데에는 한계가 있을 수 있다는 점을 유의하여야 한다. 그리고 HOQ는 처음 리뷰(review)할 때에는 복잡하게 보일 수도 있다는 점이 약점이다.

(6) 적용방법과 사례

우리는 앞에서 QFD의 적용절차와 방법에 대하여 살펴보았다. QFD의 적용절차는 적용방법과 밀접하게 관련되어 있다. 예컨대, 만일 벤치마킹을 사용하지 않는다면, 경쟁조직이나 벤치마킹조직과의 경쟁분석은 수행되지 않을 것이다. 그리고 만일 외부고객의 니즈나 기대(고객의 소리) 대신에 해당 조직의 전략기획에 맞추어 해당 조직 내의 각 기능부서 단위인 기능단위조직의 전략기획을 작성하기 위하여 QFD를 활용하는 경우에는 통상적인 HOQ의 고객의 니즈(고객의 소리) 위치에 해당 조직의 전략기획의 주요 사항 또는 특성들을 기술하여야 하고, 여기서부터 QFD의 적용절차가 시작될 것이다. 이와 같이 QFD는 분석과 적용목적에 따라 여러 가지 창의적인 방법으로 활용될 수 있다.

QFD와 HOQ는 생산기획, 전략기획, 정책형성 등에 광범위하게 사용되고 있다. 분야별로는 교육부문에서는 대학교의 교과과정 설계를 위한 응용연구, 보건분야에서는 보건서비스 전달체계에 QFD와 벤치마킹을 사용하여 병원의 원가를 계산하는 모형을 작성하는데, 즉 활동에 기초한 원가계산(activity-based costing)모형 작성연구에 응용한 것이 전형적인 활용사례이다. Murgatroyd(1993)는 QFD를 활용하여 원격교육 과정과 프로그램을 설계하고 발전시켰으며, Manno와 Peachy(1994)는 대학교 교육서비스 계획을 세우는 데 QFD를 활용하였고, 또한 Gonzalez 등(2008)은 대학교의 공급체인관리(supply chain management) 교과과정을 편성하는 데 QFD를 활용하였다.

QFD를 활용하여 교육과정 프로그램을 작성하거나 교육서비스계획을 세우는 과정의 특징은 모든 서비스 대상을 고객으로 하여 정보와 니즈를 사정하고, 프로그램 설계로서 교과과정이나 교육서비스 계획을 작성한다는 것이다. 교과과정편성의 경우 레벨 1 니즈의 사정대상인 고객은 교육서비스 대상인 학생들이 되는 경우도 있고, 학생들이 졸업한 후에 주로 취업하는 조직들의 사용자나 관리가 되는 경우도 있다. 예를 들면 Gonzalez 등(2008)은 대학교의 공급체인관리 교과과정편성 연구에 학생을 고객으로 보지 않고, 졸업생을 채용할 관리자들을 고객으로 보고 그들의 니즈와 기대를 조사하였고, 이것을 고객의 소리로 사용하였다. 한편 대학교 교육서비스 계획을 작성하는 경우에는 레벨 1 니즈의 사정대상인 고객은 학생, 교수와 사무직원, 지역사회의 구성원들이다. 이러한 1차원 니즈를 사정한 후 어떻게 이러한 니즈를 해결할 것인가 하는 것이 설계특성을 찾아내는 것이 주요 과제이다. 조직의 니즈사정위원회나 연구자들의 주요 과제는 현재 대학교의 상태에 대한 분석, 다른 대학교의 벤치마킹 데이터에 대한 분석 등을 통하여 바람직한 상태를 설정하고, 교과과정을 발전시키는 데 역점을 두어야 할 해결대안들을 마련하는 일이다.

Gonzalez, Quesada and Mack(2005)의 예를 보면, 어느 특정한 병원을 대상으로 원가계산모형을 작성한 것이 아니라 다수 병원들에서 공통적으로 활용할 수 있는 원가계산모형을 작성하는 것이기 때문에 레벨 1 니즈의 사정대상인 고객은 각 병원의 관리자들이다. 관리자들을 대상으로 병원관리에 필요한 행정과 관련된 각종 세부항목들의 비용, 치료와 관련된 세부항목들의 비용, 서비스와 관련 세부항목들의 비용, 기타에 속하는 세부항목들의 비용들을 서베이 하는 것이 고객니즈의 사정이었다. 설계특성에 포함되는 내용들은 등록비용, 공간(space)비용, 장비비용, 행정비용 등 회계학에서 병원관리에 필요한 것으로 분류하고 있는 다양한 비용들이다.

우리는 앞에서 대학교의 교과과정 편성, 교육서비스 제공계획, 및 활동에 기초한 병원의 원가계산모형 작성 등에 대한 연구사례들을 주로 레벨 1 니즈인 수혜자의 니즈(고객의 소리)와 서비스제공수단인 프로그램 설계특성 및 벤치마킹 조직들의 활동들에 대하여 살펴보았다. 어느 경우에 있어서나 관련된 분야에 대한 전문적인 지식과 창의적인 아이디어들이 결부된다면 QFD 접근방법은 우선 순위가 높은 해결 전략대안들을 선택하는 데 유익한 정보들을 제공해줄 수 있을 것이다. 그리고 QFD 접근방법은 고객의 소리를 들어야 하는 정부조직의 여러 분야의 서비스제공 프로그램들에도 효과적으로 적용할 수 있을 것이다.

요   약

1. 니즈란 현재의 상태(what is)와 되어 있어야 할 상태(what should be) 간의 측정가능한 차이, 또는 관심을 가지고 있는 그룹이나 상황이 현재 처하고 있는 상태와 바람직한 상태 간의 측정가능한 차이이다.

2. 니즈사정(needs assessment)은 현재의 상태와 바람직한 상태 간의 차이를 결정하고, 그러한 차이들의 성격과 원인들을 규명하며, 미래의 액션(action)을 위하여 우선순위를 결정하는 것이다.

3. 니즈사정은 여러 가지 형태의 조직이나 기관에서 수행한다.

4. 니즈사정을 하는 이유는 ① 한정된 자원의 효과적인 활용, ② 조직의 강점과 약점의 식별, ③ 우선순위의 설정, ④ 니즈의 문제의 원인 식별, ⑤ 컨센서스의 구축, ⑥ 추구하는 가치의 표면화, ⑦ 니즈를 교정하지 않는 데 따르는 리스크의 이해, ⑧ 프로그램 기획과 모니터링에 필요한 정보제공, ⑨ 좀 더 바람직한 책무성의 확보와 평가수단의 제공 등의 이점이 있기 때문이다.

5. 니즈는 서비스 수혜자(레벨 1)니즈, 서비스 제공자(레벨 2)니즈 및 시스템 자원(레벨 3)니즈 등으로 구분할 수 있다. 이 때 서비스 수혜자는 시스템 경계 내에 존재할 수도 있고, 시스템 경계 밖에 존재할 수도 있다.

6. 서비스 제공자의 관리자 및 정책결정자들에 대한 니즈사정은 인적자원발전(HRD)을 위한 기초적인 정보를 제공해주고, 훈련 프로그램 설계의 기초가 된다.

7. 니즈사정은 사전사정국면(탐색), 사정국면(자료수집과 분석) 및 사후사정국면(사정결과의 활용) 등으로 나눌 수 있다.

8. 니즈사정에서 데이터의 소스는 기록보관소 데이터, 의사전달적(communicative)-비상호작용적(non-interactive) 데이터 및 의사전달적-상호작용적

데이터 등이다.

9. 니즈사정을 위해서는 그 목적에 따라 다양한 방법들이 사용될 수 있다. 이를 다양한 방법들 가운데 서베이 방법은 가장 널리 사용되고 있는 방법들 가운데 하나이며, 다른 방법들과 상호보완적으로 사용되고 있다.

10. 니즈에 기초한 우선순위설정을 위해서는 단순접근방법, Sork의 다기준접근방법, 분해된 요소별 우선순위 설정방법, 리스크사정방법 등이 활용된다.

11. 높은 우선순위를 가진 니즈에 대한 해결전략 선택의 주요 접근방법으로는 문헌검토, 벤치마킹, 다특성효용이론 및 품질특성발전(QFD) 등을 들 수 있다.

연습문제

7-1 니즈사정의 의미와 이점에 대하여 설명하여라.

7-2 니즈사정에 있어서 타깃그룹의 레벨과 니즈사정의 유형에 대하여 설명하여라.

7-3 니즈사정의 주요 국면들과 그들의 내용에 대하여 설명하여라.

7-4 니즈사정을 위한 서베이 방법 가운데 행태가 고착된 순위부여척도 (BARS)의 개발단계에 대하여 설명하여라.

7-5 니즈에 기초한 우선순위 설정 방법 가운데 Sork의 다기준 접근방법에 대하여 설명하여라.

7-6 높은 우선순위를 가진 니즈에 대한 해결전략을 선택하기 위하여 다특성효용이론(MAUT)을 적용하는 경우, 평가기준들은 중요도에 따라 상대적 가중치를 부여하고 "비율을 유지"하며, 이 비율들 또는 결과로 나타나는 가중치를 표준화(?)하는데, 여기서 비율을 유지한다고 하는 것의 의미는 무엇인가?

7-7 품질특성발전(QFD)의 의미에 대하여 설명하여라.

7-8 품질특성발전(QFD)의 기본 골격에 대하여 설명하여라.

7-9 품질특성발전(QFD)을 활용하여 니즈의 해결전략을 선택하고자 하는 경우 어떤 성격의 프로그램에 적용하는 것이 더 적합한가에 대하여 논의하여라.

제 8 장

의사결정분석과 계층화 분석법

　의사결정분석(decision analysis)과 계층화 분석법(analytical hierarchy process: AHP)
은 대안의 우선순위를 설정하는 데 널리 이용되는 대표적인 방법들이다.

　의사결정분석방법은 어떠한 결과상황(outcome state)이 일어날지 불확실한 상황
하에서 대안들이 주어진 경우 어떤 대안이 가장 바람직한가 하는 것을 분석하는 데
이용된다. 어떠한 결과상황이 일어날지 모르는 불확실한 상황은 다시 확률추정이
가능한 리스크(risk)상황과 확률추정이 불가능한 순수불확실성 상황으로 구분해 볼
수 있는데, 의사결정분석은 확률추정이 가능한 리스크상황하에서 선택대안의 우선
순위를 분석해 내는 데 활용되며, 확률추정이 어려운 순수불확실성 상황하의 선택
문제의 분석을 위해서는 게임이론(game theory)이 활용되고 있다.

　계층화 분석법은 하나의 문제를 시스템으로 보고, 이 문제를 여러 개의 계층으
로 분해한 다음, 각 계층별로 여러 개의 구성요소나 대안들을 설정하고 이들이 상
위계층의 평가기준들을 얼마나 만족시키는가 하는 데 따라서 대안들의 선호도를 평
가하는 방법이다.

　이 장에서는 의사결정분석방법과 계층화 분석법의 원리와 분석절차에 대해서
살펴보기로 한다.

제 1 절   정책분석에 있어서 의사결정분석기법의 활용

1. 불확실성이 개재된 정책문제분석에 있어서 의사결정분석의 활용

1) 의사결정문제의 성격 분류

의사결정문제는 여러 가지로 분류할 수 있으나 의사결정결과를 예측할 수 있는 정도에 따라 확실성상황하의 의사결정문제와 불확실성상황하의 의사결정문제(decision under uncertainty)로 나눌 수 있다.

여기서 확실성상황하의 의사결정문제란 어떤 행동대안의 선택결과가 주어지는 것으로 가정하거나, 일정한 양의 투입에 대하여 고유하게 정해지는 산출량 또는 효과를 기대할 수 있는 상황하에서의 의사결정문제를 말한다. 이에 비해서 불확실성상황하의 의사결정문제란 행동대안의 선택결과가 불확실한 결과상황(outcome state)에 의하여 크게 영향을 받는 것을 말한다. 구름이 많이 낀 날 우산을 가지고 가는 대안과 우산을 가지고 가지 않는 대안의 선택결과는 그 날 비가 오느냐 또는 오지 않느냐 하는 결과상황에 따라 달라지는데 이러한 문제가 바로 불확실성상황하의 의사결정문제이다.

불확실성상황하의 의사결정문제는 다시 이것을 두 가지로 나누어 볼 수 있다. 하나는 순수불확실성상황하의 의사결정문제(decision under pure uncertainty)이고 다른 하나는 리스크상황하의 의사결정문제(decision under risk)이다. 여기서 순수불확실성상황하의 의사결정문제란 결과상황에 대한 확률의 추정이 전혀 불가능한 상황하에서의 의사결정문제이고, 리스크상황하의 의사결정문제란 결과상황에 대한 확률의 추정이 가능한 상황하에서의 의사결정문제이다. 순수불확실성 상황하의 의사결정문제에 있어서 최적행동대안의 식별을 위해서는 게임이론과 같은 분석기법을 이용할 수 있으며, 리스크상황하의 의사결정문제에 있어서 최적행동대안의 식별을 위해서는 의사결정분석·재고관리·대기이론·시뮬레이션 등과 같은 분석기법들을 이용할 수 있다. 이들 리스크상황하에서 최적 대안을 식별하기 위하여 이용되는 기법들 가운데 의사결정분석(decision analysis)기법은 대안이 불연속적인 경우 널리 활용되고 있다. 의사결정분석기법은 그의 분석논리가 분석적 사고능력을 길러 주고, 문제를 체계적으로 분석 정리할 수 있는 통찰력을 길러 준다는 장점들을 가지고 있다.

2) 기술적 모형(descriptive model)으로서의 의사결정나무

의사결정분석(decision analysis) 방법이 이용되는 정책결정문제들은 대부분이 매우 복잡한 문제들이다. 그러나 여기에서는 이해를 돕기 위하여 아주 단순화된 사례를 중심으로 그 개념을 파악해 보도록 한다.

예 8-1 S시에서는 시민들의 정서를 함양하고 건전한 사회기풍을 조성하기 위한 방안의 하나로 건전가요합창 경연대회를 여름철에 정기적으로 실시해 오고 있다. 그리고 이 건전가요 합창대회를 통하여 얻은 수입 가운데 대회개최비용을 제외한 수익금은 시의 어머니회에 기증하여 불우한 어머니들을 돕는 기금으로 활용하고 있다.

이 건전가요 합창대회를 준비하고 있는 책임자는 이 대회를 옥내에서 개최할 것인지 또는 야외에서 개최할 것인지를 검토하고 있다. 그런데 여름철에 이 건전가요 합창대회를 개최하기 때문에 사람들이 얼마나 모이느냐 하는 것은 날씨에 따라 큰 영향을 받는다. 그리고 이 합창대회를 참관하는 사람들이 많으냐 적으냐에 따라 수입금액이 결정되고 또한 장소 사용료도 수익금액에 영향을 미친다. S시의 합창대회준비를 담당한 주최측에서 추정한 바에 의하면 옥내에서 대회를 개최하는 경우 비가 오면 수익금은 160만원 정도로 예상되고, 비가 오지 않으면 200만원 정도로 될 것으로 예상된다고 한다. 한편 야외에서 개최하는 경우 비가 오면 수익금은 60만원 정도로 예상되고, 비가 오지 않으면 300만원 정도로 예상된다고 한다.

장기 일기예보에 의하면 행사 당일에 비가 올 확률은 30%이고 비가 오지 않을 확률은 70%라고 한다. 그러면 이 건전가요 합창대회를 옥내에서 개최하는 것이 바람직한가, 아니면 야외에서 개최하는 것이 바람직한가?

위의 [예 8-1]에 주어진 건전가요 합창대회 개최와 같은 문제를 해결하기 위하여 의사결정분석에서는 의사결정자가 당면한 문제를 의사결정의 대안들과 확률적 사건들의 시간적 선후관계를 나타내는 그림으로 묘사한다. 의사결정대안들과 확률적 사건의 시간적 선후관계를 나타내는 이러한 그림을 의사결정나무(decision tree)라고 한다. [그림 8-1]은 건전가요 합창대회 문제를 의사결정나무로 나타낸 것이다.

S시의 건전가요 합창경연대회 개최문제에서 옥내에서 대회를 개최할 것이냐 옥외에서 대회를 개최할 것이냐 하는 것을 대안(alternative)이라고 한다. 이에 반해서 행사 당일에 비가 온다 또는 비가 오지 않는다 하는 것을 결과상황(outcome state)이라고 한다. 그리고 수익금이 60만 원에서 300만 원에 이르기까지 네 가지로 나와

[그림 8-1] 건전가요합창대회 개최문제를 나타내는 의사결정나무

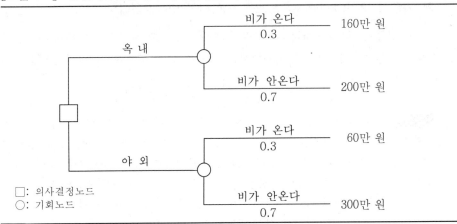

있는데 이것들을 결과(pay-off)라고 한다. 의사결정나무는 대안, 결과상황, 결과상황
이 일어날 확률 및 결과 등 네 가지 요소로 구성되어 있다.

　　의사결정나무를 그리는 기호들 가운데 □은 의사결정노드(decision node)라고
부르고, ○은 기회노드(chance node) 또는 불확실성노드(uncertainty node)라고 부른
다.[1] 의사결정노드에서는 정책대안들이 뻗어 나가고 기회노드에서는 결과상황들이
뻗어 나간다.

　　의사결정분석에서 흔히 혼동하는 개념 가운데 하나가 대안과 결과상황이다. 대
안과 결과상황은 모두 결과를 가져오는 데 없어서는 안 될 필수적인 구성 요소들이
다. 그러면 대안과 결과상황을 구분하는 기준은 무엇인가? 이 기준은 의사결정자가
통제(control)할 수 있느냐의 여부이다. 만일 의사결정자의 통제범위 내에 있으면,
즉 의사결정자가 마음만 먹으면 시행할 수 있는 것을 대안이라고 하고, 의사결정자
의 통제범위 밖에 있으면, 즉 의사결정자가 마음대로 시행할 수 없는 것을 결과상
황이라고 한다. 결과상황을 결정하는 것은 비가 오느냐 오지 않느냐 하는 것과 같
이 자연이 결정하는 경우도 있고, 그 외에 경쟁대상자, 결과상황과 관련 있는 제3
자들이 결정하는 경우도 있다. 예컨대 S사가 가전제품 공장을 확장하는 방안들(소

---

1) 불확실성노드(uncertainty node)는 그것이 일어날지 여부가 의사결정자가 통제할 수 없는
　　힘에 의하여 결정되며, 단지 추정할 수만 있는 의사결정나무의 가지가 뻗어 나가는 한 점이
　　다. 이 가지가 일어날 가능성은 일반적으로 확률의 형태를 띤다.

규모, 중규모, 대규모 등)을 검토하는데 그 결과 수익성이 얼마나 있겠느냐 하는 것은 경쟁대상자들이 그들 회사의 공장을 얼마나 크게 확장하느냐 하는 데 따라 결정된다. 이 경우 결과상황은 경쟁자가 결정한다. 그 외에도 정부가 석유비축을 많이 하느냐 적게 하느냐 하는 결정을 내린 후 그 결과 얼마나 이익 또는 손실이 발생했느냐 하는 데 영향을 미치는 결과상황은 중동사태가 어떠하냐에 따라 영향을 받는데, 이것은 제3자가 결과상황을 결정하는 예이다.

여기서 주의하여야 할 점은 결과상황은 의사결정자가 통제할 수 없는 것이기 때문에 일어날 확률을 추정하여야 하나, 대안은 의사결정자가 마음만 먹으면 선택할 수 있는 것이므로 확률을 부여해서는 안 된다는 것이다.

의사결정나무는 일반적으로 다음 [그림 8-2]와 같은 형태를 띠고 있다.

[그림 8-2]에서 A_1, A_2, A_3 등은 대안이고, S_1, S_2는 결과상황이며, P_1, P_2는 S_1과 S_2가 일어날 확률을 나타낸다. 그리고 C_1, C_2, …, C_6은 대안과 결과상황들이 결합하여 일어난 결과들을 나타낸다.

의사결정나무에서 몇 가지 주의하여야 할 점은 첫째 각 대안들의 결과상황들이나 그들이 일어날 확률들이 모두 동일한 경우도 있는가 하면 서로 다를 수도 있다는 점이다. 예컨대 [그림 8-2]에서는 대안 A_1의 경우나 대안 A_2의 경우에 결과상황

[그림 8-2] 의사결정나무의 일반적 형태

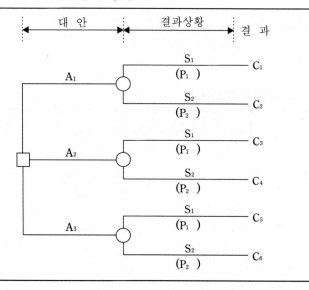

들은 모두 S_1과 S_2로 동일한 것으로 되어 있으나 때로는 대안 A_1의 경우 S_1과 S_2, 그리고 대안 A_2의 경우에는 전혀 종류가 다른 결과상황 S_3, S_4 등이 발생할 수도 있다. 따라서 S_3 및 S_4가 일어날 확률은 P_3, P_4 등으로 P_1 및 P_2와 다를 수도 있는 것이다. 둘째로 [그림 8-2]에서는 대안과 결과상황들이 각각 한번씩 나왔으나 복잡한 의사결정 문제의 경우에 있어서는 대안 또는 결과상황들이 여러 번 나올 수도 있다는 점이다. 그리고 그들이 여러 번 나오는 경우, 그 순서는 대안·결과상황·대안·결과상황 등과 같이 번갈아 나오는 경우도 있고, 대안·대안·결과상황·결과상황 등과 같이 대안이나 결과상황 가운데 어느 하나가 두 번 또는 그 이상 연달아 나온 다음에 다른 종류의 것이 나올 수도 있다.

3) 빠른 의사결정 분석방법에 의한 정책대안의 평가

정책결정문제에 따라서는 짧은 기간 내에 정책대안에 대한 평가를 하고 정책을 결정하여야 할 필요가 있는 경우도 있다. 이와 같이 정책을 검토할 기간이 짧은 경우에는 시간이 많이 소요되는 의사결정분석방법을 응용하기 어려울 수도 있다. 이러한 경우에 활용하기 위하여 Behn과 Vaupel은 빠른 의사결정분석(Quick Decision Analysis) 방법을 발전시켰다.

빠른 의사결정분석은 의사결정 딜레마(dilemma)의 에센스(essence)를 포착하기 위하여 소수의 가지만을 갖는 단순한 의사결정나무를 사용하는데 이것을 의사결정묘목(decision sapling)이라 부르기도 한다(Behn and Vaupel, 1982: 40-44). 물론 분석절차는 일반적인 의사결정분석과 동일하다.

[그림 8-3] 기본적인 의사결정묘목

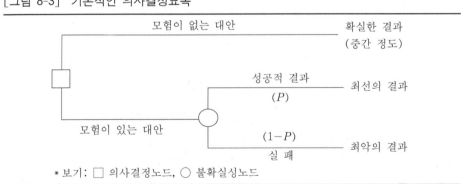

* 보기: ☐ 의사결정노드, ◯ 불확실성노드

앞의 [그림 8-3]은 기본적인 의사결정 묘목(basic decision sapling)을 나타낸다.

[그림 8-3]은 불확실성을 포함한 가장 기본적인 의사결정 묘목으로 단지 두 개의 대안만을 포함하고 있다. 이들 중 하나는 리스크(risk)이 없이 그 결과가 비교적 확실한 대안이고, 하나는 두 개의 가능한 결과들을 가진 리스크가 수반되는 대안이다. 여기서 딜레마는 리스크가 있는 대안을 선택함으로써 최선의 결과를 얻을 수 있는 기회가 있는 도박(gamble)을 해 볼 것이냐, 아니면 모험이 없는 대안을 선택할 것이냐 하는 것이다. 의사결정묘목은 여러 가지 정책결정문제를 해결하는 데 도움을 줄 수 있을 뿐 아니라, 불확실성을 포함하는 다른 모든 딜레마들을 나타내는 의사결정나무의 필수적인 구성요소이다.

빠른 의사결정 분석방법은 의사결정문제를 단순하게 구조화하여 개념화함으로써 정책결정자의 분석적 사고와 통찰력을 사용한 문제해결 능력을 높이자는 데 활용의 목적이 있다. [그림 8-4]는 중소도시인 K시에서 도심지의 개발을 촉진시키기 위하여 재산세율을 인하시킬지 여부를 결정하기 위한 의사결정 딜레마를 그림으로 나타내고 있다.

이러한 유형의 빠른 의사결정분석문제에서 각 대안들에 대한 평가는 다음과 같

[그림 8-4] 재산세율 인하여부 결정 문제

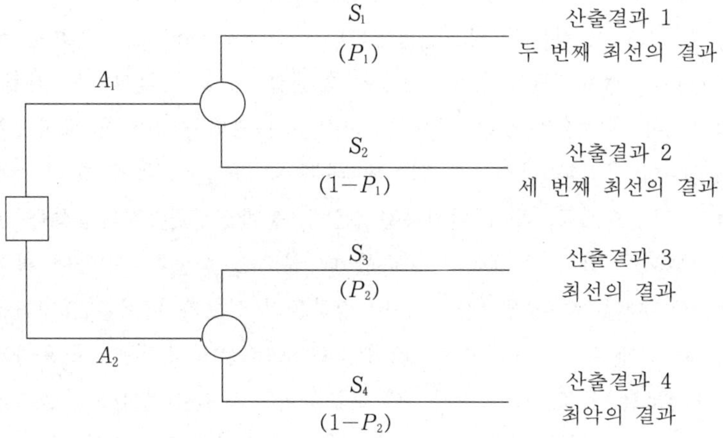

* 보기: □ 의사결정노드, ○ 불확실성노드
  A_1: 아무것도 하지 않는 대안, A_2: 재산세율 인하대안
  S_1, S_3: 개발이 이루어진 상황, S_2, S_4: 개발이 안 이루어진 상황

은 절차를 따라서 이루어진다.

첫째, 두 개의 불확실성 P_1과 P_2에 대해서는 다른 유사한 경험을 가진 도시들의 경험적 자료들을 수집하여 분석하고, 도시개발관련분야 전문가들을 인터뷰한다.

둘째, 결과 1에서 오는 편익, 결과 2에 따른 기회비용, 결과 3의 개발 편익과 재산세 감면에 따른 비용, 결과 4의 재산 감면에 따른 비용 등을 추정한다.

셋째, 아무것도 하지 않는 대안과 재산세율을 인하하는 대안의 기대가치들을 계산한다.

넷째, 이러한 분석결과들을 요약한 보고서를 작성하여 정책결정자와 관련자들에게 제출한다.

만일 정책결정자가 리스크에 대하여 중립적(risk neutral)인 의사결정자라면 위에서 분석한 두 개의 대안들 가운데 기대가치가 더 큰 대안을 택하게 될 것이다.

정책분석가가 해야 할 역할 가운데 첫 번째는 각 결과 상황들이 일어날 확률을 인접한 도시의 경험을 토대로 또는 여타의 상황들을 분석하여 추정해 내는 것이고, 두 번째는 결과(outcome)와 결과들이 가져올 임팩트들을 연구하여 추정해 내는 일이며, 셋째는 이러한 연구결과들을 토대로 고객인 정책결정자에게 선택대안을 건의하는 것이다. 그러나 이러한 역할에 못지않게 중요한 역할은 이 정책문제가 의사결정분석방법에 의하여 완전하게 분석될 수 있도록 정책문제를 구조화(structuring the policy problem)하는 것이다. 정책분석가는 정책문제를 생각할 때 당면하고 있는 정책문제의 핵심적인 성격들이 의사결정분석의 틀(framework)로 구조화될 수 있는지의 여부를 평가하여야 한다. 정책문제들은 의사결정분석의 틀로 구조화될 수 있는 경우도 많다. 이러한 경우 빠른 의사결정분석은 문제의 핵심적인 구성요소들을 식별하고 대안들의 강점과 약점들을 식별해 내는 데 도움을 줄 수 있다. 의사결정문제는 그들의 구성요소들, 즉 하위의사결정문제, 불확실성들, 결과상황들 및 결과들 등으로 분해되어야 한다. 문제를 단순화할 때 분석가는 불확실성들에 확률을 부여하고 산출들(비용과 편익들)에 대한 의사결정자들의 선호가 어떠할 것인가를 추정할 시도를 할 수 있게 된다. 그리고 민감도분석(sensitivity analysis)을 활용하여 의사결정문제를 재검토할 수 있다. 여기서 민감도분석이란 확률추정이나 산출결과의 추정상에 오류가 있다면, 즉 추정상에 오류가 5%, 10%, 15% 또는 20% 등이 포함되어 있다면 대안의 분석결과는 어떻게 달라지고, 그것이 의사결정에 어떠한 영향을 미칠 수 있는가를 검토하는 것을 말한다.

2. 의사결정분석의 절차와 정책대안의 평가

1) 의사결정분석의 절차와 방법

의사결정분석은, 이미 앞에서 설명한 바와 같이, 다음과 같은 몇 가지 단계를 거쳐 이루어지게 된다.

① 첫째 단계는 대안을 식별하는 단계이다. 이때의 대안들은 상호 배타적이고 총망라적이어야 한다(Stokey and Zeckhauser, 1978: 204-205). 여기서 총망라적이어야 한다는 것은 당면한 문제의 해결을 위해서 생각해 볼 수 있는 실현가능한 모든 대안들이 분석에 포함되어야 한다는 것을 의미한다. 물론 이들 대안들 가운데 수용가능하지 않은 대안은 더 이상의 분석을 진행하기 전에 대안에서 제외하여야 한다.

② 둘째 단계는 결과상황들을 식별하는 단계이다. 이러한 결과상황들에 대한 올바른 식별은 문제에 대한 적정한 해결방안을 찾아내는 데 있어서 대안의 식별만큼이나 중요하다.

③ 셋째 단계는 각 결과상황들이 일어날 가능성에 대한 확률을 추정하는 단계이다. 이 때 결과상황에 대한 확률의 추정에는 객관적 확률뿐 아니라 주관적 확률도 이용된다.

④ 넷째 단계는 각 대안과 결과상황들이 결합되어 일어나는 결과(pay-off)들을 추정하는 단계이다. 이것은 금전적 가치로 측정될 수도 있고, 효용으로 측정될 수도 있다.

⑤ 다섯째 단계는 각 대안들의 기대가치를 추정하는 단계이다. 만일 각 대안들에 대한 결과가 금전적 가치로 추정된 경우에는 이 단계에서 각 대안들의 기대 금전가치를 추정하여야 할 것이고, 만일 각 대안들에 대한 결과가 효용으로 추정된 경우에는 이 단계에서 각 대안들의 기대효용을 추정하여야 한다.

⑥ 마지막 단계는 최적대안을 선택하는 단계이다. 기대금전가치에 의하여 대안들이 측정된 경우에는 기대금전가치가 가장 큰 대안을 선택하고, 대안들이 기대효용에 의하여 측정된 경우에는 기대효용이 가장 큰 대안을 선택하여야 한다.

의사결정분석의 단계 가운데 다섯번째 단계인 각 대안들의 기대가치는 다음과 같은 식에 의하여 구한다.

$$E(X) = \sum X \cdot P(X) \qquad \cdots\cdots\cdots (8.\ 1)$$

결과들이 만일 효용으로 측정된 것이면 각 대안들의 기대효용도 X 대신 효용 U를 식 (8.2)에 대입함으로써 구할 수 있다.

$$E(U) = \sum U \cdot P(U) \qquad \cdots\cdots\cdots (8.\ 2)$$

예 8-2 앞의 [예 8-1]의 S시의 건전가요합창대회 개최 문제에 있어서 최적대안은 어느 것인가?

[해] 옥내에서 합창대회를 개최하는 대안을 A_1, 야외에서 개최하는 대안을 A_2라고 하면, 각 대안들의 기대가치는 다음과 같다.

$E(A_1) = (160만 원)(0.3) + (200만 원)(0.7) = 188만 원$

$E(A_2) = (60만 원)(0.3) + (300만 원)(0.7) = 228만 원$

따라서 기대금전가치를 극대화하고자 하는 대안평가기준에 비추어 보면 대안 A_2, 즉 야외에서 합창대회를 개최하는 것이 더 바람직하다.

의사결정분석에서 의사결정문제를 기술해 주는 의사결정나무는 의사결정의 시간적 선후관계(sequence)를 나타내 준다. 그러나 어느 대안이 바람직한가 하는 대안의 분석은 왼쪽으로부터 오른쪽으로 하는 것이 아니라 오른쪽에서부터 왼쪽으로 한다고 하는 소위 뒤쪽에서부터 앞쪽으로 접어가는 알고리즘, 즉 홀딩 백 알고리즘(folding back algorithm)을 사용한다고 하는 데 특징이 있다.

의사결정분석에서 사용하는 홀딩 백 알고리즘은 다음과 같은 간단한 예를 보면 쉽게 이해할 수 있다. 즉 K시에서는 도심지에 있는 공립고등학교를 시의 외곽지역으로 이전시키고 난 후 도심지에 있는 예전의 고등학교 부지를 어떻게 활용할까 하는 활용계획을 검토하고 있다. 그런데 여기에는 두 가지 의견이 대립하고 있다. 그들 가운데 하나는 예전의 고등학교 부지를 시민들의 휴식과 오락을 위한 공간으로 활용하자는 주장이고, 다른 하나는 주택을 건설하자는 주장이다. 시민들의 휴식공간으로 활용하자는 주장은 다시 공원과 테니스 코트를 만들자는 안, 간이골프장을 만

[그림 8-5]   고등학교 이전부지 활용대안들

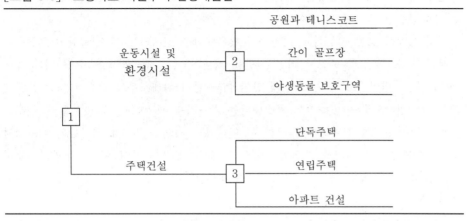

들자는 안, 야생동물 보호구역을 만들자는 안 등으로 주장이 나누어지고 있다. 그리고 주택을 건설하자는 주장은 단독주택을 건설하자는 안, 연립주택을 건설하자는 안, 그리고 아파트를 건설하자는 안 등으로 주장이 나누어지고 있다. 이것을 의사결정나무로 그리면 [그림 8-5]와 같다.

　　[그림 8-5]와 같은 고등학교 이전부지 활용계획에 있어서는 먼저 의사결정노드 2번에 있는 세 개의 대안들을 검토하여 가장 바람직하다고 생각하는 대안을 하나 선택하고, 다음에 의사결정노드 3번에 있는 세 개의 대안들을 검토하여 가장 바람직하다고 생각하는 대안을 하나 선택한다. 예컨대 의사결정노드 2번에서는 공원과 테니스 코트의 건설대안이 가장 바람직한 것으로 선정되었고, 의사결정노드 3번에서는 연립주택이 바람직한 대안으로 선택되었다고 하자. 그러면 [그림 8-5]의 고등학교 이전부지 활용에 관한 의사결정문제는 다음 [그림 8-6]과 같이 좀 더 단순한 문제로 전환된다.

　　그러면 [그림 8-6]의 의사결정노드 1번에서는 공원과 테니스 코트를 건설하는

[그림 8-6]   좀 더 단순화된 고등학교 이전부지 활용대안

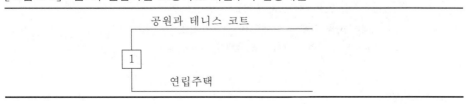

대안과 연립주택을 건설하는 대안을 비교·검토하여 그들 가운데 적합하다고 생각
하는 대안을 선택하면 될 것이다.

　이 예에서 보는 고등학교 이전부지 활용대안을 선택하는 과정과 같이 오른쪽에
서부터 왼쪽으로 이동하면서 최적 대안을 식별해 가는 접근방법을 홀딩 백(folding
back) 접근방법이라고 한다. 그런데 만일 이와 같이 뒤에서부터 앞으로 또는 오른쪽
에서부터 왼쪽으로 이동하면서 최적대안을 찾아가는 과정에서 각 대안들의 결과가,
결과상황이 무엇이 일어나느냐 하는 데 따라 달라지게 되면, 각 대안들의 비교평가
는 각 대안들의 기대치를 계산한 다음 그 결과들을 비교하여 이루어지게 될 것이
다. 이 경우에도 오른쪽에서부터 왼쪽으로 이동해 가는 홀딩 백 알고리즘을 활용하
게 된다.

　의사결정분석을 정책분석을 위한 기본적인 기법으로 활용하는 중요한 이유 중의
하나는 의사결정분석을 활용함으로써 정책대안을 선택하는 데 유용한 정보를 얻을 수
있다는 데도 있지만, 그보다도 가능한 산출결과들에 불확실성이 존재하는 경우 의
사결정자가 당면하고 있는 문제를 구조화할 수 있도록 도와주는 강력한 도구라는 것
이다.

　　█ 예 8-3 █　S시에서는 도시재개발을 촉진시키기 위하여 재산세율을 인하시켜야 할지
여부를 판단하기 위하여 재산세율을 인하하는 대안과 아무런 행동도 취하지 않는 대
안이 가져오는 산출물들과 결과들을 검토하고 있다. 이 의사결정문제를 구조화하면
[그림 8-7]과 같다고 한다.

　각 대안들이 가져올 네 가지 가능한 산출결과들의 비용과 편익들, 불확실성과 리스
크(risk)에 대한 의사결정자들의 태도와 예측된 산출물들에 대한 그들 의사결정자들
의 가치평가(valuation) 등에 대한 분석가의 추정치는 [표 8-1]과 같았다고 한다. 분
석가는 또한 아무런 행동도 취하지 않는 경우 도시재개발이 실현될 확률 (P_1)은 0.3,
또 재산세율을 인하하는 경우 도시재개발이 실현될 확률 (P_2)는 0.6으로 추정하였다.
어떤 행동대안이 더 바람직한가?

[해]　(1) 아무런 행동도 취하지 않는 대안의 기대치 :

　　　　0.3(+₩ 75억)+0.7(₩ 0억)=+₩ 22.5억

　　　(2) 재산세율을 인하하는 대안의 기대가치 :

　　　　0.6(+₩ 200억)+0.4(−₩ 200억)=+₩ 40.0억

따라서 리스크에 대하여 중립적인 의사결정자라면 재산세율을 인하하는 정책대안을 선택하는 것이 바람직하다.

[그림 8-7] 도시재개발 촉진을 위한 재산세율 인하의 의사결정문제

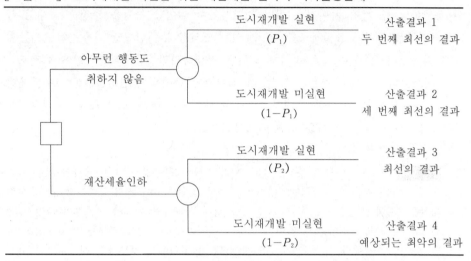

[표 8-1] S시의 재개발 촉진을 위한 재산세율 인하의 가능한 산출물들에 대한 비용과 편익들   (단위: 억 원)

산출물들의 비용과 편익	산출결과 1 아무런 행동도 안취함/ 재개발실현	산출결과 2 아무런 행동도 안취함/ 재개발 미실현	산출결과 3 재산세 인하/ 재개발 실현	산출결과 4 재산세 인하/ 재개발 미실현
재산세 수입액의 증가	+₩ 100	₩ 0	+₩ 900	₩ 0
재산세 수입액의 감소(세율인하)	₩ 0	₩ 0	−₩ 600	−₩ 200
대시민 서비스 비용의 증가	−₩ 25	₩ 0	−₩ 100	₩ 0
시의 순편익(+) 또는 순비용(−)	+₩ 75	₩ 0	+₩ 200	−₩ 200

2) 손익분기분석에 의한 불확실성의 처리

의사결정분석에 의하여 해를 구하는 방법의 하나는 손익분기분석(break-even analysis) 방법에 의하여 해를 구하는 것이다. 이 방법은 일반적인 의사결정분석절차와 동일하나 한 가지 차이점은 어떤 결과상황이 일어날 확률을 추정하는 대신 각 대안들의 기대가치가 동일하도록 할 수 있는 결과상황이 일어날 확률, 즉 손익분기점이 되는 확률을 구하고, 바람직한 대안을 선택하려면 이 손익분기점에 이르도록 하는 확률보다 더 커야 하는지 또는 더 적어야 하는지를 판단하고, 실제로 확률이 그렇게 될지 여부를 판단하여 대안선택의 의사결정을 하는 것이다. 이 분석방법은 다음 [예 8-4]와 같은 사례를 보면 이해가 용이하다.

예 8-4 정부는 마늘이 풍작인 경우 가격이 폭락하는 것을 막고, 흉작인 경우 가격이 폭등하는 것을 막기 위하여 마늘을 비축할 것인지 여부를 결정하려고 한다. 비축자금은 100억 원이라고 한다. 만일 비축을 하지 않는다면 마늘이 대풍작이 되어 시장이 교란될 확률이 P이고, 가격이 폭락하여 마늘농가들이 입을 피해는 1000억 원에 이를 것으로 추정된다. 평년작이 되어 시장교란이 일어나지 않는다면 시장교란이 없기 때문에 재배농가들이 입는 경제적 손실은 없다. 한편 수확시기 전에 미리 100억 원을 투입하여 비축용 마늘을 사들인다면, 대풍작이 되어 시장이 교란되는 경우에도 재배농가들의 경제적 손실은 600억 원 정도로 감소될 것으로 추정되고, 만일 평년작이 되어 시장교란이 일어나지 않는다면, 비축물량을 시장에서 팔 수 있기 때문에 비축에 투입한 돈 가운데 80억 원 정도를 회수할 수 있을 것으로 추산하고 있다. 손익분기점(break-even)이 되는 시장교란이 일어날 확률은 얼마이며, 그 확률이 얼마 이상으로 예상될 때 비축하기로 하는 것이 바람직한가?

[해] 이 마늘 비축문제는 [그림 8-8]과 같은 단순한 의사결정나무로 구조화할 수 있다.

손익분기확률(break-even probability)을 계산하기 위해서는 마늘을 비축하는 대안의 기대가치(expected value)를 마늘을 비축하지 않는 대안의 기대가치와 비교하고, 두 개의 기대가치가 동일하도록 하는 확률 값을 구하여야 한다. 손익분기확률은 다음과 같이 구해진다.

[그림 8-8] 재산세율 인하여부 결정 문제

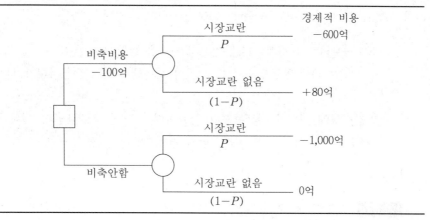

$$EV(비축) = -100 + 80(1-P) - 600P$$
$$= -20 - 680P \qquad \cdots\cdots\cdots\cdots (1)$$
$$EV(비축하지\ 않음) = 0(1-P) - 1,000P$$
$$= -1,000P \qquad \cdots\cdots\cdots\cdots (2)$$

손익분기확률은 비축하는 대안의 기대가치와 비축하지 않는 대안의 기대가치가 동일하도록 하는 확률이다. 따라서 $EV(비축) = EV(비축하지\ 않음)$이다. 그러므로 $P = \frac{1}{16}$ 이 된다. 따라서 만일 $P > \frac{1}{16}$ 으로 기대되면 비축하는 대안을 선택한다.

3. 정보의 기대가치

정책결정자가 의사결정과정에서 정보를 수집하여 활용하게 되면 의사결정의 결과는 좀 더 바람직한 것이 될 수도 있다. 그러나 의사결정과정에서 이용할 정보를 수집하여 분석하는 데에는 일반적으로 비용이 들게 된다. 그러므로 의사결정에 있어서 필요한 정보를 수집하는 데에 얼마나 투자할 것이냐 하는 것이 문제가 될 수 있다. 이에 대한 해답을 얻기 위한 것이 바로 의사결정분석에 있어서 정보의 가치에 대한 평가이다. 의사결정과정에서 정보를 수집하는 데 투자할 수 있는 최대액은 그 정보를 활용함으로써 추가적으로 얻을 수 있는 금전적 가치가 되어야 한다.

일반적으로 의사결정 분석에 있어서 정보의 기대가치는 표본정보의 기대가치

(expected value of sample information)와 완전정보의 기대가치로 구분되는데 이들은 각각 다음과 같이 정의된다(McKenna, 1980: 93-101).

표본정보의 기대가치=(표본정보의 도움을 받아 선택한 경우의 최적대안의 기대가치)-(표본정보의 도움 없이 선택한 최적대안의 기대가치)

.... (8. 3)

완전정보의 기대가치=(완전한 정보하에 선택한 최적대안의 기대가치)-(정보가 없이 선택한 최적대안의 기대가치)

.... (8. 4)

예 8-5 공무원 연금관리공단에서는 다음 해에 여유자금 1억 원을 어떻게 투자해야 할 것인가를 결정하는 의사결정문제에 직면하고 있다고 가정해 보자. 그런데 이 자금은 단기간 베이스로 투자를 해야만 하게 되었다.

연금관리공단의 재무담당자는 [표 8-2]와 같은 몇 가지의 투자대안들을 가지고 있다. 투자에 따른 수익은 1년 동안의 일반적인 경제적 상황에 따라 달라지게 되어 있다.

[표 8-2] 기대되는 총수익률 (단위: %)

미래경제상황 / 투자대안	상 승	안 정	하 향
공 채	7	11	12
상 업 증 권	8	10	14
주 식	25	9	2

⑴ 재무담당자는 경기가 침체될 확률이 0.1, 상승될 확률이 0.2, 그리고 안정될 확률이 0.7 정도 될 것으로 추정하였다. 그러면 재무담당자는 어떤 투자대안을 선택하여야 하며 그의 기대되는 수익률은 얼마가 되겠는가?

⑵ 재무담당자가 내년의 경제상황이 어떻게 될 것이라는 것을 미리 완전히 아는 것은 그에게 얼마나 가치가 있다고 보아야 할 것인가?

⑶ 어떤 투자전문상담회사가 연금관리공단의 재무담당자에게 내년도의 경제상황에 대한 전망을 하는 데 도와주겠다고 제의하였다. 그런데 이 서비스를 제공받는 데에는 150만 원이 필요하다고 한다. 이 투자전문상담회사가 과거 40여 년 동안에 경기변동에 대하여 전망한 것은 [표 8-3]에서 보여 주고 있는 것과 같은 정확성을 가지고 있다고

[표 8-3] 과거의 경기전망에 관한 자료 (단위: 건)

실제경기 예측경기	상 승	안 정	하 향
상 승	7	3	2
안 정	3	14	2
침 체	1	3	5

한다. 연금관리공단은 이 투자전문상담회사의 서비스를 받기로 하는 것이 좋겠는가?

(4) 투자전문상담회사의 서비스를 받을지의 여부와 투자대안선택에 대한 최적행동대안은 무엇이며 이때 기대되는 수익률은 얼마인가?

[해] (1) 공채에 투자하는 경우 기대되는 수익률은 다음과 같다.

먼저 공채의 기대수익을 E(공채)라 하면,

E(공채)$=7(0.2)+11(0.7)+12(0.1)=10.3(\%)$

같은 방법으로 상업증권과 주식에 투자하는 경우의 기대치, 즉 기대수익들은 다음과 같다.

E(증권)$=8(0.2)+10(0.7)+14(0.1)=10(\%)$

E(주식)$=25(0.2)+6(0.7)+2(0.1)=9.4(\%)$

따라서 재무담당자는 공채에 투자해야 하며 이때 기대되는 수익률은 10.3%이다. 이것을 의사결정나무로 나타내면 [그림 8-9]와 같다.

따라서 1억원을 투자하는 경우의 기대 수익은 다음과 같다.

$1억 \times \dfrac{10.3}{100}=0.103억$ 원, 즉 1,030만 원.

(2) 재무담당자가 내년의 경제상황에 대해서 미리 안다면, 즉 상승할 것이라는 것을 미리 안다면 주식에 투자하여 25%의 수익을 올릴 것이고, 안정될 것이라는 것을 미리 안다면 공채에 투자하여 11%의 수익을 올릴 것이며, 침체할 것이라는 것을 미리 안다면 상업증권에 투자하여 14%의 수익을 올리게 될 것이다. 따라서 완전한 정보를 가진 상황하에서의 기대가치는 다음과 같다.

E(완전정보하의 결정)$=25(0.2)+11(0.7)+14(0.1)=14.1(\%)$

[그림 8-9] 의사결정나무의 일반적 형태

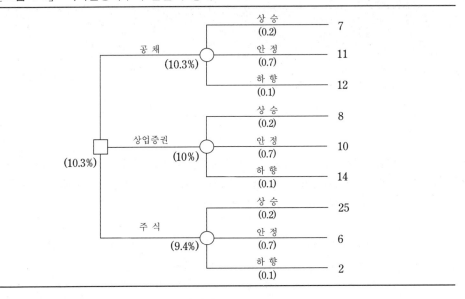

따라서 이 경우의 수익은 $1억 \times \dfrac{14.1}{100} = 0.141$억 원이 된다. 그러므로 완전정보의 기대가치는 식(8.4)에 의하여 다음과 같이 구해진다.

$$EVPI = 0.141억 원 - 0.103억 원 = 0.038억 원, \text{ 즉 } 380만 원.$$

(3) 과거의 경기에 의하면 총 40회 가운데 상승이 12회, 안정이 19회 및 침체가 9회이었으므로 예측확률은 다음과 같다.

$$P(상승) = \frac{12}{40} = 0.3$$

$$P(안정) = \frac{19}{40} = 0.475$$

$$P(침체) = \frac{9}{40} = 0.225$$

한편 앞의 문제 (1)에서와 같은 방법으로 투자전문상담회사에 경제상황에 대한 전망을 의뢰하는 경우 각 대안별 기대수익률은 [그림 8-10]과 같이 요약될 수 있다.

[그림 8-10] 경기전망을 의뢰하는 경우의 각 투자대안의 결과에 대한 의사결정나무

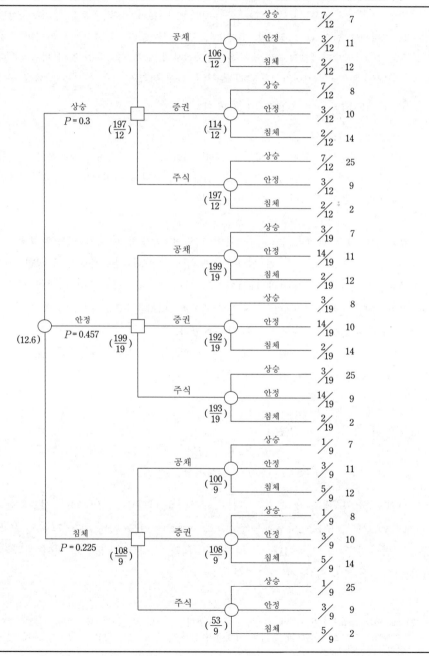

[그림 8-10]을 볼 때 투자전문상담회사의 서비스를 받는 경우 기대수익률은 12.6%가 되므로 총기대수익률은 $1억 \times \dfrac{12.6}{100} = 0.126$(억 원)이 된다. 이것은 투자전문상담회사의 서비스를 받지 않는 경우의 기대수익 0.103억 원보다 더 크고, 그 차액이 투자자문요금 150만원보다 더 크므로 투자전문상담회사의 서비스를 받는 것이 바람직하다.

한편 표본정보의 기대가치(EVSI)는 식(7. 3)에 의하여 다음과 같이 구해질 수 있다.

EVSI = 0.126 − 0.103 = 0.023(억 원)

즉, 2,300천 원이 된다.

(4) 투자전문상담회사에 서비스를 의뢰하여라. 그 결과 경기가 상승한다고 전망되면 주식에 투자하고, 경기가 안정된다고 전망되면 공채에 투자하며, 경기가 침체된다고 전망되면 증권에 투자하는 것이 바람직하다.

앞의 [예 8-5]에서 보는 바와 같이 대안을 탐색하고 평가하는 과정에서 흔히 새로운 정보를 얻게 되는 수가 많다. 이때 만일 이 새로운 정보가 통제할 수 없는 결과상황들이 일어날 가능성과 관련된 것이라면 각 결과상황들이 일어날 확률이 수정되어야 한다. [예 8-3]에서는 새로운 정보에 의하여 어떻게 각 결과상황들이 일어날 확률이 수정되는가 하는 것을 살펴보았다.

이러한 결과상황들이 일어날 확률은 일반적으로 다음 식과 같은 Bayes의 정리(Bayes' Theorem)를 이용하여 구한다.[2]

$$P(E_1/E_2) = \frac{P(E_1 \text{ and } E_2)}{P(E_2)}$$

$$= \frac{P(E_2/E_1)P(E_1)}{P(E_2/E_1)P(E_1) + P(E_2/\bar{E_1})P(\bar{E_1})} \quad \cdots\cdots\cdots (8.\ 5)$$

위의 식(8. 5)에서 E_1과 E_2는 각각 사건들을 나타내고, $P(E_1)$은 사전확률(prior probability), $P(E_1/E_2)$은 사후확률(posterior probability)을 나타낸다. 그리고 $P(\bar{E_1})$는 E_1이 일어나지 않을 확률이다. $P(E_1/E_2)$은 E_2라는 새로운 정보를 얻어 사전확률을 수정하여 얻은 일종의 조건 확률이다.

---

2) Bayes의 정리는 기초적인 확률이론에 속한다. 그러나 이 책에서는 확률이론을 깊이있게 다루지 않으므로, Bayes의 정리를 이해하지 못하여도 이 책을 앞으로 공부하는 데 어려움이 없다.

제 2 절 우선순위설정과 예측을 위한 계층화 분석법의 활용

1. 계층화 분석법의 의의와 우선순위설정

1) 계층화 분석법의 이해

계층화 분석법(analytical hierarchy process: AHP)은 의사결정 대안을 평가하거나 미래를 예측하기 위한 방법으로 개발되었다. 계층화 분석법은 1970년대 초 Pennsylvania 대학의 Saaty(Thomas)에 의하여 처음 개발된 이래 경제, 재정, 정치, 게임 및 스포츠 등 광범위한 분야에 예측(prediction, projection and forecasting)과 우선순위 설정을 위하여 널리 활용되어 왔다.

우리나라에서도 지난 2000년부터 정부사업의 예비적 타당성을 조사하기 위하여 계층화 분석법(AHP 방법)을 「다기준분석방법」이라는 이름으로 개발하여 활용하고 있으며, 2001년에는 계량지표의 평가를 위한 표준화된 평가기준을 제시하기 위한 연구를 수행하여 예비적 타당성조사방법으로 정착시켜가려고 노력하고 있다.[3] 계층화 분석법은 과학기술부문의 연구개발 투자 우선순위 결정 등 정부부문과 한국형 중형여객기 최적규모 선정 등 민간부문의 정책우선순위결정을 위한 분석에도 널리 활용되고 있다.[4]

이 계층화 분석법이 무엇이냐 하는 것은 다음과 같은 가상적인 사례를 보면 쉽게 이해할 수 있다.

예 8-6 금년에 대학교를 졸업하는 K군은 A, B, C, 세 개의 회사로부터 그를 채용하겠다는 통보를 받았다. 그는 이들 세 개의 회사 가운데 하나를 선택하는 문제에 직면하였다. 그는 이들 세 개의 회사에 대한 여러 가지 정보를 수집하였다. 이제 그는

3) 한국개발연구원, 「예비적 타당성 조사 수행을 위한 다기준 분석방안 연구」, 2000; 한국개발연구원 공공투자관리센터, 「예비적 타당성 조사 수행을 위한 다기준 분석방안 연구(Ⅱ)」, 2001.
4) 이동엽, 안태호, 황용수, "AHP를 이용한 과학기술 부문별 국가연구개발 투자우선순위 선정," 「기술혁신연구」, 제10권 제 1 호(2002), pp. 83-97; 은희봉, 허희영, "AHP를 이용한 한국형 중형여행기의 최적규모 선정에 관한 연구," 「경영과학」, 제18권 제 2 호(2001), pp. 97-106; 권철신·조근태, "AHP를 이용한 비메모리 반도체칩 제품군 선정에 관한 연구," 「경영과학」, 제18권 제 1 호(2001), pp. 1-14.

[그림 8-11]   직장 선택문제의 계층적 구조 모형

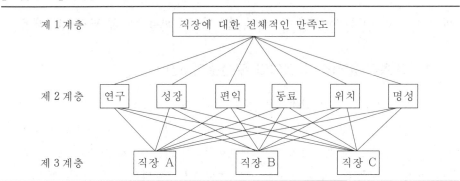

이들 정보들을 합리적인 방법으로 분석하여 전체적인 만족도를 가장 높여줄 수 있는 직장을 선택하려고 한다.

그는 최근에 개발된 계층화 분석법이 합리적으로 우선순위를 설정하는 데 도움을 주는 방법이라는 말을 듣고, 이 방법을 사용하여 이들 A, B, C 세 개의 회사들이 줄 수 있는 만족도를 평가할 수 있도록 문제를 구조화하기로 하였다. 그는 먼저 직장이 주는 만족도를 결정하는 요소들을 열거해 보았다. 그리고 그들 가운데 연구 분위기, 성장기회, 편익, 동료, 위치, 명성 등 여섯 가지를 선정하였다. 그리고 이들 여섯 가지 평가기준이 될 고려요인들에 비추어 A, B, C 각 직장들을 평가하여 종합적으로 가장 만족도가 높은 직장을 찾아낼 수 있는 [그림 8-11]과 같은 개념적 계층구조를 만들었다.

[그림 8-11]에 계층적 구조모형으로 작성된 직장선택을 위한 만족도 평가의 논리는 다음과 같다. 즉, 직장에 대한 만족도는 제2계층에 있는 연구, 성장, 편익, 동료, 위치, 명성 등 여섯 가지 평가 기준들을 얼마나 만족시킬 수 있느냐 하는 데 따라 결정된다는 것이다. 그리고 중요한 것은, 이들 평가기준이 되는 각 요소들의 상대적인 중요성도 직장을 선택하고 있는 사람들에 따라 다를 수 있다는 것이다.

또한 세 개의 직장 A, B, C 들을 제 2 계층에 있는 각 평가요소들에 비추어 평가를 하면 이들 A, B, C 세 직장의 평가도 달라질 수 있다. 그러면 제 2 계층에 있는 각 평가요소들의 직장 만족도에 기여하는 상대적인 중요도를 어떻게 평가하고, 제 3계층에 있는 A, B, C 세 직장들을 이들 각각의 평가요소들에 비추어 상대적인 만족도를 어떻게 평가하며, 다음에 이들 두 과정에서 이루어진 평가결과들을 어떻게 종합하여 A, B, C 세 개 직장들의 최종적인 종합적 만족도를 산출해 낼 수 있느냐

하는 것이 당면한 과제이다.

[예 8-6]은 계층화 분석법을 사용하여 정책대안들의 우선순위를 결정하는 전형적인 예이다. 여기서 직장 A, B, C는 어떤 정책문제의 정책 대안들이라고 생각할 수 있으며, 제 2 계층에 있는 직장 만족도를 결정하는 데 기여하는 평가요소들은 정책대안들의 평가기준이라고 생각할 수 있다.

2) 계층화 분석법의 의의

우리는 [예 8-6]을 통하여 계층화 분석법을 개략적으로 이해하였다. 그러면 좀 더 구체적인 의미에서 계층화 분석법이란 무엇인가? 계층화 분석법은 기본적으로 시스템 이론에 그 기초를 두고 있는 문제를 해결하고 예측을 하기 위한 방법이다 (Saaty, 1980: Saaty, 1991; Saaty and Kearns, 1985; Saaty, 2008, Saaty and Vargas, 1991). 시스템 이론은 어떤 문제를 하나의 시스템으로 보는 데서 출발한다. 시스템적 사고는 현재가 미래를 결정한다고 볼 뿐만 아니라 미래가 현재를 결정한다고 생각한다. 이러한 사고는 계획에 있어서 가장 기본적인 사고이다. 뿐만 아니라 시스템적 사고는 복잡한 현상을 관찰하고 어떤 문제에 대한 해답을 구하는 데 귀납적 방법과 연역적 방법을 조합한 통합방법을 사용하고 있다.

시스템 이론은 하나의 개념적 기초를 제공해 준다. 이러한 개념을 사용하여 어떤 문제를 상호 연관된 계층(hierarchy)을 가진 하나의 시스템으로 모형화할 수 있다.

계층화 분석방법은 어떤 문제의 구성요소들을 계층적으로 나타내는 체계적인 절차이다. 계층들을 구축하는 목적은 대안들이 전체목적을 달성하거나 만족하기 위하여 어떤 영향을 미치는지를 연구, 평가하거나 우선순위를 설정하기 위한 것이다. 이 방법은 하나의 문제를 더 작은 구성요소로 분해하고, 그 각각의 구성분자들을 더 작은 구성요소로 세분화하여 나타내는 기본적인 근거(rationality)를 나타내 준다. 그리고 다음에는 의사결정자로 하여금 이 요소들을 연이어 둘씩 짝을 지어 비교하는 일련의 비교판단(a series of pairwise comparison judgement)을 통하여 이들 계층 내에 있는 요소들의 영향력에 대한 상대적인 강도와 효용성을 나타낼 수 있도록 하는 지침을 제공해 준다. 즉 [예 8-6]에서 직장의 만족도를 결정하는 요인들간의 상대적인 중요성을 식별하기 위하여 각 요소들을 둘씩 짝을 지어 비교한다는 것이다. 예컨대, 연구와 성장을 짝지어 만족을 가져오는 데 어느 것이 더 중요한가를 알아내고, 연구와 편익을 짝지어 어느 것이 더 중요한가를 알아낸다. 이 방법에 대해서는 뒤에서 다시 설명할 것이다.

이들 판단들은 다음에 숫자로 전환된다. 계층화 분석법은 평가요소 또는 기준들 가운데 우선순위를 설정하고, 그 후에 다시 해결 대안들 간의 우선순위를 유도해낼 수 있도록 이들 여러 가지 판단들을 통합하는 데 사용될 절차와 원칙들을 포함하고 있다. 이 때 이러한 절차와 원칙에 의하여 얻은 숫자들은 비척도(ratio scale)로 추정된 것이라는 것이 특징이다. 위의 절차들에 대해서는 다음에 다시 설명할 것이다.

문제해결은 여러 단계에 걸쳐서 우선순위를 설정하는 과정이다. 첫째 단계는 어떤 한 문제를 구성하고 있는 가장 중요한 요소들을 결정하는 단계이고, 그 다음 단계에서는 최선의 방법으로 이들 요소들을 보완하고 대체하며 테스트하고 평가하는 단계이며, 그 다음 단계에서는 이들 해결대안들을 가장 효율적인 방법으로 집행하고 그 성과를 측정하는 단계이다. 이들 전 과정은 수정과 재검토를 반복해서 거치게 되며, 이러한 과정은 문제를 나타내고 해결하는 데 필요한 모든 중요한 요인들이 망라되었다고 생각될 때까지 계속된다. 이 과정은 일련의 계층에 따라 순차적으로 수행된다. 즉 어떤 한 계층에 나타난 산출물들을 바로 상위 계층의 관점에서 초점을 맞추어 검토하는 것이다. 계층화 분석법은 문제를 해결해 가는 이러한 과정들을 체계화한 것이다.

3) 계층화 분석법에서 사용되는 우선순위

(1) 우선순위

계층화 분석법은 불확실성을 나타내는데 확률(probability) 대신에 우선순위(priority)를 사용한다. 여기서 우선순위란 사람들에게 무엇이 중요한가에 대한 상대적인 중요성이다. [예 8-6]에서 직장의 만족도를 가져오는 데 연구가 더 중요한가, 성장이 더 중요한가 하는 상대적인 중요성을 우선순위란 말로 표현한다. 정책대안을 선택할 때 우선순위가 높은 대안이란 상대적으로 더 중요한 대안이란 뜻이다.

우리는 복잡성(complexity)을 나타낼 때 이것이 우선순위에 의하여 더 잘 나타낼 수 있음을 알 수 있다. 왜냐하면 어떤 시스템을 구성하는 요소들의 시스템에 대한 공헌이나 영향이 확률이 아니라 상대적인 중요성을 나타내는 우선순위에 의하여 가늠될 수 있기 때문이다. [예 8-6]에서 직장의 전반적인 만족도를 높이는 데 기여하는 요소들의 기여나 공헌도는 확률보다는 우선순위에 의하여 나타내는 것이 더 논리적일 것이다.

(2) 우선순위를 판단할 때 물어야 할 질문

계층화 분석법은 요소들 간의 상대적인 중요성을 판단할 때 사람들에게 적절한 질문을 한다. 그러므로 이 질문이 적절하지 않을 때에는 그에 대한 대답은 요소들 간의 상대적인 중요성을 잘 나타내지 못하고 왜곡된 결과를 가져올 수 있다. 그러므로 정책문제의 해결대안에 대한 우선순위를 판단할 때에는 먼저 그 문제에 정통하고 있는 경험 있는 사람들을 선택하는 것이 무엇보다도 중요하다.

2. 계층화 분석법에 의한 분석의 절차와 문제의 구조화

1) 일반적인 절차와 논리적 배경

계층화 분석법을 사용하여 계획대안의 우선순위를 결정하거나 미래를 예측하는 것은 체계적인 절차에 따라 이루어진다. 이 절차는 성격상 크게 세 가지 단계로 구분해 볼 수 있는데, 첫 번째 단계는 문제를 몇 개의 계층 또는 네트워크의 형태로 구조화하는 단계이고, 두 번째 단계는 각 계층에 포함된 하위목표 또는 평가기준으로 표현되는 구성요소들을 둘씩 짝을 지어 바로 상위계층의 어떤 한 목표 또는 평가기준에 비추어 평가하는 이원비교(pairwise compaison)를 시행하는 단계이며, 셋째 단계는 각 계층에 있는 요소별 우선순위(priorities)를 설정하고 전체적으로 종합하여 (synthesis of priorities) 최종적으로 대안들 간의 우선순위를 설정하는 단계이다.

시스템을 설계하고 문제를 해결하는 이 접근방법은 사람이 논리적이고 창의적으로 생각할 수 있으며, 어떤 사건들을 식별하고 그들 간의 관계를 설정할 수 있는 타고난 능력이 있다는 데 그 기초를 두고 있다. 이러한 점에서 사람들은 두 가지의 의사소통을 할 수 있는 특성을 가졌다고 볼 수 있다. 그들 가운데 하나는 사람들이 사물을 분해해서 관찰하고, 그들이 관찰한 것을 전달할 수 있는 능력을 가졌다는 것이고, 다른 하나는 그들이 관찰한 요소들 간의 관계를 설정하고 그들의 강도 (intensity)를 차별화할 수 있으며, 그런 다음에 이들 관계를 총체적으로 이해할 수 있도록 종합할 수 있는 능력을 가졌다는 것이다. 이들은 각각 동일성(identity)과 분해의 원리, 차별화와 비교판단의 원리, 그리고 종합의 원리로 명명되고 있다. 계층화 분석법은 이러한 원리들에 그 기초를 두고 있다.

2) 동일성의 원리와 분해의 원리에 의한 문제의 구조화

계층화 분석법을 이용하여 계획대안을 선택하거나 우선순위를 설정하기 위해서는 먼저 현안문제를 계층화 분석법을 이용할 수 있도록 계층구조로 전환하여야 한다. 당면한 문제를 계층이나 네트워크 형태로 구조화하는 과정에서는 동일성의 원리와 분해의 원리를 이용하게 된다. 하나의 문제를 계층화하는 데에는 꼭 한 가지 방법만이 있는 것이 아니고 문제를 개념화하는 데 따라 여러 가지가 가능하다. 일반적으로 하나의 계층은 최상위계층(계획문제의 경우 최상위계층에는 목적들이 놓이게 되는 것이 일반적이다), 몇 개의 중간계층(일반적으로 그 다음 계층에 있는 요소들이 평가에 사용될 평가 기준들이 놓이게 된다), 그리고 최하위계층(계획문제의 경우 일반적으로 대안들이 놓이게 된다) 등으로 구성된다.

[그림 8-12]는 하나의 정책문제를 개념적 계층구조로 나타낸 것이다. 계층에는 여러 가지 종류가 있으나 가장 간단한 것은 나무를 거꾸로 세워놓은 것 같은 모양으로서 조직 도표에 비유하면 최상위에 상관이 있고, 그 다음 계층에는 차상위 계급의 상관들이 있고, 이어서 그 아래 계층에는 그 다음 계급의 상관들이 있는 형태를 띠게 되는데, 이러한 계층 모양을 일반적으로 지배적 계층(dominance hierarchy)이라고 부른다. [그림 8-12]는 이러한 지배적 계층을 개념화하여 나타낸 것이다.

가장 단순한 형태의 지배적 계층의 예로서는 이미 앞에서 예로 든 [예 8-6]의 [그림 8-11]과 같은 3개의 계층으로 이루어진 직업선택문제의 구조화를 들 수 있다. [그림 8-11]에서 최상층에 위치하고 있는 직장에 대한 만족도는 직장선택의 목

[그림 8-12] 하나의 정책문제의 개념적 계층구조

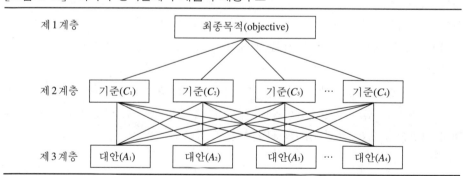

적이라 할 수 있으며, 이 직장의 만족도는 바로 다음 계층에 있는 직장에서의 연구 기회, 성장기회, 직장이 주는 편익, 직장의 동료, 직장의 위치, 직장의 명성 등에 의 하여 결정된다고 가정한다. 그리고 이들 여섯 가지 요소들 가운데 각 요소들이 직 장에 의하여 전체적인 만족도를 얻는 데 얼마만큼 기여하는가 하는 중요도나 공헌 도에 대한 평가는 사람에 따라 다를 것이다. 그리고 최하위계층에 있는 직장 A, 직 장 B 및 직장 C 또한 제 2 계층에 있는 평가기준들에 기여하는 기여도나 중요도 또 한 서로 다를 것이다.

여기서 주의하여야 할 점은 각 계층에는 동일한 성질의 요소들이 나열되어야 한다는 점이다. 즉 제 2 계층에는 직장에 대한 전체적인 만족도에 영향을 미치는 요 소들이 나열되어 있으며, 제 3 계층에는 대안이라 할 수 있는 서로 다른 직장들이 나열되어 있고, 대안 이외의 다른 요소들은 제 3 계층에는 나열될 수 없다. 즉 동일 성의 원리와 분해의 원리에 의하여 어떤 한 문제를 몇 개의 계층으로 분해하되 각 계층에는 동질적인 성질의 요소들(예컨대 평가기준들)만이 나열되어야 한다.

또한 계층적 계속성의 법칙(law of hierarchic continuity)에 의하여 최하위 계층 에 있는 요소들은 둘씩 짝을 지어 바로 위 계층에 있는 평가기준들에 의하여 이원 비교가 가능하여야 하며, 밑에서 두 번째 계층에 위치하고 있는 요소들은 둘씩 짝 을 지어 바로 위 계층에 있는 요소(평가기준)에 비추어 평가될 수 있어야 한다. 이러 한 이원비교의 가능성은 이 문제의 계서구조의 최상위까지 모두 존재하여야 한다.

예 8-7   연구기관들은 여러 가지 기준에 의하여 평가될 수 있다. 한 연구에 의하면 연구기관의 연구 경쟁력은 연구기관의 구조와 운영, 연구 사업 수행의 성과와 영향력 에 의하여 결정된다는 것이 밝혀졌다. 그리고 연구기관의 구조 및 운영은 비전과 목 표, 연구과정관리, 연구지원관리 및 의식관리에 의하여 결정되며, 연구·사업 수행의 성과와 영향력은 연구·사업 수행성과와 영향력에 의하여 결정되는 것으로 보인다.

그리고 비전과 목표, 연구과정관리, 연구지원관리, 의식관리, 연구·사업 수행성 과 및 영향력은 각기 계획수립의 합리성 등 여러 가지 요인들에 의하여 결정되는 것 으로 식별되었다. 이와 같이 식별된 요인들을 토대로 연구기관평가를 위한 개념모형 을 작성하면 [그림 8-13]과 같다(노화준·이달곤·노시평·김태일, 1996: 88).

[그림 8-13] 연구기관 평가의 모형구조

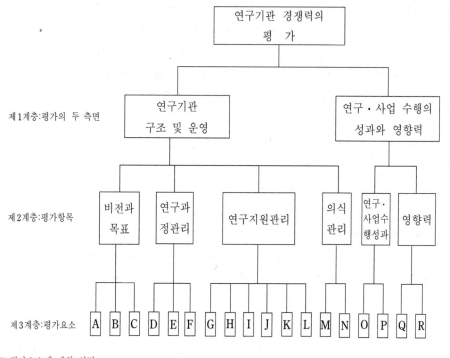

※ 평가요소에 대한 설명
A: 계획수립절차의 합리성   G: 인력관리   M: 리더십
B: 계획내용의 적정성   H: 재무관리   N: 문화와 분위기
C: 임무와 계획의 인지 및 수용도   I: 조직관리   O: 연구수행실적
D: 연구과제 선정의 적정성   J: 시설 및 기자재관리   P: 사업수행실적
E: 연구과제 수행의 적합성   K: 정보관리   Q: 연구결과의 대외적 영향력
F: 연구과정·결과평가의 적정성   L: 감사기능   R: 외부와의 네트워크

3. 이원비교의 의의와 질문서의 작성

1) 이원비교의 의의

(1) 비교에 사용되는 척도

계층화 분석법을 사용하기 위해서는 문제의 체계에 포함된 각각의 하위목표들이나 평가기준들과 같은 요소들을 둘씩 짝을 지어 비교하는 이원비교방법(pairwise comparison)을 사용한다고 하는 것은 앞에서 설명한 바와 같다.

이와 같이 요소들을 둘씩 짝을 지어 비교하는 경우에도 질문하는 상황과 질문방법 및 비교측정에 사용되는 척도가 어떠하냐에 따라 자료의 측정과 수집에 의하여 얻은 분석결과 및 해석 방법들은 각기 달라질 수 있다.

질문하는 상황은 규범적인 상황과 기술적인 상황(descriptive situation)으로 구분할 수 있다. 규범적인 상황인 경우에는 일반적으로 계층화 분석법에서 짝지어진 두 요소들 간의 비교를 위하여 던져지는 질문들은 대체로 다음과 같은 형태들 가운데 어떤 한 가지 형태를 띠게 된다(Saaty and Vargas, 1991: 18).

즉 요소 A와 B를 비교해서

· 어느 요소가 더 중요한가, 또는 더 큰 영향을 미칠 것 같은가?
· 어느 요소가 더 일어날 가능성이 높은가?
· 어느 요소가 더 바람직한가?

한편 기술적(descriptive)인 상황인 경우에는 질문들은 두 가지 대안들이 어떤 특성(property)을 가진 정도를 확인(identify)하는 판단을 탐구하기 위한 것이다(Saaty and Kearns, 1985: 27~28).

일반적으로 둘씩 짝지워진 요소들 간의 상대적인 중요성을 비교하는 데 사용되는 이원비교의 척도는 1에서 9까지 사이의 정수를 사용하고 있다.

[표 8-4] 상대적 중요성에 대한 척도

척 도	정 의	설 명
1	동등하게 중요(equal)	두 개의 요소가 최상위목표의 기준에서 볼 때 똑같이 중요
3	약간 더 중요(weak)	한 요소가 다른 요소보다 약간 더 중요
5	더욱 더 중요(strong)	한 요소가 다른 요소보다 더욱 더 중요
7	대단히 더 중요(very strong)	한 요소가 다른 요소보다 대단히 더 중요
9	절대적으로 중요(absolute)	한 요소가 다른 요소에 비히여 비교할 수 없을 정도로 절대적으로 중요
2,4,6,8	근접해 있는 가까운 숫자들 간의 중간 정도의 중요성	필요한 경우에 사용
역 수	한 요소가 다른 요소보다 중요한 경우, 후자의 중요도는 전자의 중요도와 비교하여 그 역수의 값을 갖는다.	

자료: Saaty & Vargas, 1991: 24.

1은 두 가지 요소 A와 B가 동등하게 중요하다(equal)는 것을 나타내고, 3은 첫째 요소 A가 둘째 요소 B보다 약간 더 중요하다(weak)는 것을 나타내며, 5는 첫째 요소 A가 둘째 요소 B보다 더욱 더 중요하다(strong)는 것을 나타낸다. 그리고 7은 첫째 요소 A가 둘째 요소 B보다 매우 중요하다(very strong)는 것을 나타내며, 9는 첫째 요소 A가 둘째 요소 B보다 절대적으로 중요하다(absolute)는 것을 나타낸다. 그리고 그 중간에 있는 2, 4, 6, 8은 근접해 있는 가까운 두 숫자들 간의 중간 정도의 중요성을 나타내는 것으로 본다. 위의 역수, 다시 말하면 1/3, 1/5, 1/7 등 위에 나타난 숫자들의 역수는 두 번째 요소 B가 첫째 요소 A에 대하여 갖는 상대적인 중요성을 나타낸다.

(2) 집단적 판단

많은 의사결정들은 한 사람 개인에 의한 판단보다는 한 그룹(group)에 의한 판단을 요구하기도 한다. 이러한 경우 그룹의 집단적 판단을 끌어내서 결합시키는 계층화분석법의 이론적 근거(rationale)가 있는가? 그리고 그것은 어떻게 작동하는가? 만일 계층화분석과정에 어떤 한 그룹이 관련(involve)되어 있다면 그룹의 판단에는 두 가지의 대안들이 있을 수 있다. 즉 그룹의 구성원들은 만나서 각 판단들에 대한 심오한 토론을 한 후에 어떤 컨센서스(consensus)를 얻기 위하여 이슈들에 대하여 열띤 논쟁을 하거나, 또는 그들이 서로 한자리에 모여서 토론할 수 없는 경우에는 그들이 각각 개별적인 판단을 한 후 그들의 개별적인 평가결과들을 적어내서 취합하는 경우이다.

첫 번째 사례의 경우에 있어서는 한 그룹이 서로 합의할 수 있는 경우가 많고, 이 경우에는 컨센서스(consensus)를 통해서 원만하게 그룹판단을 이룰 수가 있다. 그러나 합의가 이루어지지 않을 때에는 각 질문들에 대하여 각자 판단하고, 질문항목별로 각자의 판단들에 대한 기하평균(geometric mean)을 구하여[5] 각자의 판단들(judgements)을 결합(combine)할 수 있다.

(3) 질문서의 작성

질문서의 작성은 평가요소들 간에 둘씩 짝을 지어서 이원비교(pairwise comparison)가 가능하도록 작성되어야 한다. 이때 질문의 형태는 어떤 일정한 평가기준(criterion), 제약조건, 어떤 특성(property), 또는 시나리오(scenario) 등을 만족시키는

---

[5] 이 경우 각 질문들에 대한 산술평균(arithmeticmean)이 아니라 기하평균을 구한다는 점에 주의하여야 한다.

데 선호되거나 더 바람직한 것이 무엇이냐 하는 형태를 띤다. 일반적으로 우리는 "어떤 것이 더 중요한가" 하는 질문을 하는데 그 의미는 어떤 것이 어떤 속성 (attribute)을 더 많이 보유하고 있는가 하는 것이다(Saaty and Vargas, 1991: 29).

질문서 작성의 예를 들면 [그림 8-13]의 비전과 목표에 대한 세 가지 평가요소들 간의 상대적인 중요성을 평가할 때에는 다음과 같이 질문한다. 즉 「비전과 목표」의 평가항목인 「계획수립절차의 합리성」, 「계획내용의 적절성」, 「임무와 계획의 인지 및 수용도」 등에 대하여 간략하게 설명하고, 그 다음에 설문서를 제시한다.

예 8-8 「비전과 목표」의 평가항목은 다음의 세 가지의 평가요소들로 이루어져 있습니다.

평가요소	내 용 설 명
계획수립절차의 합리성	연구개발계획
계획내용의 적절성	계획의 국가경쟁력과의 연계성, 상·하위 계획간의 일관성 및 현실적합성
계획의 인지 및 수용도	연구개발계획에 대한 대내외 관련인의 인지 및 수용정도

위에서 제시된 3가지 평가요소들을 둘씩 짝지어 비교할 때, 「비전과 목표」 항목을 평가하는 데 상대적으로 어느 것이 더 중요하다고 생각하십니까?

	9 7 5 3 1 3 5 7 9	
계획수립절차의 합리성	( ) ( ) ( ) ( ) ( ) ( ) ( ) ( ) ( )	계획내용의 적절성
계획수립절차의 합리성	( ) ( ) ( ) ( ) ( ) ( ) ( ) ( ) ( )	계획의 인지 및 수용도
계획내용의 적절성	( ) ( ) ( ) ( ) ( ) ( ) ( ) ( ) ( )	계획의 인지 및 수용도

질문서가 작성되어 질문조사를 시행할 때에는 질문서의 첫머리에 질문에 응답하는 요령을 설명하여야 한다. 질문에 응답할 때에는 만일 해답이 1 3 5 7 9에 해당되는 경우에는 질문서의 해당 숫자 밑의 ( ) 속에 체크(v)하면 된다. 그리고 만일 2 4 6 8에 해당되면 해당되는 숫자의 이웃하는 두 개의 숫자 밑에 있는 두 개의 ( )들 사이에 체크(v)하면 된다.

다음 [예 8-9]는 앞의 [예 8-7]에 예시했던 연구기관 평가를 위한 질문서에 응답하는 요령을 예시하고 있다(노화준·이달곤·노시평·김태일, 1996: 163-165).

예 8-9 〈질문서에 대한 응답요령의 예시〉 정부 출연기관 경쟁력의 평가항목들 중
에서 「비전과 목표」 항목은 1) 계획수립절차의 합리성, 2) 계획내용의 적절성, 3) 계
획의 인지 및 수용도라는 세 가지 평가요소들로 구성되어 있습니다. (각 평가요소들
에 대한 설명은 해당 설문에서 자세히 다루고 있습니다.) 이 세 가지 중에서 '계획수
립절차의 합리성'과 '계획내용의 적절성'을 비교할 때, '계획수립절차의 합리성'이 '계
획내용의 적절성'에 비해 「비전과 목표」 항목의 평가에 절대적으로 중요하다고 판단하
는 경우, 중간의 1을 중심으로 '계획수립절차의 합리성'에 가까운 쪽(왼쪽)의 9에 표
시하시면 됩니다. 이 표시는 (v)표로 표시되어 있습니다.

	9 7 5 3 1 3 5 7 9	
계획수립절차의 합리성	(v) ( ) ( ) ( ) ( ) ( ) ( ) ( ) ( )	계획내용의 적절성

* 2 4 6 8에 표시하고자 하는 경우에는 근접한 가장 가까운 숫자들의 중간에 표시하면 된
  다. 예컨대 '계획수립절차의 합리성'이 '계획내용의 적절성'보다 '약간 중요'와 '더욱 더 중
  요'의 중간에 해당한다고 판단하시는 경우, 왼쪽 3의 밑의 괄호와 5 밑의 괄호 사이의 여
  백에 v표시를 하면 된다.

4. 이원비교의 시행과 종합적 우선순위의 설정

1) 차별화와 비교판단의 원리에 의한 이원비교의 시행

계층화 분석법의 중요한 특징은 어떤 하나의 문제를 몇 개의 계층으로 분해했
을 때 각 계층에 포함되어 있는 요소들을 둘씩 짝을 지어 바로 상위에 있는 평가기
준(또는 목표)들에 비추어 그 상대적인 중요성이나 우선순위를 평가한다는 것이다.

차별화와 비교판단의 원리에 의하여 이원비교(pairwise comparison)를 시행하는
절차를 이해하기 위하여 Saaty에 의하여 개발된 [예 8-10]을 먼저 보기로 한다.

예 8-10 [그림 8-14]는 어떤 한 가족이 주택을 선택하는 문제를 계층으로 분해하
여 구조화한 것이다(Saaty and Kearns, 1985: 21-38). 이 가족이 주택을 선택하는 기준
은 주택선택에 의하여 만족을 극대화하는 것이다. 그리고 주택의 만족(최종목표)을
평가하는 기준(중간목표)은 주택의 크기, 주택의 위치, 주택의 이웃, 주택의 연령, 주
택을 둘러싼 활용 가능한 생활공간의 넓이, 주택에 설비된 최신설비, 주택의 상태, 그
리고 해당 주택을 구입하는 데 지원되는 주택자금 등이라고 가정한다. 그리고 주택선

[그림 8-14]   주택선택문제의 구조화

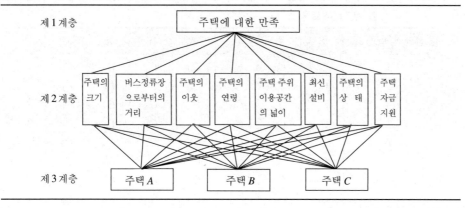

이 주택선택의 문제를 구조화하면 [그림 8-14]와 같다.

[예 8-10]의 주택선택문제에서 이원비교는 다음과 같이 이루어진다. 즉, 제 2 계층에 포함된 요소들 간의 상대적인 중요성은 제 1 계층에 포함된 주택에 의한 만족이라는 목적에 의하여 평가된다. 다시 말하면 주택의 크기와 위치 가운데 어떤 하위목적이 주택에 대한 더 큰 만족을 가져올 수 있겠는가, 주택의 크기와 그 주택의 버스정류장으로부터의 거리 가운데 어느 요인이 주택에 대한 더 큰 만족을 가져올 수 있겠는가 하는 질문들을 한다. 이러한 질문들을 제 2 계층에 있는 여덟 가지 요인들을 둘씩 짝을 지은 조합의 수만큼, 즉 $_8C_2$ 조합($8 \times 7/2 = 28$개의 쌍)만큼 계속하면 되는 것이다. 일반적으로 어떤 한 계층에 속한 요소의 수가 n개이면 $_nC_2$, 즉 $n(n-1)/2$개 쌍의 이원 비교를 수행하여야 한다.

이러한 이원비교를 체계적으로 수행하기 위하여 정방형의 매트릭스(square matrix)를 사용한다. 앞의 주택선택문제의 제 2 계층에 있는 각 요소들을 둘씩 짝을 지어 전체적인 주택에 대한 만족이라고 하는 목적에 의하여 상대적인 중요성을 평가하기 위한 정방형 매트릭스를 표로 나타내면 [표 8-5]와 같다.

[표 8-5]의 북서코너(north-west corner)에서 제 2 계층의 각 요소들에 대한 이원비교의 기준이 되는 목표(또는 평가기준)인 주택에 대한 전반적인 만족도가 표시되어 있다. 그리고 최상위 상단과 맨 왼편 옆에 [그림 8-14]에 표시된 8개의 요소들

[표 8-5]   주택에 대한 전반적인 만족도를 가져오는 제 2 계층 요인들의 이원비교
를 위한 매트릭스

전반적 만족도	S	L	N	A	Y	M	C	F
S	C_{11}	C_{12}	C_{13}	C_{14}	C_{15}	C_{16}	C_{17}	C_{18}
L	C_{21}	C_{22}	C_{23}	C_{24}	C_{25}	C_{26}	C_{27}	C_{28}
N	C_{31}	C_{32}	C_{33}	C_{34}	C_{35}	C_{36}	C_{37}	C_{38}
A	C_{41}	C_{42}	C_{43}	C_{44}	C_{45}	C_{46}	C_{47}	C_{48}
Y	C_{51}	C_{52}	C_{53}	C_{54}	C_{55}	C_{56}	C_{57}	C_{58}
M	C_{61}	C_{62}	C_{63}	C_{64}	C_{65}	C_{66}	C_{67}	C_{68}
C	C_{71}	C_{72}	C_{73}	C_{74}	C_{75}	C_{76}	C_{77}	C_{78}
F	C_{81}	C_{82}	C_{83}	C_{84}	C_{85}	C_{86}	C_{87}	C_{88}

주: S: 주택의 크기   L: 버스정류장으로부터의 거리
   N: 주택의 이웃   A: 주택의 연령
   Y: 주택 주위공간의 이용넓이   M: 최신설비
   C: 주택의 상태   F: 주택자금지원
   C_{ij}: i열의 요소와 j행의 요소의 이원비교값

이 나열되어 있다. 따라서 이원비교를 위한 매트릭스는 정방매트릭스가 되는 것이
다. 일반적으로 이원비교를 시행하기 위한 정방매트릭스와 북서코너에는 항상 비교
의 기준이 표시되어야 한다는 것을 이러한 정방매트릭스를 작성할 때 잊지 않도록
주의하여야 한다. 한편 셀(cell) C_{11}, C_{12}, C_{13}, … 등 C_{ij}로 표시된 것들을 짝을 지어
이원비교를 한 상대적인 평가결과, 즉 설문조사 결과들을 적어 넣은 것이다. 일반적
으로 횡으로 나열한 것을 열이라 하고 종으로 나열한 것을 행이라 하므로, C_{ij}의 i는
열을 나타내고 j는 행을 나타낸다.

　이 정방매트릭스를 사용하여 짝을 이룬 각 요소들의 이원비교를 수행하는 절차
는 다음과 같다. 먼저 첫째 열에 나타난 주택의 크기와 첫째 행에 나타난 주택의
크기라는 두 요소들을 주택에 대한 전반적인 만족도라는 기준에 비추어 비교하면,
동일한 요소들 간의 비교이므로 그 상대적인 비교평가의 값은 동일하게 될 것이므
로 1로 표시할 수 있다. 이 결과는 C_{11}에 표시할 수 있으므로 C_{11}의 값은 1이 된다.
다음 첫째 열의 주택의 크기와 둘째 행의 버스정류장으로부터의 거리를 주택에 대
한 전반적인 만족이라는 목적에 비추어 그 상대적인 중요성을 평가하면, 그 결과는
물론 가족에 따라 다르겠으나 지금 이 가족의 경우 5라고 한다면, 즉 주택의 크기

가 그 주택의 버스정류장으로부터의 거리에 비해서 상대적으로 더욱더 중요하다고 한다면 셀 C_{12}은 5의 값을 갖게 된다. 그런데 이때 한 가지 유의하여야 할 점은 C_{12} 가 5의 값을 갖게 되는 경우, 주택의 버스정류장으로부터의 거리와 주택의 크기를 비교한 경우 그 상대적인 중요성의 값은 1/5이 된다는 것이다. 그러므로 셀 C_{21}의 값은 1/5이 된다. 한 가지 더 이원비교의 예를 들면, 첫째 열의 주택의 크기와 셋째 행의 주택의 이웃을 비교할 때 주택의 크기가 주택의 이웃에 비하여 주택의 전반적인 만족도라는 목적에 비추어 약간 더 중요하다고 한다면 C_{13}의 값은 3이 된다. 그 역으로 C_{31}의 값은 1/3이 될 것이다.

　이러한 이원비교를 통하여 요소들 간의 상대적인 중요성을 평가하는 일반적인 절차를 알 수 있게 된다. 열에 나타난 요소 하나와 행에 나타난 요소 하나를 짝을 지어 그 상대적인 중요성을 북서코너에 나타난 목적(또는 평가기준)에 비추어 평가할 경우 그 비교의 기준요소는 항상 열에 나타난 요소가 기준이 되어 이 요소가 행에 나타난 요소에 비하여 어느 정도나 더 중요성을 갖는가 하는 것을 주관적으로 평가한다는 것이다. 즉 셀 C_{ij}에는 i열에 있는 요소가 j행에 있는 요소에 비하여 어느 정도나 상대적인 중요성을 갖는가 하는 주관적인 평가결과가 기록되는 것이다.

[표 8-6]　주택에 대한 전반적인 만족도를 가져오는 제 2 계층 요인들의 상대적인 중요성을 이원비교한 가상적인 결과

주택에 대한 전반적 만족도	S	L	N	A	Y	M	C	F
S	1	5	3	7	6	6	1/3	1/4
L	1/5	1	1/3	5	3	3	1/5	1/7
N	1/3	3	1	6	3	4	6	1/5
A	1/7	1/5	1/6	1	1/3	1/4	1/7	1/8
Y	1/6	1/3	1/3	3	1	1/2	1/5	1/6
M	1/6	1/3	1/4	4	2	1	1/5	1/6
C	3	5	1/6	7	5	5	1	1/2
F	4	7	5	8	6	6	2	1

주: S: 주택의 크기　　　　　　　　　　L: 버스정류장으로부터의 거리
　　N: 주택의 이웃　　　　　　　　　　A: 주택의 연령
　　Y: 주택 주위공간의 이용넓이　　　M: 최신설비
　　C: 주택의 상태　　　　　　　　　　F: 주택자금지원

[표 8-7] 주택구입의 만족도 평가: 제 3 계층 주택대안들의 제 2 계층 평가기준들
에 의한 이원비교의 가상적 결과들

Ⓢ	A	B	C	Ⓛ	A	B	C
A	1	6	8	A	1	7	1/5
B	1/6	1	4	B	1/7	1	1/8
C	1/8	1/4	1	C	5	8	1
Ⓝ	A	B	C	Ⓐ	A	B	C
A	1	8	6	A	1	1	1
B	1/8	1	1/4	B	1	1	1
C	1/6	1	1	C	1	1	1
Ⓨ	A	B	C	Ⓜ	A	B	C
A	1	5	4	A	1	8	6
B	1/5	1	1/3	B	1/8	1	1/5
C	1/4	3	1	C	1/6	5	1
Ⓒ	A	B	C	Ⓕ	A	B	C
A	1	1/2	1/2	A	1	1/7	1/5
B	2	1	1	B	7	1	3
C	2	1	1	C	5	1/3	1

주: Ⓢ: 주택의 크기   Ⓛ: 버스정류장으로부터의 거리
　　Ⓝ: 주택의 이웃   Ⓐ : 주택의 연령
　　Ⓨ: 주택 주위공간의 이용넓이 Ⓜ: 최신설비
　　Ⓒ: 주택의 상태   Ⓕ: 주택자금지원

또한 C_{ij}의 값과 셀 C_{ji}의 값은 서로 역수가 된다는 것이다. 즉 셀 C_{ij}의 값이 7, 즉 i
열에 있는 요소의 값이 j행에 있는 요소의 값보다 평가기준에 비추어 대단히 더 중
요하다고 한다면 C_{ji}의 값은 1/7이 되어야 할 것이다.

[표 8-6]은 주택이 주는 전반적인 만족도라는 평가기준에 비추어 제 2 계층에
나타난 요소들을 둘씩 짝을 지어 그 상대적인 중요성을 지금 이사하려는 가족의 입
장에서 평가하였다고 가정하고 그 가상적인 결과를 요약해 놓은 것이다.

같은 방법으로 [그림 8-14]의 제 3 계층에 나타난 요소인 주택선택 대안 A, B,
C도 바로 한 단계 상위인 제 2 계층에 나타나 있는 평가기준들에 비추어 각 대안들
을 이원비교하면 모두 8개의 정방매트릭스를 얻을 수 있는데, 지금 이사하려는 가
족이 평가했다고 가상하고 평가결과 자료들을 정리하면 [표 8-7]과 같다.

2) 종합화와 우선순위의 설정

위에서는 어떤 한 가족이 가지고 있는 주택구입문제를 계층화 분석법을 이용하여 대안들을 평가하기 위하여 세 개의 계층으로 분해하고, 제2계층 및 제3계층의 요소들을 바로 한 단계 상위에 있는 계층의 목적이나 평가기준에 비추어 주관적인 이원비교를 수행하였다. 다중평가기준(multi-criteria)을 갖는 기획문제의 대안선정이나 대안의 우선순위 선정에 계층화 분석법을 적용하는 마지막 작업은 각 계층의 요인별 우선순위를 설정하고 우선순위의 일관성(consistency of local priorities)을 체크하며, 나아가 각 계층의 우선순위를 종합(synthesis)하여 복합적 우선순위(composite priorities) 또는 글로벌 우선순위(global priorities)를 설정하는 작업이다.

(1) 상위평가 기준에 비추어 본 계층별 요소들의 우선순위

바로 한 단계 위 계층에 있는 목적이나 평가기준에 비추어 어느 한 계층에 포함되어 있는 요소들 간의 우선순위를 국지적 우선순위(local priorities)라 부른다. 이 국지적 우선순위는 [표 8-6]이나 [표 8-7]과 같은 이원비교 결과를 나타내는 정방행렬(square matrix)을 이용하여 구한다. 이 정방행렬을 수학적으로 풀어서 고유벡터(eigenvecor)와 고유치(eigenvalue)를 구할 수 있는데, 이때 얻은 고유벡터는 우선순위를, 그리고 고유치는 판단의 일관성을 측정하는 수단이 된다.

계층화 분석법에 의하여 우선순위를 구하는 방법은 손으로 계산하면 매우 번거롭기 때문에 「Expert Choice」라는 분석패키지를 사용한다. 여기에서는 우선순위를 구하는 방법만을 간단히 소개하고, 판단의 일관성을 계산하는 방법은 이 강의의 수준을 넘어서므로 「Expert Choice」 패키지를 사용하여 구한 결과를 해석하는 방법에 대해서만 살펴보고자 한다.

고유벡터는 기하평균에 의하여 개략적으로 추정이 가능하므로 기하평균을 이용하여 우선순위벡터(priority vector)를 구한다.[6] 이때 구한 우선순위 벡터가 고유벡터이다.

기하평균 접근방법을 사용하여 고유벡터를 구하는 절차는 다음과 같다.

---

[6] 네 개의 값이 주어진 경우, 즉 X_1, X_2, X_3, X_4 등 네 개의 값이 주어진 경우 산술평균은 이것들을 모두 더한 다음 4로 나누어 구하나, 기하평균은 이들 값들을 모두 곱한 다음 4승근을 구하면 구할 수 있다.

즉 산술평균 $=(X_1+X_2+X_3+X_4)/4=\sum X_i/4$

기하평균 $=\sqrt[4]{X_1 \times X_2 \times X_3 \times X_4}$

[표 8-8] 주택구입의 만족도 평가: 제 2 계층의 이원비교, 기하평균, 우선순위 및
일관성

전반적 만족도	S	L	N	A	Y	M	C	F	기하평균	우선순위벡터
크기(S)	1	5	3	7	6	6	1/3	1/4	2.053	0.175
거리(L)	1/5	1	1/3	5	3	3	1/5	1/7	0.736	0.063
이웃(N)	1/3	3	1	6	3	4	6	1/5	1.746	0.149
연령(A)	1/7	1/5	1/6	1	1/3	1/4	1/7	1/8	0.227	0.019
넓이(Y)	1/6	1/3	1/3	3	1	1/2	1/5	1/6	0.418	0.035
설비(M)	1/6	1/3	1/4	4	2	1	1/5	1/6	0.497	0.042
상태(C)	3	5	1/6	7	5	5	1	1/2	1.961	0.167
자금(F)	4	7	5	8	6	6	2	1	4.105	0.350

$\lambda_{max} = 9.560$ C.I. $= 0.223$ C.R. $= 0.158$

주: S: 주택의 크기   L: 버스정류장으로부터의 거리
   N: 주택의 이웃   A: 주택의 연령
   Y: 주택 주위공간의 이용넓이   M: 최신설비
   C: 주택의 상태   F: 주택자금지원

[표 8-8]은 논의의 편의상 [표 8-6]의 제 2계층의 이원비교평가 결과를 옮겨 놓은 것이다. [표 8-8]의 제 2계층의 각 요소들을 주택에 대한 전반적인 만족도라는 목적에 의하여 이원비교의 방법으로 평가한 결과를 각 열(row)별로 기하평균을 구한다.[7] 다음에는 이들 각 행의 기하평균들의 합을 구하고, 이 합으로 각 행의 기하평균값들을 나누어 주면 표준화된 우선순위 벡터(priority vector)를 구할 수 있는데, 이러한 작업을 표준화(normalize)작업이라고 한다.[8] 이와 같이 표준화 과정을 거쳐서 얻은 우선순위 벡터가 [표 8-8]의 맨 우측행에 나열되어 있다. 이것이 바로 주택에 대한 전반적인 만족도라는 목적 또는 평가기준에 비추어 본 제 2 계층에 나타

---

7) 예컨대 [표 7-8]의 첫째 열의 기하평균은
   $\sqrt[8]{1 \times 5 \times 3 \times 7 \times 6 \times 6 \times 1/3 \times 1/4}$ = 2.053이 되고,
   둘째 열의 기하평균은
   $\sqrt[8]{1/5 \times 1 \times 1/3 \times 5 \times 3 \times 3 \times 1/5 \times 1/7}$ = 0.736이 된다.
8) [표 7-8]의 우측에서 두 번째 행에 나타나 있는 기하평균 값들의 총합계는 2.053+0.736+1.746+0.227+0.418+0.497+1.961+4.105=11.743이 된다. 다음에 각 열의 기하평균들을 이와 같이 구한 11.743으로 나누면 표준화된 우선순위벡터를 구할 수 있다. 예컨대 크기(S) 요소의 우선순위는 2.053/11.743=0.175가 되고, 거리(L) 요소의 우선순위는 0.736/11.743=0.063이 된다.

난 평가요소들의 상대적인 중요성 또는 우선순위이다. 이때 주의하여야 할 점은 표준화된 우선순위 벡터의 총합계는 1이 되어야 한다는 것이다.

[표 8-8]의 우선순위 벡터를 볼 때 이 가족의 경우 주택이전에 고려하여야 할 가장 중요한 요소는 자금지원(financing) 요소이며, 다음이 주택의 크기, 주택의 상태, 주택의 이웃 등이 중요한 고려 요소들인 것으로 나타나고 있다.

동일한 방법으로 제 3 계층에 나타나고 있는 주택구입대안 A, B, C 등을 제 2 계층에 나타난 여덟 가지 평가기준들에 비추어 이원비교를 통하여 그 우선순위를 평가한 것들을 요약·정리하면 [표 8-9]와 같다.

(2) 계층별 국지적 우선순위의 검토

계층화 분석법은 주관적인 판단에 의한 이원비교에 그 기초를 두고 있다. 여기서 문제가 되는 것은 요소들 간의 중요성이나 선호를 비교할 때 전이적 일관성(transitive consistency)이 얼마나 유지될 수 있느냐 하는 것이다.[9]

계층화 분석법의 장점 중 하나는 이 방법을 사용하여 대안들 간의 우선순위 벡터를 구하는 과정에서 전이적 일관성이 얼마나 유지되고 있으며, 일관성을 잃게 되는 경우 그 정도가 얼마나 심각한가 하는 것을 검토할 수 있는 정보를 얻을 수 있다는 것이다. 만일 검토결과 비일관성의 정도가 너무 심각하다고 판단되면 그 정도에 따라 이원비교의 과정을 재검토하여 수정해 나가야 할 것이다.

우리는 [표 8-8] 및 [표 8-9]에서 일관성 지수(consistency index: C.I.) 값과 일치비율(consistency ratio: C.R.)을 읽을 수 있다. 이들 값들은 「Expert Choice」 패키지를 사용하여 분석하면 구할 수 있다. 일관성 지수(C.I.)는 일치비율을 구하기 위하여 필요하며, 일치비율(C.R.)은 응답자들의 전이적 일관성이 얼마나 있는가를 나타내는 값이다. 여기서 구한 일치비율(C.R.)이 앞에서 말한 고유치이다.

일치비율(C.R)은 다음과 같은 공식에 의하여 구한다.

$$C.R. = (C.I./R.I.) \times 100 \qquad\qquad \cdots\cdots\cdots\cdots (8.\ 6)$$

이때 구한 일치비율(C.R.)의 값이 10% 이내이면 전이적 일관성은 비교적 높은

---

9) 대안을 비교할 때 이전적 일관성이란, 예컨대 A, B, C를 비교할 때 그 중요성이나 선호를 판단함에 있어서 A>B이고, B>C이면 A>C라는 관계가 성립해야 한다는 것이다. 그러나 주관적인 판단과정에서 A>B이고 B>C일 때 C>A로 평가하는 경우 전이적 일관성이 없다고 보는 것이다.

[표 8-9] 제 3 계층 대안에 대한 이원비교매트릭스와 일관성

Ⓢ	A	B	C	우선순위벡터	Ⓛ	A	B	C	우선순위벡터
A	1	6	8	0.754	A	1	7	1/5	0.233
B	1/6	1	4	0.181	B	1/7	1	1/8	0.055
C	1/8	1/4	1	0.065	C	5	8	1	0.713
				$\lambda_{max}=3.136$					$\lambda_{max}=3.136$
				C.I.=0.068					C.I.=0.068
				C.R.=0.117					C.R.=0.117
Ⓝ	A	B	C	우선순위벡터	Ⓐ	A	B	C	우선순위벡터
A	1	8	6	0.745	A	1	1	1	0.333
B	1/8	1	1/4	0.065	B	1	1	1	0.333
C	1/6	1	1	0.181	C	1	1	1	0.333
				$\lambda_{max}=3.130$					$\lambda_{max}=3.000$
				C.I.=0.068					C.I.=0.000
				C.R.=0.117					C.R.=0.000
Ⓨ	A	B	C	우선순위벡터	Ⓜ	A	B	C	우선순위벡터
A	1	5	4	0.674	A	1	8	6	0.747
B	1/5	1	1/3	0.101	B	1/8	1	1/5	0.060
C	1/4	3	1	0.226	C	1/6	5	1	0.193
				$\lambda_{max}=3.086$					$\lambda_{max}=3.197$
				C.I.=0.043					C.I.=0.099
				C.R.=0.074					C.R.=0.170
Ⓒ	A	B	C	우선순위벡터	Ⓕ	A	B	C	우선순위벡터
A	1	1/2	1/2	0.200	A	1	1/7	1/5	0.072
B	2	1	1	0.400	B	7	1	3	0.650
C	2	1	1	0.400	C	5	1/3	1	0.278
				$\lambda_{max}=3.000$					$\lambda_{max}=3.065$
				C.I.=0.000					C.I.=0.032
				C.R.=0.000					C.R.=0.056

주: Ⓢ: 주택의 크기   Ⓛ: 버스정류장으로부터의 거리
   Ⓝ: 주택의 이웃   Ⓐ: 주택의 연령
   Ⓨ: 주택 주위공간의 이용넓이 Ⓜ: 최신설비
   Ⓒ: 주택의 상태   Ⓕ: 주택자금지원

[표 8-10] 무작위 지표(Random Index: R.I.)

행렬	1	2	3	4	5	6	7	8	9	10
R.I.	0.00	0.00	0.58	0.90	1.12	1.24	1.32	1.41	1.45	1.49

자료: Saaty and Kearns, *Analytical Planning*, RWS Publications, 1985, p. 34.

것으로서 수락가능한 것으로 판정한다. 한편 일치비율을 계산할 때 이용되는 무작위지표(random index: R.I.)는 어느 한 계층의 수 n에 따라 [표 8-10]과 같이 주어진다. 이 무작위지표는 척도 1에서 9 사이의 값으로부터 무작위적으로 산출된 역행렬(reciprocal matrix)로부터 얻은 것이다.

주택구입 사례의 경우 [표 8-8]에서 제 2 계층의 요소수는 $n=8$이므로(이 경우 정방행렬의 요소의 수는 8임), $n=8$일 때 R.I.$=1.41$이 된다. 따라서 C.R.$=$(C.I./R.I.)$\times$100$=$(0.223/1.41)$\times$100$=15.82\%$이다. 이 값 역시 [표 8-8]의 하단에 요약되어 있다. 이때 얻은 일치비율(C.R.)이 10% 이상이므로 전이적 일관성은 높다고는 보기 어려우므로 일관성을 높이기 위하여 이 가족의 경우 이원비교에 대한 반복된 질문과 수정작업이 필요한 것으로 판단된다.

동일한 방법으로 계층 3에 나타난 각 주택구입대안들이 제 2 계층에 나타난 평가기준에 의하여 이원비교를 통하여 평가한 것으로부터 얻은 국지적 우선순위들과 아울러 일관성 지수(C.I.)와 일치비율(C.R.)의 값들이 [표 8-9]의 하단들에 요약되어 있다.

(3) 분석결과의 종합과 복합우선순위

각 계층별 요소들의 이원비교를 통하여 국지적 우선순위들을 구하고, 일관성에 대한 검토가 끝나서 일치비율이 수용가능한 범위에 들어왔다고 판단되면 다음에는 복합우선순위(composite or global priorities)를 구하여 검토하고 있는 주택구입대안들에 대한 전체적인 우선순위를 설정하여야 한다.[10] 복합우선순위 설정은 종합의 원칙(principle of synthesis)에 의하여 이루어지게 된다. 즉 제 2 계층에서 구한 각 요소별 우선순위를 [표 8-11]에서 보는 바와 같이 횡축에 나열하고 제 2 계층의 각 요소 밑에 제 3 계층의 각 대안별 우선순위의 평가결과를 나열한다.

주택 A의 경우 복합우선순위는 $(0.754\times0.175)+(0.233\times0.063)+\cdots+(0.072\times0.350)=0.378$의 값을 갖는다. 같은 방법으로 주택 B와 주택 C의 복합우선순위 값을

---

10) 여기에서는 C.R.의 값들이 10%를 넘는 것들도 있으나, 이 사례는 설명에 목적이 있으므로 각 계층별 이원비교의 재검토와 수정작업 없이 바로 복합 우선순위를 구하였다.

[표 8-11]   국지적 우선순위의 종합과정

	1 0.175	2 0.063	3 0.149	4 0.019	5 0.035	6 0.042	7 0.167	8 0.350	복합 우선순위
A	0.754	0.233	0.754	0.333	0.674	0.747	0.200	0.072	0.378
B	0.181	0.055	0.065	0.333	0.101	0.060	0.400	0.650	0.351
C	0.065	0.713	0.181	0.333	0.226	0.193	0.400	0.278	0.271

구하면 0.351과 0.271이 된다. 이 복합우선순위는 [표 8-11]의 맨 오른편 행에 기재되어 있다. 이 분석적 계층화과정법에 의한 복합우선순위에 의하면 비록 주택구입대안 A가 재정지원면에서 가장 바람직하지 않은 것으로 평가되었음에도 불구하고, 전체적으로는 가장 바람직한 대안인 것으로 평가되었다.

요   약

1. 정책대안이 불연속적이고, 정책대안의 결과가 불확실한 결과상황 발생의 영향을 받아 불확실한 경우들 가운데 결과상황 발생의 확률을 추정할 수 있을 때에는 의사결정분석법을 적용하여 최적해를 구할 수 있다.

2. 의사결정분석에서는 대안, 결과상황, 결과, 그리고 결과상황이 일어날 확률 등을 추정한 다음, 각 대안들의 기대가치를 구하여 그 기대가치가 가장 큰 대안을 최적대안으로 한다.

3. 의사결정분석에서는 의사결정나무를 사용하여 주어진 문제를 기술하고 있으며, 오른쪽에서 왼쪽으로 이동하면서 최적해를 구해가는 홀딩 백(folding back) 알고리즘을 이용하고 있다.

4. 정책대안의 평가과정에서 정책아이디어들간의 우선순위를 설정하기 위해서는 계층화 분석법을 도입·활용할 수 있다. 정책대안의 우선순위를 설정하기 위해서는 먼저 우선순위결정모형을 작성하여야 한다. 이 모형은 정책시스템의 문제를 몇 개의 계층으로 나누고 각 계층에는 동질적인 요소를 포함하도록 구조화함으로써 문제의 인과적 논리와 목표, 하위목표 및 평가요소들을 체계화할 수 있다.

5. 계층화 분석법은 어떤 한 계층에 속하는 요소들을 둘씩 짝을 지어 바로 상위에 있는 목표나 평가기준에 비추어 평가하는 이원비교법에 그 기초를 두고 있다. 계층화 분석법에서 짝지어진 요소들 간의 이원비교는 정방행렬표를 이용하여 수행하며, 각 요소들의 우선순위는 이 매트릭스를 풀어서 구하는 고유벡터에 의하여 구할 수 있다. 그러나 행렬이론에 익숙하지 않은 연구자들은 정방행렬의 각 행렬로 기하평균을 구하고, 각 요소들의 기하평균에 의하여 구한 벡터를 표준화함으로써 우선순위벡터를 구할 수 있다. 이 때 이 우선순위벡터에 나타난 값들이 당해 계층에 속한 요소들의 우선순위 또는 중요도를 나타낸다. 각 대안들의 종합적인 우선순위를 나타내는 복합우선순위는 각 계층별 요소들의 우선순위를 나타내는 국지적 우선순위들에 의하여 구한다.

연습문제

8-1 다음 표와 같이 대안, 결과상황, 결과 및 확률이 주어진 의사결정문제가 있다.

(1) 의사결정나무를 그려라.

(2) 최적대안은 어느 것인가?

[이 득 표]   (단위: 만 원)

대안 \ 결과상황	S_1 $P_1=0.4$	S_2 $P_2=0.2$	S_3 $P_3=0.1$	S_4 $P_4=0.3$
A_1	15	10	9	6
A_2	12	11	11	8
A_3	9	11	13	9
A_4	7	12	13	14

8-2 현실적인 정책문제에 의사결정분석법을 적용하려 하는 경우 예상되는 문제점들에는 어떤 것들이 있는가?

8-3 최근 서울시 일부지역의 아파트 분양과 관련된 투기가 중요한 경제교란 요인으로 작용하고 있다. 가능한 몇 가지 대안, 결과상황 및 확률, 예상되는 산출결과(편익과 비용) 등을 추정하고 의사결정분석문제로 구조화하여라.

8-4 계층화 분석법에서 문제를 구조화할 때 이용되는 원리들을 들고 그 개념을 설명하라.

8-5 계층화 분석법에서 이용되는 척도의 특성과 측정방법에 대하여 설명하라.

8-6 국지적 우선순위와 복합우선순위 간의 관계는 무엇인가?

8-7 계층화 분석법에 의한 정책우선순위의 설정에 있어서 일관성 지수 (consistency index)의 사용에 의하여 우선순위설정의 일관성을 테스트하게 되는데, 이러한 일관성을 테스트하여야 할 필요성은 무엇인가?

8-8 익숙한 정책기획사례 하나를 선택하여 계층화 분석법을 적용하여 분석하기 위한 우선순위설정모형을 작성하고 그 작성과정과 기본논리에 대하여

기술하여라.

8-9 우선순위 설정모형으로서의 의사결정분석법과 계층화 분석법을 다음 각
기준들에 의하여 비교하여라.

(1) 문제의 구조화

(2) 확률의 사용

(3) 대안비교의 원리

제 9 장

편익비용분석의 절차와 방법

중앙정부이건 지방정부이건 추진하고자 하는 프로그램이나 프로젝트는 많은 데 비해서 자원은 한정되어 있는 것이 일반적이다. 따라서 한정된 자원으로 어떤 프로그램이나 프로젝트를 수행하여야 할지를 검토하고 결정하기 위해서는 프로그램이나 프로젝트의 수행과 관련된 비용들을 분석하여야 한다.

프로그램이나 프로젝트를 수행하는 것과 관련된 비용들을 검토함에 있어서는 이러한 프로그램이나 프로젝트들을 수행하는 데 소요되는 비용 또는 자원들과 이들 프로그램이나 프로젝트들을 수행함으로 산출되는 산출결과(outcomes)나 결과들 (results)을 모두 금전적 가치로 전환하여 검토하는 접근방법, 산출결과들을 금전적 가치로 전환하지 않고 계량화하여 분석검토에 활용하는 접근방법, 산출결과들의 효용들을 측정하여 대안을 검토하는 데에 사용하는 접근방법 등을 사용한다. 이들 가운데 첫 번째 접근방법을 편익비용분석, 두 번째 접근방법을 비용효과분석, 그리고 세 번째 접근방법을 비용효용분석이라고 부른다.

이들 비용분석과 관련된 분석방법들은 중앙정부나 지방정부들의 각종 프로그램 대안이나 프로젝트 대안들을 검토하고 선택하는 데 널리 활용되고 있다. 편익비용 분석의 방법은 산출결과를 금전적 가치로 측정할 수 있는 정부의 각종 프로젝트 대안들, 예컨대 건설프로젝트 대안들의 분석·검토에 널리 활용되고 있으며, 또한 서로 목적이 다른 여러가지 프로젝트 대안들, 예컨대 교육시설건설 프로젝트 대안과

도로건설 프로젝트 대안들을 분석·검토하는 데도 활용된다. 한편 비용효과분석의 방법은 산출결과들을 금전적 가치로 측정하기 어려운 여러 가지 프로그램 대안들, 예컨대 교육, 보건, 환경프로그램 대안들의 분석·검토에 널리 활용되고 있으며, 동일한 목적을 가진 프로젝트 대안들, 예컨대 교육이라는 동일한 목적을 가졌으나 서로 규모가 다른 교육시설 건설 프로젝트 대안들을 분석·검토하는 데 활용되고 있다. 최근에는 조건부 가치평가방법(contingent valuation methods) 등 비시장재화의 가치평가방법들이 발전되면서 편익비용분석방법의 활용범위가 확대되어 가고 있다. 편익비용분석방법과 비용효과분석의 방법들은 또한 규제영향분석(regulatory impact analysis)의 토대가 되고 있다.

    이번 장에서는 이들 프로그램이나 프로젝트 대안들의 분석에 활용되는 방법들의 기본개념과 아울러 편익비용분석의 기본절차와 방법들을 설명하고자 한다. 그리고 다음 몇 개 장들에서는 편익비용분석의 기초가 되는 편익과 비용의 추정방법, 비용효과분석, 비용효용분석 및 규제영향분석들을 살펴보고자 한다.

제 1 절   비용분석과 관련된 주요 접근방법들

1. 평가와 의사결정에 있어서 비용분석방법 활용의 중요성

    중앙정부와 지방정부들은 매년 수백조 원의 예산을 각종의 프로그램과 프로젝트들을 수행하기 위하여 지출한다. 따라서 1~2%의 예산만 절약한다고 하여도 수조 원의 예산을 절약하여 필요한 곳에 유용하게 활용할 수 있다. 그러나 이러한 이익은 현재 이용가능한 자원들을 좀더 효율적으로 활용하는 방법들을 식별해 낼 수 있을 때 가능하다. 비용관련 분석들, 예컨대 편익비용분석, 비용효과분석 및 비용효용분석들의 목적은 주어진 대안들 가운데에서 가장 저렴한 비용으로 주어진 결과들을 성취할 수 있도록 하는 대안을 선택할 수 있는 방법을 제공해주는 데 있다.

    이들 방법들은 프로그램이나 프로젝트 대안들을 선택하는 데 있어서 의사결정자들이 비용과 아울러 효과 또는 편익이나 효용들을 검토할 수 있게 해 주고, 주어진 자원의 투입으로 최선의 결과들을 얻을 수 있도록 해 주거나 주어진 산출결과들을 성취하는 데 투입되는 비용을 최소화할 수 있도록 해 준다.

공공프로그램들의 비용과 관련된 분석들은 교육, 보건, 범죄예방, 건설, 환경 및 기타의 공공분야를 포함한 여러 공공프로그램들과 프로젝트들에 모두 적용될 수 있는 광범위에 걸친 일련의 방법들과 개념들을 포함한다. 공공부문의 정책결정들은 의사결정과 관련된 비용과 효과들을 명시적으로 고려해서 내리도록 의무화되어 가고 있다. 이러한 공공정책결정의 맥락하에서 비용관련분석의 중요성은 더욱더 높아져 가고 있다. 프로그램이나 프로젝트의 대안선택과 관련된 논의과정에서 편익비용분석이나 비용효과분석 등과 같은 비용관련 분석결과들은 수사학적 주장(rhetorical claim)으로서 상대방을 설득하는 중요한 소스의 하나가 되기도 한다. 예컨대 이 대안이 비용효과분석(또는 편익비용분석)결과 다른 대안들에 비해서 가장 비용효과적인 것으로 나타났다고 말함으로써 대안선택과 관련된 다른 주장들을 잠재우는 데 큰 효과를 가져올 수 있다. 그러나 이러한 정책결정과정에서의 효과뿐 아니라 비용관련분석의 접근방법들은 공공프로그램이나 프로젝트의 대안선택과정에서 비용에 비해서 가장 효과가 큰 대안을 선택할 수 있도록 해줄 수 있다는 데 그 중요성이 있다.

2.   평가와 의사결정에 활용되는 주요 비용분석의 접근방법들

평가와 의사결정에 비용분석 관련 접근방법들을 도입할 때 가장 큰 혼란의 하나는 서로 다르면서도 관련이 있는 접근방법들의 용어들을 상호 간에 교환적으로 사용하고 있다는 점이다. 이러한 접근방법에는 편익비용분석, 비용효과분석, 비용효용분석, 비용-실행가능성분석(cost-feasibility analysis) 등이 포함된다. 이들 각 접근방법들은 모두 비용분석관련 접근방법의 한 부류로서 밀접한 관련을 맺고 있으나, 특정한 분야에 적용될 수 있는 서로 다른 중요한 차이점들을 가지고 있다(Levin and McEwan, 2001). 비용분석 카테고리에 속하는 접근방법들에 대하여 개별적으로 공부하기 전에 이들 접근방법들을 간략하게 개관함으로써 비용분석카테고리에 속하는 접근방법들에 대한 전체적인 윤곽을 이해할 수 있을 것이다.

1) 편익비용분석

편익비용분석(benefit-cost analysis)은 프로그램이나 프로젝트 대안들을 비용과 편익들을 모두 금전적 가치로 측정하여 비교·평가하는 것을 일컫는다. 각 대안들은 그것을 수행할 때 소요되는 금전적 비용과 산출결과가 가져오는 금전적으로 측정된 편익들을 토대로 평가하기 때문에, 각 대안들이 그것을 수행할 만한 가치가 있는가를 보기 위하여 그들 자신들의 메리트들(merits)을 검토할 수 있다. 대안들이 선택될 수 있기 위해서는 대안의 집행으로 산출되는 결과의 편익들이 집행에 따르는 비용들을 초과한다는 것을 보여 주어야 한다. 여러 개의 대안들 가운데에서 하나를 선택할 때에는, 의사결정자는 편익비용비(benefit-cost ratio)가 가장 높은 대안을 선택한 것이다.[1]

편익비용분석은 모든 대안들을 그들의 편익과 비용들을 금전적 가치로 평가하여 비교하기 때문에 이 접근방법을 사용하여 대안들을 비교할 때에는 다음과 같은 것들을 확인할 수 있다.

① 어떤 특정한 대안의 집행결과로 산출되는 편익이 그 대안의 집행에 따르는 비용보다 더 큰가, 즉 프로그램이나 프로젝트의 절대적인 값어치(absolute worth)를 판단할 수 있도록 해 준다.

② 어떤 한 특정한 분야(예컨대 교육분야)에서 서로 다른 목표들(objectives)을 가진 한 세트(set)의 대안들 가운데 어떤 대안이 가장 높은 편익비용비를 가졌는가,

③ 서로 다른 프로그램분야들(예컨대, 교육, 보건, 환경, 교통 등)에 속하는 한 세트(set)의 대안들 가운데 어느 대안이 공공투자에 따라 가장 높은 편익비용비를 나타내는가 하는 것 등.

이들 가운데 후자가 편익비용분석 접근방법의 중요한 이점이다. 왜냐하면 각 공공프로그램 대안들의 편익과 비용들을 금전적 가치로 측정할 수 있는 한, 서로 다른 목표들을 가진 여러 가지 프로그램 대안들을 비교할 수 있기 때문이다. 그러나 이 다음에 설명할 비용효과분석(cost-effectiveness analysis)의 경우에는 공통적인 목표를 가진 프로그램분야의 대안들만을 분석하여 평가하는 데 한정되고 있다.

그러나 한편 편익비용분석 접근방법은 대안들의 편익과 비용들을 모두 금전적 가치로 평가하여 비교하여야 한다는 것이다. 그러나 많은 공공분야의 프로그램이나 프로젝트들, 예컨대 보건, 교육, 안전, 환경분야의 프로그램이나 프로젝트들의 대안들의 편익이나 비용들은 금전적 가치로 측정하기 어려운 경우가 많다. 이러한 한계

---

1) 편익비용분석에 의한 대안선택의 기준에 대해서는 다음 대안비교의 접근방법에서 좀 더 구체적으로 설명하고 있다.

는 프로그램이나 프로젝트 대안들을 편익비용분석적 접근방법을 사용하여 비교평가하고자 할 때에는 특히 주의할 필요가 있음을 말해 준다.

2) 비용효과분석

비용효과분석은 프로그램이나 프로젝트 대안들을 그들을 집행하는 데 소요되는 비용과 그들이 산출하는 결과를 고려한 효과들(effects)에 따라 평가하는 접근방법을 일컫는다. 예컨대 교육프로그램에서 중도탈락하는 학생 한 명을 줄이는 데 소요되는 비용, 또는 초등학생들의 독해력이나 단어에 대한 지식 등과 같은 기본적인 기술(basic skill)에 관한 점수를 한 점 더 올리는 데 소요되는 비용 등과 같이 프로그램의 산출결과와 이러한 프로그램을 수행하는 데 소요되는 비용을 비교하여 대안을 평가하는 접근방법이 비용효과분석이다. 위의 예에서 보는 바와 같이 기본적인 기술에 관한 점수를 올리는 데 가장 적은 비용이 소요되는 대안, 또는 동일한 비용을 투입하여 기본적인 기술에 관한 점수를 가장 많이 올릴 수 있는 대안, 즉 가장 비용효과적인 대안을 선택함으로써 프로그램에 소요되는 예산을 절약할 수 있고, 그 자원을 다른 공공노력을 위하여 투입할 수 있는 것이다.

비용효과분석은 유사한 목적 또는 동일한 목적을 가진 프로그램들을 비교할 수 있고, 효과에 대한 공통적인 측정지표(common measure of effectiveness)를 사용하여 프로그램들을 평가한다는 것이 앞에서 살펴본 편익비용분석과 다른 점이다.

비용효과분석 접근방법의 이점은 ① 비용효과비를 산출하기 위해서 프로그램의 비용데이타(data)를 교육이나 보건프로그램 등 공공프로그램에서 산출되고 이용가능한 일상적인 효과성 데이타(effectiveness data)를 그대로 활용할 수 있다는 점이다. 교육프로그램에서 독해력과 같은 기본기술점수(basic skill score)를 평균 1점 더 올리는 데 소요되는 비용(또는 예산), 교통프로그램에서 도로교통사고 사망자를 한 사람 더 줄이는 데 소요되는 평균비용, 보건프로그램에서 암에 의한 사망자 1명을 더 줄이는 데 소요되는 평균비용 등이 그 예들이다. ② 비용효과분석 접근방법은 또한 단일한 목표 또는 소수의 목표를 가진 대안들에 용이하게 적용할 수 있다.

비용효과분석 접근방법의 약점은 ① 유사한 목적을 가진 프로그램 대안들의 비용효과비율(cost-effectiveness ratio)만을 비교할 수 있고, 다른 목적들을 가진 대안들을 비교할 수 없으며, ② 프로그램이 절대적인 의미에서 값어치가 있는지 결정하기 어려운 접근방법이라는 점이다(Levin and McEwan, 2001).

3) 비용효용분석

비용효용분석(cost-utility analysis)은 비용효과분석과 매우 밀접한 관련이 있다. 이 접근방법은 대안들을 수행하는 데 소요되는 비용과 그 대안들이 가져오는 효용 (utility)들을 비교하여 평가하는 것을 일컫는다. 여기서 효용이란 경제학자들이 흔히 사용하는 용어로, 의사결정자들이 대안이 산출하는 결과들에 대하여 부여하는 만족 정도를 나타내기 위하여 사용하는 용어이다. 비용효과분석은 대안들이 산출하는 어느 특정한 하나의 효과측정지표(a single effectiveness measure)와 비용들을 비교분석하는 데 비해서 비용효용분석의 접근방법은 대안들이 산출하는 어떤 단일한 효과측정지표 또는 복수의 효과측정지표들에 의하여 측정된 결과들에 대한 전반적인 만족 정도를 나타내기 위하여 개인들의 선호들을 사용한다. 대안들이 산출하는 산출결과들에 대한 의사결정자들이 의사결정문제와 관련이 있는 관련자들의 선호를 대안의 검토에 비용과 아울러 사용한다는 것이 가장 중요한 특징이다. 그렇기 때문에 비용효과분석이 어떤 하나의 목표를 가진 대안들을 비교·평가하는 데에만 활용할 수 있다는 한계를 가진 데 비해서 비용효용분석은 복수의 목적들을 가진 대안들을 비교평가하는 데 활용할 수 있다는 이점을 가지고 있다. 대안들이 산출하는 산출결과의 여러 특성들에 대한 개인들의 선호에 대한 데이타는 여러 가지 방법들을 이용하여 수집할 수 있다. 전형적인 방법들 중의 하나는 개별적인 특성들 (attributes) 하나하나에 대한 선호들을 연구자들이 대상자들에게 질문하는 주관적인 방법으로 추정하는 것이며, 의사결정분석나무를 사용한 질문을 통하여 효용함수를 추정함으로써 구하기도 한다.[2]

일단 대안이 가져오는 결과들의 다양한 특성들에 대한 하나하나의 효용값들이 측정되고 나면, 다음에는 계층화분석법(AHP) 등을 사용하여 각 특성들의 효과들에 대한 가중치들을 구한 다음, 이것을 이용하여 각 대안들의 전반적인 효용치를 구한다. 다음에 이루어지는 분석은 비용효과분석의 접근방법과 동일하다.

다음 [표 9-1]은 비용효용분석을 위하여 만든 가상적인 교육분야 프로그램의 자료이다.

[표 9-1]에는 네 개의 대안과, 각 대안들의 네 개 특성들에 대한 각각의 효과

---

2) 의사결정나무를 사용하여 단일특성(attribute) 및 복수의 특성을 가진 결과들에 대한 효용의 추정방법에 대해서는 (노화준, 1986: 807-829)참조.

[표 9-1] 비용효용분석의 설명을 위한 독해력 증진 프로그램 대안들의 효용과 비용에 관한 가상적인 자료

대안	학생당 비용 (단위: 천 원)	대안들의 효과성(측정치)				전반적인 효용 (가중합계)	비용/효용비 (단위: 천 원)
		속도	이해	단어지식	학생의 만족도		
A	258	8	6	6	7	6.7	38.51
B	255	5	4	6	3	4.5	56.67
C	310	6	9	7	7	7.6	40.79
D	379	9	6	4	6	6.4	59.22
중요도 비중		0.25	0.40	0.20	0.15		

들이 제시되고 있다. 여기서 대안 A의 네 개 특성들의 효과들의 단순 평균값은 6.75이다.[3] 그러나 각 특성들, 즉 대안들의 효과성을 나타내는 독해력의 속도, 이해, 단어지식, 학생들의 만족도 등에 대한 의사결정자들의 선호(preference)를 나타내는 중요도비중을 AHP 기법 등을 사용하여 조사하였더니 각각 0.25, 0.40, 0.20 및 0.15 등이었다고 한다면, 대안 A의 전반적인 효용(즉 가중합계)값은 6.7이 된다.[4] 따라서 대안 A의 비용/효용비(cost/utility ratio)는 38.51이 된다.[5] 같은 방법으로 대안 B, 대안 C 및 대안 D의 비용/효용비의 값들을 구할 수 있다. 여기서 우리는 대안 A의 비용/효용비의 값이 가장 낮은 것을 알 수 있다. 이것은 주어진 수준의 종합적인 효용을 얻는 데 소요되는 비용이 대안 A가 가장 저렴하다는 것을 나타낸다.

그러나 낮은 비용/효용비의 값이 자동적으로 대안 A가 가장 바람직한 대안이라는 것을 보증하지는 않는다. 의사결정과정에 참여하는 의사결정자들은 이러한 분석을 토대로 다른 요인들에 대한 검토를 포함한 다양한 측면에 대한 충분한 토의를 거쳐 대안을 선택하여야 할 것이다. 그러나 이러한 분석결과는 대안선택에 대한 논

---

3) 이 평균값은 다음과 같이 구한다. $(8+6+6+7) \div 4 = 6.75$
　이 계산에서는 각 특성들의 비중을 모두 동등한 것으로 가정한 것이다.
4) 이 가중합계값은 다음과 같이 구한다.
　$(0.25 \times 8) + (0.40 \times 6) + (0.20 \times 6) + (0.15 \times 7) = 6.7$
5) 대안 A의 비용/효용비는 다음과 같이 구한다.
　258(천 원) $\div 6.7 = 38.51$(천 원).

의를 촉진시키고, 비용과 효용을 중요한 대안평가의 기준으로 삼는 경우 이러한 분석결과는 대안선택과정에 큰 영향을 미칠 것이다.

비용효용분석에 의한 대안의 검토는 교육분야 및 보건분야의 프로그램들의 대안 선택과정에서 널리 활용되고 있다.

4) 비용-실행가능성분석

편익비용분석, 비용효과분석 및 비용효용분석 등은 모두 몇 가지의 특성들(properties)을 공유하고 있다. 즉 이들 방법들은 모두 각 가능한 전략대안들의 비용들과 결과들에 대한 측정결과들을 획득함으로써 전략대안들 가운데 어떤 특정한 결과 또는 최선의 결과를 달성하는 데 가장 비용이 적게 드는 어떤 특정한 한 대안들을 선택할 수 있도록 해준다.

그러나 비용-실행가능성분석(cost-feasibility analysis)은 어떤 프로그램이 고려될 수 있는지 여부를 확인하기 위하여 프로그램 대안의 비용들을 추정(estimate)하는 방법을 지칭한다. 즉 만일 어떠한 프로그램 대안의 비용이 예산과 다른 이용가능한 자원들을 초과한다면, 더 이상의 분석을 수행하는 것이 아무런 의미가 없을 것이다. 비용-실행가능성분석은 대안들이 고려의 범위 내에 속하는지 또는 범위 밖에 속하는지 여부를 결정하는 데만 활용될 수 있으며, 어느 전략대안들이 실제로 선택되어야 하는지를 결정하는 데에는 활용될 수 없다.

제 2 절   편익비용분석의 절차

1. 편익비용분석의 목적과 필요성

우리는 이미 앞에서 편익비용분석이 무엇인가에 대해서 간략하게 설명하였다. 일반적으로 편익비용분석은 경쟁적인 공공투자기회의 긍정적인 효과와 부정적인 효과를 체계적으로 평가하고 가능한 한 이들을 계량화하여 대안들을 비교평가하는 데 명시적으로 포함시키는 일련의 방법론을 지칭한다.

편익비용분석 연구의 중요한 목적은 자원의 배분에 있어서 다음과 같은 두 가지 기본적인 문제에 대한 해답을 얻는 과정에서 어떤 도움을 얻고자 하는 데 있다.

① 새로운 공공프로그램 또는 프로젝트로부터 기대되는 공공복지의 순증은 여기에 소요되는 지출을 정당화할 수 있는가?

② 예상되는 편익의 분배는 바람직한 것인가?

정책결정의 판단의 기준으로서 중요한 능률성의 목적과 형평성의 목적을 나타내는 기본적인 이들 두 가지 연구목적들 가운데 하나의 분석도구로서의 편익비용분석은 특히 첫번째 문제에 대한 해답을 얻는 데 매우 효과적인 방법이다.

그러면 편익비용분석이란 무엇인가? Prest와 Turvey는 편익비용분석을 다음과 같이 정의하고 있다(Prest and Turvey, 1966: 683-775).

"편익비용분석은 장기적인 안목과 넓은 안목으로 보는 것이 매우 중요한 경우, 공공프로그램이나 프로젝트의 바람직한 정도를 평가할 수 있는 하나의 실용적인 방법이다. 즉 편익비용분석은 모든 관련된 비용들과 편익들을 하나하나 열거하고 평가하는 것을 의미한다."

편익비용분석에 관한 Prest와 Turvey의 위와 같은 정의는 편익비용분석의 의의를 간략하면서도 분명하게 밝혀 주고 있다.

왜 우리는 공공부문의 프로그램에 대한 정책을 결정함에 있어서 이들 프로그램에 대한 편익비용분석이 필요한가? 사경제부문에서는 경영자가 시장가격의 메커니즘(mechanism)을 이용하여 투자에 대한 능률성을 평가할 수 있다. 그러나 공공부문의 경우는 다음 장에서 설명하는 바와 같이 시장메커니즘에 의하여 공공재에 대한 평가를 할 수 없는 경우가 많기 때문에 정책결정자가 공공프로그램에 대한 능률성을 평가할 때에는 시장가격의 메커니즘에 의존할 수 없는 경우가 일반적이다. 그뿐만 아니라 공공부문의 경우 어느 분야에서 내린 하나의 정책결정의 영향은 당해 분야에만 한정되는 것이 아니고 여타의 여러 분야에까지도 넓게 파급되는 경우가 대부분이다. 이 때문에 공공프로그램에 대한 정책결정에 있어서는 프로그램의 효과에 대한 좀더 체계적인 분석이 필요하게 된다. 편익비용분석은 이러한 필요에 부응하여 체계적인 분석을 수행하기 위한 계량적인 분석수단의 하나이다. Prest와 Turvey는 편익비용분석의 이와 같은 분석도구로서의 특성을 '넓은 안목과 장기적인 안목'이라는 용어로 표현하고 있다. 편익비용분석은 프로그램에 대한 투자여부를 좀 더 넓은 안목과 장기적인 안목으로 평가할 수 있도록 해 줄 수 있는 정보를 정책결정자에게 제공함으로써 정책결정자들이 정책을 결정하는 데 도움을 줄 수 있다는 데 그 의의가 있다.

2. 편익비용분석의 일반적 절차

1) 개   요

공공부문프로그램의 평가절차도 민간부문사업의 평가절차와 대체로 유사하나 편익의 추정, 할인율의 결정 등 실제 내용에 있어서는 크게 다른 점들이 있다. 그렇기 때문에 여기서는 먼저 일반적인 평가의 절차를 기술하고, 그 내용을 특히 분리하여 설명할 필요가 있는 것에 대해서는 절을 달리하여 기술하고자 한다.

공공프로그램의 평가와 이를 토대로 한 선택의 절차는 다음과 같은 여덟 단계로 나누어 볼 수 있다.

① 실현가능하고 상호배타적인 비교대안의 식별
② 사업 수명의 결정
③ 각 대안들의 편익과 비용의 추정
④ 사용될 할인율의 구체화
⑤ 사업 효과성 측정방법의 구체화
⑥ 선정된 효과성 측정방법에 의한 대안의 비교
⑦ 민감도분석의 수행
⑧ 적정대안의 선택

2) 대안의 식별과 분류

공공프로그램이나 프로젝트평가의 제 1 단계는 설정된 목표를 달성하기 위하여 이용가능한 모든 대안들을 식별하는 단계이다. 대안의 식별과 정의는 대안의 분석과 대안의 선택과정에서 중요한 영향을 미치게 된다. 특히 대안이 투자와 관련될 때에는 어느 한 대안의 선택은 타 정책결정에 있어서의 대안의 평가와 선택에까지 영향을 미칠 수 있기 때문에 더욱 신중을 기하여야 한다.

대안들은 일반적으로 상호 독립된 대안과 상호 의존적인 대안으로 분류될 수 있으며, 특히 투자와 관련된 대안들은 경제적으로 독립된 대안과 경제적으로 의존적인 대안으로 구분된다.

만일 첫 번째 프로그램이나 프로젝트의 대안을 채택함으로써 발생하게 될 비용과 편익이 두 번째 대안의 채택 여부에 관계 없이 동일하다고 한다면, 첫 번째 대안은 두 번째 대안으로부터 독립적이라고 할 수 있다. 그러나 만일 첫 번째 대안의 채택으로 오게 될 비용과 편익이 두 번째 대안의 채택 여부에 대한 의사결정에 따라 어떤 영향을 받게 된다면, 첫 번째 대안은 두 번째 대안에 의존적이라 할 수 있다.

하나의 프로그램이나 프로젝트대안 A가 또 다른 하나의 프로그램이나 프로젝트대안 B로부터 독립적이기 위해서는 다음과 같은 두 가지 조건이 만족되어야 한다. 첫째, 프로그램이나 프로젝트 A는 프로그램이나 프로젝트 B의 채택 여부에 관계 없이 기술적으로 집행가능하여야 한다. 예컨대 동일구역에 학교와 시장을 동시에 건설하기는 어려울 것이며, 따라서 이들 두 가지 계획의 대안들은 상호 독립적이라고 할 수는 없다.

둘째, 프로그램이나 프로젝트 A로부터 얻을 수 있는 순편익(net benefit)은 프로그램이나 프로젝트 B의 채택 여부에 영향을 받지 않아야 한다. 예컨대 어떤 한 강의 지류의 인접지역에 교량을 건설하는 것과 나룻배를 운영하는 것은 기술적으로 가능한 경우라 할지라도 하나의 대안이 또 다른 대안의 채택 여부에 따라 그 편익에 크게 영향을 받을 가능성이 높기 때문에 이들 두 대안들은 독립적이라 할 수 없다.

일반적으로 대안들은 상호 보완관계에 있는 대안들로부터 상호 대체관계에 있는 것까지 여러 가지로 구분될 수 있다. 보완관계가 아주 강한 대안을 선행조건의 대안이라 부르고, 상호 대체의 관계가 아주 강한 대안을 상호 배타적 대안이라 부른다.

각 대안들 간의 관계를 요약하면 다음과 같다.

[표 9-2] 대안들의 관계

선행조건	독	립	상호배타
강한	약한	약한	강한
보완	보완	대체	대체

3) 프로젝트의 수명

만일 검토하는 투자대안이 프로젝트인 경우, 이 프로젝트대안의 분석이 의미 있는 것이 되기 위해서는 먼저 프로젝트의 수명을 결정해야 한다. 여기서 프로젝트의 수명이란 그 프로젝트를 수행함으로써 편익이 나오게 될 것으로 기대할 수 있는 기간을 말한다. 만일 그 프로젝트가 물리적인 실체로 나타나는 것이라면 프로젝트

의 가능한 최대 수명은 바로 물리적인 수명(physical life)이 될 것이다. 만일 활용
가능한 수명이 40년인 빌딩을 건설하는 것이 한 프로젝트의 일부를 이루고 있는 것
이라면, 이 프로젝트의 이 부분의 수명은 40년을 초과할 수 없을 것이다.

어떤 프로젝트의 경제적인 수명은 때로는 물리적인 수명보다 훨씬 짧은 경우도
있다. 어떤 생산장비의 경제적 수명은 그것이 물리적으로 마모되기 훨씬 이전에 쓸
모 없는 폐물이 되는 것이 일반적이다. 그러므로 장비의 경제적 수명은 기술적 수
명(technological life)보다 큰 것으로 가정해서는 안 된다.

프로그램이나 프로젝트대안의 비교 기간은 각 대안들이 서비스를 제공할 수 있
는 기간이고, 이 기간 동안에 발생하게 되는 모든 편익과 비용이 비교에 포함되어
야 한다.

여러 개의 공공프로젝트대안들을 비교하는 경우에는 모든 대안들의 수명이 일
치하는 경우도 있겠지만, 때로는 어떤 프로젝트의 수명이 다른 프로젝트의 수명보
다 더 길거나 또는 더 짧은 경우도 있을 수 있다. 그러나 대안의 비교를 위한 평가
의 객관성을 높이기 위해서는 각 대안들에 적용되는 서비스 제공의 수명이 동일하
지 않으면 안 된다.

경제성분석에 있어서 프로젝트의 수명에 의한 비교의 시계를 결정하는 데 널리
이용되는 몇 가지 방법들을 보면 다음과 같다.

① 가능하고 상호 배타적인 모든 대안들의 수명들의 최소공배수를 비교의 시계
   로 정하는 방법이 있는데 이를 편의상 $\hat{T}$으로 표시한다.

② 각 대안들 가운데 최소의 수명을 가진 프로젝트의 수명을 비교의 시계로 정
   하는 방법이 있는데 편의상 이를 T_S로 표시한다.

③ 대안들 가운데 최대의 수명을 가진 프로젝트대안의 수명을 비교의 시계로
   하는 방법이 있는데 이를 편의상 T_L로 표시한다.

④ $\hat{T}$보다 짧은 어떤 기간을 비교의 시계로 정하는 방법.

⑤ $\hat{T}$보다 긴 어떤 기간을 비교의 시계로 정하는 방법.

이들 가운데 프로젝트의 경제성분석에서 주로 이용하는 방법은 최소공배수의
접근방법이다. 그러나 기술진보가 빠르고 불확실성의 요소가 많이 개입된 산업분야
의 경제성 분석에 있어서는 최소의 수명을 가진 프로젝트대안의 수명기간을 비교의
시계로 정하는 경향이 높아지고 있다.

4) 편익과 비용의 추정

계획시계 내의 각 프로그램이나 프로젝트대안들과 관련된 편익과 불편익들은 가능하다면 금전적 가치로 계량화되는 것이 바람직하다. 편익 또는 정부투자의 적극적인 효과는 어떤 한 정부기관에 대해서가 아니라 공중에게 바람직한 결과를 말한다. 그리고 불편익은 역시 어떤 한 정부기관에 대해서가 아니라 공중에 대하여 바람직하지 못한 효과를 말한다. 불행히도 다양한 사회구성원들이 받는 편익과 불편익들을 금전적 가치로 전환하는 것은 그렇게 용이한 일이 아니다. 그리고 모든 공공프로그램이나 프로젝트들의 편익을 추정하는 데 적용할 공통적인 방법이 개발되어 있는 경우는 그리 많지 않다. 편익과 비용의 추정은 이론적인 측면에서 여러 가지의 이견이 대두되고 있고, 실제로 측정하는 과정에서도 많은 어려움에 직면하고 있는 어려운 과제 중의 하나이다. 그러나 편익비용분석의 질은 바로 편익과 비용이 얼마나 타당성이 있고 신뢰성이 있는 방법에 의하여 측정되었는가에 따라 달라지기 때문에 편익과 비용의 분석과정에서 가장 역점을 두어야 할 작업과정이다. 편익과 비용의 추정방법에 대해서는 다음 장에서 다루게 될 것이다.

5) 할인율의 선택

비록 편익과 비용이 타당하고 정확하게 추정되었다고 할지라도 이 할인율의 선택이 잘못되면 프로그램이나 프로젝트대안에 대한 올바른 평가가 이루어지기 어렵기 때문에 할인율의 선택은 제안된 프로그램이나 프로젝트의 평가에 있어서 매우 중요한 과정이다. 편익과 비용의 추정결과가 동일한 경우에도 할인율이 높고 낮음에 따라 동일한 대안에 대한 평가결과가 그 프로그램이나 프로젝트를 채택하도록 하거나 부결하도록 하는 서로 다른 결론에 도달하게 하는 등의 큰 차이를 가져올 수도 있다.

공공프로그램이나 프로젝트를 평가하는 데 적용되는 할인율을 사회적 할인율(social rate of discount)이라 하는데, 이에 대해서는 장을 달리하여 좀 더 구체적으로 다루고자 한다.

6) 효과성 측정방법의 선택

편익과 비용이 추정되고 대안의 평가에 적용될 할인율이 결정되고 나면 그 다음에는 각 대안들의 효과성을 측정할 적정한 방법을 선택하여야 한다.

공공사업의 효과성을 측정하는 데 널리 쓰이고 있는 일반적인 방법으로서는 순현재가치(net present value), 편익비용비(benefit cost ratio), 내부수익률(internal rate of return), 원금회수기간(pay back period), 한계편익비용비 등을 들 수 있다. 이들 여러 가지 방법들 가운데 편익비용비의 방법이 일반에게 널리 알려지고 있으나 이 분야에 관한 전문연구기관에서는 순현재가치의 방법을 채택할 것을 권장하고 있다.

7) 민감도 분석

지금까지의 분석은 분석모형의 모든 파라미터(parameter)의 값들이 확실히 알려진 것을 전제로 한 것이었다. 다시 말하면 계획의 시계, 편익과 비용의 추정값, 할인율 등이 확실히 알려졌거나 정확히 추정된 것으로 간주한 분석이었다.

그러나 이들 가운데 만일 어떤 값이 확실히 알려져 있지 않거나 추정상에 어떤 오차가 포함되어 있다면, 이것이 대안의 분석결과에 어떠한 영향을 미칠 것인가? 이와 같이 '만일 … 이라면, 어떻게 되겠는가?' 하는 일련의 가상적 의문에 대답하기 위하여 각 파라미터의 값을 원래의 분석에서 사용했던 값들과는 다른 값들로 대치 사용하여 분석한 후 이것이 대안의 평가와 비교에 미치는 영향을 검토하는데 이러한 분석이 바로 민감도 분석이다. 이와 같이 민감도 분석은 모형에 사용된 파라미터의 값에 어떤 의문이 제기되거나, 또는 대안들의 비교결과가 어떤 파라미터값의 조그마한 변동에도 민감하게 반응하리라고 생각할 때 수행하게 된다.

민감도 분석은 이것을 수행하는 상황에 따라 크게 다음과 같은 세 가지로 나누어 볼 수 있다.

모형에 사용될 파라미터들 가운데 어떤 파라미터의 경우에는 그것이 어떤 값을 취할지 전혀 불확실한 경우가 있다. 이 때 하나의 대안은 경제적으로 정당화될 수 있는 파라미터값의 범위와 정당화될 수 없는 값의 범위를 결정하는 것인데, 이를 위한 분석을 손익분기분석(break-even analysis)이라 부른다.

이에 비해서 어떤 한 파라미터가 취할 수 있는 가능한 값들을 알 수는 있으나 이들 가운데 어떤 값이 실제로 발생하게 될 것인가를 모르는 경우가 있을 수 있다. 이 때에 우리는 이들 가능한 여러 가지의 다른 파라미터값들이 발생됨에 따라 대안들의 효과성이 어떻게 달리 나타나게 될 것인지에 대해서 관심을 가지게 된다. 이를 위한 분석을 일반적으로 민감도 분석(sensitivity analysis)이라 부른다. 그러나 위의 경우 만일 각 파라미터들이 어떤 값을 취할 수 있는지에 대한 확률들이 알려져 있다면, 우리는 여러 대안들의 효과성에 대한 분석결과들이 가질 수 있는 값들에 대한 확률적인 기술을 할 수가 있게 되는데, 이러한 분석과정이 바로 리스크분석 (risk analysis)이다.

공공사업의 평가에 있어서도 분석의 상황에 따라 위와 같은 넓은 의미의 몇 가지 보완적인 분석들 가운데 필요한 분석을 함으로써 대안들의 비교 결과에 대한 신뢰도를 높일 수 있다.

제 3 절   편익과 비용의 시간적 가치

1. 편익과 비용의 시간적 흐름분석의 목적

오늘의 1만 원은 1년 후의 1만 원보다 더 가치가 높으며, 1년 후의 1만 원은 지금으로부터 10년 후의 1만 원보다 더 가치가 높다. 일반적으로 어떤 공공프로그램이나 프로젝트를 하게 되면 거기에 투여되는 비용이나 그 프로그램이나 프로젝트로부터 나오게 되는 편익은 대개 1년에만 그치지 않고 그 프로그램이나 프로젝트의 수명기간 동안 계속 발생하게 된다. 그러므로 그 프로그램이나 프로젝트의 편익과 비용을 비교하기 위해서는 우선 서로 다른 시점에서 나오게 되는 편익들과 투입되는 비용들을 일정시점의 가치로 환산하는 작업을 선행하여야 한다. 의사 결정자가 오늘의 1만 원과 10년 후의 1만 원의 가치가 서로 다르다고 보고 있는데 이것을 단순히 그냥 합하여 편익의 총액 또는 비용의 총액으로 삼는다면, 이러한 단순 합산에 기초를 둔 대안의 비교는 그 비교의 결과가 무의미해질 수도 있고, 때로는 결과를 왜곡할 수도 있다. 그러므로 편익과 비용의 시간적 흐름분석의 주요 목적은 편익 또는 비용의 현재동등가치, 미래 일정시점에 있어서의 동등가치, 또는 연도별 동등가치 등을 산출함으로써 편익비용분석의 기초를 제공하자는 데 있다.

2. 편익과 비용의 시간적 가치

1) 용어의 정의와 가정

편익과 비용을 금전가치로 환산할 수 있다고 가정한다면 이 경우 편익과 비용

[그림 9-1] 금전의 시간적 가치의 전환관계*

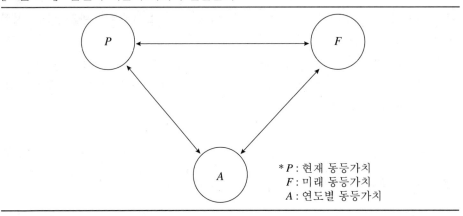

* P : 현재 동등가치
  F : 미래 동등가치
  A : 연도별 동등가치

의 시간적 가치는 바로 금전의 시간적 가치가 될 것이다.

금전의 시간적 가치는 다음과 같은 여섯 가지의 기본적인 관계에 의하여 한 시점의 가치에서 다른 시점의 동등가치로 환산될 수 있다.

즉 [그림 9-1]에서 보는 바와 같이 미래가치는 현재동등가치 또는 연도별 동등가치로 환산될 수 있고, 현재가치는 미래동등가치 또는 연도별 동등가치로, 그리고 연도별 가치는 현재동등가치 또는 미래동등가치로 환산될 수 있다. 그러나 편익비용분석에서 실제로 가장 널리 이용되고 있는 환산관계는 미래가치나 연도별 가치를 현재동등가치로 환산하거나, 현재가치나 미래가치를 연도별 동등가치로 환산하는 것이다.

이와 같은 금전의 시간적 가치전환과정에서는 묵시적으로 미래의 편익과 비용의 흐름이 확실히 알려진 것으로 가정하고 있다. 그러나 현실적인 정책대안의 평가상황에 있어서는 이와 같은 편익과 비용의 흐름이 확정적인 경우보다는 불확정적인 경우가 오히려 더 지배적이다.

그러므로 현실적인 투자분석에 있어서는 미래의 편익과 비용을 불확실성과 관련된 위험(risk)을 고려하여 분석하는 것이 당연하다 하겠으나, 이론전개의 순서에 따라 먼저 확정적 상황을 가정함으로써 분석방법을 단순화하고자 한다.

편익과 비용의 시간적 흐름분석에서 가장 중요한 두 가지의 고려요인은 할인율(discount rate) 또는 이자율(interest rate)과 기간이다. 할인율 또는 이자율이란 금전의 시간적 가치를 뜻하며, 보통의 경우 이것은 위험에 대한 조정분을 포함하지 않은, 그리고 채무불이행으로부터 안전한 증권과 관련된 이자율이다.

한편 기간은 여러 가지의 단위로 구분될 수 있겠으나 1년 단위로 구분하는 것이 일반적이다. 주로 사용되는 기호는 i와 n인데 i는 할인율 또는 이자율을, 그리고 n은 연수를 나타낸다.

한편 편익과 비용의 시간적 흐름분석에서 일정기간 동안에 축적된 전체 이자를 계산하는 과정에서 사용되는 접근방법에는 단리접근방법과 복리접근방법의 두 가지 접근방법이 있으며, 이들 가운데 일반적으로 복리접근법이 적용되고 있다. 다음에는 복리의 방법으로 편익과 비용의 흐름분석을 하는 방법에 대하여 설명하고자 한다.

2) 금전의 단일합계

금전의 시간적 흐름분석에서 금전의 단일합계에 대한 조작(operation)이 필요한 경우는 미래 일정시점의 금전적 가치와 동등한 현재가치를 구하고자 하거나, 현재의 금전적 가치를 이와 동등한 미래 일정시점의 가치로 전환하고자 하는 경우이다.

이제 P를 현재가치, F를 기간 n말에서의 동등금전가치, i를 매기간의 이자율, 그리고 n을 기간수라 한다면 다음과 같은 관계가 성립한다.

$$F = P(1+i)^n \qquad\qquad \cdots\cdots\cdots\cdots (9.\ 1)$$
$$또는 \quad F = P(F/P)_n^i \qquad\qquad \cdots\cdots\cdots\cdots (9.\ 2)$$

식(9. 1)과 식(9. 2)는 동등한 식이며, 특히 식(9. 2)의 괄호 밖의 P는 원금을 표시한다. 괄호 안은 현재값(P)이 주어지고, 이자율이 i, 기간이 n인 경우의 미래동등값(F)을 구한다는 것을 의미하는 기호이다.

이것은 [부록 1]의 불연속 복리표를 이용하면 간편하게 구할 수 있다.

예 9-1 갑은 을로부터 100,000원을 연리 6%의 복리로 빌렸다 한다. 5년 후에 갚는다면 갚아야 할 총액은 얼마인가?

[해] [부록 1]의 불연속복리요소에 의하면 이자율 6%, 기간 5년인 경우 $(F/P)_5^6$의 값은 1.3382이다.

따라서 $F = P(F/P)_5^6 = 100,000(1.3382)$원 $= 133,820$원이 되어, 갚아야 할 값은 133,820원이다.

한편 미래값이 주어졌을 때 이와 동등한 현재 값은 다음과 같은 관계식에서 구할 수 있다.

$$P=F(1+i)^{-n} \quad\cdots\cdots\cdots\cdots (9.\ 3)$$

또는 $P=F(P/F)_n^i \quad\cdots\cdots\cdots\cdots (9.\ 4)$

식(9. 3)과 식(9. 4)는 동등한 식이며 특히 식(9. 4)를 이용하고자 할 때는 [부록 1]을 이용하여 구할 수 있게 된다. 이 때 $(P/F)_n^i$을 단일합계 현재가치요소라 부른다.

예 9-2 갑이 은행에서 2년 후에 200,000원을 받기로 되어 있는데 이것을 지금(0년) 받고자 한다면 그 받을 금액은 얼마나 되겠는가? 단, 이자율 i는 연 6% 복리로 한다.

[해] $P=F(P/F)_2^6$
$\qquad =200,000(0.8900)$
$\qquad =178,000(원)$

예 9-3 다음 [그림 9-2]와 같은 현금의 흐름이 있다. 현재가치는 얼마인가?(단 $i=$ 8%)

[그림 9-2] 금전흐름도

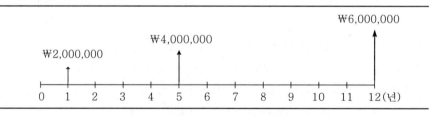

[해] $P=2,000,000(P/F)_1^8+4,000,000(P/F)_5^8+6,000,000(P/F)_{12}^8$
$\qquad =2,000,000(0.9259)+4,000,000(0.6806)+6,000,000(0.3971)$
$\qquad =1,851,800+2,722,400+2,382,600$
$\qquad =6,956,800(원)$

3) 금전흐름의 시리즈(series)

앞에서는 미래 일정시점에서의 가치와 할인율이 주어진 경우 이와 동등한 현재가치를 구하는 방법과 현재가치와 이자율이 주어진 경우 미래 일정시점에서의 동등가치를 구하는 방법에 대해서 기술하였다. 이러한 방법을 일반화하면 일정기간 동

안의 금전흐름의 시리즈(series)가 주어지는 경우 이것을 현재동등가치 또는 미래동
등가치로 전환할 수 있게 된다.

이제 A_k를 금전흐름의 시리즈에서 어떤 기간 k의 말에 받을(또는 주어야 할) 금
액의 크기라 하자. 그러면 불연속 복리계산방법을 사용하여 이들 금전흐름의 시리
즈의 현재동등가치의 합을 구하고자 할 때 그 합은 다음과 같다.

$$P = \sum_{k=1}^{n} A_k (1+i)^{-k}$$ ………… (9. 5)

식(9. 5)는 다음과 같이 표시를 할 수도 있다.

$$P = \sum_{k=1}^{n} A_k (P/F)_k^i$$ ………… (9. 6)

예 9-4   다음 [그림 9-3]의 금전흐름도와 같은 금전흐름의 시리즈에서 $t=0$인 현재
동등가치를 구하라. 단 $i=6\%$이다.

[해] 현재가치 P는 다음과 같다.

$$P = 300,000(P/F)_1^6 - 300,000(P/F)_3^6 + 200,000(P/F)_4^6$$
$$\quad + 400,000(P/F)_6^6 + 200,000(P/F)_8^6$$
$$= 300,000(0.9434) - 300,000(0.8396) + 200,000(0.7921)$$
$$\quad + 400,000(0.7050) + 200,000(0.6274)$$
$$= 597,040(원)$$

[그림 9-3] 금전흐름도

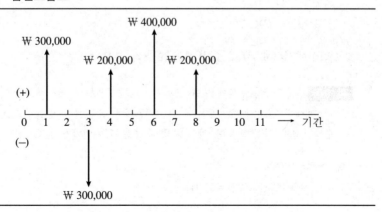

　　다음에 고려하여 할 점은 금전적 흐름의 시리즈를 고찰하여 이것이 어떤 특색을 가질 때에는 현재 동등가치의 계산과정을 좀더 단순화해 볼 수 없는가 하는 점이다.

　　만일 금전적 흐름의 시리즈가 다음과 같이 유니폼 시리즈(uniform series)일 때, 즉 $k=1, 2, \cdots , n$에 대하여 $A_k=A$일 때에는 그 해를 구하는 과정은 훨씬 더 능률적인 것이 될 수 있다.

　　유니폼 시리즈인 경우 현재동등가치는 다음과 같이 주어진다.

$$P=\sum_{k=1}^{n}A(1+i)^{-k}$$
$$=A\left[\frac{(1+i)^n-1}{i(1+i)^n}\right] \qquad \cdots\cdots\cdots\cdots (9.\ 7)$$

식(9.7)은 다음과 같은 형태로 표현될 수 있다.

$$P=A(P/A)_n^i \qquad \cdots\cdots\cdots\cdots (9.\ 8)$$

　　식(9.8)에서 $(P/A)_n^i$를 유니폼 시리즈의 현재가치요소라 부르고, 할인율 i와 기간 n이 여러 가지 다른 값들을 가진 경우의 현재가치요소값들은 [부록 1]에 표로 주어져 있다.

　　이와는 달리 현재값 P가 주어지고 연도별 동등가격 A값을 구하여야 할 경우도 있는데, P가 주어지고 A를 구하는 식은 다음 식(9.9) 및 식(9.10)과 같다.

$$A=P\left[\frac{i(1+i)^n}{(1+i)^n-1}\right] \qquad \cdots\cdots\cdots\cdots (9.\ 9)$$

또는 $A=P(A/P)_n^i \qquad \cdots\cdots\cdots\cdots (9.10)$

식(9.10)에서 $(A/P)_n^i$를 자본회복 요소라 부른다.

　　예 9-5　갑은 P라는 금액을 연 15%의 복리로 은행에 저금하고 지금부터 만 1년 후부터 5년간에 걸쳐서 매 1년마다 20,000원씩을 은행에서 인출하되 마지막 인출 후에는 은행잔고가 영이 되도록 하고자 한다. P는 얼마인가?

[해]　$P=A(P/A)_5^{15}$
　　　　$=20,000(3.3522)=67,044(원)$

[표 9-3] 불연속 복리요소표

구하는 값	주어진 값	요 소	기 호
P	F	$(1+i)^{-n}$	$(P/F)_n^i$
F	P	$(1+i)^n$	$(F/P)_n^i$
P	A	$\dfrac{(1+i)^n-1}{i(1+i)^n}$	$(P/A)_n^i$
A	P	$\dfrac{i(1+i)^n}{(1+i)^n-1}$	$(A/P)_n^i$

예 9-6 앞의 [예 9-3]의 [그림 9-2]의 금전흐름도에서 연도별 동등가격 A는 얼마인가?

[해] [예 9-3]에서 $P=6,956,800$원이였으므로,

$A=6,956,800(A/P)_{12}^8=6,956,800(0.1327)$

$=923,167.36($원$)$

예 9-7 다음 [표 9-4]와 같이 투자비와 운영비가 주어졌다면 두 가지 프로젝트대안들 가운데 어느 대안이 더 바람직한가? 단, 할인율은 5%이다.

[표 9-4] 두 가지 프로젝트대안의 투자비와 운영비

년 도	대 안 A	대 안 B
투자비 0	50(억 원)	30(억 원)
운영비 1	5	7.5
운영비 2	5	7.5
운영비 3	5	7.5
운영비 4	5	7.5
운영비 5	5	7.5
운영비 6	5	7.5
운영비 7	5	7.5
운영비 8	5	7.5
운영비 9	5	7.5
운영비 10	5	7.5

[해]   프로젝트대안 A의 비용의 현재가치$=50+5(P/A)_{10}^{5}$

　　$=50+5(7.7217)=50+38.61=88.61$(억 원)

프로젝트대안 B의 비용의 현재가치$=30+7.5(P/A)_{10}$

　　$=30+7.5(7.7217)=30+57.91=87.91$(억 원)

따라서 프로젝트대안 B가 비용이 더 적게 소요되므로 더 바람직한 대안이다.

예 9-8   비용이 [표 9-5]와 같은 프로젝트 A와 B가 있다. 어느 대안이 바람직한가? 단 i는 7%이다.

[표 9-5]   프로젝트비용　　　　　　　　　　　　　　　(단위: 100만 원)

프로젝트	A	B
최초의 비용	4,000	16,000
연도별 비용	6,400	1,400
내구년한	6년	3년

[해]   연도별 동등가격 A나 현재가치 P를 구하여 비교할 수 있다. 단 P를 구하는 경우에는 최소공배수인 6년을 기준으로 한다. 이 때 프로젝트 B는 두 번 되풀이하는 것으로 한다.

프로젝트 A의 비용의 현재가치$=4,000+6,400(P/A)_{6}^{7}$

　　$=4,000+6,400(4.7665)$

　　$=4,000+30,505.6$

　　$=34,505.6$(백만 원)

프로젝트 B의 비용의 현재가치$=16,000+1,400(P/A)_{6}^{7}+16,000(P/F)_{3}^{7}$

　　$=16,000+1,400(4.7665)+16,000(0.8163)$

　　$=16,000+6,673.1+13,060.8$

　　$=35,733.9$(백만 원)

따라서 프로젝트 A가 더 바람직한 대안이다.

4) 그레디언트 시리즈

금전흐름의 그레디언트 시리즈(gradient series)는 [그림 9-4]와 같다. 최초의 양의 금전의 흐름은 두 번째 기간으로부터 발생된다. 그리고 그 후의 계속되는 금전흐름의 증가는 그 크기가 G만큼씩 더하여지게 된다. 예컨대 지금부터 만 2년 후부

[그림 9-4] 금전흐름의 그레디언트 시리즈

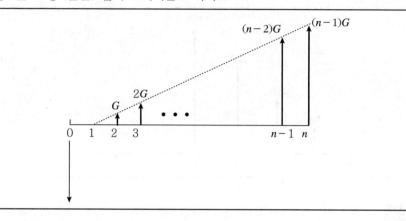

터 10년 말까지 매년 초에 백만 원씩 금액을 추가해 가면서 투자하는 것은 일종의 그레디언트 시리즈로 볼 수 있다.

이 경우의 현재가치는 [부록 1]에서 다음 공식에 의하여 구할 수 있다.

$$P = G(P/G)_n^i$$ ············ (9.11)

위의 식(9.11)에서 $(P/G)_n^i$을 그레디언트 시리즈의 현재가치요소라 부른다.

또한 연도별 가치는 [부록 1]에서 다음 식(9.12)에 의하여 구할 수 있다.

$$A = G(A/G)_n^i$$ ············ (9.12)

위의 식(9.12)에서 $(A/G)_n^i$를 그레디언트 시리즈를 유니폼 시리즈로 전환하는 요소라 부른다.

예 9-9 [그림 9-5]와 같은 금전 흐름이 주어졌다. 현재가치는 얼마인가? 단 $i = 8\%$ 이다.

[해] $P = 50,000,000(P/G)_5^8$

　　　$= 50,000,000(7.3724)$

　　　$= 368,620,000(원)$

[그림 9-5] 금전흐름도   (단위: 100만 원)

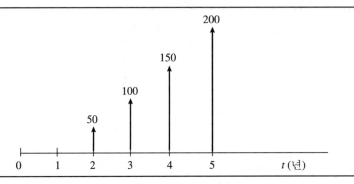

예 9-10   K씨는 매년 말의 보너스를 연 6%의 복리로 이자를 계산해 주는 저축예금에
저축하고 있다. 보너스는 매년 100,000원씩 증가한다고 한다. 지금부터 1년 후에 최초로
300,000원을 저축한다고 한다. 앞으로 만 5년 후 저축금을 불입한 직후까지의 예금의 원
리금 총액은 현재가치로는 얼마나 되겠는가?

[해] 이 사례의 금전흐름도는 [그림 9-6]과 같다. 이 그림에서 볼 때 K씨의 저축금액의
흐름은 300,000원의 유니폼 시리즈와 G가 100,000원인 그레디언트 시리즈로 구성되어 있다.
따라서 현재가치는 다음과 같다.

$$P = 300,000(P/A)_5^6 + 100,000(P/G)_5^6$$
$$= 300,000(4.2124) + 100,000(7.9345) = 2,057,170(원)$$

[그림 9-6]   그레디언트 시리즈의 예시도

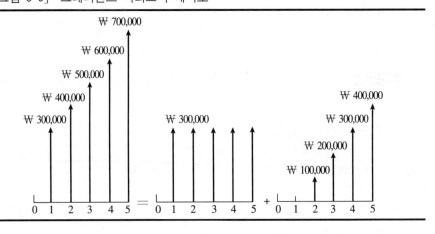

제 4 절   대안비교의 접근방법

1. 개   요

프로그램이나 프로젝트대안의 비교를 위한 편익비용분석에서 널리 이용되는 일반적인 방법들로서는 순현재가치(net present value: NPV)의 방법, 편익비용비(benefit cost ratio: B/C ratio)의 방법, 내부수익률(internal rate of return: IRR)의 방법 등이 있으며, 이들 각 방법들에 대한 한계(marginal) 접근방법이 이용될 수 있다.

대안의 비교기준들 가운데 순현재가치는 편익의 현재가치와 비용의 현재가치의 차로서 정의되고, 편익비용비는 비용의 현재가치에 대한 편익의 현재가치의 비율로 정의되며, 내부수익률은 편익의 현재가치와 비용의 현재가치가 동일하게 되도록 하는 할인율로서 정의된다.

한편 대안들을 비교하는 데 있어서 비용이 적게 드는 프로그램이나 프로젝트대안들로부터 비용이 많이 드는 프로그램이나 프로젝트대안의 순으로 대안들을 나열하고, 순차적으로 두 개씩의 대안들을 선택하여 편익의 증가와 비용의 증가에 그 기초를 두고 대안들을 비교해 나가는 방법을 점증적 접근방법이라 부른다. 점증적

[표 9-6] 대안비교의 평가기준

평가기준	계 산 방 법
1. 순현재가치	(a) 순현재가치=(편익의 현재가치)−(비용의 현재가치) (b) 한계순현재가치=(Δ편익의 현재가치)−(Δ비용의 현재가치)
2. 편익비용비	(a) 편익비용비=$\dfrac{(편익의\ 현재가치)}{(비용의\ 현재가치)}$ (b) 한계편익비용비=$\dfrac{(\Delta편익의\ 현재가치)}{(\Delta비용의\ 현재가치)}$
3. 내부수익률	(a) 내부수익률: NPV=0가 되도록 하는 할인율 (b) 한계내부수익률: MNPV=0가 되도록 하는 할인율 여기서 MNPV는 편익의 현재가치의 증가와 비용의 현재가치의 증가 차임

주: Δ는 증가분을 나타냄.

접근방법은 순현재가치, 편익비용비 및 내부수익률 등의 방법에 모두 적용될 수 있다.

위에서 논의한 대안비교의 접근방법들을 요약하면 [표 9-6]과 같다.

2. 순현재가치

편익과 비용들이 모두 금전적 단위로 측정되었을 경우에는 순현재가치의 방법이 경제적 능률성에 대한 최선의 척도라 할 수 있다.

이 방법은 비용의 현재동등가치에 대한 편익의 현재동등가치의 초과분의 크기를 측정해 준다. 그러므로 만일 적절한 사회적 할인율이 적용되고 그 순현재가치가 영보다 큰 경우에는 그러한 프로그램이나 프로젝트는 일단 이론적으로 받아들여질 수 있는 것이라 할 수 있다. 왜냐하면 공중이 받는 편익의 현재가치가 공중이 부담하는 비용의 현재가치를 초과하기 때문이다. 물론 비교의 대상이 되는 프로그램이나 프로젝트들이 많은 경우에는 이들 중 순현재가치(NPV)의 값이 가장 큰 대안이 가장 큰 이득을 가져온다는 점에서 가장 바람직한 대안이라 할 수 있을 것이다. 여기서 주의하여야 할 점은 금전적 가치로 측정되거나 환산될 수 없는 편익 또는 비용은 NPV의 계산에 포함될 수 없다고 하는 점이다. 그러므로 만일 이러한 비금전적 편익 또는 비용이 중요한 경우에는 이러한 순현재가치의 비교평가 기준은 그 자체만으로서는 의사결정의 기준으로서 충분하지 않기 때문에 의사결정과정의 하나의 출발점으로 경제적 측면에서 받아들여질 수 있는 프로그램이나 프로젝트인지 여부만을 식별하는 척도로 활용될 수 있을 것이다.

예 9-11 편익과 비용이 다음 [표 9-7]과 같이 추정되는 가상적인 두 가지 프로젝트대안이 있다. 할인율이 0% 및 10%일 때 순현재가치의 기준에 의하여 두 대안을 비교하여라.

[해] ① 할인율이 0%인 경우

$$(NPV)_1 = (20+40+60+80+100) - (90+40+30+20+10)$$
$$= 110(억 원)$$
$$(NPV)_2 = (40 \times 5) - (70+10 \times 5)$$
$$= 80(억 원)$$

[표 9-7] 프로젝트대안의 편익과 비용 (단위: 억 원)

대안 \ 연도		0	1	2	3	4	5
1	편 익	0	20	40	60	80	100
	비 용	90	40	30	20	10	0
2	편 익	0	40	40	40	40	40
	비 용	70	10	10	10	10	10

② 할인율이 10%인 경우, 먼저 대안 1의 편익은 $A=20$인 유니폼 시리즈와 $G=20$인 그레디언트 시리즈의 합성시리즈로 볼 수 있다. 그러므로 편익의 현재가치는 다음과 같이 구해진다.

$$편익의\ 현재가치 = 20(P/A)_5^{10} + 20(P/G)_5^{10}$$
$$= 20(3.7908) + 20(6.8618)$$
$$= 75.816 + 137.236$$
$$= 213.052(억 원)$$

한편 대안 1의 비용의 현재가치는 $A=40$인 유니폼 시리즈에서 $G=10$인 그레디언트 시리즈를 감해 주는 시리즈로 구성되었다고 볼 수 있다. 그러므로 비용의 현재가치는 다음과 같이 구해진다.

$$비용의\ 현재가치 = 90 + 40(P/A)_5^{10} - 10(P/G)_5^{10}$$
$$= 90 + 40(3.7908) - 10(6.8618)$$
$$= 241.632 - 68.618$$
$$= 173.014(억 원)$$

$$\therefore \ (NPV)_1 = 213.052 - 173.014 = 40.038(억 원)$$

한편 대안 2의 경우 순현재가치는 단순한 유니폼 시리즈를 이용하여 다음과 같이 구해진다.

$$(NPV)_2 = 40(P/A)_5^{10} - [70 + 10(P/A)_5^{10}]$$
$$= 151.632 - 107.908$$
$$= 43.724(억 원)$$

위의 분석결과를 요약하면 [표 9-8]과 같다.

[표 9-8] 각 대안의 순현재가치

사 업 대 안	0%	10%
1	110(억 원)	40.038(억 원)
2	80(억 원)	43.724(억 원)

　　이러한 분석 결과를 토대로 해 볼 때 할인율 0%인 경우에는 대안 1의 순현재가치가 대안 2의 그것보다 더 크나 할인율이 10%인 경우에는 대안 2의 순현재가치가 대안 1의 그것보다 더 크다는 것을 알 수 있다. 이러한 분석을 통하여 할인율의 선택이 대안의 경제적 능률성 평가에 큰 영향을 미친다는 것을 알 수 있다.

　　예 9-12　앞의 [예 9-11]의 투자대안들을 한계순현재가치(marginal net present value)의 방법에 의하여 비교하여라. 이 때 통용되는 할인율은 10%로 가정한다.

[해] 투입되는 비용의 크기순으로 늘어놓으면 아무것도 하지 않는 대안(대안 0), 대안 2 및 대안 1의 순이 된다. [예 9-11]에서 구한 각 대안의 편익의 현재가치와 비용의 현재가치는 [표 9-9]와 같으며, [표 9-9]를 기초로 하여 먼저 대안 2와 대안 0을 비교하면 한계순현재가치(한계 NPV)는 다음과 같이 구해진다.

$$(\text{한계 NPV})_{2\sim0} = (\Delta\text{편익의 현재가치})_{2\sim0} - (\Delta\text{비용의 현재가치})_{2\sim0}$$
$$= 151.632 - 107.908 = 43.724(\text{억 원})$$

　　따라서 대안 2가 대안 0보다 더 바람직한 대안이다. 같은 방법으로 대안 1과 대안 2를 비교하여 한계 NPV를 구하면 다음과 같다.

$$(\text{한계 NPV})_{1\sim2} = (\Delta\text{편익의 현재가치})_{1\sim2} - (\Delta\text{비용의 현재가치})_{1\sim2}$$
$$= (213.052 - 151.632) - (173.014 - 107.908)$$
$$= 61.420 - 65.106$$
$$= -3.686(\text{억 원})$$

　　따라서 대안 2가 대안 1보다 더 바람직하다.

[표 9-9] 각 대안의 편익의 현재가치와 비용의 현재가치

사업대안	편익의 현재가치	비용의 현재가치
0	0	0
2	151.632(억 원)	107.908(억 원)
1	213.052(억 원)	173.014(억 원)

3. 편익비용비

편익비용비는 가장 널리 이용되고 있는 경제적 능률성의 척도이다. 대안의 분석에 적절한 사회적 할인율이 적용되었다고 한다면 편익비용비가 1보다 큰 프로그램이나 프로젝트는 편익의 현재가치가 비용의 현재가치보다 큰 것을 의미하기 때문에 일단 받아들여질 수 있는 것이라 할 수 있다.[6]

예 9-13 앞의 [예 9-11] 및 [예 9-12]에서 이들 프로젝트대안들은 편익비용비(B/C비) 및 한계편익비용비(한계 B/C비)의 방법에 의하여 비교하여라. 단 $i=10\%$라 한다.

[해] 할인율 $i=10\%$인 경우 각 대안의 편익의 현재가치와 비용의 현재가치는 [표 9-8]과 같다. 이를 이용하여 B/C비를 구하면 다음과 같다.

$$(\text{B/C 비})_1 = \frac{(\text{편익의 현재가치})_1}{(\text{비용의 현재가치})_1} = \frac{213.052(\text{억 원})}{173.014(\text{억 원})}$$
$$= 1.23$$

$$(\text{B/C 비})_2 = \frac{(\text{편익의 현재가치})_2}{(\text{비용의 현재가치})_2} = \frac{151.632(\text{억 원})}{107.908(\text{억 원})}$$
$$= 1.41$$

따라서 B/C비의 평가기준에 의하면 대안 2가 더 바람직한 대안이다.

한편 한계 B/C비를 기준으로 대안을 비교하기 위하여 먼저 [표 9-9]를 이용하여 아무것도 하지 않는 대안 0과 비용이 적게 드는 대안인 대안 2의 한계 B/C비를 구한다.

$$(\text{한계 B/C 비})_{2\sim0} = \frac{(\varDelta\text{편익의 현재가치})_{2\sim0}}{(\varDelta\text{비용의 현재가치})_{2\sim0}} = \frac{151.632(\text{억 원})}{107.908(\text{억 원})}$$
$$= 1.41$$

위의 분석에 의하면 대안 2와 대안 0을 비교할 때 대안 2가 더 바람직한 대안이다.

다음에는 대안 2와 그 다음에 비용이 많이 드는 대안 1을 채택하는 데 따라 편익과 비용이 증가하는 것을 고려한 대안 1의 한계 B/C비를 구해 보도록 한다.

$$(\text{한계 B/C 비})_{1\sim2} = \frac{(\varDelta\text{편익의 현재가치})_{1\sim2}}{(\varDelta\text{비용의 현재가치})_{1\sim2}} = \frac{61.420(\text{억 원})}{65.106(\text{억 원})}$$
$$= 0.94$$

---

6) 편익과 비용의 연도별 동등가치, 편익과 비용의 미래동등가치 등도 B/C비를 구하는 데 이용될 수 있는데, 이 때 구한 비의 값은 편익의 현재가치와 비용의 현재가치에 의하여 구한 B/C비와 동일한 값을 갖게 된다.

한계 B/C비가 1보다 작으므로 한계 B/C비에 의하면 대안 1보다 대안 2가 더 바람직하다.

편익비용비를 검토하여 공공프로젝트대안을 선택하는 경우에는 올바른 결정에 이를 수도 있지만 올바르지 못한 결정에 이르게 될 가능성도 배제할 수 없기 때문에 주의를 요한다. 예컨대 5천만 원의 투자로 1억 원의 편익을 가져오게 되는 공공프로젝트와 7천만 원의 투자로 1억 3천만 원의 편익을 가져오게 되는 공공프로젝트 등 두 가지의 투자대안들을 보면, 첫 번째 대안의 편익비용비는 2이고, 두 번째 대안의 편익비용비는 1.86이 된다. 따라서 편익비용비의 평가기준에 의하면 첫 번째 대안이 더 바람직한 것으로 나타나고 있다. 그러나 만일 투자예산으로 7천만 원이 이용가능하다면 비록 편익비용비는 첫 번째 대안이 크다 할지라도 대안 2의 순편익의 규모가 더 크기 때문에 두 번째 대안이 더 바람직한 대안이라 할 수 있다.

그러나 한계B/C비는 순현재가치에 의한 분석과 동일한 결론에 도달하므로 적절히 이용한다면 최선의 경제적 의사결정에 도달할 수 있을 것이다.

4. 내부수익률

내부수익률은 순현재가치가 영이 되도록 하는 할인율이라 함은 이미 설명한 바와 같다. 이 내부수익률의 개념은 공공프로젝트평가에 적용할 적절한 할인율이 알려져 있지 않은 경우, 공공프로젝트평가에 매우 유용한 개념이다. 만일 적용할 적절한 할인율이 사전에 주어지지 않았다면 정책결정자는 정치적 또는 기타의 고려에 의하여 바람직하다고 생각되는 최저한계선을 미리 설정해 놓고 공공프로젝트의 평가결과 내부수익률이 이 최저한계선을 넘을 경우 이 공공프로젝트를 바람직한 것으로 받아들인다. 그러나 만일 여러 가지 공공프로젝트대안들 가운데 하나를 선택하여야 하는 경우에는 이들 공공프로젝트들을 가장 비용이 적게 드는 대안으로부터 가장 비용이 많이 드는 대안의 순으로 늘어놓고 가장 비용이 적게 드는 두 개의 대안들로부터 시작하여 한계내부수익률을 구하여 이 한계내부수익률이 받아들일 수 있는 하한선보다 큰지 여부를 검토해 가는 점증적 접근방법으로 최적대안을 선택할 수 있게 된다.

이러한 한계내부수익률의 분석이 적절히 수행되어진다면 이를 기초로 선택된

[그림 9-7]   내부수익률을 구하기 위한 보조도

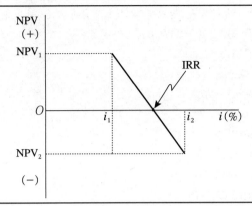

대안은 순현재가치의 방법이나 한계 B/C비의 방법에 의하여 선택된 것과 동일한 대안이 될 것이다.

실제로 내부수익률을 구하는 절차는 다음과 같다.

① 먼저 NPV를 +쪽에서 0에 가깝게 하는 NPV_1을 구한다. 이 때의 할인율을 i_1 이라 한다.

② 다음에 NPV가 −이면서 0에 가까운 NPV_2를 구한다. 이 때의 할인율을 i_2라 한다.

위의 관계를 나타내는 그림이 [그림 9-7]로 주어졌다.

③ 앞에서 구한 NPV_1, NPV_2 및 i_1, i_2를 이용하면 구하는 내부수익률은 다음 공식에 의하여 얻을 수 있게 된다.

$$IRR = i_1 + \frac{|NPV_1|(i_2 - i_1)}{|NPV_1| + |NPV_2|} \quad \cdots\cdots\cdots\cdots (9.13)$$

위의 식을 이용할 때 i_1과 i_2가 가까우면 가까울수록 오차가 적어지게 된다.

예 9-14   앞의 [예 9-11]의 두 대안들을 내부수익률의 방법에 의하여 비교하여라.

[해] 먼저 각 대안들을 비용이 적은 것으로부터 많은 것의 순으로 늘어놓으면 대안 2, 대안 1의 순이 된다.

대안 1 및 대안 2의 내부수익률을 각각 i_1 및 i_2라 하고, 대안 2의 현재가치를 NPV_2라 한다면, 대안 2의 NPV_2는 정의에 의하여 다음과 같은 관계가 성립된다.

$$NPV_2 = 40(P/A)_5^{i_2} - [70 + 10(P/A)_5^{i_2}]$$

$$= 30(P/A)_5^{i_2} - 70$$

만일 $i_2 = 30\%$라면,

$$NPV_2 = 30(P/A)_5^{30} - 70$$

$$= 30(2.4356) - 70$$

$$= 3.068(억 원)$$

만일 $i_2' = 35\%$라면

$$NPV_2' = 30(P/A)_5^{35} - 70$$

$$= 30(2.2200) - 70$$

$$= -3.40(억 원)$$

내삽법에 의하여

$$i_2 = 30 + \frac{|NPV_2| \times (35 - 30)}{|NPV_2| + |NPV_2'|}$$

$$= 30 + \frac{3.068 \times 5}{3.068 + 3.40}$$

$$= 30 + 2.372 = 32.372(\%)$$

그러므로 대안 2의 IRR_2는 $32.37(\%)$이다.

또 한편, 대안 1의 현재가치를 NPV_1, 내부수익률을 i_1이라 하면,

$$NPV_1 = [20(P/A)_5^{i_1} + 20(P/G)_5^{i_1}] - [90 + 40(P/A)_5^{i_1} - 10(P/G)_5^{i_1}]$$

$$= 30(P/G)_5^{i_1} - 20(P/A)_5^{i_1} - 90$$

만일 $i_1 = 15\%$로 놓으면,

$$NPV_1 = 30(P/G)_5^{15} - 20(P/A)_5^{15} - 90$$

$$= 30(5.7751) - 20(3.3522) - 90$$

$$= 16.209(억 원)$$

만일 $i_1' = 20\%$로 놓으면,

$$NPV_1' = 30(4.9061) - 20(2.9906) - 90$$

$$= -2.629(억 원)$$

$$IRR_1 = 15 + \frac{(16.209)(5)}{16.209 + 2.629}$$

$$= 19.3(\%)$$

따라서 대안 1의 IRR_1은 $19.3(\%)$이다.

따라서 만일 설정된 수익률의 하한선이 15%라 한다면 대안 1과 대안 2가 모두 다 받아들여질 수 있다. 그러나 설정된 하한선이 20%라 한다면 대안 2만이 받아들여질 수 있는 대안이다.

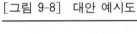 다음 [그림 9-8]과 같은 강의 네 개의 지류에 댐을 건설하는 몇 가지 대안들을 검토하고자 한다.

대안 1은 지류 1에만 댐을 건설하는 방안, 대안 2는 지류 1과 지류 2에 댐을 건설하는 방안, 대안 3은 지류 1, 지류 2 및 지류 3에 댐을 건설하는 방안, 그리고 대안 4는 지류 1, 지류 2, 지류 3 및 지류 4에 모두 댐을 건설하는 방안이다.

이들 각 대안들에 필요한 비용과 편익은 [표 9-10]과 같이 추정되었다고 가정한다

[그림 9-8] 대안 예시도

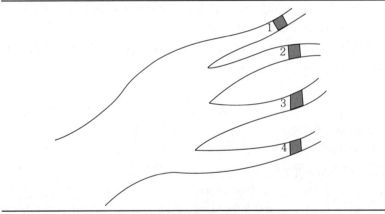

[표 9-10] 각 대안들의 편익과 비용의 추정   (단위: 1,000원)

구 분	대안 1	대안 2	대안 3	대안 4
건설비 총액	1,200,000	1,500,000	2,700,000	3,500,000
유지 및 관리비(년)	20,000	35,000	50,000	60,000
홍수예방이익(년)	200,000	250,000	280,000	300,000
화재예방이익(년)	20,000	40,000	60,000	70,000
관람 및 오락이익(년)	30,000	30,000	60,000	70,000

주: 사업의 수명: 40년, 할인율: 4%(년).

⑴ 각 대안들의 편익의 현재가치와 비용의 현재가치들을 구하라.

⑵ 각 대안들을 순현재가치의 기준에 의하여 비교하라.

⑶ 각 대안들을 편익과 비용의 비에 의하여 비교하라.

⑷ 각 대안들을 한계편익비용비에 의하여 비교하라.

⑸ 각 대안들을 내부수익률의 방법에 의하여 비교하라.

[해] ⑴ 먼저 대안 1의 편익의 현재가치(PWB_1)와 비용의 현재가치(PWC_1)를 구하면 다음과 같다.

$$PWB_1 = 250,000,000(P/A)_{40}^4$$
$$= 250,000,000(19.7928)$$
$$= 4,948,200,000(원)$$
$$PWC_1 = 1,200,000,000 + 20,000,000(P/A)_{40}^4$$
$$= 1,200,000,000 + 20,000,000(19.7928)$$
$$= 1,595,856,000(원)$$

같은 방법으로 대안 2, 대안 3 및 대안 4의 편익과 비용들의 현재가치를 구할 수 있으며 이를 요약하면 [표 9-11]과 같다.

⑵ 순현재가치는 편익의 현재가치와 비용의 현재가치와의 차로서 구해진다.

$$NPV_1 = 4,948.2(백만 원) - 1,595.9(백만 원)$$
$$= 3,352.3(백만 원)$$

같은 방법으로 대안 2, 대안 3 및 대안 4의 순현재가치를 구하면 다음과 같다.

$$NPV_2 = 4,141(백만 원)$$
$$NPV_3 = 4,227.5(백만 원)$$
$$NPV_4 = 4,021.2(백만 원)$$

따라서 각 대안들의 순현재가치(NPV_j)들을 비교해 보면 대안 3의 순현재가치가 가장 크다. 그러므로 만일 순현재가치를 대안선택의 기준으로 한다면 대안 3이 가장 바람직한 대안이라 할 수 있다.

⑶ 대안 1의 경우 B/C비는 다음과 같다.

$$(B/C비)_1 = \frac{PWB_1}{PWC_1}$$

[표 9-11] **각 대안들의 편익과 비용들의 현재가치**   (단위: 1,000,000원)

구 분	대안 1	대안 2	대안 3	대안 4
편익의 현재가치	4,948.2	6,333.7	7,917.1	8,708.8
비용의 현재가치	1,595.9	2,192.7	3,689.6	4,687.6

$$=\frac{4,948,200,000}{1,595,900,000}$$

$$=3.10$$

같은 방법으로 대안 2, 대안 3 및 대안 4의 편익과 비용의 비를 구하면 각각 2.89, 2.15 및 1.86이 된다. 따라서 편익과 비용의 비의 대안비교방법에 의하면 대안 1이 가장 바람직하다.

(4) 다음에는 한계편익비용비를 구하기 위하여 비용의 현재가치가 가장 적은 대안으로부터 점차로 비용이 큰 대안의 순서로 늘어 놓으면 [표 9-11]에서 보는 바와 같이 대안 1, 대안 2, 대안 3 및 대안 4의 순이 된다.

그러므로 비교하는 대안들을 둘씩 짝을 지어 비교하는 방법을 그림으로 그리면 [그림 9-9]와 같다.

$$(\text{한계편익비용비})_{1\sim0}=\frac{4,948,200,000}{1,595,900,000}=3.10$$

따라서 아무 것도 하지 않는 것보다 대안 1이 바람직하다. 그러므로 대안 0(아무것도 하지 않는 대안)은 탈락하고 대안 1과 대안 2를 비교한다.

$$(\text{한계편익비용비})_{2\sim1}=\frac{6,333,700,000-4,948,200,000}{2,192,700,000-1,595,900,000}$$

$$=\frac{1,385,500,000}{596,800,000}=2.32$$

위의 한계편익비용비를 보면 대안 1보다 대안 2가 더 바람직함을 알 수 있다. 그러므로 대안 1은 탈락하고, 대안 2와 대안 3을 비교하면 다음과 같다.

[그림 9-9] 한계편익비용비를 검토하기 위한 모형도

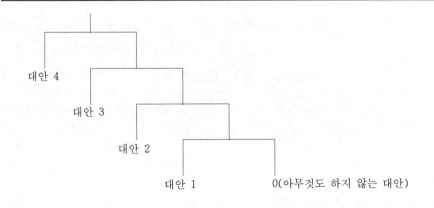

$$(한계편익비용비)_{3 \sim 2} = \frac{7,917,100,000 - 6,333,700,000}{3,689,600,000 - 2,192,700,000}$$

$$= \frac{1,583,400,000}{1,496,900,000} = 1.06$$

이 경우에도 편익비용비가 1보다 크므로 대안 2보다 대안 3이 더 바람직하다. 그러므로 대안 2는 탈락한다. 마지막으로 대안 3과 대안 4를 비교하면 다음과 같다.

$$(한계편익비용비)_{4 \sim 3} = \frac{8,708,800,000 - 7,917,100,000}{4,687,600,000 - 3,689,600,000}$$

$$= \frac{791,700,000}{998,000,000} = 0.79$$

대안 3과 대안 4를 비교할 때 한계편익비용비가 1보다 작으므로 대안 4보다 대안 3이 더 바람직하다. 이제 더 이상 비교할 대안이 없으므로 대안 3이 최적대안이 된다.

(5) 내부수익률은 n차 다항식을 풀어서 구하여야 할 것이나 반복적인 시행과 오류의 방법에 의하여 대안 1의 i'를 구하면 다음과 같다.

$$250,000,000(P/A)_{40}^{i'} = 1,200,000,000 + 20,000,000(P/A)_{40}^{i'}$$

$$230,000,000(P/A)_{40}^{i'} = 1,200,000,000(원)$$

$$\therefore (P/A)_{40}^{i'} = 5.2174$$

만일 $i' = 20\%$로 놓으면 $(P/A)_{40}^{20} = 4.9966$이 되고, $i' = 15\%$로 놓으면 $(P/A) = 6.6418$이 된다. 따라서 내삽법에 의하여 $i' ≒ 19.3\%$가 됨을 알 수 있다.

같은 방법으로 대안 2, 대안 3 및 대안 4의 내부수익률을 구하면 각각 19.2%, 13.0% 및 10.7% 등이 된다. 따라서 내부수익률의 비교방법에 의하면 대안 1이 가장 바람직하다. 그러나 대안 1과 대안 2의 내부수익률이 근사하기 때문에 민감도분석이 필요하다는 것을 알 수 있다.

이상의 네 가지의 대안비교의 방법들에 의한 대안분석의 결과를 요약하면 [표 9-12]와 같다.

[표 9-12] 각 접근방법에 의한 분석결과의 요약

접근방법 / 대안	NPV(백만 원)	B/C비	IRR	한계 B/C비
대 안 1	3,352.2	3.10	19.3	3.10
대 안 2	4,141.0	2.89	19.2	2.32
대 안 3	4,227.5	2.15	13.0	1.06
대 안 4	4,021.2	1.86	10.7	0.79

5. 대안의 선택과 판단기준

1) 프로젝트 포트폴리오 선택

만일 어떤 한 행정부서의 책임자가 프로젝트에 사용할 수 있는 예산은 10억 원인데 그 부서에 제안된 프로젝트들의 비용의 총합계는 10억 원이 넘는다면 어떻게 프로젝트를 선택해야 할까? 이 행정관리자의 일차적인 목적이 그에게 주어진 예산상의 제약하에서 공공복지를 극대화시키는 것이라고 가정해 보자. 그리고 만일 그 부서에 제안된 프로젝트를 가운데 많은 프로젝트들이 개별적으로는 경제적인 타당성이 높으나 이들 경제적인 타당성이 있는 프로젝트들을 수행하는 데 소요되는 비용의 총액이 주어진 10억 원을 초과한다고 한다면 어떻게 수행할 프로젝트들의 조합을 선택할 수 있겠는가? 이에 대한 해답을 구하는 것이 프로젝트 포트폴리오(project portfolio)의 선택이론이다. 이 프로젝트 포트폴리오 선택에 대한 이론에 의하면 주어진 예산의 범위 내에서 수행할 수 있는 제안된 프로젝트들의 가능한 조합들을 작성하고, 이들 가능한 조합들 가운데 순현재가치(NPV)를 극대화할 수 있는 하나의 프로젝트의 조합을 선택하여야 한다.

예 9-16   어느 한 행정부서에서는 제안된 세 개의 프로젝트들을 검토하고 있다. 이 부서에는 금년에 10억 원의 예산이 프로젝트들을 수행할 예산으로 배정되었다. 만일 배정된 이들 예산이 프로젝트에 활용되지 않으면 타 용도에는 사용될 수 없기 때문에 그 수익률은 영이 된다고 한다. 사회적 할인율은 10%이고 프로젝트들의 수명은 5년이라고 한다. 가장 바람직한 프로젝트 포트폴리오는 어떤 것인가?

[표 9-13] 세 개 프로젝트의 편익과 비용   (단위: 만 원)

편익과 비용	프로젝트 A	프로젝트 B	프로젝트 C
금년의 투자비	60,000	40,000	50,000
연도별 편 익	20,000	15,200	15,500
연도별 운영비	1,000	1,200	500

[해] 이들 세 개의 프로젝트들은 다음 [표 9-15]에서 보는 바와 같이 순현재가치(NPV)가 0보다 크고 편익비용비(B/C ratio)가 1보다 크다. 그러므로 이들 각 프로젝

[표 9-14] 가능한 포트폴리오의 편익과 비용   (단위: 만 원)

편익과 비용 \ 포트폴리오	A	B	C	A+B	B+C
금년의 투자비	60,000	40,000	50,000	100,000	90,000
연도별 편 익	20,000	15,200	15,500	35,200	30,700
연도별 운영비	1,000	1,200	500	2,200	1,700

[표 9-15] 각 포트폴리오들의 비교

포트폴리오	NPV (단위: 만 원)	B/C	아래 프로젝트들에 대한 한계$\Delta B/\Delta C$			
			B	C	A	B+C
B	13,071	1.20				
C	6,862	1.33	0.15			
A	12,025	1.13	0.95	1.59		
B+C	19,933	1.23	1.12	1.29	1.24	
A+B	25,096	1.21	1.18	1.32	1.29	1.43

트들의 수익률은 10%가 넘는다고 하는 것을 알 수 있다. 따라서 이들 세 개의 프로젝트들은 모두 타당성이 높다. 이러한 개별적인 프로젝트들 이외에도 주어진 예산의 범위 내에서 수행할 수 있는 프로젝트 A와 프로젝트 B, 그리고 프로젝트 B와 프로젝트 C의 두 가지의 포트폴리오를 검토해 보아야 하는데 이 결과들이 [표 9-14]와 [표 9-15]에 요약되어 있다. 이들 각 포트폴리오에 대한 비교 결과를 검토해 볼 때 프로젝트 $[A+B]$가 최적의 포트폴리오라고 하는 것을 알 수 있다.

앞에서는 프로젝트 포트폴리오 선택을 예를 통하여 살펴보았는데 이것을 좀 더 이론적인 측면에서 살펴볼 필요가 있다.

순현재가치(NPV)는 할인된 편익과 할인된 비용 간의 차이이다. 그러므로 각각 서로 다른 편익과 비용의 흐름을 가진 무수히 많은 수의 프로젝트들이 동일한 순현재가치를 가질 수 있다. [그림 9-10]에 나타나고 있는 기울기가 1인 직선들은 그 편익이 영보다 크고 순현재가치가 영보다 큰 여러 가지 가능한 프로젝트들을 개념적으로 나타내 주고 있다. 이 [그림 9-10]에서 편익과 비용이 각각 (B_1, C_1) 및 (B_2, C_2)인 두 개의 프로젝트들은 B/C비가 모두 2가 되어 편익비용비라는 기준에 의하

[그림 9-10] 여러 가지 NPV와 $\Delta B/\Delta C$를 나타내는 직선

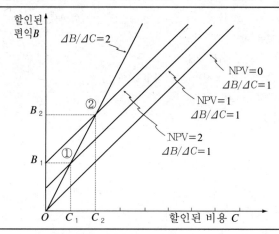

면 동일하게 평가됨을 알 수 있다. 그러나 두 번째 프로젝트의 순수익이 더 크다고 하는 사실에 주의하여야 한다. 또한 모든 NPV선들의 기울기는 1이다. 이러한 관찰은 왜 NPV와 한계 B/C비의 분석방법이 동일한 프로젝트의 선택에 이르게 하는가를 설명하는 데 도움을 주기 때문에 중요한 관찰이라고 할 수 있다.

순현재가치(NPV)를 극대화시키라는 평가기준은 NPV의 증가가 영보다 큰 범위에서는 이용가능한 자금의 투자를 계속하라고 하는 기준이다. 이 평가기준은 수식으로는 다음과 같이 나타낼 수 있다.

$$\Delta NPV = \Delta B - \Delta C > 0 \qquad \cdots\cdots\cdots\cdots (9.14)$$

또는

$$\frac{\Delta NPV}{\Delta C} = \frac{\Delta B}{\Delta C} - 1 = \varepsilon \qquad \cdots\cdots\cdots\cdots (9.15)$$

여기서 ε은 아주 작은 양수이며 B와 C는 할인된 편익과 비용이다. 이 기준에 의하면 최적상태(즉 최선의 경제적 상태)는 ε이 가능한 한 최소한의 값으로 줄어들때 성취될 수 있다. 그리고 무수히 많은 포트폴리오 옵션(portfolio option)이 이용 가능하고 이들 중 어떤 포트폴리오 옵션이 선택된다고 해도 수행될 수 있는 자금이 주어진다면 $\varepsilon = 0$일 때 최적해에 도달될 수 있다.

[표 9-16] 최적의 조건

· 포트폴리오가 무수히 많고 어떤 포트폴리오가 선택되어도 수행할 수 있는 충분한
  자금이 주어졌을 때

$$\varDelta\text{NPV}=0 \quad \text{또는} \quad \varDelta B/\varDelta C=1$$

· 자금 또는 포트폴리오 옵션이 한정되었을 때

$$\varDelta\text{NPV}=\varepsilon \quad \text{또는} \quad \varDelta B/\varDelta C=1+\varepsilon$$

  단, ε은 가능한 한 적은 양의 값

---

2) 선택의 상황과 판단을 위한 지침

앞의 항에서는 최적프로젝트 포트폴리오 선택에 대한 기준과 조건들에 대해서 설명하였다. 이러한 프로젝트 포트폴리오 선택은 정수계획법을 도입하면 좀 더 합리적으로 이루어질 수 있으나 이 책에서는 정수계획을 다루지 않으므로 여러 가지 상황에 따라 최적프로젝트 대안 또는 최적프로젝트 포트폴리오를 선택하는 기준을 제시하는 것으로 논의를 그치고자 한다. [표 9-17]은 포트폴리오의 선택과정에서 사용할 수 있는 판단의 기준들을 요약한 것이다.

[표 9-17] 판단의 기준

상 황	① 대안간의 의존성 ② 자원의 제약성	평가 및 판단기준
어느 특정대안의 선택 여부	①과 ② 모두 없음	NPV>0
많은 프로젝트들 가운데 하나만 선택할 때	①과 ② 모두 없음	최대의 NPV를 가진 대안을 선택
	② 즉 예산의 제약 만 있을 때	NPV를 최대화하면서 가능한 대안선택
많은 프로젝트들 가운데 몇 개를 선택할 때	①과 ② 모두 없음	NPV>0인 모든 대안을 선택
	①은 있고, ②는 없음	NPV>0이 되도록 하는 모든 대안의 조합을 선택

많은 프로젝트들 가운데 몇 개를 선택할 때	①은 없고, ②는 있음	NPV를 극대화하는 가능한 대안의 세트(set)를 선택
	①과 ② 모두 있을 때	NPV를 극대화하는 대안조합의 가능한 세트를 선택

요 약

　공공프로그램이나 프로젝트의 평가절차는 민간부문프로젝트의 평가절차와 대체로 유사하나 편익의 추정, 할인율의 결정 등 실제 내용에 있어서는 크게 다른 점들이 많다. 공공사업의 일반적인 평가절차는 ① 실현가능하고 상호 배타적인 비교대안의 식별, ② 사업의 경제적 수명결정, ③ 각 대안들의 편익과 비용의 추정, ④ 사용될 할인율의 구체화, ⑤ 사업 효과성 측정방법의 구체화, ⑥ 선정될 효과성 측정방법에 의한 대안의 비교, ⑦ 민감도분석의 수행, ⑧ 적정대안의 선택 등이다.

　편익비용분석의 기본적인 첫째 과정은 편익과 비용의 시간적 흐름분석이다. 편익과 비용의 시간적 환산관계들 가운데 가장 널리 이용되고 있는 것은 미래가치나 연도별 가치를 현재동등가치로 환산하거나, 현재가치나 미래가치를 연도별 동등가치로 환산하는 것이다. 편익과 비용의 시간적 흐름분석에서 가장 중요한 두 가지의 고려요인은 할인율 또는 이자율과 기간이다. 여기서 할인율 또는 이자율은 금전의 시간적 가치를 뜻하며, 기간은 1년 단위로 표시되는데 주로 계획의 시계를 나타내게 된다.

　편익비용분석에 있어서 모든 편익과 불편익들은 가능하다면 금전적 가치로 계량화하는 것이 바람직하다. 편익 또는 정부투자의 적극적인 효과는 어떤 한 정부기관에 대해서가 아니라 공중에 대한 바람직한 결과를 말하고, 불편익은 공중에 대하여 바람직하지 못한 효과를 말한다.

　공공프로그램이나 프로젝트의 효과성을 측정하는 데 널리 쓰이고 있는 일반적인 방법으로서는 순현재가치의 방법, 편익비용비의 방법, 내부수익률의 방법, 한계편익비용비의 방법 등이다. 여기서 순현재가치의 방법이란 편익의 현재가치와 비용의 현재가치의 차로서 정의되며, 편익비용비의 방법은 편익의 현재가치를 비용의 현재가치로 나눈 값으로 정의된다. 한편 한계편익비용비의 방법은 각 계획 대안들을 최초의 투자비용이 적은 것으로부터 많은 것의 순으로 늘어 놓았을 때 비용이 적게 드는 대안과 많이 드는 대안 간의 편익의 증가와 비용의 증가 간의 비로서 정의된다. 끝으로 내부수익률의 방법은 어느 한 계획대안의 편익의 현재가치와 비용의 현재가치가 동일하도록 하는 할인율의 값으로 정의되고 있다.

연습문제

9-1 다음과 같은 금전흐름도가 주어졌다. $i=8\%$라 할 때 현재가치는 얼마인가?

[금전흐름도]   (단위: 만 원)

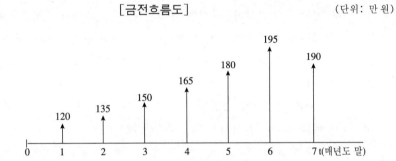

9-2 편익이 동일하다고 가정할 때, 다음과 같은 비용의 흐름을 가진 두 가지 대안들 가운데 어느 것이 더 바람직하겠는가? 단, 할인율은 9%라고 한다.

		계획 A	계획 B
현 재		1,000,000(원)	3,000,000(원)
지금으로부터 만	1년 후	0	0
	2년 후	0	0
	3년 후	1,000,000	1,500,000
	4년 후	1,000,000	500,000
	5년 후	1,000,000	500,000
	6년 후	1,000,000	500,000
	7년 후	1,000,000	500,000
	8년 후	1,000,000	500,000
	9년 후	1,000,000	500,000
	10년 후	1,000,000	500,000
	11년 후	1,000,000	500,000

9-3 다음의 각각에 대하여 답하여라.

(1) 편익의 추정에 있어서 민간부문 프로젝트들과 공공부문 프로젝트들 간에 차이가 있을 수 있겠는가? 그 이유는?

(2) 순현재가치의 평가기준을 프로그램이나 프로젝트의 평가에 적용하는 것이 다른 평가의 기준을 적용하는 것보다 유리한 점은 무엇인가?

(3) 전통적인 편익비용분석은 분배의 문제를 다루지 못함으로써 여러 가지 제약을 내포하고 있다고 한다. 그 제약의 내용은 무엇이 될 수 있겠는가? 예를 들어 설명하여라.

9-4 다음의 각각에 대하여 답하여라.

(1) $t=0$에서 1,000,000원을 복리로 저축하였더니 만 8년 후에 4,300,000원이 되었다. 연 이자율 i는 얼마인가?

(2) 연이율 6% 복리로 할 때 현재 얼마를 저축하여야 만 10년($t=10$) 후에 원리금 총액이 8,000,000원이 되겠는가?

(3) 앞으로 만 6년 후($t=6$)에 원리금이 10,000,000원이 되도록 하기 위하여 매년 10% 복리로 동일한 금액을 6년 동안 저축한다 할 때 매년 저축하여야 할(즉 $t=1, 2, 3, 4, 5, 6$) 동일한 금액은 얼마가 되겠는가?

(4) 다음과 같은 금전흐름의 시리즈를 생각해 보자.

매년 말	금전의 흐름
0	−10,000,000(원)
1	3,000,000
2	3,500,000
3	4,000,000
4	4,500,000
5	5,000,000
6	5,500,000
7	6,000,000
8	6,500,000

매년 10%의 복리로 할 때 위의 표와 같은 금전흐름의 시리즈와 동일한 연도별 금전의 흐름(uniform annual cash flow)은 얼마인가?

9-5 다음 두 개의 금전흐름의 시리즈가 동일하도록 X의 값을 정하여라. 단

$i=8\%$이고, 복리라고 가정한다.

연도 말	금전의 흐름(A)	금전의 흐름(B)
0	−8,000,000(원)	−15,000,000(원)
1	6,000,000	4,000,000
2	5,000,000	3,000,000 + X
3	4,000,000	2,000,000 + 2X
4	5,000,000	3,000,000 + 3X
5	6,000,000	4,000,000 + 4X
6	5,000,000	3,000,000 + 5X

9-6 K사는 신제품 생산시설의 확장을 고려하고 있다. 이러한 확장에는 상당한 자본투자를 요한다. 이 때 주어진 정보는 다음과 같다.

(1) K사는 은행으로부터 연 9%의 복리로 무제한 융자를 받을 수 있다.

(2) 연평균 물가상승률은 5%이다.

(3) 세금이 면제되는 정부채권의 이자율은 6.5%이다.

(4) K사의 현 생산방식에 대한 투자회수율은 과세 후 10%이다.

(5) K사는 약 40%의 법인세를 지불한다.

K사의 기획부는 새로운 생산품에 대한 미래의 소득을 불변가격으로 추정했다고 가정해 보자. 예컨대 1999년의 소득을 1995년의 금액으로 추정한 것이다. K사는 이들 미래의 소득에 대한 현재가치를 추정하는 데 어떤 할인율을 적용하여야 하겠는가?

9-7 정부의 한 기관에서는 다음과 같은 5개년 프로그램들 가운데 몇 개를 선택하고자 한다. 이들 각 프로그램 대안들은 금년 한 차례의 지출과 앞으로 5년 동안 매년 말에 얻게 되는 편익들을 포함하고 있다. 이들 프로그램들은 다음과 같다.

프로그램	금년의 투자 ($t=0$)(단위: 억 원)	편익(단위: 억 원) (1, 2, 3, 4, 5년 후의 말)
A	1.0	0.2
B	4.4	1.2
C	3.2	0.9
D	2.4	0.7
E	2.5	0.9
F	1.5	0.4
G	4.0	1.0

이 기관의 이들 프로그램을 위한 예산은 12억 원이라 하며, 이 예산이 전부 다 지출되지 않아도 좋다고 한다.

(1) 주어진 예산 범위 내에서 시행가능한 사업의 포트폴리오를 작성하여라.

(2) 이 정부기관에서 사용하는 할인율이 연 5%라 할 때 12억 원 예산에 대한 최적프로그램의 포트폴리오를 구하여라.

(3) 만일 할인율이 0%, 10%, 15% 및 20%라고 한다면, 이 12억 원 예산에 대한 최적 프로그램의 포트폴리오들은 각각 어떤 것들이 되겠는가?

9-8 다음과 같은 투자비용, 매연도별 운영 및 유지비용, 잔여가치, 연도별 편익이 주어져 있다. 순현재가치의 기준에 의할 때 가장 바람직한 대안은 어느 것인가?

[프로젝트내역]   (단위: 만 원)

프로젝트	최초의 투자비 ($t=0$)	운영 및 유지비용	10년 후의 잔여 가치	연도별 편익 (편익/년)
A	33,000	3,000	16,000	14,400
B	41,000	2,500	12,000	10,800
C	38,000	1,600	14,500	8,460
D	25,000	5,100	3,000	8,980

할인율은 9%이며, 계획의 시계(즉 수명)는 10년이라고 한다.

제10장

비용과 편익의 추정

편익비용분석의 질과 타당성은 비용과 편익들의 추정이 얼마나 타당성 있게 이루어졌느냐에 따라 결정된다. 그만큼 추정된 비용과 편익을 정확하고 타당성이 있게 추정하는 것이 중요하다. 우리는 제9장에서는 비용과 편익이 타당성 있고 정확하게 추정된 것으로 전제하고 편익비용분석의 개념과 절차에 대하여 개관하였다. 이를 통하여 편익비용분석의 개념과 절차를 이해하였고, 비용과 편익을 타당성 있고 정확하게 추정하는 것이 왜 중요한가 하는 것을 이해할 수 있게 되었다.

이번 장에서는 공공부문의 프로그램이나 프로젝트 선택에 대한 결정을 내리는 데 필요한 정보들을 얻는 과정에서 이루어지는 편익비용분석의 기초가 되는 비용과 편익의 개념들과 추정방법에 대해서 먼저 살펴보고자 한다. 다음에는 이러한 고찰을 통하여 얻게 된 비용과 편익들의 개념들과 추정방법들에 대한 이해를 토대로 규제영향분석에 필요한 비용과 편익들의 기초적인 추정방법들과 절차들에 대하여 살펴보고자 한다.

제 1 절   비용의 추정

1. 비용의 개념과 비용분석의 틀

1) 비용의 개념

어떤 사회적 간여(social intervention), 즉 공공프로그램이나 프로젝트들은 모두 산출결과(outcome)와 비용을 수반한다. 이때 산출결과는 사회적 간여의 수단인 프로그램이나 프로젝트들의 결과를 지칭하며, 이것을 통하여 추구하는 목적을 달성한다. 이러한 산출결과는 예컨대 환경부문에서는 수질오염의 감소, 대기오염의 감소를 나타내는 지표들을 포함하고, 보건부문에서는 더 낮은 암 환자 발생, 고혈압, 당뇨병 등과 같은 각종 질병의 발생을 나타내는 지표들을 포함하며, 교육부문에서는 학생들의 더 높은 성취동기, 더 낮은 중도탈락비율, 더 높은 취업가능 잠재력 등을 나타내는 지표들을 포함한다.

그러면 왜 이러한 산출결과들을 가져오는 공공프로그램이나 프로젝트에 비용이 관련되는가? 그 중요한 이유는 모든 사회적 간여에는 다른 중요한 대안들을 추진하는 데 사용될 수 있는 자원들을 활용하고 있기 때문이다.

어떤 한 대안의 비용은 이 대안을 수행하기 위하여 포기하거나 희생한 다른 대안들에 사용될 수 있는 자원들의 가치(value)들을 나타낸다. 그러므로 어떤 프로그램이나 프로젝트를 추진하는 데 드는 비용은 여기에 투입하기 위하여 다른 용도로 사용하는 것을 포기해야 하는 모든 자원들의 값으로 정의된다. 이러한 의미에서 모든 비용들은 추진하고 있는 프로그램이나 프로젝트를 위하여 어떤 다른 한 기회를 희생하는 것을 나타낸다. 이것이 비용분석과 관련된 평가의 기저에 깔려있는 기회비용의 개념이다.

2) 비용추정의 틀

프로그램이나 프로젝트 대안들을 추진하는 데 필요한 비용을 추정하는 방법에 대하여 논의하기 전에 먼저 편익과 비용을 추정하는 데 공통적으로 관련된 개념들을 살펴볼 필요가 있다. 여기서는 먼저 비용을 추정하는 개념적 틀을 살펴보고자 한다.

프로그램평가의 일부분으로서 편익비용분석이나 비용효과분석을 시행할 때는,

[표 10-1] 비용 및 추정과 관련된 주요 용어들의 개념

주요 용어	의 미
한계비용	산출물 한 단위를 추가적으로 생산하는 데 소요되는 점증(추가)비용. 편익비용분석에서는 어떤 프로그램(또는 프로젝트)대안을 추가로 실시할 때 소요되는 추가적 비용을 의미한다.
시장가치	완전시장 조건하에서 구매하려고 하는 자나 판매하려고 하는 자가 나타내는 한 항목의 가치.
기회비용	자원을 다른 일에 사용하는 대신 이 일을 위하여 사용하는 것의 가치.
잠재가치부여	경쟁가격이 존재하지 않을 때 비용의 가치를 평가하려고 하는 것. 완전경쟁에 가까운 다른 시장가격이나 국제시장가격 등을 고려하여 가치를 평가함.
매몰비용 (sunk cost)	현재 계속되고 있는 비용에 비교해서, 벌충될 수 없는, 오리지널한 연구 및 개발비용과 같은, 한 프로그램이나 프로젝트에 이전에 수행했던 투자들.

정책을 결정하기 전이나 정책을 집행한 후이건 간에 먼저 프로그램이 정부프로그램의 고객들이나 수혜자들 및 프로그램에 직접적으로 관여하지 않는 여타의 사람들에게 가져오거나 끼치는 모든 알려진 비용들을 식별하여야 한다.

이들 비용들에는 여러 개의 서로 다른 카테고리들이 있다. 이들 카테고리들은 실질 비용들과 이전(transfer) 비용들, 직접적인 비용들과 간접적인 비용들, 유형의 비용들(tangible costs)과 무형의 비용(intangible costs), 한계비용들(marginal costs) 및 고정비용(fixed costs)과 변동비용(variable costs) 등이다. 먼저 비용 및 추정과 관련된 논의를 위하여 필요한 기본 용어들을 정리하면 [표 10-1]과 같다.

(1) 실질비용과 이전비용

실질 비용들(real costs)은 사회의 순손실(net loss)을 나타낸다. 이에 비해서 이전비용들(transfer costs)은 단지 분배의 변화를 나타낸다. 세금이나 보조금 등이 그 예이다. 그러나 이 이전은 바람직한 것일 수도 있기 때문에 이들 비용들을 추정하여 제시하면 의사결정자의 판단에 도움이 될 수 있다. 프로그램이 커버하는 범위가 넓은 경우 이전이 중요 이슈가 될 수 있다.

(2) 유형의 비용과 무형의 비용

유형의 비용들은 어떤 단위로 용이하게 식별할 수 있고, 편익비용분석을 위하여 금전적 가치로 전환할 수 있는 것이다. 예로서 노동비용, 생산의 감소, 임금의 증가 등을 들 수 있다. 이에 비해서 무형의 비용들은 명시적으로 가격을 부여할 수 없거나 선택할 수 없는 것들이다. 환경과 관련된 것들로는 야생(widerness)의 파괴, 커뮤니티에 대한 애착(sense of community)의 상실, 가족가치의 보존의 실패 등을 예로 들 수 있다.

(3) 직접적인 비용과 간접적인 비용

직접적인 비용들은 프로그램이나 프로젝트의 일차적 목표들과 관련되어 있고, 경제적으로 거기에 연관된 것을 추적할 수 있다. 프로그램이나 프로젝트의 직접 비용은 다른 방법들이 아니라, 바로 현재 검토하고 있는 방법으로 정부간여(즉 프로그램)를 수행함으로써 사용되거나 잃어버린 자원들의 가치이다. 직접비를 추정하는 논리적인 접근방법이 구성요소 모형(ingredients model)이다. 여기에 대해서는 다음에 구체적으로 논의하고자 한다.

간접적인 비용들(indirect costs)은 프로그램과 관련된 간접비, 제3자에 대한 溢出비용(spillover costs), 환경에 대한 손상, 미적 정서의 상실(lost of aesthetics), 야생(widerness)이나 레크리에이션 가치의 상실, 프로그램이나 프로젝트에 직접적으로 관련되지 않은 제3자에 대한 영향(외부효과) 등을 예로 들 수 있다.

(4) 한계비용

프로그램이나 프로젝트의 전체적인 수익성을 검토할 때에는 프로그램이나 프로젝트를 시작해서부터 종결할 때까지의 싸이클에서 소요되는 총비용을 고려할 필요가 있다. 그러나 프로그램이나 프로젝트 싸이클의 어느 시점에서 이 프로젝트나 프로그램을 수행하는 기관이 이것을 계속할 것인지 또는 중단할 것인지, 또는 추가적으로 확대할 것인지를 결정할 때에는 한계편익 및 비용만을 고려한다. 여기서 한계비용은 어차피 발생되었을 비용들에 추가적으로 발생하는 비용들이다.

현실적으로 수행하는 분석은 하나의 점증적인 단위들(single incremental units)에 대하여 수행되는 것은 아니지만, 분석가는 프로그램의 생산을 계속할 것인지의 여부를 결정할 때에는 그 한계에서 프로그램을 분석하려고 한다. 어떤 프로그램이나 프로젝트를 검토함에 있어서 분석가는 항상 현상유지에서 출발해야 한다. 여기서 현상유지란 프로그램이나 프로젝트에 대한 현재의 지출수준을 변화시키지 않는 것이다. 새로운 프로그램이나 프로젝트를 검토할 때에는 베이스라인(baseline)을 제공하기 위하여 "아무 것도 하지 않는" 대안을 항상 포함시켜야 한다. 그러므로 프로그램 대안을 검토할 때 고려해야 할 비용들은 더 이상의 추가적인 액션을 취하지 않을 때(베이스라인) 어쨌든 발생할 비용에 더해서 추가적으로 발생할 비용들이다.

(5) 고정비용과 변동비용

고정비용은 프로그램이나 프로젝트의 규모에 관계없이 일정하게 들어가는 비용들이고, 변동비용은 프로그램의 규모에 따라 변화하는 비용들이다. 이 고정비용과 변동비용에 대한 구분은 프로그램이나 프로젝트의 규모를 증가시키거나 축소시킴에 따라서 프로그램이나 프로젝트로부터 나오는 한계편익들이 증가하거나 감소하는 경우, 그 규모를 결정하고자 할 때 특히 중요하다.

2. 구성요소 방법에 의한 직접비용의 추정

1) 구성요소 방법에 대한 이해

구성요소(ingredients) 방법의 기본아이디어는 모든 프로그램이나 프로젝트들은 어떤 값이나 비용을 가진 구성요소들을 사용한다는 것이다. 그러므로 만일 어떠한 프로그램이나 프로젝트를 수행하는 데 필요한 구성요소들을 모두 식별해 낼 수 있고, 그들의 비용들을 확인할 수 있다면, 이 프로그램을 수행하는 데 소요되는 총비용과 아울러 이 프로그램의 수행으로 산출되는 결과, 즉 효과나 편익 또는 효용 등의 매 단위당 비용도 추정해 낼 수 있을 것이라는 것이다(Levin and McEwan, 2001: 45). 또한 이 방법을 사용함으로써 의사결정자들과 이해관계자들은 그 비용이 이 프로그램을 후원하는 기관, 자금을 지원하는 기관, 기부자 및 고객들에게 어떻게 배분되는가 하는 것도 알 수 있게 될 것이다.

구성요소방법에 의하여 비용을 추정하기 위해서는 먼저 프로그램이나 프로젝트를 수행하는 데 필요한 모든 자원들의 구성요소들을 식별해야 한다. 이것은 이 프로그램을 실행하거나 재생(replicate)하는 데 요구되는 자원의 구성요소들을 결정하는 것을 포함한다. 일반적으로 어떤 사회적 간여 프로그램들은 각 프로그램 대안들을 수행함으로써 어떤 특정한 산출결과를 창출해 낸다. 그러므로 구성요소 방법은 어떤 특정한 프로그램의 산출결과로 나타나는 효과를 얻기 위하여 어떠한 자원들이 필요한가를 질문하고, 이 질문에 대한 대답에 의하여 필요한 모든 자원들을 식별하고, 이들의 비용들을 추정하는 것을 포함한다. 그러므로 어떤 필요한 자원이 기부되거나 헌납되었다고 할지라도 이들을 비용에 포함시켜야 한다. 이러한 구성요소 접근방법을 프로그램 비용을 추정하는 데 사용하기 위해서는 비용의 평가자는 이 프로그램이 달성하고자 하는 목적인 사회적 간여에 익숙하고 조예가 깊어야 한다.

일단 이 구성요소들이 구체화되면, 다음에는 그 각각의 구성요소들에 값(value)을 부여한다. 그리고 이들 각 구성요소들의 모든 값들이 합산되면, 정부간여 또는 프로그램의 수행에 필요한 총비용이 결정된다. 그 뒤의 분석에서도 누가 그것을 지불하느냐, 어떻게 지불하느냐 하는 것 등에 의하여 그 비용들이 나누어진다. 실제 평가 상황에서는 각 대안들의 비용들은 구성요소모형에 의해서 결정될 수 있다. 직접적이며 유형의 비용으로는 인적자원, 자료와 공급물자, 렌트 비용(시설 및 장비), 자본 구매, 토지, 자원 봉사자 등을 예로 들 수 있으며, 직접적이며 무형의 비용으로는 해를 입는데 대한 공포감(fear of harm) 등을 예로 들 수 있다.

2) 구성요소에 대한 가치부여 방법

직접비용을 결정하는 구성요소들이 식별되고 나면, 다음 단계는 각 구성요소들에 대한 값을 결정(pricing)하여야 한다. 이때 구성요소들의 값을 결정하기 위하여 사용하는 개념은 이 구성요소들을 현재 검토하고 있는 프로그램이나 프로젝트에 사용함으로써 다른 목적으로 사용할 수 없게 되었으며, 따라서 그 비용은 다른 용도로 사용하는 것을 포기하거나 희생한 값어치(value)에 해당한다는 기회비용의 개념이다. 그러므로 어떤 프로그램이나 프로젝트의 직접비용의 금전적인 추정치는 각 구성요소들을 다른 최선의 대안들에 사용할 때의 각각의 금전적 가치의 합계라 할 수 있다.

프로그램이나 프로그램을 직접 수행하는 데 필요한 구성요소들에 대한 금전적 가치를 부여하는 가장 공통적인 방법은 경쟁시장의 가격들(market prices)을 사용하는 것이다. 그러나 경쟁시장가격이 존재하지 않는 경우에는 경쟁시장가격에 근사한 추정치로서 잠재가격들(shadow prices)을 사용하여야 한다. 여기서 경쟁시장가격이 존재하지 않는다는 것은 현재 시장에서 통용되는 가격이 세금이나 독점에 의하여 왜곡되거나, 실업 또는 국제수지의 불균형 등의 문제로 시장의 불균형 상태가 존재하는 경우이다. 이 경우 국제시장가격 등을 고려하여 잠재가격을 부여한다.

한편 시간(time), 오락(recreation) 등과 같은 비시장 항목(non-market item)인 경우에도 서베이 방법 등을 통하여 잠재가격을 부여한다.

3. 비용의 추정

1) 비용의 카테고리별 측정의 접근방법

우리는 앞에서 편익과 비용의 추정의 틀과 비용의 추정에 사용되는 구성요소 방법에 대하여 논의하였다. 비용의 카테고리별 측정은 이러한 논의에 대한 이해에 그 토대를 두고 있다. 다음 [표 10-2]에는 다섯 가지 비용의 카테고리별로 비용이 예시되어 있고, 각각에 대한 측정의 접근방법들이 기술되어 있다(Key, 2004: 511). 예컨대 직원에 대한 인건비는 직접비용이고, 유형(有形)의 비용이며, 임금과 급부금에 의하여 측정할 수 있다. 또한 일반적인 간접비는 간접비용이고, 유형(有形)에 속하며, 표준적인 할당공식 또는 활동에 기초한 비용배분에 의하여 측정할 수 있다. 이와 같은 비용의 유형 측정은 프로그램이나 프로젝트의 총비용을 추정하는 기초가 된다.

2) 프로그램의 총비용

하나의 프로그램 또는 하나의 프로젝트의 총비용은 이 프로그램이나 프로젝트를 수행하는 활동들의 성격과 관련하여 비용의 카테고리별 측정방법들을 적용함으로써 추정할 수 있다. 직접비용과 간접비용들을 포함한 여러 가지 유형의 프로그램 비용들은 다음과 같이 프로그램 활동들을 성격에 따라 분류하고, 각 성격유형별로 추정하면 활동의 성격별로 프로그램 비용을 파악할 수 있고, 추정하는 데도 도움이 된다(Key, 2004: 512).

- 일회적 또는 선행비용(up-front costs): 연구와 발전, 파일럿 프로젝트(pilot project) 및 컴퓨터 소프트웨어
- 계속적인 투자비용: 토지, 선물 및 시설들, 장비와 차량들, 기타 그 수명이 1년을 초과하는 지출
- 반복적으로 발생하는 비용(recurring costs): 운영과 유지관리, 직원봉급, 임금 및 부가급부(fringe benefits), 자재와 보급물품 및 간접비
- 순응비용, 다른 정부기관이나 제3자들에 지불하는 비용들을 포함한 간접비용과 부차적인 비용들(secondary costs): 새로운 보건 및 안전규제에 따르기 위한 기업체의 비용 또는 프로그램에 의하여 영향을 받는 직원들의 재배치에 따른 비용 등.

[표 10-2] 비용의 카테고리별 주요 측정의 접근방법

비용의 카테고리	비용의 예	측정의 접근방법
직접적, 유형의 비용	직원	임금과 급부금
	자료들과 공급품	현재의 지출
	시설, 장비 등의 렌트	공정한 시장의 렌트가격
	자본재의 구입	감가상각에 감가상각하지 않은 부분에 대한 이자를 합친 것, 또는 감가상각과 이자를 합친 것에 대한 연도별화한 비용(annualized cost)
	토지	차선의 활용 또는 시장가격에 이자율을 곱한 것
	자원봉사자	시장 또는 여가 가치(leisure value)
직접적, 무형의 비용	해(harm)를 입는 데 대한 공포	
간접적, 유형의 비용	일반적인 간접비	표준적인 할당공식 또는 활동에 기초한 비용 배분
	제3자에 대한 일출효과(spillover effect) 비용, 환경의 손상	임팩트나 경감(mitigation)비용의 추정
	순응비용 또는 고객 비용(client cost)	시간, 돈 등 요구되는 자원
간접적, 무형의 비용	미적정서(aesthetics)의 손실	가치평가(valuation)에 대한 서베이
이전 비용	세금과 보조금, 비즈니스와 산업의 수익성의 변화, 상대적인 토지가치의 변화	순수한 이전은 사회에 순이익이나 순손실을 초래하는 것은 아니지만, 그것들의 배분적 결과들 때문에 정책결정자들에게 중요할 수도 있음

4. 규제영향분석을 위한 사회적 비용의 추정

우리는 앞에서 사회적 간여로서의 공공프로그램이나 프로젝트들의 수행에 따르는 비용의 개념과 추정방법들에 대하여 살펴보았다. 규제영향분석을 위한 사회적 비용의 추정은 이러한 사회적 간여에 따른 편익비용분석을 응용하여 규제의 도입에 따른 사회적 편익과 비용을 분석하는 기초가 된다. 우리는 뒤에서 규제영향분석의 방법과 절차를 설명하고자 하는데, 여기에서는 그러한 규제영향분석에 필요한 사회적 비용추정의 방법을 사회적 간여에 따른 비용의 추정과 연계하여 살펴보고자 한다.

1) 사회적 비용분석의 이론적 토대

(1) 기본개념

규제영향분석과 관련된 총사회적 비용은 새로운 규제정책 때문에 사회에 발생한 기회비용의 합계이다. 사회적 간여 프로그램에 있어서와 마찬가지로 규제에 따른 기회비용은 규제에 순응하기 위하여, 그리고 규제를 집행하기 위하여 자원을 사용함으로써 사회가 잃게 된 재화와 서비스의 값(value)이다. 그러나 이들 비용은 건강, 환경, 안전, 기타 사회복지비용들을 상쇄할 다른 편익들을 계산하지 않는 것이다.

(2) 사회비용의 다섯 가지 기본적인 구성요소들

규제에 따른 사회비용은 실질자원 순응비용, 정부의 규제비용, 사회적 복지손실, 전환비용, 간접비용 등이다.

· 실질자원 순응비용(real-resources compliance costs): 이들 직접비용들은 총사회비용의 주된 구성요소들이다. 이들은 ① 새로운 오염통제장비의 구입, 설치 및 운영과 관련된 비용 ② 기존의 것과 다른 투입들 또는 다른 투입의 혼합물(different mixture of input)들을 사용함으로써 생산 공정을 변경시키는 것과 관련된 비용, ③ 폐기생산물(waste products)을 수집, 판매 또는 재활용하는 것과 관련된 비용 등이다.

· 정부의 규제비용: 이 비용들은 새로운 규제와 관련된 모니터링, 행정 및 강제 시행비용(enforcement costs) 등을 포함한다.

· 사회적 복지손실: 이들은 규제정책의 시행결과로 일어나는 재화와 서비스의

산출물의 감소 또는 가격의 상승으로 인한 소비자잉여(consumer surplus) 및 생산자 잉여(product surplus)의 감소이다.

· **전환비용**(transitional costs): 이들은 규제 때문에 생산이 감소됨으로써 대체되는 자원의 값과 이들 자원들을 재배치하는 것과 관련된 민간부문의 실질자원비용(private real resources costs)이다.

· **간접비용**: 이들 비용들은 규제정책이 생산되는 제품의 질, 생산성, 혁신 등에 미치는 역효과와 규제정책에 의해 간접적인 영향을 받아 시장이 변화하는 것들을 포함한다.

2) 사회적 비용분석의 일반적 접근방법

(1) 다양한 유형의 사회적 비용의 결정

규제에 의하여 영향을 받는 시장에서의 사회적 비용의 변화는 새로운 규제의 결과로 일어나는 직접, 간접 및 전환효과들(transitional effects)을 검토함으로써 평가된다. 새로운 규제에 의하여 어떻게 공급과 수요방정식이 변화하는가를 결정하기 위하여 검토하는 데 필요한 사회적 비용의 유형을 예시하면, [표 10-3]과 같다.

· **직접적인 사회적 비용**: 새로운 환경규제에 따른 직접적인 사회적 비용은 ① 민간의 실질자원 순응비용의 변화, ② 정부의 추가적인 규제비용, ③ 사회적 복지의 손실, ④ 전환적 사회비용 등이다.

· **일반적 균형**(간접)**효과에 의한 비용**: 여타의 가능한 다른 사회적 비용인 생산품의 질, 생산성, 혁신 및 시장구조 등에 영향을 미침으로써 일어난다. 이것을 계량화하기 위해서는 복잡한 동태모형의 작성을 요한다.

(2) 사회적 비용추정을 위한 모형작성도구들(modeling tools)

· **직접적인 순응비용 방법**: 이 방법은 가장 단순한 접근방법으로 널리 활용된다. 이 방법을 사용하는 경우 새로운 정책에 대한 사회적 비용은 회사가 채택할 것으로 예상되는 순응옵션들에 대한 최초의 엔지니어링 및 기타의 순응비용과 동일한 것으로 본다. 그리고 추가적인 모형작성 노력은 수행되지 않는다.

· **부분균형분석**(partial equilibrium analysis): 이 방법은 새로운 환경규제로 영향을 받는 시장에 대한 부분균형 공급과 수요모형을 작성하여 사용함으로써 생산자와 소비자의 순응비용들을 추정해 낸다.

[표 10-3] 사회적 비용 카테고리의 예

사회적 비용 카테고리	예
실질자원 순응비용	·새로운 장비 자본비용 ·새로운 장비의 운영과 유지 ·폐기물 수거 및 처리, 판매 및 재활용 ·생산 공정 및 투입의 변화 ·다른 장비의 유지의 변화
정부부문 규제비용	·훈련/행정 ·모니터링/보고 ·강제시행/소송 ·허가
사회복지 손실	·더 비싼 소비자 및 생산자 가격 ·법률/행정비용
전환적 사회비용	·실업 ·회사의 폐쇄 ·다른 시장으로의 자원이동 ·거래비용(transaction costs) ·생산 장애

자료: Morgenstern, 1999: 99-118.

· **복수시장모형**(multi-market models): 이 모형은 하나의 시장에 국한하지 않고 복수의 시장에까지 탐구의 영역을 확대함으로써 부분균형분석을 확대한다. 복수시장분석은 시장들 간의 상호작용을 어느 정도라도 포착해 내려고 시도한다.

· **일반균형분석**: 부분균형모형이나 복수시장균형모형들은 정책이 한정된 수의 시장에 영향을 미칠 것으로 가정될 때 사용하기에 적절하다. 그러나 이들 모형들은 다수의 산업부문들 간의 상호작용을 포착해내지 못한다. 예컨대 환경세를 포함한 많은 환경정책들은 정책이 적용되는 부분에 대한 직접적 및 溢出효과(spillover effects) 및 피드백 효과 등을 통한 간접효과 등으로 여러 부문들에 영향을 미칠 것으로 기대된다. 일반균형모형은 경제의 모든 부문들 간의 연계들을 일관되게 고려할 수 있는 능력을 가지고 있다. 사회적 비용을

분석하기 위하여 사용되는 주요 일반균형모형들은 투입산출모형(input-output model), 선형계획모형 및 계산 가능한 일반균형모형(computable general equilibrium model: CGE) 등이다.

제 2 절 편익의 추정

1. 편익 측정의 난점과 편익의 측정

1) 편익가치 측정상의 난점

사회적 간여의 편익은 공공프로그램이나 프로젝트의 시행으로 사회복지를 증진시키거나 감소시키는 모든 것을 포함한다. 이들 대규모 공공프로그램이나 프로젝트의 편익의 추정은 매우 어렵다. 이는 공공프로그램이 일반대중의 복지를 증진시킬 수 있도록 설계된다고 할 수 있으나, 사회복지라고 하는 개념 그 자체가 모호하고 내적으로 상호 충돌됨으로써 넓은 범위에 걸쳐서 그 타당성이 인정될 수 있는 단일한 목적함수 개발의 소지를 배제하는 데서 기인된다.

또한 공공프로그램의 편익을 추정함에 있어서는 누구의 입장에서 보느냐 하는 것이 편익의 추정에 큰 영향을 미치게 된다. 편익의 추정과정에서 보는 입장은 ① 공공프로그램으로 손해를 보거나 이익을 보는 개인, ② 어느 특정한 정부기관, ③ 어느 시·군·도 등 한정된 지역, ④ 전체국가 등 여러 가지가 있다.

위와 같이 보는 입장이 다름에 따라서 실제의 정책결정과정에서는 유망한 공공프로그램의 대안이 고려의 대상에서 제외되는 사례가 종종 나타나고 있다.

개인의 입장이 아닌 공공의 입장에서 프로그램을 평가한다는 것은 단지 개인들의 소망만을 고려하는 경우와는 근본적으로 다른 것이다. 공공프로그램을 평가함에 있어서 분석가는 단지 개인들의 가능한 효용들을 추정할 뿐 아니라, 각 개인들의 느낌에 대한 상대적인 메리트(merit)를 평가함으로써 사회 전체로서 무엇이 가장 소망스러운 것인지를 판단할 수 있어야 한다. 더욱이 전체적인 사회복지는 각 개인들의 효용들의 단순한 집합이 될 수 없으며, 사회는 산출물의 배분을 고려하지 않으면 안 된다. 그러나 한 사회의 산출물의 최적배분은 어떠한 이론적 기초 위에서 이루어질 수 있는 것이 아니고, 그보다는 오히려 윤리적이며 사회 도덕적인 기초 위에서 이루어지지 않으면 안 된다. 따라서 편익측정의 기초가 되는 목적함수의 결정은 언제나 모호한 상태로 남아 있을 수밖에 없는 것이다.

대규모 공공프로그램의 평가에 있어서 편익의 추정은 또한 소규모 공공프로그램의 편익의 추정과는 매우 다른 경우도 있다. 즉 소규모 프로그램의 경우에 있어서는 한계분석(marginal analysis)을 통하여 한계수익과 한계비용이 동일하게 되도록 하는 최적규모를 결정할 수 있는 것이 일반적이다. 다시 말하면 프로그램이 소규모이고 사회에 대하여 한계적 영향(marginal effect)만을 미칠 때에는 한계수익과 한계비용은 시장가격들을 통하여 쉽사리 추정할 수 있는 것이 일반적이다. 그러나 프로그램의 규모가 대형화될 경우에는 사용된 자원이나 산출물에 대한 가격만을 고려하여 대안들을 비교할 수는 없게 된다. 특히 사용된 자원이나 산출물이 수출입과 관계되어 있는 경우에는 더욱 그렇다. 왜냐하면 대규모 프로그램은 자원이나 산출물의 가격의 일부를 변화시킬 수 있기 때문이다.

공공프로그램에 대한 투입물이나 산출물들의 상대적인 가치는 시장가격을 가지고 있지 않기 때문에 쉽게 주어질 수 없는 경우가 많다. 그리고 비록 상대적 가치가 주어질 수 있다고 할지라도 그것을 추정하기가 지극히 어려운 경우가 대부분이다. 이로 말미암아 공공프로그램의 편익분석은 왜곡될 소지를 내포하고 있다.

어떤 공공프로그램의 산출물이나 서비스는 처음부터 나눌 수 없는 성질의 것이기 때문에 시장을 통해 그 몫을 나누어 가질 수 없는 경우도 있다. 예컨대 지역사회를 적의 공격이나 홍수 등과 같은 어떤 재난으로부터 보호하는 것은 분리가 불가능한 산출물이며, 그렇기 때문에 일부 주민에게만 부분적으로 서비스를 제공할 수는 없는 것이다.

한계비용이나 한계수익을 효과적으로 결정할 수 있는 시장메커니즘(mechanism)도 홍수예방 프로그램과 같이 일단 댐이 건설되고 나면 그 서비스를 분리하여 매매할 수 없는 경우에는 그 기능을 발휘하지 못한다. 또 어떤 유형의 프로그램이나 서비스의 경우에는 생산자에게가 아니라 일반대중 전체에게 비용이나 편익을 발생시키는 경우도 있다.

이와 같은 외부경제는 편익의 추정을 어렵게 하는 또 다른 원인의 하나가 되고 있다. 그 외에도 어떤 프로그램의 경우에는 그 프로그램의 산출결과에 대한 불완전한 지식과 불확실성 등으로 인하여 그 편익의 추정이 어려운 경우도 있다.

그러므로 편익의 추정과 그 산출결과의 활용에 있어서는 이와 같은 여러 가지 어려움이 따르고 불확실성의 여지가 항상 개재되어 있다는 것을 염두에 두어야 하며, 개개의 프로그램에 대하여 그에 적절한 편익의 추정방법을 개발할 수 있도록 노력하여야 한다.

2) 편익측정의 접근방법

(1) 소비자잉여

소비자잉여는 효용을 금전적 가치로 표현하고자 하는 하나의 개념이다. 소비자잉여는 소비자들이 어떤 재화나 서비스에 대하여 지불하고자 하는 의사(willingness to pay: WTP)와 실제로 그들이 지불한 값 간의 차로서 정의된다.

어떤 재화나 서비스에 대한 가격은 다음과 같이 표현된다.

가격＝g(양, 특성, 환경)　　　　　　　　　　‥‥‥‥‥‥ (10. 1)

식(10. 1)은 소비자가 주어진 상황하에서 어떤 주어진 특성을 가진 재화나 서비스의 일정량에 대하여 지불하고자 하는 가치를 표시하고 있다. 일반적으로 사람들은 가능한 한 적게 지불하고자 하는 경향이 있기 때문에 식(10. 1)은 일반소비자들이 지불하고자 하는 가격이며, 이와 같이 지불하고자 하는 가격에 의하여 계산된 가격을 바로 그 재화나 서비스에 대한 그들의 효용을 나타내는 것으로 보는 것이다.

소비자잉여는 [그림 10-1]에서 보는 바와 같이 수요곡선과 가격으로 나타내질

[그림 10-1]   소비자잉여

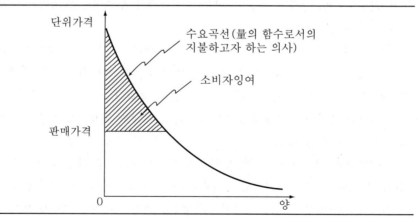

수 있다.

[그림 10-1]에서 수요곡선은 어떤 재화나 서비스에 대한 효용과 돈 사이에 사용자의 선호가 무차별하다는 것을 나타내는 것이기 때문에 수요곡선은 상품이나 서비스에 대한 효용을 금전적 가격으로 표시한 것으로 간주할 수 있다.

따라서 금전적 단위로 표현된 소비자잉여는 소비자들에게 제공된 효용과 생산에 투입된 비용과의 차로서 나타내질 수 있다. 그러므로 소비자잉여의 극대화는 소비자들의 경제적 효용의 극대화가 가능하도록 할 수 있는 아주 근사한 대체적 표현이라 할 수 있을 것이다.

소비자잉여의 분석을 통한 공공프로그램이나 프로젝트의 평가는 대규모 공공투자의 분석에 널리 이용되어 오고 있다. 특히 프로그램이나 프로젝트의 규모가 아주 커서 그 산출물에 대한 가격의 변동이 한계적 변동이 아닌 경우에도 경제적 편익을 추정할 수 있는 유일한 효과적 방법이라 할 수 있다(Friedlaender, 1965). 어떤 분석에서는 때로는 소비자잉여라는 용어를 명시적으로 쓰지 않는다고 할지라도 실질적으로는 소비자잉여와 동일한 개념을 사용하는 경우도 있다. 그의 한 예로서 고속도로의 건설프로젝트에 대한 경제성 분석을 들 수 있다(American Association of State Highway Officials, 1960).

소비자잉여의 변화를 추정하기 위해서는 관심의 대상이 되고 있는 프로그램이나 프로젝트가 완성되기 전후의 재화 또는 서비스에 대한 가격과 그 양을 알 필요

[그림 10-2] 소비자잉여의 변화

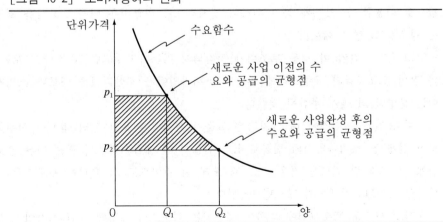

가 있다. 만일 [그림 10-2]에서 보는 바와 같이 네 개의 양 및 가격, 즉 (P_1, Q_1) 및 (P_2, Q_2) 등을 알 수 있다면 소비자잉여의 변화는 다음과 같이 추정할 수 있다.

$$\Delta(\text{소비자잉여}) = \frac{(P_1 - P_2)(Q_1 + Q_2)}{2} \qquad\cdots\cdots\cdots\cdots (10.\ 2)$$

소비자잉여의 변화는 앞의 [그림 10-2]의 사선을 그은 부분으로 나타나고 있다.

만일 어떤 공공프로그램이나 프로젝트에 의하여 제공되는 서비스가 일상적으로 사고 팔 수 있는 것이라면 소비자잉여의 추정은 비교적 쉽게 이루어질 수 있을 것이다. 전기 등이 그 좋은 예이다. 프로그램을 완성하기 이전의 P_1과 Q_1의 값들과 프로그램을 완성한 후의 공급량 Q_2는 미리 알려질 수 있을 것이며, 새로운 균형값 P_2는 수요함수에 의해 계산이 가능하게 되는데 이것은 수요의 가격탄력성에서 유도되거나 또는 시장에 대한 지식으로부터 추산될 수 있다.

소비자잉여를 계산하는 과정에서 가장 주의하여야 할 점의 하나는 의도적인 가격정책을 통한 가격조정의 효과에 의하여 발생된 소비자잉여와 균형가격에 의한 소비자잉여는 이를 분리하여 균형가격에 의한 소비자잉여만을 진정한 의미의 소비자잉여로 간주하여야 한다는 점이다. 전력이나 홍수통제와 같은 독점적 사업이라든지 또는 공공이 소유자가 되는 사업의 경우에 있어서는 가격정책에 의하여 총비용을 커버하는 것 이상 또는 그 이하로 가격을 책정할 수 있고, 또 때로는 그것이 바람직한 경우도 있을 것이다. 시에서 운영하는 지하철의 경우 일반대중들이 좀 더 싼 값으로 이용할 수 있도록 하기 위하여 정책적으로 평균비용 이하로 요금을 결정하는 경우가 그 좋은 예이다.

그러므로 만일 이 경우 보조비가 차감되지 않는다면 [그림 10-3]에서 보는 바와 같이 수요공급의 균형가격에 의하여 소비자잉여가 계산되었을 때보다 소비자잉여는 분명히 더 높게 추산될 것이다.

이와 같은 서비스에 대한 가격은 그들이 실질적 비용과 달리 정책을 시행함으로써 얻게 된 소비자잉여의 변화로서, 국민들이 낸 세금이라든지 또는 다른 프로그램에 서 얻게 된 편익을 전용함으로써 오게 된 것이므로 그 효과는 프로그램의 소비자잉여로부터 삭제되지 않으면 안 된다.

만일 새로운 프로그램에 의하여 제공되는 서비스나 재화에 대한 시장이 형성되

[그림 10-3] 가격정책에 의한 소비자잉여의 변경

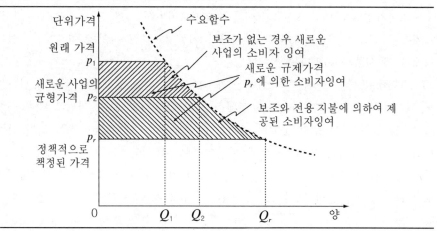

어 있다면 소비자잉여의 추정은 그리 어려운 작업이 아닐 것이다. 그러나 만일 시
장이 형성되어 있지 않다면 소비자잉여의 추정은 훨씬 더 어려운 작업이 되지 않을
수 없다. 그런데 실제로 소비자잉여의 추정이 더 절실히 필요한 경우에는 바로 후
자와 같은 상황이라는 데 문제가 있는 것이다.

어떤 프로그램의 산출물은 무형적인 것이어서 금전적 가치를 부여할 수 없는
경우도 있고, 또 어떤 프로그램의 산출물은 사용하는 데에는 가치가 있으나 이것을
교환하는 데에는 정부가 재산권을 가지고 있지 않기 때문에 어떤 가치를 설정하기
어려운 경우도 있다. 전자의 경우로서는 어떤 프로그램을 위하여 유명한 유적지를
파손해야만 하는 경우의 사회비용의 추정을 예로 들 수 있고, 후자의 경우로서는
대기 또는 물질의 질에 대한 가치를 예로 들 수 있다.

이와 같은 문제점들은 그 사업이 당면한 상황에 따라 고유한 것들이기 때문에
그러한 상황들을 감안하여 그 상황에 적합한 가치부여의 방법들을 모색하여야
한다.

어떤 경우에는 유사한 서비스에 대하여 유사한 집단들이 지불하고자 하는 가치
(WTP)를 추정하기도 하고, 어느 경우에는 제공하는 서비스의 효과를 추산해 보고
금전적 가치를 결정하기도 한다. 고속도로의 개수에 따른 주요 편익의 추정은 전자
의 예이고, 관개용수의 가치추정은 후자의 예이다. 그러나 위에서 말한 방법들의 적
용이 어려운 경우에는 정치적 과정을 거쳐서 지불하고자 하는 값을 결정하여야만

하는 경우도 많은 것이다.

소비자잉여에 의한 프로그램이나 프로젝트평가의 가장 큰 약점은 소비자잉여의 크기를 결정하는 지불하고자 하는 의사가 기본적으로는 개인의 지불할 수 있는 능력에 크게 의존되고 있다는 점이다.

그런데 돈에 대한 상대적 효용은 개인에 따라 다르기 때문에 이것이 다른 사람들 간의 효용을 비교할 수 있는 토대를 제공해 준다고 보기 어려운 경우도 있다. 또한 한 사회에서의 부의 분배가 공평하게 이루어져 있지 않은 경우, 집단 간에 경제적 능력의 차이를 가져옴으로써 이것이 개인이 지불하고자 하는 의사에 영향을 미친다고 볼 때 과연 지불하고자 하는 의사에 기초를 두어 계산된 소비자잉여가 프로그램의 평가의 올바른 척도로 간주될 수 있느냐 하는 의문이 제기될 수도 있는 것이다.

이상의 논의를 종합해 볼 때 소비자잉여는 동질적인 집단 내에서의 어떤 프로그램을 평가하는 데 유용한 기준이 될 수 있으며, 만일 서로 이질적인 집단과 관련된 사업의 프로그램의 경우에 있어서는 소비자잉여라는 기준과 아울러 배분의 기준 등 다목적 평가기준에 의한 분석방법을 도입하여야 할 것이다.

(2) 지불의사와 보상의 수용의사

이미 위에서 논의한 바와 같이 프로그램이나 프로젝트에 의한 편익의 측정은 지불하고자 하는 의사(willingness to pay: WTP)와 보상의 수용의사(willingness to accept: WTA)에 의하여 이루어진다.

경제이론은 개인들이 서로 다른 한 "묶음"의 상품, 서비스 및 돈들을 교환(trade-off)함으로써 동일한 수준의 효용(utility)을 유지할 수 있다고 전제한다. 개인들이 수행하는 교환은 그들이 이들 상품이나 서비스에 부여하는 가치에 대한 정보를 나타낸다. 상품과 서비스의 가치는 상품이나 서비스를 보상(compensation) 혹은 교환을 하려는 의사인 지불의사나 보상을 받아들이려는 의사로 측정될 수 있다. 지불하고자 하는 의사와 보상의 수용의사가 반드시 일치하는 것은 아니다. 예컨대 환경개선을 실현하기 위하여 한 개인이 지불하고자 하는 액수는 이러한 개선이 없이 지내는 것을 수락하기 위하여 받아들이고자 하는 액수와 반드시 동일한 것은 아니다. 그 중요한 이유들 중의 하나는 측정의 출발점이 다르기 때문이다.

한 프로그램의 편익은 이 프로그램에 의하여 영향을 받는 각 개인들의 WTP의 단순한 합계이다. 편익비용분석은 단지 프로그램 선택의 효율성만을 평가하는 것이기 때문에, 각 개인들의 WTP는 합산하는 과정에서 동일한 비중을 두어야 한다.

(3) 시장재(market goods)와 비시장재(non-market goods)의 측정

시장재는 소비자잉여(consumer surplus) 및 수요곡선에 의하여 측정한다. 이에 비해서 비시장재는 사회과학이 발전시킨 여러 가지 조사방법들을 사용하여 측정한다. 비시장재의 예로서 "깨끗한 공기"와 "깨끗한 물"을 들 수 있다. 이들 "깨끗한 공기"나 "깨끗한 물"은 사고팔 수 있는 것이 아니기 때문에 일반적으로 편익의 가치를 평가(benefit valuation)할 수 있는 시장의 자료(data)가 이용가능하지 않다. 경제학자들은 이러한 유형의 효과들에 대한 편익가치를 유도해내는(elicit) 다른 방법들을 개발해 냈다. 이 방법들은 관련이 있는 재화들에 대한 시장정보, 즉 표출된 선호방법(revealed preference methods)이나 사람들의 선호에 대한 직접적인 정보 즉 진술된 선호방법(stated preference methods) 등에 의존한다.

· **표출된 선호방법**: 표출된 선호방법은 산출결과에 대한 가치평가를 할 수 있는 시장 데이터(data)들이 존재하지 않을 때, 시장에서 거래되는 관련된 재화들(goods)을 관찰함으로써 지불하고자 하는 의사(WTP)를 측정하는 방법이다. 표출된 선호방법은 관련된 시장에서의 사람들의 행태가 예컨대 환경개선에 대해서 그들이 부여하는 가치를 나타낸다고 볼 수 있기 때문에 붙여진 이름이다. 여기에 속하는 대표적인 네 가지 가치평가의 방법들은 레크리에이션 수요모형(recreation demand model), 헤도닉 가격법(hedonic pricing methods), 회피행태모형(averting behavior models) 및 질병비용법(cost-of-illness methods) 등이다. 여기서 헤도닉 가격은 같은 평수의 아파트라고 하더라도 강이나 숲을 바라볼 수 있는 아파트의 값이 그렇지 못한 아파트의 값보다 더 비싼 것을 예로 들 수 있다. 그리고 회피행태는 오염가능성이 높은 수돗물 대신에 상점에서 판매하는 생수를 구입하여 먹는 경우와 같은 행태를 예로 들 수 있다. 질병비용법은 병으로 인하여 출근하지 못하는 데 따른 비용과 병원에 입원하는 경우를 포함한 병치료에 소요되는 비용들을 예로 들 수 있다.

· **진술된 선호방법**: 이 방법은 프로그램 산출결과에 대한 WTP를 직접적으로 측정하려는 접근방법이다. 예컨대 환경재화와 서비스에 대한 가치평가를 관찰된 행태를 기초로 하려고 하는 표출된 선호방법들과는 달리, 진술된 선호방법들은 환경재화와 서비스들에 대한 가치를 평가하기 위하여 응답자들의 선호들을 직접적으로 그들에게 질문하는 서베이(survey)를 통하여 데이터를

얻는 방법들이다. 이 방법들은 조건부 가치평가(contingent valuation: CV)와 상황적 서열부여(contingent ranking: CR) 등을 포함한다. 이들 방법들의 공통적인 특징은 가상적인 시장에서 그들이 선택할 것 같은 것에 대하여 구성원들에게 직접적으로 질문한다는 것이다.

모든 진술된 가치평가의 방법들은 주어진 상황에서 하나의 대상(object)을 다른 것의 위 또는 아래에 놓을 수 있는 선호에 대한 사람들의 타고난 능력 (innate ability to prefer)에 의존한다. 진술된 선호방법들을 적용하기 위해서는 가치평가의 상황이 서베이 도구에 기술된다. 진술된 선호방법들의 서베이는 새로운 재화들(goods), 제한된 선택의 세트(set) 및 가상적 시장 등을 기술할 수 있기 때문에, 이 방법들은 표출된 선호의 방법들에 이용 가능한 가치평가의 방법들을 훨씬 뛰어넘는 가치평가의 가능성을 제공한다. 그러나 가상적인 의사결정상황의 상정은 서베이 결과의 타당성에 대한 심각한 우려를 제기한다는 약점을 가지고 있다.

2. 편익의 카테고리와 편익가치평가의 접근방법

1) 편익의 카테고리

이미 비용의 측정에서도 기술한 바와 같이 편익은 실질적 편익(real benefit)과 이전편익(transfer benefit), 직접적 편익과 간접적 편익(indirect benefit), 유형의 편익과 무형의 편익 등으로 나눌 수 있다.

실질적인 편익은 사회의 순이득(net gains)인데 비해서 이전편익은 단지 사회 내에서의 자원의 배분을 바꾼 것에 불과하다. 물론 이러한 이전편익을 분석하여 제시하는 것은 의사결정자의 판단에 도움이 된다. 프로그램이나 프로젝트가 커버하는 지리적 범위가 넓을수록 이전편익과 이전비용이 중요한 이슈로 대두된다.

직접편익은 프로그램이나 프로젝트의 일차적인 목표들과 관련이 되어 있다. 이들 직접적인 편익은 시간과 비용의 절약, 생명의 구제, 생산성의 향상 등을 포함한다. 주의하여야 할 점은 편익은 수입과 동일한 것은 아니라는 것이다. 또한 편익은 프로그램이 없이도 발생한 것 이상으로 프로그램이 수행되었기 때문에 발생한 한계편익들(marginal benefits)을 지칭한다.

간접적 편익은 프로그램이나 프로젝트의 부산물, 승수효과(multipliers), 일출효과

(spillover) 등이다. 그 예로서는 테크놀로지 파생물(technology spin-offs), 지출에 의한 새로운 일자리의 창출 등을 들 수 있다.

한편 유형의 편익들(tangible benefits)은 용이하게 금전적 가치로 전환할 수 있는 것이다. 생산의 증가, 임금의 증가 등을 예로 들 수 있다. 이에 비해서 무형의 편익들(intangible benefits)은 용이하게 가격을 부여할 수 없는 편익들이다. 야생물(widerness)의 가치, 생명의 가치 등을 그 예로 들 수 있다.

2) 편익가치평가의 접근방법

편익의 카테고리별 주요 가치평가의 접근방법은 카테고리별 편익의 예와 같이 논의하면 이해가 용이하다. 다음 [표 10-4]는 편익의 카테고리별 주요 가치평가의 접근방법들을 요약한 것이다(Key, 2004: 511).

[표 10-4]에 나타난 편익가치 평가의 접근방법을 보면 우리는 편익의 유형에

[표 10-4] 편익의 카테고리별 주요 가치평가 접근방법

편익의 카테고리	편익의 예	가치평가의 접근방법
직접적, 유형의 편익	상품과 서비스 생산성의 증가 또는 수입의 증가	공정한 시장가치 또는 지불하고자 하는 의사(WTP)
		생산성이나 수익의 증가, 또는 일생 동안의 수입(lifetime earnings)
	시간 절약	세후 임금률(after tax wage rate)
직접적, 무형의 편익	구제된 생명(lives)	일생 동안의 수입
	더 건강해진 시민들, 생활의 질, 미적정서	서베이 자료나 기타기법들을 이용한 조건에 따른 가치평가
간접적, 유형의 편익	비용의 절약	액션 전과 후의 차이
	제3자에 대한 溢出영향	임팩트의 추정 또는 임팩트의 경감
	승수효과	제안에 의하여 창출된 추가적인 간접적인 일자리
간접적, 무형의 편익	지역사회의 보존, 자기존경심의 증가	

따라 지불하고자 하는 의사(WTP) 등 다양한 조사방법들을 사용하고 있음을 알 수 있다.

3. 규제영향분석을 위한 사회적 편익의 추정

규제영향분석은 환경, 보건, 노동, 교통 등 공공부문 여러 분야의 규제를 새로 도입하거나 기존의 규제를 변경할 때 실시한다. 이와 같이 규제영향분석을 실시하는 대상 분야가 광범위하기 때문에 규제의 신설이나 변경에 따른 사회적 편익의 추정방법도 서로 다양하게 발전하고 있다. 여기에서는 환경규제영향분석에서 널리 활용하고 있는 편익가치의 추정을 중심으로 기초적인 방법론을 살펴보고자 한다.

1) 환경규제 편익추정의 접근방법

(1) 일반적인 규제효과별(effects by effects) 접근방법
이 방법은 3단계를 거쳐서 이루어진다.
- 제1단계: 영향을 받을 가능성이 있는 편익들의 카테고리들을 식별한다. 이것은 규제에 의하여 회피될 수 있는 물리적 영향의 명세서를 발전시킴으로써 이루어진다.
- 제2단계: 크게 나타나는 물리적 영향들을 계량화한다. 이 작업은 가능하면 관리자들, 리스크 평가자들, 생태학 전문가들, 자연과학자들 및 기타의 전문가들과 공통으로 수행한다.
- 제3단계: 이들 효과의 가치를 추정한다. 이 작업은 관심을 가지고 있는 효과에 초점을 맞춘 연구결과들을 사용하거나 유사한 임팩트 추정결과들을 이전(transferring)하여 수행할 수 있다.

(2) 환경정책과 관련된 편익들의 유형
환경정책으로부터 오는 편익들은 크게 직접적으로 인간 및 사람들의 복지에 미치는 영향과 시스템이나 프로세스(process)를 거쳐서 사람들의 복지에 영향을 미치는 것으로 분류할 수 있다.

전자의 카테고리는 암에 의한 사망 등 사망률의 감소, 치명적이 아닌 암 발생, 만성질환, 기타 질병 발생률의 감소 등과 같이 사람들의 건강 증진을 포함한다. 생활편익(amenities)의 증진은 사람들이 직접적으로 경험하는 편익의 또 다른 유형이다. 후자의 카테고리는 각종 시설물들의 손상의 감소, 집합적으로 생태학적 편익으로 명명되는 무수한 다른 효과들을 포함하고 있다.

[표 10-5] 편익의 카테고리, 서비스의 흐름 및 공통적으로 사용된 가치평가 방법들

편익의 카테고리	서비스 흐름의 예	공통적으로 사용된 가치평가 방법
사람의 건강		
사망 리스크	리스크의 감소 · 암에 의한 사망 · 급성사망	· 회피행태 (averting behavior) · 헤도닉 방법(hedonics) · 진술된 선호(stated preference)
발병 리스크	리스크의 감소 · 암 · 천식 · 멀미	· 회피행태 · 질병에 따른 비용 · 헤도닉 방법 · 진술된 선호
생활편익	· 맛 · 냄새 · 가시성	· 회피행태 · 헤도닉 방법 · 진술된 선호
생태학적 편익		
시장: 생산품	공급 · 음식 · 목재 · 연료 · 털 · 섬유 · 가죽 등	· 시장
비시장: 오락 및 취미	공급 · 레크리에이션의 기회 예: 관람, 보트타기, 수영, 등산 등 · 자연경관 등	· 생산함수 · 회피행태 · 헤도닉 방법 · 레크리에이션의 수요 · 진술된 선호
간접적인 생태학적 서비스	· 기후의 온화함 · 홍수예방 · 지하수재충전 · 침전물저장 · 토양보존 · 영양물의 회전 · 야생종의 수분작용 · 생물다양성 · 유전자도서관 · 토양의 비옥화 · 전염병 통제	· 생산함수 · 회피행태 · 진술된 선호
비활동: 존속과 유산가치	서비스와 관련 없음	· 진술된 선호
물질적 손상		· 회피행태 · 시장

[표 10-5]는 이들 각 유형의 편익들, 그러한 편익들의 서비스의 흐름, 공통적으로 사용되는 가치 평가의 방법들을 정리하고 있다.

2) 환경규제와 관련된 편익가치의 평가방법

환경규제와 관련된 편익가치 평가방법들은 앞의 [표 10-5]에서 보는 바와 같이 시장을 통한 방법, 표출된 선호방법(revealed preference methods) 및 진술된 선호(stated preference methods) 등 크게 세 가지 카테고리로 분류된다.

시장을 통한 방법은 환경 재화와 서비스에 대한 직접적인 시장이 존재할 때 사용될 수 있다. 재화의 양적 변화의 편익들은 이들 시장에서의 거래에 관한 자료들을 사용하여 추정할 수 있다. 어떻게 재화를 사고파는가를 앎으로써 경제분석가들은 사람들이 재화의 가치를 어떻게 평가하는가를 직접적으로 추론할 수 있다. 불행하게도 환경재와 서비스에 대한 직접적인 시장은 많은 경우 존재하지 않는다. 이와 같이 시장이 존재하지 않는 경우에는 환경개선의 편익을 측정하기 위하여 다른 대안적 방법들을 사용해야 한다.

표출된 선호방법은 간접적인 접근방법이다. 이 방법은 이미 앞에서 기술한 바와 같이 관련된 시장에서 개인들이 행한 실제적인 선택의 자료들을 사용하여 환경재에 부여한 가치들을 추론한다. 표출된 선호방법은 여행 비용모형(travel cost model)을 포함한 레크리에이션 수요모형(recreational demand model), 헤도닉 임금(hedonic wage) 및 헤도닉 자산모형, 회피행태모형 등을 포함한다. 여기서 회피행태방법은 환경의 질이 변화함에 따라 사람들이 어떤 방어적 형태를 나타내는가를 관찰하여 가치를 평가하는 것을 말한다.

진술된 선호방법은 직접적인 접근방법이다. 이 방법은 서베이(survey)에 개인이 응답하여 만든 가설적인 선택자료들을 사용하여 환경재화에 부여한 가치를 추정한다. 진술된 선호방법은 조건부 가치 평가방법, 상황적 서열법 등을 포함한다.

3) 주요 편익가치 평가방법의 예: 통계적 생명

환경규제들은 조기사망(premature death)을 줄일 가능성이 높은데 이것은 규제 액션의 결과로 "구해진" 통계적 생명들(statistical lives)의 수로 측정된다. 이들 리스크 감소의 편익은 일반적으로 "통계적 생명의 가치(value of statistical life: VSL)"를 사용하여 측정된다. 통계적 생명가치(VSL)는 치사리스크(fatal risk)가 소량 감소하는 데 대하여 지불하고자 하는 금전적 가치(WTP)를 리스크로 나눈 값이다. 예컨대 만일 10,000명의 사람들이 $\frac{1}{10,000}$의 리스크를 줄이는 데 각각 500,000원씩을 지불할 의사가 있다면, 1통계적 생명(1 VSL)을 구하는 값(value)은 500,000원에 10,000을 곱한 값, 즉 50억 원이 된다. 이것은 어느 한 식별할 수 있는 개인의 생명이 이 값으로 평가된다는 것이 아니라, 개인들이 소량의 리스크들의 집합(collection)을 감소시킨 것을 합산한 것이 이 경우에 50억 원의 값어치가 있다는 것이다.

예 10-1 정부의 규제강화에 따른 생명의 가치추정과 인구 모집단 전체의 편익의 추정문제

(1) 이 문제의 베이스라인(조건)은 다음과 같다.

· 5세에서 9세 사이의 아동 1,500만 명이 자전거를 탄다.

· 60명의 아동이 머리를 다치는 사고로 페달자전거를 타다 사망한다.

· 80%의 아동이 헬멧을 착용하지 않았다.

· 28,000원 짜리 자전거용 헬멧을 착용하면 상해를 100% 막을 수 있다.

· 헬멧의 수명은 4년이다.

(2) 정부의 정책

· 정부의 안전규제정책으로 아동들의 헬멧착용률은 증가될 것으로 예상된다. 그러나 조사에 의하면 정부의 정책에도 불구하고 66.67%의 아동들이 그들의 헬멧을 착용하지 않을 것으로 예상되었다.

(3) 과제

위의 베이스라인 조건들을 감안할 때 정부의 안전규제강화에 따른 편익은 얼마가 되겠는가?

[해] 이 안전규제강화에 따른 편익가치의 추정은 두 단계에 따라 이루어진다. 첫 번째 단계는 개인의 VSL을 구하는 단계이고, 두 번째 단계는 모집단 전체의 편익가치를 추정하는 단계이다. 먼저 이 문제에 대한 기술내용을 보면 5세에서 9세 사이의 자전거를 타는 아동들은 모두 1,500만 명이다. 60명의 아동들이 머리에 상처를 입는 사고로 사망하고 있다. 그리고 아동들 가운데 80%가 헬멧을 착용하지 않았다.

그러므로 헬멧을 착용하지 않고 자전거를 타는 아동들의 수는 총 1,200만 명이 된다(1,500만 명×0.8=1,200만 명). 따라서 헬멧을 착용하지 않고 자전거를 타다가 머리에 상처가 나는 사고에 의하여 사망할 확률은 0.000005이다(즉 60명÷1,200만 명=0.000005). 이러한 정보들을 종합하면 만일 1,500만 명의 어린이들이 모두 헬멧을 착

용하지 않는다면 자전거 사고에 의한 총 아동 사망자수는 75명이 될 것이다(1,500만
명×0.000005=75명).

한편 28,000원짜리 자전거 헬멧은 머리 사상을 100% 막을 수 있고, 헬멧은 4년간
사용할 수 있다. 그러므로 헬멧을 1년간 착용하는 데 따르는 평균비용은 7,000원이다.

만일 헬멧을 착용하지 않는다면, 자전거를 타다 발생하는 머리 사상에 의한 사망의
확률은 0.000005이고, 개인들이 확률을 제거하기 위해서 7,000원을 지불하고자(WTP)
한다. 따라서 VSL은 140,000만 원이 된다(7,000÷(5×10⁻⁶)=140,000만 원).

다음은 모집단 전체의 편익을 추정하는 단계이다. 정보에 의하면 새로운 안전규제
강화에도 불구하고 그들의 헬멧을 착용하지 않을 확률은 66.67%인 것으로 조사되었
다. 그러므로 안전규제의 강화에도 불구하고 자전거를 타다가 머리에 상처가 나는 사
고로 사망할 것으로 예상되는 아동의 수는 50명이 된다. 즉 안전규제 강화에도 불구
하고 헬멧 없이 자전거를 타는 아동 수는 10,000,500명(1,500만×0.6667=10,000,500)이
되고, 이 숫자에 자전거를 타다 머리에 상처가 나는 사고로 사망할 확률 0.000005를
곱하면 사망자 수는 50명이 된다. 그러므로 새로운 안전규제 강화로 감소되는 자전거
를 타다 머리에 상처가 나는 사고로 사망하는 아동 사망자의 감소 수는 10명이 된다
(60명－50명=10명).

그런데 앞의 첫 단계에서 구한 개인 사망자들의 VSL은 14억 원이었으므로 이 모집
단 전체의 안전규제 강화에 의한 편익가치의 증가는 모두 140억 원(14억 원×10명=
140억 원)이 된다.

4) 주요 편익가치 평가방법의 예: 사망리스크들(mortality risk value)

경제학자들은 사망 리스크의 소량의 변화 값에 대하여 많은 연구를 해왔다. 경
제학자들이 주로 사용하는 세 개의 접근방법은 임금-리스크 분석(wage-risk
analysis), 조건부 가치평가 및 회피행태연구 등이다. 다음 [표 10-6]은 미국 EPA가
사용하고 있는 추정된 VSL 연구의 몇 가지 예들이다.

[표 10-6]에서 볼 때 추정된 생명값들은 연구자들에 따라 크게 다름을 알 수
있다.

5) 주요 편익가치 평가방법의 예: 질병발생리스크들

병을 앓는 리스크를 감소시키는 데 지불하고자 하는 의사는 질병효과(morbidity
effects)의 값을 측정하는 데 선호되는 방법이다. 이 측정방법은 여러 가지 구성요소
들을 포함하고 있다. 병을 앓는 것은 의료보호(medicare)비용 및 약물치료비용과 같

[표 10-6] 추정된 통계적 생명값(VSL)의 예(평균값, 1997년 $)

연 구	방 법	통계적 생명값 (백만 $)
Kneisner and Leeth(1991-U.S.)	노동시장	0.7
Dillingham(1985)	노동시장	1.1
Miller and Guria(1991)	조건부가치평가(CV)	1.5
Moore and Viscusi(1998)	노동시장	3.0
Viscusi, Magat and Huber(1991)	조건부가치평가(CV)	3.3
Gegax et al.(1985)	조건부가치평가(CV)	4.0
Cousineau, Lecroix and Girard(1988)	노동시장	4.4
Jones-Lee(1988)	조건부가치평가(CV)	4.6
Viscusi(1978, 1979)	노동시장	5.0
Olson(1981)	노동시장	6.3
Viscusi(1981)	노동시장	7.9
Moore and Viscusi(1988)	노동시장	8.8
Kneisner and Leeth(1991-Japan)	노동시장	9.2
Leigh and Folsom(1984)	노동시장	11.0
Leigh(1987)	노동시장	12.6
Garen(1988)	노동시장	16.3

자료: 미국 EPA(1997) 및 Viscusi(1992).

은 직접비용과 유급직으로부터의 시간손실, 집안의 유지, 여가의 활용 등과 관련된 간접비용을 초래한다. 병을 앓는 것은 또한 불안, 초조, 고통 등으로부터 오는 실질 비용을 초래한다. WTP를 추정하는 방법은 이들 구성요소들을 포착할 수 있는 정도 에 따라 여러 가지 변형된 형태를 띤다.

　질병 발생 값들(morbidity values)을 추정하는 데는 병을 앓는 비용(cost of

illness), 회피행태, 진술된 선호방법 등이 널리 이용되고 있다. 또한 기존에 추정된 질병 발생 값을 사용한 편익이전(benefit transfer)도 중요한 방법이다.

6) 주요 가치평가 방법의 예: 조건부 가치평가

(1) 조건부 가치평가의 의의

조건부 가치평가방법은 1960년대 Danio가 야외 레크리에이션 기회의 가치평가에 사용함으로써 비시장적 가치평가에 사용되기 시작하였다(Brown, 2003: 99-110). 1986년에는 미국 EPA가 후원한 조건부 가치평가에 대한 워크숍이 개최되어 CV방법들을 통합하려고 시도하였다.

조건부가치(CV) 방법은 응답자들에게 기술된 가상적인 상품에 대하여 어떠한 특정한 양의 값을 지불할 용의가 있는지를 질문하거나 그 상품에 대하여 그들이 지불하고자 하는 가장 높은 값(highest WTP)이 얼마인가를 질문한다(Mitchell and Cason, 1989).

CVM에 의한 연구는 바이어스(bias)가 손쉽게 이들 연구에 스며들 수 있기 때문에, CV 방법의 방법론들에 대한 논쟁이 끊임없이 계속되어 오고 있다. 특히 CV 서베이는 응답자들에게 실제적인 지불을 요구하는 것이 아니기 때문에 CV 서베이에 대한 응답결과는 상품의 가설적 성격에 의하여 바이어스(bias)가 있을 수 있다는 비판이 제기되는 것이다. 이러한 경제적 및 심리학적 이론들의 주장에 맞설 수 있는 자료에 대한 신뢰성 검증(reliability test)은 CV 서베이의 신뢰를 크게 향상시킬 수 있을 것이다. 이러한 신뢰성 검증이 없는 서베이들은 불신을 받을 것이고, 그 결과가 검증되지 않은 서베이 결과는 사용되지 못할 수도 있다.

(2) 조건부 가치평가 연구수행의 단계

조건부 가치평가 연구수행은 다음과 같은 10단계를 거쳐서 수행된다(Boyle, 2003: 111-169).

- 평가될 양적 변화 또는 질적 변화의 식별
- 누구의 가치가 추정될 것인지의 식별
- 자료수집방법의 결정
- 표본의 크기 선택
- 서베이 도구(survey instrument)의 정보요소 설계
- 조건부 가치평가 질문의 설계

- 측정도구에 포함시킬 부수적인 질문의 개발
- 프리테스트(pretest)와 서베이의 실시
- 데이터 분석 절차의 발전과 통계적 분석의 시행
- 가치평가 추정결과의 보고 등.

(3) 서베이 도구의 정보요소 설계

서베이 도구(survey instrument)의 정보요소 설계는 가치가 평가될 항목의 기술, 정책제공의 방법설명, 지불수단(payment vehicle)의 선택, 의사결정규칙의 선택, 지불의 시간 프레임(time frame)의 선택 등 다섯 가지를 포함한다.

가치가 평가될 항목에 대한 기술이 나타내는 정보는 가치가 평가될 변화의 양, 질 또는 확률 등이다. 이 정보는 기술되거나(written) 또는 구두 형태로 제시되며, 응답자의 이해를 돕기 위하여 그래프, 그림 및 기타의 시각적 자극을 줄 수 있는 방법을 부가적으로 사용할 수 있다.

정책제공의 방법설명은 정책이 집행될 메커니즘이다. 일반적으로 정책제공의 방법설명은 정책변화의 생산과정(production process)이다. 예컨대 우물의 물이 오염되는 것을 막는(protection) 정책을 생각해보면, 한 가지 방법은 우물 주위에 지하수를 오염시키는 행위를 막을 수 있는 보호구역(protection zone)을 설치하는 것이다.

지불수단에 대한 설명은 사용료, 소득세, 입장료, 레크리에이션, 여행비용, 현금 등과 같은 정책을 실현하기 위한 지원수단에 대한 설계이다.

의사결정규칙은 CV연구의 결과, 개인들의 가치평가반응, 또는 가치평가 반응에 대한 요약된 통계 등이 가치가 평가된 항목(item)이 실행될 것인지의 여부를 결정하는 데 정보를 주기 위하여 사용되는 메커니즘이다. 예컨대 이분법적 선택(dichotomous choice question)에서 예(yes)가 최소한 50%를 넘으면 그 정책은 집행될 것이라고 하는 것이다.

지불의 시간프레임의 선택단계는 응답자들에게 이 정책을 위하여 얼마를 지불하도록 요구될 것인가, 그리고 얼마나 자주 지불하도록 요구할 것인가를 설명해 주는 단계이다. 예로서 지역주민들에 대한 물 공급 과정에서 오염을 제거하기 위해 새로운 여과시스템을 설치하는 가치평가 시스템을 생각해 볼 수 있다. 이때 가치평가는 지금 일시불로 지불하도록 하거나, 참여할 때마다 지불하도록 하거나, 예컨대 20년 동안 등과 같이 그 시스템의 수명기간 동안 매년 지불하도록(annual payments) 함으로써 가치평가를 유도할 수 있다.

정보제공에 대한 그동안의 연구결과들은 이 정보가 평가될 정책을 고려하여 가능한 한 구체적인 것이어야 한다고 하고 있다(Mitchell and Cason, 1989: 91-105).

(4) 조건부 가치평가 질문의 설계

여러 가지 유형의 CV질문들을 차별화할 수 있는 핵심적인 특성은 응답양식(response format)이다. 위에서 기술한 정보시나리오 구성요소들(information scenario components)은 약간의 변경을 가함으로써 한 질문 양식을 다른 질문양식으로 변경하여 사용가능하다. 가장 기본적인 세 가지 양식들은 개방형(open ended) 질문, 지불카드(payment card) 및 이분법적 선택 양식(dichotomous-choice format) 등이다.

다음 [예 10-2]는 조건부 가치평가 질문을 설계한 예이다.

예 10-2　개방형 질문, 직물카드 방법, 이분법적 선택양식의 예

개방형 질문은 응답자들에게 어떠한 특정한 정책 변화에 대하여 "귀하께서는 얼마를 지불할 용의가 있습니까?" "만일 제안이 통과되면 앞으로 수년 동안 귀하에게 매년 얼마만큼의 금전적 비용을 부담하도록 한다면, 귀하께서는 이 프로그램을 찬성할 때 매년 최고 얼마만큼을 지불하시겠습니까?(이 프로그램에 찬성하면서 귀하께서 지불하실 수 있는 최고의 액수를 기재해 주십시오)" 하는 질문을 하는 것이다.

지불카드 방법은 지불하여야 할 금액들을 적은 카드이며, 이것을 응답자들에게 제시하고 프로그램 또는 서비스가 변화할 때 지불하고자 하는 가장 적절한 금액을 선택하도록 하는 방법이다. 다음은 지불카드 질문의 예이다. "만일 제안된 프로그램이 통과되면 앞으로 수년 동안 매년 귀하에게 다음과 같은 금액의 부담을 지우게 된다면, 귀하께서 프로그램에 찬성하면서 지불하고자 하는 최고의 금액은 얼마인가?(프로그램에 찬성투표 할 수 있는 최고의 금액에 동그라미를 하십시오)".

· 관련된 지불카드

100원	500원	1,000원	5,000원	1만원
2만원	3만원	4만원	5만원	7만5천원
10만원	15만원	20만원	20만원 이상	

이분법적 선택(dichotomous-choice)은 일정한 금액을 제시하고 프로그램의 통과를 위하여 여기에 찬성하는가 또는 반대하는가를 선택하도록 질문하는 것이다. 그러나 최근에는 이분법적 선택과 지불카드 질문법을 혼합한 복수의 제한된 질문(multiple-bounded question)들을 더 많이 질문한다. "만일 제안(proposal)이 통과되면 매년 이

정도의 금액을 앞으로 몇 년 동안 귀하께 부담지운다고 하면, 귀하께서 이 제안에 찬
성투표하시겠습니까?(귀하께서 어떻게 투표하실지를 나타낼 수 있도록 각 금액에 대
하여 한 문자에 동그라미를 쳐주십시오)".

· 관련된 지불내용

	예	아니오
100원	A	B
500원	A	B
1,000원	A	B
⋮	⋮	⋮
20만원	A	B

　이 복수의 제한된 질문(multiple-bounded question)이 기재된 매 입찰금액에 대하여
응답자에게 응답을 요구하는 것이 반복적인 이분법적 선택이다.

　앞의 [예 10-2]에서 조건부 가치평가를 위한 질문의 몇 가지 대표적인 유형을
설명하였는데 실제 상황에서는 이들의 조합에 의한 여러 가지 질문의 설계가 가능
하다. CV조사의 타당성과 신뢰성은 내용의 타당성, 구성의 타당성 등을 확보할 수
있는 질문내용의 설계에도 크게 의존하지만, 또한 전문적인 학술적 질문 내용을 응
답자들이 이해할 수 있는 일상생활의 용어로 표현하는 것도 매우 중요하다.

요 약

1. 공공프로그램의 비용분석에서 프로그램에 투입한 자원의 가치는 기회비용으로 추정한다. 기회비용은 추진하고 있는 프로그램이나 프로젝트 대안을 추진하기 위하여 포기하거나 희생한, 다른 대안들에 사용될 수 있는 자원들의 가치를 나타낸다.

2. 중요한 비용의 카테고리들은 실질비용과 이전비용, 직접적인 비용과 간접적인 비용, 유형의 비용과 무형의 비용 및 고정비용과 변동비용 등이다.

3. 직접적 비용을 추정할 때에는 구성요소방법을 사용한다. 구성요소방법은 먼저 프로그램 수행과 관련된 직접비용을 결정하는 구성요소들을 식별하고, 이들 각 구성요소들에 대한 값을 결정(pricing)하는 접근방법이다.

4. 프로그램의 비용을 추정할 때에는 완전경쟁시장가격이 존재할 경우에는 시장가격을 사용하고, 그렇지 않은 경우에는 잠재가격을 사용한다.

5. 프로그램이나 프로젝트의 편익은 소비자잉여에 의하여 추정한다. 소비자잉여는 프로그램 산출결과의 효용을 금전적 가치로 표현하고자 하는 하나의 개념이다.

6. 프로그램이나 프로젝트에 의한 편익의 측정은 지불하고자 하는 의사(WTP)에 의하여 이루어진다. 한 프로그램의 편익은 이 프로그램에 의하여 영향을 받는 각 개인들의 WTP의 합계이다.

7. 프로그램 편익의 주요 카테고리는 직접적이며 유형의 편익, 직접적이며 무형의 편익, 간접적이며 유형의 편익, 간접적이며 무형의 편익 등으로 구분할 수 있다.

연습문제

10-1 기회비용의 의미를 설명하고, 편익비용분석에서 프로그램 수행에 투입되는 자원에 대한 가치를 기회비용으로 측정하는 이유에 대하여 설명하여라.

10-2 한계비용과 한계편익의 개념을 설명하고, 프로그램의 확장이나 계속되는 프로그램의 검토에서 이 개념이 중요한 이유를 설명하여라.

10-3 실질비용과 이전비용의 차이를 설명하고, 어느 때 이전비용이 중요한지를 논의하여라.

10-4 직접비용의 추정에 있어서 구성요소방법이 어떻게 활용될 수 있는지를 설명하여라.

10-5 규제영향분석에 사용되는 사회적 비용의 다섯 가지 기본적인 구성요소들에 대하여 설명하여라.

10-6 편익가치추정이 어려운 이유를 설명하여라.

10-7 소비자잉여의 개념을 설명하고, 소비자잉여로 공공프로그램의 편익을 측정하는 경우 예상되는 문제점들에 대하여 논의하여라.

10-8 공공프로그램의 편익을 측정하는 개념으로서 지불하고자 하는 의사(WTP)와 보상의 수용의사(WTA)의 차이를 예를 들어 설명하여라.

10-9 공공프로그램의 산출결과에 대한 편익의 카테고리들을 예를 들어 설명하여라.

10-10 편익가치의 평가방법으로서 표출된 선호방법과 진술된 선호방법의 개념들을 설명하여라.

10-11 통계적 생명의 가치란 무엇이며, 어떻게 구할 수 있는지를 설명하여라.

10-12 조건부 가치평가방법(CVM)을 환경규제영향분석 문제에 대한 예를 들어 설명하고, 그 제약점이 무엇인지를 설명하여라.

10-13 귀하에게 익숙한 공공프로그램이나 프로젝트를 하나 선택하여 프로그램의 대안을 작성하고, 이 프로그램 대안의 편익가치와 비용을 추정하여라.

제11장

편익비용분석의 이슈와 방법상의 주요 문제

　　우리는 앞에서 편익비용분석의 개념과 절차, 편익과 비용의 시간적 흐름 분석, 대안비교의 접근방법, 비용의 추정방법 및 편익의 추정방법 등에 대하여 설명하였다. 그러나 편익비용분석을 통하여 좀 더 타당성이 있고 신뢰성이 높은 분석결과를 얻기 위해서는 편익비용분석과 관련된 여러 가지 이슈들을 이해하고, 이러한 이슈들에 대한 이해를 토대로 좀 더 균형 잡힌 분석의 접근방법을 선택하여야 한다.

　　편익비용분석은 이론적인 면에서나 실무적인 면에서 균형 잡힌 분석의 접근방법을 선택하는 데 많은 어려운 문제들에 직면하게 된다. 이들 여러 가지 편익비용분석의 이슈들과 방법상의 문제들 가운데 이번 장에서는 할인율의 결정, 일출효과, 형평성 등과 관련된 이슈들과 프로그램의 효과성 측정방법 적용과 관련된 문제들, 민감도분석방법 및 영향발생 매트릭스 등에 대하여 간략하게 논의하고자 한다.

제1절   편익비용분석의 주요 이슈

1. 할인율의 결정

1) 사회적 할인율

할인율이란 미래의 소득에 대한 현재 자원의 교환비율이며, 사회적 할인율은 공공프로그램이나 프로젝트의 평가에 적용할 할인율이다.

공공프로그램의 모든 효과가 동일한 시점에서 발생할 경우에는 할인은 불필요할지도 모른다. 이 경우에는 적용되는 할인율에 관계없이, 순편익은 항상 양(positive)이 되거나 음(negative)이 되기 때문이다. 그러나 편익과 비용이 발생하는 시기가 크게 다른 경우에는 할인율이 순편익의 현재가치에 큰 영향을 미친다.

사회적 할인율의 결정은 공공프로그램이나 프로젝트의 선택에 있어서 중요한 역할을 하게 된다. 만일 낮은 사회적 할인율을 적용하게 되면, 높은 사회적 할인율을 적용할 경우 그 선택이 보류될지도 모를 많은 프로그램이나 프로젝트들이 타당한 것으로 나타나게 될 것이다. 따라서 사회에서 차지하는 공공프로그램이나 프로젝트의 비중은 그만큼 더 무거워지게 되고, 정부의 역할은 그만큼 높아지게 된다. 개발도상국가에 있어서 정부의 역할을 강조하는 경우 낮은 사회적 할인율을 적용하여야 한다는 주장은 바로 여기에 기인하는 것이다.

그러나 이에 대하여 공공프로그램에 적용하여야 할 올바른 사회적 할인율은 민간경제부문에서 그 자원을 활용할 경우의 수익률이라고 하는 주장(Baumol, 1969: 202-212)이 선진공업국에서는 널리 받아들여지고 있다.

2) 할인율 결정의 접근방법

사회적 할인율 결정의 접근방법은 기회비용의 접근방법과 가치판단(또는 사회적 시간선호)의 접근방법의 두 가지로 분류할 수 있다.

기회비용의 접근방법에 의하면 정부투자의 자원은 사경제부문에 의하여 소비되거나 투자될 자원으로부터 조달된 것이기 때문에 정부가 추진하는 프로그램이나 프로젝트에 대한 정확한 할인율은 고려되고 있는 프로그램이나 프로젝트를 위하여 조달된 자원의 원래의 조달부문의 수익률(기회비용)의 가중치이며, 이 때에 적용할 부문별 가중치는 각 출처 부문별 자원의 크기에 비례하여 결정되게 된다.

기회비용의 접근방법에 의한 할인율의 결정은 이미 위에서 본 바와 같이 두 단계를 거쳐야 한다. 즉 첫째는 자원의 소스(source)가 되는 각 부문 내에서 다른 곳에 투자한다고 가상할 경우의 수익률을 검토하는 단계이고, 둘째는 이들 자원의 각 부문별 구성비를 구하는 단계이다. 따라서 이상적으로 말한다면 정부는 각 프로그램이나 프로젝트의 자원의 출처별 비중과 이들 각 부문 내의 기회비용에 따라 각기 다른 할인율을 적용하여야 마땅할 것이고, 그렇기 때문에 동일한 비용이 드는 사업들도 때로는 적용될 할인율이 각기 다를 수 있기 때문에 어떤 프로그램이나 프로젝트는 채택되고, 다른 프로그램이나 프로젝트는 채택되지 못할 수도 있게 되는 것이다. 그러나 이것은 이론적으로는 바람직한 것이나 현실적으로는 적용하기 어려운 할인율 선택의 기준이다.

현실적으로 적용되는 일반적인 지침은 모험으로부터 안전한 정부공채의 이자율 i_g를 할인율의 하한선으로 하여 그 이상의 할인율을 적용하는 것이다. 그리고 만일 α를 소비자로부터 가져온 자원의 비율, i_g를 정부공채의 이자율, 그리고 t를 민간기관이 이익을 배당하기 전의 세율이라 한다면 사회적 할인율은 다음과 같은 방식에 의하여 얻어질 수 있다(de Neufville and Stafford, 1971: 170).

$$\text{사회적 할인율} = \alpha i_g + \frac{(1-\alpha)i_g}{1-t} \qquad \cdots\cdots\cdots\cdots (11.\ 1)$$

단, 여기서 $0 \leq \alpha \leq 1$이다.

식(11.1)은 사회적 할인율이 또한 그 사회의 소비자에 대한 세율과 밀접히 관련되어 있음을 의미하고 있으며, 정부가 소비자에 대한 세율을 낮춤으로써 정부투자자원의 기회비용을 낮출 수 있다는 것을 말해 주고 있다.

한편 가치판단에 의한 할인율 결정의 주장에 의하면 할인율의 선택은 그 사회가 보유한 가치에 의하여 서로 다른 소득집단, 그리고 현재의 세대와 미래세대의 사람들 간에 비용과 편익을 할당하는 것이기 때문에 의도적으로 이루어져야 한다는 것이다. 물론 어느 한 사회의 경제에서 얻을 수 있는 수익률은 그 사회를 구성하고 있는 사람들의 필요와 태도에 대한 정보를 제공해 주기 때문에 할인율을 적용함에 있어서는 이것을 참작해야만 한다. 이와 같은 주장은 자본시장의 발달이 불완전하고 소득의 분배가 공평하게 이루어지지 못함으로써 자발적으로 저축하고자 하는 사람들이 희소한 발전도상의 국가에 적용될 때 더욱 타당성이 높다고 하겠다.

그러나 할인율 선택에 있어서 이들 두 가지 접근방법은 표면상으로는 서로 다른 접근방법들같이 보이지만 사실은 어느 측면을 상대적으로 더 강조하느냐 하는 강조점의 차이에 불과하다고 할 수 있다.

기회비용의 접근방법은 그 사회의 경제에서 관찰된 수익률에 기초하여 할인율을 선택하고 시장의 불완전성의 정도에 따라 가치판단에 의하여 보정되어야 한다는 것을 말해 주는 것이고, 사회적 시간선호의 접근방법은 한 사회의 미래세대들에 대하여 제공할 사회성원들의 선호를 충분히 반영할 수 있도록 깊은 배려에 의하여 의도적인 선택이 이루어져야 하며, 그 사회경제의 실질적인 수익률을 관찰하여 보정되어야 한다는 것을 말해 주고 있다.

따라서 기회비용의 접근방법은 수익률을 먼저 관찰하고 사회가치에 따라 이를 바로잡을 것을 주장하는 데 비해서, 사회적 시간선호의 접근법은 가치판단으로부터 출발하되 이 가치판단에 필요한 정보를 제공하기 위하여 현실적 수익률을 관찰하여야 한다는 것을 주장하고 있는 것이다.

2. 인플레이션

할인율과 인플레이션의 관계는 두 가지의 측면에서 보아야 한다. 첫째는 인플레이션이 할인율 결정에 미치는 영향의 측면이고, 둘째는 할인율을 편익과 비용의 시간적 흐름분석에 적용하는 과정에서의 일관성의 유지라는 측면이다.

먼저 인플레이션이 심할 경우 이것을 어떻게 할인 과정에 적절히 반영시킬 수 있느냐 하는 것이 중요 이슈이다. 그러나 만일 일반인들의 인플레이션에 대한 기대가 이자율 결정에 통합되어 있다면 인플레이션은 할인율 결정상에 그리 큰 애로가 되지 않을 것이다. 그리고 미래 각 기간별 인플레이션에 대한 기대가 다를 경우 원칙적으로 미래의 각 기간에 적용하여야 할 할인율이 달라질 수 있다고 보아야 할 것이다. 이와 아울러 편익과 비용에 적용하는 할인율도 경우에 따라서는 달라질 수도 있을 것이다.

다음에 인플레이션과 관련된 두 번째 이슈는 할인율을 적용하는 과정에서 어떻게 일관성을 유지할 수 있느냐 하는 것이다. 이 때의 핵심적인 과제는 상황을 정확히 이해하는 것이다. 즉 할인율이 인플레이션을 포함한 명목상의 할인율인가, 아니면 인플레이션을 포함하지 않은 실질적인 할인율인가, 그리고 편익과 비용은 인플레이션을 포함한 경상가격으로 추정된 것인가, 아니면 어느 특정 연도를 기준으로 한 불변가격으로 추정된 것인가 하는 것을 정확히 파악하고, 만일 편익과 비용이 불변가격으로 추정되었다면 할인율도 인플레이션을 포함하지 않은 실질적 할인율을, 그리고 편익과 비용이 경상가격으로 추정되었다면 할인율도 인플레이션을 고려한 명목상의 할인율을 적용함으로써 분석상의 일관성을 유지하도록 하여야 한다.

끝으로 인플레이션과 관련하여 유의하여야 할 점은, 만일 어떤 특정한 항목의 비용이나 편익이 일반적인 다른 항목들의 비용이나 편익과 달리 인플레이션율이 더 클 것(또는 더 작을 것)으로 기대되는 경우에는 이들 항목들에 대한 할인율은 적절히 하향조정(또는 상향조정)되어야 한다는 점이다.

예 11-1 금년에 사무실을 연 100,000,000원씩 10년간 임대(rent)하기로 하였다. 만일 앞으로 예상되는 인플레이션율은 연 7%라 하고, 모든 미래의 수입에 대하여 12%의 할인율을 적용한다고 하면, 이 계약에서 합의한 총 금액의 현재가치는 얼마인가?

[해] 이 경우에는 계약금액이 인플레이션이 포함된 경상가격이고, 할인율도 인플레이션율이 포함되었다고 본다.

$$P = 100,000,000(P/A)_{10}^{12}$$
$$= 100,000,000(5.6502) = 565,020,000(원)$$

예 11-2 앞의 [예 11-1]에서 계약상에 인플레이션에 관한 조항이 있다고 하자. 즉 임대료는 2006년 가격으로 매년 100,000,000원이라고 한다면 10년간 임대료 총액의 현재가격은 얼마인가?

[해] 이 경우에는 계약금액이 인플레이션이 포함되지 않았으므로 할인율도 인플레이션율을 제외하여야 한다.

$$P = 100,000,000(P/A)_{10}^{5}$$
$$= 100,000,000(7.7217) = 772,170,000(원)$$

3. 리스크(risk)

사경제부문에서는 할인율에 리스크에 대한 프리미엄(risk premium)이 포함되어야 한다는 주장이 일반적으로 받아들여지고 있다. 그러나 사회적 할인율에서도 이와 같은 리스크에 대한 프리미엄이 포함되어야 하느냐 하는 데 대해서는 이것이 포함되어야 한다는 주장과 포함되어서는 안 된다는 두 가지의 서로 다른 주장이 엇갈리고 있다.

먼저 공공프로그램의 경우에는 리스크가 고려될 필요가 없다는 주장은 사회적으로 볼 때 사업의 수가 무수히 많아서 정부는 기대치에 의한 의사결정의 방법을 적용할 수 있으며, 경제적 의미에서 어느 한 사업이 실패할 경우의 위험은 일반 대중 모두가 공동으로 분담하기 때문에 위험 회피의 필요가 없다는 것이다.

그러나 다른 한편의 주장에 의하면 정부가 그의 리스크를 분산시키는 데 개인보다 더 효과적이라는 아무런 실질적 증거가 없고, 또한 정부가 불황 등과 같은 경기의 변동에 따른 편익의 변동을 피할 수 있는지에 대해서 분명하지 않기 때문에 할인율 결정에 리스크를 포함하여야 한다는 것이다. 그러나 이 경우에도 리스크에 따른 할인율의 조정이 어느 정도의 수준에서 이루어져야 하는지에 대해서는 이견이 많으며, 일률적으로 1/2~1%를 높여야 한다는 의견도 제시되고 있다. 그러나 이와 같은 제안은 프로그램의 성격에 따른 상황을 고려하지 않고 일률적으로 일정률의 상향조정을 하여야 한다는 점에 그 약점이 있으며, 따라서 프로그램과 구체적인 현실적 여건을 고려하여 리스크에 대한 프리미엄을 할인율에 반영하는 것이 바람직할 것이다.

4. 일출효과

일출효과(spillover)란 공공프로그램에 의한 간접적인 영향을 말한다. 민간 기업들은 자기들의 사업을 결정함에 있어서 제3자에 발생할 수도 있는 비용이나 편익들에 대해서는 관심을 갖지 않는다. 예를 들어 어떤 지역사회에 한 회사가 공장을 짓는다고 가정해 보자. 그러면 이 회사는 이 공장의 하류지역에 있는 하천에 오염물질들을 방출할지도 모른다. 이 때 이 회사는 그의 수익마진(profit margin)을 분석할 때 이러한 오염물질 방출에 의한 하천의 오염을 고려하지 않는다. 이 회사는 정부가 세금, 규제 또는 기타의 방법으로 회사로 하여금 책임을 지도록 할 경우에만, 이들 일출효과비용들(spillover costs) 또는 외부효과들(externalities)을 내부화 (internalize)할 것이다. 그러나 정부의 액션(action)에 관계없이 공공프로그램의 평가는 이들 사회에 대한 일출효과들에 의한 비용들을 고려해야 한다.

불행하게도 공공프로그램이나 프로젝트들은 환경에 나쁜 영향을 가져오기도 한다. 때로는 어떤 지역이나 인구집단에 의도하지 않은 결과를 초래하기도 한다. 댐의 건설이 야생생물들을 사라지게 하기도 하고, 도시재개발이 영세민들의 거주지역의 주택들을 철거함으로써 그들의 거주를 어렵게 하기도 한다. 물론 정부는 이들 공공프로그램에 의한 바람직하지 않은 역효과들을 최소화하려고 노력하지만, 공공프로그램이나 프로젝트를 평가할 때에는 이러한 공공프로그램에 의한 역효과들을 고려하여야 한다.

5. 형평성에 대한 고려

공공프로그램의 평가에서 정책결정자가 고려하여야 하는 것은 편익이나 비용들의 총합계만이 아니고, 누가 혜택을 받고 또 누가 비용을 지불하는가 하는 것이다. 어떤 공공프로그램을 평가할 때 이 프로그램이 강한 분배적 결과를 가져오는지 여부를 결정한다는 것은 어려운 과제이다. 그러나 만일 이러한 분배적 결과를 가져온다고 판단되는 경우에는 이것을 분석에 반영시켜야 한다. 일반적으로 정부에 세금을 내는 시민들은 특정한 공공프로그램의 수혜자들에게 보조금을 지불하는 셈이 된다.

이러한 분배이슈를 다루는 방법의 하나는 편익들 또는 비용들에 가중치를 부여하는 방법이다. 예컨대 배분이 프로그램의 이슈가 되는 경우, 편익비용의 분석가는 분석과정에서 영세소득계층의 비용 또는 편익을 중간소득층의 비용 또는 편익의 두배의 가중치를 부여하고, 고소득계층의 비용 또는 편익의 세 배 또는 그 이상의 가중치들을 부여하는 것이다. 그러므로 여기서 중요한 이슈는 이 가중치를 얼마로 하여야 적합한가 하는 것이다. 이것은 주관적인 판단의 문제이며, 관련된 정책결정집단이 정치적으로 판단하여 결정할 문제이다.

제 2 절   편익비용분석방법의 주요 문제

1. 사업의 효과성 측정방법 적용상의 문제

계획사업대안들의 비교를 위한 효과성의 측정을 위해서는 순현재가치, 편익비용비 및 내부수익률 등의 방법이 널리 사용되고 있는데 편익비용비의 방법과 내부수익률의 방법은 순현재가치의 방법에 비해서 각각 제약점들을 가지고 있기 때문에 이들 방법들을 올바로 적용하기 위해서는 이들 방법들과 관련된 제약점들을 정확하게 이해하는 것이 필요하다.

1) 편익비용비 방법의 제약점

편익비용비의 방법에 의하여 계획사업의 경제성을 측정한 결과를 해석활용하는 데에는 다음과 같은 두 가지의 규칙이 적용된다.

첫째 규칙은 독립된 하나의 사업에 대한 평가에 있어서 만일 편익비용비가 1보다 크다면 그 사업대안을 채택하라는 것인데, 이 경우 편익비용비에 의하여 내린 결론이 순현재가치의 방법에 의하여 분석하고 내린 결론과 일치하면 편익비용비의 방법에 의한 분석결과를 활용하는 데에는 하등의 제약도 없다.

다음 두 번째 규칙은 상호 배타적인 사업대안들을 편익비용비로 표현되는 인덱스(index)를 기초로 검토한 다음 이들 가운데 가장 큰 인덱스를 가진 사업대안을 선택하라는 것인데, 이 규칙을 적용하게 되는 경우 올바른 결정에 이를 수도 있지만 또한 올바르지 못한 결정에 이르게 될 가능성도 배제할 수 없는 것이다. 이 때 올바르지 못한 결정에 이르게 될 수도 있는 가능성은 투자의 규모 및 편익과 비용의 흐름의 분류방법 등 두 가지 요인에 기인된다.

먼저 사업의 투자규모에 따른 문제는 두 가지 사업대안 X와 Y 가운데 대안 Y의 편익비용비의 인덱스가 대안 X의 그것보다 작은 경우일지라도 대안 X의 투자규모에 비하여 대안 Y의 투자규모가 매우 커서 그들의 순현재가치의 비교에 있어서는 대안 Y의 순현재가치가 대안 X의 그것보다도 더 커지게 될 가능성에서 기인된다. 예컨대 대안 X의 편익의 현재가치는 2만 원, 비용의 현재가치는 1만 원이라고 하면, 대안 X의 B/C비는 2가 되고, 순현재가치는 1만 원이 된다. 한편 대안 Y의 편익의 현재가치는 6만 원이고, 비용의 현재가치는 4만 원이라고 한다면, 대안 Y의 B/C ratio는 1.5이고, 순현재가치는 2만 원이 된다. 이 경우 B/C비는 대안 X가 대안 Y보다 크지만, 순현재가치는 대안 Y가 대안 X보다 크다. 이 경우, 두 프로그램 간의 투자비의 차액을 어떻게 활용할 수 있느냐에 따라 결론이 달라질 수 있지만, 일반적으로는 순현재가치 기준에 의하여 타당성을 판단하도록 권장하고 있다.

한편 편익과 비용의 분류에 따른 문제는 회계과정에서, 예컨대 어떤 비용의 항목을 편익에서 차감하느냐 또는 총비용에 추가하느냐에 따라 동일한 투자사업의 편익비용비의 인덱스가 달라질 가능성이 있다는 데에서 기인되는 것이다. 예를 들면 편익의 현재가치가 2억 원이고, 비용의 현재가치가 1억 원이며, 부의 편익(negative benefit)의 현재가치가 0.5억 원이라고 하는 경우, 부의 편익을 비용으로 처리하느냐 편익으로 처리하느냐 하는 데 따라 B/C비가 달라진다. 만일 부의 편익을 편익으로 분류하면 B/C비는 1.5가 되고, 부의 편익을 비용으로 분류하면 B/C비는 1.33이 된다. 그러나 현재가치는 부의 편익을 편익으로 분류하느냐 비용으로 분류하느냐에 관계없이 항상 0.5억 원이 되어 일정하다.

2) 내부수익률 방법의 제약점

내부수익률의 방법은 이미 기술한 바와 같이 모든 편익의 현재가치와 모든 비용의 현재가치가 동등하도록 하는 할인율의 값이다. 내부수익률에 의한 대안평가방법은 다음과 같은 중요한 세 가지의 약점들을 내포하고 있다.

즉 내부수익률의 평가방법은 첫째, 모호한 값을 제공할 수도 있고, 둘째, 생산성에 대한 왜곡된 값을 제공할 가능성도 있으며, 셋째, 순현재가치의 평가방법에 의하여 얻은 대안의 서열을 변경시킬 가능성을 가지고 있다는 점 등이다.

내부수익률의 방법을 프로젝트의 평가에 이용하는 경우, 이 프로젝트가 최초의 투자가 이루어지고 나면 그 다음 프로젝트의 나머지 수명기간 동안에는 운영비와 편익이 발생하는 정상적인 유형이라면 큰 문제가 없겠으나, 이와는 달리 최초의 투자비와 아울러 프로젝트의 수명이 다한 경우 또 한번 막대한 투자비가 소요되는 일종의 변이된 프로젝트의 유형에서는 복수의 모호한 내부수익률의 값을 가질 수가 있다. 예컨대 대규모 광산에서 채광이 끝난 후 원상복귀를 위하여 막대한 투자가 필요한 경우는 바로 이에 해당되는 좋은 예이다. 이와 같이 두 개 이상의 내부수익률이 얻어질 때에는 그 내부수익률의 해석은 애매모호하게 될 것이다.

예 11-3 다음 [표 11-1]과 같은 가상적인 프로젝트에서 내부수익률을 구하라.

[표 11-1] 사업 z의 편익과 비용의 흐름(단위: 억 원)

프로젝트	기			간	
	1	2	3	4	5
z	−21	+10	+30	+20	−40

[해] 프로젝트 z의 순현재가치는 [그림 11-1]과 같이 커지면서 증가하다가 다시 감소되어 가기 때문에 순현재가치가 영이 되는 할인율은 $i_1^*=5\%$와 $i_2^*=25\%$가 된다.

　　　또한 내부수익률을 계산하는 과정에서 비용의 주요 요소가 포함되지 않을 때에는 여기서 얻은 내부수익률은 생산성에 대한 그릇된 정보를 제공하는 수도 있을 수 있다. 이러한 경우는 공공프로그램이나 프로젝트를 설계하는 과정에서 종종 일어날 수가 있다. 이러한 상황은 주로 댐을 건설할 장소라든지 또는 공원을 설립할 자산 등과 같이 정부에 속하는 자산이 프로그램이나 프로젝트에 투입되는 자원의 일부가 될 때 일어난다. 이와 같이 정부의 자산이 프로그램이나 프로젝트에 투입하는 자원의 일부가 될 때에는 이들은 다른 가치 있는 목적에 활용될 수도 있기 때문에 기회비용을 가지게 되는 것이다. 그러나 만일 이러한 자원들이 고려되지 않는다

[그림 11-1] 프로젝트 z의 내부수익률

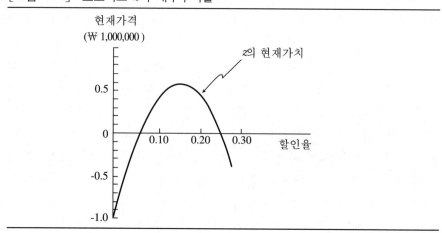

면 이와 관련된 프로그램이나 프로젝트대안은 실제 내부수익률 이상의 높은 생산성을 갖는 것으로 나타나게 되는 것이다.

끝으로 내부수익률의 방법에 의하여 프로젝트대안들의 서열을 결정하는 경우 순현재가치에 의한 서열과 다르게 될 가능성이 있는데 이는 내부수익률 방법의 기본가정에서 기인되는 것이다. 즉 내부수익률의 방법에 있어서 편익 또는 금전운용의 시간적 가치에 대한 기본적인 가정은 계획의 시계 내에서 얻은 모든 편익 또는 돈이 재투자되고, 또한 이러한 재투자를 통하여 내부수익률과 같은 수준의 이자를 얻는다고 가정하는 것이다. 그러므로 프로젝트의 수명기간 내에 얻어질 수 있는 편익 또는 돈이 실제로 통용되는 사회적 할인율과 다를 경우에는 이 때문에 내부수익률방법에 의하여 프로젝트들을 평가한 결과에 따라 얻은 서열은 사회적 할인율을 적용한 순현재가치의 방법으로 얻게 된 서열과는 다를 수도 있는 것이며, 그 때문에 잘못된 정보를 평가자에게 제공할 수도 있다.

2. 민감도 분석

1) 한 개의 파라미터가 불확실할 때

민감도 분석은 추정된 파라미터의 값이 불확실하거나 이 값에 오차가 내포되어 있다고 판단될 때 이와 같은 파라미터값의 추정오차가 대안의 메리트(merit)에 미치는 영향을 검토하기 위한 분석이다. 편익비용분석의 민감도 분석은 많은 점에서 손익분기분석(break-even analysis)과 그 분석방법이 유사하기 때문에 비록 그 분석의 목적상에 차이가 있다 할지라도 이들 두 가지 용어들을 상호교환적으로 바꾸어 쓰는 경우도 있다.

민감도 분석은 오류가 있을 것으로 생각되는 파라미터를 한 번에 한 가지씩만 고려하는 경우와 두 가지 이상의 파라미터들을 동시에 고려하는 두 가지의 경우로 나누어 볼 수 있는데 먼저 하나의 파라미터만을 고려하는 경우를 예를 중심으로 살펴보도록 한다.

예 11-4 최초에 10,000,000원의 비용을 투입하면 1년 후부터 5개년 동안 매년 3,000,000원씩의 편익을 가져오는데, 그 할인율이 연 12%인 프로젝트안이 있다 하자. 이 때 위에서 기술한 제 파라미터값들의 추정상에 아무런 오류가 없다고 할 경우의 순연도별 가치는 얼마인가? 만일 최초의 투자비용, 매 연도별 편익, 할인율, 계획의 시계 등의 각각의 파라미터값들의 추정상에 오류가 최초에 추정한 각 파라미터값들의 40%에서 −40%의 범위 내의 어떤 값을 갖는다면, 그 오류의 정도가 변화되어 감에 따라서 이 프로젝트의 순연도별 가치는 어떻게 변화되겠는가?

[해]   (1) 먼저 파라미터값들의 추정상에 아무런 오류가 없다고 가정하면 순연도별가 치(NAV)는 다음과 같다.

$$NAV = -10,000,000(A/P)_5^{12} + 3,000,000$$
$$= -10,000,000(0.2774) + 3,000,000$$
$$= -2,774,000 + 3,000,000$$
$$= 226,000(원)$$

(2) 불확실한 미래의 환경하에서 우리는 최초의 추정치로부터 −40%에서 40%의 오차를 갖는 연속선상에 무수히 많은 미래상태를 정할 수 있다. 만일 위의 여러 가지 파라미터 가운데 매 연도별로 받을 수 있는 편익 이외의 다른 추정된 파라미터의 값들은 정확하다고 가정한다면 이 대안에 대한 순연도별가치(net annual value)는 다음과 같이 주어질 수 있다.

[그림 11-2]   단일파라미터 민감도 분석(단위: 1,000원)

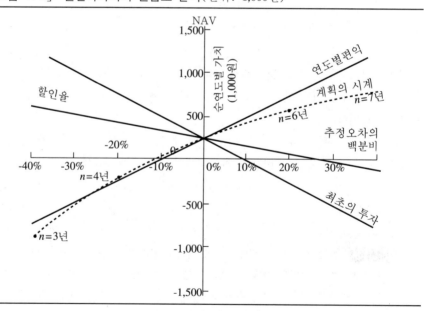

$$\text{NAV} = -10,000,000(원)(A/P)_5^{12} + 3,000,000(원)(1+X)$$

단, 여기서 X는 매 연도별 편익의 추정상에 나타난 오차를 백분비로 표시한 것이다. 횡축에는 파라미터값의 추정상에 나타난 오차의 백분비를, 그리고 종축에는 순연도별가치를 잡고, 순연도별가치를 파라미터의 추정상에 나타난 오차의 함수로 보면 [그림 11-2]에서 보는 것과 같은 양의 기울기를 가진 직선이 된다.

최초에 필요한 투자액, 투자의 내구연한(계획의 시계), 할인율 등 나머지 세 개의 각각의 파라미터에 대해서도 편익의 추정에서와 같은 유사한 분석을 하여 얻은 결과를 요약하면 [그림 11-2]와 같다.

[그림 11-2]에서 보여 주는 바와 같이 투자에 대한 순연도별가치는 여러 가지 파라미터의 추정상의 오차에 의하여 각각 다른 영향을 받는다. 순연도별 가치는 할인율 변화에 대하여 상대적으로 가장 덜 민감하게 반응하는데, 실제로 할인율이 대략 15.25% 이하일 때에는 이 프로젝트에 대한 투자는 바람직한 것으로 받아들여질 수 있을 것이다.

만일 연도별 편익이 약 7.47% 정도 감소하여 연 2,774,000원 또는 요구되는 최초의 투자액이 약 8.14% 증가되어 10,814,000원이 된다면 손익분기의 상황에 도달되게 된다. 그리고 만일 프로젝트의 수명이 4년 또는 그 이하가 된다면 이 투자는 수익성이 없을 것이다.

2) 두 개 이상의 파라미터들이 동시에 변할 때

만일 두 개 이상의 파라미터들에 대한 추정상의 불확실성이 동시에 일어난다면 이러한 상황하에서는 민감도곡선보다는 민감도면이 필요하게 될 것이다.

두 개 이상의 파라미터에 대한 추정상의 불확실성을 동시에 고려하는 민감도분석방법의 가장 대표적인 것으로서는 문제가 되고 있는 파라미터들 각각에 대하여 세 가지의 추정값, 즉 비관적인 상황하의 추정값, 가장 일어날 가능성이 높은 상황하의 추정값, 그리고 가장 낙관적인 상황하의 추정값 등을 구하고, 이들 각기 다른 상황하에 예상되는 추정값들의 조합에 의하여 사업의 메리트(merit)를 측정하는 방법이다.

예 11-5 앞의 [예 11-4]에서 각 파라미터값들에 대한 비관적인 상황하의 추정값, 가장 가능성이 높은 추정값, 그리고 낙관적인 상황하의 추정값들이 다음 [표 11-2]와 같이 주어져 있다.

이들 여러 가지의 상황하에서 추정된 파라미터값들의 조합에 의한 순현재가치

(NPV)를 구하여라.

[표 11-2] 비관적 상황, 낙관적 상황 및 가장 가능성이 높은 상황하의 추정치

파 라 미 터	비관적 상황	가장 일어날 가능성이 높은 상황	낙관적 상황
최초의 투자	−12,000,000(원)	−10,000,000(원)	−8,000,000(원)
연도별편익	2,500,000	3,000,000	4,000,000
할 인 율	20%*	15%	12%
계획의 시계	4년	5년	6년

*여기서 비관적 상황하의 추정값은 순현재가치를 낮추는 값으로 해석되며, 따라서 높은 할인율값을 비관적 상황하의 추정값으로 간주할 수 있다.

[해] 모든 파라미터값들이 비관적인 상황하의 추정값들을 가질 때, 가장 일어날 가능성이 높은 상황하의 추정값들을 가질 때, 그리고 낙관적인 상황하의 추정값들을 가질 때 등 세 가지 경우의 각각의 순현재가치는 다음과 같다.

$$NPV(비관적 \ 상황) = -12,000,000 + 2,500,000(P/A)_4^{20}$$
$$= -5,528,250(원)$$
$$NPV(가능성이 \ 높은 \ 상황) = -10,000,000$$
$$+ 3,000,000(P/A)_5^{15}$$
$$= 56,600(원)$$
$$NPV(낙관적 \ 상황) = -8,000,000 + 4,000,000(P/A)_6^{12}$$
$$= 8,445,600(원)$$

위 각 상황하에서 추정된 파라미터의 값들을 사용하여 순현재가치를 구한 결과를 비교해 보면 파라미터값의 추정상의 오차가 사업의 선호에 대한 판단 자체를 바꿀 수도 있음을 알게 된다. 따라서 이 경우에는 파라미터 추정에 대한 더욱 정확한 조사가 필요한 것이다.

위의 세 가지 경우는 파라미터값들이 모두 비관적, 낙관적 또는 가장 가능성이 높은 상황하의 값들을 동시에 갖는 경우를 생각해 본 것들이다. 그러나 때로는 최초의 투자는 낙관적 상황하의 값, 연도별 편익은 가장 일어날 가능성이 높은 상황하의 값, 그리고 할인율과 계획의 시계는 비관적인 상황하의 값 등과 같이 서로 다른 조합도 가능하다. 실제로 파라미터가 m개 있을 때에는 3^m개의 조합이 가능하며, 위의 예의 경우에는 모두 81개의 조합이 고려될 수 있을 것이다.

3. 편익·비용의 배분과 영향발생 매트릭스

영향발생 매트릭스(impact-incident matrix)는 정책결정자들에게 한 프로젝트의 편익과 비용의 배분에 대한 정보를 요약 제시해 주는 테이블형의 양식이다(Eliot and Picard, 1970). 이 영향발생 매트릭스는 [표 11-3]과 같은 하나의 단일한 표로서 정책결정자로 하여금 특정한 프로젝트와 관련된 모든 효과와 그 영향의 방법에 대해서 일목요연하게 파악할 수 있도록 해 준다는 데 그 이점이 있다. 모든 대안들에 대해서 동일한 양식을 사용함으로써 이들 대안들 간의 비교를 매우 용이하게 해 줄 수 있을 것이다. [표 11-3]과 같은 양식에서 편익과 비용의 영향(impact)은 표 상단에 옆으로, 그리고 영향을 받는 여러 집단들은 표 좌측의 위에서 밑으로 나열된다. 각 집단의 편익과 비용의 발생 결과는 이 표의 해당란에 유효적절히 기입될 수 있을 것이다.

프로젝트의 영향은 측정의 유형과 정확성의 정도에 따라 다음과 같이 네 가지의 부류로 구분될 수 있다.

즉 지불하고자 하는 의사가 자유경쟁시장을 통해서 직접적으로 추정될 수 있는 영향, 소비자잉여와 같이 간접적인 방법으로 지불하고자 하는 의사가 추정될 수 있

[표 11-3] 영향발생 매트릭스

영향〰집단		직접측정가능 $a_1, a_2, \cdots$	간접측정가능 $b_1, b_2, \cdots$	금전가치이외의 방법으로 계량화 가능 $c_1, c_2, \cdots$	질적기술 $d_1, d_2, \cdots$
직접 영향을 받는 집단	A_1 A_2 ⋮				
간접 영향을 받는 집단	B_1 B_2 ⋮				
특별이해관계를 갖는 집단	C_1 C_2 ⋮				

는 영향, 지불하고자 하는 의사가 금전적 가치 이외의 다른 계량적 방법으로 추정
될 수 있는 영향 및 단지 질적으로만 기술할 수 있는 영향 등이 그것이다.

　　영향발생 매트릭스는 이와 같이 영향들을 크게 네 가지로 구분하여 줄 뿐 아니
라, 이들을 직접 영향을 받는 집단, 간접 영향을 받는 집단, 특별이해관계를 갖는
집단 등으로 각각 구분하여 측정함으로써 정책결정자로 하여금 사업이 사회 내의
각 집단에 미치는 영향의 유형, 방향, 강도 등을 용이하게 파악할 수 있도록 도와
준다. 그러므로 전통적인 편익비용분석의 결과에 이러한 영향발생 매트릭스에 의한
분석이 보완될 수 있다면 정책결정자가 프로젝트평가에 대한 건전한 정책판단을 내
리는 데 큰 도움이 될 수 있을 것이다.

요   약

1. 할인율이란 미래소득에 대한 현재 자원의 교환비율이며, 사회적 할인율은 사회적 간여 프로그램이나 프로젝트에 적용하는 할인율이다.

2. 일출효과(spillover)란 공공프로그램의 지출에 의한 간접적인 영향이다. 공공프로그램이나 프로젝트를 평가할 때에는 이러한 공공프로그램에 의하여 초래되는 역효과들을 고려하여야 한다.

3. 공공프로그램을 평가할 때에는 강한 분배적 효과를 가져오는지 여부를 판단하여야 한다. 강한 분배적 효과를 가져오는 경우에는 강한 역효과를 받는 취약집단에게 적정한 가중치를 부여함으로써 형평성을 높이도록 노력하여야 한다.

4. 편익비용분석은 일반적으로 분석모형의 모든 파라미터값들이 확실히 알려진 것으로 전제하고 수행된다. 그러나 현실적으로 미래의 상황이 불확실할 뿐만 아니라, 이들 각 파라미터값들을 추정하는 데 많은 오류가 포함될 가능성이 개재되어 있다. 따라서 이러한 미래상황의 불확실성, 측정상의 오류 등을 감안하여 대안의 비교분석에 있어서는 항상 민감도 분석을 수행하는 것이 바람직하다.
    민감도 분석은 이것을 수행하는 상황에 따라 모형들 가운데 오류가 있으리라고 생각되는 파라미터를 한 번에 한 가지씩만 고려하는 경우와 두 가지 이상의 파라미터들을 동시에 고려하는 경우 등으로 구분할 수 있다. 그러나 어떠한 유형의 민감도 분석을 수행할 것이냐 하는 것은 실제로 주어진 문제의 성격과 처한 상황을 고려하여 결정하여야 한다.

연습문제

11-1 공공프로그램이나 프로젝트의 분석에 적용할 할인율의 결정에 있어서 높은 사회적 할인율을 적용하여야 한다는 학파와 낮은 사회적 할인율을 적용하여야 한다는 학파들이 보는 정부의 역할의 차이는 무엇인가? 그 이유는?

11-2 인플레이션이 할인율결정에 미치는 영향과 중요성을 설명하여라.

11-3 공공프로그램의 편익비용분석에서 일출효과(spillover)를 고려하여야 하는 이유를 설명하여라.

11-4 민간부문의 의사결정에 비해서 공공부문의 프로그램에 관한 의사결정과정에서 형평성의 고려가 중요한 이유를 설명하여라.

11-5 민감도분석이 필요한 이유에 대하여 논의하여라.

11-6 영향발생 매트릭스를 사용함으로써 오는 이점은 무엇인가? 이 경우 예상되는 난점은?

11-7 R사장은 유지관리비로 현재(now) 연 1억 5천만 원씩 소요되는 공장을 가지고 있다. 이 유지관리비 1억 5천만 원 가운데 5천만 원은 장비와 원자재 비용이고, 1억 원은 인건비이다. 인플레이션율은 연간 8%이라 한다. 이 회사는 불변가격(2010년)으로 연 10%의 할인율을 적용하고 있다. 인건비는 다른 비용들보다 매년 2%씩 더 빠른 속도로 상승하고 있다. 다음 10년간에 예상되는 유지관리비의 현재가격(2010년 가격)은 얼마인가?

11-8 K사는 2005년 12월에 어떤 형의 전문화된 장비의 모형 A를 구입하기로 결정하였다. 그리고 이 장비는 2006년 1월에 설치되었고, 같은 날 30억 원을 일시에 지불하였다. 그 당시 장비의 수명은 12년으로 추정되었다. 12년째 말(2017년 12월 31일)에는 이 장비의 시장가격은 전혀 없는 것으로 생각된다.

모형 A를 사용함으로써 오게 되는 비용의 절약은 노동비용의 감소로 인하여 매년 5천만 원(수명기간인 12년 동안 계속)에 달할 것으로 기대된다. 이번에 모형 A를 채택한 K사의 총비용은 모형 A를 채택하기 전에는 연간 40억 원에 달하고 있다고 한다.

　　2007년 10월에 모형 B(다른 생산자에 의하여 제작된 것)가 갑자기 시장에 출현하였다. 모형 B가 출현함으로써 이제 모형 A는 완전히 구식이 되어 버렸다. 그래서 이제 시장에서는 아무도 모형 A를 구입하려 하지 않게 되었으며, 모형 A의 잔존가격(salvage value)은 즉시 영(zero)이 되었다. 그러나 K사는 모형 A를 계속 사용할 수도 있고, 또 그럼으로써 모형 A를 설치하기 전에 사용되었던 장비를 사용하는 것보다 매년 5천만 원의 비용절감을 실현할 수 있음은 물론이다.

　　모형 B를 설치하기 위해서는 장비값으로 17억 5천만 원의 비용이 들고, 또 설치비로 2억 5천만 원이 들 것으로 보인다. 모형 B를 사용하면 모형 A에 비해서 연간 4억 원의 비용절감이 추가적으로 있을 것으로 기대된다. 모형 B의 경제적 내구연한은 10년이다. 만 10년 후에 모형 B의 잔존가격은 1억 원으로 추정되고 있다.

　　지금이 2007년 11월이라고 가정하고, 또한 K사에서는 이 때 모형 B를 구입해야 할 것인지 여부를 검토하고 있다고 하자. 모형 B의 제작자는 만일 K사가 지금 주문을 하면 2008년 1월 1일까지 물건을 인도해 주고, 아울러 설치를 완료해 줄 수 있다고 약속하고 있다. K사가 사용하고 있는 할인율은 연 10%이며, 위의 모든 비용과 절약된 돈은 모두 불변가격(2005년)이라 한다. 다음에 대하여 답하여라.

(1) 귀하가 K사를 위하여 분석하였다고 할 때 모형 B를 새로 구입할 것을 건의하겠는가, 아니면 모형 A를 계속 사용하도록 건의하겠는가? 분석 과정을 보여라.

(2) 만일 K사가 모형 B를 구입하기로 결정하였다면, K사가 이전에 모형 A를 구입하기로 결정하였던 것은 잘못된 결정이었는가? 분석을 토대로 논의하여라.

(3) 2005년 12월에 있어서 완전한 '정보의 가치'는 얼마인가? 즉 귀하가 지금(2007년 11월) 알고 있는 것을 누가 그때(2005년 12월) K사에 알려주었다면 K사는 최대한 얼마를 그 사람에게 지불하여야 하겠는가?

제12장

비용효과분석

비용효용분석(cost utility analysis)이라는 분석기법의 카테고리에는 다양한 기법들이 포함되어 있다. 그러나 이 카테고리에 속하는 대부분의 기법들은 편익비용분석이라고 하는 가장 공통적인 기법과 관련되어 있으며, 또한 정책결정자가 어떤 정책대안이나 프로젝트 대안을 선택하는 데 있어서 합리적인 결정을 내릴 수 있도록 도움을 줄 수 있는 정보를 산출해 주는 기법들이다. 이 때 정책결정자가 선택할 수 있는 접근방법은 가장 저렴한 비용으로 사전에 미리 설정해 놓은 수준의 효용을 획득하도록 하는 대안을 선택하는 고정된 효용의 접근방법이나 또는 사전에 미리 설정해 놓은 수준의 예산으로 가장 높은 효용을 성취할 수 있는 대안을 선택하는 고정된 예산의 접근방법이다.

편익비용분석은 이들 비용-효용분석기법들 가운데 가장 널리 이용되고 있는 분석기법이다. 이 분석방법은 이미 앞 장에서 살펴본 바와 같이 어떤 프로젝트와 관련된 모든 편익들과 비용들을 그것이 언제 누구에게 발생하건 모두 하나하나 열거하고 금전적 가치로 환산한 다음, 이 결과를 토대로 하나의 프로젝트의 소망성을 평가하는 방법이다.

편익비용분석과 아울러 널리 이용되고 있는 비용효용분석 카테고리에 속하는 기법의 하나는 비용효과분석이다. 비용효과분석은 어떤 한 프로젝트에 투입되는 모든 비용들은 금전적 가치로 환산하나 그 프로젝트로부터 얻게 되는 편익들은 금전적 가치로 환산하지 않고 산출결과들을 그대로 분석에 활용하는 기법이다. 이 기법은 산출결과들을 금전적 가치로 환산하기 어렵거나 비교하는 대안들의 산출결과들이 동일한 사업의 평가에 주로 이용되고 있다.

이번 장에서는 비용효과분석이 무엇이고, 왜 중요하며, 왜 기원되었고, 접근방법에는 어떤 것들이 있는가를 살펴본 다음, 비용효과분석의 절차와 이 방법을 이용하여 분석한 결과를 토대로 프로그램에 대한 의사결정을 내리는 방법들에 대하여 살펴보기로 한다.

제 1 절   비용효과분석의 의의와 접근방법

1. 비용효과분석의 의의와 중요성

1) 의   의

비용효과분석(cost effectiveness analysis)은 공공정책 대안들에 대한 체계적인 경제적 평가를 제공하는 데 사용될 수 있는 일련의 테크닉들(techniques) 가운데 하나이다. 이들 경제적 평가 테크닉들은 모두 프로그램의 산출 결과들(outcomes)을 가져오는데 사용되는 투입들과 프로그램의 산출(outputs), 산출결과들, 또는 결과들(consequences)의 어떤 측정치들을 관련시키는 데 초점을 둔다. 이 테크닉은 정책결정자에게 주어진 정책에 대한 대안들을 분명하게 식별할 수 있는 방법을 제공해 주고 한정된 자원들을 어떤 특정한 프로그램에 사용함에 따라 오는 결과들에 초점을 맞출 수 있도록 해 준다.

Quade는 비용효과분석에 대하여 두 가지의 정의를 내리고 있다(Quade, 1967: 1-16). 즉 넓은 의미에서의 비용효과분석은 "정책결정자가 여러 가지의 가능한 대안들 가운데에서 선호하는 선택대안을 식별하는 것을 도와줄 수 있도록 설계된 모든 종류의 분석적 연구"라고 정의하였다. 그리고 좁은 의미에서의 비용효과분석은 "어떤 특정한 목표들을 달성하는데 여러 가지 행동노선 대안들의 비용들과 그들의 효과들을 비교하는 것"으로 보았다.

비용효과분석은 프로그램의 산출결과들에 대한 금전적 가치추정(valuation)이 수행되지 않는 편익비용분석으로 정의되기도 한다(Williams, 1973). 이 정의에 의하면 편익비용분석과 비용효과분석 간의 차이는 편익비용분석이 프로그램의 효과들 (effects)을 계량화하는 데 좀 더 공격적이라는 데 있다. 즉 프로그램 산출결과들의 가치들을 금전적으로 추정하면 비용효과분석이 편익비용분석으로 전환된다.

비용편익분석은 프로그램의 목표들이 경제적으로 유익한지(beneficial) 또는 정 당화할 수 있는 것인지의 여부를 결정하기 위하여 사용하는 것이다. 이에 비해서 비용효과분석은 프로그램의 결과들(results)은 그 자체로서는 가치있는 것이라고 전 제한다. 그리고 어떻게 그러한 결과들이 효율적으로 달성되고, 서로 다른 수준의 바 람직한 산출결과들(outcomes)을 달성하는 데 각각 얼마마한 비용들이 소요되는가 하는 것을 탐색한다(Peterson, 1986: 291-344). 편익비용분석과 마찬가지로 비용효과 분석은 프로그램의 모든 비용들(직접비나 간접비)이 계산될 수 있다고 가정한다. 차 이는 이미 위에서 설명한 바와 같이 분모에서 일어난다. 분모의 가치는 금전적으로 계량화되는 대신에 효과성을 측정하는 의미가 있는 단위(meaningful unit)로 대치 된다.

의사결정 지향적인 관점(decision oriented perspective)에서 보면 가장 바람직한 대안은 가장 적은 비용을 투입하여 목표들을 달성할 수 있는 대안이다. 비용은 가 장 적게 들이면서도 효과가 가장 큰 대안을 선택함으로써 다른 노력(즉 프로그램들) 을 하는 데 투자할 수 있는 자원들을 확보할 수 있다.

비용효과분석은 ① 유사하거나 동일한 목적들을 가진 프로그램들만이 비교될 수 있고, ② 프로그램의 일차적인 산출결과가 동일한 한 세트의 대안들의 비교, 즉 효과에 대한 하나의 공통적인 척도가 대안들의 효과들을 평가하는 데 사용될 수 있 다는 두 가지 전제에 기초를 두고 시행된다. 만일 대안들이 복수의 산출결과들을 산출하는 경우에는 그들이 수치적 지표(numerical index)로 통합될 수 있을 때 사용 할 수 있다. 이들 효과자료들은, 매 비용수준별(per level of cost)로 최대의 효과를 제공하는 접근방법이나 매 효과수준별(per level of effectiveness)로 가장 비용이 적게 소요되는 접근방법을 선택하는 데 도움을 줄 수 있도록, 비용효과분석을 시행하는 과정에서 비용들과 조합(combine)될 수 있다. 이와 같이 의사결정과정에서 한정된 자원들을 가장 효율적으로 활용할 수 있도록 의사결정에 필요한 정보들을 산출하여 제공할 수 있다는 데 비용효과분석의 의의가 있다.

2) 중 요 성

왜 교육, 보건, 사회복지, 노동, 범죄예방 등 사회정책이나 프로그램들에 관여하는 종사자들은 비용효과분석에 관심을 가져야 하는가? 이 질문에 대한 가장 표면적인 수준의 대답은 이러한 분석결과를 참고(reference)하는 것이 많은 경우 수사학적 주장으로서 중요한 설득의 소스가 될 수 있다는 것이다. 서로 다른 접근방법들에 대한 비용효과들을 비교해서 어느 특정한 하나의 접근방법이 가장 비용에 비해서 효과가 있다(cost-effective)는 것을 발견했다고 말함으로써 이 이슈에 찬성하는 담당자들은 반대자들을 무장해제 시킬 수 있다는 것이다. 이러한 주장은 이 비용효과라는 용어가 사용되고 있는 사회정책이나 프로그램 분야에서 통용되고 있다. 그러나 비용효과분석은 그 이상의 것이다. 사회정책이나 프로그램을 위한 자원들을 좀 더 효율적으로 활용할 수 있도록 리드해 나갈 수 있기 때문에, 즉 특정한 목표들을 달성하는 데 소요되는 비용들을 줄이거나 특정한 예산이나 여타의 다른 자원들의 제약하에서 성취할 수 있는 것을 더 확대할 수 있기 때문에, 공공분야에서 일하고 있는 사람들은 여기에 더 관심을 갖는 토픽(topic)이 되어야 하는 것이다.

2. 프로그램효과에 대한 가치추정상의 난점과 비용효과분석의 기원

1) 가치추정상의 난점들과 난점의 소스

교육, 보건, 범죄예방 등 사회정책들은 사람의 생명, 사회적 안전, 삶의 질의 향상 등과 같은 가치들을 다룬다. 편익비용분석은 사회정책이나 프로그램들이 대상으로 하고 있는 이러한 사람의 생명, 사회적 안전, 삶의 질 향상 등에 얼마만한 편익을 증진시켰는가를 정확하게 측정해 낼 수 있다는 가치추정(valuing)을 전제하고 있다. 그러나 사람의 생명 연장, 사회적 안전수준의 제고, 삶의 질의 향상 등에 대한 가치의 추정은 매우 어렵고 이견(異見)들이 많다. 예컨대 보건정책이나 프로그램의 수행 결과로 사람의 생명이 연장되는 경우에도 사람의 생명의 연장에 대한 가치가 추정되어야 여러 가지 프로그램 대안들 가운데 어떠한 프로그램 대안이 비용에 비해서 더 효과가 높은지(cost effective)를 알 수 있고, 프로그램 대안 선택에 그 정보를 활용할 수 있다. 그러나 보건 프로그램의 결과로 연장되는 사람의 생명에 대한 가치는 그것을 추정하는 이론과 방법에 따라 크게 다를 뿐 아니라 그 이론과 방법

들에 대해서도 학자들 사이에 합의가 이루어지지 않고 많은 이견(異見)들이 제기되고 있다.[1)]

사람의 생명연장뿐 아니라 다른 사회정책이나 프로그램의 효과에 대한 가치추정도 어려운데 몇 가지 예를 들면 다음과 같다.

- 생명의 위험에 대한 노출: 예컨대 발암물질에 대한 노출
- 이타적 행동의 효과: 농작물의 생산량을 증가시키기 위하여 북한의 빈농들을 조력하는 활동
- 이상의 보존(preserving ideals): 예컨대 직업기회의 평등성의 제고
- 군사력의 증강: 예컨대 미사일을 장착한 핵잠수함 한 척을 더 건조하는 것

위에서 살펴본 바와 같이 프로그램의 효과를 추정하는 것이 어려운 경우가 많다. 그렇기 때문에 이러한 경우 의사결정과정에서 의사결정자들을 도울 수 있는 정보를 산출하는 방법으로서 좀 더 호소력 있는 방법의 하나는 금전적 가치로 전환시키기 어려운 프로그램의 효과를 금전적 가치로 전환하지 않고 그대로 이용하는 분석방법을 발전시켜 활용하는 것이다. 이러한 필요성에 의해서 발전된 방법들 가운데 하나가 비용효과분석이다.

그러면 프로그램의 효과에 대한 가치추정을 어렵게 하는 소스들은 무엇인가? 프로그램 효과의 가치추정을 어렵게 하는 요인들은 여러 가지가 있는데 그들 가운데 중요한 것으로는 프로그램 성격의 세계성(global nature), 손실보상의 불가능성(inability to compensate losses), 제약으로 취급되는 목적(goals taken as constraint) 및

---

1) 사람의 생명에 대한 가치(life value)를 추정하는 방법에 대해서는 학자에 따라 여러 가지 이론과 방법들이 제안되고 있는데 그들 가운데 몇 가지만 예를 들면 다음과 같다.
- 자신의 생명가치(Own Life Value : OLV) : 병의 치료를 위해 보통사람들이 지불할 수 있는 금전의 액수
- Pareto 생명가치(Pareto Life Value : PLV) : 적절한 재분배로 아무도 현재상태보다 더 나빠지지 않도록(worse-off)하면서 어떤 사람의 치료를 위해 지불될 수 있는 금전의 최대 액수
- 단순화된 Pareto 생명가치(Simplified Pareto Life Value : SPLV) : PLV를 계략적으로 추정할 수 있도록 단순화한 것
- 소비 생명가치(Consumption Life Value : CLV) : 사람이 즐기기 위해서 사용할 수 있는 금전의 액수
- 소득 생명가치(Earning Life Value : ELV) : 생명연장이 다른 사람과 본인에게 주는 가치를 추정하기 위하여 SPLV와 CLV를 조합한 것(Thompson, 1980: 184-215).

계량화하기 어려운 것의 과다성(an excess of imponderables) 등을 들 수 있다.

먼저 프로그램 효과의 가치를 추정하는 것이 어려운 첫 번째 요인은 많은 프로그램들의 효과가 성격상 세계적인 것이 많고, 간접적으로나마 그 영향에 대해서 염려하는 사람들에게 영향(impact)을 미치지 않는 경우는 드물다는 것이다. 우리나라 정부가 금강산 관광을 하는 관광객들에게, 만일 현금지원을 하는 프로그램이 있다면, 현금을 지원하는 것이 어떠한 효과를 가져오는지 가치를 추정하는 것은 매우 어렵다. 이것은 우리나라뿐 아니라 북한에 현금 지원을 반대하는 미국이나 일본과도 관련되어 있고, 우리나라 국민들도 각자가 가지고 있는 이념적 성향에 따라 그 지원에 대한 가치평가가 달라질 것이기 때문이다.

프로그램 효과에 대한 가치추정을 어렵게 하는 두 번째 요인은 프로그램에 의하여 입게 될 손실들을 보상하는 것이 불가능하다는 것이다. 어떤 한 프로그램의 시행으로 사람들이 사망하거나 부상당한다면, 이들 희생자들을 프로그램이 없었더라면 처해 있었을 상태와 같은 정도로 만족한 상태(as well off)로 만들 수 있는 금전적 양(amount of money)이란 있을 수 없기 때문이다. 물론 한정된 위험들(limited risks)은 적정하게 보상될 수 있으나 그 위험이 큰 경우에는 진정한 의미의 보상이 될 수 없는 경우가 많다.

프로그램 효과의 가치추정을 어렵게 하는 세 번째 요인은 제약(constraints)으로 취급되는 목적들의 존재이다. 평등한 직업기회를 창도하는 사람들은 그러한 평등한 상태는 어떠한 상태건 평등하지 않은 상태보다 더 나으며, 평등성의 정도가 더 높은 상태는 낮은 상태보다 항상 더 좋다고 생각한다. 이러한 사람들에게는 직업상의 기회를 한계적으로 증진(marginally enhance)시키거나 한계적으로 손상시키는 프로그램의 가치를 추정한다는 것은 불가능하다. 그들은 평등성의 손실은 아무리 적더라도, 아무리 큰 액수의 돈으로도 이것이 보상될 수 없다고 생각하는 것이다.

프로그램의 가치추정을 어렵게 하는 네 번째 요인은 계량하기 어려운 것의 과다성이다. 편익비용분석의 전문가들은 불확실한 상황(uncertain situations)에서 어려운 가치들을 추정하는 데 집중한다. 그러나 때로는 계량화하기 어려운 요인들이 그들이 사용하는 방법들을 압도한다. 핵잠수함을 건설할 것인지 여부를 결정하는 데 있어서 전문가들은 그것을 사용할 경우들(chances)과, 그것이 끼칠 한계적 피해(marginal harm), 그것이 가져올 전쟁 억제의 기여도, 그리고 대량살상(holocaust) 후의 인명의 가치 등을 저울질 하지 않으면 안 된다. 현재에는 이러한 불확실한 사건들에 대한 가치들을 적절하게 추정할 수 있는 방법들이 발전되어 있지 않다.

2) 비용효과분석의 기원

프로그램의 효과에 대한 가치추정이 어려운 경우에는 프로그램의 효과에 대한 가치를 부여하여 그 결과를 소요되는 비용과 비교하는 편익비용분석의 접근방법은 활용하기 어렵다. 편익비용분석의 접근방법은 프로그램에 의한 편익에 가치를 부여 (assigning)하는데 건전한 합리성이 전제될 때 좀 더 직접적이고 호소력이 있는 방법이다. 그러나 사회정책이나 프로그램 분야에서는 편익과 비용들, 특히 편익들의 가치를 추정하는 것이 매우 어렵고 이견이 많기 때문에 이러한 가치추정을 피하는 방법이 선호된다. 군사부문에서는, 예컨대 항공모함(aircraft carrier) 한 대를 더 갖는 것의 값어치가 얼마인가 하는 것을 결정하는 것과 같이, 목표들에 대한 가치추정상에 유사한 어려움을 겪고 있기 때문에 그 해결대안으로 군사분석에서는 비용효과분석의 원칙이 발전하여 왔다. 여기서 적용되는 비용효과분석의 원칙은, 비록 어떤 한 목표를 달성하는 것의 가치(value)가 얼마인지를 알지 못한다고 할지라도, 비용들을 극소화하는 방법으로 목표를 달성하는 것이 합리적이라는 것이다. 또는 이 원칙은 일정한 세트(set)의 자원의 양(amount)을 최대한의 편익 또는 산출단위들 (output units)을 획득할 수 있도록 지출하여야 한다는 원칙이다. 어떤 목적들을 달성하는 데 어떤 수단들의 비용이 더 적게 소요되면 그 수단은 비용-효과적(cost-effective)이다. 분석가들은 이 원칙들이 산출결과들의 가치추정이 어려운 프로그램들에 매우 유용하다는 것을 알게 되었고, 곧이어 교육, 보건, 환경, 교통, 범죄 및 기타 모든 사회프로그램에 이 비용효과분석 테크닉을 적용하기 시작하였으며, 때로는 편익비용분석보다 더 선호되고 있다. 비용효과 원칙들에 기초를 둔 분석이 비용효과분석이다.

비용효과분석은 1960년대 미국의 보건, 교육 및 복지부(Department of Health, Education and Welfare)에서 기획예산제도(Planning, Programming and Budgeting System : PPBS)를 시행하면서 본격적으로 활용되기 시작하였으며, 특히 환경규제영향 분석방법으로 널리 보급되어 활용되고 있다.

3.   비용효과비교의 접근방법

비용효과의 비교를 위한 접근방법들로는 불변 비용분석(constant-cost analysis), 최소 비용분석(least cost analysis) 및 목표-수준분석(objective-level analysis) 등 세 가지 접근방법을 들 수 있다(Bingham and Fellinger, 2002: 197-198).

불변 비용분석에 있어서 분석가가 해야 할 업무는 주어진 비용의 제약범위들 내에서 하나의 목표가 얼마나 달성될 수 있는가를 분석해 내는 일이다. 예컨대 국회가 도로교통사고 예방 목적을 위하여 약 20억 원을 배정하는 결정을 하였다고 하자. 이 경우 불변 비용분석은 이 목적을 달성하기 위하여 식별된 각 대안들에 어떻게 편성된 20억 원을 지출하여야 예방할 수 있는 사망자 수를 최대화할 수 있는지에 초점을 맞출 수 있다.

한편 최소 비용분석의 목적은 최소의 비용으로 사전에 구체화된 목적들(prespecified goals)을 달성하는 것이다. 위의 도로교통사고 예방프로그램의 예에서 설정된 목표는 자동차 사고에 의한 사망자수를 매년 10퍼센트씩 감소시키는 것이라고 가정해 보자. 이 평가기준(criteria)에 의거해서 비용효과분석의 질문은 가장 비용이 적게 드는 방법으로 목적을 달성하는 대안을 찾아내는 것을 포함한다. 구체적으로 설정된 목적을 달성하는 데 요구되는 예산의 규모가 얼마나 되는가 하는 측면에서 설정된 목표를 달성하기 위한 각 대안적 방법들이 분석된다.

이에 비해서 목표-수준분석은 하나의 대안 내에서 여러 가지 다른 성과수준들(varying performance levels)을 비교한다. 예를 들면 고속도로상에서 일어나는 교통사고에 의한 사망 예방 프로그램에서, 분석가는 각각의 구체적인 프로그램 대안에 대한 사망자 수를 10%, 20%, 40% 및 80% 절감하는 데 소요되는 비용들을 구하려고 노력할 수도 있다. 이 경우 각 수준별로 달성되는 목표단위당(per unit of objective) 소요되는 비용이 계산될 수 있고, 이에 따라 대안들이 비교평가될 수 있다.

제 2 절   비용효과분석의 절차와 의사결정

1. 비용효과분석의 절차

비용효과분석의 절차는 이미 앞에서 기술한 편익비용분석의 일반적 절차와 유사하다. 편익비용분석의 일반적 절차로 제시한 여덟 단계는 ① 실현가능하고 상호배타적인 비교대안의 식별, ② 사업수명의 결정, ③ 각 대안들의 편익과 비용의 추정, ④ 사용될 할인율의 구체화, ⑤ 사업효과성 측정방법의 구체화, ⑥ 선정된 효과성 측정방법에 의한 대안의 비교, ⑦ 민감도 분석, ⑧ 적정대안의 선택 등이었다.

위에서 기술한 편익비용분석의 여덟 단계는 편익비용분석에 초점을 맞춘 것이기 때문에 비용효과분석과정에서는 각 단계별로 구체적인 분석활동의 수행내용과 강조점은 다를 수밖에 없다. 그 대표적인 예가 제 3 단계인 각 대안들의 편익과 비용의 추정 단계와 제 5 단계인 사업의 효과성 측정방법의 구체화 단계이다. 이미 편익비용분석과 비용효과분석 간의 차이에서도 설명한 바와 같이 편익비용분석과 비용효과분석의 적용대상 정책들 또는 프로그램들 간의 기본적인 차이는 산출결과인 효과에 대한 가치추정(valuing)이 금전적 가치로 이루어질 수 있느냐 또는 그렇지 못하느냐 하는 것이다. 편익비용분석의 대상이 되는 정책이나 프로그램 대안들과는 달리 비용효과분석의 대상이 되는 정책이나 프로그램들의 효과는 금전적 가치로 전환되기 어렵다. 그러나 그렇다고 하여 그 산출된 효과를 측정하지 않는다는 것이 아니다. 금전적 가치로 산출된 효과를 측정하지는 않지만 프로그램의 성격에 따라 다양한 효과의 측정방법을 개발하여 사용하고 있다. 비용효과분석정보가 실제로 정책결정과정에서 정책결정자들에게 얼마나 유용한 정보를 제공하여 합리적인 정책선택에 도움을 줄 수 있느냐 하는 분석의 질(quality)을 결정하는 가장 중요한 요인들 가운데 하나는 바로 올바른 효과측정방법의 개발과 활용이다. 예컨대 사망자 수를 감소시키는 보건복지 프로그램에서 어떤 프로그램 대안들 간의 우선순위는 효과성 측정단위를 무엇으로 하느냐 하는 데 따라서 달라지기도 한다. 우리는 다음 항에서 고속도로 순찰 프로그램을 강화하는 데 따른 인명구제효과와 관상동맥질환치료팀(mobile coronary care units)들을 운영하는 프로그램의 효과를 비교하는 데 있어서 산출된 효과의 가치추정을 그들 프로그램들을 운영하여 사망으로부터 구해낸 인명의 수로 하느냐, 연장된 총생명년수(life years)로 하느냐, 또는 삶의 질(life quality)을 고려한 수명연장 연수로 하느냐 하는 데 따라서 비용효과비가 크게 뒤바뀌는 것을 보게 될 것이다.

이와 같이 비용효과분석에 있어서 편익의 추정은 프로그램 효과에 대한 가치추정(valuing)방법의 선택에 따라 달라지기 때문에 편익비용분석의 제5단계인 사업효과성 측정방법의 구체화는 프로그램 효과에 대한 가치추정방법의 선택에 따라 자동적으로 이루어진 셈이 된다. 따라서 순현재가치나 내부수익률 방법이 아니라 편익비용비와 같은 개념인 비용효과비가 프로그램 대안들의 비교를 위한 효과성 측정방법이 되는 것이다.

비용효과분석에 있어서도 편익비용분석에 있어서와 마찬가지로 중요한 파라미터들의 추정상의 오류와 관련된 민감도 분석(sensitivity analysis)을 수행하여야 한다. 여기서 중요한 파라미터들은 투입된 비용, 산출효과, 적용된 할인율 및 프로그램의 수명 등인데, 이들 가운데에서도 특히 산출효과에 대한 가치추정상의 오류의 정도에 따라 비용효과분석결과가 어떠한 영향을 받는가 하는 것을 검토하는 민감도 분석은 매우 중요하다. 이는 사회정책 프로그램의 산출효과에 대한 가치추정이 매우 어렵고 측정오류가 내포될 가능성이 매우 높기 때문이다.

2. 의사결정을 위한 여러 가지 형태의 비용효과분석

1) 프로그램 산출단위의 선택과 해석상의 문제

앞 항에서 살펴본 바와 같이 비용효과분석의 접근방법들은 다양하지만 일반적으로 어떤 한 프로그램의 비용효과의 정도는 다음 식(12. 1)과 같은 비용효과비(cost effectiveness ratio: C/E)로 표현된다.

$$C/E = \frac{\text{프로그램의 순 금전적 비용들}}{\text{순 프로그램 효과들}} \qquad \cdots\cdots\cdots\cdots (12.1)$$

위의 식(12. 1)에서 순 프로그램 효과는 프로그램이 어떠한 분야의 사회정책 프로그램이냐 하는 데 따라 달라질 수 있다. 예컨대 교육프로그램의 비용효과를 평가하는 것이라면 식(12. 1)은 C/E=(순 금전적 비용들)÷(순 교육 효과들)로 표현될 것이고, 만일 보건 프로그램의 비용효과를 평가하는 것이라면 식(12. 1)은

C/E=(순 금전적 비용들)÷(순 보건프로그램 효과들)로 표현된다.

식(12. 1)에서 비용효과비(C/E)는 프로그램의 효과를 나타내는 분모의 효과 (E) 측정 단위를 무엇으로 선택하느냐 하는 데 따라 달라질 수 있다.

예 12-1 보건정책 프로그램들 가운데 암 스크린 프로그램(cancer screening program)에 1억 8천만 원을 투입하여(여기에는 치료비도 포함되었다고 가정) 10명의 암 환자를 식별해 냈다고 가정해 보자. 이들 식별된 10명의 암 환자들 가운데 여섯 명은 완치되고, 두 사례의 경우에는 완치는 안 되었으나 부분적으로 고통이 완화되었다고 가정한다. 그리고 이들 여덟 사례들의 경우 총 30년의 수명이 연장되었다고 한다. 그러면 비용효과비는 얼마인가를 추정해 내는 것이 과제이다. 이 문제에서 효과를 측정하는데 어떠한 산출결과의 측정단위를 선택하느냐 하는 데 따라 다음과 같은 세 가지의 비용효과비를 얻을 수 있다.

$$C/E = \frac{\text{\textwon}180,000,000}{\text{발견되고 치료된 10개의 사례}}$$
$$= \text{\textwon}18,000,000(\text{매 발견되고 치료된 사례당})$$

$$C/E = \frac{\text{\textwon}180,000,000}{\text{완치된 6명의 사례}}$$
$$= \text{\textwon}30,000,000(\text{매 완치 사례당})$$

$$C/E = \frac{\text{\textwon}180,000,000}{\text{생명을 구한 8명의 사례}}$$
$$= \text{\textwon}22,500,000(\text{매 생명을 구한 사례당})$$

$$C/E = \frac{\text{\textwon}180,000,000}{\text{생명이 연장된 30년}}$$
$$= \text{\textwon}6,000,000(\text{매 연장된 생명 년(life year)당})$$

위의 [예 12-1]에서 볼 수 있는 바와 같이 비용효과의 정도를 나타내는 비용효과비는 식(12. 1)의 분모에 해당되는 효과의 측정(measure)단위를 무엇으로 하느냐 하는 데 따라 달라질 수 있다.

비용효과분석에서는 위의 [예 12-1]에서 살펴본 바와 같이 효과성에 대한 측정 단위를 무엇으로 선택하느냐 하는 것도 문제이지만, 보건 프로그램과 같이 산출결과가 생명과 관련될 때는 또한 해석상의 문제가 따르게 된다. 예컨대 위의 [예 12-1]에서 8명의 생명을 구한 사례의 경우 매 생명을 구한 사례당 22,500,000원이 소요되었는데, 이 비용을 이 프로그램의 확대 여부를 판단하는 기준으로 삼는다면, 사람의 생명의 값이 22,500,000원밖에 안 되느냐 하는 반론도 제기될 수 있다. 그러나 이 비용에 대한 해석상의 문제는 사람의 생명의 값어치를 결정하는 문제가 아니라, 자원이 한정되어 있기 때문에 한정된 자원을 가능한 한 더 바람직한 곳에 활용하고자 한다는 전제(premise)하에 비용효과분석을 수행하고, 그 분석결과 얻은 수치는 대안 선택을 위한 기준일 뿐이라고 생각한다면 사람의 생명의 가치와 관련되어 발생하는 분석결과에 대한 거부감은 크게 완화될 수 있을 것이다.

2) 비용효과분석에 따른 의사결정규칙

대부분의 비용효과에 관한 연구들은 프로그램의 집행으로 획득한 순 프로그램 효과(또는 편익)는 무엇이고 투입된 순 금전적 비용들은 얼마인가에 관한 것이다. 비용효과비는 이들 프로그램에 의하여 획득한 것과 잃은 손실들 간의 트레이드 오프(trade-off)를 명시적으로 하는 것이다. 만일 효과를 측정한 가치가 그것을 획득하는데 소요되는 비용을 초과한다면 그 프로그램은 채택되어야 한다. 만일 자원이 한정되어 있고, 여러 개의 프로그램들을 수행할 수 있다면, 그들의 한계비용효과비 (marginal C/E ratio)의 순서에 따라 프로그램들에 대한 자원을 배정하여야 할 것이다.

3) 리스크-편익분석

비용효과연구의 중요한 한 분야는 리스크-편익분석(risk-benefit analysis)이다. 여기에는 두 가지 변형된 형태가 있다. 첫 번째 형태는 생명에 관한 효과(즉 생명손실)를 직접적으로 금전적 편익과 비교하는 것이다. 만일 어떤 광산 개발이나 항만 건설과 같은 경제개발 프로그램이 100억 원의 순 편익을 가져오는데 다섯 명의 인명손실을 가져온다면, 리스크-편익비는 20억 원의 순 편익당 한 사람의 생명손실을 가져오는 셈이 된다.

두 번째 변형된 형태는 프로그램의 효과를 세 가지 범주들(categories), 즉 ① 금전적 효과(적극적인 것과 부정적인 것 모두 포함), ② 효과(생명구제) 및 ③ 리스크 (생명손실 명수) 등으로 나누어 생각한다.

이 경우 비용효과분석은 ① 비용효과분석의 분자를 결정하기 위한 금전적 또는 비용분석, ② 분모를 결정하기 위한 리스크-편익분석 등 두 단계를 거치게 된다. 이 때 비용효과는 다음과 같은 식(12. 2)로 나타낼 수 있다.

$$C/E = \frac{\text{순 금전적 효과}}{\text{순 보건 효과}}$$

$$= \frac{\text{금전적 분석 또는 비용분석의 결과}}{\text{리스크편익분석의 결과}}$$

$$= \frac{\text{금전적 손실} - \text{금전적 이익}}{\text{편익} - \text{리스크(risk)}} \quad \cdots\cdots\cdots\cdots \quad (12.\ 2)$$

예 12-2   매 10만 명 예방접종을 시키면 6명의 사망자를 예방할 수 있는 독감 (influenza) 예방접종 프로그램을 검토한다고 가정해 본다. 이 때 이 예방접종을 실시하는 과정에서 매 10만 명당 1명이 주사 쇼크 과민반응으로 사망에 이를 수 있다고 가정한다. 이 프로그램을 실시하면, 환자들은 매 예방접종당 4,000원이 소요된다. 그러나 이 프로그램을 도입하면 매 10만 명당 80,000,000원의 비용이 소요되는 긴급독감 치료팀을 해체할 수 있다고 한다. 사망자 수와 금전적 효과만을 고려한다면 이 프로그램은 채택하는 것이 바람직한가 하는 것을 판단하기 위하여 비용효과분석을 하는 것이 과제이다. 이 경우 비용효과비는 식(12. 2)에 의하여 다음과 같이 구할 수 있다. 즉 10만명에게 예방접종하는 데에는 총 4억 원이 소요되므로 CE는 다음과 같이 구할 수 있다

$$C/E = \frac{\text{₩}400,000,000 - \text{₩}80,000,000}{\text{6명의 인명구제} - \text{1명 사망}} = \frac{\text{₩}320,000,000}{\text{5명}}$$

$$= \text{₩}64,000,000(\text{매 1명의 인명구제당})$$

위의 [예 12-2]의 비용효과분석에 의하면, 만일 사회가 매 생명구제당 최소 ₩64,000,000을 지출할 용의가 있는 경우에는, 예방접종프로그램을 시행하여야 한다.

4) 가장 바람직한 프로그램 버전의 결정 문제

일반적으로 비용효과비(cost effectiveness ratio)는 프로그램 대안과 아무것도 시행하지 않는 대안(no program)들을 비교한다. 그러나 프로그램들 가운데 최선의 버

전(best version)을 시행하기 위하여 여러 개의 프로그램들을 직접적으로 비교하는 비용효과분석을 시행할 수 있다. 이 경우에는 두 프로그램들의 비용의 차이를 두 프로그램들의 편익의 차이와 비교한다.

예 12-3 초등학교 학생들에 대한 인지기술(cognition skill)을 향상시킬 목적으로 보수교육프로그램을 계획하고 있다. 만일 학생당 70,000원을 투입하여 보수교육을 실시하면 4.5개월의 인지기술 향상효과를 얻을 수 있다고 한다. 그런데 만일 학생당 80,000원을 투입하여 좀 더 밀도 있는(intensive) 보수교육을 실시한다면 4.9개월의 인지기술의 성장을 가져올 수 있다는 보수교육 대안이 제안되었다. 이 새로운 보수교육 대안을 검토하기 위해서는 편익비용분석가는 인지기술 향상이 가져오는 효과를 금전적 가치로 전환시켜야 한다. 그러나 이것이 너무 어렵다고 생각하면 비용효과분석을 시행할 수 있다. 이 비용효과분석은 새로 제안된 보수교육프로그램과 기존의 보수교육프로그램간의 차이에 토대를 둔 비용효과분석을 시행하여야 한다. 즉

(₩80,000－₩70,000)÷(4.9개월－4.5개월의 인지기술 획득)

＝₩10,000÷(0.4개월)＝₩25,000[매 인지기술 획득월(月)당]

만일 의사결정자가 평균 1개월의 인지기술 획득당 최소한 25,000원을 추가로 지출할 수 있다고 생각한다면, 그는 좀 더 밀도 있는 보수교육프로그램을 채택할 것이고, 그렇지 못하다고 생각한다면 종래의 보수교육프로그램을 채택하여 운영해야 할 것이다.

한편 서로 다른 수준의 편익들(different level of benefits)을 제공하는 대안적인 프로그램 버전(version)들 가운데에서 프로그램의 비용효과를 검토하는 방법은 다음 [예 12-4]를 보면 그 개념을 용이하게 파악할 수 있다.

예 12-4 S시는 아동학대 사례들을 발견해 내기 위하여 A, B, C의 세 개의 대안적인 전략들 가운데 어느 것을 택하거나 하나도 택하지 않을 수도 있다. 이들 각 대안적 전략들의 비용들과 아동학대 사례를 발견할 것으로 예상되는 사례들의 숫자는 [표 12-1]에 요약된 바와 같다. 분석가는 비용효과분석을 통하여 정책결정자에게 필요한 정보를 제공하고자 한다.
　[표 12-1]에서 보면 전략 A는 한 사례 발견당 평균 1,000,000원(₩400,000,000 ÷ 400), B는 평균 1,100,000원, 그리고 C는 평균 1,227,000원이 소요된다. 이 비용효과분석은, 만일 발견된 매 아동학대 사례가 1,000,000원보다 값어치가 낮다고 판단하면 어떤 전략도 택하지 않을 것이다. 그러나 매 사례당 1,000,000원 정도의 값어치가 있다

[표 12-1] 아동학대 사례들을 발견해낼 대안적 전략들의 비용과 결과

(비용단위 : 1,000원)

대안적 전략	비 용	발견될 것으로 예상되는 사례들
A	400,000	400
B	550,000	500
C	675,000	550

고 한다면 대안 A가 채택되어 집행될 수 있다. 만일 전략 A가 집행된다면 더 추가적인 아동학대 사례들은 전략 B나 전략 C로 전환함으로써 발견할 수 있다. 이때 문제는 B 또는 C가 A보다 선호되는 수준(level)을 결정하는 문제가 된다. B는 150,000,000원 (=₩550,000,000−₩400,000,000원)의 추가적인 비용으로 100개 사례(=500−400)를 추가로 발견할 수 있다. 이 경우 이 추가적인 사례발견의 비용대 효과비(cost-effectiveness ratio)는 사례당 1,500,000(₩150,000,000÷100)이 된다. 만일 S시가 전략 A보다 전략 B를 택함으로써 100개의 사례를 추가적으로 발견하기 위하여 최소한 매 사례당 1,500,000원을 지불하고자 한다면, 전략대안 A보다 전략대안 B를 택하는 것이 바람직하다. 이 경우나 이와 유사한 경우에 공통적으로 범하는 분석상의 잘못은 위에 주어진 것과 같은 사례발견에 있어서 평균비용에 의하여 의사결정을 내리려 한다는 것이다. 즉 전략 B의 매 사례 발견당 평균비용 1,100,000원 또는 그 이상으로 평가된다면, 전략 A로부터 전략 B로 바꾸는 이유로 채택된다는 것이다. 만일 전략 A가 존재하지 않고, 또 만일 발견된 사례들이 1,100,000원 이상의 값어치가 있는 것으로 평가된다면, 전략 대안 B가 집행되어야 한다. 그러나 전략대안 A가 존재하기 때문에, 이것이 500개의 사례들을 발견하기 위하여 550,000,000원을 지출할 것인지의 여부를 묻는 질문에서 100개의 추가적인 사례들을 발견하기 위하여 150,000,000원을 지출할 가치가 있느냐 하는 문제로 그 초점이 바뀌어진다. 그러므로 전략 A와 전략 B를 적절하게 결정하기 위해서 제기되는 핵심적인 질문은 매 사례당 평균 1,500,000원으로 100개의 추가적인 사례를 발견하는 것이 더 바람직한 것인가 또는 그 대신에 150,000,000원을 다른 것에 사용하는 것이 더 바람직한 것인가 하는 것이다. 전략 B로부터 전략 C로 전환하는 의사결정도 이와 유사하게 만들어진다. 전략 C는 전략 B보다 125,000,000원의 추가적인 비용이 소요되고, 50개의 사례를 더 발견할 수 있다. 그러므로 매 추가적인 사례발견당 2,500,000원(=125,000,000원÷50개의 사례)이 더 소요되고 이것이 비용효과비(ratio)가 된다.

[표 12-2] 어린이 학생사례 발견의 값어치의 범위(서로 다른 전략들의 선호)

아동학대 사례발견의 값어치(단위 : 1,000원)	선호되는 전략
1,000 이하	없음
1,000-1,500	A
1,500-2,500	B
2,500 이상	C

따라서 전략 B를 택하기로 한 경우에도 전략 C를 선택할 것인가의 여부는 125,000,000원을 추가적으로 투입하여 50여 개의 사례를 더 발견할 것인가, 아니면 125,000,000원의 예산을 다른 것에 투입하는 것이 더 바람직한가를 결정하여야 한다. 결론적으로 S시는 [표 12-2]에 나타난 전략들 가운데에서 결정하여야 한다.

5) 가변산출단위를 가진 비용효과분석과 의사결정

비용효과분석결과는 프로그램의 산출에 대한 측정단위가 변화하기 때문에 달라질 수 있고, 이 결과 비용효과분석정보에 의하여 내린 의사결정이 달라질 수 있다. 산출에 대한 측정단위가 변화하는 것을 가변산출단위(variable output units)라 한다.

즉 비용효과분석에서 분모에 해당하는 산출의 효과를 측정하는 방법이 달라짐에 따라서 분모의 크기가 달라지는 것을 가변산출단위라 하며, 분모가 가변산출단위인 경우 동일한 프로그램 비용이 투입되는 경우에도 C/E분석결과에 의한 프로그램 대안의 우선순위가 달라질 수 있기 때문에 프로그램 산출효과의 조정(adjusting)에 유의하여야 한다.

예 12-5   인명구제 프로그램(life-saving program)은 가변산출단위를 가진 전형적인 프로그램 의사결정문제이다. 정부는 고속도로 순찰에 더 많은 추가예산을 투입하는 것이 좋은지 아니면 이동식 관상동맥질환치료팀들(mobile coronary care units : MCCUs)의 운영에 더 많은 추가예산을 투입해야 할 것인지를 검토한다고 가정해 보자. 의사결정은 전적으로 어느 프로그램이 매 단위 예산액 투입당 가장 큰 생명연장가치(greatest value of life extension)를 가져오는 것으로 나타나는가 하는 데 따라 이루어진다. 이 분석에서는 두 프로그램들의 한계이득들(marginal gains)이 그들의 평균이득(average gains)들과 거의 동등하며, 이환율(morbidity)은 두 프로그램들 간을 차별 짓는 중요한 기준은 아니라고 가정한다.

과거의 경험에 의하면 2억 원의 예산을 투입하여 고속도로 순찰을 강화하는 프로그램을 운영하면 1년에 두 명의 사망자들을 구할 수 있고, 2.4억 원의 예산을 투입하여 MCCU 프로그램을 운영하면 1년에 네 명의 사망자들을 구할 수 있었다고 한다.

두 프로그램들의 비용효과비는 분모인 효과측정단위를 무엇으로 선정하느냐 하는데 따라 다음과 같이 달라진다.

① 효과측정단위를 구제된 인명(life saved)으로 할 때 :

고속도로 순찰의 비용효과비 = ₩200,000,000÷(2명)

= ₩100,000,000(매 구제된 인명당)

MCCU들의 비용효과비 = ₩240,000,000÷(4명)

= ₩60,000,000(매 구제된 인명당)

이 비용효과분석결과에 의하면 고속도로 순찰을 강화하는 프로그램에 투자하는 것보다 MCCU들을 강화하는 프로그램들에 투자하는 것이 더 바람직하다.

② 연장된 생명년수(life years)를 고려할 때 :

만일 고속도로 순찰로 구제된 사람들의 평균생존연장기간은 40년이고, MCCU들에 의하여 구제된 사람들의 평균생존연장기간은 6년이라고 가정한다. 그리고 적용되는 할인율(discount rate)은 7%라고 가정한다면, 비용효과분석에 이러한 추가적인 정보들을 반영하는 것이 더 바람직하다. 그러므로 이 추가적인 정보들을 반영하는 경우 효과측정의 단위로 프로그램에 의하여 추가로 연장된 생명년수(years of life)를 채택할 수 있다. 이 연장된 생명년수를 효과측정의 단위로 채택하는 경우에는 미래에 추가로 연장된 연수(years)들을 할인하여 현재가치로 전환하여야 한다. 치명적인 교통사고를 면하여 연장된 40년 전 기간의 현재가치는 다음과 같다.[2]

$$\sum_{n=0}^{39} \frac{1}{(1.07)^n} = 14.26 \text{생명년(life years)}$$

---

[2] n을 현재를 0으로 놓으면 40년 후는 $n=39$가 된다. 만일 현재를 1로 놓으면, 즉 $n=1$로 놓으면 40년 후는 $n=40$이 된다. 이 경우에는 40년 후의 현재가치는 $\sum_{n=1}^{40} \frac{1}{(1.07)^{n-1}} = 14.26$생명년이 된다.

한편 40년 후 시점의 생명의 현재가치는 $40(P/F)_{40}^{7} = 0.0668$ 생명년이 된다. 그러므로 연장된 40년 전기간의 현재가치는 다음과 같이 구할 수도 있다.

즉 $1 + 1(P/F)_{1}^{7} + 2(P/F)_{2}^{7} + \cdots\cdots + 39(P/F)_{39}^{7} = 1 + 0.9346 + 0.8734 + \cdots\cdots + 0.0668 = 14.26$생명년(life years)가 된다. 또는 $1 + A(P/A)_{39}^{7} = 1 + 13.26 = 14.26$생명년

같은 방법으로 $1 + 1(P/F)_{1}^{7} + 2(P/F)_{2}^{7} + \cdots\cdots + 5(P/F)_{5}^{7} = 1 + 1(P/A)_{5}^{7} = 1 + 4.10 = 5.10$생명년 (단, 여기서 현재의 삶의 질을 1로 본다.)

같은 방법으로 MCCU 프로그램에 의하여 연장된 6년 전 기간의 현재가치는 다음과 같다.

즉 $\sum_{n=0}^{5} \dfrac{1}{(1.07)^n} = 5.10$생명년(life years)

그러므로 비용효과는 이제 매 연장된 생명년수의 전체기간의 현재가치당 예산투입액수로 표현된다. 따라서 고속도로 순찰 프로그램과 MCCU 프로그램의 비용효과비는 다음과 같이 계산될 수 있다.

즉 고속도로 순찰 프로그램의 비용효과비

＝₩200,000,000÷[(2명)(14.26 현재가치화된 생명년수)]

＝₩7,010,000 (매 현재가치화된 생명년수당)

한편 MCCU 프로그램의 비용효과비

＝₩240,000,000÷[(4명)(5.10 현재가치화된 생명년수)]

＝₩11,764,000 (매 현재가치화된 생명년수당)

이 새로 계산된 비용효과비에 의하면 고속도로 순찰 프로그램이 MCCU 프로그램보다 더 효율적으로 예산자금을 활용하고 있다는 것을 알 수 있다.

③ 삶의 질(life quality)을 고려할 때 :

의사결정자가 고속도로 순찰 프로그램과 MCCU 프로그램에 의하여 생명이 연장된 사람들의 삶의 질(life quality)이 다르다는 것을 인식하고, 이것을 비용효과분석에 고려하는 경우에는 분석결과 또한 영향을 받게 된다. 건강한 사람의 현재의 삶의 질을 1이라고 한다면, 고속도로 상에서 교통사고를 면하여 수명이 연장된 사람들의 평균적인 삶의 질은 완전히 건강한 사람들의 0.95가 되는 것으로 가정한다. 이에 비해서 MCCU 프로그램에 의해서 심장마비를 면해서 생명이 연장된 사람들은, 고통을 당하고 활동의 제약을 받기 때문에, 삶의 질은 완전히 건강한 사람들의 대략 0.65정도 될 것으로 가정한다.[3] 삶의 질이 조정된 생명년수(quality adjusted life year : QALY)를 효과의 측정단위로 비용효과분석을 하면 그 결과는 다음과 같다.

고속도로 순찰 프로그램의 비용효과비

＝₩200,000,000÷[(2명)×(14.26 매 생명당 현재가치화된 생명년수)×(평균 삶의 질 0.95)]＝₩7,379,000 (매 QALY당)

한편 MCCU 프로그램의 비용효과비

＝₩240,000,000÷[(4명)×(5.10 매 생명당 현재가치화된 생명년수)×(평균 삶의 질 0.65)]＝₩18,099,000 (매 QALY당)

---

3) 고속도로 순찰 프로그램에 의해서 생명이 연장된 사람들과 MCCU 프로그램에 의해서 생명이 연장된 사람들의 평균적인 삶의 질이 완전히 건강한 사람들에 비해서 어느 정도나 될 것이냐 하는 것은 경험적 연구의 대상이며, 여기서는 목적이 분석의 과정을 보여 주는 데 있으므로 가상적인 수치를 사용하고 있다.

　위의 분석결과와 같이 고속도로 순찰 프로그램과 MCCU 프로그램에 의해서 구해지거나 연장된 생명들에 대한 삶의 질까지 고려한다면, 고속도로 순찰 프로그램의 상대적 이점은 MCCU 프로그램의 이점보다 훨씬 더 크게 증가되고 있다.

요   약

1. 비용효과분석은 ① 유사하거나 동일한 목적들을 가진 프로그램들만이 비교될 수 있고, ② 효과에 대한 하나의 공통적인 척도가 그것들을 평가하는데 사용될 수 있다는 전제에 기초를 두고 시행된다. 이들 효과자료들은, 매 비용수준별로 최대의 효과를 제공하는 접근방법이나 매 효과수준별로 가장 비용이 적게 소요되는 접근방법을 선택하는 데 도움을 줄 수 있도록, 비용효과분석과정에서 비용들과 조합(combine)될 수 있다. 이와 같이 의사결정 과정에서 한정된 자원들을 가장 효율적으로 활용할 수 있도록 의사결정에 필요한 정보들을 산출하여 제공할 수 있다는 데 비용효과분석의 의의가 있다.

2. 프로그램 효과의 가치추정을 어렵게 하는 중요한 네 가지 요인은 ① 많은 프로그램들의 효과가 성격상 세계적인 것이 많다는 것, ② 프로그램에 의하여 입게 될 손실들을 보상하는 것이 불가능하다는 것, ③ 제약으로 취급되는 목적들이 존재한다는 것, ④ 계량하기 어려운 것들이 과다하게 존재한다는 것 등이다.

3. 비용효과의 비교를 위한 접근방법들로는 불변비용분석(constant-cost analysis), 최소비용분석(least-cost analysis) 및 목표-수준분석(objective-level analysis) 등이다.

4. 비용효과분석의 절차도 편익비용분석의 절차와 유사하나 가장 중요한 차이는 프로그램 산출효과에 대한 가치를 추정하는 방법상의 차이이다. 비용효과분석에서는 프로그램의 효과에 대한 가치를 추정하는 방법이 다양하며 가치추정방법과 측정단위의 선택에 따라 대안들의 비용효과비의 추정결과가 달라질 수 있기 때문에 가치추정(valuing)방법과 측정단위의 선택에 신중을 기하여야 한다.

5. 비용효과비(C/E)는 다음과 같은 식에서 구할 수 있다. 즉 C/E=(프로그램의 순 금전적 비용들)÷(순 프로그램의 효과들).

6. 비용효과분석결과는 프로그램의 산출에 대한 측정단위가 변하기 때문에 달라질 수 있고, 이 결과 비용효과분석 정보에 의하여 내린 의사결정이 달라질 수 있다. 만일 비용효과분석에서 분모가 가변산출단위인 경우에는 동일한 프로그램 비용이 투입되는 경우에도 C/E 분석결과에 의한 프로그램 대안들의 우선순위는 달라질 수 있다.

연습문제

12-1 비용효과분석의 의의와 중요성에 대하여 설명하여라.

12-2 사회정책 프로그램의 효과들을 금전적 가치로 추정하는 것을 어렵게 하는 난점의 소스들은 무엇인가?

12-3 비용효과 비교의 접근방법들에 대하여 설명하여라.

12-4 편익비용분석의 절차와 비용효과분석의 절차상에서 가장 뚜렷한 차이를 보이는 단계는 어느 단계이며, 그 차이는 무엇인가를 설명하여라.

12-5 가변산출단위를 가진 비용효과분석이란 무엇이며, 그러한 가변산출단위를 가진 프로그램분석에서 비용효과분석결과는 어떻게 영향을 받을 수 있는가를 설명하여라.

12-6 교육, 보건, 환경, 국방 분야의 프로그램들 가운데 하나를 선택하여 비용효과분석을 하고, 분석과정상의 난점들에 대하여 논의하여라.

제13장

규제영향분석

규제영향분석은 규제를 새로이 도입하거나 기존의 규제를 강화하려는 의사결정을 할 때, 의사결정자가 좀 더 합리적인 의사결정을 내릴 수 있도록 필요한 정보를 산출하여 제공하는 활동이다. 규제영향분석 과정에서는 대부분의 경우 편익비용분석과 비용효과분석의 방법들을 사용한다. 물론 규제영향분석에서 사용하는 편익비용분석이나 비용효과분석은 규제의 종류에 따라서는 일반적인 사회적 간여에서 수행하고 있는 편익비용분석이나 비용효과분석과 그 강조점들이 다를 수도 있고, 편익 및 비용을 추정하는 범위와 중점이 다를 수도 있다.

우리는 이미 편익비용분석을 위한 편익의 추정과 비용의 추정에 대한 논의에서 사회적 규제영향분석을 하는 데 유용한 편익의 추정 및 비용의 기초적인 추정방법에 대하여 논의하였다. 이번 장에서는 규제영향분석에 대한 OECD의 권고안과 우리나라와 미국의 규제영향분석제도에서 채택하고 있는 규제영향분석의 절차와 방법들을 간략하게 살펴보고, 규제영향분석을 효율적으로 수행할 수 있도록 뒷받침할 수 있는 내적 제도 및 규제영향분석에 관한 사례들을 검토하고자 한다.

제 1 절   규제영향분석의 의의와 지원제도

1.   고품질 규제의 필요성과 규제영향분석의 의의

1) 고품질 규제영향분석의 필요성

고품질 규제의 필요성은 시대에 관계없이 언제나 높았으나 세계화(globalization) 시대에서는 더 한층 높아지고 있다. 규제적 도구들(regulatory instruments)은 정부가 구사할 수 있는 가장 중요한 정부의 도구이고, 규제시스템은 국민들의 생활의 질을 유지하고 증진시키는 데에 핵심적인 장치이다. 투명하고 질 높은 규제는 정부의 효과성을 담보하는 데에 절대적인 것이며, 고품질의 규제가 그 나라의 자원 활용의 효율성을 높임으로써 세계화된 사회에서 국가경쟁력을 높일 수 있고, 이에 따라 국민들의 복지를 향상시키는 데에 크게 기여할 수 있다. 또한 세계화 시대에는 국가 간의 상호의존성이 더 심화되어 규제의 효과가 국가 간의 국경선을 넘어서 미침으로써 자본과 기업의 이동에도 영향을 미치고, 결과적으로 경제발전에 큰 영향을 미친다. 뿐만 아니라 환경, 범죄, 이민, 소비자보호, 투자와 무역 등 제 분야의 긴급한 현안 이슈들을 다루기 위하여 국가들 간의 협력이 필요하기 때문에 고품질의 규제가 더욱 절실히 요구된다.[1]

이 결과 OECD 회원 국가들은 규제도구의 질에 대한 관심이 증가하게 되었다. 이러한 관심은 규제가 발전되고, 집행되며, 재결(adjudicate)되고, 수정되는 행정과정 전반으로 확대되었다. 규제의 질에 대한 관심은 한 국가 내에서는 모든 수준의 정부에서 높아지게 되었고, 국제기구들도 고품질 규제에 대한 관심이 높아지게 되

---

[1] 미국항공우주국(NASA)이 15일 공개한 고해상 위성지도에서 한국의 공기오염이 중국에 버금가는 세계 최악의 수준으로 드러난 것은 충격적이다. 연구진은 2005~2014년 195개 도시의 대기질을 추적해 공기오염이 심한 곳을 빨간색, 대기가 깨끗한 지역을 파란색으로 표시했는데 아시아에서 중국과 한반도 남쪽만 붉은색이다. 위성 분석 결과여서 정확도는 떨어질 수 있어도 작년 서울의 평균 이산화질소 농도가 베이징, 광저우, 도쿄, 로스엔젤레스에 이어 세계 5위란 사실은 걱정스럽다(동아일보, 2015. 12. 17).
　　이와 같이 최근 대기오염은 심각한 사회문제로 대두되고 있다. 우리나라 자체의 대기오염도 심각하지만 이웃나라인 중국의 겨울철의 대기오염도 위의 신문기사에서 본바와 같이 심각하여 우리나라에도 영향을 미친다. 중국을 비롯한 일본 등 아시아 국가들과 대기오염 저감을 위한 국가간 협력체제를 강화하기 위해서도 고품질 환경규제가 더욱 절실히 요구된다.

었다. OECD는 각 회원국들이 고품질 규제를 발전시킬 수 있고, 국경선을 넘어 국제적인 협력이 필요한 문제들을 표명할 수 있도록 규칙들을 설정하고 협력할 수 있는 여건들을 조성하고 있다. 이 결과로 각 국가들은 고품질 규제를 발전시키는 방안을 서로 배울 수 있게 되었으며, 이에 따라 고품질 규제에 대한 관심은 더욱 높아져 가고 있다(OECD, 1995).

2) 규제영향분석의 의의

고품질 규제를 발전시키기 위해서 각 국 정부들은 규칙제정과정(rule-making process)에 일관성 있는 접근방법을 채택해야 하며, 규제대안의 자문 메커니즘(consultation mechanism) 및 규제영향분석(Regulatory Impact Analysis: RIA)과 같은 새로운 정책도구들을 채택하도록 OECD는 권고하고 있다. 규제영향분석은 좀 더 경험적 분석에 토대를 둔 규제와 의사결정을 가능하게 해준다.

일반적으로 규제영향분석이란 새로 도입하거나 수정된 규제들의 편익, 비용 및 효과들(effects)을 검토하고 측정하는 것을 의미한다(OECD, 2005).[2]

규제영향분석은 정책결정자들이 규제대안과 이들 규제대안들이 가져올지도 모를 결과들을 평가할 수 있도록 정책결정자들에게 귀중한 경험적 자료들을 제공해주고, 종합적인 틀(comprehensive framework)을 제공해주는 유용한 규제도구이다. 제기되고 있는 문제들을 충분히 이해하지 못하거나 정부의 액션이 가져올 간접적인 효과들을 충분히 이해하지 못하면 규제노력을 훼손할 수 있고 규제의 실패를 초래할 수 있다. 규제영향분석은 문제들을 정의하고, 정부의 액션이 정당하고 적절하다고 하는 것을 보증하는데 활용될 수 있다는 데에 그 의의가 있다.

2. 규제영향분석 활용의 목적과 성격

1) 규제영향분석 활용의 목적

규제영향분석을 활용하는 국가의 정부들은 규제비용과 임팩트들에 관하여 네 가지 중요한 목적들을 가지고 있다(OECD, 2005: 7).

---

[2] 규제영향분석을 "규제 대안의 효과들을 체계적·실증적인 방법으로 분석하여 정책결정의 객관적 증거를 정책결정자에게 전달하는 일련의 과정"으로 정의하기도 한다(김태윤·김상봉, 2004: 165).

첫째, 규제영향분석을 활용함으로써 정부는 규제액션의 편익과 비용들을 포함하여, 정부의 규제액션이 현실세계에 미치는 임팩트에 대한 이해를 증진시킨다. 규제영향분석은 규제정책의 효율성을 평가하고, 규제수단들의 비용효과를 평가함으로써 정책결정과정에서 정책결정자들에게 유용한 정보를 제공할 수 있다. 또한 서로 다른 규제대안들의 비용과 편익들을 비교함으로써, 규제영향분석은 여러 규제 대안들과 규제영역들에 대한 규제우선순위를 설정하는 데에 도움을 줄 수 있다. 규제영향분석을 통하여 좀 더 비효율적인 규제들로부터 좀 더 효율적인 규제들로 자원들을 이동시킴으로써 정부는 규제액션의 효과성을 증진시킬 수 있고 비용들을 줄일 수 있다.

둘째, 규제영향분석은 복수의 정책목표들을 통합할 수 있다. 규제영향분석은 정책 임팩트들을 결정하고, 정책들 간의 연계들(linkages)을 나타내기 위한 통합의 틀(framework)로써 활용될 수 있다. 규제영향분석은 의사결정자에게 트레이드 오프들(trade-offs)의 비중을 잴 수 있는 능력을 부여할 수 있다. 이러한 의미에서 규제영향분석은 단순한 분석도구가 아니라 여러 가지 다른 이해관계들을 하나로 합할 수 있는 조정의 도구이다.

셋째, 규제영향분석은 투명성과 자문효과를 높일 수 있다. 규제영향분석은 의사결정의 장점들(merits)과 액션의 임팩트들을 나타낼 수 있다. 그렇기 때문에 규제영향분석은 공공자문(public consultation)과 밀접하게 연관되어 있다.

넷째, 규제영향분석은 정부의 책무성(accountability)을 증진시킨다. 규제영향분석은 정부부처의 책임자와 정무직들이 정책결정에 더 많이 관여(involvement)하도록 하고, 그들의 책무성을 높이도록 할 수 있다. 규제영향분석은 규제가 미칠 임팩트를 더 잘 이해할 수 있도록 하고, 정부의 정책결정이 사회에 어떻게 편익을 창출할 수 있는가를 전시(demonstration)할 수 있다. 또한 규제영향분석은 분석과정과 결과를 공개하는데 중점을 둠으로써 어떤 특정한 집단보다는 사회전체에 더 유익한 결과를 가져오는 규제액션대안이 채택되도록 하는 데에 유리하게 작용하도록 한다.

2) 규제영향분석의 성격

우리는 앞에서 규제영향분석의 의의와 활용목적에 대해서 살펴보았다. 이러한 설명을 통하여 우리는 규제영향분석이 어떠한 성격을 가진 분석인가를 어느 정도 이해하게 되었다. 그러나 규제영향분석이 구체적으로 어떠한 성격의 분석을 하는가

하는 것을 이해하기 위해서는 OECD가 규제액션에 관한 의사결정을 내리는 데 참조하도록 권고한 10가지 체크리스트들(checklists)을 살펴보면 도움이 될 수 있다.

이들 10가지 체크리스트들은 (1) 문제는 올바르게 정의되었는가, (2) 정부의 액션은 정당한가, (3) 규제는 정부액션의 최선의 형태인가, (4) 규제는 법률적인 토대(legal basis)가 있는가, (5) 액션을 위한 적합한 정부의 수준은 어디인가, (6) 규제의 편익은 비용을 정당화 하는가, (7) 사회의 여러 분야에 걸친 배분은 투명한가, (8) 규제는 사용자에게 명확하고, 일관성이 있으며, 종합적이고, 접근이 용이(accessible)한가, (9) 모든 이해관계 당사자들은 그들의 의견을 개진할 기회를 가졌는가, (10) 어떻게 순응을 확보하려고 하는가 하는 것 등이다(OECD, 1995: 2-3).

첫째, 정부의 액션(action)은 정당한가 하는 질문과 규제의 편익들은 여기에 투입되는 비용들을 정당화할 수 있는가 하는 질문들은 정부규제의 편익과 비용들을 경험적으로 추정하고, 실질적인 비용효과를 분석함으로써 그 정당성을 검토하여야 함을 의미한다. 이것은 규제영향분석에서 사용하는 주요 방법론이 비용효과분석과 편익비용분석이 될 것임을 말해 준다.

둘째, 사회의 여러 분야에 걸친 배분은 투명한가 하는 질문은, 정부의 간여에 의하여 사회 내의 여러 계층들과 집단들이 가치배분과 형평성에 영향을 받는 한, 규제에 따른 편익들과 비용들의 배분을 투명하게 하여야 함을 의미한다. 이것은 일반적인 공공프로그램이나 프로젝트에 대한 편익비용분석이나 비용효과분석에 비해서 규제영향분석에서는 편익과 비용의 배분의 형평성에 대한 검토를 더욱 철저히 하여야 함을 의미한다. 미국의 규제영향분석에 관한 대통령의 명령들은 규제영향분석에서 형평성 분석을 수행할 것을 명시적으로 요구하고 있다.[3]

셋째, 규제는 사용자에게 명확하고, 일관성이 있으며 접근이 용이한가, 그리고 모든 이해관계 당사자들에게 그들의 의견을 반영할 충분한 기회가 주어졌는가 하는 질문은 규제의 내용이 규제의 대상이 되는 이해관계자들에게 충분히 이해되고, 그들의 의견이 규제영향분석과정에서 반영되어야 하며, 규제의 제정과정이 투명하여야 함을 의미한다. 미국의 경우 어떤 규제 대안들에 대한 규제영향분석의 초안이 작성되면 연방등록부(Federal Register)에 60일 이상 등재하여 이해관계자들이 충분

---

3) 예컨대 EO 12866(January 11, 1996)이나 Circular A-4(September 17, 2003) 등은 미국의 규제영향분석에서 형평성의 문제와 소수민족, 어린이, 소기업 등 사회적 약자들을 위한 규제의 유연성 분석(flexibility analysis)을 시행할 것을 명시적으로 요구하고 있다.

히 검토하고, 그들의 의견을 규제제정기관에 투입할 수 있도록 하고 있는데 이것은 이해관계자들의 접근의 용이성, 규제제정과정의 투명성, 의견개진기회의 공평성 등을 확보하기 위한 제도적 장치라 할 수 있다.

넷째, 어떻게 순응을 확보하려고 하는가 하는 질문은 규제영향분석이 집행가능성을 충분히 고려하고, 규제대안의 실행가능성을 높일 수 있는 방안을 강구하여야 함을 의미한다.

다섯째, 규제가 최선의 정부액션의 형태인가 하는 질문은 규제영향분석과정에서 고려해야 하는 정부액션의 대안들은 단지 규제대안들뿐만 아니라 비규제대안들까지도 광범위하게 검토하여야 함을 의미한다.

여섯째, 규제가 법률적인 토대를 가져야 한다는 질문은 규제에 대한 의사결정이 법의 지배를 철저하게 지켜야 하며, 좀 더 상위수준의 규제 및 적절한 법률적 원칙들(legal principles)과 일관성을 가져야 하며, 규제영향분석과정에서 이러한 요건들을 철저히 검토하여야 함을 의미한다.

일곱째, 규제액션을 위한 적합한 정부의 수준은 어디인가 하는 질문은 규제를 효과적으로 수행할 수 있도록 각 정부수준의 활동들을 조정할 효율적인 시스템을 설계하여야 함을 의미한다.

3. 규제영향분석제도의 성공요건과 우리나라의 규제영향분석제도

1) 규제영향분석제도의 성공적 실행전략

규제영향분석제도가 성공적으로 운영되기 위해서는 여러 가지 실행전략과 제도적 뒷받침이 필요하다. 여기에서는 먼저 OECD가 권고한 효과적인 규제영향분석제도의 도입방안을 살펴보고, 다음에는 미국에서 시행하고 있는 규제영향분석제도의 성공적인 운영을 위한 제도적 장치들을 살펴보고자 한다.

OECD는 규제영향분석 프로그램의 성공적인 운영에 필요한 핵심적인 요소로서 규제영향분석에 대한 정치적 약속(political commitment)의 극대화, 규제영향분석 프로그램 요소들에 관한 책임의 치밀한 배정, 규제자들에 대한 훈련, 일관적이면서도 신축적인 분석방법의 사용, 자료수집전략의 발전과 집행, 규제영향분석 노력의 목표화, 가능한 한 조기에 규제영향분석과 정책결정과정의 통합, 분석결과에 대한 원활한 의사소통, 규제영향분석과정에 대한 일반국민들의 광범위한 참여, 신설규제뿐 아

니라 기존 규제들의 강화에까지도 규제영향분석 대상을 확대하는 것 등을 들고 있
다(OECD, 2005: 15-20).

　첫째, 규제영향분석 프로그램이 성공적으로 운영되기 위해서는 정부의 최고위
수준의 정책결정자들의 지원에 대한 약속이 있어야 한다. 이러한 정치적 지원에 대
한 약속은 예컨대 규제에 관한 법안이 국회에 제출될 때 반드시 규제영향분석에 대
한 결과가 첨부되어야 한다는 것과 같이 규제영향분석결과를 활용하는 것을 제도화
하여야 한다는 것을 의미한다.

　둘째, 규제영향분석 프로그램 요소들에 관한 책임이 치밀하게 배정되어야 한다.
여기서 말하는 규제영향분석 프로그램 요소들은 규제영향분석의 목표들, 법적인 분
석, 규제의 정당화와 효과들, 규제영향분석의 원칙과 지침 등이다. 이러한 규제영향
분석 프로그램의 요소들을 규제를 담당하는 부처와 중앙의 질적 통제기관(central
quality control unit)[4] 간에 어떻게 배분하고 공유하느냐 하는 데에 따라 규제영향
분석의 질은 크게 영향을 받는다는 것을 말한다.

　셋째, 수준 높은 규제영향분석결과를 산출해 내기 위해서는 규제를 담당하는
공무원들에 대한 체계적인 훈련이 이루어져야 한다. 이러한 훈련은 평소에도 규제
담당 공무원들을 대상으로 이루어져야 할 뿐만 아니라, 규제를 신설하거나 강화하
려고 할 때에는 반드시 조기에 규제영향분석을 담당할 공무원들을 대상으로 이루어
져야 함을 의미한다.

　미국의 환경보호청(EPA)의 경우에는 "EPA의 규제발전"이라는 주제로 1회에 3
일씩, 1년에 최소한 2회에 걸쳐 규제발전과 규제영향분석에 대해서 강의하고 있다.
수강대상은 새로 EPA에 전입해 온 규제영향분석 관련분야 공무원, 신설규제에 대
한 영향분석을 담당할 공무원, 규제영향분석 팀장, 자발적으로 규제영향분석에 대한
교육을 받고자 하는 희망자 등이다. 교육내용은 ① 규칙제정과 EPA의 미션, ② 고
품질 규칙을 생산해 내기 위한 EPA의 시스템, ③ 분석청사진과 워크그룹 협력
(collaboration), ④ 법률적으로 방어 가능한 규칙을 만드는 방법, ⑤ 과학적
(scientifically)으로 방어 가능한 규칙을 만드는 방법, ⑥ 규칙제정에 있어서 경제학,
⑦ 명료하고, 간략하며, 실행 가능한(enforceable) 규칙을 만드는 방법, ⑧ 규칙제정
과정에 있어서 정보관리, ⑨ 규칙제정을 지배하는(govern) 법률과 대통령령, ⑩ 규

---

　4) 미국의 경우 각 부처에서 규제영향분석을 실시하고 있으나 이들 각 부처의 규제영향분석은
　　중앙통제기관인 OMB의 지침에 의하여 이루어지며, OMB의 지도와 감독을 받는다.

칙제정에 있어서 이해관계자들의 참여 등이다. 이들 10개의 각 주제 내에는 대략 1개에서 8개 정도의 세부적인 과목들이 포함되어 있다(Regulatory Management Division of EPA, 2005). 미국 EPA는 그 외에도 규제영향분석에 관한 OMB의 가이드라인에 대한 교육도 1회에 약 4시간씩, 1년에 2∼3회 자체교육을 실시하고 있다.

넷째, 규제영향분석에 사용될 분석방법들은 일관성을 유지하면서도 신축성 있게 선택하여야 한다. 규제영향분석에는 편익비용분석, 비용효과분석 또는 비용/산출분석(cost/output analysis), 예산분석, 사회-경제적 임팩트분석(socio-economic impact analysis) 및 비즈니스 임팩트 테스트(business impact tests) 등이 주로 이용된다. OECD의 회원국들은 특히 편익비용분석과 비용효과분석방법을 많이 사용하고 있으며, 비용과 효과들(effects)이 전 사회에 어떻게 배분되는가 하는 데에 대한 분석도 중요시하고 있다. 규제에 관한 모든 의사결정에는 편익비용의 원칙을 적용하여야 하지만 실행가능성(feasibility)과 비용들에 대한 현실적 판단을 토대로 신축성 있게 분석방법들을 선택하도록 권고하고 있다.

다섯째, 자료수집전략을 발전시키고 집행하여야 한다. 자료의 수집은 규제영향분석에서 가장 어려운 부분이면서 또한 규제영향분석을 성공적으로 수행할 수 있는지의 여부에 가장 큰 영향을 미친다. 규제영향분석과정에서는 이 분석만을 위하여 수집하는 자료(original data), 센서스 등 정기적으로 수집하는 자료(census data), 선행연구에서 산출된 자료 등이 널리 쓰인다. 그런데 센서스 자료나 선행연구에서 산출된 자료들은 규제영향분석을 연구하는 조직이나 팀에서 수집하거나 산출한 자료가 아니고 이미 타 정부기관들이나 연구기관들에서 수집하거나 산출한 연구결과 자료들이다. 그러므로 제도적으로 규제영향분석에서 사용될 수 있는 센서스 자료들을 관련 정부기관들이 수집하고 축적하여야 할 뿐만 아니라 규제영향분석과정에서 적시에 이들을 활용할 수 있어야 할 것이다.

여섯째, 규제영향분석 노력들을 목표화(target)하여야 한다. 규제영향분석에는 많은 인원과 예산이 소요된다. 따라서 규제영향분석에 사용될 수 있는 한정된 자원들을 그 분석으로 내리는 의사결정의 결과가 사회에 미치는 영향이 가장 큰 곳에 규제영향분석의 노력을 집중하여야 한다. 미국의 경우 연간 비용이 1억 달러($)를 넘을 것으로 예상된다든지, 규제가 어떤 부문(sector) 또는 지역에 과도하게 큰 비용을 유발한다든지, 경쟁이나 고용 또는 투자에 과도하게 큰 역효과를 미치는 등 규제조치가 경제적으로 커다란(economically significant) 영향을 미칠 것으로 예상될 때 편익비용분석을 수행하도록 되어 있다(OECD, 2005: 18).

우리나라의 경우 규제를 신설하거나 기존의 규제를 강화하려고 하는 경우, 이 것을 중요규제(significant regulation)와 비중요규제(non-significant regulation)로 구 분하고, 중요규제에 대해서 규제영향분석을 중점적으로 실시하도록 하고 있다. 중요 규제는 연간 규제영향이 100억 원 이상으로 예상되는 경우, 100만 명 이상이 규제 에 의하여 영향을 받을 것으로 예상되는 경우, 시장의 경쟁을 명백하게 제한할 것 으로 예상되는 경우 및 국제표준(international standard)으로부터 명백하게 일탈하는 경우 등의 규제이다(OECD, 2005: 21).

일곱째, 규제영향분석과 정책결정과정을 통합하고, 규제영향분석은 의사결정과 정의 초기단계에서부터 시작하여야 한다. 만일 규제영향분석이 정책결정과정과 통 합되지 못하거나 또는 규제정책결정이 이루어지고 난 후에 이루어지면, 규제영향분 석은 단지 형식요건에 그치고, 정책결정을 정당화하기 위한 악세서리로 전락할 위 험이 크다.

여덟째, 규제영향분석결과에 대한 커뮤니케이션(communication)이 이루어져야 한다. 규제영향분석에 사용된 분석방법, 자료 및 가정들은 이해관계자들과 전문가들 에게 공개되어 검증받을 때 그 분석의 타당성과 정확성이 높아질 수 있고, 나아가 서는 규제영향분석의 질적 수준이 높아질 수 있다. 미국정부의 경우 중요한 규제영 향분석의 결과는 연방등록부(Federal Register)에 등재하여 최소 60일간 공개하도록 규정하고 있으며, 각 규제기관에서 실시한 규제영향분석결과는 예산관리처(OMB) 내의 정보 및 규제국(Office of Information and Regulatory Affairs)에 제출하여 분석 의 타당성에 대한 검토를 받도록 하고 있다.

아홉째, 규제영향분석과정에 일반 국민들이 광범위하게 참여하여야 한다. 특히 규제에 의하여 큰 영향을 받는 이해관계자들이 광범위하게 참여함으로써 규제 대안 개발과 분석에 필요한 정보들을 제공할 수 있고, 실행가능성이 높은 규제대안들을 개발할 수 있다. 규제대상자들이 분석과정에 참여함으로써 규제가 제정된 후, 이 규 제대안은 규제대상자들에게 수용되고, 순응을 확보할 수 있는 가능성이 높아질 수 있다.

열 번째, 규제영향분석은 새로이 도입하고자 하는 신설규제에 대해서 뿐만 아 니라 기존규제를 변경시키고자 할 때에 실시하는 경우에도 유용하다. 실제로 기존 의 규제에 대한 규제영향분석을 실시하는 경우에는 자료문제가 비교적 적기 때문에 규제영향분석의 질은 신설규제의 영향분석의 경우보다 더 높아질 수 있다. 그러므로 기존 규제의 변경과정에서 규제의 변경 대안들을 대상으로 규제영향분석을 실시하면 규제영향분석을 정책결정에 통합하는 효과도 가져올 수 있고, 규제영향분석에 대한 노하우(knowhow)도 축적시킬 수 있다는 이점도 가져올 수 있다.

이상에서 우리는 OECD가 제시하고 있는 규제영향분석제도의 성공적인 실행전략에 대해서 살펴보았다. 그런데 미국 환경보호청(Environmental Protection Agency: EPA)의 경험을 토대로 해 볼 때, 이러한 OECD가 제시하고 있는 실행전력과 상호 보완적인 세 가지 제도적 장치가 마련될 때 좀 더 고품질의 규제영향분석 결과를 산출해 낼 수 있을 것으로 보인다. 이들 보완적인 세 가지 제도적 장치는 (1) 정부 내에 규제영향분석을 제대로 수행할 수 있는 관련분야의 전문가 확보, (2) 자료수집·분석 시스템의 구축, (3) 규제영향분석을 효율적으로 수행할 수 있도록 뒷받침할 수 있는 시스템의 구축 등이다.

(1) 정부 내에 관련분야의 전문가 확보

규제영향분석을 시행하기 위해서는 먼저 규제기관이 관련 분야의 많은 전문가들을 확보하고 있어야 한다. 그 예로써 미국 환경청(EPA)의 사례를 보면, EPA 내의 국가환경경제센터(NCEE)가 주체가 되어 제안된 규제대안들이 미치는 영향을 분석하기 위한 분석 청사진(analytic blueprint)을 작성하고,[5] 이 청사진에 따라 프로그램 오피스(program office)에서 실질적인 규제영향분석을 실시하며, 아울러 집행가이드라인을 작성한다. 그리고 다시 프로그램 오피스에서 작성한 규제영향분석 결과를 NCEE에 속한 경제 및 자연과학 분야 전문가들이 검토한다.

이러한 검토결과 수정된 규제영향분석안은 동료리뷰(peer review)과정을 거쳐서 보완한 후 예산관리처(OMB)의 리뷰를 받기 위하여 OMB에 제출된다. 이들 제 과정에서 수행되는 분석과 검토기능을 수행하기 위하여 NCEE는 박사학위 소지자급의 경제전문가 20여명, 화학 등 이공계 박사학위를 소지한 전문가 10여명, 그리고 다수의 보조 인력과 행정지원인력들을 확보하고 있다. 물론 각 프로그램 오피스에서도 각각 약간 명 씩의 박사급 경제 전문가들과 다수의 이공계 박사급 전문 인력들을 확보하고 있다.

이와 같이 우수한 전문 인력이 뒷받침되고 있기 때문에 타당하고 신뢰성이 높은 이론에 바탕을 둔 수준 높은 규제영향분석이 이루어질 수 있으며, 이를 기초로

5) EPA의 분석 청사진에는 과학부문 분석 청사진과 경제부문 분석 청사진이 있다.

합리적인 규제대안이 마련될 소지가 높은 것이다. 우리나라 정부에서도 각 분야별로 규제영향분석을 담당할 전문가들을 다수 확보하여야 한다.

(2) 자료수집하고 분석하는 시스템의 구축

아무리 이론적으로 무장된 우수한 분석 전문 인력들을 확보하고 있다 할지라도 경험적 데이터가 뒷받침되어 있지 않다면, 타당성과 신뢰성이 높은 분석이 이루어지기 어렵다는 것은 이미 앞에서 기술하였다. 예컨대, 규제가 수질오염에 미치는 영향이 어떠한가를 분석하기 위해서는 규제를 강화하기 이전, 즉 베이스라인들(baselines)의 상태와 각 규제대안들을 시행하였을 경우에 전국의 각 강과 호수로 흘러들어 가는 물들의 오염물질들의 농도의 변화들을 측정하여야 한다. 이러한 측정을 위해서는 시뮬레이션 모형을 작성하여 활용해야 하는데, 시뮬레이션 모형을 작성하기 위해서는 전국의 강과 호수를 연결하는 네트워크상의 각 사이트(site) 별로 일정한 시점에서 주기적으로 여러 가지 기후조건하에서 관찰한 데이터가 수 년간에 걸쳐서 축적되어 있어야 한다.

또 다른 예로서 규제강화로 인하여 기업들의 운영비용이 어떻게 변화하는가를 분석하는 사례를 들어보면, 이러한 분석을 위해서는 매 연도별 기업의 운영과 관련된 센서스 자료들이 시계열적으로 축적되어 있어야 한다. 그래야만 새로운 규제에 순응하기 위하여 관련 기업들이 새로운 시설과 장비들을 도입·설치할 때 그것이 기업의 운영에 어떠한 영향을 미칠 것인가, 전체적으로 관련된 업종의 산업 전체에 어떠한 영향을 미칠 것인가 하는 것들을 타당성과 신뢰성이 높은 방법으로 분석해 낼 수 있다. 이러한 사례들만 보아도 규제영향분석을 제대로 해내려면 이를 뒷받침할 자료의 수집·분석 시스템의 존재가 얼마나 중요한가를 알 수 있다. 미국의 경우 이러한 자료는 미국 농무성과 상무성에서 주기적으로 실시하는 센서스를 통하여 수집하고, EPA는 이 자료들을 가공하여 이용하고 있다.

따라서 우리나라 통계자료수집시스템을 전면 재검토하여 규제영향분석을 실시하고자 하는 경우, 관련된 분석을 뒷받침할 통계자료들을 수집할 수 있도록 제도적 장치를 마련하여야 한다. 이를 위해서는 센서스 자료 수집을 위한 양식(format)의 디자인에 대한 연구가 선행되어야 한다.

또한 사전적인 기초연구의 결과들이 축적되어 있어야 한다. 왜냐하면 새로운 규제대안들의 분석과 검토는 한정된 시간과 자원의 제약하에 이루어지기 때문이다. 이는 분석과정에서 활용할 수 있는 관련 분야에 수준 높은 사전적인 기초연구결과들이 다수 존재하고 있어야 함을 의미한다. 예컨대 공기오염통제와 관련된 규제대안들을 검토하는 경우, 공기 가운데 미세먼지, 산화질소, 산화황 등 각종 오염물질의 농도의 변화에 따라 암사망률의 리스크(risk)의 변화, 기관지, 천식, 심장질환 등 각종 질병들의 발생율의 변화 등에 관한 정보들이 분석과정에서 이용 가능하여야 한다. 이러한 정보들은 관련 분야의 연구자들에 의한 선행연구들에 의해서 축적될 수 있다. 이와 같이 선행연구결과들이 다수 축적되어 있어야 규제를 강화하지 않은 베이스라인(baseline)에서의 사망률과 질병발생률의 감소를 분석해 낼 수 있는 메타분석(meta-analysis)을 시행할 수 있고, 규제를 강화한 경우의 베이스라인에서의 사망률과 질병발생률 등을 분석해 낼 수 있는 메타분석을 시행할 수 있다. 규제를 강화하지 않은 경우와 규제를 강화한 경우의 각각의 메타분석들을 기초로 각 규제대안별 사망률과 질병발생률의 감소를 분석해 낼 수 있으며, 다시 이것을 기초로 각 규제대안별 편익들을 추정해 낼 수 있다. 이러한 사례는 한정된 시간과 자원의 제약하에서 적시에 필요한 규제영향분석을 시행할 수 있도록 하기 위해서는 검토하고 있는 규제관련분야에 사전적인 기초연구들이 많이 축적되어 있어야 함을 의미한다. 그러므로 규제기관에서는 기초적 연구를 수행할 수 있는 예산을 마련하여 체계적인 연구를 사전에 수행하여 축적해 나가도록 하여야 한다.

(3) 규제영향분석을 효율적으로 시행할 수 있도록 하는 내적 시스템의 구축

질적으로 우수한 전문가들이 확보되고, 분석을 가능하게 할 자료들이 축적되어 있으며, 시의 적절하게 활용 가능한 관련분야의 선행연구들이 존재하는 경우, 이들을 체계적으로 활용하여 규제영향분석을 시행할 수 있도록 하는 내적 시스템이 갖추어져 있다면, 규제영향분석은 더욱 효율적으로 이루어질 수 있다.

미국 EPA의 예를 보면, 액션발전과정(Action Development Process: ADP)이 이러한 시스템의 역할을 한다. ADP는 새로운 규제발전과제가 제기되었을 때 어떻게 프로그램 오피스와 환경과학기술센터 및 국가환경경제센터(NCEE) 등이 서로 협력하여 규제대안들을 개발하고, 분석하여야 할 영향의 내용들과 분석절차들을 마련하며, 이 과정에서 누구에게 어떠한 책임이 있는가 하는 것들을 구체적으로 규정하고 있다.

우리나라 정부에서도 액션발전과정을 각 규제기관별로 제도화하고, 관련분야 전문가들이 다수 참여하여 분야별 규제영향분석 가이드라인을 작성하여 활용한다면, 고품질 규제영향분석결과를 산출하는 데에 도움이 될 것이다. 그리고 이 액션발전과정에는 분석청사진의 작성, 규제기관이 수행한 규제영향분석 결과에 대한 동료 리뷰(peer review)의 제도화, 이해관계자들의 공람의 제도화 등이 포함되도록 하여야 한다.

2) 우리나라의 규제영향분석제도

우리나라의 규제영향분석은 1997년 8월 22일 제정된 행정규제기본법(법률 제5368호)에 그 시행이 의무화되면서 본격적으로 개시되었다. 행정규제기본법에서는 규제영향분석을 "규제로 인하여 국민의 일상생활과 사회·경제·행정 등에 미치는 제반 영향을 객관적이고 과학적인 방법을 사용하여 미리 예측·분석함으로써 규제의 타당성을 판단하는 기준을 제시하는 것"으로 정의하고 있다.

우리나라의 규제영향분석 대상은 신설규제뿐만 아니라 기존규제의 강화가 모두 포함되고 있다. 규제영향분석을 하는 경우에는 다음 사항들을 종합적으로 고려하여야 하며, 규제영향분석을 완료한 후에는 그 내용들을 규제영향분석서에 포함시키도록 하고 있다. (1) 규제의 신설 또는 강화의 필요성, (2) 규제목적의 실현가능성, (3) 규제의 대체수단의 존재 및 기존규제와의 중복여부, (4) 규제의 시행에 따라 규제를 받는 집단 및 국민이 부담하여야 할 비용과 편익의 비교분석, (5) 경쟁 제한적 요소의 포함여부, (6) 규제내용의 객관성과 명료성, (7) 규제의 신설 또는 강화에 따른 행정기구·인력 및 예산의 소요, (8) 관련 민원사무의 구비서류·처리절차 등의 적정여부 등이다.

행정규제기본법시행령(대통령령 제20724호, 2008. 2. 29.)과 규제영향분석서 작성지침은 규제영향분석을 실시하는 경우 고려하여야 할 평가요소들과 규제영향분석서 작성방법을 [표 13-1]에 나타난 바와 같이 구체적으로 제시하고 있다.

우리나라 정부의 행정규제기본법 및 행정규제기본법시행령 등에 포함된 규제영향분석의 특징은 신설규제나 기존규제의 강화를 위한 타당성 검토를 일반적인 정책분석의 과정을 따르도록 하면서 편익비용분석의 방법을 가장 핵심적인 분석 방법으로 사용하도록 하고 있다는 점이다. 즉 모든 평가요소들이 동렬적으로 나열되어 있으나 편익비용분석은 규제를 결정할 때 규제의 채택여부 결정에 가장 큰 영향을 미치는 핵심적인 평가요소라 할 수 있다.

[표 13-1] 규제영향분석의 평가요소와 분석서 작성방법

평가 항목	분석서 기재사항	작성방법
규제의 필요성	문제정의 (배경과 원인)	·규제의 신설이나 강화로 대처하려는 문제가 대두된 배경이나 경위(예: 사고나 재난의 발생 등)를 기술 ·문제 발생의 원인을 분석하여 기술(직접 및 간접적 원인으로 구분) ·문제의 심각성(성격과 크기 등을 포함) 또는 문제해결의 시급성을 보여 주는 객관적 자료를 제시

	규제의
	신설·강화
	필요성
		·문제해결을 위해 정부가 꼭 개입해야만 할 이유 또는 규제의 신설·강화 등의 조치가 필요한 이유(시장실패) 등을 기술
		  －일반적으로 시장실패 요인이 존재할 때 규제의 신설·강화가 정당화되므로, 우선 시장기능 또는 인간의 자율에 맡겨서는 문제해결이 어려운 이유를 명시적으로 제시하고 기술
		  －기존의 규제나 정부개입이 문제해결에 부적절 또는 불충분한 이유 기술
		  －아래와 같은 비규제대안으로 문제해결이 부적절 또는 불충분한 이유 기술
		·필요시 국내외의 유사사례 및 제도를 원용하여 해당 규제의 신설 또는 강화의 정당성을 설명

규제
대안의
검토
및
비용·
편익
분석과
비교
	규제대안의
	검토
		·규제목표 달성을 위해 상정할 수 있는 복수의 대안을 명시적으로 제시
		·상정된 대안을 아래의 기준에 따라 비교
		  －규제방식
		  －시장경쟁(공정경쟁)에 미치는 영향
		  －중소기업에 대한 정책적 배려
		  －국제무역 및 투자규범과의 상충성
		  －다양한 의무이행방법에 대한 검토를 기술

	비용·편익 분석과 비교	·규제로 인해 야기되는 각종의 사회적 비용을 세부항목으로 열거(측정이 가능한 항목은 최대한 계량화하여 제시) ·규제로 인해 기대되는 사회적 편익을 세부항목으로 열거(측정이 가능한 항목은 최대한 계량화하여 제시) ·규제의 비용편익분석에 사용된 측정 및 추정 방법을 간략하게 설명 ·선택된 규제대안의 비용과 편익을 종합 비교한 수치 제시

규제 내용의 적절성 및 실효성	규제의 적정성	· 규제문제의 심각성, 국내외 유사사례, 국제적 기준, 비례의 원칙 등에 비추어 적정한지 검토 · 구비서류, 처리절차, 관리감독, 보고 절차 등의 적정성 −규제도입으로 인한 피규제자의 행정부담을 구체적으로 기술하고, 절차를 간소화하거나 부담의 감축이 가능한 요소가 없는지 검토

	이해관계자 협의	· 부처협의 및 입법예고 과정에서 제기된 피규제자, 이해관계자, 관련기관 등의 의견을 기술
		  −이해관계자들과 협의 여부(서면, 공청회 등 협의 방식 및 일시와 장소 등 명시)
		  −제시된 의견에 대한 검토 및 조치사항 명시

	규제집행의 실효성(집행 자원·능력)	· 규제의 효과적 집행을 위한 준비가 되어 있는지 검토하고 그 근거를 제시
		  −현행 보급·보편화된 기술로 규제의 집행·이행이 가능한지 검토(기술적 집행 가능성)
		  −현행 행정인력·예산으로 규제집행이 가능한지, 인력·예산 확대가 필요하다면 이에 대한 준비가 되었는지 등을 검토(행정적 집행 가능성)
		  −규제의 집행이 지방자치단체에 위임될 경우 필요 인력과 예산에 대한 지원조치를 강구하고 있는지 설명하고 근거 제시
		  −기존 규제가 있을 경우 그 규제의 집행실적이나 규제준수율에 대한 조사자료 등을 제시

자료: 국무총리실, 규제영향분석서 작성지침(2008. 12), pp. 18-21.

제 2 절 규제영향분석의 절차와 분석의 실행

1. 규제영향분석의 절차

1) 규제영향분석 절차의 중요성

우리나라의 행정규제기본법은 규제영향분석을 시행한 후 이것을 기초로 하여 규제영향분석서를 작성하고, 또한 규제영향분석의 결과를 기초로 규제의 대상·범

위·방법 등을 정하고 그 타당성에 대하여 자체심사를 하도록 규정하고 있다(행정
규제기본법, 제7조, 1997.8). 그리고 심사의 과정에서는 관계전문가 등의 의견을 충
분히 수렴하여 심사에 반영하도록 하고 있다.

행정규제기본법은 또한 규제를 신설 또는 강화하고자 할 경우에는 규제개혁위
원회에 심사를 청구하도록 규정하고 있으며, 이 때 규제영향분석서, 자체심사의견
및 행정기관·이해관계인 등의 제출의견 요지를 첨부하여 제출하도록 하고 있다.
또한 규제를 신설 또는 강화하고자 하는 경우에는 해당 중앙행정기관장은 행정기
관·민간단체·이해관계인·연구기관·전문가 등의 의견을 공청회, 행정상 입법예
고 등을 통하여 충분히 수렴하여야 한다고 규정하고 있다.

이와 같은 행정규제기본법의 규정들을 통해서 볼 수 있는 바와 같이 우리나라
의 규제제정과정은 매우 신중하고, 객관적이며, 과학적이고, 효율적으로 이루어져야
한다고 하면서도, 규제영향분석에 무엇을 포함하여야 하는가 하는 것과, 규제영향분
석과정에서 전문가들 및 이해관계기관(또는 개인)들의 의견을 수렴하여야 한다고
규정하는 데 그치고 있고, 어떻게 규제영향분석을 실시하여야 하는가 하는 규제영
향분석의 구체적인 절차에 대해서는 규정하고 있지 않다. 이러한 규정으로 미루어
보아 구체적인 규제영향분석의 절차는 각 정부기관들이 각 기관들의 여건을 감안하
여 자체적인 규제영향분석 절차를 마련하도록 위임하고 있는 것으로 보인다.

규제영향분석을 효율적으로 수행하기 위해서 모든 행정기관들이 규제영향분석
절차에 관한 내부규정을 마련할 때에는 OECD가 제시한 규제영향분석의 요건들에
서도 살펴본 바와 같이, 규제영향분석을 위한 한정된 자원을 효율적으로 활용할 수
있도록 규제를 중요성에 따라 최소한 2~3개의 계층들(tiers)로 나누고, 그들 가운데
우선순위를 설정하여 우선순위가 높은 규제대안에 규제영향분석의 노력을 집중할
수 있도록 하여야 한다. 또한 규제영향분석은 장기간이 소요되고,[6] 다수의 전문가
들이 팀을 이루어 참여한다고 하는 점 등을 감안하여 규제영향분석에 참여하는 전
문가들이 팀웍을 이루어 가장 효율적으로 규제영향분석을 실시하여 규제액션
(regulatory action)에 관한 정책결정을 내리고자 할 때 적시에(timely) 규제영향분석
결과를 활용할 수 있도록 하여야 한다. 이것이 OECD 권고안이 제시한 규제영향분
석과 규제액션에 관한 정책결정 간의 통합이라 할 수 있다.

---

6) 미국 환경보호청(EPA)의 경우 중요규제들에 대한 규제영향분석은 평균 4년 정도가 소요된
   다고 한다(Morgenstern, 1997).

우리나라 정부는 아직 규제영향분석을 본격적으로 실시한 경험이 부족하고, 규제영향분석을 효율적으로 수행할 절차를 마련하여 시행하지 못하고 있으므로, 먼저 규제영향분석을 효율적으로 시행할 절차를 마련하여 시행하고 있는 외국정부기관의 규제영향분석절차에 관한 규정을 벤치마킹(benchmarking)할 필요가 있다. 다음 규제영향분석절차에 대한 규정은 미국 환경청(EPA)이 고품질의 규제액션을 발전시키기 위하여 마련한 것으로, 우리나라 행정기관들이 왜 규제영향분석의 절차에 관한 규정을 만들어야 하며, 거기에 무엇이 포함되어야 하는가를 이해하는 데에 도움이 될 것이다.

2) 규제영향분석 절차에 관한 규정사례: 미국 환경보호청(EPA)의 규제영향 분석을 위한 내적 절차에 관한 제도

미국 환경보호청(EPA)은 고품질의 규제를 산출해 낼 수 있도록 규제영향분석 과정을 가이드할 액션발전과정(Action Development Process: ADP)이라는 제도를 운영하고 있으며,[7] 모든 규제와 관련된 정책개발과정은 ADP에 따르도록 하고 있다 (USEPA, 2004: 4~5). 다음에는 먼저 이 제도에 관해서 간략하게 소개하고, 이 절차의 제도적 특징에 대해서 논의하고자 한다.

(1) 규제액션발전과정 제도운영의 목적

ADP는 EPA가 규제액션을 발전시키는 방법을 향상시키고, 관련된 부서 간의 규칙제정활동들을 조정하기 위하여 설계되었다. ADP는 EPA의 규제액션을 지원하기 위하여 수준 높은 정보들을 사용할 수 있도록 해주고, 과학적·경제적 및 정책 이슈들이 액션발전과정의 적정한 단계에서 적절하게 개진될 수 있도록 해준다. EPA는 매년 환경프로그램들의 기술적 및 운영적 세부사항들을 정의하는 수백 개의 규제액션들을 산출해 낸다. 이들 가운데 어떤 액션들은 매우 협소하고 루틴 (routine)한 것들도 있지만, 어떤 것들은 광범위하고 복잡한 것들도 있다. 그러나 액션들은 모두 일관되게 고품질의 것이어야 한다는 믿음을 가지고 있다. ADP는 고품질의 액션을 산출해 내기 위한 하나의 제도적 인프라이다.

(2) 규제액션발전과정의 작업절차와 주요 참여자

EPA는 규제액션을 환경 및 경제적 중요성, 외부의 관심 정도, 정책적, 경제적 또는 과학적 이슈들의 중요도, EPA의 다른 프로그램들에 대한 액션의 영향 등에

---

7) 액션발전과정은 절차이고 매뉴얼은 방법론이라는 점에서 양자는 차이가 있다.

따라 액션을 세 개의 계층(tier)으로 구분한다.

ADP는 중요한 다섯 단계를 거치는데 제1단계는 액션의 계층을 결정하는 단계이다. EPA가 검토하는 모든 액션들은 예상되는 이슈들의 성격과 액션의 품질을 확실히 높이기 위하여 EPA내 여러 부서 간의 상호작용에 따라 세 개의 계층들 가운데 하나에 배정된다. 이들 서로 다른 계층들은 서로 다른 필요에 맞추어 EPA가 규제영향분석을 하는 절차를 마련하도록 해준다.

제2단계에서는 표준절차에 따라 제안된 규칙 또는 액션의 초안을 작성하며, 제3단계에서는, 만일 미국예산관리처(OMB)의 심사가 필요한 경우에는, 제안된 액션이나 최종액션인 규제패키지를 OMB에 제출하고, OMB의 코멘트를 받아야 한다.[8]

OMB의 검토가 끝나면 제4단계에서는 환경청장은 최종규제안을 결제한 후 연방등록부(Federal Register)에 규제액션내용을 공표하고, 처리예정사항표(docket)에의 등록여부에 대한 종료확인 등을 거친다. 제5단계에서는 시민들의 코멘트를 거쳐, 작업팀은 고위관리자들과 협의하여 EPA가 취할 최종액션을 결정한다. 이 최종액션은 의회와 GAO(General Accounting Office)에 제출된다.

이들 다섯 단계들 가운데 규제영향분석에 가장 중요한 영향을 미치는 단계는 제1단계이다. 만일 제1단계에서 규제안이 계층 1 또는 계층 2로 분류되는 경우에는 범 EPA적 참여하에 규제영향분석이 이루어지고, 계층 3으로 분류되는 경우에는 규제개정을 담당하는 부서에서 규제영향분석이 이루어지기 때문이다(USEPA, 2004a: 8-9).

EPA의 액션발전과정에는 액션발전팀/작업집단(work group), 규제조정위원회(steering committee), 규제정책위원회(Regulatory Policy Council), 정책 경제 혁신국(Office of Policy, Economics and Innovation)의 규제관리과 등 네 개의 그룹이 함께 참여하여 작업한다. 이들 그룹들은 각각 ADP의 다른 측면들에 대하여 책임을 지고 있다. 이들 네 개의 그룹 가운데에서도 작업집단이 주로 규제대안을 개발하는 책임을 지고 있다.

계층 1과 계층 2의 액션들은 EPA와 관련된 여러 부서에서 온 대표들로 구성된 작업집단에 의해서 개발된다. 작업집단도 계층을 구분하는 과정에서 공식적으로 형

8) 미국 대통령령 12866은 어떤 액션이 예산관리처(OMB)에 의해 리뷰를 받을 것인지를 사전에 OMB 산하의 규제정보실(Office of Information and Regulatory Affairs: OIRA)과 협의하도록 규정하고 있다.

성된다. 이에 비해서 액션발전팀은 계층 3 액션에서 함께 작업하는 그룹이다. 규칙에 책임이 있는 프로그램 부서에서 의장이 선출되고, 본부 및 지역청의 관련분야 대표자들이 참여한다. 팀/작업집단들은 자료의 수집, 핵심이해관계자들의 자문획득, 분석의 수행 및 옵션의 개발, 前文(preamble)과 규칙, 의회에 대한 보고, 또는 중요한 정책 또는 지침문서와 증빙문서 등의 준비, 적용가능한 모든 법 등과 대통령령 및 액션발전을 지배하는 모든 적절한 지침 등을 고려하는 데 책임이 있다.

한편, 규제조정위원회(RSC)는 부청장들의 대리자, 지역청장들의 대리자 및 운영국(Office of General Council)의 대표자들로 구성된 상설그룹으로 액션발전의 감독에 대한 일차적인 책임을 지고 있다. 규제정책위원회는 ADP에 관련되어 동시에 일어나는 주요 정책이슈들을 표명하고, 규칙제정을 지배하는 관련된 법들과 대통령령 등을 집행하고 순응하는 일들을 한다(USEPA, 2004: 9-11).

일단 계층의 구분이 완료되면 액션의 발전단계에 돌입하게 되는데 이 단계에서 분석 청사진이 작성된다.

(3) 분석 청사진의 의미와 목적

분석 청사진(analytic blueprints: ABP)은 계층 1과 계층 2로 분류된 제안된 규제대안들의 분석을 위하여 작성된다(USEPA, 2004a: 65). 분석 청사진은 측정한 액션의 발전을 지원할 자료들을 수집하고 분석하기 위한 작업집단의 계획 등 연구 아젠다를 기술해 놓은 하나의 문서이다(USEPA, 2004b: 4-5). 분석 청사진은 어떻게 필요한 정보들을 수집하고, 동료들의 리뷰를 실시하며, 특정한 예산과 시간의 제약 속에서 액션을 만드는 작업을 할 것인가를 기술한다. 분석 청사진은 또한 EPA가 가능한 광범위한 규제(및 비규제)전략들을 고려할 기회들을 확대하는 데 기여한다.

분석 청사진은 귀중한 정보, 전문성 및 관점들(perspective)을 범부서적으로 공유하도록 촉진시키며, 구조화된 작업집단 절차와 작성된 문서들을 통하여 핵심적인 문제들에 대하여 조기에 합의할 수 있도록 조장하고, 필요한 자료와 분석 니즈(needs)에 대한 계획을 세우는 데 작업집단을 가이드함으로써 액션을 향상시키는 것이 주요 목적이다.

분석 청사진은 작업집단 전체의 공동노력으로 작성되며, 여기에 포함되어야 할 구체적인 내용들은 과학적 분석, 경제적 분석, 이해관계자들의 참여, 법률적 이슈들, 집행, 강제적 시행(enforcement) 및 순응의 확보, 동료에 의한 심사, 스케줄과 자원에 대한 개요 등이다. 분석 청사진에 포함될 내용들은 고위관리자의 동의를 요한다

(USEPA, 2004b).

(4) 예비적 청사진과 세부적 청사진

분석 청사진은 예비적 청사진과 세부적 청사진으로 나누어진다(USEPA, 2004; 13). 예비적 청사진(Preliminary Analytic Blueprint)은 분석의 개요이며, 작업집단이 고위관리자와 논의할 것들에 대한 초기의 지침을 준비할 수 있도록 도와준다. 예비적 청사진은 액션이 표명해야 할 문제점들을 정의해야 하며, 액션이 처한 맥락(즉 법적 요구사항과 액션의 개발에 영향을 미치는 대통령령들, 데드라인, 이전의 액션들)을 제공한다. 예비적 청사진은 가능한 경제적 및 과학적 이슈들의 개요, 표명되어야 할 연구영역, 규제법령과 자문할 계획들, 작업집단이 각 주제에 어떻게 초점을 맞출 것인가 하는 것 등을 포함하여 작업집단이 표명하여야 할 광범위한 분석영력들을 식별하도록 요구하고 있다.

예비적 청사진은 액션을 취하여야 할 전반적인 근거, 전반적인 접근방법과 요구사항, 인센티브, 교육 등 고려되어야 할 옵션들의 법위, 계약자 지원 등 예산의 요구사항, 이용 가능한 요원들(staffs), 법적·과학적·경제적 또는 정책적 고려사항 등 기본적인 이슈들에 관한 초기의 관리지침을 지원함으로써 관리자들의 참여를 증진하는 것을 목적으로 한다.

예비적 청사진은 또한 작업집단 요원들과 작업을 개시하여야 할 영역을 관장하는 부서들에 대한 경각심을 부여하고, 필요한 자료들과 그 자료들의 잠재적 소스를 식별하며, 세부적인 청사진을 위한 토대를 제공하는 것을 목적으로 하고 있다.

세부적 청사진(Detailed Analytic Blueprint)은 예비적 청사진에 토대를 두고, 여기에 필요한 수정을 기한 것이며, 예비적 청사진보다 좀 더 구체적인 것을 제공한다. 세부적 청사진은 핵심적인 활동, 분석, 자문활동(관련된 법률 및 대통령령에 의하여 요구되는 것들을 포함한), 기여자들(contributors) 및 분석과정 중의 스케줄 등을 식별한다. 세부적 청사진은 또한 주요 과학적 및 기술적 산출물들에 대한 동료 심사계획을 논의한다. 여기에는 심사의 스케줄과 이것을 수행하는 데 필요한 자원들을 식별하는 것을 포함하고 있다. 왜냐하면 건실한 분석들(과학적·기술적·경제적 및 법률적), 자문, 동료심사 등은 합리적인 의사결정과 고품질의 규제액션의 중요한 구성요소들이기 때문에, 세부적 분석 청사진은 작업집단이 이들 분석들을 완성하는 데 필요한 자원들을 개별적인 작업집단의 업무에 할당하고, 분석과정 중의 스케줄을 식별한다. 세부적 분석 청사진은 또한 작업집단이 관리층에 의사결정을 내리도록 상신할 필요가 있는 이슈들을 제기한다.

세부적 청사진은 예비적 청사진으로부터 받은 고위관리자의 지침을 통합하고, 예비적 청사진 이후 제기된 중요한 이슈들에 대하여 관리자들과 여러 부서들에 경각심을 불러일으키며, 작업집단이 세부적인 분석을 계획하고, 그 분석에 대한 스케줄을 작성할 수 있도록 도와주며, 청사진의 범위와 분석적 틀에 대한 작업집단 참여자들과 관리자들 간의 합의를 문서화하는 것을 주요 목적으로 한다(USEPA, 2004b).

(5) 과학적 분석 청사진과 경제적 분석 청사진

EPA의 분석 청사진은 또한 과학적 분석 청사진과 경제적 분석 청사진으로 나누어진다. 과학적 청사진은 자료를 수집하고 분석하는 계획, 및 의사결정이 건실한 과학에 기초를 두고 있다는 것을 확실히 하는 데 필요한 과학적 분석과 심사를 실행하는 것을 기술한다. EPA의 의사결정에 정보를 제공하는 과학적 분석의 질적 수준은 그러한 의사결정의 신뢰성을 높이는 데 결정적이며, 궁극적으로는 인간의 건강과 환경을 보호하는 데 있어서 EPA의 효과성을 높이는 데 매우 중요하다.

과학적 분석 청사진을 발전시킬 때 작업집단은 ① 환경 또는 국민건강 문제들은 적절하게 그 특성들이 표출되었는가 또는 문제의 범위를 충분히 밝혀내기 위해서 추가적인 정보가 필요한가, ② 규제를 받는 대상들을 적절하게 특징화하기 위해서 어떤 추가적인 정보가 필요한가, ③ 의사결정을 지원하기 위하여 어떠한 자료들과 과학적 분석이 필요한가, ④ 이 액션에 적절한 것으로 알려진 과학 이슈들은 어떤 것들인가, 이들 과학 이슈들 가운데 과학 커뮤니티 내에서 합의가 이루어지지 않은 이슈들은 무엇인가, 과학적인 불확실성을 줄이기 위해서 추가적으로 필요한 자료들은 무엇인가, ⑤ 의사결정은 어떤 리스크 평가의 토대 위에서 이루어져야 하는가, 만일 그렇다면, 어떠한 유형의 정보가 이 리스크 평가를 완성하기 위하여 필요한가, ⑥ 어떠한 유형의 리스크 관리 옵션들이 가능한가, 리스크 관리 옵션들을 평가하고, 환경 또는 국민건강 결과들을 측정하기 위해서는 어떠한 정보들이 필요한가, ⑦ 고품질의 문헌연구는 제대로 이루어졌는가 하는 것 등 여러 가지 과학적인 문제들을 표명한다(USEPA, 2004: 14-17).

작업집단은 과학적 분석영역에서 제기된 각 문제들을 고려하여 현재 개발하고 있는 액션을 지원하는 데 필요한 자료들과 과학적 분석들의 목록들을 작성한다. 규제액션개발을 지원하는 데 필요한 것으로 식별된 각 유형의 자료들과 과학적 정보들에 대하여, 작업집단은 청사진의 과학계획 부문에 무엇보다 중요한 요소들인 자료수집과 분석에 대하여 언급한다. 먼저 자료의 수집계획에 필요한 과학적 정보들을 수집할 계획을 발표한다(스케줄, 소스 및 역할 등). 또한 의사결정에 사용된 정보들이 EPA의 정보품질 지침과 동료심사정책에 부합한다는 것을 확인할 수 있도록 기술한다. 한편 분석계획에서는 핵심적인 가정들을 식별하고, 더 심층적인 분석과 자원 또는 시간들 간의 교환(trade-off)을 식별하는 등 분석계획을 기술한다.

과학적 작업계획의 개요를 작성할 때 포함시켜야 할 것이 무엇인가를 결정할 때 고려하여야 할 구체적인 문제들은 스케줄 및 자원, 품질보증, 과학적 전문지식, 리스크의 성격, 동료심사 등이다. 스케줄 및 자원계획은 정보를 수집하고 분석할 스케줄은 무엇이며, 어떠한 자원들이 필요하고, 누가 책임을 질 것인가를 기술하고 있다. 이 때 스케줄에는 자료를 수집하는 데 필요할지도 모를 정보수집요구들에 대한 OMB의 승인을 얻는 데 필요한 시간도 포함하고 있다.

품질보증계획은 자료를 수집하고 분석하는 데 어떠한 품질보증방법을 사용할 것인가(즉, 품질 보증 프로젝트계획서), 그리고 이 계획은 의사결정에 사용된 정보들이 EPA의 정보품질지침들에 합당하다는 것을 보증할 수 있는가 하는 내용을 포함한다.

과학적 전문지식 확보계획은 이 정보를 획득하고 분석하는 데 어떠한 과학적 전문지식이 도움이 되는가, EPA 내부 및 외부에서 누가 알려진 전문가인가, EPA가 어떻게 이들 전문가들에게 접근할 수 있는가 하는 것을 포함한다.

리스크를 최소화할 계획에서는 EPA의 지침과 정책에 일관되도록 불확실성의 중요성을 설명하고, 이들이 어떻게 결과의 프레젠테이션에서 전달될 수 있는가를 기술한다. 끝으로 동료심사의 계획은 어떠한 유형의 동료심사가 필요한가(예컨대 내부, 외부, 또는 과학자문위원회나 연방자문위원회법상의 위원회에 의한 심사), 이 계획은 EPA의 동료심사정책을 충족시킬 수 있는가 하는 내용들을 포함한다(USEPA, 2004b: 14-17).

경제적 분석 청사진은 액션을 지원할 경제 분석과 관련된 자료의 수집, 분석 및 프레젠테이션 등을 위한 계획을 포함한다. 분석과 자원 또는 시기(timing)들 간의 대폭적인 교환(trade-off)을 부각시켜야 한다고 강조하고 있다. EPA의 국가환경경제센터(NCEE)는 "경제 분석을 준비하기 위한 가이드라인"을 발간했는데, 이 지침서는 작업집단이 분석계획을 세우는 데 매우 유용한 지침을 제공하고 있다(EPA, 2000).

많은 EPA 액션들 가운데에는 경제 분석에 의하여 유용한 정보들을 얻을 수 있는 여러 영역들이 존재한다고 보고 있다. 경제 분석과 관련된 중요한 분석영역들은 산업의 특성 및 환경/건강문제, 옵션 외 비용(사회적 비용, 할인, 노액션(no-action) 시나리오 등), 옵션의 편익(금전가치화, 배분적 효과, 민감한 하위모집단, 어린아이들에 대한 건강/사망 임팩트의 가치평가, 잠복기, 생태학적 편익, 기타), 여러 매체들(cross-media)에 대한 임팩트, 결과와 옵션의 선택(정책대안의 프레젠테이션, 점증적 효과, 기타), 경제를 포함한 여타의 분석 등이다.

적절한 분석영역의 경제적 분석 청사진은 작업계획과 분석계획을 기술하고 있다. 먼저 자료수집계획은 필요한 정보들을 식별하고, 정보들을 수집할 계획을 작성한다(스케줄, 소스, 역할 등). 또한 의사결정에 사용된 정보들은 EPA의 정보품질지침과 동료심사정책에 부합된다는 것을 기술한다. 분석계획은 핵심적인 가정들, 고품질의 분석과 자원 또는 시기들 간의 교환(trade-offs) 등을 기술한다(USEPA, 2004: 17-19).

경제적 분석 청사진은 자료와 분석계획을 논의함에 있어서는 경제 분석을 위한 가능한 최선의 자료들을 사용할 수 없도록 하는 경우에는 이것을 가로막는 자원 및 시기와 관련된 이슈들을 요약하도록 하고 있다. 여기에는 내부 전문가와 외부 전문가들의 이용가능성, 추가적인 자료수집비용, 동료심사의 니즈(needs), 현재 진행중인 연구로부터 얻을 수 있는 결과에 대한 필요성 등이 포함된다.

경제적 분석 작업계획 개요에는 과학적 분석 작업계획과 마찬가지로 작업스케줄과 필요한 자원들, 품질보증계획, 경제적 전문지식 확보계획, 리스크의 최소화 계획, 동료심사계획 등을 기술하도록 하고 있다.

(6) 내적 절차에 관한 제도의 특징과 영향

EPA의 규제발전과정의 가장 중요한 특징은 모든 규제 개발을 액션발전과정에 따르도록 규정하고 있다는 것이다. 이 규제발전과정에는 주관부서는 물론 국가환경경제센터(NCEE), 여러 매체부서들(cross-media office), 과학정책위원회(SPC) 등이 참여하여 액션의 계층을 결정하고 분석 청사진을 작성한다는 것이다. 계층 1과 계층 2로 분류된 규제발전과정에서는 NCEE에서 대표자가 작업집단의 소위원회 위원장이 되어 규제영향분석의 방향과 내용들을 결정하고, 규제영향분석의 초안이 작성

---

9) NCEE는 약 20명의 박사급 경제 전문가들과 약 10명의 박사급 이공계 전문가들을 확보하고 있다.

되면 NCEE 소속의 전문가들이[9] 분석 내용의 타당성과 신뢰성을 검토한다. 이러한 검토과정을 거친 후에 관련분야 3인의 외부전문가들의 동료심사(peer review)를 받게 되며, 그 심사 결과를 반영하여 수정을 가한 후 다시 OMB의 규제정보실(Office of Information and Regulatory Affairs)의 심사를 받는다.

여기서 중요한 제도적 특징은 내부 싱크탱크(inhouse think)가 존재한다는 것이다. 바로 NCEE가 내부 싱크탱크의 역할을 한다. 각 규제대안에 대한 경제 분석 청사진을 작성할 때 NCEE 요원이 작업집단의 소위원회 위원장이 되어 주도적 역할을 하며, 관련 부서에서 규제영향분석을 하는 과정에서 자문을 제공하고, 규제영향분석이 완료되면 타당성 있게 분석하였는지를 검토하는 역할을 한다.

규제영향분석 절차에 관한 제도인 액션발전과정은 법적으로 방어가능성이 높은 규제액션을 발전시키도록 하는 데 기여하고 있다. 규제대안의 발전과 검토과정에 이해관계자들을 조기에 참여하도록 기회를 제공함으로써 법적 분쟁의 소지를 최소화하고, 다양한 부서의 전문가들과 법류전문가들의 참여로 대안의 개발과 검토과정에서 다양한 환경규제에 관한 법률을 충분히 검토하는 절차를 밟고 있다.[10]

이미 액션발전과정의 작업절차와 주요 참여자들에 대한 기술을 통하여 알 수 있는 바와 같이 액션발전을 위한 작업집단, 규제조정위원회, 규제정책위원회 등 다양한 위원회를 거치는 과정에서 규제대안의 종합성, 명확성과 간결성, 집행과 강제의 용이성 등을 검토함으로써 고품질의 규제를 발전시키도록 노력하고 있다. 그러나 무엇보다도 풍부한 규제옵션과 대안을 개발하고, 타당성과 신뢰성이 높은 분석을 할 수 있는 전문가를 탐색하는 데 역점을 두고 있다. ADP는 고품질 분석을 확보하기 위하여 시기와 자원의 교환(trade-off)을 명시적으로 검토하고, 최적 과학적 전문가의 탐색, 자료수집계획, 동료심사계획 등을 통하여 분석의 품질을 향상시키려고 노력함으로써 소기의 목적을 달성하고 있다.

2. 규제영향분석에 있어서 편익비용분석의 실행

1) 규제영향분석에 있어서 편익비용분석의 실행방법

(1) 규제의 신설 또는 강화의 효과와 사회적 편익

---

10) 미국 EPA는 환경에 관한 법이 단일한 하나의 법이 아니라 깨끗한 물법(Clean Water Act) 등 다수의 법으로 구성되어 있다.

이미 우리나라의 규제영향분석제도에 대한 논의 과정에서 기술한 바와 같이 새로운 규제를 신설하거나 기존의 규제를 강화하기 위해서는 여러 가지 평가요소들을 검토하여야 한다. 이러한 평가요소들에 대한 검토과정에서 가장 시간과 노력이 많이 소요되고 과학적이고 객관적인 분석이 요구되는 핵심적인 분석이 규제의 비용과 편익의 비교분석이다.

우리는 이미 앞의 여러 장에서 편익비용분석에 관한 이론과 방법들, 즉 편익비용분석의 단계, 편익의 추정과 비용의 추정방법, 할인율의 결정과 적용방법 등에 대해서 논의하였다. 규제영향분석에 있어서 편익비용분석의 실행과정은 우리가 앞에서 논의하였던 방법들을 규제영향분석의 대안에 적용하는 과정이다.

규제영향분석의 한 부분으로 편익비용분석을 실행할 때 가장 핵심적인 과제가 편익과 비용을 타당성이 높은 방법으로 정확하게 추정해 내는 일이다. 사회적 간여(intervention)로 공공프로그램이나 프로젝트들을 수행할 때 편익과 비용은 한계편익(marginal benefits)과 한계비용들(marginal costs)의 개념을 사용하여 추정한다는 것은 이미 앞에서 설명하였다. 여기서 한계편익과 한계비용들은 공공프로그램이나 프로젝트를 수행함으로써 증가되는 사회적 편익들과 사회적 비용들이다.

규제대안의 신설이나 강화에 의하여 발생되는 편익과 비용들도 규제대안이 신설되거나 강화됨으로써 증가되는 사회적 편익이나 사회적 비용이다. 규제영향분석에서는 이것을 규제대안을 채택하지 않았을 경우의 미래 일정시점의 상태인 베이스라인(baseline)의 상태(대응적 사실)와 규제대안을 시행한 이후 같은 시점에서의 산출결과 수준들을 비교하여 그 차이로써 추정한다.

규제의 신설 또는 강화와 관련된 비용의 경우에는 규제의 시행(enforcement) 및 순응비용, 경제적 임팩트 등을 추정하기 때문에 비교적 그 개념에 대한 이해가 용이하다.

그러나 규제의 효과에 대한 개념을 이해하기 위해서는 규제에 의한 산출결과의 수준(outcome level), 산출결과의 변화(outcome change) 및 규제의 효과 간의 관계들을 이해하는 것이 필요하다.

산출결과의 수준은 어떤 일정한 시점에서의 산출결과의 상태(status of an outcome)이다. 예컨대 어떤 일정한 시점에서의 수질오염의 상태이다. [그림 13-1]에서 규제를 시행하기 이전의 상태와 신설 또는 강화한 규제를 집행한 이후 일정시점에서의 산출결과의 상태가 바로 산출결과의 수준이다. 한편 산출결과의 변화

[그림 13-1] 산출결과수준, 산출결과의 변화 및 강화된 규제효과 간의 관계

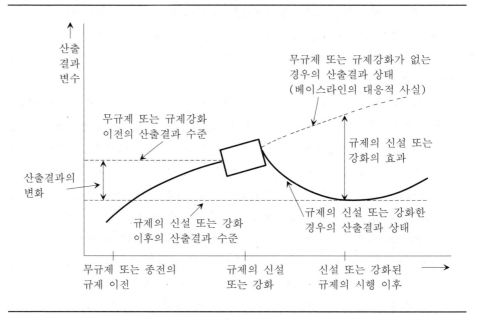

(outcome change)는 이들 두 산출결과 수준들 간의 차이이다. 예컨대 수질오염에 관한 규제를 강화하기 이전의 수질오염의 정도와 수질오염에 대한 규제를 신설 또는 강화한 규제대안을 집행한 후 일정시점에서의 수질오염 간의 차이가 산출결과의 변화를 나타낸다.

규제의 효과(effects)는 신설 또는 강화된 규제를 시행한 후 미래의 어떤 일정 시점에서의 산출결과 변수로 측정된 규제집행대상의 산출결과의 상태와 규제가 없거나 종전의 규제를 계속 집행했다고 가정하는 경우 미래의 동일한 시점에서의 산출결과의 상태(즉 베이스라인의 대응적 사실) 간의 차이로 정의된다. 규제편익은 이러한 규제의 효과들을 금전적 가치로 전환한 것이다. [그림 13-1]에서는 규제를 강화한 이후의 일정시점에서의 규제집행 대상의 산출결과 상태를 나타내는 실선과 규제를 신설 또는 강화하지 않고 종전의 규제를 계속 집행한 경우의 미래의 같은 시점에서의 산출결과 상태를 나타내는 점선들(즉 베이스라인의 대응적 사실) 간의 차이가 규제의 효과이다.

규제의 편익은 이러한 규제의 효과들을 금전가치화한 것이다. 예컨대 수질오염

을 통제하기 위하여 수질오염에 대한 규제를 강화한 후, 미래의 일정시점에서 규제를 강화하지 않았다고 가정하는 경우 예상되는 수질오염의 농도와 수질오염에 대한 규제를 강화한 이후의 위와 같은 시점에서의 수질오염의 농도의 차이, 즉 수질오염의 감소 정도가 수질오염에 대한 규제강화의 효과이다. 한편 수질오염감소에 따른 사회적 편익은 이러한 수질오염의 감소로 어부들의 어획량이 증가했다든지, 어떤 지역 주민들이 마시는 음용수의 질이 좋아져 질병이 감소함으로써 질병의 치료비가 감소했다든지, 보트놀이(boating), 낚시, 수영, 관광 등과 같이 관람 및 오락이익이 증가했다든지 하는 것들이 수질오염에 대한 규제를 강화한 데에 따른 사회적 편익이다.

한편 [그림 13-1]에서 볼 때 규제의 신설 또는 강화에 따른 산출결과의 변화와 규제의 신설 또는 강화의 효과는 다른 개념임을 알 수 있다. 이들 산출결과의 변화와 규제의 신설 또는 강화의 효과들 간의 크기의 차이는 규제의 유형에 따라 달라질 수 있다. 이들 중 규제의 신설 또는 강화의 효과가 규제의 신설 또는 강화에 대한 편익추정의 근거가 된다는 데에 특히 유의하여야 한다. 그렇기 때문에 규제영향분석에 있어서 베이스라인에 대한 이해가 중요하다.

(2) 베이스라인의 구체화

규제의 효과를 추정하기 위해서는 먼저 분석의 기초가 되는 베이스라인을 구체화하여야 한다. 베이스라인을 구체화하기 위해서는 다음과 같은 베이스라인을 구체화하기 위한 가이딩 원칙(guiding principles)을 따르면 도움이 된다.

- 분석이 표명하고 있는 분석문제를 명료하게 기술한다.
- 불확실한 베이스라인의 모든 조건들과 베이스라인을 구체화하는 데 사용되었던 모든 가정들을 분명하게 식별한다.
- 베이스라인을 사용함에 있어서 전 분석 과정을 통하여 일관성을 유지한다.
- 베이스라인을 구체화(baseline specification)하기 위해서 적절한 수준의 노력(가용자원의 집중 등)을 결정한다.
- 베이스라인의 "출발점"과 정책시나리오를 분명하게 기술한다.
- 정책의 중요한 효과들(effects), 예컨대 편익과 비용들의 지속기간이 분석 베이스라인의 구조를 지배하도록 한다.

한편 베이스라인 시나리오에서 순응비율이 얼마냐 하는 것은 분석의 결과에 큰 영향을 미친다는 것을 고려하여 이것을 베이스라인 상태의 추정에 반영시켜야 한다. 또한 규제에 영향을 받는 피규제 대상자들은 이 규제와 분리되어 있는 기타의 현존규제들은 완전하게 순응하고 있다고 하는 베이스라인 조건들을 설정하는 것이 일반적이다. 현존하는 규제에 완전하게 순응한다고 가정함으로써 분석은 새로운 규제와 정책의 점증적인 경제・사회적 효과들에 초점을 맞출 수 있고, 분석의 결과는 예측되는 경제・사회적 변화들을 예측하는 데 사용될 수 있다.

만일 현재 검토하고 있는 규제 이외의 다른 관련된 규제들이 없다면, 다른 규제들이 잘 집행되고 있는지, 어떤 규제들이 사회・경제적 여건의 개선에 기여한 것인지, 그리고 리스크(risks)의 감소에 기여했다고 크레디트(credit)를 줄 것인지 하는 문제들로 베이스라인을 구체화하는 데 복잡한 문제가 발생하지 않는다. 그러나 현실적으로는 사회, 경제 및 환경 행태에 영향을 미치는 많은 규제기관들(예컨대, 중앙정부 내의 다른 정부기관, 지방정부 등)이 현재 규제의 강화 또는 신설을 추진하고 있는 정부기관의 규제들과 중복하여 소비자 행태와 기업행태들에 영향을 미칠 수 있다.

그러므로 복수의 규제들이 영향을 미칠 경우 실무적으로는 분석을 위하여 선택된 베이스라인을 분명하게 밝히고, 이러한 선택을 한 것을 정량화하는 뒷받침할 자료들을 제시하여야 한다. 여기에는 베이스라인에 영향을 미칠 다른 규제적 액션들의 상태에 관한 정보를 제공하고, 이들 다른 규제들을 포함하는 것과 제외하는 것이 어떤 의미(implications)를 갖는가를 테스트할 민감도분석을 수행하는 것들을 포함된다.

2) 규제영향분석에 있어서 편익비용분석의 사례: 미국 환경청의 집중화된 동물사육장경영(CAFO) 사례

(1) 사례의 구성과 사례에 대한 기술방법

미국 EPA는 집중화된 동물 사육장 경영(Concentrated Animal Feeding Operations: CAFO)에 따른 동물의 배설물, 동물농장에 사용된 물 및 기타의 처리용수들이 미국의 강, 하천, 호수 등의 수질을 저하시키지 않도록 하기 위하여 두 개의 기본적인 규제들을 개정할 계획을 세웠다. 이들 두 개의 기본적인 규제들은 기존의 국가 오염물질 방출제거 시스템(National Pollutant Discharge Elimination System: NPDES)과 동물사육장에 대한 유출제한 가이드라인(Effluent Limitation Guideline:

ELG)이다. NPDES는 CAFO들이 미국의 강이나 하천에 가축사육장에서 방출하는 오염물질들을 방출하는 데에 대한 허가요구조건을 정의하고 설정한 것이며, ELG는 CAFO에 적용되는 테크놀로지에 기초를 둔 유출물 방출 표준을 설정한 것이다. 이들 두 현존 규제들은 모두 1970년대에 만들어진 것이었다. EPA는 지난 25년 동안 축산업 부문에서 발생한 변화들을 반영하고, CAFO에 대한 요구사항들을 분명히 하여 집행을 용이하게 하며, 이들 규칙들에 의한 환경보호를 더욱 강화하기 위하여 새로운 규제대안들을 마련하였다.

집중화된 동물사육장경영(CAFO)에 대한 규제를 강화하기 위하여 제안된 규제개정안의 규제영향분석 사례는 크게 두 가지 부분으로 구성되어 있다. 한 부분은 "집중화된 동물사육장운영에 대한 국가 오염물 방출제거시스템규제와 수정안에 대한 경제 분석"이고, 다른 한 부분은 "집중화된 동물사육장경영에 대한 국가오염물 방출제거시스템 규제와 유출가이드라인을 위해 제안된 수정안의 환경적 및 경제적 편익분석"이다. 전자는 CAFO 규제에 따른 사회적 및 경제적 비용분석이고, 후자는 사회적 및 경제적 편익분석이다.

CAFO 규제영향분석에서 사회적 및 경제적 영향분석과 비용분석 부분은 본문과 부록을 합쳐서 약 530여 페이지이고(USEPA, 2001a), 편익분석 부분은 본문과 부록을 합쳐서 약 430여 페이지에 이르는 방대한 분량이다(USEPA, 2001b). 이 외에도 이러한 CAFO 규제액션의 규제영향분석을 뒷받침하기 위한 580여 페이지에 이르는 발전문서를 포함하고 있어 전체적으로 총 1,500여 페이지에 이른다.

본 CAFO 규제영향분석 사례는 방대한 분량이기 때문에 구체적인 분석방법들을 하나하나 모두 기술하기는 어렵다. 그러므로 규제영향분석의 전체적인 윤곽을 파악할 수 있도록 정리하되 무엇을 어떻게 분석하였는가 하는 것과, 우리나라의 규제영향분석에서 관심을 가지고 있는 편익비용분석의 과정과 사용된 자료의 소스에 초점을 두고자 한다.

(2) 제안된 규제개정안의 경제 분석과 비용의 추정

① 경제 분석의 목적

제안된 규제개정안의 경제 분석의 목적은 다음과 같은 세 가지이다.

첫째, 연간 순응비용(compliance cost)을 추정하고, 이들 규제의 임팩트들을 추정한다. 둘째, 규제의 수정안이 CAFO에 미치는 재정적 임팩트, 가축 및 가금류(poultry) 제품의 처리업자들에 미치는 잠재적인 임팩트 및 가격, 수량, 교역, 고용 및 산출 등에 미치는 임팩트와 같은 여타의 제2차적 임팩트 등을 분석한다. 셋째, 규제유연성법(Regulatory Flexibility Act)에 따라 소기업에 미치는 영향을 분석하고, 대통령령(Executive Order)12866에 따라 편익비용분석을 수행한다. 여기에서는 이들 중 첫째와 셋째에 대한 기술에 초점을 둔다.

② EPA가 고려하는 ELG옵션과 NPDES 시나리오

EPA가 규칙제정과정에서 고려했던 테크놀로지 옵션은 다음 [표 13-2]와 같이 7개이고, NPDES 시나리오는 다음 [표 13-3]과 같이 역시 7개이다.

③ 순응비용과 경제적 임팩트를 추정하기 위한 자료(data) 및 방법론

[표 13-2] 테크놀로지 옵션(ELG)

옵션 1	N(질소)에 토대를 둔 토지에 대한 가축분뇨사용 통제, 검사 및 장부기록 의무
옵션 2 (BPT-모든 하위 카테고리들)	옵션 1과 동일함. 단 필요한 경우(CAFO 지역의 구체적인 토양조건에 따라) 인(P)에 토대를 둔 분뇨사용 비율제한
옵션 3 (BAT-소/어린 암소/젖소)	옵션 2에 다음과 같은 내용 추가: 가축농장지역의 지하에 있는 지하수가 지표수와 직접적 수계적으로 연계되어 있는지 여부를 결정하고, 만일 그렇다면, 지하수를 모니터링하고 통제하여야 함
옵션 4	옵션 3에 다음과 같은 내용 추가: 가축분뇨를 사용하는, CAFO통제하에 있는 지역 또는 토지의 인근지역의 지표수를 표본추출하여 조사
옵션 5 (BAT-돼지/가금류/송아지)	옵션 2에 다음과 같은 내용 추가: 어떤 경우에도 분뇨가 넘치는 것을 허용하지 않음. 농장생산지역으로부터 무방출(zero discharge)조건 추가
옵션 6	옵션 2에 다음과 같은 내용 추가: 대규모 돼지농장과 젖소농장에 가축분뇨처리를 위한 미생물 분해 및 가스 연소장치를 설치하고 운영함
옵션 7	옵션 2에 다음과 같은 내용 추가: 언 땅, 눈이 덮힌 땅 또는 물이 포화상태인 땅에 가축분뇨살포를 금지함

*BAT: Best Available Technology.

[표 13-3] NPDES 시나리오: 규제범위 옵션

시나리오	규 제 내 용
시나리오 1	기존의 3개 계층[a] 구조를 유지하고 25년, 24시간 폭풍 예외를 제거함
시나리오 2	시나리오1과 동일: 300AU~1,000AU 경영의 경우, "위험에 기초한" 조건에 의한 규제를 따라야 함
시나리오 3 "3개 계층"	시나리오 2와 동일: 그러나 300AU~1,000AU의 경영의 경우 NPDES 허가(permit)를 적용하거나, 허가당국이 어떤 조건에도 맞지 않으므로 허가를 받지 않아도 되는 것으로 공인함
시나리오 4a "2개 계층"(500AU)	2개 계층 구조[b]를 설정, 500AU 이상의 경영에 ELG표준을 모두 적용함
시나리오 4b	2개 계층 구조를 설정, 300AU 이상의 경영에 ELG표준을 모두 적용함
시나리오 5 "2개 계층"(750AU)	2개 계층 구조를 설정, 750AU 이상의 경영에 ELG표준을 모두 적용함
시나리오 6	기존의 3개 계층 구조를 유지하고, 좀 더 단순한 공인(certification)과정을 거침

*AU: Animal Unit.
a) 300AU 이하, 300AU~1,000AU, 1,000AU 이상.
b) 500AU 미만, 500AU 이상.

EPA는 자료를 수집하기 위하여 축산업 전반에 걸친 서베이(survey)를 수행하지는 않았다. EPA는 여러 정부기관들, 주정부 농업관련 서비스, 대학교(land grant university) 및 농업분야 산업의 무역협회 등으로부터 기존자료를 수집하였다. 특히 1997년 미국 농무성의 센서스 데이터와 ARMS(Agricultural Resource Management Study) 데이터에 크게 의존하고 있다. EPA는 또한 NASS(National Agricultural Statistical Service)에서 농업센서스를 분석한 정보를 제공받았으며, ARMS 데이터는 농무성산하 경제연구소(Economic Research Service)에서 분석한 재무정보들을 요청하여 제공받았다.

EPA는 대표 농가접근방법(representative farm approach)에 의하여 제안된

CAFO규제의 경제적 임팩트를 추정하였다. 이 접근방법은 미국농무성과 미국의 농업분야 대학교들에서 사용하는 접근방법과 일관성을 가지고 있다. 이 접근방법은 축산농장경영을 차별화할 수 있도록 좀 더 광범위한 카테고리로 시설들(facilities)을 카테고리화함으로써 다양한 시설들에 대한 평균적인 임팩트를 평가할 수 있는 수단들을 제공해 주었다.

    EPA는 CAFO에 대한 경제적 임팩트를 추정하기 위하여 비용모형들(cost models)과 재무적 모형들(financial models) 등 두 세트의 모형들을 작성하였다. EPA는 170개 이상의 비용모형들에 기초하여 순응비용들을 평가하였다. 이 비용모형들은 축산 농가들의 조건들을 검토하고, 대표로 선택된 CAFO들의 순응비용들을 평가하였다. EPA의 비용모형들은 상품부문(commodity sector), 축산물의 생산지역, 시설의 규모 및 축산분뇨를 사용할 토지의 이용가능성 등에 의하여 구분되었다. EPA의 비용모형들은, 서로 다른 경영의 유형에 따라 재무적 조건들을 특징짓는 재무적 모형들에 따라 비교할 수 있도록, 추정된 순응비용들을 제공해 주고 있다. 규제 이후 시나리오하의 경제적 임팩트들은, 유사한 생산특성을 공유하는 좀 더 많은 수의 축산경영을 포함하는 주어진 모델 CAFO에 대한 평균적인 임팩트들을 추세연장함으로써 추정되었다.

    이 분석을 위해서 EPA는 세 가지 기준들에 비추어 대표적인 재무적 조건들의 변화를 토대로 동물사육장경영에 대한 제안된 규제옵션들의 경제적 성취가능성들을 평가하였다. 이들 세 가지 기준들은 총수입에 대한 비용증가들의 비교(판매 테스트), 규제 도입 후 10년 동안의 예측된 순응이후(post compliance)의 현금흐름 및 순응 이후의 시나리오하에서의 축산농장경영의 자산에 대한 부채의 비율의 평가 등이다. 어떤 부문(sector)에서는 CAFO에 대한 경제적 임팩트들의 평가는 두 가지 방법으로 진행되었다. 하나는 순응비용의 일부가 CAFO로부터 소비자들에게 전가된다고 가정하는 경우였고, 다른 하나는 비용들이 소비자들에게 전가되지 않고 CAFO에 의하여 모두 흡수된다고 가정하는 경우였다.

    ④ 연도별로 증가되는 비용의 추정절차
    위에서 논의한 바와 같은 방법론과 데이터 수집방법을 이용하여 AFO(Animal Farm Orientation)에서 CAFO로 전환됨으로써 증가가 예상되는 CAFO들을 추정하였고,[11] 이것을 연도별로 증가되는 비용을 추정하는 기초자료로 활용하였다.

---

11) AFO는 주정부관할 규제이고, CAFO는 연방정부관할 규제임.

　연도별 점증적 순응비용은 발전문서(development document)에 기초하여 도출된
자본비용 및 반복비용을 사용하여 추정하고, 이들 비용들을 연도별화된 비용
(annualized costs)으로 환산하였다. 연도별화된 비용은 이자, 감가상각 및 세금
(taxes)들의 효과들을 감안하여, 모델 CAFO에 발생하는 실제 순응비용들을 더 잘
기술해 준다. EPA는 이 연도별화된 비용들을 총 연도별 순응비용들을 추정하는 데
사용하였다. 그리고 각 모델 CAFO에 대한 연도별화된 비용들을 취해서, 각 모델에
의하여 대표되는 영향받는 CAFO 수를 토대로 그들을 합산함으로써 규제를 받는
CAFO에 대한 제안된 요구사항들의 경제적 영향들을 평가하였다.

　베이스라인(baseline) 순응에 대해서는 모든 CAFO들이 유출제한 가이드라인 및
사육장 표준 등과 같은 기존 규제프로그램들을 충실하게 따르고 있는 것으로 가정
하였다. 아울러 기존의 주정부 법 및 규제를 충실하게 따르고 있는 것으로 가정하
였다.

⑤ 각 옵션 및 규제시나리오 대안별 비용의 추정결과

　EPA가 고려한 NPDES 시나리오와 ELG 옵션들에 대한 비용의 추정결과는 [표

[표 13-4] 각 NPDES 시나리오 대안들의 연도별화된 세전 비용들(pre-tax cost)

(1999년 달러, 단위 100만 달러)

옵션/시나리오	시나리오 4a "2계층"	시나리오 2/3 "3계층"	시나리오 1	시나리오 5 >750AU	시나리오 4b >300AU
CAFO의 수	25,540	31,930	16,420	19,100	39,320
옵션 1	432.0	459.1	354.6	384.3	493.6
옵션 2	548.8	578.7	444.4	484.0	633.3
옵션 3	746.7	859.7	587.0	649.5	883.6
옵션 4	903.9	1,087.1	707.0	768.0	1,121.2
옵션 5	1,515.9	1,629.6	1,340.9	1,390.4	1,671.3
옵션 6	621.6	706.6	501.5	541.3	706.6
옵션 7	671.3	756.6	542.4	585.1	756.6
BAT 옵션	830.7	930.4	680.3	720.8	979.6

자료: EPA, 2001: ES-7.

13-4]와 같이 요약되었다. 이 [표 13-4]에서 보는 바와 같이, 추정된 총비용들은 이들 모든 옵션들에 따라 연간 354.6백만 달러(옵션 1, 시나리오 1)에서 연간 1,671.3백만 달러(옵션 5, 시나리오 4b) 사이에 분포되어 있다. 시나리오별로 보면, 이러한 추정된 연간 총비용들은 시나리오 1(총 약 16,400 가축농장경영)하에서 가장 적은 CAFO들이 제안된 규제의 영향을 받고, 시나리오 4b(총 약 39,300 가축농장경영)하에서 가장 많은 영향을 받는다는 것을 반영한다. EPA가 추정한 CAFO들의 수와 이에 상응하는 순응비용들은 혼합된 동물 유형(mixed animal type)(즉 한 농장에서 여러 다른 종류의 가축들을 기르는 농장 유형)의 경영을 감안한 조정(adjust)을 하지 않았기 때문에 과대추정되었을 수도 있다. 옵션2에 비해서 옵션5의 비용들이 가장 크다는 것을 [표 13-4]에서 볼 수 있다.

⑥ 편익비용분석에 사용된 총 연도별 사회비용

EPA는 공동 제안된 2계층구조 및 3계층 구조의 연도별 세전 비용들과 각 NPDES 시나리오 대안들의 연도별 세전비용들([표 13-4])을 추정하였다. 이들 가운데에 최종 편익비용분석에 사용된 총 연도별 비용은 2계층구조의 시나리오 4a와 3계층구조의 시나리오 2 및 3이다. [표 13-5]에 나타나 있는 순응비용 830.7백만 달러와 930.4백만 달러는 [표 13-4]에서 볼 수 있는 순응비용들이다. 한편 [표 13-5]에는 원거리 가축분뇨 수령자 순응비용이 포함되어 있다.

또한 [표 13-5]에는 NPDES 허가 비용들이 추정되어 있다. 2계층구조의 개정대안은 6.2백만 달러($), 3계층구조의 개정대안은 7.7백만 달러이다. 이 비용들은 연방정부와 주정부들이 NPDES의 허가(permit) 과정과, 규제대안의 작성과정에서 공

[표 13-5] 총 연간 사회비용

(1999년 달러, 단위: 100만 달러($))

총 사회비용	2 계층구조	3 계층구조
산업계 순응비용	830.7	930.4
NPDES 허가비용	6.2	7.7
원거리 CAFO 분뇨 수령자 순응비용	9.6	11.3
총사회비용	846.5	949.4

자료: EPA, 2001: ES-12.

청회들에 소요되는 추가적 비용들이다. 제안된 규제가 최종적으로 확정되면 연방정부와 각 주정부들은 기존의 NPDES 프로그램을 개정하여야 하고, 규칙을 발전하는데 행정비용이 소요되는데 이것이 NPDES 허가비용이다. 이 비용들은 연방정부와 각 주정부에 새로 추가적으로 필요한 행정인력소요시간을 추정하고, 여기에 시간당 평균임금을 곱하여 구한 것이다. 행정소요인력은 각 주 담당관들에 대한 인터뷰를 통하여 추정하였다.

(3) 제안된 규제개정안의 환경 및 경제적 편익분석

① 가축농장경영(AFO)의 가능한 환경에 대한 임팩트와 제안된 CAFO 규제변경의 내용

가축농장경영(AFO)에서의 가축분뇨들을 관리하는 방법은 쌓아서(in pile) 저장하거나 웅덩이(lagoon)에 저장하였다가 비료로 밭에 뿌리는 것이다. 규제를 받는 CAFO로부터 방출되는 것은 포인트 소스(point source)로 관리되고 있지만, 쌓아서 저장하거나 웅덩이에 저장한 분뇨들은 규제되지 않고 흘러나와서 인근지역의 지표나 지하수를 오염시킨다. 전국적 또는 지역적 연구결과들은 지표수에 분뇨오염물질이 함유되어 있음을 보고하고 있다. 일단 분뇨로부터 나온 오염물질이 지표수에 도달하면, 수질을 손상시키고, 생태학적 임팩트를 미치며, 또한 관광이나 오염된 음료수 등을 통하여 인간의 건강에 영향을 미치는 등 여러 가지의 생태학적 및 사람들의 건강문제들을 일으키는 원인이 되고 있다.

- **수질의 손상**: EPA의 1998년도 국가 수질 인벤토리(inventory)는 동물을 사육하는 지역을 포함한 농업이 수질손상의 가장 중요한 기여자의 하나로 보고하였다.
- **생태학적 영향**: 지표수에 있어서 가축분뇨와 관련된 가장 극적인 생태학적 임팩트는 물고기를 폐사시키는 것이다.
- **인간 건강에 미치는 영향**: 가축의 분뇨는 100가지 이상의 인간에 대한 병원균을 함유하고 있다.

지난 1970년대에 CAFO들을 관리하는 현재의 ELG 및 NPDES 규제들을 개시한 이래, 가축 및 가금류 산업에 일어난 몇 가지 추세들이 AFO로부터 기인하는 오염의 성격과 지표수 및 지하수들의 오염 가능성에 영향을 미쳐 왔다. 이들 추세는 소

수의 대규모 농장의 생산이 증대되고 산업이 집중되며, 가축농장경영지가 인구가 밀집한 소비자시장에 더 가깝게 접근하고 있고, 또한 농장생산방식과 폐기물 관리 기법들이 발전하고 있다는 것 등이다. 이러한 산업계의 변화는 CAFO들을 정의하고 방출물들을 관리하는 현재의 규제들의 효과성을 제약하고 있다.

　　이러한 환경문제에 대한 계속되는 보고서에 대응하고, 또한 AFO들과 관련된 산업과 테크놀로지 변화에 대응하기 위하여 EPA는 CAFO에 대한 NPDES 규제와 사육장에 대한 ELG 규제를 모두 변경시키는 규제 개정안을 제안하였다. CAFO들에 대한 NPDES 규제에 대한 제안된 변경내용은 어떤 가축 사육 경영이 CAFO로 정의되는가에 영향 미치고, 따라서 NPDES허가 프로그램에 따라야 할 것인가를 결정한다. 이에 비해서 사육장에 대한 ELG규제에 대한 변경은 어떤 테크놀로지에 기초한 요구사항들(requirements)이 CAFO들에 적용될지를 결정한다.

　　EPA의 변경된 규제에 대한 편익분석은, 이미 사회적 비용분석에서 검토했던 대안들의 틀 속에서 더 범위를 축소하여, CAFO에 대한 NPDES 정의로서 4개의 대안들(시나리오 1, 2/3, 4a 및 4b 등)과 이와 결합된 2개의 ELG규제 대안들(옵션 1 및 옵션 2)을 토대로 한 총 8개의 규제 시나리오들을 검토하였다. 이들 시나리오들 가운데 EPA는 2개의 시나리오를 공동으로 제안하였다. 그들 가운데 하나는 NPDES 시나리오 2/3과 ELG옵션 2가 결합된 대안으로, 이것은 사회적 비용 분석에서 검토한 "BAT옵션과 3계층구조가 결합한 대안"에 해당한다. 그리고 ELG의 내용은 인 함유량에 토대를 둔(phosphorus-based) 분뇨사용제한을 설정하고 있다. 한편 두 번째 제안된 시나리오는 NPDES시나리오 4a와 ELG옵션2를 결합한 것이다. 이것은 현재의 3계층구조를 2계층구조로 변경한 것이며, 사회적 비용 분석에서 검토한 "BAT옵션과 2계층구조가 결합한 대안"에 해당한다. 이 두 번째 대안도 인 함유량에 토대를 둔 ELG를 채택하고 있다. 편익분석에서 검토한 대안들을 요약하면 [표 13-6]과 같다.

　② 가능한 환경의 개선과 그에 따른 편익들

　　규제강화에 따라 가능한 환경의 개선과 그에 따른 편익들은 다음과 같다.

　　수질향상에 따른 가능한 편익들: AFO오염물질을 감소시키는 규제의 편익들은 규제의 결과로 오는 환경질의 뚜렷한 변화와 이에 따른 일련의 관련된 자원의 활용에 반영된다. 규제의 가치는 이들 가능한 사용들(uses)의 변화에 사람들이 부여

[표 13-6] 편익분석에서 고려된 규제 시나리오들

규제시나리오	NPDES 개정	ELG 개정
베이스라인	CAFO는 1,000AU 이상의 모든 AFO와, 일정 요구사항들을 충족하는 1,000AU 미만의 AFO들을 포함	분뇨사용이 규제되지 않았음
옵션 1-시나리오 1	베이스라인 시나리오에 드라이(dry)가금류, 미성숙 돼지 및 어린 암소 농장경영 추가	질소 함유량에 기초한 분뇨사용
옵션 1-시나리오 2/3	300AU~1,000AU 규모의 AFO들 가운데 CAFO를 식별하는 새로운 NPDES조건 , 여기에 드라이(dry)가금류, 미성숙돼지 및 어린 암소 농장경영 추가	질소 함유량에 기초한 분뇨사용
옵션 1-시나리오 4a	CAFO는 500AU 이상의 모든 AFO와 드라이(dry)가금류, 미성숙 돼지 및 어린 암소 농장경영 추가	질소 함유량에 기초한 분뇨사용
옵션 1-시나리오 4b	CAFO는 300AU 이상의 모든 AFO와 드라이(dry)가금류, 미성숙 돼지 및 어린 암소 농장경영 추가	질소 함유량에 기초한 분뇨사용
옵션 2-시나리오 1	베이스라인 시나리오에 드라이(dry)가금류, 미성숙돼지 및 어린 암소 농장경영 추가	인 함유량에 기초한 분뇨사용
옵션 2-시나리오 2/3*	300AU~1,000AU 규모의 AFO들 가운데 CAFO를 식별하는 새로운 NPDES조건, 여기에 드라이(dry)가금류, 미성숙 돼지 및 어린 암소 농장경영 추가	인 함유량에 기초한 분뇨사용
옵션 2-시나리오 4a**	CAFO는 500AU 이상의 모든 AFO와 드라이(dry)가금류, 미성숙 돼지 및 어린 암소 농장경영 추가	인 함유량에 기초한 분뇨사용
옵션 2-시나리오 4b	CAFO는 300AU 이상의 모든 AFO와 드라이(dry)가금류, 미성숙 돼지 및 어린 암소 농장경영 추가	인 함유량에 기초한 분뇨사용

* EPA가 제안한 시나리오(사회적 비용 검토 시의 계층 3의 구조)
** EPA가 제안한 시나리오(사회적 비용 검토 시의 계층 2의 구조)

하는 가치에 따라 평가된다. EPA는 베이스라인 상태에서 수자원이 제공하는 사용(use) 및 비사용(non-use)편익들을 고려하고, 다음에 이들 편익들을 각 규제개정 시 나리오들에 따라 실현되는 증가된 편익들과 비교함으로써 특징화하였다. 한편 지하수와 지표수 자원들(강, 호수, 내포, 대양 등 포함)은 실질적인 사용과 잠재적인 사용(potential uses)을 통하여 인간과 다른 생물들에게 광범위한 편익들을 제공한다. 잠재적 사용은 물을 산업, 농업 또는 음료수로 소비하거나 전화하는 것을 포함하고, 또한 수영, 낚시, 및 취미로 즐기는 것과 같은 일련의 적극적 수동적인 장소적 활용들을 포함한다.

③ 분석된 세부적 편익

규제 시나리오들의 경제적 편익들을 추정하기 위하여 EPA는 AFO오염의 감소 결과로 예상되는 환경의 질의 변화를 다음과 같은 네 개의 서로 분리된 분석을 통하여 수행하였다.

· **수질의 향상과 레크리에이션 활동의 적합성 증가**: 이 분석은 레크리에이션 목적의 낚시와 수영 기회를 증가시킬 수 있는 육지 내의 지표수의 수질향상의 경제적 가치를 추정한다.
· **물고기 폐사(fish dill)사고의 감소**: 이 분석은 AFO와 관련된 오염물질이 원인이 되어 폐사되는 물고기 수의 감소 가능성에 대한 경제적 가치를 평가한다.
· **상업적 갑각류 어획량의 증가**: 이 분석은 AFO로부터 유래된 오염이 갑각류가 서식하는 물에 도달하는데 따른 임팩트를 특성화하고, 이 오염을 더 잘 통제함으로써 오게 되는 상업적 갑각류 수확량을 증대시킬 가능성에 대한 경제적 가치를 평가한다.
· **개인 우물(well)의 오염 감소**: 이 분석은 지하수질에 대한 개정된 규제의 임팩트를 검토하고, 개인의 우물에 물을 공급하는 대수층(aquifer)의 예상되는 질적 향상의 가치를 평가한다.

④ 편익들의 측정과 가치평가의 접근방법

EPA가 개정된 CAFO 규제로 예상되는 편익들을 측정하고 가치를 평가한 접근방법들을 요약하면 [표 13-7]과 같다.

[표 13-7] 규제편익들을 추정하기 위하여 사용한 접근방법들의 요약

편익의 카테고리	인간의 사용	측정의 접근방법	가치평가 접근방법
레크리에이션 활동들을 위하여 수질과 적합성을 향상	지표수자원과 관련된 레크리에이션 낚시, 수영 및 비사용(non-use) 편익들	CAFO와 관련된 오염물질의 퇴적량의 변화에 기초하여 수질의 가능한 변화들을 모형화함	레크리에이션을 지원할 수질에 대한 지불 의사 (WTP)를 평가하는 진술된 선호접근방법
물고기 폐사사건의 감소	레크리에이션 낚시, 주변하천사용, 비사용(non-use) 편익들	영양물 퇴적의 감소를 추정함으로써 물고기 폐사사건의 빈도 변화를 추정	물고기 대체비용을 토대로 회피된 손상(damage)추정
향상된 상업적 갑각류 고기잡이	상업적 갑각류 고기잡이	배설물의 대장균 집중도의 변화를 모형화한데 기초하여, 갑각류가 서식하는 물에 접근가능성증가를 추정하고, 이에 따라 연간 갑각류어획증가를 추정함	증가된 소비자잉여에 대한 시장 추정 (market estimate)
개인우물의 오염의 감소	마시는 물	CAFO와 관련된 오염물질들의 변화 추정에 기초하여, 개인 우물 수질의 가능한 변화를 모형화함	개인우물로부터 수집한 물에 포함된 질산염의 집중도를 감소시키기 위하여 지불하고자 하는 의사(WTP)를 평가하는 진술된 선호접근방법

⑤ CAFO 개정 규제대안들의 연도별화된 편익들의 추정

CAFO 개정 규제대안들의 연도별화된 편익(annualized benefits)들은 편익의 카테고리별로 [표 13-7]에 제시된 편익측정의 접근방법과 가치평가의 접근방법들을 사용하여 추정되었으며, 연도별화에 적용된 할인율은 3%, 5% 및 7% 세 가지였다.

[표 13-8] 개정된 CAFO 규제대안들의 연도별화된 편익들의 추정

(단위: 100만 달러, 1999$)

규제시나리오	레크리에이션 및 비사용 편익들	물고기 폐사의 감소	갑각류 어획증가	개인우물 오염감소	합 계
옵션 1/시나리오 1	4.9	0.1-0.2	0.1-1.8	33.3-49.0	38.4-55.9
옵션 1/시나리오 2/3	6.3	0.1-0.3	0.2-2.4	33.3-49.1	39.9-58.0
옵션 1/시나리오 4a	5.5	0.1-0.3	0.2-2.2	35.5-52.2	41.2-60.2
옵션 1/시나리오 4b	7.2	0.1-0.3	0.2-2.6	35.4-52.2	43.0-62.3
옵션 2/시나리오 1	87.6	0.2-0.3	0.2-2.1	35.4-52.1	123.3-142.1
옵션 2/시나리오 2/3*	127.1	0.2-0.4	0.2-2.7	35.4-52.1	163.0-182.3
옵션 2/시나리오 4a*	108.5	0.2-0.4	0.2-2.4	36.6-53.9	145.5-165.1
옵션 2/시나리오 4b	145.0	0.2-0.4	0.2-3.0	36.6-53.9	182.1-202.2

* EPA에 의하여 제안된 시나리오

따라서 각 카테고리별 편익들은 각 옵션 및 시나리오별로 확정된 값이 아니라 어떤 범위(range)로 추정되어 제시되었다. EPA가 분석하여 제시한 각 규제대안들의 연도별화(annualized)된 편익들의 범위는 [표 13-8]에 요약한 것과 같다.

⑥ 제안된 CAFO 규제대안들의 편익과 비용

EPA가 제안한 CAFO 규제대안은 2계층구조(옵션 2, 시나리오 4a) 및 3계층구조(옵션 2, 시나리오 2/3) 등이다. 이들 제안된 CAFO 규제대안들의 연간 사회적 비용은 이미 [표 13-5]에서 요약되었고, 연간 편익가치들은 [표 13-8]에 요약되었다. 이

[표 13-9] 총 연간 사회비용 및 금전가치화된 편익

(단위: 100백만 달러, 1999$)

총사회적 비용	2계층구조 (옵션 2, 시나리오 4a)	3계층구조 (옵션 2, 시나리오 2/3)
산업계 순응비용	830.7	930.4
NPDES 허가비용	6.2	7.7
원거리CAFO분뇨수령자	9.6	11.3
총사회적 비용	846.5	949.4
금전가치화된 편익		
지표수의 질적향상	108.5	127.1
갑각류 서식처 폐쇄감소	0.2-2.4	0.2-2.7
물고기 폐사감소	0.2-0.4	0.2-0.4
개인우물의 수질향상	36.6-53.9	35.4-52.1
총금전가치화된 편익	145.5-165.1	163.0-182.3

들 연간 사회적 비용들과 편익들을 하나의 표로 요약하면 [표 13-9]와 같다.

옵션 2, 시나리오 4a(2계층구조)대안의 총사회적 비용은 846.5백만 달러($)인데 비해서 금전가치로 측정한 편익은 145.5백만 달러~165.1백만 달러였다. 한편 옵션 2, 시나리오 2/3(3계층구조)대안의 연간 사회적 비용은 949.4백만 달러로 추정되었으며, 금전가치화된 연간 편익은 최저 163.0백만 달러에서 최고 182.3백만 달러로 추정되었다. EPA의 규제영향분석은 의사결정을 위해서 각 대안별, CAFO산업분야별(예컨대, 소, 젖소, 돼지, 모든 가금류 등)로 비용효과분석을 수행하고 부록으로 첨부하였다.

EPA는 또한 민감도분석을 실시하여 부록으로 첨부하였다. 아울러 규제유연성 분석(regulatory flexibility analysis)을 수행하였다. EPA는 또한 강화된 규제가 산업에 미치는 경제적 임팩트를 분석하여 제시하였다. 이 제안된 CAFO 규제대안들은 이상의 여러 분석결과들을 모두 포함하여 연방등록부에 등재되었고 일반인들에게 공람되었으며, 전문가, 이해관계 당사자, OMB 등의 리뷰를 거쳐 최종 CAFO 규제대안으로 발전되었다.

요 약

1. 고품질의 규제는 한 국가의 경제·사회 발전에 큰 영향을 미치기 때문에 고품질 규제의 발전은 매우 중요하다. 고품질의 규제의 발전은 규제의 개발과정에서 투명하고 과학적인 규제영향분석방법을 사용함으로써 가능하기 때문에 고품질 규제영향분석이 절실히 요구된다.

2. 규제영향분석을 활용함으로써 정부의 규제액션이 현실세계에 미치는 임팩트에 대한 이해를 증진시킬 수 있고, 복수의 정책목표들을 통합할 수 있으며, 투명성과 자문효과를 높일 수 있고, 정부의 책무성을 증진시킬 수 있다.

3. 규제영향분석 프로그램의 성공적인 운영에 필요한 핵심적인 요소는 ① 정부의 최고수준의 정책결정자들의 지원에 대한 약속, ② 규제영향분석 프로그램 요소들에 관한 책임의 치밀한 배정, ③ 규제자들에 대한 훈련, ④ 일관적이면서도 신축적인 분석방법의 사용, ⑤ 자료수집전략의 발전과 집행, ⑥ 규제영향분석 노력의 목표화, ⑦ 가능한 한 조기에 규제영향분석과 정책결정과정의 통합, ⑧ 분석결과에 대한 원활한 의사소통, ⑨ 규제영향분석과정에 대한 일반 국민들의 광범위한 참여, ⑩ 신설규제뿐만 아니라 기존규제들의 강화에까지도 규제영향분석의 적용 등이다.

4. 우리나라의 규제영향분석 대상은 신설규제뿐만 아니라 기존규제의 강화가 모두 포함되고 있다. 규제영향분석을 하는 경우에는 다음 사항들을 종합적으로 고려하여야 하며, 규제영향분석을 완료한 후에는 그 내용들을 규제영향분석서에 포함시키도록 하고 있다. ① 규제의 신설 또는 강화의 필요성, ② 규제목적의 실현가능성, ③ 규제의 대체수단의 존재 및 기존규제와의 중복여부, ④ 규제의 시행에 따라 규제를 받는 집단 및 국민이 부담하여야 할 비용과 편익의 비교분석, ⑤ 경쟁 제한적 요소의 포함여부, ⑥ 규제내용의 객관성과 명료성, ⑦ 규제의 신설 또는 강화에 따른 행정기구·인력 및 예산의 소요, ⑧ 관련 민원사무의 구비서류·처리절차 등의 적정여부 등이다.

5. 규제영향분석을 효율적으로 수행하기 위해서는 모든 행정기관들은 규제영
   향분석 절차에 관한 내부규정을 마련하여 운영하여야 한다. 미국 EPA의
   규제액션발전과정에 대한 규정은 이러한 내부규정을 위한 하나의 좋은 벤
   치마킹 사례이다.

6. 분석 청사진은 측정한 액션의 발전을 지원할 자료들을 수집하고 분석하기
   위한 작업집단의 계획 등 연구 아젠다를 기술해 놓은 하나의 문서이다. 분
   석 청사진은 어떻게 필요한 정보들을 수집하고, 동료들의 리뷰를 실시하며,
   특정한 예산과 시간의 제약 속에서 액션을 만드는 작업을 할 것인가를 기
   술한다. 분석 청사진은 또한 규제제정기관이 가능한 광범위한 규제(및 비
   규제)전략들을 고려할 기회들을 확대하는 데 기여한다. 분석 청사진은 귀
   중한 정보, 전문성 및 관점들을 범부서적으로 공유하도록 촉진시키며, 구조
   화된 작업집단 절차와 작성된 문서들을 통하여 핵심적인 문제들에 대하여
   조기에 합의할 수 있도록 조장하고, 필요한 자료와 분석 니즈들(needs)에
   대한 계획을 세우는 데 작업집단을 가이드함으로써 액션을 향상시키는 것
   이 주요 목적이다.

7. 규제의 신설 또는 강화의 효과들(effects)은 미래의 일정 시점에서 무규제
   또는 규제강화가 없는 경우의 산출결과 상태, 즉 베이스라인과 규제의 신
   설 또는 강화한 경우의 산출결과 상태 간의 차이이다. 규제의 신설 또는
   강화에 따른 사회적 편익은 이 효과들을 금전적 가치로 평가한 것(valuing)
   이다.

8. 규제의 효과를 추정하기 위해서는 먼저 분석의 기초가 되는 베이스라인을
   구체화하여야 한다. 베이스라인을 구체화하기 위해서는 다음과 같은 베이
   스라인을 구체화하기 위한 가이딩 원칙들(guiding principles)을 따르면 도
   움이 된다. ① 분석이 표명하고 있는 분석문제를 명료하게 기술한다. ② 불
   확실한 베이스라인의 모든 조건들과 베이스라인을 구체화하는 데 사용되었
   던 모든 가정들을 분명하게 식별한다. ③ 베이스라인을 사용함에 있어서
   전 분석 과정을 통하여 일관성을 유지한다. ④ 베이스라인을 구체화(base-
   line specification)하기 위해서 적절한 수준의 노력(가용자원의 집중 등)을

결정한다. ⑤ 베이스라인의 "출발점"과 정책시나리오를 분명하게 기술한다. ⑥ 정책의 중요한 효과들(effects), 예컨대 편익과 비용들의 지속기간이 분석 베이스라인의 구조를 지배하도록 한다.

연습문제

13-1 고품질 규제영향분석의 필요성을 논의하여라.

13-2 규제영향분석의 활용목적은 무엇인가?

13-3 규제에 관한 의사결정을 내리는 데에 참고하여야 할 체크리스트들은 무엇인가?

13-4 규제영향분석제도의 중요한 실행전략들에 대하여 설명하여라.

13-5 우리나라 행정규제기본법시행령에서 규정한 규제영향분석실시에 있어서 고려하여야 할 평가요소들을 설명하여라.

13-6 미국 EPA의 규제액션발전과정에서 분석 청사진은 무엇이며, 어떠한 목적으로 활용되는가?

13-7 미국 EPA의 내적 절차의 특징과 영향에 대해서 논의하여라.

13-8 규제영향분석에서 베이스라인의 활용목적과 베이스라인 설정의 가이딩 원칙에 대하여 논의하여라.

13-9 미국 EPA의 CAFO 사례에 나타난 자료수집시스템의 중요성과 편익추정에 있어서 선행연구의 존재의 중요성에 대해서 토의하여라.

제14장

인과분석과 영향평가

　정책영향평가는 정책을 원인으로 보고 그것이 미치는 영향을 결과로 본 다음 그 결과를 추정하여 정책대안들을 비교함으로써 최선의 대안을 식별할 수 있도록 해 주는 정책분석기법이다. 이미 정책분석기법의 유형에 대한 개관을 통하여 설명한 바와 같이 정책영향평가는 하나의 정책이 미치는 경제적·사회적·심리적·제도적 및 환경적 측면들 가운데 어디에 더 중점을 두느냐 하는 데 따라 경제적 영향평가, 사회적 영향평가, 심리적 영향평가, 제도적 영향평가 및 환경 영향평가 등으로 나누어 볼 수 있다.

　정책영향평가는 정책을 원인으로 보고 그 영향을 결과로 보기 때문에 그러한 분석을 효과적으로 수행하기 위해서는 인과관계에 대한 이해와 아울러 인과에 대한 지식과 분석능력이 필요하게 된다. 인과관계에 대한 지식과 인과적 분석은 또한 정책문제에 대한 원인을 규명하여 문제에 대한 올바른 정의를 내리고 해결대안을 탐색·개발하기 위해서도 필요하게 된다.

　이 장에서는 정책문제에 대한 원인을 규명하는 데 필수적으로 요구되는 인과관계의 개념과 인과분석의 방법들에 대하여 살펴본 다음, 이러한 인과관계에 대한 이해를 토대로 정책영향평가의 기초적 이론과 방법들에 대하여 살펴보고자 한다.

제 1 절   인과관계

1. 인과관계의 의의

문제가 되고 있는 상황을 올바로 진단하여 문제를 이해하고 관련 변수들을 식별함으로써 해결방안들을 탐색·개발하기 위해서는 무엇보다도 먼저 문제의 원인을 정확하게 밝혀 내지 않으면 안 된다. 이것이 정책분석에서 인과관계를 연구해야 할 가장 중요한 이유 중의 하나이다. 뿐만 아니라 어떤 정책대안을 집행하는 경우 이것이 정책집행대상 집단이나 환경에 어떠한 영향을 미칠 것인가 하는 것을 올바로 추정하기 위해서는 이러한 효과의 추정을 위한 가설적인 인과모형을 작성하여 이용하여야 할 필요가 있는데 이것도 또한 인과관계를 연구해야 할 중요한 이유 중의 하나가 된다.

그러면 인과관계의 분석에서 말하는 원인의 개념은 무엇인가? Bunge에 의하면 과학자들이 사용하는 원인이라는 말의 가장 핵심적인 요소는 '창출하는 것'(producting)이라는 아이디어이며, 이 말은 기본적으로 '일으키는 것'(forcing)이라는 개념과 유사하다(Bunge, 1959: 46-48). 즉 만일 변수 X가 변수 Y의 하나의 원인이라고 한다면, X의 변화가 Y의 변화를 가져왔다고 마음 속으로 생각하는 것이지, 단순히 X의 변화가 있은 다음에 Y의 변화가 있었다거나 또는 X의 변화가 Y의 변화와 관련이 있다고 생각하는 것은 아니라는 것이다(Blalock, Jr., 1964: 9).

실제의 정책분석이나 평가과정에서 이러한 인과의 개념을 그대로 적용하기는 매우 어렵다. 그 이유는 자연과학의 실험에 있어서와는 달리 정책집행의 경우에는 개방된 시스템을 대상으로 하고 있기 때문이다. 다시 말하면 자연과학 실험에서는 어떤 실험관 내의 외부와 차단된 폐쇄된 상태에서 변수와 변수가 어떤 작용을 하여 어떤 반응을 나타내는가 하는 것을 관찰할 수 있으나 사회과학, 특히 정책집행의 경우에는 정책집행의 대상이 되는 사람들이 외부와 끊임없이 상호 작용을 해 나가는 개방된 상황하에서 정책을 집행하게 된다.

이와 같이 정책이 개방된 시스템을 대상으로 집행되기 때문에 정책을 집행하는 과정에서 집행대상에게 미치는 영향은 정책에 국한되지 않고 정책 이외에 다른 여러 가지 요인들도 동시에 영향을 미치게 되는 것이다. 따라서 정책집행대상 집단에 어떤 영향이 일어났다고 할지라도 이것이 정책에 의하여 일어난 변화인지 아니면 정책 이외에 작용한 다른 요인들의 영향에 의하여 일어난 것인지 구분하기가 용이하지 않다.

뿐만 아니라 정책집행대상에는 정책 이외에도 다른 여러 가지 복수적인 요인들이 동시에 영향을 미친다. 그렇기 때문에 대상집단에 나타날 정책의 효과는 어떤 때에는 서로 상쇄되어 그 효과가 없는 것으로 나타나는 경우가 있는가 하면, 어떤 경우에는 상승작용에 의하여 그 효과가 실제 이상으로 증폭되어 나타나게 되는 경우도 있다. 그러므로 그 효과는 확률적으로 나타나게 된다.

자연과학의 실험과는 달리 정책집행의 경우에 나타날 정책효과가 위에서 기술한 바와 같은 특성들을 가지고 있기 때문에 독립변수 X와 종속변수 Y 간에 어떤 인과관계가 존재한다고 주장하기 위해서는 다음과 같은 세 가지 조건들이 만족되어야 한다(Simon, 1954: 457-479; Campbell and Stanley, 1963).

첫째, X가 시간적으로 Y보다 선행하거나 또는 X에 나타난 추정된 원인의 변화가 시간적으로 Y에 나타난 추정된 효과의 변화를 선행하여야 하다.

둘째, X와 Y는 같은 방향 또는 서로 다른 방향으로 함께 변화하여야 한다. 어느 정도의 공동변화나 상관관계를 실질적인 공동변화(substantial covariation)가 있는 것으로 보느냐 하는 것은 실제로 인과관계가 있는데도 이것을 없다고 잘못된 결론을 내리거나 또는 실제적인 인과관계가 없는데도 이것을 있는 것으로 잘못된 결론을 내리는 데 따라 지불하여야 할 상대적인 비용에 의하여 결정된다.

셋째, 제3의 변수 Z를 일정하게 유지하면 X와 Y 간의 관계가 없어지거나 공동변화가 현저히 줄어드는 제3의 변수 Z가 존재하지 않아야 한다. 이 때 공동변화가 얼마나 줄어들 때 이것을 현저히 줄어들었다고 보느냐 하는 것은 위의 두 번째 조건의 실질적인 공동변화의 '실질적'이라는 용어에 대한 판단 기준과 같은 기준에 의하여 판단된다. 그리고 제3의 변수 Z가 여러 개가 있다고 생각될 때 이들 제3의 변수를 몇 개까지 찾아내어야 하느냐 하는 것은 추가적인 제3의 변수들을 찾아냄으로써 얻을 수 있는 이익과 이들 추가적인 제3의 변수들을 찾아내기 위한 연구나 노력에 투입되는 비용에 따라 결정되게 된다. 즉 추가적인 제3의 변수를 찾아냄으로써 오는 이익이 이러한 추가적인 제3의 변수를 찾는 데 투입되는 비용보다 클 때까지는 제3의 변수를 찾는 연구와 노력을 계속하여야 한다.

2. 제3의 변수의 공동영향에 의한 허위의 인과관계

독립변수 X와 종속변수 Y 간에 어떤 인과관계가 존재한다고 말하기 위해서는 X가 Y보다 시간적으로 선행하고, X와 Y가 동시에 같은 방향으로 변화하여야 하며, 제3의 변수를 일정하게 유지시킬 때에도 X와 Y 간의 공동변화가 없어지거나 현저히 줄어들지 않아야 한다는 세 가지 기본적인 조건들을 만족시켜야 한다는 것은 이미 전항에서 설명한 바와 같다. 그런데 이들 세 가지 조건들 가운데 첫 번째와 두 번째 조건들은 자료의 관찰이나 단순한 분석에 의하여 비교적 용이하게 확인할 수 있으나 세 번째 조건을 확인하기 위해서는 좀더 구체적인 분석이 필요하다. 그리고 이러한 분석을 위하여 먼저 이해하여야 할 개념이 제3의 변수에 의한 공동영향(coeffects)과 매개변수에 의한 인과관계의 개념이다. 제3의 변수에 의한 공동영향과 매개변수에 의한 인과관계의 개념을 더 잘 이해하기 위해서는 허위의 인과관계에 대한 개념이 먼저 명료하게 밝혀져야 한다. 허위의 인과관계란 제3의 변수나 매개변수를 고려하면 투입변수와 산출변수 간에 관찰되던 관계가 거의 사라져버리거나 또는 현저히 줄어들게 되는 관계이다.[1]

투입변수(예측을 위하여 사용되는 변수)를 X라 하고, 산출변수(그 변화를 알아보고자 하는 변수)를 Y라 하며, 제3의 변수 또는 매개변수를 Z라 하면, Z변수의 공동영향에 의한 허위의 인과관계나 매개변수에 의한 인과관계들은 다음 [그림 14-1]과 같이 관찰되게 된다.

[그림 14-1]의 (가)에서 만일 Z가 증가할 때 X도 증가하고 Y도 증가한다면(즉 Z와 X 및 Z와 Y가 모두 양의 관계를 갖는다면), X와 Y 간에는 직접적인 인과관계가 없는 경우에도 X가 증가하면 Y도 증가하는 것 같이 관찰되어 X와 Y 간에는 인과관계가 있는 것같이 보인다. 만일 Z가 증가할 때 X는 증가하나 Y는 감소한다면, X와 Y 간에는 직접적인 인과관계가 없는 경우에도 X가 증가하면 Y는 감소하는 것 같이 관찰된다. 만일 Z가 증가할 때 X와 Y가 모두 감소한다면, X와 Y 간에는 직접적인 인과관계가 없는 경우에도 X가 증가하면 Y도 증가하는 것같이 관찰된다.

---

1) Nagel과 Neef는 이러한 관계를 비인과관계(noncausal relation)라고 부르고 있으나 이 개념은 처음부터 인과관계가 없는 변수간의 관계까지도 포함하는 개념이므로 허위의 인과관계라고 부르는 것이 더 정확한 표현일 것이다(Nagel and Neef, 1979: 70-76).

[그림 14-1] 제 3 의 변수의 공동영향과 매개변수에 의한 인과관계*

(가) 공동영향에 의한 인과관계

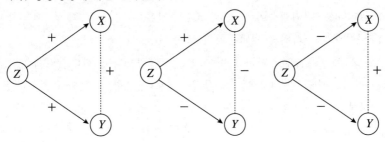

(나) 매개변수에 의한 인과관계

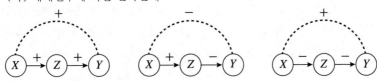

* 기호
  X: 투입변수, Y: 산출변수
  Z: X와 Y의 관계를 설명한다고 생각되는 제3의 변수
  → : 영향의 방향
  …… : 두 변수들 간의 관찰되는 관계로서 인과관계가 아닌 것

위에서 살펴본 세 가지 경우에는 모두 X와 Y의 관계만을 관찰한다면 마치 인과관계가 있는 것같이 관찰되나 이들 두 변수에 모두 영향을 미치고 있는 제 3 의 변수인 Z를 일정하게 유지한다면 X와 Y 간의 관계는 전혀 없거나 그 관계가 유의미하지 않는 것으로 나타나게 된다. 이 때 이들 X와 Y 간의 관계를 허위의 인과관계라 하고, 제 3 의 변수 Z를 허위변수라고 한다. X와 Y 간에 인과관계가 있는 것같이 보이도록 하는 허위변수는 두 개 또는 그 이상도 있을 수도 있다.

그러면 위의 설명 가운데 Z를 일정하게 유지한다는 것은 무엇을 의미하며, 실제 자료의 분석에서는 이것을 어떻게 구체적으로 적용할 수 있는가?

X와 Y가 연속된 변수이고, Z 또한 연속된 변수라고 한다면 X와 Y 간의 관계는 X를 독립변수, Y를 종속변수로 하는 회귀분석의 회귀계수에 의하여 측정된다. 이 때 X와 Y 간의 관계는 표준화된 점수(score)에 의하여 구해진다. 만일 회귀계수를 b_{YX}라고 한다면 표준화된 단순회귀직선에서 $b_{YX}=r_{YX}$가 된다. 그러므로 b_{YX}의 값

이 클수록 X와 Y 간의 관계는 높은 것이다. 한편 $b_{YX \cdot Z}$는 독립변수를 X, Z 종속변수를 Y로 하는 표준화된 회귀방정식에서 Z를 일정하게 유지한 경우의 X와 Y 간의 관계를 나타내는 회귀계수이다. 만일 b_{YX}의 값은 크나 $b_{YX \cdot Z}$의 값은 작다고 한다면 X와 Y간의 관계는 허위의 인과관계라고 할 수 있다.

만일 X, Y, Z가 연속변수가 아니고 불연속변수라고 한다면 Z를 큰 값과 작은 값 또는 큰 값, 중간 값 및 작은 값 등 몇 개로 구분한다. 편의상 Z를 작은 값과 큰 값으로 구분하고, $-Z$를 Z가 작은 값들을 갖는 것을 나타내고, $+Z$를 Z가 큰 값들을 갖는 것을 나타낸다고 한다면 b_{YX}의 값은 높았으나 $b_{YX \cdot -Z}$와 $b_{YX \cdot +Z}$의 값들은 모두 낮다고 한다면 X와 Y의 관계는 허위의 인과관계인 것을 나타내는 것이다.

이러한 세 변수간의 관계는 [그림 14-1]의 (나)에 나타난 매개변수의 경우에도 그대로 적용된다. 다만 이들 세 변수들 간의 관계를 제3의 변수의 공동영향모형에 의하여 분석할 것이냐, 아니면 매개변수모형에 의하여 분석할 것이냐 하는 것은 세 변수들간의 작용에 대한 시간적 순서에 따라 결정하여야 한다.

예 14-1 다음 예는 미국 여러 주의 주정부의 대법원에서 공사현장의 안전사고에 의하여 근로자들이 부상을 당한 경우 대법원 판사들이 고용주에게 유리한 판결을 내렸는지, 피고용인에게 유리한 판결을 내렸는지를 62명의 판사들의 판례를 조사한 결과를 요약한 것이다(Nagel and Neef, 1979: 73-74). 미국의 경우에는 판사들도 당적을 가질 수 있다.

[표 14-1]의 (가)에서 보면 안전사고에 의한 상해사건에 대해서 공화당적을 가진 판사들 가운데 65%는 고용주에게 유리한 판결을 내린 반면에, 민주당적을 가진 판사들 가운데 68%는 피고용인들에게 유리한 판결을 내린 것을 알 수 있다. 이러한 자료만 본다면 공화당적을 가진 판사들은 친고용주적 성향의 판결을, 그리고 민주당적을 가진 판사들은 친피고용인적 성향의 판결을 내리는 경향을 가진 것으로 판단할 수 있다.

이번에는 보수적 및 진보적 성향을 가진 판사들의 성향과 정당선택 간의 관계를 보면, (나)에서 보는 바와 같이 보수적 성향을 가진 판사들 가운데 75%가 공화당적을 가지고 있고, 진보적 성향을 가진 판사들 가운데 67%가 민주당적을 가지고 있어 판사들의 성향이 정당선택에 큰 영향을 미치고 있음을 알 수 있다. 또한 판사들의 성향과 안전사고에 의한 상해사건에 대한 판결의 경향을 보면 보수적 성향을 가진 판사들 가운데 72%는 고용주에게 유리한 판결을 내린 반면에, 진보적 성향을 가진 판사들 가운데 73%는 피고용인들에게 유리한 판결을 내렸다는 사실을 알 수 있다. 즉 판사

들의 성향은 판사들의 정당선택에도 큰 영향을 미쳤을 뿐만 아니라 그들의 안전사고
에 의한 상해사건의 판결에도 큰 영향을 미쳤음을 알 수 있다.

판사들의 성향을 제3의 변수 Z라고 가정하고 이것을 일정하게 유지했을 때 판사들
의 당적이 안전사고에 의한 상해사건의 판결에 어떠한 영향을 미치고 있는가를 검토
해 보면, [표 14-1]의 (가)에 나타난 두 변수들 간의 관계가 인과관계인지 여부를 체
크해 볼 수 있다. [표 14-1]의 (다)는 이러한 검토 결과를 나타내 주고 있다.

[표 14-1]의 (다)에서 볼 때 보수적 성향을 가진 32명의 판사들 가운데 공화당적
을 가진 판사들의 25%가 피고용인들에게 유리한 판결을 내린 반면에, 민주당적을 가

[표 14-1] 매개변수의 공동영향에 의하여 인과관계를 설명하는 네 개의 셀
(cell)을 가진 표(b_1는 표준화된 회귀계수)

(가) X와 Y 간의 기본적 관계

	공화	민주		
피고용인에게 유리	12 (35%)	19 (68%)	31	$b_1 = +0.33$
고용주에게 유리	22 (65%)	9 (32%)	31	
	34	28	62명의 판사	

(나) Z와 X 및 Z와 Y 간의 관계에 대한 검토

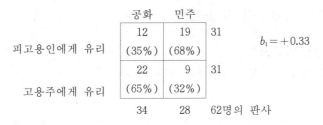

	보수적	진보적		
민주	8 (25%)	20 (67%)	28	$b_2 = +0.42$
공화	24 (75%)	10 (33%)	34	
	32	30	62명의 판사	

	보수적	진보적		
피고용인에게 유리	9 (28%)	22 (73%)	31	$b_3 = +0.45$
고용주에게 유리	23 (72%)	8 (27%)	31	
	32	30	62명의 판사	

(다) Z를 일정하게 유지한 후 X와 Y 간의 관계에 대한 검토

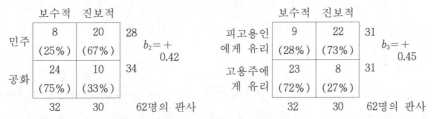

	공화	민주		
피고용인에게 유리	6 (25%)	3 (38%)	9	$b_4 = +0.13$
고용주에게 유리	18 (75%)	5 (62%)	23	
	24	8	32명의 판사	
	모두 보수적 성향의 판사			

	공화	민주		
피고용인에게 유리	6 (60%)	16 (80%)	22	$b_5 = +0.20$
고용주에게 유리	4 (40%)	4 (20%)	8	
	10	20	30명의 판사	
	모두 진보적 성향의 판사			

자료: Nagel and Neef, 1985: 73.

진 판사들의 38%가 피고용인들에게 유리한 판결을 내림으로써 대체적으로 민주당적을 가진 판사들이 피고용인들에게 유리한 판결을 내린다는 경향은 (가)의 경우와 대체로 유사하나 당적에 의한 판결의 차이는 그렇게 크지 않다고 하는 것을 알 수 있다. 또한 모두 진보적 성향을 가진 판사 30명들 가운데 안전사고에 의한 상해사건에 대한 판결 가운데 공화당적을 가진 판사들은 60%가 피고용인들에게 유리한 판결을 내린 반면에, 민주당적을 가진 판사들은 80%가 피고용인들에게 유리한 판결을 내림으로써 이 경우에도 정당의 영향은 (가)의 경우에 비해서 그렇게 크지 않다고 하는 사실을 알 수 있다. 따라서 제3의 변수인 판사들의 성향을 일정하게 유지한다면, 판사들의 당적이 안전사고에 의한 상해사건의 판결에 있어서 피고용인이나 고용주의 어느 쪽에 유리한 판결을 내리도록 하는 데에 그렇게 큰 영향을 미친 것으로 보기 어려울 것이다.

3. 결합원인, 공동원인 및 상호원인

1) 결합원인과 공동원인

결합원인과 공동원인은 인과분석에서 구분되어야 할 중요한 개념들 가운데 하나이다.

X_1과 X_2를 두 개의 투입변수라고 하고 Y를 산출변수라고 한다면, 결합원인(joint causation)의 경우에는 X_1과 Y 및 X_2와 Y 간의 관계는 유의미하지 않으나 X_1과 X_2가 동시에 작용할 때에는 그 관계가 유의미한 경우가 있는데 이러한 경우를 결합원인에 의한 인과관계라 부른다.

한편 X_1도 Y와 유의미한 관계를 가지고 있고, X_2도 Y와 유의미한 관계를 가지고 있으나 X_1과 X_2가 동시에 Y에 영향을 미칠 경우에도 그 영향의 합은 개별적인 영향의 합보다 크지 않고 단순한 합계에 불과할 때 이것을 공동원인(cocausation)에 의한 인과관계라 부른다.

결합원인과 공동원인의 구분은 결합원인의 경우에는 두 개의 투입변수가 동시에 산출변수에 미치는 영향이 개개의 투입변수들이 산출변수에 미치는 영향의 합보다 뚜렷하게 큰 경우이고, 공동원인은 두 개의 투입변수들이 동시에 산출변수에 미치는 영향이 개개의 투입변수들이 개별적으로 산출변수에 미치는 영향의 단순합계에 불과할 경우이다. 다음 [그림 14-2]는 두 개의 투입변수에 의한 변수들 간의 관찰되는 관계를 나타내고 있는데 이들 가운데 (가)의 경우는 결합원인, (나)의 경우

[그림 14-2] 두 개의 투입변수에 의한 영향*

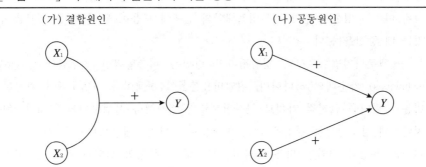

(가) 결합원인   (나) 공동원인

*기호: 화살표 → 는 인과관계를 나타낸다. + 는 양의 관계를 나타내고 있다.
      그러나 이 관계는 예시에 불과하며 음(−)의 관계를 가질 경우도 있다.

는 공동원인에 의한 영향관계를 나타내고 있다.

2) 상호원인

정책분석에서 흔히 관찰되는 관계 가운데 하나는 상호 인과관계(reciprocal causation)이다. 이 상호 인과관계는 첫째 변수가 둘째 변수에 영향을 미치고, 다음에는 둘째 변수가 첫 번째 변수에게 피드백 영향(feedback effect)을 미치는 경우이다. 소득이 높은 가정에서 자녀들의 교육에 많은 투자를 함으로써 자녀들의 소질과 능력을 충분히 개발할 수 있는 기회가 많아지고, 자기의 소질과 능력을 개발한 사람들이 이 다음에 다시 높은 소득을 올릴 수 있는 가능성이 높아지는 것이 이러한 상호원인의 좋은 예이다.

제 2 절   정책영향평가

1. 영향평가의 의의와 영향평가모형 활용의 이점

1) 기본적인 자료분석

인과분석이 정책문제의 원인을 규명하여 정책문제를 올바로 이해하고 문제해결에 필요한 대안의 탐색에 도움이 될 수 있는 정보의 산출에 중점을 둔다면 정책영향평가는 오히려 정책대안을 원인으로 보고 그것의 집행이 정치·경제·사회 및 환경에 미치는 영향을 평가하여 정책대안의 선택에 도움이 될 수 있는 정보를 산출하려는 데 중점을 둔다.

정책분석기법으로서의 영향평가의 방법은 비총합적인 기법들(non-aggregating techniques) 가운데의 하나이며, 편익비용분석이 정책이나 사업수행과 관련된 모든 비용과 편익을 금전적 가치로 환산함으로써 정책이나 사업수행의 경제적 측면만을 지나치게 강조한다는 결점에 대한 반작용으로 발전하게 되었다. 그러므로 영향평가에서는 유형의 편익과 비용은 말할 것도 없고, 무형의 편익과 비용 및 여러 사회부문에 미치는 이들 편익과 비용의 배분의 문제들까지도 아울러 고려하고 있다.

뿐만 아니라 대부분의 다른 정책분석방법들이 분석결과들을 어떤 하나의 값으로 통합하여 제시하려고 하는 데 비해서, 영향평가의 방법은 어떤 정책이나 사업의 수행이 대상집단에 미치리라고 생각하는 다양한 영향들을 체계적으로 추정하고 이들 영향들을 어떤 하나의 값으로 통합하려는 것이 아니라 다양한 영향들을 미리 설정된 기준이나 사회적인 가치들에 비추어 평가하여 이 결과들을 정책대안의 검토에 활용토록 하자는 데 그 활용의 의의가 있다.

2) 영향평가모형 활용의 이점

정부의 정책이 사회에 미치는 사회·경제적 영향은 장기적이고 복합적이며 다양하다. 그러므로 정책결정에 있어서 어느 한 측면의 부분적인 영향이나 단기적인 영향만을 고려하게 되면 정책의 효과를 잘못 추정하는 오류를 범할 가능성이 높아지게 되고, 정책판단이 그릇될 가능성이 증대되게 된다. 그러므로 정책결정이 미치는 사회·경제적인 영향을 장기적인 안목에서 종합적으로 판단하기 위해서는 사회적 영향평가모형을 활용하는 것이 필요하다.

정책결정이 미치는 사회적 영향을 추정평가하기 위하여 사회적 영향평가모형을 활용하면 다음과 같은 이점이 예상된다.

① 사회적 영향평가모형을 활용하게 되면 정책의 결정이 사회에 미치는 영향을 여러 가지 측면에서 체계적으로 검토할 수 있게 된다. 따라서 고려하여야 할 중요한 측면 또는 변수들에 대한 영향평가가 누락되는 것을 방지할 수 있게 된다.

② 정책이 미치는 사회적 영향을 직접영향과 간접영향, 또는 1차적 영향과 2

차적 영향으로 분류함으로써 정책결정의 단기적 결과와 장기적 효과를 파악
할 수 있다.

③ 사회적 영향평가모형을 활용함으로써 정책이 사회·경제의 여러 측면 또는
변수에 미치는 영향들을 그들간의 상호 관련하에 인과론적으로 파악할 수
있게 된다.

④ 정책이 사회에 미치는 영향을 체계적이고 장기적이며, 여러 변수들 간의 상
호 관련하에 파악함으로써 정책의 효과를 종합적으로 파악할 수 있고, 이로
써 정책결정의 오류를 최소화할 수 있다.

2. 정책영향평가의 일반적 절차

영향평가에는 환경영향평가, 경제적 영향평가, 사회 및 심리적 영향평가, 기술
적·법적 및 제도적 영향평가 등 여러 가지 다양한 영향평가가 있기 때문에 영향평
가의 절차를 일률적으로 규정할 수 없으나 일반적으로 널리 받아들여지고 있는 영
향평가의 절차는 정책영향의 식별(impact identification), 영향분석(impact analysis) 및
영향평가(impact evaluation) 등이다(Porter, Rossini, Carpenter and Roper, 1980: 155-211;
Armour, Bowron and Miloff, 1997: 24-34).

1) 영향의 식별

영향의 식별은 영향평가에 있어서 가장 중요한 과정의 하나이다. 실제의 영향
분석과 영향평가는 식별된 영향요소를 중심으로 이루어지기 때문이다.

영향의 식별을 위해서는 올바른 영향식별의 전략과 기법들을 선택하여 사용하
여야 한다. 올바른 식별의 전략과 기법을 사용함으로써 직접적이며 제 1 차적인 영
향뿐 아니라 이러한 제 1 차적 영향에 뒤따르는 제 2 차적 영향들과 기대하지 않았던
영향들까지도 추적해 낼 수 있기 때문이다.

정책영향의 식별에는 어떤 확실한 알고리즘(algorithm)이 있는 것이 아니다. 그
렇기 때문에 영향의 식별을 위해서는 영향평가에 참여하고 있는 사람들의 풍부한
상상력과 경험에 바탕을 둔 통찰력을 체계적으로 활용하는 것이 무엇보다도 중요하
다. 그러나 실제로 영향을 식별하는 전략을 선택하기 위해서는 먼저 ① 환원적 관
점(reductionist perspectives) 대 전체적 관점(holistic perspectives), ② 주사적 접근

(scanning approaches) 대 추적적 접근, ③ 내부사정팀 대 외부 인적 자원의 투입 등 세 가지 차원을 고려하여야 한다.

여기서 환원적 관점이란 정책의 영향을 식별하기 위하여 영향의 영역을 손쉽게 검토할 수 있는 몇 개의 영역으로 세분화해 나가면서 각 영역별로 그 영향들을 식별해 나가려는 접근방법을 말한다. 이에 비해서 전체적 관점이란 영향이 미치는 영역을 하나의 전체로 보고 출발하되 사전에 미리 설정된 구조화된 카테고리가 없이 연구를 진행해 나가는 과정에서 비정식적인 방법으로 자연스럽게 영향의 카테고리가 떠오르도록 하는 접근방법을 말한다.

영향식별의 전략을 선택하는 데 고려하여야 할 두 번째 차원인 주사와 추적의 접근방법들은 또한 영향식별의 기법이기도 하다. 일반적으로 주사기법은 중요한 영향의 식별이 한 단계에서 직접적으로 이루어지는 것을 말하고, 추적기법은 영향영역 내의 여러 가지 요소들간의 구조적인 관계를 설정함으로써 여러 단계에 걸쳐서 영향이 미치는 과정을 통하여 영향을 식별하는 것을 말한다.

영향의 식별에 있어서 고려하여야 할 세 번째 차원인 내부사정팀 대 외부 인적 자원의 투입은 영향을 식별하는 데 순전히 조직의 내부요원들만을 참여시킬 것이냐 또는 외부의 관련된 전문가들에게 전적으로 의뢰하거나 또는 내부 요원들로 이루어진 팀에 부분적으로 외부 전문가들도 참여시킬 것이냐 하는 영향식별팀의 운영방법에 관한 차원이다.

정책의 영향을 식별하는 전략은 위에서 말한 세 가지의 차원을 고려하여 이들 가운데 어떤 한 가지 조합이 선택될 것이나 정책영향을 평가할 필요성을 가진 조직이 이용가능한 인적 및 물적 자원과 식별에 투입할 수 있는 시간 등을 충분히 고려하여야 할 것이다.

영향식별 기법들은 앞에서 살펴본 바와 같이 주사기법에 속하는 것들과 추적기법에 속하는 것들로 대별해 볼 수 있다.

먼저 가장 단순한 주사기법으로는 체크리스트(checklist)를 들 수 있는데 이것은 단순히 가능한 영향들을 나열해 놓은 것이다. 체크리스트는 영향의 평가자들에게 가능한 모든 영향들을 찾아낼 수 있는 지침을 제공하기 위하여 필요한 것이다. 체크리스트는 영향평가자가 그와 유사한 선행연구에서 그 일부를 빌려 올 수도 있고, 브레인스토밍(brainstorming)·델파이(Delphi)기법·패널(panel)·의견조사 등을 통하여 그 요소들을 탐색해 낼 수도 있다.

한편 추적기법으로서 가장 널리 이용되고 있는 것은 관련나무(relevance tree)기법과 인과모형에 의한 식별법 등을 들 수 있다. 관련나무란 어떤 한 세트(set)의 영향요소들을 그들 요소들 간의 관계나 연계에 따라 나무 형태로 나타낸 것이다. 이 관련나무는 처음에는 일반적인 카테고리로부터 시작하여 점차로 구체적인 것으로 가지를 쳐 나가는 형태를 취한다. 어떤 면에서 이 관련나무는 의사결정분석(decision analysis)의 의사결정나무와 매우 유사하며, 또 많은 공통점들도 가지고 있다. 아마도 관련나무와 가장 유사한 것은 조직기구도표라고 할 수 있을 것이다. 조직의 기구도표는 권한의 계서구조로 나타내는 데 비해서 영향의 식별에 이용되고 있는 관련나무는 서로 같은 그룹에 속하는 영향요소들간의 관계를 시간의 흐름에 따라 나타내는 것이라는 데 그 차이가 있다.

한편 인과모형에 의한 정책영향의 식별은 주어진 사회경제적 여건하에서 정책이나 프로그램이 영향을 미쳐 나가리라고 생각되는 과정을 기존의 이론이나 경험을 토대로 가상적 인과관계모형으로 작성하고, 이 인과모형에 포함된 제변수들을 지표화하여 그 영향을 식별하고, 이들 지표들의 변화를 통하여 정책이나 프로그램의 영향을 추정하고자 하는 접근방법이다.[2]

2) 영향분석

영향분석은 앞에서 고찰한 영향의 식별을 영향평가와 연결시켜 줄 뿐만 아니라 이들 영향평가결과를 다루게 될 정책대안의 형성과도 연결시켜 주는 위치를 점하고 있다. 영향분석은 각 영향이 발생될 확률·시기·심각성 및 확산 등에 관한 문제에 답하기 위한 분석이며, 또한 누가 어떻게 영향을 받게 되고, 그들의 반응은 어떠한 것이며, 고차적 영향(higher order impact)은 얼마나 심각할 것인가 하는 것들도 다루게 된다.

일반적으로 모든 영향분석은 명시적으로나 묵시적으로 모형을 사용하여 이루어진다. 영향분석에는 여러 가지 모형들이 이용가능하지만 가장 널리 이용되고 있는 것들로는 교차영향분석(cross-impact analysis), 시뮬레이션(simulation)모형, 사회적 생산함수모형 등을 들 수 있다.

교차영향분석은 1960년대에 Gordon과 Helmer에 의하여 개발된 '미래'라는 시뮬

---

[2] 인과모형에 의하여 정책이나 프로그램 영향을 식별하고 추정하려는 시도에 대해서는(Olson and Merwin, 1977: 43-63) 참조.

레이션 게임(simulation game)에서 유래된 것이다. 여기서 '교차영향'이란 용어는 ①
영향들이 상호 작용함으로써 더 고차적인 영향들을 창출하고, ② 어떤 사건들의 발
생이 다른 사건들의 발생 가능성에 영향을 미치는 방법들을 다루는 일련의 분석적 기
법들을 나타내기 위하여 사용되고 있다. 이들 가운데 전자는 계속적인 영향×영향 매
트릭스를 통하여 영향의 체인을 추적하는 기법이고, 후자는 사건×사건 매트릭스를
통하여 계속적인 사건발생의 경로를 추적연구하는 기법으로서 교차사건분석 또는 교
차충격매트릭스 방법이라고도 부른다(Coats, 1976: 139-190; Gordon, 1969: 527-531).[3]
 이러한 영향분석의 틀은 하나의 사건이 일어났다고 가정하는 경우, 다른 사건의
변화의 가능성을 질적으로나 계량적인 방법으로 탐색해 나가는 과정에서 이용된다.
    영향분석은 일반적으로 두 단계를 거쳐 이루어지게 된다. 첫째 단계는 교차영
향 매트릭스를 만드는 단계이고, 둘째 단계는 상호 간에 일관성 있는 사건확률의
세트(set)를 수정하고 조정하기 위하여 앞에서 설정한 매트릭스를 이용하여 시뮬레
이션을 하는 단계이다.
    시뮬레이션 모형들은 시간에 따라 변화하는 시스템의 행태를 동태적으로 나타
내기 위하여 사용된다. 시뮬레이션 모형은 다시 확률을 사용하지 않는 결정론적 모
형과 확률을 사용하는 확률론적 모형으로 구분되는데, 대표적인 교차영향 시뮬레이
션(cross impact simulation model)의 하나인 KSIM모형은 주어진 상황하에서 시스템의
행태가 고정된 것으로 가정하고 만들어진 것이다(Kane, 1972: 129-142). 이에 비해서
시스템 동태모형과 같은 확률적 모형은 어떤 주어진 상황하에서 여러 가지의 시스
템의 반응이 가능할 뿐 아니라 실제의 시스템 행태는 이들 가능한 여러 가지 반응
가운데에서 확률적으로 결정된다고 가정하고 작성된 것이다(Gordon and Stover,
1976: 191-211).
    실제 영향의 추정에 이용되는 시뮬레이션 모형으로서는 물리적 모형, 계획모형,
시스템 동태모형(system dynamics) 및 기타 Monte Carlo 방법 등을 이용한 확률적 모
형작성 접근방법들을 들 수 있다.
    한편 사회적 생산함수모형은 경제, 정치와 복지, 환경, 보건과 교육 및 사회 등
각 부문을 Cobb-Douglas 생산함수모형과 같은 형태로 작성한 다음,[4] 위의 부문을

---

3) 교차충격매트릭스에 대해서는 제6장 제2절 참조.
4) 사회적 생산함수모형을 시도한 Liu는 이것을 "The Quality of Life Model"이라 부르고 있는데
   그 형태는 다음과 같다.

나타낼 수 있는 지표들을 선정하여 정책이나 프로그램의 집행으로 오는 그들 각 부
문을 나타내는 지표의 변화나 각 부문별 비중의 변화를 추정함으로써 정책이나 프
로그램의 영향을 설정하고자 하는 접근방법이다.

3) 영향평가

평가란 가치를 부여하는 과정이다. 그러므로 영향평가란 영향분석에 의하여 설
정된 영향 그 자체에 가치를 부여하는 과정이라 할 수 있다. 어떤 대상의 가치는
평가자가 익숙한 것과 비교하여 상대적으로 부여되는 것이 일반적이다. 그러므로
평가에는 기준과 측정값이라는 두 가지의 요소가 필요하게 된다. 여기서 기준이란
평가자나 그들의 판단을 반영시키고자 노력하는 이해관계 당사자들이 가지고 있는
가치를 반영하는 것이고, 측정값은 이 기준이 들어 맞는 정도를 반영하는 것이다.

영향의 평가에 적용될 가치의 선택은 일반적으로 평가팀을 구성할 때 누구를
그 평가팀의 구성원으로 선택하느냐 하는 데 따라 결정된다고 보아야 할 것이다.
그러나 때로는 평가에 참여하는 사람들이 가지고 있는 가치가 그 사회의 일반적인
다른 구성원들, 특히 현재 쟁점이 되고 있는 정책문제에 대하여 이해관계를 가지고
있는 이해관계 당사자들의 가치와 다른 경우도 있을 수 있다. 이러한 경우에는 이
해관계 당사자나 그들의 대표자를 평가과정에 참여시키거나 그들의 의견을 개진할
수 있는 기회를 제공함으로써 평가에 사회 전체의 이해관계 당사자들의 가치가 고
르게 반영될 수 있도록 하여야 한다.

평가의 방법과 아울러 평가의 질을 좌우하는 또 하나의 중요요소는 평가기법의
선택이라 할 수 있을 것이다. 바람직한 평가의 기법이 갖추어야 할 중요한 특성으
로서는, ① 이 평가의 기법이 질적인 기준과 계량적인 기준을 모두 다룰 수 있어야
하고, ② 각 대안들의 경제적 측면과 비경제적 측면을 모두 포함하여야 하며, ③ 제
3자가 이해할 수 있도록 선택의 논리와 과정을 나타낼 수 있는 객관적인 틀을 제
공할 수 있어야 하고, ④ 가치가 변화하거나 통찰력이 향상됨에 따라 새로운 목표

$$QOL_0 = A_0[EC_0{}^aPW_0{}^bEN_0{}^cHE_0{}^dSO_0{}^r]e^{\mu_0}$$
$$QOL_1 = A_1[EC_1{}^aPW_1{}^bEN_1{}^cHE_1{}^dSO_1{}^r]e^{\mu_1}$$

여기서 첨자 0는 정책을 집행하기 전의 상태, 1은 정책을 집행한 후의 상태를 나타낸다. 그
리고 EC는 경제부문, PW는 정치와 복지부문, EN은 환경부문, HE는 보건과 교육부문, SO는
사회부문을 나타내며, 모두 QOL의 구성요소들이다. a, b, c, d, r 등은 각 부문의 비중을 나타
내며, 그들의 합은 1이 되어야 한다. e^{μ}는 무작위 오류항을 나타낸다(Liu, 1977: 182-199).

나 기준을 고려할 수 있는 융통성과 점검의 메커니즘을 제공할 수 있어야 한다는 것 등을 들 수 있다. 그러나 실제로 이러한 특성들을 모두 만족시킬 수 있는 바람직한 평가기법을 발견한다는 것은 그리 쉬운 일이 아니다.

영향평가에 널리 이용되는 주요 기법으로서는 차원 없는 척도의 작성(dimensionless scaling), 의사결정분석(decision analysis) 등을 들 수 있다. 이들 가운데 차원 없는 척도의 작성방법은 먼저 영향×활동 매트릭스 및 영향×이해관계집단 매트릭스를 작성한 다음, 이 매트릭스의 각 셀(cell)에 영향의 방향, 영향의 강도 등을 점수화하여 넣는 방법을 말한다. 의사결정분석방법은 관리과학에서 개발된 영향분석의 원리를 그대로 평가에 원용한 것이다.[5] 어떤 평가방법을 사용하든 영향평가의 결과는 그 결과와 아울러 그러한 결과에 도달되도록 한 과정을 모두 나타내어 이것을 모두 정책결정자와 이해관계 당사자들에게 제공하는 것이 바람직하다.

3. 정책분석에 있어서 영향평가의 활용

영향평가와 정책분석 간의 관계에 대해서는 서로 다른 두 가지의 견해가 제시되고 있다. 이들 가운데 첫째 견해는 새로운 기술(technology)이나 새로운 사업(project) 수행의 타당성이나 적합성을 검토하기 위한 영향평가는 그 자체가 하나의 정책분석이라는 견해이다. 이들의 주장에 따르면 영향평가는 그 자체가 일종의 정책분석이기 때문에 영향평가의 결과를 그대로 정책결정과정에서 활용하면 된다는 것이다.

영향평가와 정책분석 간의 관계에 대한 두 번째 견해는 정책분석은 영향평가와는 별개의 과정이며 정책분석은 영향평가의 일부로서 수행되어야 한다는 것이다. 여기서는 이들 가운데 두 번째 견해에 대하여 좀 더 자세히 살펴보기로 한다.

영향평가의 한 부분으로서 정책분석을 수행하기 위해서는 먼저 정책시스템(policy system)이라는 개념을 도입하여야 한다(Kash, 1977: 147-178). 정책시스템은 정책부문(policy sector)이라고 하는 구성요소와 정책커뮤니티(policy community)라고 하는 구성요소의 두 가지 요소로 이루어져 있다.

이들 가운데 정책부문은 특정 사업이나 기술의 평가와 관련하여 이용가능한 일련의 분야별 액션(action)으로 정의되며, 정책커뮤니티는 정책부문의 경계를 정의하

---

5) 의사결정분석에 대해서는 제 7 장 제 1 절 참조.

[그림 14-3] 영향평가와 정책분석

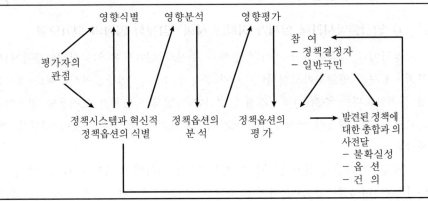

는 행위자나 정책선택의 결과에 대하여 이해관계를 갖는 사람들로 구성되어 있다.

그러므로 영향평가의 일환으로서 수행되는 정책분석은 [그림 14-3]에서 보는 바와 같이 정책시스템과 정책옵션(policy option)의 식별로부터 시작된다. 어떤 새로운 기술이나, 사업의 영향에 대한 지식의 발전과 정책시스템에 대한 지식의 개발은 [그림 14-3]에서 보는 바와 같이 반복적으로 이루어지는 것이다.

정책시스템에 대한 올바른 기술과 이해의 토대 위에서 영향평가자는 통찰력과 경험, 브레인스토밍(brainstorming) 방법 등을 동원하여 혁신적 정책의 옵션을 식별해 낸다. 이 때 이 정책옵션의 리스트는 가능한 한 광범위하고 포괄적인 것이어야 한다. 혁신적인 정책옵션의 식별은 다른 무엇보다도 가장 중요하다(Dror, 1971).

정책옵션에 대한 식별이 끝나면 일반적인 정책분석의 절차에 따라 각 정책대안들의 실행가능성과 능률성을 분석하게 되는데 이러한 분석은 영향분석과의 연계하에 이루어져야 하는 것이다.

정책옵션의 평가과정에는 영향평가에 대한 이해와 정책선택의 적합성 및 실행가능성 등을 높이기 위하여 정책결정자와 이해관계 당사자들을 참여시키는 것이 바람직할 것이다.

우리는 [그림 14-3]에서 새로운 기술이나 사업에 대한 영향평가와 정책분석이 통합되는 과정에 대해서 간략하게 고찰하였는데, 이러한 통합을 통해서 정책결정자와 이해관계 당사자들은 별개의 영향평가와 정책분석의 경우에 있어서 보다 더 분명하게 정책의 영향과 정책옵션을 관련시킬 수 있게 될 것이다.

4. 정책영향평가의 사례[6]

1) 일광절약시간제 실시가 미치는 사회·경제적 영향의 평가모형

정책이나 계획사업이 미치는 영향의 추정과 평가모형에는 환경영향평가모형과 사회·경제적 영향평가모형의 두 가지 종류가 있으나 일광절약시간제의 실시는 환경의 변화보다는 주로 사회·경제적 변화를 유발하는 방향으로 작용할 것으로 생각되므로 사회·경제적 영향평가에 의하여 그 효과를 검토하는 것이 타당할 것으로 생각된다.

일광절약시간제 실시의 사회적 영향평가를 위하여 채택된 사회적 영향평가모형은 [그림 14-4]와 같으며, 여기에 제시된 사회적 영향평가모형의 의미를 개괄하면 다음과 같다.

어떤 문제에 대한 정책은 주어진 특정한 시·공간적 상황하에서 이루어지는 것이기 때문에 동일한 내용의 정책이라 할지라도 주어진 사회·경제적 여건과 당시의 상황을 지배하고 있는 국민의 가치·관심(interest) 및 행태에 따라 이 정책이 사회에 미치는 사회·경제적 영향이 달라지게 되고 또 이것이 주는 의미도 달라지게 된다.

이러한 관점에서 현존의 사회·경제적 여건과 국민들의 가치·관심 및 행태는 일광절약시간제의 실시에 대한 정책결정과 아울러 중요한 투입이 될 수 있다.

일광절약시간제 실시에 대한 정책결정의 영향은 1차적 영향과 2차적 영향의 두 가지로 나타나게 된다. 일광절약시간제의 실시는 먼저 국민들의 생활주기의 변화와 경제적 변화를 가져올 것으로 예상된다. 다음에는 이들 두 가지의 변화가 복합적으로 사회구조적 변화와 국민의 행태적 변화, 그리고 공공서비스의 변화를 가져올 것으로 예상된다.

여기서 한 가지 유의하여야 할 점은 제2차적 변화인 사회구조적 변화와 국민의 행태적 변화는 공공서비스의 변화와 상호 간에 서로 영향을 주고 받음으로써 변화가 촉진될 수도 있고, 감소될 수도 있으며, 또 변화의 방향과 강도가 달라질 수도 있게 된다.

앞에서 일어나게 된 생활주기의 변화, 경제적 변화, 사회구조적 및 국민의 행태

---

6) 이 사례는 서울대학교 행정대학원 부설 행정조사연구소에서 실시한 「일광절약시간제 실시의 타당성조사」의 정책영향평가부분을 요약한 것이다. 더 자세한 내용에 대해서는 (정홍익·노화준·김운태: 1985) 참조.

[그림 14-4] 일광절약시간제 실시의 사회적 영향평가모형

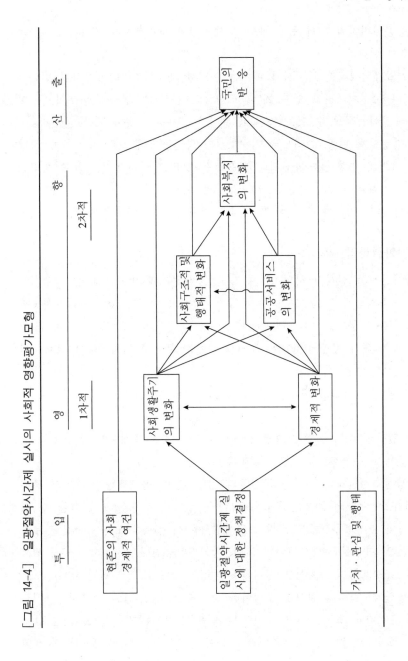

504 제14장 인과분석과 영향평가

적 변화 및 공공서비스의 변화 등은 모두 전체로서의 사회복지(social well-being)의 변화를 가져오게 된다.

그러므로 일광절약시간제 실시가 미치는 이러한 제1차적 및 제2차적 변화가 우리나라 현 사회를 지배하고 있는 가치, 국민들의 관심 및 행태에 비추어 좀 더 유용한 변화로 받아들여질 수 있는 것인지, 아니면 유용하지 못한 변화로 받아들여질 것인지가 결정되게 된다. 그러므로 전체로서의 국민들의 반응은 비록 개개 국민들이 이러한 사회적 영향들을 계산하여 반응하는 것은 아니라고 할지라도 이러한 새로운 정책의 시행이 미치는 영향이 국민들에게 어떻게 받아들여질 것이냐 하는 데 대한 하나의 좋은 척도가 될 것이고, 이것은 정책판단의 기초자료가 될 것이다.

2) 영향평가결과의 요약

일광절약시간제의 실시가 사회·경제 및 공공서비스에 미치는 영향을 추정해 본 결과, 일광절약시간제의 실시는 현존의 사회·경제적 여건과 국민들의 가치·관심 및 행태에 비추어 볼 때 사회·경제적 측면에는 대체적으로 긍정적인 영향을 더 많이 미치는 데 비해서 공공서비스의 제공(행정)에는 부정적인 영향을 더 많이 미치는 것으로 추정되었다.

따라서 사회 전체적으로 볼 때 일광절약시간제의 실시는 바람직한 것으로 보인다.

다음에는 일광절약시간제의 효과를 앞에서 분석한 것을 중심으로 그 긍정적 효과와 부정적 효과를 종합적으로 살펴보고자 한다.

첫째, 일광절약시간제의 실시는 국민들의 경제생활이 윤택해짐에 따라서 증대되고 있는 여가활동욕구와 자기발전활동욕구를 충족시키는 데 크게 기여할 수 있고, 업무수행시의 활성도를 높임으로써 고도산업사회에 가장 중요한 복잡한 업무수행의 성과를 높일 가능성을 향상시키게 되며, 국민건강증진에 기여할 수 있게 됨으로써 전반적으로 사회복지의 향상에 기여할 가능성이 높은 것으로 판단된다.

둘째, 일광절약시간제의 실시로 우리나라 총전력 소비의 0.1%인 약 4천 8백만 KWH(금액으로 환산하면 1985년 가격으로 연간 약 360억 원)가 절약될 것으로 예상된다.

미국이나 프랑스의 경우 일광절약시간제의 실시로 전력소비량이 약 1%가 절약되는 것으로 나타나고 있으므로 우리나라의 경우에도 추정된 360억 원 이상의 에너지 절약이 실현될 가능성이 높다.

셋째, 일광절약시간제의 시행은 한편으로는 아침식사 준비 등에 있어서 가정주부들의 불편도를 높이고, 초과근무수당제 등이 제대로 실시되지 않는 상황하에서 실질적인 근무시간연장의 효과를 초래하며, 도시지역에 있어서 러시 아워(rush hour) 시간대의 교통혼잡을 가중시킬 가능성을 높이고, 건전한 여가활용 시설과 공간이 주어지지 않는 경우에는 오후 여가시간의 증대로 사회적 일탈행동을 증가시킬 우려를 가져오는 등 부정적인 영향도 아울러 예상되고 있다. 따라서 이러한 부정적 영향을 가져오는 요소들에 대해서는 이들을 극소화할 수 있도록 일광절약시간제의 실시 전에 충분한 보완조치를 취할 것이 요망된다.

넷째, 일광절약시간제가 행정의 서비스 제공에 미치는 영향은, 만일 공무원들의 출퇴근시간만 제대로 지켜질 수 있다면 공무원들의 일과시간 후의 여가활용을 통한 취미활동을 촉진시키고, 전문교육이나 교양교육 등 자기발전활동의 기회를 넓혀 줌으로써 간접적으로 행정의 생산성과 효율성 향상에 기여하게 되는 긍정적인 효과도 기대된다.

그러나 출퇴근시간이 제대로 지켜지지 않는 현재의 행정풍토하에서는 실질적으로는 공무원들의 근무시간을 1시간 연장시키는 결과를 초래할 가능성이 높으며, 아침 출근시에 불편을 크게 하며, 행정분야에 따라서는 일광절약시간제가 실시되지 않는다면 없었을 불필요한 업무가 추가로 발생되어 공무원들의 불필요한 시간과 노력의 낭비, 국민의 세금으로 거두어들인 국고 예산의 낭비 등을 가져올 가능성 등 부정적인 영향도 예상된다.

다섯째, 국민들에 대한 여론조사들의 결과를 보면, 전체 응답자 중에서 일광절약시간제를 찬성하는 비율이 73.5%이고, 반대하는 비율이 18.7%로서 찬성하는 비율이 2/3 이상을 차지하고 있는 것으로 나타났다. 지역적으로는 서울을 비롯한 대구·대전·천안·주덕 등에서 찬성률이 높고, 전주·부산 등에서 찬성률이 상대적으로 낮았으나 이들 두 조사지역에서조차도 찬성률이 약 55%~60% 수준에 이르고 있다. 뿐만 아니라 농촌지역이나 도시영세민 사이에서도 비슷하게 높은 찬성률이 나타났고, 직업이나 학력수준에 관계 없이 2/3 이상이 찬성하고 있었다. 성별로 볼 때에도 남녀 모두 70% 이상이 찬성하고 있으며, 연령적으로 거의 모든 연령층에서 비슷한 찬성률을 보이고 있다.

여섯째, 일광절약시간제 실시를 찬성하는 주요 이유는 일찍 퇴근하여 자유시간을 가지고자 하는 것과 뜨거운 시간을 피하여 일하자는 데 있고, 반대하는 주요 이유는 번거롭기 때문이라는 것과 아침에 일찍 일어나야 하기 때문이라는 것으로 현대인들이 번거로움을 회피하려는 성향이 높다는 것과 일치되고 있다.

또한 국민들은 추가적인 한 시간의 여유시간이 주어지는 경우 아침의 한 시간보다 저녁의 한 시간을 더 가치가 있다고 보고 있는데, 이것은 일광절약시간제를 실시하는 데 나타난 높은 찬성률과 일관성을 유지하는 것으로 생각된다.

끝으로 일광절약시간제의 실시에 대한 높은 지지도는 실제로 일광절약시간제를 실시하는 과정에서 국민들이 겪을지도 모를 불편이나 번거로움에 의하여 지지도가 저하될 가능성도 항상 내포되어 있고, 또한 일광절약시간제 실시가 공식 거론되는 단계에서 정치적인 이유로 반대여론이 조성될 소지도 있기 때문에 이 제도의 시행에 있어서 충분한 사전의 보완대책이 마련되어야 할 것이다.

요   약

1. 독립변수 X와 종속변수 Y 간에 어떤 인과관계가 존재한다고 주장하기 위해서는 (1) X가 시간적으로 Y를 선행하고, (2) X와 Y가 같은 방향 또는 서로 다른 방향으로 함께 변화하여야 하며, (3) 제 3 의 변수 Z를 일정하게 유지하면 X와 Y 간의 관계가 없어지거나 공동변화가 현저히 줄어들도록 하는 제 3 의 변수 Z가 존재하지 않아야 한다고 하는 세 가지의 조건들을 만족시켜야 한다.

2. 제 3 의 변수 Z의 영향에 의한 투입변수 X와 산출변수 Y 간의 허위의 인과관계란 Z가 양($+$) 또는 음($-$)의 방향으로 변화함에 따라 X도 양 또는 음의 방향으로 변화하고, Y 또한 양 또는 음의 방향으로 변화함으로써 X와 Y 간에 아무런 직접적인 인과관계가 없는데도 마치 X와 Y 간에 어떤 인과관계가 있는 것같이 보이는 관계를 말한다.

3. 결합원인이란 투입변수 X_1 및 X_2의 변화가 개별적으로는 산출변수 Y의 변화에 아무런 영향을 미치지 않으나 이들 두 개의 투입변수들이 동시에 작용할 때에는 Y의 변화에 큰 영향을 미치는 경우를 말한다. 한편 공동원인이란 X_1과 X_2가 동시에 작용하여 Y에 미치는 영향의 합이 X_1과 X_2가 개별적으로 Y에 미치는 영향의 합과 같거나 큰 차이가 없는 경우를 말한다.

4. 영향평가의 방법은 어떤 정책이나 사업의 수행이 대상집단에 미치리라고 생각되는 다양한 영향들을 체계적으로 추정하고, 이들 영향들을 어떤 하나의 값으로 통합하려는 것이 아니라 다양한 영향들을 미리 설정된 기준이나 사회적인 가치에 비추어 평가하여 이 결과들을 정책대안의 검토에 활용하도록 하는 것이다.

5. 정책영향평가는 일반적으로는 (1) 정책영향의 식별, (2) 영향분석 및 (3) 영향평가의 3단계를 거쳐서 이루어진다.

6. 정책영향의 식별전략은 (1) 환원적 관점 대 전체적 관점, (2) 주사적 접근

대 추적적 접근, (3) 내부사정팀 대 외부 인적 자원의 투입 등 세 가지 차원을 고려하여 선택하게 된다.

7. 영향분석은 각 영향이 발생될 확률·시기·심각성 및 확산 등에 관한 문제에 답하기 위한 분석이며, 또한 누가 어떻게 영향을 받게 되고, 그들의 반응은 어떠하며, 고차적 영향은 얼마나 심각한 것인가 하는 것들도 다루게 된다. 한편 영향평가란 영향분석에 의하여 설정된 영향 그 자체에 가치를 부여하는 과정이다. 그리고 이 평가에는 기준과 측정값이라는 두 가지의 요소가 필요하게 된다. 여기서 기준이란 평가자나 그들의 판단을 반영시키고자 노력하는 이해관계 당사자들이 가지고 있는 가치를 반영하는 것이고, 측정값은 이 기준에 들어맞는 정도를 반영하는 것이다.

연습문제

14-1 변수간에 인과관계가 있다고 주장하기 위한 세 가지 조건에 대하여 설명하여라.

14-2 허위의 인과관계를 설명하고, 이의 분석방법을 구체적인 예를 들어 설명하여라.

14-3 결합원인·공동원인 및 상호원인을 비교하여라.

14-4 영향평가모형 활용상의 이점에 대하여 설명하여라.

14-5 영향의 식별전략 선택과정에서 고려하여야 할 다음 각 사항들을 비교 설명하여라.

　(1) 환원적 관점 대 전체적 관점

　(2) 주사적 관점. 대 추적적 관점

　(3) 내부사정팀 대 외부 인적자원의 투입

14-6 영향분석과 영향평가의 차이는 무엇인가?

14-7 본문의 [그림 14-4]를 보고 일광절약시간제 실시의 사회적 영향평가모형의 논리에 대하여 설명하여라.

14-8 본문 [그림 14-4]의 사회적 영향평가모형에서 투입요소로서 정책뿐만 아니라 현존하는 사회·경제적 여건과 가치·흥미 및 행태 등을 분석하여야 하는 이유를 설명하여라.

14-9 인과분석과 영향평가의 활용의 유용성과 제약에 대해서 설명하여라.

14-10 편익비용분석과 영향평가의 유사점과 차이점을 비교하여라.

제15장

정책분석과 윤리

정책은 사회전반에 광범위하고 장기적인 영향을 미칠 뿐만 아니라 개인들의 일상생활과 경우에 따라서는 개인의 운명 자체에까지도 심대한 영향을 미친다. 정책분석은 사회와 개인들에게 심대한 영향을 미치는 정책의 결정과정에서 정책판단에 가장 핵심이 되는 영향을 미침으로써 이를 통하여 사회와 개인들에게 영향을 미치는 것이다.

정책분석이 사회와 개인들에게 미치는 영향이 광범위하고 심대하기 때문에 정책분석에 있어서 정책분석가의 직업윤리문제가 중요한 이슈로 대두되고 있다. 어떤 논자들은 정책분석은 가치중립적이어야 하며, 정책분석이 제대로 될 수 있는지의 여부는 정책분석가가 정책분석에 필요한 분석도구를 제대로 활용할 수 있느냐 하는 데 달려 있기 때문에 정책분석에 있어서는 윤리문제가 그다지 중요한 문제가 아니라고 주장하기도 한다. 그러나 정책분석결과가 사회와 사회의 구성원들에게 미치는 영향이 심대하기 때문에 정책분석에는 여러 가지 지켜야 할 직업윤리가 있고, 의사가 의사로서의 직업윤리가 있듯이 한 사람의 전문직업인으로서 정책분석가가 행동의 준칙으로 삼아야 할 정책분석가로서의 직업윤리가 있는 것이다.

이 장에서는 정책분석에 있어서 윤리문제가 제기되는 배경으로서 정책분석이 사회와 개인들에게 영향을 미치는 방법에 대하여 설명하고, 정책분석과정에서 당면하는 윤리적 딜레마가 무엇인가를 살펴본 다음, 정책분석에 있어서 윤리를 확보하기 위한 방안 내지는 장치에 대하여 알아보기로 한다.

제 1 절 정책분석이 사회와 개인들에게 미치는 영향의 특성과 방법

1. 정책이 사회와 개인들에게 미치는 영향의 특성

　　정책분석은 정책결정과정에 영향을 미치고자 하는 분석활동이며, 정책형성을 통하여 사회와 개인들에게 영향을 미친다. 그러므로 왜 정책분석에 있어서 윤리문제가 중요한 이슈인가를 이해하기 위해서는 먼저 정책이 사회와 개인들에게 미치는 영향의 특성을 이해할 필요가 있다.

　　정책이 사회에 미치는 영향의 특성은 정책에 따라 다를 수 있으나 일반적으로 근본성, 광범성 및 장기성 등을 들 수 있을 것이다.

　　정책영향의 근본성은 정책이 정치·경제·사회의 가치, 규범, 행태 등의 뿌리까지도 바꿀 수 있을 정도로 깊은 영향을 미친다는 것을 의미한다. 농지의 소작제도를 허용할 것인가 말 것인가, 토지의 공개념을 도입할 것인가 말 것인가, 대학입시를 국가가 관리할 것인가 각 대학교에서 관리하도록 할 것인가, 노동자들의 경영참여를 허용할 것인가 말것인가 하는 것들은 하나의 정책이 사회의 가치, 규범, 국민의 행태 등에 미치는 영향이 매우 깊어서 때로는 그 근본이 되는 바탕이나 뿌리까지도 바꿀 수 있다고 하는 것을 보여 주는 몇 개의 예에 불과하다.

　　정책영향의 광범성은 하나의 정책이 미치는 영향이 어느 한 부문에만 국한되지 않고 매우 광범위하다는 것을 말한다. 앞에서 예로 든 대학입시를 누가 관리하느냐 하는 문제는 단지 대학입시의 관리주체에 대한 결정에 그치지 않고 입학시험의 방법에까지도 영향을 미침으로써 결과적으로는 전체 국민에게 영향을 미치게 되는 하나의 예이다. 대학입학시험을 국가가 관리하는 경우에는 시험문제의 출제형식은 불가피하게 선택형과 같은 객관식 문제의 출제가 주종을 이룰 수밖에 없을 것이고, 만일 각 대학교에서 관리하게 되는 경우에는 대학에 따라서는 주관식 문제의 출제가 주종을 이룰 수도 있다. 이러한 입학시험문제의 출제형식은 고등학교 교육방법에 영향을 미치게 될 것이고, 대학교 입학시험준비를 하는 수백만의 고등학교 학생들의 입학시험준비에도 영향을 미칠 것이며, 더 나아가서는 이러한 고등학생들을 둔 각 가정들의 입시준비전략에까지도 영향을 미침으로써 결과적으로는 대다수 국민들에게 광범위한 영향을 미치는 것이다.

　　정책영향의 장기성은 하나의 정책이 미치는 영향이 단기간에만 국한되는 것이 아니고 두고두고 오랫동안 계속된다는 것을 말한다. 앞에서 예로 든 대학교의 입시관리를 누가 하느냐 하는 정책에 있어서 이러한 관리주체의 결정은 입학시험문제의 출제형식에까지도 중요한 영향을 미친다고 하는 것은 이미 위에서 기술한 바와 같다. 그런데 이러한 입학시험문제의 출제형식은 비단 학생들의 입학시험준비행태에만 영향을 미치는 것이 아니라 나아가서는 그러한 입학시험준비를 통하여 그들의 사고방식의 형태에까지도 장기적인 영향을 미치게 된다는 것이다. 만일 학생들이 객관식 문제에 대한 시험준비에 열중하게 되면 그들의 사고는 어떤 문제에 대한 체계적인 분석과 인과관계의 추론보다는 단편적이고 암기 위주의 순발력 향상에만 치우치게 될 것이다. 그리고 그들의 그러한 사고형태는 고등학교 학생이라는 성장기에 형성되므로 인간의 내면에까지 고착되어 평생 동안 지속될 수도 있는 것이다. 이것은 하나의 정책의 영향이 얼마나 오랫동안 지속될 수 있는가 하는 데 대한 하나의 사례에 불과하다.

　　정책은 이와 같이 사회 전반에 근본적이고 광범위하며 장기적인 영향을 미칠 뿐만 아니라 사회를 구성하고 있는 구성원 개개인들의 일상생활과 그들의 운명에도 때로는 중대한 영향을 미친다.

　　음주운전에 대한 규제를 강화하는 교통정책을 시행하면 자가운전자들이 술을 마시고 운전하던 습관을 버리게 될 것이며, 아파트 분양가를 자율화하여 아파트 분양가격이 급격히 상승하게 되면 아파트를 분양받기 위하여 매월 정기적으로 적금하던 상당수의 국민들이 그것을 포기하게 될지도 모른다.

　　정책은 앞의 예에서 살펴본 바와 같이 국민들의 일상생활에 중대한 영향을 미칠 뿐 아니라 때로는 개개인의 운명에까지도 심대한 영향을 미친다. 우리는 1980년대 초에서 1980년대 중반에 이르는 기간 동안에 실시되었던 대학졸업정원제 실시의 결과로 수많은 학생들이 대학교 재학 중에 탈락함으로써 그들이 학업을 포기하거나 다른 대학교로 편입함으로써 일생의 운명이 크게 뒤바뀐 것을 보아 왔다. 이것은 하나의 정책이 한 사람의 일생의 진로에 얼마나 심대한 영향을 미칠 수 있는가 하는 것을 보여 주는 하나의 사례일 뿐이다.

　　정책분석은 이상에서 살펴본 바와 같이 사회전반과 개인생활에 큰 영향을 미치는 정책의 결정과정에 영향을 미침으로써 이것을 통하여 직접·간접적으로 사회와 개인생활에 근본적이고, 광범위하며, 장기적인 영향을 미친다.

2. 정책분석이 사회와 개인들에게 영향을 미치는 방법

정책분석이 정책을 통하여 사회와 개인들에게 심대한 영향을 미친다는 것에 대해서는 앞의 논의를 통하여 알게 되었는데 그러면 정책분석은 어떻게 정책에 영향을 미치는가?

정책분석은 정책문제에 대한 정의와 목표설정, 정책문제해결대안의 개발과 설계, 정책대안 평가기준의 선택과 적용, 그리고 평가모형의 작성과 평가의 시행 등을 통하여 정책에 영향을 미친다.

1) 정책문제의 정의와 가치·목적·목표설정을 통한 영향

정책분석은 정책분석과정에서 당면하고 있는 문제가 무엇인가 하는 정의를 내리고, 이와 같은 문제에 대한 정의를 기초로 문제해결을 통하여 성취할 가치, 정책목적 및 목표설정에 영향을 미침으로써 정책에 영향을 미친다. 그리고 이것을 통하여 사회와 개인들에게 영향을 미치게 된다. 이미 정책문제의 정의와 목표의 설정에서 설명한 바와 같이 정책문제에 대한 정의의 과정은 가치창도의 과정이며 문제에 대한 진단의 과정이다. 그러므로 정책문제에 대한 정의의 과정에서 그 문제의 원인이 무엇이라고 진단하고, 또 그 정책을 통하여 창도하고자 하는 가치가 무엇이냐 하는 데 따라 이것을 실현하기 위한 정책대안의 개발과 설계도 달라지게 된다.

부동산투기가 성행하여 부동산가격이 폭등하고 부동산투기에 가담한 일부 부유계층의 사람들이 막대한 불로소득에 의하여 치부하는 것이 토지의 공개념을 도입하지 못한 데 기인된 것으로 진단하는 전문가들도 있다. 그러므로 토지개발에 따른 편익을 모든 국민들이 고르게 향유할 수 있도록 함으로써 분배적 정의를 실현하고자 하는 가치창도적 입장에서 토지정책문제를 정의한다면, 이러한 문제에 대한 정의는 토지소유에 따른 이익의 배분은 말할 것도 없고, 토지소유와 관련된 국민들의 사회심리에 미치는 영향은 대단히 클 것이고, 이것이 토지거래에 미치는 파급효과 또한 엄청나게 커서 현재와는 전혀 다른 토지소유와 토지거래의 사회적 가치와 규범이 형성될 것이다.

2) 정책대안의 개발과 설계를 통한 영향

정책문제에 대하여 동일한 진단이 내려지고 또 동일한 가치가 창도되는 경우에도 구체적으로 이러한 문제를 해결하기 위한 정책대안으로 어떠한 대안들이 개발되고 이것을 실현할 절차를 어떻게 설계하였느냐 하는 데 따라서 그 정책의 영향은 전혀 다르게 나타날 수도 있다. 이러한 정책대안은 새로운 프로그램의 형태를 띠기도 하고, 새로운 사회구조의 형성이나 사회적 인공물(social artifacts)의 형성으로 나타나기도 한다(Wildavsky, 1979: 391-397). 이러한 새로운 프로그램, 새로운 사회구조나 사회적 인공물들은 국민들의 일상생활과 이해관계에 큰 영향을 미친다. 이렇게 큰 영향을 미치는 정책대안의 개발과 설계는 정책분석과정에서 이루어지는 것이기 때문에 정책대안의 개발과 설계가 달라짐으로써 오게 되는 정책의 영향은 주로 정책분석에 의한 영향이라고 할 수 있다.

지난 1980년대 초에 실시했던 대학교 졸업정원제는 대학생들이 대학교에 입학한 후에 공부에 열중하지 않고 학생들의 소요가 끊임없이 계속되는 것은 대학생들 간에 경쟁을 유발할 제도적 장치가 결여되어 있기 때문이라고 진단한 결과 대두되었으며, 이러한 진단결과에 따라 졸업정원제는 대학생들 간의 경쟁을 유도하기 위한 제도적 장치의 하나로 창안되었다. 여기서 당시 시행되었던 4년간 전체의 탈락률인 입학인원의 30퍼센트 포인트(percent points)의 탈락비율을 각 학년별로 어떻게 할당하느냐 하는 것은 주로 정책목표의 실현을 위한 구체적인 대안의 설계에 해당된다. 예컨대 각 학년 말에 균등하게 7.4퍼센트 포인트씩 탈락시키는 방안도 있을 수 있고, 1학년 말에 15퍼센트 포인트, 2학년 말에 10퍼센트 포인트, 그리고 3학년 말에 5퍼센트 포인트 탈락시키는 방안도 있을 수 있으며, 그 외에도 여러 가지의 변형된 학년별 탈락비율도 생각해 볼 수 있었을 것이다. 그러나 정책대안의 설계자가 탁상에서 개발·설계한 이들 여러 가지 대안들이 실제로 집행된 경우 당사자인 대학생들에게 미치는 영향은 심각한 것이었고, 특히 각 학년별로 탈락의 대상이 된 학생들의 진로에 미친 영향은 지대한 것이었다.

이것을 통해서 볼 때 정책분석은 정책문제에 대한 정의와 그러한 문제에 대한 정의를 토대로 구체적인 실행방안을 마련하는 과정을 통하여 사회와 개인들에게 막대한 영향을 미치게 되는 것이다.

3) 대안평가기준의 선택과 적용을 통한 영향

여러 가지 정책대안들이 개발되어 있는 경우 그들 대안들 간의 소망성의 순위는 소망성의 평가기준들 가운데 어느 것에 더 높은 비중을 두느냐 하는 데 따라서 달라질 수 있다. 지난 1960년대와 1970년에 이르는 기간 동안 우리나라 정부에서는 정책대안의 평가기준들 가운데 평등성이나 형평성·민주성보다는 경제적 능률성을 우선하였기 때문에 정책대안들 가운데 능률성을 높일 수 있는 대안들이 높은 우선순위를 가지고 채택되게 되었던 것이다. 근로자들에 대한 최저임금제의 실시가 소득분배의 형평성보다 경제적 능률성을 중시하였던 지난 1980년대 중반까지는 보류되었다든지, 금융실명제가 형평성의 실현보다 자금동원을 더 중요시하였던 1990년대 중반까지 보류되었던 것은 그 좋은 예들이다. 최저임금제나 금융실명제를 실시하느냐의 여부에 관한 정책결정은 기업과 근로자 개개인들의 경제생활, 나아가서는 사회문화생활에까지도 커다란 영향을 미치게 되었던 것이다.

그러나 2000년대에 들어오면서 민주화와 형평성이 정책대안평가기준으로 더욱 중요시됨으로써 사회적 가치체계는 혼란을 겪으면서 새로이 형성되는 과정에 있다. 과거사에 대한 평가, 사학법의 개정 등이 그 좋은 예들이다.

4) 평가모형의 작성과 평가의 시행을 통한 영향

정책분석이 정책을 통하여 사회나 개인들에게 영향을 미치는 방법들 가운데 정책문제의 정의와 추구하는 가치, 목적 및 목표의 설정, 정책대안 평가기준의 선택 등을 통한 영향은 사실과 가치의 판단을 통하여 사회와 개인들에게 영향을 미치는 것이다. 이에 비해서 평가모형의 작성과 평가의 시행을 통한 영향은 주로 사실적 판단을 통하여 영향을 미친다는 것이 중요한 특징이다.

정책대안들을 평가하는 과정에서 설정한 정책대안과 정책목표 간의 인과관계모형이 이론적인 프레임워크(framework)상에 타당성(validity)이 결여되어 있다든지, 분석의 신뢰성을 뒷받침할 자료의 수집에 오류(error)가 많다든지, 조사된 표본의 대표성이 결여되었다든지 함으로써 정책분석에 의해서 도달된 결론에 타당성과 신뢰성이 없거나 낮다고 한다면, 이러한 타당성과 신뢰성이 결여된 분석결과를 토대로 결정된 정책의 시행에 의하여 정책집행의 대상이 된 집단들이나 개인들이 입은 피해나 손실을 누가 어떤 방법으로 보상할 것인가? 어떤 경우에는 정부가 타당성이나 신뢰성이 낮은 자료에 근거하여 결정한 정책을 시행함으로써 개인이나 집단이 정신적 상처를 입거나 명예가 실추될 수도 있고, 이 때 개인이나 집단이 받은 정신적 상처나 실추된 명예를 사후에 다시 원상회복시키기가 어려운 경우도 있는데, 그러한 경우에는 어떠한 방법으로 이들에게 보상하여야 하는가? 이와 같이 모형의 작성과 개념의 조작화 및 자료수집과정에서 타당성이나 신뢰성이 낮음으로써 오게 되는 오류는 때로는 감지되지 못하고 그냥 지나침으로써 문제화되지 않는 경우도 많다. 그러나 그렇다고 하여 그러한 오류에 의한 피해가 없어지는 것이 아니기 때문에 평가모형의 작성과 평가시행을 통하여 정책분석이 사회 및 개인에 미치는 영향은 매우 큰 것이다.

제 2 절   정책분석에 있어서 윤리적 딜레마와 윤리의 확보

1. 정책분석에 있어서 윤리적 딜레마

정책분석은 정책문제에 대한 정의, 추구해야 할 가치, 정책목적 및 목표의 설정, 정책대안의 개발과 설계, 대안평가기준의 선택과 적용, 그리고 평가모형의 작성과 평가의 시행 등을 통하여 사회와 개인들에게 큰 영향을 미친다. 그렇기 때문에 의사나 변호사들에게 직업윤리가 요구되듯이 정책분석가들이 정책분석을 수행함에 있어서는 정책분석가로서의 직업윤리가 요구되는 것이다. 그러면 정책분석에 있어서의 윤리(ethics in policy analysis)란 무엇을 말하는가?

행정윤리가 행정행위에 요구되는 가치기준 또는 행동규범인 것과 같이(백완기, 1988: 422-449) 정책분석에 있어서의 윤리는 정책분석을 수행함에 있어서 요구되는 가치기준 또는 행동규범이라 할 수 있다. 정책분석을 수행함에 있어서 요구되는 윤리는 정책분석가들이 사회가 소망하는 이익의 추구라는 그들의 역할을 수행하는 과정에서 수시로 당면하는 딜레마(dilemmas)들을 해결하는 규범적 표준(normative standards)이 된다. 정책분석가들이 당면하는 윤리적 딜레마는 정책문제의 정의, 정책대안의 개발과 탐색, 대안평가기준의 선택과 적용, 평가모형의 작성과 평가의 시행 및 정책결정자와 분석의 의뢰자, 이해관계당사자들에게 보고하는 등 정책분석과정에서 당면하는 딜레마들이다. 이러한 딜레마들 가운데 중요한 것들로서는 최적화의 딜레마, 파당적 딜레마(partisan dilemma), 예측하지 못하는 결과에 따르는 딜레마, 형평성 딜레마, 민감도분석 딜레마, 효율적 연구수행 딜레마, 연구자료 공동활용의 딜레마(research sharing dilemma), 연구타당성 딜레마(research validity dilemma), 연구대상자들에게 리스크를 부담하도록 하는 데 따르는 딜레마(dilemma of subjecting people to risk), 정책결정자와 이해관계당사자 등 파워(power)에 진실(truth)을 말해야 하는 데 따르는 딜레마 등을 들 수 있다(Nagel, 1984: 127-151; Nagel, 1983: 65-86; Nagel, 1986: 32-33).

이들 딜레마들 가운데 최적화의 딜레마(optimizing dilemma)는 정책분석이 단순히 정책집행이 가져올 결과들을 예측하는 데 그쳐야 하느냐 아니면 예측은 물론이고 처방까지 내려야 하느냐 하는 이슈이다. 여기에 대해서 좀 더 긍정적인 입장(affirmative position)은 정책분석가가 단순한 예측뿐만 아니라 주어진 목적달성을 극대화할 수 있는 정책 또는 정책의 조합을 발견하여 제시하여야 한다는 것이다.

파당적 딜레마(partisan dilemma)는 정책분석가가 어떤 정당이나 또는 특수한 이익집단의 이익의 극대화를 위하여 일할 수도 있느냐 아니면 오직 일반적인 사회적 이익을 위하여서만 일하여야 하느냐 하는 이슈이다. 이 이슈에 대해서도 여러 가지 이견들이 있으나 분명한 것은 만일 그들 특수한 집단의 목적이 불법적인 것이라고 한다면 정책분석가가 그러한 집단들을 도와서 일을 해서는 안 된다는 점일 것이다.

그러나 만일 그러한 집단의 목적이 불법적인 것이 아닌 한 그러한 목적이 자기의 신념과 건전한 양식의 판단에 비추어 어긋나지 않는다고 판단한다면 그러한 일을 맡아서 해도 무방할 것으로 생각된다. 마치 서로 다른 변호사들이 원고와 피고의 쌍방의 편에 서서 법률적 조언들을 할 수 있듯이 정책분석가도 그 목적이 불법적인 것이 아닌 한 어떤 이익집단이나 정당들의 요청에 의하여 일을 할 수 있을 것이다. 그리고 그 분석결과들 가운데 어느 것이 올바른 것인가 하는 데 대한 최종적인 판단은 국민에 의하여 심판될 것이다. 단 이 때 충족되어야 할 조건 또는 전제는 이 다음에 정책분석 윤리의 확보방안에서도 언급하겠지만, 그러한 분석결과가 일반국민들에게 공개되어 비판받을 수 있는 기회가 주어져야 한다는 것이다. 만일 어떤 정책문제에 대한 분석이 어떠한 입장에 서서 수행한 것이건 일반국민들의 건전한 양식에 의한 비판에 의해서 상대방의 것보다도 더 잘 견뎌낼 수 있다고 한다면 그러한 분석은 받아들여질 수 있는 것으로 판단할 수 있을 것이다.

예측하지 못하는 결과에 따르는 딜레마(unforeseen consequences dilemma)는 정책분석가가 관심을 가진 몇 개의 결과들의 추정에만 집중적으로 초점을 맞추어야 하느냐, 아니면 예상되는 모든 결과의 추정까지도 수행해야 하느냐 하는 이슈이다. 이 이슈에 대해서 적극적인 입장은 정책분석가는 정책분석을 의뢰한 특수집단 또는 고객이 관심을 가지고 있는 결과뿐만 아니라 모든 부수효과와 2차적인 간접효과들까지도 추정하고 체크하여야 한다는 것이다.

형평성의 딜레마는 정책분석이 추구하여야 할 목적 또는 평가기준으로서 능률성을 중요시하여야 하느냐 형평성을 중요시하여야 하느냐 하는 이슈이다. 예컨대 아파트 분양가를 자율화함으로써 경제적 능률성에 토대를 둔 시장기능을 활성화하고 이러한 인센티브의 제공에 의하여 아파트 건설을 촉진시킴으로써 주택문제를 해결하는 것이 우선이냐, 아니면 아파트 분양가에 대한 상한선을 그대로 유지하여 아파트 분양가의 상한선을 철폐함으로써 오게 될지도 모르는 아파트 가격의 폭등을 방지하고 부동산투기의 재연에 의하여 가장 피해를 크게 입을 것으로 예상되는 저소득층을 보호하는 것이 우선이냐 하는 것이(매일경제, 1988: 14) 형평성 딜레마의 단적인 표현이다. 여기에 대해서 정책분석가들은 정책분석을 수행함에 있어서 형평성을 최소한의 제약(minimum constraints)으로서 고려하여야 하며, 만일 그러한 형평성의 제약이 바꾸어진다면 정책처방은 어떻게 달라지게 되는가 하는 민감도분석을 실시하여야 한다는 것으로 의견이 모아지고 있다.

민감도분석 딜레마는 정책분석가가 그들이 수행한 예측결과나 처방적 결론이 자료, 측정, 표본추출방법, 분석에 도입한 가정, 제약조건 등의 변동에 의하여 얼마나 달라질 수 있는가 하는 것을 검토해야 할 의무가 있는가 하는 이슈이다. 이 이슈에 대하여 적극적인 입장에 서는 사람들은 정책분석가가 원래의 분석과정에서 사용하였던 자료나 가설적 전제, 제약조건 등이 달라짐에 따라 그들의 예측이나 처방이 어떻게 달라질 수 있는가 하는 것을 검토하는 민감도분석을 반드시 실시하여야 한다는 입장이다.

효율적 연구수행의 딜레마(efficient research dilemma)는 정책분석에 사용되는 예산을 가장 능률적으로 사용하여야 한다는 것과 관련된 이슈이다. 정책분석가들이 분석연구를 수행하는 동안에 연구와 관련된 자료의 수집을 위하여 여행을 하는 경우 더 편안하고 즐거운 여행을 하거나, 일정을 더 길게 잡는 등 연구를 위한 경비를 합법적인 방법으로 추가적으로 사용할 수도 있고, 개인의 발전과 이익을 위하여 현재 진행중인 연구와 관련된 연구자 개인의 평소 관심 테마의 일부를 자료수집과정에 포함시킴으로써 부지불식간에 연구비를 연구목적 이외에 전용할 수도 있는 것이다. 이러한 상황하에서 정책분석가는 연구를 목적대로 수행할 수 있는 한도 내에서 비용을 줄일 수 있도록 노력하는 것이 바른 길일 것이다.

연구자료 공동활용의 딜레마는 정책분석가가 주어진 문제에 대한 분석연구를 수행하는 과정에서 연구비의 일부로 많은 비용을 투입하여 수집한 원자료(raw data)를 앞으로 자기의 연구를 계속하기 위하여 공개하지 않고 보관하여야 하느냐, 아니면 이 연구와 관련된 연구를 수행하기 위하여 이미 수집된 자료를 함께 이용하고자 하는 다른 연구자가 있는 경우 그 자료를 공개하여 함께 이용(sharing)하여야 하느냐 하는 이슈이다. 정책연구자들은 앞으로 더 진전된 연구를 수행하기 위하여 자료를 공개하지 않고 보관하기를 원하는 경우도 있고 자료를 공개함으로써 오는 연구자 개인의 어떤 곤란이나, 자료를 수집한 자료 소스(source), 즉 응답자나 자료제공자가 겪을지도 모르는 어려운 입장 등을 고려하여 자료공개를 꺼리는 경우도 있을 수 있다. 그러나 다른 연구자들이 이미 정책분석과정에서 수집된 자료를 이용하여 제2차적인 연구를 수행하거나, 관련된 연구를 좀 더 저렴한 비용으로 수행함으로써 이중적인 낭비를 막고 새로운 지식의 발전을 촉진할 수 있도록 하기 위해서 자료를 공동으로 활용할 수 있도록 해야 한다는 것이 일반적인 추세이다.

연구타당성의 딜레마는 정책분석연구에 의하여 도달된 결론이 경험적 현실과 부합하고, 유의미한 전제들(premises)로부터 논리적으로 도출되어야 한다는 이슈이다. 타당성이 없는 연구는 과학적 연구라는 측면에서도 그 가치를 인정받을 수 없을 뿐만 아니라 이미 앞 절에서도 살펴본 바와 같이 타당성이 결여된 연구결과에 의하여 사회나 개인이 큰 피해를 입을 수도 있다는 점에서도 중요한 이슈인 것이다. 그러므로 연구에 사용된 측정도구의 타당성이 있어야 하고, 연구대상으로 추출된 개인이나 지역, 집단 등 표본의 대표성이 확보되어야 하며, 정책목표나 대안 등에도 의문이 제기되어서는 안 될 것이다.

연구대상자들에게 리스크(risk)를 부담하도록 하는 데 따르는 딜레마란 정책평가연구를 수행할 때 어떤 사람을 본인의 의사와는 관계없이 정책가설검증을 위한 정책평가연구과정에서 실험집단에 배정함으로써 그들이 신체적으로나 정신적으로 또는 기타의 피해를 입을 수도 있는데 이러한 리스크를 평가연구의 대상이 되는 사람들에게 알려야 하느냐 하는 이슈이다. 정책분석연구자는 평가연구의 대상이 되는 사람들이 앞으로 어떤 피해를 입을지도 모르는 실험연구를 할 경우에는 그들이 그러한 피해를 입을 리스크를 부담하지 않도록 유의하여야 하며, 불가피한 경우에는 그 사람들에게 피해를 입을 리스크가 있다는 사실을 알려 준 다음 그들의 동의를 얻도록 하여야 할 것이다.

끝으로 정책결정자나 이해관계집단 등 파워(power)에 진실(truth)을 말해야 하느냐에 따르는 딜레마이다(Wildavsky, 1979). 이러한 딜레마는 예컨대 한국외환은행의 매각과정에서 외환은행의 자기자본비율이 정확하게 얼마라고 하는 진실을 정책결정자들과 이해관계자들에게 사실대로 보고하느냐, 하지 않느냐 하는 이슈이다. 정책분석가는 사실에 입각해서 분석하고, 그 결과를 정직하게 정책결정자나 이해관계자들에게 알려야 할 것이다.

2. 정책분석의 윤리의 본질

1) 정책분석 윤리의 본질

정책분석이 사회와 개인들에게 미치는 영향이 크고, 정책분석을 수행하는 과정에서 여러 가지의 윤리적 딜레마에 직면하게 된다면 정책분석가가 정책분석을 수행하는 과정에서 지켜야 할 윤리의 본질은 무엇인가?

정책분석가가 정책분석과정에서 딜레마에 직면했을 때 따라야 할 행동규범은 공익(public interest)과 사회적 책임(responsibility)이다(Mosher, 1965: 333-347). 민주주의 사회에서 정책이 추구하여야 할 가장 중요한 정책목표는 공익이고, 정책분석은 바로 이 정책들이 목표로 하고 있는 공익을 실현하기 위하여 가장 효율적인 방안이 무엇인가에 대한 정보를 산출하기 위한 분석활동이기 때문에 정책분석과정에서 직면할지도 모르는 딜레마를 해결해 나가는 행동지침은 바로 공익이 될 것이다.

또한 정책분석가는 그가 내린 정책문제에 대한 정의, 그가 개발하고 설계한 정책대안, 그가 적용하기로 선택한 정책대안의 평가기준, 그가 설정한 정책목표와 대안간의 인과관계모형 및 그가 처방으로 제시한 최적정책대안에 의하여 이해관계를 달리하는 여러 집단과 개인들 가운데 어떤 집단이나 개인들은 더 많은 편익을 받게 될 수도 있고, 어떤 집단이나 개인들은 더 많은 비용을 부담하게 될 수도 있으며, 공공의 자원이 사회적 편익의 증진에 아무런 효과도 없이 낭비될 수도 있을 뿐만 아니라 때로는 사회 전반에 커다란 손실을 입히게 될 수도 있다는 점에서 막중한 책임을 느껴야 할 것이다. 그러므로 공익의 추구와 책임이 정책분석 윤리의 핵심이라고 할 수 있다.

2) 정책설계의 조건변화와 정책분석가에 대한 수요증대

정책결정과정에서 정책설계는 경험적 이론과 규범적 이론에 의존하게 된다. 경험적 이론은 정책의 효과(effects)에 관한 것이고, 규범적 이론은 그러한 효과와 그 효과를 산출하는 과정의 값어치(worth)에 관한 것이다. 여기서 정책의 효과를 산출하는 과정의 값어치란 사회 제 집단의 이익과 그들 집단들이 추구하는 가치(value)가 충족되었는지, 침해되었는지, 방해되었는지, 또는 무시되었는지 하는 관점에서의 값어치이다.

정책설계와 관련된 토론들(debates)은 이들 두 가지 다른 종류의 이론들에 토대를 둔 주장들(claims)에 대한 커뮤니케이션을 포함한다. 정책설계의 구도(design scheme)에 대한 비판을 억누른다든지, 관의 위계질서를 토론에까지 연장한다든지, 또는 받아들이기를 꺼려하는 집단에게 억지로 받아들일 것을 강요한다든지 하는 정도가 얼마나 높으냐에 따라 토론이 폐쇄(closed)되어 있느냐 아니면 개방(opened)되어 있느냐 하는 정도가 결정된다. 경험적 주장에 대한 커뮤니케이션의 개방 정도와 규범적 주장에 대한 커뮤니케이션의 개방 정도에 따라 정책설계의 조건은 크게 네 가지로 나누어 볼 수 있다(Dryzek and Ripley, 1988: 705-719).

Dryzek와 Ripley는 사회를 [표 15-1]의 조건 A와 같은 폐쇄된 사회, 조건 B와 같은 개방된 사회, 조건 C와 같은 좋은 의도를 가진 사회, 그리고 조건 D와 같은 실용적 합리성(practical reason)의 사회로 분류하고 있다.

경험적 주장에 대한 커뮤니케이션과 규범적 주장에 대한 커뮤니케이션의 정도가 매우 낮은 A와 같은 조건의 사회는 정책설계라는 면에서 재난적인 사회라 한다면, B나 C와 같은 조건의 사회는 파멸적인 사회라 할 수 있고, D와 같은 조건의 사

[표 15-1] 정책설계의 조건

규범적 주장에 대한 커뮤니케이션＼경험적 주장에 대한 커뮤니케이션	폐 쇄	개 방
폐 쇄	A	B
개 방	C	D

회는 비교적 안전한 사회라는 것이다(Dryzek and Ripley, 1988: 711-716).

우리나라는 정책영역에 따라 다르기는 하나 정책설계라는 면에서 1990년대에 들어서면서 점차로 D의 사회로 이행되도록 제도적 개선이 이루어지고 있는 과정에 있다. 그러나 이러한 조건 D의 사회로 이행됨으로써 정책설계의 조건이 정책분석가의 역할을 증대시키는 방향으로 전환되고 있다. 정책설계의 조건이 변화하고 있기 때문에 이제 정책분석가는 권력자의 명령에 따라 정책을 설계하는 엔지니어가 아니라 정책담론(policy discourses)에 지대한 공헌을 할 수 있게 정책환경이 변화하고 있으며, 따라서 시화호 건설정책의 실패나 경부고속철도 건설정책의 실패, 교육평준화 정책의 실패 같은 정책실패로 국가적 손실을 가져오는 일이 없도록 노력하여야 할 것이다. 그러나 아직도 정책결정자나 이해관계집단 등 파워에게 진실(truth)을 말하지 않는 정책분석가들이 상존함으로써 정책분석윤리의 확보가 여전히 중요한 과제로 남아 있다.

3) 윤리의 확보방안

정책분석가의 직업윤리를 확보하는 방안은 여러 가지로 제시되고 있다. 이들 여러 가지 윤리의 확보방안들은 크게 두 가지의 범주(categories)들로 나눌 수 있다. 그들 가운데 하나는 정책분석가의 분석적 역할들(analytical roles)과 관련된 것이고, 다른 하나는 정책분석을 수행하는 방법과 관련된 것이다.

(1) 정책분석가의 역할정립을 통한 정책분석윤리의 확보

직업적인 자문가(profersional givers of advice)로서 정책분석가가 수행해야 할 역할이 무엇이라고 인지하느냐 하는 데 따라 특정한 정책이슈에 대해서 정책분석가가 수행하는 행동지향은 달라질 수 있다. 일반적으로 정책분석가의 역할은 그들이 추구하는 가치가 무엇이냐 하는 데 따라 객관적인 테크니션(objective technician), 고객의 창도자(clients advocate) 및 이슈 창도자(issue advocate) 등 세 가지로 분류될 수 있다. 전문직업적인 자문가로서 정책분석가가 추구하는 가치는 분석적 완전성(analytical integrity), 고객에 대한 책무성(responsibility to client) 및 자기가 개인적으로 가지고 있는 좋은 사회(good society)의 개념에 대한 집착 등이며, 이들 가치들 간의 갈등이 분석가에게 중요한 윤리적 이슈를 제기한다(Meltsner, 1999: 44-57). 정책분석가들의 역할과 각 역할에 따라 분석가들이 중요시하는 기본적인 가치들(fundamental values)은 [표 15-2]와 같다.

[표 15-2]   정책분석가의 적절한 역할에 대한 세 가지 관점

기본적인 가치들 분석가의 역할	분석적 완전성	고객들에 대한 책무	좋은 사회의 개념에 대한 집착
객관적인 테크니션	분석이 모든 것을 말하도록 한다. 각 정책대안들의 결과 예측에 제 일차적인 초점을 둔다.	고객들은 필요악(necessary evils)이다: 그들의 정치적 운(fortunes)은 제 2 차적인 고려대상이다. 고객과 일정한 거리를 유지해야 한다. 가능하면 기관고객(institutional clients)을 선택한다.	정책이 추구하는 적절한 가치들(values)이 식별되어야 한다. 그러나 그들의 트레이드 오프(trade-off)는 고객에게 맡겨야 한다. 객관적인 자문(advice)은 장기적으로는 선(good)을 증진한다.
고객의 창도자	분석이 명확한 결론을 내리는 일은 거의 없다. 고객의 입장(position)을 강화하기 위하여 분석의 모호성(ambiguity)을 활용한다.	고객이 누군가 하는 것이 분석가들에게 정당성(legitimacy)을 부여한다. 고객이 정보에 접근할 수 있는 특권과 정치과정에 접근할 기회를 주므로 고객에게 충성(loyalty)을 바쳐야 한다.	분석가와 호환성(compatible)있는 가치 체계를 가진 고객을 선택한다. 고객의 선(good)에 대한 개념을 변화시키기 위하여 장기간 관계를 지속한다.
이슈창도자	분석이 명확한 결론을 내리는 일은 거의 없다. 분석결과가 이슈창도를 지원(support)하지 않으면 모호성(ambiguity)을 강조하고 가치를 배제한다.	고객은 창도를 위한 기회를 제공한다. 기회를 잘 살릴 수 있도록 고객을 선택한다. 개인적 정책의제(personal policy agenda)를 촉진시키기 위하여 필요하면 고객을 변경한다.	분석은 좋은 사회에 대한 분석가의 개념을 실현할 수 있도록 진척시키는 도구가 되어야 한다.

정책분석가의 역할을 객관적인 테크니션으로 보는 입장은 분석적 완전성을 그들의 가장 기본적인 가치로 본다. 이러한 입장을 취하는 분석가들은 그들의 적절한 역할이 제안된 정책에 대한 객관적인 자문을 제공하는 것으로 본다. 객관적인 테크니션들은 그들의 숙달되고 표준화된 지식의 범위 내에서 전문능력(skills)을 응용함으로써 가장 안정감을 느낀다. 따라서 그들은 경제학, 통계학, 경영과학(operations research) 등과 같이 이미 잘 발전된 방법들(methods)로 자리잡은 학문들로부터 그들의 분석도구들을 가져오기를 선호한다. 그들은 관련학문분야 연구자들이 그들의 분석에 대해서 분석가가 처한 환경하에서 방법론적으로 잘된 것(sound)으로 믿기를 바란다. 객관적인 분석가들은 정책선택에 적합한 가치들이 먼저 식별되어야 한다고 믿는다. 그러나 어떤 정책도 적절한 가치에 비추어 더 바람직한 것(superior)으로 나타나지 않는 경우에는, 가치들 간의 트레이드 오프(trade-off)가 분석가에 의하여 암시적으로 부과되기보다는, 고객에 의하여 이루어지도록 남겨두어야 한다고 본다. 정책분석가는 그들이 개인적으로 좋아하는 정책대안이 선택되지 않는 경우에도, 편견 없는 자문(unbiased advice)을 꾸준히 제공함으로써, 장기적으로는 좋은 사회(good society)를 만드는 데 공헌할 수 있을 것이다.

고객의 창도자(client's advocacy)는 고객에 대한 책무에 분석가의 제 일차적 역할이 있다고 본다. 그들은 선거직이나 임명직 공직자 또는 조직화된 정치적 이해관계자들인 고객들에 의하여 정책형성과정에 참여하도록 허용받는 데 정통성의 기반을 둔다. 정책형성과정에 접근을 허용받은 대가로 고객들은 전문가들의 충성(loyalty)과 비밀유지를 보장받는다. 의사가 환자들에게 대하는 것과 같이 분석가들은 그들의 고객들에게 해를 끼쳐서는 안 되며, 분석가들은 고객들의 이익증진을 위하여 열심히 노력하여야 하는 것이다.

이슈 창도자들은 분석이 좋은 사회의 개념을 실현하는 데 도구가 되어야 한다고 본다. 이슈 창도자들은 실제 분석을 수행하는 것과 관련된 분석적 완전성이나 고객에 대한 책무성과 같은 가치들보다는 정책결과(policy outcome)에 고유한 가치들에 더 초점을 둔다. 이슈 창도자로서의 분석가들은 그들 자신들이 본래적으로 정책과정에 정통성있는 행위자(legitimate player)들이라고 믿는다. 그들은 정치과정에서 잘 대변되지 않아서(underrepresentation) 고통받는다고 믿는 사람들, 예컨대 환경, 극빈자 또는 범죄의 희생자들과 같은 집단이나 이익들을 대변하는 챔피언들(champions)이라고 그들 자신들을 인지한다.

　　다양한 위치에 있는 정책분석가들은 그들이 처한 입장에 따라 위에서 제시한 여러 가지 정책분석가의 역할들 가운데 어떤 입장을 선택하여 분석가로서의 역할을 수행한다. 대학교 교수와 같이 어떤 입장을 선택하는 데 비교적 자유로운 입장에 있는 정책분석가들이 있는가 하면, 어떤 정부조직이나 어떤 특정한 임무(mission)를 가진 연구조직에서 활동하는 정책분석가들도 있으며, 환경문제, 바르게 살기운동과 같은 어떤 가치를 증진시키기 위해 활동하는 비정부조직을 위하여 일하는 정책분석가들도 있고, 어떤 정당이나 특정한 정치인을 위하여 일하는 정책분석가들도 있다. 그들 분석가들은 자기들이 처한 입장에 따라 어떤 정책분석가의 역할모델을 선택하여 그가 선택한 모델에 따라 정책분석가로서 활동한다.

　　이들 다양한 입장에서 활동하는 직업인으로서의 정책분석가들의 행태를 가이드하기 위하여 윤리규칙(ethical code)이 발전되어야 한다. 이러한 윤리규칙은 같은 분야에 종사하는 전문직 종사자들이 만든 조직들, 예컨대 학회나 협회 등이 중심이 되어 만들려고 노력한다.

　　미국의 경우 정책분석학을 전공하는 연구자들의 모임인 정책분석관리학회(the Association for Public Policy Analysis and Management)가 중심이 되어 그 조직과 관련된 정책분석가들의 윤리규칙을 만들려고 노력하고 있으나 아직도 이루어지지 않고 있다. 우리나라의 경우에는 한국정책학회, 한국정책분석평가학회 등이 있으나 정책분석과 관련된 윤리규칙을 제정하려는 노력은 거의 이루어지지 않고 있다.

　　그러나 정책학을 연구하는 학자들은 정책분석가들이 지켜야 할 윤리적 규칙으로서 몇 가지 일반적인 가이드라인을 제시하고 있다. 예컨대 Dror는 정책학자들이 민주주의와 인권이라는 가치와 배치되는 목적들을 가진 것으로 믿어지는 고객들을 위해서는 일하지 말아야 하며, 정책분석가와 기본적으로 다른 가치를 실현하기 위하여 일하기보다는 사퇴하여야 한다고 주장한다. Dror는 또한 고객들이 분석에 사용된 가정들이 무엇인지 분명히 알 수 있고 삭제되지 않은 대안을 받을 수 있는 것 등 정직한 서비스를 받을 수 있어야 하며, 분석가는 접근가능한 정보나 고객의 영향력을 다른 개인적 목적을 위하여 사용해서는 안 된다고 강조하고 있다(Dror, 1971: 119). 그러나 이러한 류의 권고들은 대부분 직업윤리로서뿐 아니라 일반적인 사회생활에서도 그대로 받아들이고 있는 윤리규칙들이다. 그런 의미에서 어떤 논자들은 대부분의 직업에서 도덕적 의무로 설정하고 있는 윤리규칙들이 전문직업적이 아닌(nonprofessional) 일반인들의 윤리규범과 크게 다르지 않다고 주장한다(Goldman 1980).

그러므로 전문직업으로서의 정책분석가들에 대한 직업윤리에 대한 접근방법은 고객에 대한 책무와 분석적 완전성을 도덕적 행태를 지배하는 가치로서 받아들이는 것이 되어야 할 것이다.

정책분석을 전문적으로 하는 정책분석가들은 다른 사람들의 기본적인 권리들(basic rights)을 보호하고, 우리의 헌법에 명시된 민주적 과정을 지지하며, 분석적 완전성을 증진시키고, 파워에 진실을 말하는 것 등을 명시적인 의무로 인정하여야 한다. 이러한 가치들을 일반적으로 윤리적 평가에서 고객에 대한 분석가들의 책무성 확보보다 우선적인 것으로 하여야 한다.

(2) 정책분석방법을 통한 정책분석윤리의 확보

정책분석을 수행함에 있어서 지침으로 삼아야 할 규범적 표준은 공익과 책임이라고 하는 것은 앞에서 기술한 바와 같다. 그렇다면 이러한 행동규범을 어떻게 확보할 수 있겠는가?

정책분석에 있어서의 행동규범인 정책분석윤리의 확보방안의 모색은 정책분석가 자신을 포함한 모든 인간과 그들이 제안한 모든 공공정책들이 도덕적으로 애매모호할 수 있다고 하는 도덕적 모호성(moral ambiguity)을 인식하는 데에서부터 출발하여야 한다(Bailey, 1965: 283-298). 사람들은 한편으로는 정의를 실현시킬 수 있는 능력을 보유하고 있기 때문에 민주주의의 실현을 가능하게 하고 있으나 또 한편으로는 불의를 지향하는 성향도 가지고 있기 때문에 민주주의를 불가피하게 필요로 하고 있다.

이와 같은 도덕적 모호성이 지배하는 상황하에서 정책분석과정에서 직면하는 윤리적 딜레마를 해결할 수 있는 핵심적인 요소는 공개성(openness)이라고 할 수 있다(Nagel, 1984: 149). 정책분석가들이 정책분석작업을 수행함에 있어서 그들이 수행하고 있는 일의 어떤 측면에 대해서 대외적으로 분명히 천명할 때 도덕적 모호성에서 말하는 부정의(injustice)하려는 인간의 성향을 미리 막을 수 있다. 그렇기 때문에 정책분석과정에서 어떤 측면에 대해서 분명하게 밝히는 것은 윤리적 책무(ethical obligation)이기도 한 것이다.

정책분석가는 첫째로 정책의 목적, 목표 및 효과 등의 측면에서 분명하게 공개될 수 있도록 노력하여야 하고, 둘째로 그 정책분석에 사용한 방법이라는 측면에서 분명하게 공개될 수 있도록 노력하여야 한다.

이와 같이 정책이 추구하는 목적, 목표 및 효과가 공개되게 되면 그것들은 그 정책에 의하여 영향을 받는 집단이나 개인들의 비판의 대상이 될 수 있으며, 이러한 비판과 의견의 수렴과정을 거쳐서 정책이 추구하는 목적과 목표가 올바른 방향으로 설정될 수 있을 것이다. 한편 정책분석에 사용된 논리와 방법들이 공개되어 동일한 분야의 전문가들의 방법론적 비판을 통하여 그 정책분석에 사용된 방법들이 논리적으로나 경험적으로 건전하다고 하는 것이 입증될 수 있다고 한다면, 잘못된 방법의 사용으로 정책분석에 의하여 도달된 결론이 범할 수도 있는 오류를 사전에 예방할 수 있을 것이다.

정책분석 내용에 대한 이와 같은 공개의 원칙과 아울러 정책분석가를 위한 교육에 대한 방향전환이 이루어져야 한다.

첫째는 정책분석에 대한 교육은 공공정책의 윤리적 측면을 강조하는 방향으로 전환되어야 하고 둘째는 사실에 대한 전달교육에서 분석적 능력을 길러 줄 수 있는 방향으로 전환되어야 한다(Wildavsky, 1979: 412-415: Daneke, 1983: 125-136). 정책분석가가 도덕적으로 건전한 양식을 가지고 방법론적으로 세련될 수 있다고 한다면 정책목적의 측면과 분석방법의 측면에서 범하게 될지도 모르는 정책분석의 오류가 극소화될 수 있을 것이다.

요   약

1. 정책이 사회에 미치는 영향의 특성은 근본성, 광범성 및 장기성 등이다.

2. 정책분석은 정책문제에 대한 정의와 목표설정, 정책대안의 개발과 설계, 정책대안 평가기준의 선택과 적용, 그리고 평가모형의 작성과 평가의 시행 등을 통하여 정책에 영향을 미친다.

3. 정책분석윤리는 정책분석을 수행함에 있어서 요구되는 가치기준 또는 행동규범이다. 이 정책분석윤리는 정책분석가가 그들의 업무를 수행하는 과정에서 수시로 당면하는 딜레마들을 해결하는 규범적 표준이 된다.

4. 정책분석을 수행하는 과정에서 당면하는 중요한 딜레마는 최적화의 딜레마, 파당적 딜레마, 예측하지 못하는 결과에 따르는 딜레마, 형평성 딜레마, 민감도분석 딜레마, 효율적 연구수행 딜레마, 연구자료 공동활용의 딜레마, 연구타당성 딜레마, 연구대상자들에게 리스크(risk)를 무릅쓰도록 하는 데 따르는 딜레마 등이다.

5. 정책분석윤리의 본질은 공익과 사회적 책임이다.

6. 정책분석윤리는 정책분석가의 역할이 다른 사람들의 기본적인 권리들을 보호하고, 우리 헌법에 명시된 민주적 과정을 지지하며, 분석적 완전성을 증진시키는 것을 의무로 하여야 한다는 것을 분명하게 하고, 정책분석가와 정책들이 도덕적으로 모호할 수 있다는 것을 전제로 정책분석의 공개원칙을 준수함으로써 확보될 수 있다.

연습문제

15-1 정책이 사회와 개인들에게 미치는 영향의 특성에 대하여 설명하여라.

15-2 정책분석이 사회와 개인들에게 영향을 미치는 다음의 네 가지 방법들에 대하여 구체적으로 설명하여라.

　(1) 정책문제에 대한 정의와 목표의 설정

　(2) 정책대안의 개발과 설계

　(3) 정책대안 평가기준의 선택과 적용

　(4) 평가모형의 작성과 평가의 시행

15-3 정책분석을 수행함에 있어서 직면하는 윤리적 딜레마를 들고 이에 대해서 설명하여라.

15-4 정책분석을 수행함에 있어서 직면하는 윤리적 딜레마들 가운데 목적과 관련된 딜레마들과 분석방법과 관련된 딜레마의 성격상의 차이를 비교하여라.

15-5 정책분석윤리의 본질에 대하여 설명하여라.

15-6 정책분석윤리의 확보방안에 대하여 설명하여라.

15-7 정책분석윤리가 한국적 상황에서 확보되기 어려운 이유는 무엇인가?

15-8 민주주의와 정책분석윤리 간의 관계를 설명하여라.

15-9 정책설계조건의 관점에서 경험적 주장과 규범적 주장의 커뮤니케이션 가능성의 정도에 따라 사회를 분류할 때, 각 조건의 사회별로 정책설계에 있어서 예상되는 정책분석가의 역할은 무엇인가?

15-10 정책분석가의 적절한 역할로 제시된 세 가지 역할 가운데 정책분석가에게 가장 중요하다고 생각되는 역할은 무엇이라고 생각하는가? 그 이유는?

[부록] 불연속 복리표: $i=3/4\%$

	Single payment		Uniform series				Gradient series	
	Compound amount factor	Present worth factor	Compound amount factor	Sinking fund factor	Present worth factor	Capital recovery factor	Uniform series factor	Present worth factor
n	To find F given P $F\mid P\,i,n$	To find P given F $P\mid F\,i,n$	To find F given A $F\mid A\,i,n$	To find A given F $A\mid F\,i,n$	To find P given A $P\mid A\,i,n$	To find A given P $A\mid P\,i,n$	To find A given G $A\mid G\,i,n$	To find P given G $P\mid G\,i,n$
1	1.0075	0.9926	1.0000	1.0000	0.9926	1.0075	0.0000	0.0000
2	1.0151	0.9852	2.0075	0.4981	1.9777	0.5056	0.4981	0.9852
3	1.0227	0.9778	3.0226	0.3308	2.9556	0.3383	0.9950	2.9408
4	1.0303	0.9706	4.0452	0.2472	3.9261	0.2547	1.4907	5.8525
5	1.0381	0.9633	5.0756	0.1970	4.8894	0.2045	1.9851	9.7058
6	1.0459	0.9562	6.1136	0.1636	5.8456	0.1711	2.4782	14.4866
7	1.0537	0.9490	7.1595	0.1397	6.7946	0.1472	2.9701	20.1808
8	1.0616	0.9420	8.2132	0.1218	7.7366	0.1293	3.4608	26.7747
9	1.0696	0.9350	9.2748	0.1078	8.6716	0.1153	3.9502	34.2544
10	1.0776	0.9280	10.3443	0.0967	9.5996	0.1042	4.4384	42.6064
11	1.0857	0.9211	11.4219	0.0876	10.5207	0.0951	4.9253	51.8174
12	1.0938	0.9142	12.5076	0.0800	11.4349	0.0875	5.4110	61.8740
13	1.1020	0.9074	13.6014	0.0735	12.3423	0.0810	5.8954	72.7632
14	1.1103	0.9007	14.7034	0.0680	13.2430	0.0755	6.3786	84.4720
15	1.1186	0.8940	15.8137	0.0632	14.1370	0.0707	6.8606	96.9876
16	1.1270	0.8873	16.9323	0.0591	15.0243	0.0666	7.3413	110.2973
17	1.1354	0.8807	18.0593	0.0554	15.9050	0.0629	7.8207	124.3887
18	1.1440	0.8742	19.1947	0.0521	16.7792	0.0596	8.2989	139.2494
19	1.1525	0.8676	20.3387	0.0492	17.6468	0.0567	8.7759	154.8671
20	1.1612	0.8612	21.4912	0.0465	18.5080	0.0540	9.2516	171.2297
21	1.1699	0.8548	22.6524	0.0441	19.3628	0.0516	9.7261	188.3253
22	1.1787	0.8484	23.8223	0.0420	20.2112	0.0495	10.1994	206.1420
23	1.1875	0.8421	25.0010	0.0400	21.0533	0.0475	10.6714	224.6682
24	1.1964	0.8358	26.1885	0.0382	21.8891	0.0457	11.1422	243.8923
25	1.2054	0.8296	27.3849	0.0365	22.7188	0.0440	11.6117	263.8029
26	1.2144	0.8234	28.5903	0.0350	23.5422	0.0425	12.0800	284.3888
27	1.2235	0.8173	29.8047	0.0336	24.3595	0.0411	12.5470	305.6387
28	1.2327	0.8112	31.0282	0.0322	25.1707	0.0397	13.0128	327.5416
29	1.2420	0.8052	32.2609	0.0310	25.9759	0.0385	13.4774	350.0867
30	1.2513	0.7992	33.5029	0.0298	26.7751	0.0373	13.9407	373.2631
31	1.2607	0.7932	34.7542	0.0288	27.5683	0.0363	14.4028	397.0602
32	1.2701	0.7873	36.0148	0.0278	28.3557	0.0353	14.8636	421.4675
33	1.2796	0.7815	37.2849	0.0268	29.1371	0.0343	15.3232	446.4746
34	1.2892	0.7757	38.5646	0.0259	29.9128	0.0334	15.7816	472.0712
35	1.2989	0.7699	39.8538	0.0251	30.6827	0.0326	16.2387	498.2471
40	1.3483	0.7416	46.4465	0.0215	34.4469	0.0290	18.5058	637.4693
45	1.3997	0.7145	53.2901	0.0188	38.0732	0.0263	20.7421	789.7173
50	1.4530	0.6883	60.3943	0.0166	41.5664	0.0241	22.9476	953.8486
55	1.5083	0.6630	67.7688	0.0148	44.9316	0.0223	25.1223	1128.7869
60	1.5657	0.6387	75.4241	0.0133	48.1734	0.0208	27.2665	1313.5189
65	1.6253	0.6153	83.3709	0.0120	51.2963	0.0195	29.3801	1507.0910
70	1.6872	0.5927	91.6201	0.0109	54.3046	0.0184	31.4634	1708.6065
75	1.7514	0.5710	100.1833	0.0100	57.2027	0.0175	33.5163	1917.2225
80	1.8180	0.5500	109.0725	0.0092	59.9944	0.0167	35.5391	2132.1472
85	1.8873	0.5299	118.3001	0.0085	62.6838	0.0160	37.5318	2352.6375
90	1.9591	0.5104	127.8790	0.0078	65.2746	0.0153	39.4946	2577.9961
95	2.0337	0.4917	137.8225	0.0073	67.7704	0.0148	41.4277	2807.5694
100	2.1111	0.4737	148.1445	0.0068	70.1746	0.0143	43.3311	3040.7453

[부록] 불연속 복리표: $i=1\%$

n	Single payment		Uniform series				Gradient series	
	Compound amount factor	Present worth factor	Compound amount factor	Sinking fund factor	Present worth factor	Capital recovery factor	Uniform series factor	Present worth factor
	To find F given P $F\mid P\,i,n$	To find P given F $P\mid F\,i,n$	To find F given A $F\mid A\,i,n$	To find A given F $A\mid F\,i,n$	To find P given A $P\mid A\,i,n$	To find A given P $A\mid P\,i,n$	To find A given G $A\mid G\,i,n$	To find P given G $P\mid G\,i,n$
1	1.0100	0.9901	1.0000	1.0000	0.9901	1.0100	0.0000	0.0000
2	1.0201	0.9803	2.0100	0.4975	1.9704	0.5075	0.4975	0.9803
3	1.0303	0.9706	3.0301	0.3300	2.9410	0.3400	0.9934	2.9215
4	1.0406	0.9610	4.0604	0.2463	3.9020	0.2563	1.4876	5.8044
5	1.0510	0.9515	5.1010	0.1960	4.8534	0.2060	1.9801	9.6103
6	1.0615	0.9420	6.1520	0.1625	5.7955	0.1725	2.4710	14.3205
7	1.0721	0.9327	7.2135	0.1386	6.7282	0.1486	2.9602	19.9168
8	1.0829	0.9235	8.2857	0.1207	7.6517	0.1307	3.4478	26.3812
9	1.0937	0.9143	9.3685	0.1067	8.5660	0.1167	3.9667	33.6959
10	1.1046	0.9053	10.4622	0.0956	9.4713	0.1056	4.4179	41.8435
11	1.1157	0.8963	11.5668	0.0865	10.3676	0.0965	4.9005	50.8067
12	1.1268	0.8874	12.6825	0.0788	11.2551	0.0888	5.3815	60.5687
13	1.1381	0.8787	13.8093	0.0724	12.1337	0.0824	5.8607	71.1126
14	1.1495	0.8700	14.9474	0.0669	13.0037	0.0769	6.3384	82.4221
15	1.1610	0.8613	16.0969	0.0621	13.8651	0.0721	6.8143	94.4810
16	1.1726	0.8528	17.2579	0.0579	14.7179	0.0679	7.2886	107.2734
17	1.1843	0.8444	18.4304	0.0543	15.5623	0.0643	7.7613	120.7834
18	1.1961	0.8360	19.6147	0.0510	16.3983	0.0610	8.2323	134.9957
19	1.2081	0.8277	20.8109	0.0481	17.2260	0.0581	8.7017	149.8950
20	1.2202	0.8195	22.0190	0.0454	18.0456	0.0554	9.1694	165.4664
21	1.2324	0.8114	23.2392	0.0430	18.8570	0.0530	9.6354	181.6950
22	1.2447	0.8034	24.4716	0.0409	19.6604	0.0509	10.0998	198.5663
23	1.2572	0.7954	25.7163	0.0389	20.4558	0.0489	10.5626	216.0660
24	1.2697	0.7876	26.9735	0.0371	21.2434	0.0471	11.0237	234.1800
25	1.2824	0.7798	28.2432	0.0354	22.0232	0.0454	11.4831	252.8945
26	1.2953	0.7720	29.5256	0.0339	22.7952	0.0439	11.9409	272.1957
27	1.3082	0.7644	30.8209	0.0324	23.5596	0.0424	12.3971	292.0702
28	1.3213	0.7568	32.1291	0.0311	24.3164	0.0411	12.8516	312.5047
29	1.3345	0.7493	33.4504	0.0299	25.0658	0.0399	13.3044	333.4863
30	1.3478	0.7419	34.7849	0.0287	25.8077	0.0387	13.7557	355.0021
31	1.3613	0.7346	36.1327	0.0277	26.5423	0.0377	14.2052	377.0394
32	1.3749	0.7273	37.4941	0.0267	27.2696	0.0367	14.6532	399.5858
33	1.3887	0.7201	38.8690	0.0257	27.9897	0.0357	15.0995	422.6291
34	1.4026	0.7130	40.2577	0.0248	28.7027	0.0348	15.5441	446.1572
35	1.4166	0.7059	41.6603	0.0240	29.4086	0.0340	15.9871	470.1583
40	1.4889	0.6717	48.8864	0.0205	32.8347	0.0305	18.1776	596.8561
45	1.5648	0.6391	56.4811	0.0177	36.0945	0.0277	20.3273	733.7037
50	1.6446	0.6080	64.4632	0.0155	39.1961	0.0255	22.4363	879.4176
55	1.7285	0.5785	72.8525	0.0137	42.1472	0.0237	24.5049	1032.8148
60	1.8167	0.5504	81.6697	0.0122	44.9550	0.0222	26.5333	1192.8061
65	1.9034	0.5237	90.9366	0.0110	47.6266	0.0210	28.5217	1358.3903
70	2.0068	0.4983	100.6763	0.0099	50.1685	0.0199	30.4703	1528.6474
75	2.1091	0.4741	110.9128	0.0090	52.5871	0.0190	32.3793	1702.7340
80	2.2167	0.4511	121.6715	0.0082	54.8882	0.0182	34.2492	1879.8771
85	2.3298	0.4292	132.9790	0.0075	57.0777	0.0175	36.0801	2059.3701
90	2.4480	0.4084	144.8633	0.0069	59.1609	0.0169	37.8724	2240.5675
95	2.5735	0.3886	157.3538	0.0064	61.1430	0.0164	39.6265	2422.8811
100	2.7048	0.3697	170.4814	0.0059	63.0289	0.0159	41.3426	2605.7758

[부록] 불연속 복리표: $i=3/2\%$

	Single payment		Uniform series				Gradient series	
	Compound amount factor	Present worth factor	Compound amount factor	Sinking fund factor	Present worth factor	Capital recovery factor	Uniform series factor	Present worth factor
n	To find F given P $F\mid P\,i,n$	To find P given F $P\mid F\,i,n$	To find F given A $F\mid A\,i,n$	To find A given F $A\mid F\,i,n$	To find P given A $P\mid A\,i,n$	To find A given P $A\mid P\,i,n$	To find A given G $A\mid G\,i,n$	To find P given G $P\mid G\,i,n$
1	1.0150	0.9852	1.0000	1.0000	0.9852	1.0150	0.0000	0.0000
2	1.0302	0.9707	2.0150	0.4963	1.9559	0.5113	0.4963	0.9707
3	1.0457	0.9563	3.0452	0.3284	2.9122	0.3434	0.9901	2.8833
4	1.0614	0.9422	4.0909	0.2444	3.8544	0.2594	1.4814	5.7098
5	1.0773	0.9283	5.1523	0.1941	4.7826	0.2091	1.9702	9.4229
6	1.0934	0.9145	6.2296	0.1605	5.6972	0.1755	2.4566	13.9956
7	1.1098	0.9010	7.3230	0.1366	6.5982	0.1516	2.9405	19.4018
8	1.1265	0.8877	8.4328	0.1186	7.4859	0.1336	3.4219	25.6157
9	1.1434	0.8746	9.5593	0.1046	8.3605	0.1196	3.9008	32.6125
10	1.1605	0.8617	10.7027	0.0934	9.2222	0.1084	4.3772	40.3675
11	1.1779	0.8489	11.8633	0.0843	10.0711	0.0993	4.8512	48.8568
12	1.1956	0.8364	13.0412	0.0767	10.9075	0.0917	5.3227	58.0571
13	1.2136	0.8240	14.2368	0.0702	11.7315	0.0852	5.7917	67.9454
14	1.2318	0.8118	15.4504	0.0647	12.5434	0.0797	6.2582	78.4994
15	1.2502	0.7999	16.6821	0.0599	13.3432	0.0749	6.7223	89.6974
16	1.2690	0.7880	17.9324	0.0558	14.1313	0.0708	7.1839	101.5178
17	1.2880	0.7764	19.2014	0.0521	14.9076	0.0671	7.6431	113.9400
18	1.3073	0.7649	20.4894	0.0488	15.6726	0.0638	8.0997	126.9435
19	1.3270	0.7536	21.7967	0.0459	16.4262	0.0609	8.5539	140.5084
20	1.3469	0.7425	23.1237	0.0432	17.1686	0.0582	9.0057	154.6154
21	1.3671	0.7315	24.4705	0.0409	17.9001	0.0559	9.4550	169.2453
22	1.3876	0.7207	25.8376	0.0387	18.6208	0.0537	9.9018	184.3798
23	1.4084	0.7100	27.2251	0.0367	19.3309	0.0517	10.3462	200.0006
24	1.4295	0.6995	28.6335	0.0349	20.0304	0.0499	10.7881	216.0901
25	1.4509	0.6892	30.0630	0.0333	20.7196	0.0483	11.2276	232.6310
26	1.4727	0.6790	31.5140	0.0317	21.3986	0.0467	11.6646	249.6065
27	1.4948	0.6690	32.9867	0.0303	22.0676	0.0453	12.0992	267.0002
28	1.5172	0.6591	34.4815	0.0290	22.7267	0.0440	12.5313	284.7958
29	1.5400	0.6494	35.9987	0.0278	23.3761	0.0428	12.9610	302.9779
30	1.5631	0.6398	37.5387	0.0266	24.0158	0.0416	13.3883	321.5310
31	1.5865	0.6303	39.1018	0.0256	24.6461	0.0406	13.8131	340.4402
32	1.6103	0.6210	40.6883	0.0246	25.2671	0.0396	14.2355	359.6910
33	1.6345	0.6118	42.2986	0.0236	25.8790	0.0386	14.6555	379.2691
34	1.6590	0.6028	43.9331	0.0228	26.4817	0.0378	15.0731	399.1607
35	1.6839	0.5939	45.5921	0.0219	27.0756	0.0369	15.4882	419.3521
40	1.8140	0.5513	54.2679	0.0184	29.9158	0.0334	17.5277	524.3568
45	1.9542	0.5117	63.6142	0.0157	32.5523	0.0307	19.5074	635.0110
50	2.1052	0.4750	73.6828	0.0136	34.9997	0.0286	21.4277	749.9636
55	2.2679	0.4409	84.5296	0.0118	37.2715	0.0268	23.2894	868.0285
60	2.4432	0.4093	96.2147	0.0104	39.3803	0.0254	25.0930	988.1674
65	2.6320	0.3799	108.8028	0.0092	41.3378	0.0242	26.8393	1109.4752
70	2.8355	0.3527	122.3638	0.0082	43.1549	0.0232	28.5290	1231.1658
75	3.0546	0.3274	136.9728	0.0073	44.8416	0.0223	30.1631	1352.5600
80	3.2907	0.3039	152.7109	0.0065	46.4073	0.0215	31.7423	1473.0741
85	3.5450	0.2821	169.6652	0.0059	47.8607	0.0209	33.2676	1592.2095
90	3.8189	0.2619	187.9299	0.0053	49.2099	0.0203	34.7399	1709.5439
95	4.1141	0.2431	207.6061	0.0048	50.4622	0.0198	36.1602	1824.7224
100	4.4320	0.2256	228.8030	0.0044	51.6247	0.0194	37.5295	1937.4506

[부록] 불연속 복리표: $i=2\%$

	Single payment		Uniform series				Gradient series	
	Compound amount factor	Present worth factor	Compound amount factor	Sinking fund factor	Present worth factor	Capital recovery factor	Uniform series factor	Present worth factor
n	To find F given P $F\mid P\,i,n$	To find P given F $P\mid F\,i,n$	To find F given A $F\mid A\,i,n$	To find A given F $A\mid F\,i,n$	To find P given A $P\mid A\,i,n$	To find A given P $A\mid P\,i,n$	To find A given G $A\mid G\,i,n$	To find P given G $P\mid G\,i,n$
1	1.0200	0.9804	1.0000	1.0000	0.9804	1.0200	0.0000	0.0000
2	1.0404	0.9612	2.0200	0.4950	1.9416	0.5150	0.4950	0.9612
3	1.0612	0.9423	3.0604	0.3268	2.8839	0.3468	0.9868	2.8458
4	1.0824	0.9238	4.1216	0.2426	3.8077	0.2626	1.4752	5.6173
5	1.1041	0.9057	5.2040	0.1922	4.7135	0.2122	1.9604	9.2403
6	1.1262	0.8880	6.3081	0.1585	5.6014	0.1785	2.4423	13.6801
7	1.1487	0.8706	7.4343	0.1345	6.4720	0.1545	2.9208	18.9035
8	1.1717	0.8535	8.5830	0.1165	7.3255	0.1365	3.3961	24.8779
9	1.1951	0.8368	9.7546	0.1025	8.1622	0.1225	3.8681	31.5720
10	1.2190	0.8203	10.9497	0.0913	8.9826	0.1113	4.3367	38.9551
11	1.2434	0.8043	12.1687	0.0822	9.7868	0.1022	4.8021	46.9977
12	1.2682	0.7885	13.4121	0.0746	10.5753	0.0946	5.2642	55.6712
13	1.2936	0.7730	14.6803	0.0681	11.3484	0.0881	5.7231	64.9475
14	1.3195	0.7579	15.9739	0.0626	12.1062	0.0826	6.1786	74.7999
15	1.3459	0.7430	17.2934	0.0578	12.8493	0.0778	6.6309	85.2021
16	1.3728	0.7284	18.6393	0.0537	13.5777	0.0737	7.0799	96.1288
17	1.4002	0.7142	20.0121	0.0550	14.2919	0.0700	7.5256	107.5554
18	1.4282	0.7002	21.4123	0.0467	14.9920	0.0667	7.9681	119.4581
19	1.4568	0.6864	22.8406	0.0438	15.6785	0.0638	8.4073	131.8139
20	1.4859	0.6730	24.2974	0.0412	16.3514	0.0612	8.8433	144.6003
21	1.5157	0.6598	25.7833	0.0388	17.0112	0.0588	9.2760	157.7959
22	1.5460	0.6468	27.2990	0.0366	17.6580	0.0566	9.7055	171.3795
23	1.5769	0.6342	28.8450	0.0347	18.2922	0.0547	10.1317	185.3309
24	1.6084	0.6217	30.4219	0.0329	18.9139	0.0529	10.5547	199.6305
25	1.6406	0.6095	32.0303	0.0312	19.5235	0.0512	10.9745	214.2592
26	1.6734	0.5976	33.6709	0.0297	20.1210	0.0497	11.3910	229.1987
27	1.7069	0.5859	35.3443	0.0283	20.7069	0.0483	11.8043	244.4311
28	1.7410	0.5744	37.0512	0.0270	21.2813	0.0470	12.2145	259.9392
29	1.7758	0.5631	38.7922	0.0258	21.8444	0.0458	12.6214	275.7064
30	1.8114	0.5521	40.5681	0.0246	22.3965	0.0446	13.0251	291.7164
31	1.8476	0.5412	42.3794	0.0236	22.9377	0.0436	13.4257	307.9538
32	1.8845	0.5306	44.2270	0.0226	23.4683	0.0426	13.8230	324.4035
33	1.9222	0.5202	46.1116	0.0217	23.9886	0.0417	14.2171	341.0508
34	1.9607	0.5100	48.0338	0.0208	24.4986	0.0408	14.6083	357.8817
35	1.9999	0.5000	49.9945	0.0200	24.9986	0.0400	14.9961	374.8826
40	2.2080	0.4529	60.4020	0.0166	27.3555	0.0366	16.8885	461.9931
45	2.4379	0.4102	71.8927	0.0139	29.4902	0.0339	18.7034	551.5652
50	2.6916	0.3715	84.5794	0.0116	31.4236	0.0318	20.4420	642.3606
55	2.9717	0.3365	98.5865	0.0101	33.1748	0.0301	22.1057	733.3527
60	3.2810	0.3048	114.0515	0.0088	34.7609	0.0288	23.6961	823.6975
65	3.6225	0.2761	131.1262	0.0076	36.1975	0.0276	25.2147	912.7085
70	3.9996	0.2500	149.9779	0.0067	37.4986	0.0267	26.6632	999.8343
75	4.4158	0.2265	170.7918	0.0059	38.6771	0.0259	28.0434	1084.6393
80	4.8754	0.2051	193.7720	0.0052	39.7445	0.0252	29.3572	1166.8968
85	5.3829	0.1858	219.1439	0.0046	40.7113	0.0246	30.6064	1246.0241
90	5.9431	0.1683	247.1567	0.0040	41.5869	0.0240	31.7929	1322.1701
95	6.5617	0.1524	278.0850	0.0036	42.3800	0.0236	32.9189	1395.1033
100	7.2446	0.1380	312.2323	0.0032	43.0984	0.0232	33.9863	1464.7527

[부록]　불연속 복리표: $i=5/2\%$

	Single payment		Uniform series				Gradient series	
	Compound amount factor	Present worth factor	Compound amount factor	Sinking fund factor	Present worth factor	Capital recovery factor	Uniform series factor	Present worth factor
n	To find F given P $F \mid P\ i, n$	To find P given F $P \mid F\ i, n$	To find F given A $F \mid A\ i, n$	To find A given F $A \mid F\ i, n$	To find P given A $P \mid A\ i, n$	To find A given P $A \mid P\ i, n$	To find A given G $A \mid G\ i, n$	To find P given G $P \mid G\ i, n$
1	1.0250	0.9756	1.0000	1.0000	0.9756	1.0250	0.0000	0.0000
2	1.0506	0.9518	2.0250	0.4938	1.9274	0.5188	0.4938	0.9518
3	1.0769	0.9286	3.0756	0.3251	2.8560	0.3501	0.9835	2.8090
4	1.1038	0.9060	4.1525	0.2408	3.7620	0.2658	1.4691	5.5269
5	1.1314	0.8839	5.2563	0.1902	4.6458	0.2152	1.9506	9.0623
6	1.1597	0.8623	6.3877	0.1565	5.5081	0.1815	2.4280	13.3738
7	1.1887	0.8413	7.5474	0.1325	6.3494	0.1575	2.9013	18.4214
8	1.2184	0.8207	8.7361	0.1145	7.1701	0.1395	3.3704	24.1666
9	1.2489	0.8007	9.9545	0.1005	7.9709	0.1255	3.8355	30.5724
10	1.2801	0.7812	11.2034	0.0893	8.7521	0.1143	4.2965	37.6032
11	1.3121	0.7621	12.4835	0.0801	9.5142	0.1051	4.7534	45.2246
12	1.3449	0.7436	13.7956	0.0725	10.2578	0.0975	5.2062	53.4038
13	1.3785	0.7254	15.1404	0.0660	10.9832	0.0910	5.6549	62.1088
14	1.4130	0.7077	16.5190	0.0605	11.6909	0.0855	6.0995	71.3093
15	1.4483	0.6905	17.9319	0.0558	12.3814	0.0808	6.5401	80.9758
16	1.4845	0.6736	19.3802	0.0516	13.0550	0.0766	6.9766	91.0801
17	1.5216	0.6572	20.8647	0.0479	13.7122	0.0729	7.4091	101.5953
18	1.5597	0.6412	22.3863	0.0447	14.3534	0.0697	7.8375	112.4951
19	1.5987	0.6255	23.9460	0.0418	14.9789	0.0668	8.2619	123.7546
20	1.6386	0.6103	25.5447	0.0391	15.5892	0.0641	8.6823	135.3497
21	1.6796	0.5954	27.1933	0.0368	16.1845	0.0618	9.0986	147.2575
22	1.7216	0.5809	28.8629	0.0346	16.7654	0.0596	9.5110	159.4556
23	1.7646	0.5667	30.5844	0.0327	17.3321	0.0577	9.9193	171.9230
24	1.8087	0.5529	32.3490	0.0309	17.8850	0.0559	10.3237	184.6391
25	1.8539	0.5394	34.1578	0.0293	18.4244	0.0543	10.7241	197.5845
26	1.9003	0.5262	36.0117	0.0278	18.9506	0.0528	11.1205	210.7403
27	1.9478	0.5134	37.9120	0.0264	19.4640	0.0514	11.5130	224.0887
28	1.9965	0.5009	39.8598	0.0251	19.9649	0.0501	11.9015	237.6124
29	2.0464	0.4887	41.8563	0.0239	20.4535	0.0489	12.2861	251.2949
30	2.0976	0.4767	43.9027	0.0228	20.9303	0.0478	12.6668	265.1205
31	2.1500	0.4651	46.0003	0.0217	21.3954	0.0467	13.0436	279.0739
32	2.2038	0.4538	48.1503	0.0208	21.8492	0.0458	13.4166	293.1408
33	2.2589	0.4427	50.3540	0.0199	22.2919	0.0449	13.7856	367.3073
34	2.3153	0.4319	52.6129	0.0190	22.7238	0.0440	14.1508	321.5602
35	2.3732	0.4214	54.9282	0.0182	23.1452	0.0432	14.5122	335.8868
40	2.6851	0.3724	67.4026	0.0148	25.1028	0.0398	16.2620	408.2220
45	3.0379	0.3292	81.5161	0.0123	26.8330	0.0373	17.9185	480.8070
50	3.4371	0.2909	97.4843	0.0103	28.3623	0.0353	19.4839	552.6081
55	3.8888	0.2572	115.5509	0.0087	29.7140	0.0337	20.9608	622.8280
60	4.3998	0.2273	135.9916	0.0074	30.9087	0.0324	22.3518	690.8656
65	4.9780	0.2009	159.1183	0.0063	31.9646	0.0313	23.6600	756.2806
70	5.6321	0.1776	185.2841	0.0054	32.8979	0.0304	24.8881	756.7643
75	6.3722	0.1569	214.8883	0.0047	33.7227	0.0297	26.0393	818.1152
80	7.2096	0.1387	248.3827	0.0040	34.4518	0.0290	27.1167	878.2181
85	8.1570	0.1226	286.2786	0.0035	35.0962	0.0285	28.1235	934.0269
90	9.2289	0.1084	329.1543	0.0030	35.6858	0.0280	29.0629	1036.5499
95	10.4416	0.0958	377.6642	0.0026	36.1692	0.0276	29.9382	1082.8381
100	11.8137	0.0846	432.5487	0.0023	36.6141	0.0273	30.7525	1125.9747

[부록] 불연속 복리표: $i=3\%$

	Single payment		Uniform series				Gradient series	
	Compound amount factor	Present worth factor	Compound amount factor	Sinking fund factor	Present worth factor	Capital recovery factor	Uniform series factor	Present worth factor
n	To find F given P $F\mid P\,i,n$	To find P given F $P\mid F\,i,n$	To find F given A $F\mid A\,i,n$	To find A given F $A\mid F\,i,n$	To find P given A $P\mid A\,i,n$	To find A given P $A\mid P\,i,n$	To find A given G $A\mid G\,i,n$	To find P given G $P\mid G\,i,n$
1	1.0300	0.9709	1.0000	1.0000	0.9709	1.0300	0.0000	0.0000
2	1.0609	0.9426	2.0300	0.4926	1.9135	0.5226	0.4926	0.9426
3	1.0927	0.9151	3.0909	0.3235	2.8286	0.3535	0.9803	2.7729
4	1.1255	0.8885	4.1836	0.2390	3.7171	0.2690	1.4631	5.4383
5	1.1593	0.8626	5.3091	0.1884	4.5797	0.2184	1.9409	8.8883
6	1.1941	0.8375	6.4684	0.1546	5.4172	0.1846	2.4138	13.0762
7	1.2299	0.8131	7.6625	0.1305	6.2303	0.1605	2.8819	17.9547
8	1.2668	0.7894	8.8923	0.1125	7.0197	0.1425	3.3450	23.4806
9	1.3048	0.7664	10.1591	0.0984	7.7861	0.1284	3.8032	29.6119
10	1.3439	0.7441	11.4639	0.0872	8.5302	0.1172	4.2565	36.0388
11	1.3842	0.7224	12.8078	0.0781	9.2526	0.1081	4.7049	43.5330
12	1.4258	0.7014	14.1920	0.0705	9.9540	0.1005	5.1485	51.2482
13	1.4685	0.6810	15.6178	0.0640	10.6350	0.0940	5.5872	59.4196
14	1.5126	0.6611	17.0863	0.0585	11.2961	0.0885	6.0210	66.0141
15	1.5580	0.6419	18.5989	0.0538	11.9379	0.0838	6.4500	77.0002
16	1.6047	0.6232	20.1569	0.0496	12.5611	0.0796	6.8742	88.3477
17	1.6528	0.6050	21.7616	0.0460	13.1661	0.0760	7.2936	96.0280
18	1.7024	0.5874	23.4144	0.0427	13.7535	0.0727	7.7081	106.0137
19	1.7535	0.5703	25.1169	0.0398	14.3238	0.0698	8.1179	116.2788
20	1.8061	0.5537	26.8704	0.0372	14.8775	0.0672	8.5229	126.7987
21	1.8603	0.5375	28.6765	0.0349	15.4150	0.0649	8.9231	137.5496
22	1.9161	0.5219	30.5368	0.0327	15.9369	0.0627	9.3186	148.5094
23	1.9736	0.5067	32.4529	0.0308	16.4436	0.0608	9.7093	159.6566
24	2.0328	0.4919	34.4265	0.0290	16.9355	0.0590	10.0954	170.9711
25	2.0938	0.4776	36.4593	0.0274	17.4131	0.0574	10.4768	182.4336
26	2.1566	0.4637	38.5530	0.0259	17.8768	0.0559	10.8535	194.0260
27	2.2213	0.4502	40.7096	0.0246	18.3270	0.0546	11.2255	205.7309
28	2.2879	0.4371	42.9309	0.0233	18.7641	0.0533	11.5930	217.5320
29	2.3566	0.4243	45.2189	0.0221	19.1885	0.0521	11.9558	229.4137
30	2.4273	0.4120	47.5754	0.0210	19.6004	0.0510	12.3141	241.3613
31	2.5001	0.4000	50.0027	0.0200	20.0004	0.0500	12.6678	253.3609
32	2.5751	0.3883	52.5028	0.0190	20.3888	0.0490	13.0169	265.3993
33	2.6523	0.3770	55.0778	0.0182	20.7658	0.0482	13.3616	277.4642
34	2.7319	0.3660	57.7302	0.0173	21.1318	0.0473	13.7018	289.5437
35	2.8139	0.3554	60.4621	0.0165	21.4872	0.0465	14.0375	301.6267
40	3.2620	0.3066	75.4013	0.0133	23.1148	0.0433	15.6502	361.7499
45	3.7816	0.2644	82.7199	0.0108	24.5187	0.0408	17.1156	420.6325
50	4.3839	0.2281	112.7969	0.0089	25.7298	0.0389	18.5575	477.4803
55	5.0821	0.1968	136.0716	0.0073	26.7744	0.0373	19.8600	531.7411
60	5.8916	0.1697	163.0534	0.0061	27.6756	0.0361	21.0674	583.0526
65	6.8300	0.1464	194.3328	0.0051	28.4529	0.0351	22.1841	631.2010
70	7.9178	0.1263	230.5941	0.0043	29.1234	0.0343	23.2145	676.0869
75	9.1789	0.1089	272.6309	0.0037	29.7018	0.0337	24.1634	717.6978
80	10.6409	0.0940	321.3630	0.0031	30.2008	0.0331	25.0353	756.0865
85	12.3357	0.0811	377.8570	0.0026	30.6312	0.0326	25.8349	791.3529
90	14.3005	0.0699	443.3489	0.0023	31.0024	0.0323	26.5667	823.6302
95	16.5782	0.0603	519.2720	0.0019	31.3227	0.0319	27.2351	853.0742
100	19.2186	0.0520	607.2877	0.0016	31.5989	0.0316	27.8444	879.8540

[부록]　불연속 복리표: $i=4\%$

	Single payment		Uniform series				Gradient series	
	Compound amount factor	Present worth factor	Compound amount factor	Sinking fund factor	Present worth factor	Capital recovery factor	Uniform series factor	Present worth factor
n	To find F given P $F\mid P\,i,n$	To find P given F $P\mid F\,i,n$	To find F given A $F\mid A\,i,n$	To find A given F $A\mid F\,i,n$	To find P given A $P\mid A\,i,n$	To find A given P $A\mid P\,i,n$	To find A given G $A\mid G\,i,n$	To find P given G $P\mid G\,i,n$
1	1.0400	0.9615	1.0000	1.0000	0.9615	1.0400	0.0000	0.0000
2	1.0816	0.9246	2.0400	0.4902	1.8861	0.5302	0.4902	0.9246
3	1.1249	0.8890	3.1216	0.3203	2.7751	0.3603	0.9739	2.7025
4	1.1699	0.8548	4.2465	0.2355	3.6299	0.2755	1.4510	5.2670
5	1.2167	0.8219	5.4163	0.1846	4.4518	0.2246	1.9216	8.5547
6	1.2653	0.7903	6.6330	0.1508	5.2421	0.1906	2.3857	12.5062
7	1.3159	0.7599	7.8983	0.1266	6.0021	0.1666	2.8433	17.0657
8	1.3686	0.7307	9.2142	0.1085	6.7327	0.1485	3.2944	22.1806
9	1.4233	0.7026	10.5828	0.0945	7.4353	0.1345	3.7391	27.8013
10	1.4802	0.6756	12.0061	0.0833	8.1109	0.1233	4.1773	33.8814
11	1.5395	0.6496	13.4864	0.0741	8.7605	0.1141	4.6090	40.3772
12	1.6010	0.6246	15.0258	0.0666	9.3851	0.1066	5.0343	47.2477
13	1.6651	0.6006	16.6268	0.0601	9.9856	0.1001	5.4533	54.4546
14	1.7317	0.5775	18.2919	0.0547	10.5631	0.0947	5.8659	61.9618
15	1.8009	0.5553	20.0236	0.0499	11.1184	0.0899	6.2721	69.7355
16	1.8730	0.5339	21.8245	0.0458	11.6523	0.0858	6.6720	77.7441
17	1.9479	0.5134	23.6975	0.0422	12.1657	0.0822	7.0656	85.9581
18	2.0258	0.4936	25.6454	0.0390	12.6593	0.0790	7.4530	94.3498
19	2.1068	0.4746	27.6712	0.0361	13.1339	0.0761	7.8342	102.8933
20	2.1911	0.4564	29.7781	0.0336	13.5903	0.0736	8.2091	111.5647
21	2.2788	0.4388	31.9692	0.0313	14.0292	0.0713	8.5779	120.3414
22	2.3699	0.4220	34.2480	0.0292	14.4511	0.0692	8.9407	129.2024
23	2.4647	0.4057	36.6179	0.0273	14.8568	0.0673	9.2973	138.1284
24	2.5633	0.3901	39.0826	0.0256	15.2470	0.0656	9.6479	147.1012
25	2.6658	0.3751	41.6459	0.0240	15.6221	0.0640	9.9925	156.1040
26	2.7725	0.3607	44.3117	0.0226	15.9828	0.0626	10.3312	165.1212
27	2.8834	0.3468	47.0842	0.0212	16.3296	0.0612	10.6640	174.1385
28	2.9987	0.3335	49.9676	0.0200	16.6631	0.0600	10.9909	183.1424
29	3.1187	0.3207	52.9663	0.0189	16.9837	0.0589	11.3120	192.1206
30	3.2434	0.3083	56.0849	0.0178	17.2920	0.0578	11.6274	201.0618
31	3.3731	0.2965	59.3283	0.0169	17.5885	0.0569	11.9371	209.9556
32	3.5081	0.2851	62.7015	0.0159	17.8736	0.0559	12.2411	218.7924
33	3.6484	0.2741	66.2095	0.0151	18.1476	0.0551	12.2411	227.5634
34	3.7943	0.2636	69.8579	0.0143	18.4112	0.0543	12.8324	236.2607
35	3.9461	0.2534	73.6522	0.0136	18.6646	0.0536	13.1198	244.8768
40	4.8010	0.2083	95.0255	0.0105	19.7928	0.0505	14.4765	286.5303
45	5.8412	0.1712	121.0294	0.0083	20.7200	0.0483	15.7047	325.4028
50	7.1067	0.1407	152.6671	0.0066	21.4822	0.0466	16.8122	261.1638
55	8.6464	0.1157	191.1592	0.0052	22.1086	0.0452	17.8070	393.6890
60	10.5196	0.0951	237.9907	0.0042	22.6235	0.0442	18.6972	422.9966
65	12.7987	0.0781	294.9684	0.0034	23.0467	0.0434	19.4909	449.2014
70	15.5716	0.0642	364.2905	0.0027	23.3945	0.0427	20.1961	472.4789
75	18.9453	0.0528	448.6314	0.0022	23.6804	0.0422	20.8206	493.0408
80	23.0498	0.0434	551.2450	0.0018	23.9154	0.0418	21.3718	511.1161
85	28.0436	0.0357	676.0901	0.0015	24.1085	0.0415	21.8569	526.9384
90	34.1193	0.0293	827.9833	0.0012	24.2673	0.0412	22.2826	540.7369
95	41.5114	0.0241	1012.7846	0.0010	24.3978	0.0410	22.6550	552.7307
100	50.5049	0.0198	1237.6237	0.0008	24.5050	0.0408	22.9800	563.1249

[부록] 불연속 복리표: $i=5\%$

	Single payment		Uniform series				Gradient series	
	Compound amount factor	Present worth factor	Compound amount factor	Sinking fund factor	Present worth factor	Capital recovery factor	Uniform series factor	Present worth factor
n	To find F given P $F\mid P\,i,n$	To find P given F $P\mid F\,i,n$	To find F given A $F\mid A\,i,n$	To find A given F $A\mid F\,i,n$	To find P given A $P\mid A\,i,n$	To find A given P $A\mid P\,i,n$	To find A given G $A\mid G\,i,n$	To find P given G $P\mid G\,i,n$
1	1.0500	0.9524	1.0000	1.0000	0.9524	1.0500	0.0000	0.0000
2	1.1025	0.9070	2.0500	0.4878	1.8594	0.5378	0.4878	0.9070
3	1.1576	0.8638	3.1525	0.3172	2.7232	0.3672	0.9675	2.6347
4	1.2155	0.8227	4.3101	0.2320	3.5460	0.2820	1.4391	5.1028
5	1.2763	0.7835	5.5256	0.1810	4.3295	0.2310	1.9025	8.2369
6	1.3401	0.7462	6.8019	0.1470	5.0757	0.1970	2.3579	11.9680
7	1.4071	0.7107	8.1420	0.1228	5.7864	0.1728	2.8052	16.2321
8	1.4775	0.6768	9.5491	0.1047	6.4632	0.1547	3.2445	20.9700
9	1.5513	0.6446	11.0266	0.0907	7.1078	0.1407	3.6758	26.1268
10	1.6289	0.6139	12.5779	0.0795	7.7217	0.1295	4.0991	31.6520
11	1.7103	0.5847	14.2068	0.0704	8.3064	0.1204	4.5144	37.4988
12	1.7959	0.5568	15.9171	0.0628	8.8633	0.1128	4.9219	43.6241
13	1.8856	0.5303	17.7130	0.0565	9.3936	0.1065	5.3215	49.9879
14	1.9799	0.5051	19.5986	0.0510	9.8986	0.1010	5.7133	56.5538
15	2.0789	0.4810	21.5786	0.0463	10.3797	0.0963	6.0973	63.2880
16	2.1829	0.4581	23.6575	0.0423	10.8378	0.0923	6.4736	70.1597
17	2.2920	0.4363	25.8404	0.0387	11.2741	0.0887	6.8423	77.1405
18	2.4066	0.4155	28.1324	0.0355	11.6896	0.0855	7.2034	84.2043
19	2.5270	0.3957	30.5390	0.0327	12.0853	0.0827	7.5569	91.3275
20	2.6533	0.3769	33.0660	0.0302	12.4622	0.0802	7.9030	98.4884
21	2.7860	0.3589	35.7193	0.0280	12.8212	0.0780	8.2416	105.6673
22	2.9253	0.3418	28.5052	0.0260	13.1630	0.0760	8.5730	112.8461
23	3.0715	0.3256	41.4305	0.0241	13.4886	0.0741	8.8971	120.0087
24	3.2251	0.3101	44.5020	0.0225	13.7986	0.0725	9.2140	127.1402
25	3.3884	0.2953	47.7271	0.0210	14.0939	0.0710	9.5238	134.2275
26	3.5557	0.2812	51.1136	0.0196	14.3752	0.0696	9.8266	141.2585
27	3.7335	0.2678	54.6691	0.0183	14.6430	0.0683	10.1224	148.2226
28	3.9201	0.2551	58.4026	0.0171	14.8981	0.0671	10.4114	155.1101
29	4.1161	0.2429	62.3227	0.0160	15.1411	0.0660	10.6936	161.9124
30	4.3219	0.2314	66.4388	0.0151	15.3725	0.0651	10.9691	168.6226
31	4.5380	0.2204	70.7308	0.0141	15.5928	0.0641	11.2381	175.2333
32	4.7649	0.2099	75.2988	0.0133	15.8027	0.0633	11.5005	181.7392
33	5.0032	0.1999	80.0638	0.0125	16.0025	0.0625	11.7566	188.1351
34	5.2533	0.1904	85.0670	0.0118	16.1929	0.0618	12.0063	194.4168
35	5.5160	0.1813	90.3203	0.0111	16.3742	0.0611	12.2498	200.5807
40	7.0400	0.1420	120.7998	0.0083	17.1591	0.0583	13.3775	229.5452
45	8.9850	0.1113	159.7002	0.0063	17.7741	0.0563	14.3644	255.3145
50	11.4674	0.0872	209.3480	0.0048	18.2559	0.0548	15.2233	277.9148
55	14.6356	0.0683	272.7126	0.0037	18.6335	0.0537	15.9664	297.5104
60	18.6792	0.0535	353.5837	0.0028	18.9293	0.0528	16.6062	314.3432
65	23.8399	0.0419	456.7980	0.0022	19.1611	0.0522	17.1541	328.6910
70	30.4264	0.0329	255.5285	0.0017	19.3427	0.0517	17.6212	340.8409
75	38.8327	0.0258	756.6537	0.0013	19.4850	0.0513	18.0176	351.0721
80	49.5614	0.0202	971.2288	0.0010	19.5965	0.0510	18.3526	359.6460
85	63.2544	0.0158	1245.0871	0.0008	19.6838	0.0508	18.6346	366.8007
90	80.7304	0.0124	1594.6073	0.0006	19.7523	0.0506	18.8712	372.7488
95	103.0347	0.0097	2040.6935	0.0005	19.8059	0.0505	19.0689	377.6774
100	131.5013	0.0076	2610.0252	0.0004	19.8479	0.0504	19.2337	381.7492

[부록]　불연속 복리표: $i=6\%$

n	Single payment		Uniform series				Gradient series	
	Compound amount factor	Present worth factor	Compound amount factor	Sinking fund factor	Present worth factor	Capital recovery factor	Uniform series factor	Present worth factor
	To find F given P $F\mid P\,i,n$	To find P given F $P\mid F\,i,n$	To find F given A $F\mid A\,i,n$	To find A given F $A\mid F\,i,n$	To find P given A $P\mid A\,i,n$	To find A given P $A\mid P\,i,n$	To find A given G $A\mid G\,i,n$	To find P given G $P\mid G\,i,n$
1	1.0600	0.9434	1.0000	1.0000	0.9434	1.0600	0.0000	0.0000
2	1.1236	0.8900	2.0600	0.4854	1.8334	0.5454	0.4854	0.8900
3	1.1910	0.8396	3.1836	0.3141	2.6730	0.3741	0.9612	2.5692
4	1.2625	0.7921	4.3746	0.2286	3.4651	0.2886	1.4272	4.9455
5	1.3382	0.7473	5.6371	0.1774	4.2124	0.2374	1.8836	7.9345
6	.1.4185	0.7050	6.9753	0.1434	4.9173	0.2034	2.3304	11.4594
7	1.5036	0.6651	8.3938	0.1191	5.5824	0.1791	2.7676	15.4497
8	1.5938	0.6274	9.8975	0.1010	6.2098	0.1610	3.1952	19.8416
9	1.6895	0.5919	11.4913	0.0870	6.8017	0.1470	3.6133	24.5768
10	1.7908	0.5584	13.1808	0.0759	7.3601	0.1359	4.0220	29.6023
11	1.8983	0.5268	14.9716	0.0668	7.8869	0.1268	4.4213	34.8702
12	2.0122	0.4970	16.8699	0.0593	8.3838	0.1193	4.8113	40.3369
13	2.1329	0.4688	18.8821	0.0530	8.8527	0.1130	5.1920	45.9629
14	2.2609	0.4423	21.0151	0.0476	9.2950	0.1076	5.5635	51.7128
15	2.3966	0.4173	23.2760	0.0430	9.7122	0.1030	5.9260	57.5546
16	2.5404	0.3936	25.6725	0.0390	10.1059	0.0990	6.2794	63.4592
17	2.6928	0.3714	28.2129	0.0354	10.4773	0.0954	6.6640	69.4011
18	2.8543	0.3503	30.9057	0.0324	10.8276	0.0924	6.9597	75.3569
19	3.0256	0.3305	33.7600	0.0296	11.1581	0.0896	7.2867	81.3062
20	3.2071	0.3118	36.7856	0.0272	11.4699	0.0872	7.6051	87.2304
21	3.3996	0.2942	39.9927	0.0250	11.7641	0.0850	7.9151	93.1136
22	3.6035	0.2775	43.3923	0.0230	12.0416	0.0830	8.2166	98.9412
23	3.8197	0.2618	46.9958	0.0213	12.3034	0.0813	8.5099	104.7007
24	4.0489	0.2470	50.8156	0.0197	12.5504	0.0797	8.7951	110.3812
25	4.2919	0.2330	54.8645	0.0182	12.7834	0.0782	9.0722	115.9732
26	4.5494	0.2198	59.1564	0.0169	13.0032	0.0769	9.3414	121.4684
27	4.8223	0.2074	63.7058	0.0157	13.2105	0.0757	9.6029	126.8600
28	5.1117	0.1956	68.5281	0.0146	13.4062	0.0746	9.8568	132.1420
29	5.4184	0.1846	73.6398	0.0136	13.5907	0.0736	10.1032	137.3096
30	5.7435	0.1741	79.0582	0.0126	13.7648	0.0726	10.3422	142.3588
31	6.0881	0.1643	84.8017	0.0118	13.9291	0.0718	10.5740	147.2864
32	6.4534	0.1550	90.8898	0.0110	14.0840	0.0710	10.7988	152.0901
33	6.8406	0.1462	97.3432	0.0103	14.2302	0.0703	11.0166	156.7681
34	7.2510	0.1379	104.1838	0.0096	14.3681	0.0696	11.2276	161.3192
35	7.6861	0.1301	111.4348	0.0090	14.4982	0.0690	11.4319	165.7427
40	10.2857	0.0972	154.7620	0.0065	15.0463	0.0665	12.3690	185.9568
45	13.7646	0.0727	212.7435	0.0047	15.4558	0.0647	13.1413	203.1096
50	18.4202	0.0543	290.3359	0.0034	15.7619	0.0634	13.7964	217.4574
55	24.6503	0.0406	394.1720	0.0025	15.9905	0.0625	14.3411	229.3222
60	32.9877	0.0303	533.1282	0.0019	16.1614	0.0619	14.7909	239.0428
65	44.1450	0.0227	719.0829	0.0014	16.2891	0.0614	15.1601	246.9450
70	59.0759	0.0169	967.9322	0.0010	16.3845	0.0610	15.4613	253.3271
75	79.0569	0.0126	1300.9487	0.0008	16.4558	0.0608	15.7058	258.4527
80	105.7960	0.0095	1746.5999	0.0006	16.5091	0.0606	15.9033	262.5493
85	141.5789	0.0071	2342.9817	0.0004	16.5489	0.0604	16.0620	265.8096
90	189.4645	0.0053	3141.0752	0.0003	16.5787	0.0603	16.1891	268.3946
95	253.5463	0.0039	4209.1042	0.0002	16.6009	0.0602	16.2905	270.4375
100	339.3021	0.0029	5638.3681	0.0002	16.6175	0.0602	16.3711	272.0471

[부록] 불연속 복리표: $i=7\%$

n	Single payment		Uniform series				Gradient series	
	Compound amount factor	Present worth factor	Compound amount factor	Sinking fund factor	Present worth factor	Capital recovery factor	Uniform series factor	Present worth factor
	To find F given P $F\mid P\,i,n$	To find P given F $P\mid F\,i,n$	To find F given A $F\mid A\,i,n$	To find A given F $A\mid F\,i,n$	To find P given A $P\mid A\,i,n$	To find A given P $A\mid P\,i,n$	To find A given G $A\mid G\,i,n$	To find P given G $P\mid G\,i,n$
1	1.0700	0.9346	1.0000	1.0000	0.9346	1.0700	0.0000	0.0000
2	1.1449	0.8734	2.0700	0.4831	1.8080	0.5531	0.4831	0.8734
3	1.2250	0.8163	3.2149	0.3111	2.6243	0.3811	0.9549	2.5060
4	1.3108	0.7629	4.4399	0.2252	3.3872	0.2952	0.4155	4.7947
5	1.4026	0.7130	5.7507	0.1739	4.1002	0.2439	1.8650	7.6467
6	1.5007	0.6663	7.1533	0.1398	4.7665	0.2098	2.3032	10.9784
7	1.6058	0.6227	8.6540	0.1156	5.3893	0.1856	2.7304	14.7149
8	1.7182	0.5820	10.2598	0.0975	5.9713	0.1675	3.1465	18.7889
9	1.8385	0.5439	11.9780	0.0835	6.5152	0.1535	3.5517	23.1404
10	1.9672	0.5083	13.8164	0.0724	7.0236	0.1424	3.9461	27.7156
11	2.1049	0.4751	15.7836	0.0634	7.4987	0.1334	4.3296	32.4665
12	2.2522	0.4440	17.8885	0.0559	7.9427	0.1259	4.7025	37.3506
13	2.4098	0.4150	20.1406	0.0497	8.3577	0.1197	5.0648	42.3302
14	2.5785	0.3878	22.5505	0.0443	8.7455	0.1143	5.4167	47.3718
15	2.7590	0.3624	25.1290	0.0398	9.1079	0.1098	5.7583	52.4461
16	2.9522	0.3387	27.8881	0.0359	9.4466	0.1059	6.0897	57.5271
17	3.1588	0.3166	30.8402	0.0324	9.7632	0.1024	6.4110	62.5923
18	3.3799	0.2959	33.9990	0.0294	10.0591	0.0994	6.7225	67.6219
19	3.6165	0.2765	37.3790	0.0268	10.3356	0.0968	7.0242	72.5991
20	3.8697	0.2584	40.9955	0.0244	10.5940	0.0944	7.3163	77.5091
21	4.1406	0.2415	44.8652	0.0223	10.8355	0.0923	7.5990	82.3393
22	4.4304	0.2257	49.0057	0.0204	11.0612	0.0904	7.8725	87.0793
23	4.7405	0.2109	53.4361	0.0187	11.2722	0.0887	8.1369	91.7201
24	5.0724	0.1971	58.1767	0.0172	11.4693	0.0872	8.3923	96.2545
25	5.4274	0.1842	63.2490	0.0158	11.6536	0.0858	8.6391	100.6765
26	5.8074	0.1722	68.6765	0.0146	11.8258	0.0846	8.8773	104.9814
27	6.2139	0.1609	74.4838	0.0134	11.9867	0.0834	9.1072	109.1656
28	5.6488	0.1504	80.6977	0.0124	12.1371	0.0824	9.3289	113.2264
29	7.1143	0.1406	87.3465	0.0114	12.2777	0.0814	9.5427	117.1622
30	7.6123	0.1314	94.4608	0.0106	12.4090	0.0806	9.7487	120.9718
31	8.1451	0.1228	102.0730	0.0098	12.5318	0.0798	9.9471	124.6550
32	8.7153	0.1147	110.2182	0.0091	12.6466	0.0791	10.1381	128.2120
33	9.3253	0.1072	118.9334	0.0084	12.7538	0.0784	10.3219	131.6435
34	9.9781	0.1002	128.2588	0.0078	12.8540	0.0778	10.4987	134.9507
35	10.6766	0.0937	138.2369	0.0072	12.9477	0.0772	10.6687	138.1353
40	14.9745	0.0668	199.6351	0.0050	13.3317	0.0750	11.4233	152.2928
45	21.0025	0.0476	285.7493	0.0035	13.6055	0.0735	12.0360	163.7559
50	29.4570	0.0339	406.5289	0.0025	13.8007	0.0725	12.5287	172.9051
55	41.3150	0.0242	575.9286	0.0017	139399	0.0717	12.9215	180.1243
60	57.9464	0.0173	813.5204	0.0012	14.0392	0.0712	13.2321	185.7677
65	81.2729	0.0123	1146.7552	0.0009	14.1099	0.0709	13.4760	190.1452
70	113.9894	0.0088	1614.1342	0.0006	14.1604	0.0706	13.6662	193.5185
75	159.8760	0.0063	2269.6574	0.0004	14.1964	0.0704	13.8136	196.1035
80	224.2344	0.0045	3189.0627	0.0003	14.2220	0.0703	13.9237	198.0748
85	314.5003	0.0032	4478.5761	0.0002	14.2403	0.0702	14.0146	199.5717
90	441.1030	0.0023	6287.1854	0.0002	14.2533	0.0702	14.0812	200.7042
95	618.6697	0.0016	8823.6535	0.0001	14.2626	0.0701	14.1319	201.5581
100	867.7163	0.0012	12381.6618	0.0001	14.2693	0.0701	14.1703	202.2001

[부록] 불연속 복리표: $i=8\%$

	Single payment		Uniform series				Gradient series	
	Compound amount factor	Present worth factor	Compound amount factor	Sinking fund factor	Present worth factor	Capital recovery factor	Uniform series factor	Present worth factor
n	To find F given P $F\mid P\,i,n$	To find P given F $P\mid F\,i,n$	To find F given A $F\mid A\,i,n$	To find A given F $A\mid F\,i,n$	To find P given A $P\mid A\,i,n$	To find A given P $A\mid P\,i,n$	To find A given G $A\mid G\,i,n$	To find P given G $P\mid G\,i,n$
1	1.0800	0.9259	1.0000	1.0000	0.9259	1.0800	0.0000	0.0000
2	1.1664	0.8573	2.0800	0.4808	1.7833	0.5608	0.4808	0.8573
3	1.2597	0.7938	3.2464	0.3080	2.5771	0.3880	0.9487	2.4450
4	1.3605	0.7350	4.5061	0.2219	3.3121	0.3019	1.4040	4.6501
5	1.4693	0.6806	5.8666	0.1705	3.9927	0.2505	1.8465	7.3724
6	1.5869	0.6302	7.3359	0.1363	4.6229	0.2163	2.2763	10.5233
7	1.7138	0.5835	8.9228	0.1121	5.2064	0.1921	2.6937	14.0242
8	1.8509	0.5403	10.6366	0.0940	5.7466	0.1740	3.0985	17.8061
9	1.9990	0.5002	12.4876	0.0801	6.2469	0.1601	3.4910	21.8081
10	2.1589	0.4632	14.4866	0.0690	6.7101	0.1490	3.8713	25.9768
11	2.3316	0.4289	16.6455	0.0601	7.1390	0.1401	4.2395	30.2657
12	2.5182	0.3971	18.9771	0.0527	7.5361	0.1327	4.5957	34.6339
13	2.7196	0.3677	21.4953	0.0465	7.9038	0.1265	4.9402	39.0463
14	2.9372	0.3405	24.2149	0.0413	8.2442	0.1213	5.2731	43.4723
15	3.1722	0.3152	27.1521	0.0368	8.5595	0.1168	5.5945	47.8857
16	3.4259	0.2919	30.3243	0.0330	8.8514	0.1130	5.9046	52.2640
17	3.7000	0.2703	33.7502	0.0296	9.1216	0.1096	6.2037	56.5883
18	3.9960	0.2502	37.4502	0.0267	9.3719	0.1067	6.4920	60.8426
19	4.3157	0.2317	41.4463	0.0241	9.6036	0.1041	6.7697	65.0134
20	3.6610	0.2145	45.7620	0.0219	9.8181	0.1019	7.0369	69.0898
21	5.0338	0.1987	50.4229	0.0198	10.0168	0.0998	7.2940	73.0629
22	5.4365	0.1839	55.4568	0.0180	10.2007	0.0990	7.5412	76.9257
23	5.8715	0.1703	60.8933	0.0164	10.3711	0.0964	7.7786	80.6726
24	6.3412	0.1577	66.7648	0.0150	10.5288	0.0950	8.0066	84.2997
25	6.8485	0.1460	73.1059	0.0137	10.6748	0.0937	8.2254	87.8041
26	7.3964	0.1352	79.9544	0.0125	10.8100	0.0925	8.4352	91.1842
27	7.9881	0.1252	87.3508	0.0114	10.9352	0.0914	8.6363	94.4390
28	8.6271	0.1159	95.3388	0.0105	11.0511	0.0905	8.8289	97.5687
29	9.3173	0.1073	103.9659	0.0096	11.1584	0.0896	9.0133	100.5738
30	10.0627	0.0994	113.2832	0.0088	11.2578	0.0888	9.1897	103.4558
31	10.8677	0.0920	123.3459	0.0081	11.3498	0.0881	9.3584	106.2163
32	11.7371	0.0852	134.2135	0.0075	11.4350	0.0875	9.5197	108.8575
33	12.6760	0.0789	145.9506	0.0069	11.5139	0.0869	9.6737	111.3819
34	13.6901	0.0730	158.6267	0.0063	11.5869	0.0863	9.8208	113.7924
35	14.7853	0.0676	172.3168	0.0058	11.6546	0.0858	9.9611	116.0920
40	21.7245	0.0460	259.0565	0.0039	11.9246	0.0839	10.5699	126.0422
45	31.9204	0.0313	386.5056	0.0026	12.1084	0.0826	11.0447	133.7331
50	46.9016	0.0213	573.7702	0.0017	12.2335	0.0817	11.4107	139.5928
55	68.9139	0.0145	848.9232	0.0012	12.3186	0.0812	11.6902	144.0065
60	101.2571	0.0099	1253.2133	0.0008	12.3766	0.0808	11.9015	147.3000
65	148.7798	0.0067	1847.2481	0.0005	12.4160	0.0805	12.0602	149.7387
70	218.6064	0.0046	2720.0801	0.0004	12.4428	0.0804	12.1783	151.5326
75	321.2045	0.0031	4002.5566	0.0002	12.4611	0.0802	12.2658	152.8448
80	471.9548	0.0021	5886.9354	0.0002	12.4735	0.0802	12.3301	153.8001
85	693.4565	0.0014	8655.7061	0.0001	12.4820	0.0801	12.3772	154.4925
90	1018.9151	0.0010	12723.9386	0.0001	12.4877	0.0801	12.4116	154.9925
95	1497.1205	0.0007	18701.5069	0.0001	12.4917	0.0801	12.4365	155.3524
100	2199.7613	0.0005	27484.5157	0.0000	12.4943	0.0800	12.4545	155.6107

[부록] 불연속 복리표: $i=9\%$

	Single payment		Uniform series				Gradient series	
	Compound amount factor	Present worth factor	Compound amount factor	Sinking fund factor	Present worth factor	Capital recovery factor	Uniform series factor	Present worth factor
n	To find F given P $F\mid P\,i,n$	To find P given F $P\mid F\,i,n$	To find F given A $F\mid A\,i,n$	To find A given F $A\mid F\,i,n$	To find P given A $P\mid A\,i,n$	To find A given P $A\mid P\,i,n$	To find A given G $A\mid G\,i,n$	To find P given G $P\mid G\,i,n$
1	1.0900	0.9174	1.0000	1.0000	0.9174	1.0900	0.0000	0.0000
2	1.1881	0.8417	2.0900	0.4785	1.7591	0.5685	0.4785	0.8417
3	1.2950	0.7722	3.2781	0.3051	2.5313	0.3951	0.9426	2.3860
4	1.4116	0.7084	4.5731	0.2187	3.2397	0.3087	1.3925	4.5113
5	1.5386	0.6499	5.9847	0.1671	3.8897	0.2571	1.8282	7.1110
6	1.6771	0.5963	7.5233	0.1329	4.4859	0.2229	2.2498	10.0924
7	1.8280	0.5470	9.2004	0.1087	5.0330	0.1987	2.6574	13.3746
8	1.9926	0.5019	11.0285	0.0907	5.5348	0.1807	3.0512	16.8877
9	2.1719	0.4604	13.0210	0.0768	5.9952	0.1668	3.4312	20.5711
10	2.3674	0.4224	15.1929	0.0658	6.4177	0.1558	3.7978	24.3728
11	2.5804	0.3875	17.5603	0.0569	6.8052	0.1469	4.1510	28.2481
12	2.8127	0.3555	20.1407	0.0497	7.1607	0.1397	4.4910	32.1590
13	3.0658	0.3262	22.9534	0.0436	7.4869	0.1336	4.8182	36.0731
14	3.3417	0.2992	26.0192	0.0384	7.7862	0.1284	5.1326	39.9633
15	3.6425	0.2745	29.3609	0.0341	8.0607	0.1241	5.4346	43.8069
16	3.9703	0.2519	33.0034	0.0303	8.3126	0.1203	5.7245	47.5849
17	4.3276	0.2311	36.9737	0.0270	8.5436	0.1170	6.0024	51.2821
18	4.7171	0.2120	41.3013	0.0242	8.7556	0.1142	6.2687	54.8860
19	5.1417	0.1945	46.0185	0.0217	8.9501	0.1117	6.5236	58.3868
20	5.6044	0.1784	51.1601	0.0195	9.1285	0.1095	6.7674	61.7770
21	6.1088	0.1637	56.7645	0.0176	9.2922	0.1076	7.0006	65.0509
22	6.6586	0.1502	62.8733	0.0159	9.4424	0.1059	7.2232	68.2048
23	7.2579	0.1378	69.5319	0.0144	9.5802	0.1044	7.4357	71.2359
24	7.9111	0.1264	76.7898	0.0130	9.7066	0.1030	7.6384	74.1433
25	8.6231	0.1160	84.7009	0.0118	9.8226	0.1018	7.8316	76.9265
26	9.3992	0.1064	93.3240	0.0107	9.9290	0.1007	8.0156	79.5863
27	10.2451	0.0976	102.7231	0.0097	10.0266	0.0997	8.1906	82.1241
28	11.1671	0.0895	112.9682	0.0089	10.1161	0.0989	8.3571	84.5419
29	12.1722	0.0822	124.1354	0.0081	10.1983	0.0981	8.5154	86.8422
30	13.2677	0.0754	136.3075	0.0073	10.2737	0.0973	8.6657	89.0280
31	14.4618	0.0691	149.5752	0.0067	10.3428	0.0967	8.8083	91.1024
32	15.7633	0.0634	164.0370	0.0061	10.4062	0.0961	8.9436	93.0690
33	17.1820	0.0582	179.8003	0.0056	10.4644	0.0956	9.0718	94.9314
34	18.7284	0.0534	196.9823	0.0051	10.5178	0.0951	9.1933	96.6935
35	20.4140	0.0490	215.7108	0.0046	10.5668	0.0946	9.3083	98.3590
40	31.4094	0.0318	337.8824	0.0030	10.7574	0.0930	9.7957	105.3762
45	48.3273	0.0207	525.8587	0.0019	10.8812	0.0919	10.1603	110.5561
50	74.3575	0.0134	815.0836	0.0012	10.9617	0.0912	10.4295	114.3251
55	114.4083	0.0087	1260.0918	0.0008	11.0140	0.0908	10.6261	117.0362
60	176.0313	0.0057	1944.7921	0.0005	11.0480	0.0905	10.7683	118.9683
65	270.8460	0.0037	2998.2885	0.0003	11.0701	0.0903	10.8702	120.3344
70	416.7301	0.0024	4619.2232	0.0002	11.0844	0.0902	10.9427	121.2942
75	641.1909	0.0016	7113.2321	0.0001	11.0938	0.0901	10.9940	121.9646
80	986.5517	0.0010	10950.5741	0.0001	11.0998	0.0901	11.0299	122.4306
85	1517.9320	0.0007	16854.8003	0.0001	11.1038	0.0901	11.0551	122.7533
90	2335.5266	0.0004	25939.1842	0.0000	11.1064	0.0900	11.0726	122.9758
95	3593.4971	0.0003	39916.6350	0.0000	11.1080	0.0900	11.0847	123.1287
100	5529.0408	0.0002	61422.6755	0.0000	11.1091	0.0900	11.0930	123.2335

[부록] 불연속 복리표: $i = 10\%$

	Single payment		Uniform series				Gradient series	
	Compound amount factor	Present worth factor	Compound amount factor	Sinking fund factor	Present worth factor	Capital recovery factor	Uniform series factor	Present worth factor
n	To find F given P $F \mid P\, i, n$	To find P given F $P \mid F\, i, n$	To find F given A $F \mid A\, i, n$	To find A given F $A \mid F\, i, n$	To find P given A $P \mid A\, i, n$	To find A given P $A \mid P\, i, n$	To find A given G $A \mid G\, i, n$	To find P given G $P \mid G\, i, n$
1	1.1000	0.9091	1.0000	1.0000	0.9091	1.1000	0.0000	0.0000
2	1.2100	0.8264	2.1000	0.4762	1.7355	0.5762	0.4762	0.8264
3	1.3310	0.7513	3.3100	0.3021	2.4869	0.4021	0.9366	2.3291
4	1.4641	0.6830	4.6410	0.2155	3.1699	0.3155	1.3812	4.3781
5	1.6105	0.6209	6.1051	0.1638	3.7908	0.2638	1.8101	6.8618
6	1.7716	0.5645	7.7156	0.1296	4.3553	0.2296	2.2236	9.6842
7	1.9487	0.5132	9.4872	0.1054	4.8684	0.2054	2.6216	12.7631
8	2.1436	0.4665	11.4359	0.0874	5.3349	0.1874	3.0045	16.0287
9	2.3579	0.4241	13.5795	0.0736	5.7590	0.1736	3.3724	19.4215
10	2.5937	0.3855	15.9374	0.0627	6.1446	0.1627	3.7255	22.8913
11	2.8531	0.3505	18.5312	0.0540	6.4951	0.1540	4.0641	26.3963
12	3.1384	0.3186	21.3843	0.0468	6.8137	0.1468	4.3884	29.9012
13	3.4523	0.2897	24.5227	0.0408	7.1034	0.1408	4.6988	33.3772
14	3.7975	0.2633	27.9750	0.0357	7.3667	0.1357	4.9955	36.8005
15	4.1772	0.2394	31.7725	0.0315	7.6061	0.1315	5.2789	40.1520
16	4.5950	0.2176	35.9497	0.0278	7.8237	0.1278	5.5493	43.4164
17	5.0545	0.1978	40.5447	0.0247	8.0216	0.1247	5.8071	46.5819
18	5.5599	0.1799	45.5992	0.0219	8.2014	0.1219	6.0526	49.6395
19	6.1159	0.1635	51.1591	0.0195	8.3649	0.1195	6.2861	52.5827
20	6.7275	0.1486	57.2750	0.0175	8.5136	0.1175	6.5081	55.4069
21	7.4002	0.1351	64.0025	0.0156	8.6487	0.1156	6.7189	58.1095
22	8.1403	0.1228	71.4027	0.0140	8.7715	0.1140	6.9189	60.6893
23	8.9543	0.1117	79.5430	0.0126	8.8832	0.1126	7.1085	63.1462
24	9.8497	0.1015	88.4973	0.0113	8.9847	0.1113	7.2881	65.4813
25	10.8347	0.0923	98.3471	0.0102	9.0770	0.1102	7.4580	67.6964
26	11.9182	0.0839	109.1818	0.0092	9.1609	0.1092	7.6186	69.7940
27	13.1100	0.0763	121.0999	0.0083	9.2372	0.1083	7.7704	71.7773
28	14.4210	0.0693	134.2099	0.0075	9.3066	0.1075	7.9137	73.6495
29	15.8631	0.0630	148.6309	0.0067	9.3696	0.1067	8.0489	75.4146
30	17.4494	0.0573	164.4940	0.0061	9.4269	0.1061	8.1762	77.0766
31	19.1943	0.0521	181.9434	0.0055	9.4790	0.1055	8.2962	78.6395
32	21.1138	0.0474	201.1378	0.0050	9.5264	0.1050	8.4091	80.1078
33	23.2252	0.0431	222.2515	0.0045	9.5694	0.1045	8.5152	81.4856
34	25.5477	0.0391	245.4767	0.0041	9.6086	0.1041	8.6149	82.7773
35	28.1024	0.0356	271.0244	0.0037	9.6442	0.1037	8.7086	83.9872
40	45.2593	0.0221	442.5926	0.0023	9.7791	0.1023	9.0962	88.9525
45	72.8905	0.0137	718.9048	0.0014	9.8628	0.1014	9.3740	92.4544
50	117.3909	0.0085	1163.9085	0.0009	9.9143	0.1009	9.5704	94.8889
55	189.0591	0.0053	1880.5914	0.0005	9.9471	0.1005	9.7075	96.5619
60	304.4816	0.0033	3034.8164	0.0003	9.9672	0.1003	9.8023	97.7010
65	490.3707	0.0020	4893.7073	0.0002	9.9796	0.1002	9.8672	98.4705
70	789.7470	0.0013	7887.4696	0.0001	9.9873	0.1001	9.9113	98.9870
75	1271.8954	0.0008	12708.9537	0.0001	9.9921	0.1001	9.9410	99.3317
80	2048.4002	0.0005	20474.0021	0.0000	9.9951	0.1000	9.9609	99.5606
85	3298.9690	0.0003	32979.6903	0.0000	9.9970	0.1000	9.9742	99.7120
90	5313.0226	0.0002	53120.2261	0.0000	9.9981	0.1000	9.9831	99.8118
95	8556.6760	0.0001	85556.7605	0.0000	9.9988	0.1000	9.9889	99.8773
100	17780.6123	0.0001	137796.1234	0.0000	9.9993	0.1000	9.9927	99.9202

[부록] 불연속 복리표: $i=12\%$

	Single payment		Uniform series				Gradient series	
	Compound amount factor	Present worth factor	Compound amount factor	Sinking fund factor	Present worth factor	Capital recovery factor	Uniform series factor	Present worth factor
n	To find F given P $F \mid P\, i, n$	To find P given F $P \mid F\, i, n$	To find F given A $F \mid A\, i, n$	To find A given F $A \mid F\, i, n$	To find P given A $P \mid A\, i, n$	To find A given P $A \mid P\, i, n$	To find A given G $A \mid G\, i, n$	To find P given G $P \mid G\, i, n$
1	1.1200	0.8929	1.0000	1.0000	0.8929	1.1200	0.0000	0.0000
2	1.2544	0.7972	2.1200	0.4717	1.6901	0.5917	0.4717	0.7972
3	1.4049	0.7118	3.3744	0.2963	2.4018	0.4163	0.9246	2.2208
4	1.5735	0.6355	4.7793	0.2092	3.0373	0.3292	1.3589	4.1273
5	1.7623	0.5674	6.3528	0.1574	3.6048	0.2774	1.7746	6.3970
6	1.9738	0.5066	8.1152	0.1232	4.1114	0.2432	2.1720	8.9302
7	2.2107	0.4523	10.0890	0.0991	4.5638	0.2191	2.5515	11.6443
8	2.4760	0.4039	12.2997	0.0813	4.9676	0.2013	2.9131	14.4714
9	2.7731	0.3606	14.7757	0.0677	5.3282	0.1877	3.2574	17.3563
10	3.1058	0.3220	17.5487	0.0570	5.6502	0.1770	3.5847	20.2541
11	3.4785	0.2875	20.6546	0.0484	5.9377	0.1684	3.8953	23.1288
12	3.8960	0.2567	24.1331	0.0414	6.1944	0.1614	4.1897	25.9523
13	4.3635	0.2292	28.0291	0.0357	6.4235	0.1557	4.4683	28.7024
14	4.8871	0.2046	32.3926	0.0309	6.6282	0.1509	4.7317	31.3624
15	5.4736	0.1827	37.2797	0.0268	6.8109	0.1468	4.9803	33.9202
16	6.1304	0.1631	42.7533	0.0234	6.9740	0.1434	5.2147	36.3670
17	6.8660	0.1456	48.8837	0.0205	7.1196	0.1405	5.4353	38.6973
18	7.6900	0.1300	55.7497	0.0179	7.2497	0.1379	5.6427	409080
19	8.6128	0.1161	63.4397	0.0158	7.3658	0.1358	5.8375	42.9979
20	9.6463	0.1037	72.0524	0.0139	7.4694	0.1339	6.0202	44.9676
21	10.8038	0.0926	81.6987	0.0122	7.5620	0.1322	6.1913	46.8188
22	12.1003	0.0826	92.5026	0.0108	7.6446	0.1308	6.3514	48.5543
23	13.5523	0.0738	104.6029	0.0096	7.7184	0.1296	6.5010	50.1776
24	15.1786	0.0659	118.1552	0.0085	7.7843	0.1285	6.6406	51.6929
25	17.0001	0.0588	133.3339	0.0075	7.8431	0.1275	6.7708	53.1046
26	19.0401	0.0525	150.3339	0.0067	7.8957	0.1267	6.8921	54.4177
27	21.3249	0.0469	169.3740	0.0059	7.9426	0.1259	7.0049	55.6369
28	23.8839	0.0419	190.6989	0.0052	7.9844	0.1252	7.1098	56.7674
29	26.7499	0.0374	214.5828	0.0047	8.0218	0.1247	7.2071	57.8141
30	29.9599	0.0334	241.3327	0.0041	8.0552	0.1241	7.2974	58.7821
31	33.5551	0.0298	271.2928	0.0037	8.0850	0.1237	7.3811	59.6761
32	37.5817	0.0266	304.8477	0.0033	8.1116	0.1233	7.4586	60.5010
33	42.0915	0.0238	342.4294	0.0029	8.1354	0.1229	7.5302	61.2612
34	47.1425	0.0212	384.5210	0.0026	8.1566	0.1226	7.5965	61.9612
35	52.7996	0.0189	431.6635	0.0023	8.1755	0.1223	7.6577	62.6052
40	93.0510	0.0107	767.0914	0.0013	8.2438	0.1213	7.8988	65.1159
45	163.9876	0.0061	1358.2300	0.0007	8.2825	0.1207	8.0572	66.7342
50	289.0022	0.0035	2400.0182	0.0004	8.3045	0.1204	8.1597	67.7624

[부록]　불연속 복리표: $i=15\%$

n	Single payment		Uniform series				Gradient series	
	Compound amount factor	Present worth factor	Compound amount factor	Sinking fund factor	Present worth factor	Capital recovery factor	Uniform series factor	Present worth factor
	To find F given P $F \mid P\ i, n$	To find P given F $P \mid F\ i, n$	To find F given A $F \mid A\ i, n$	To find A given F $A \mid F\ i, n$	To find P given A $P \mid A\ i, n$	To find A given P $A \mid P\ i, n$	To find A given G $A \mid G\ i, n$	To find P given G $P \mid G\ i, n$
1	1.1500	0.8696	1.0000	1.0000	0.8696	1.1500	0.0000	0.0000
2	1.3225	0.7561	2.1500	0.4651	1.6257	0.6151	0.4651	0.7561
3	1.5209	0.6575	3.4725	0.2880	2.2832	0.4380	0.9071	2.0712
4	1.7490	0.5718	4.9934	0.2003	2.8550	0.3503	1.3263	3.7864
5	2.0114	0.4972	6.7424	0.1483	3.3522	0.2983	1.7228	5.7751
6	2.3131	0.4323	8.7537	0.1142	3.7845	0.2642	2.0972	7.9368
7	2.6600	0.3759	11.0668	0.0904	4.1604	0.2404	2.4498	10.1924
8	3.0590	0.3269	13.7268	0.0729	4.4873	0.2229	2.7813	12.4807
9	3.5179	0.2843	16.7858	0.0596	4.7716	0.2096	3.0922	14.7548
10	4.0456	0.2472	20.3037	0.0493	5.0188	0.1993	3.3832	16.9795
11	4.6524	0.2149	24.3493	0.0411	5.2337	0.1911	3.6549	19.1289
12	5.3503	0.1869	29.0017	0.0345	5.4206	0.1845	3.9082	21.1849
13	6.1528	0.1625	34.3519	0.0291	5.5831	0.1791	4.1438	23.1352
14	7.7057	0.1413	40.5047	0.0247	5.7245	0.1747	4.3624	24.9725
15	8.1371	0.1229	47.5804	0.0210	5.8474	0.1710	4.5650	26.6930
16	9.3576	0.1069	55.7175	0.0179	5.9542	0.1679	4.7522	28.2960
17	10.7613	0.0929	65.0751	0.0154	6.0472	0.1654	4.9251	29.7828
18	12.3755	0.0808	75.8364	0.0132	6.1280	0.1632	5.0843	31.1565
19	14.2318	0.0703	88.2118	0.0113	6.1982	0.1613	5.2307	32.4213
20	16.3665	0.0611	102.4436	0.0098	6.2593	0.1598	5.3651	33.5822
21	18.8215	0.0531	118.8101	0.0084	6.3125	0.1584	5.4883	34.6448
22	21.6447	0.0462	137.6316	0.0073	6.3587	0.1573	5.6010	35.6150
23	24.8915	0.0402	159.2764	0.0063	6.3988	0.1563	5.7040	36.4988
24	28.6252	0.0349	184.1678	0.0054	6.4338	0.1554	5.7979	37.3023
25	32.9190	0.0304	212.7930	0.0047	6.4641	0.1547	5.8834	38.0314
26	37.8568	0.0264	245.7120	0.0041	6.4906	0.1541	5.9612	38.6918
27	43.5353	0.0230	283.5688	0.0035	6.5135	0.1535	6.0319	39.2890
28	50.0656	0.0200	327.1041	0.0031	6.5335	0.1531	6.0960	39.8283
29	57.5755	0.0174	377.1697	0.0027	6.5509	0.1527	6.1541	40.3146
30	66.2118	0.0151	434.7451	0.0023	6.5660	0.1523	6.2066	40.7526
31	76.1435	0.0131	500.9569	0.0020	6.5791	0.1520	6.2541	41.1466
32	87.5651	0.0114	577.1005	0.0017	6.5905	0.1517	6.2970	41.5006
33	100.6998	0.0099	664.6655	0.0015	6.6005	0.1515	6.3357	41.8184
34	115.8048	0.0086	765.3654	0.0013	6.6091	0.1513	6.3705	42.1033
35	133.1755	0.0075	881.1702	0.0011	6.6166	0.1511	6.4019	42.3586
40	267.8635	0.0037	1779.0903	0.0006	6.6418	0.1506	6.5168	43.2830
45	538.7693	0.0019	3585.1285	0.0003	6.6543	0.1503	6.5830	43.8051
50	1083.6574	0.0009	7217.7163	0.0001	6.6605	0.1501	6.6205	44.0958

[부록] 불연속 복리표: $i=20\%$

	Single payment		Uniform series				Gradient series	
n	Compound amount factor To find F given P $F\mid P\,i,n$	Present worth factor To find P given F $P\mid F\,i,n$	Compound amount factor To find F given A $F\mid A\,i,n$	Sinking fund factor To find A given F $A\mid F\,i,n$	Present worth factor To find P given A $P\mid A\,i,n$	Capital recovery factor To find A given P $A\mid P\,i,n$	Uniform series factor To find A given G $A\mid G\,i,n$	Present worth factor To find P given G $P\mid G\,i,n$
1	1.2000	0.8333	1.0000	1.0000	0.8333	1.2000	0.0000	0.0000
2	1.4400	0.6944	2.2000	0.4545	1.5278	0.6545	0.4545	0.6944
3	1.7280	0.5787	3.6400	0.2747	2.1065	0.4747	0.8791	1.8519
4	2.0736	0.4823	5.3680	0.1863	2.5887	0.3863	1.2742	3.2986
5	2.4883	0.4019	7.4416	0.1344	2.9906	0.3344	1.6405	4.9061
6	2.9860	0.3349	9.9299	0.1007	3.3255	0.3007	1.9788	6.5806
7	3.5832	0.2791	12.9159	0.0774	3.6046	0.2774	2.2902	8.2551
8	4.2998	0.2326	16.4991	0.0606	3.8372	0.2606	2.5756	9.8831
9	5.1598	0.1938	20.7989	0.0481	4.0310	0.2481	2.8364	11.4335
10	6.1917	0.1615	25.9587	0.0.385	4.1925	0.2385	3.0739	12.8871
11	7.4301	0.1346	32.1504	0.0311	4.3271	0.2311	3.2893	14.2330
12	8.9161	0.1122	39.5805	0.0253	4.4392	0.2253	3.4841	15.4667
13	10.6993	0.0935	48.4966	0.0206	4.5327	0.2206	3.6597	16.5883
14	12.8392	0.0779	59.1959	0.0169	4.6106	0.2169	3.8175	17.6008
15	15.4070	0.0649	72.0351	0.0139	4.6755	0.2139	3.9588	18.5095
16	18.4884	0.0541	87.4421	0.0114	4.7296	0.2114	4.0851	19.3208
17	22.1861	0.0451	105.9306	0.0094	4.7746	0.2094	4.1976	20.0419
18	26.6233	0.0376	128.1167	0.0078	4.8122	0.2078	4.2975	20.6805
19	31.9480	0.0313	154.7400	0.0065	4.8435	0.2065	4.3861	21.2439
20	38.3376	0.0261	186.6880	0.0054	4.8696	0.2054	4.4643	21.7395
21	46.0051	0.0217	225.0256	0.0044	4.8913	0.2044	4.5334	22.1742
22	55.2061	0.0181	271.0307	0.0037	4.9094	0.2037	4.5941	22.5546
23	66.2474	0.0151	326.2369	0.0031	4.9245	0.2031	4.6475	22.8867
24	79.4968	0.0126	392.4842	0.0025	4.9371	0.2025	4.6943	23.1760
25	95.3962	0.0105	471.9811	0.0021	4.9476	0.2021	4.7352	23.4276
26	114.4755	0.0087	567.3773	0.0018	4.9563	0.2018	4.7709	23.6460
27	137.3706	0.0073	681.8528	0.0015	4.9636	0.2015	4.8020	23.8353
28	164.8447	0.0061	819.2233	0.0012	4.9697	0.2012	4.8291	23.9991
29	197.8136	0.0051	984.0680	0.0010	4.9747	0.2010	4.8527	24.1406
30	237.3763	0.0042	1181.8816	0.0008	4.9789	0.2008	4.8731	24.2628
31	284.8516	0.0035	1419.2579	0.0007	4.9824	0.2007	4.8908	24.3681
32	341.8219	0.0029	1704.1095	0.0006	4.9854	0.2006	4.9061	24.4588
33	410.1863	0.0024	2045.9314	0.0005	4.9878	0.2005	4.9194	24.5368
34	492.2235	0.0020	2456.1176	0.0004	4.9898	0.2004	4.9308	24.6038
35	590.6682	0.0017	2948.3411	0.0003	4.9915	0.2003	4.9406	24.6614
40	1469.7716	0.0007	7343.8578	0.0001	4.9966	0.2001	4.9728	24.8469
45	3657.2620	0.0003	18281.3099	0.0001	4.9986	0.2001	4.9877	24.9316
50	9100.4382	0.0001	45497.1908	0.0000	4.9995	0.2000	4.9945	24.9698

[부록]　불연속 복리표: $i=25\%$

	Single payment		Uniform series				Gradient series	
	Compound amount factor	Present worth factor	Compound amount factor	Sinking fund factor	Present worth factor	Capital recovery factor	Uniform series factor	Present worth factor
n	To find F given P $F \mid P\ i, n$	To find P given F $P \mid F\ i, n$	To find F given A $F \mid A\ i, n$	To find A given F $A \mid F\ i, n$	To find P given A $P \mid A\ i, n$	To find A given P $A \mid P\ i, n$	To find A given G $A \mid G\ i, n$	To find P given G $P \mid G\ i, n$
1	1.2500	0.8000	1.0000	1.0000	0.8000	1.2500	0.0000	0.0000
2	1.5625	0.6400	2.2500	0.4444	1.4400	0.6944	0.4444	0.6400
3	1.9531	0.5120	3.8125	0.2623	1.9520	0.5123	0.8525	1.6640
4	2.4414	0.4096	5.7656	0.1734	2.3616	0.4234	1.2249	2.8928
5	3.0518	0.3277	8.2070	0.1218	2.6893	0.3718	1.5631	4.2035
6	3.8147	0.2621	11.2588	0.0888	2.9514	0.3388	1.8683	5.5142
7	4.7684	0.2097	15.0735	0.0663	3.1611	0.3163	2.1424	6.7725
8	5.9605	0.1678	19.8419	0.0504	3.3289	0.3004	2.3872	7.9469
9	7.4506	0.1342	25.8023	0.0388	3.4631	0.2888	2.6048	9.0207
10	9.3132	0.1074	33.2529	0.0301	3.5705	0.2801	2.7971	9.9870
11	11.6415	0.0859	42.5661	0.0235	3.6564	0.2735	2.9663	10.8460
12	14.5519	0.0687	54.2077	0.0184	3.7251	0.2684	3.1145	11.6020
13	18.1899	0.0550	68.7596	0.0145	3.7801	0.2645	3.2437	12.2617
14	22.7374	0.0440	86.9495	0.0115	3.8241	0.2615	3.3559	12.8334
15	28.4217	0.0352	109.6868	0.0091	3.8593	0.2591	3.4530	13.3260
16	34.5271	0.0281	138.1085	0.0072	3.8874	0.2572	3.5366	13.7482
17	44.4089	0.0225	173.6357	0.0058	3.9099	0.2558	3.6084	14.1085
18	55.5112	0.0180	218.0446	0.0046	3.9279	0.2546	3.6698	14.4147
19	69.3889	0.0144	273.5558	0.0037	3.9424	0.2537	3.7222	14.6741
20	86.7362	0.0115	342.9447	0.0029	3.9539	0.2529	3.7667	14.8932
21	108.4202	0.0092	429.6809	0.0023	3.9631	0.2823	3.8045	15.0777
22	135.5253	0.0074	538.1011	0.0019	3.9705	0.2519	3.8365	15.2326
23	169.4066	0.0059	673.6264	0.0015	3.9764	0.2515	3.8634	15.3625
24	211.7582	0.0047	843.0329	0.0012	3.9811	0.2512	3.8861	15.4711
25	264.6978	0.0038	1054.7912	0.0009	3.9849	0.2509	3.9052	15.5618
26	330.8722	0.0030	1319.4890	0.0008	3.9879	0.2508	3.9212	15.6373
27	413.5903	0.0024	1650.3612	0.0006	3.9903	0.2506	3.9346	15.7002
28	516.9879	0.0019	2063.9515	0.0005	3.9923	0.2505	3.9457	15.7524
29	646.2349	0.0015	2580.9394	0.0004	3.9938	0.2504	3.9551	15.7957
30	807.7936	0.0012	3227.1743	0.0003	3.9950	0.2503	3.9628	15.8316
31	1009.7420	0.0010	4034.9678	0.0002	3.9960	0.2502	3.9693	15.8614
32	1262.1774	0.0008	5044.7098	0.0002	3.9968	0.2502	3.9746	15.8859
33	1577.7218	0.0006	6306.8872	0.0002	3.9975	0.2502	3.9791	15.9062
34	1982.1523	0.0005	7884.6091	0.0001	3.9980	0.2501	3.9828	15.9229
35	2465.1903	0.0004	9856.7613	0.0001	3.9984	0.2501	3.9858	15.9367

[부록] 불연속 복리표: $i=30\%$

	Single payment		Uniform series				Gradient series	
	Compound amount factor	Present worth factor	Compound amount factor	Sinking fund factor	Present worth factor	Capital recovery factor	Uniform series factor	Present worth factor
n	To find F given P $F\mid P\,i,n$	To find P given F $P\mid F\,i,n$	To find F given A $F\mid A\,i,n$	To find A given F $A\mid F\,i,n$	To find P given A $P\mid A\,i,n$	To find A given P $A\mid P\,i,n$	To find A given G $A\mid G\,i,n$	To find P given G $P\mid G\,i,n$
1	1.3000	0.7692	1.0000	1.0000	0.7692	1.3000	0.0000	0.0000
2	1.6900	0.5917	2.3000	0.4348	1.3609	0.7348	0.4348	0.5917
3	2.1970	0.4552	3.9900	0.2506	1.8161	0.5506	0.8271	1.5020
4	2.8561	0.3501	6.1870	0.1616	2.1662	0.4616	1.1783	2.5524
5	3.7129	0.2693	9.0431	0.1106	2.4356	0.4106	1.4903	3.6297
6	4.8268	0.2072	12.7560	0.0784	2.6427	0.3784	1.7654	4.6656
7	6.2749	0.1594	17.5828	0.0569	2.8021	0.3569	2.0063	5.6218
8	8.1573	0.1226	23.8577	0.0419	2.9247	0.3419	2.2156	6.4800
9	10.6045	0.0943	32.0150	0.0312	3.0190	0.3312	2.3963	7.2343
10	13.7858	0.0725	42.6195	0.0.235	3.0915	0.3235	2.5512	7.8872
11	17.9216	0.0558	56.4053	0.0177	3.1473	0.3177	2.6833	8.4452
12	23.2981	0.0429	74.3270	0.0.135	3.1903	0.3135	2.7952	8.9173
13	30.2875	0.0330	97.6250	0.0102	3.2233	0.3102	2.8895	9.3135
14	39.3738	0.0254	127.9125	0.0078	3.2487	0.3078	2.9685	9.6437
15	51.1859	0.0195	167.2863	0.0060	3.2682	0.3060	3.0344	9.9172
16	66.5417	0.0150	218.4722	0.0046	3.2832	0.3046	3.0892	10.1426
17	86.5042	0.0116	285.0139	0.0035	3.2948	0.3035	3.1345	10.3276
18	112.4554	0.0089	371.5180	0.0027	3.3037	0.3027	3.1718	10.4788
19	146.1920	0.0068	483.9734	0.0021	3.3105	0.3021	3.2025	10.6019
20	190.0494	0.0053	630.1655	0.0016	3.3158	0.3016	3.2275	10.7019
21	247.0645	0.0040	820.2151	0.0012	3.3198	0.3012	3.2480	10.7828
22	321.1839	0.0031	1067.2796	0.0009	3.3230	0.3009	3.2846	10.8482
23	417.5391	0.0024	1388.4635	0.0007	3.3254	0.3007	3.2781	10.9009
24	542.8008	0.0018	1806.0026	0.0006	3.3272	0.3006	3.2890	10.9433
25	705.6410	0.0014	2348.8033	0.0004	3.3286	0.3004	3.2979	109773
26	917.3333	0.0011	3054.4443	0.0003	3.3297	0.3003	3.3050	11.0045
27	1192.5333	0.0008	3971.7776	0.0003	3.3305	0.3003	3.3107	11.0263
28	1550.2933	0.0006	5164.3109	0.0002	3.3312	0.3002	3.3153	11.0437
29	2015.3813	0.0005	6714.6042	0.0001	3.3317	0.3001	3.3189	11.0576
30	2619.9956	0.0004	8729.9855	0.0001	3.3321	0.3001	3.3219	11.0687
31	3405.9943	0.0003	11349.9811	0.0001	3.3324	0.3001	3.3242	11.0775
32	4427.7926	0.0002	14755.9755	0.0001	3.3326	0.3001	3.3261	11.0845
33	5756.1304	0.0002	19183.7681	0.0001	3.3328	0.3001	3.3276	11.0901
34	7482.9696	0.0001	24939.8985	0.0000	3.3329	0.3000	3.3288	11.0945
35	9727.8604	0.0001	32422.8681	0.0000	3.3330	0.3000	3.3297	11.0980

주요 참고문헌

[국내문헌]

강근복, 「정책분석론」, 서울 : 대영문화사, 2002.

강신택, 「사회과학연구의 논리」, 서울 : 박영사, 1981.

강인재, 「지방정부 공공지출의 결정요인과 결정과정에 관한 연구」, 서울대학교 대학원 박사학위논문, 1987.

권철신, 조근태, "AHP를 이용한 비메모리 반도체칩 제품군 선정에 관한 연구," 「경영과학」, 제18권 제 1 호(2001), pp. 1-14.

김동건, 「비용・편익분석」, 서울 : 박영사, 2005.

김영섭, "사회개발의 정책수단으로서의 개발지표에 관한 연구," 「환경논총」, 제1호, 서울대 환경대학원 pp. 120-146.

김 인, 「공공서비스배분의 결정요인과 형평성에 관한 연구」, 서울대학교 대학원 박사학위논문, 1986.

김태윤, 김상봉, 「비용편익분석의 이론과 실제」, 서울 : 박영사, 2004.

김태일, "행정학분야의 실증연구에서 측정오차의 문제," 「행정・정책분야의 측정방법론」, 한국정책분석평가학회 하계학술대회(2002. 9. 7), pp. 135-166.

남궁근, 「행정조사방법론」, 서울 : 법문사, 2004.

노화준, 「정책평가론」, 서울 : 법문사, 2015.

_____, 「행정계량분석」, 서울 : 법문사, 1998.

_____, 이달곤, 노시평, 김태일, 「연구기관 종합평가를 위한 평가요소의 개발과 가중치 설정연구」, 과학기술정책관리 연구소, 1996.

오철호, "문제제기: 후기실증주의적 정책분석평가연구의 방향," 「정책분석평가학회보」, 제18권 제 4 호(2008), pp. 1-14.

유종해, "민주사회에 있어서 행정윤리의 기능," 한국행정학회 편 「민주사회의 성숙을 위한 공공행정」, 서울 : 고시원, 1988, pp. 422-449.

이동엽, 안태호, 황용수, "AHP를 이용한 과학기술 부문별 국가연구개발 투자우선순위 선정," 「기술혁신연구」, 제10권 제1호(2002), pp. 83-97.

이성우, 「규제영향분석 방법론의 실용적 체계화」, 서울 : 한국행정연구원, 2003.

_____, 「정책분석론: 이론과 기법」, 서울: 조명문화사, 2008.

이한빈, 「사회변동과 행정」, 서울 : 박영사, 1968.

전상경, 「정책분석의 정치경제」, 서울 : 박영사, 2001.

정광호, "인적 자본과 사회적 자본에 관한 실증분석," 「행적·정책분야의 측정방법론」, 한국정책분석평가학회 하계학술대회(2002. 9. 7), pp. 93-133.

정정길, 「정책학원론」, 서울 : 대왕출판사, 2001.

정홍익, 노화준, 김운태, 「일광절약시간제 실시의 타당성조사」, 서울대학교 행정대학원, 1985. 9.

한국개발연구원, "예비적 타당성 조사 수행을 위한 다기준 분석방안연구," 서울 : KDI, 2001.

허만형, "후기실증주의 정책분석방법론: 이분법적 관점을 넘어 통합적 관점으로의 전환," 「정책분석평가학회보」, 제18권 제4호(2008), pp. 43-68.

허 범, "정책의 본질", 유훈(편저), 「정책학개론」, 서울 : 법문사, 1976.

[외국문헌]

Ackoff, Russel L, *Redesigning the future : A system approach to social problems*, New York : John Wiley, 1974.

_____, *The Art of Problem Solving*, New York : John Wily & Sons. Inc., 1978, p. 13.

_____, and Emery, Fred E., *On Purposeful Systems*, Chicago : Aldine Atherton, Inc., 1972.

Alexander, Ernest R., "Design in the Decision-Making Process," *Policy Sciences*, Vol. 14, No. 3, 1982, pp. 279-292.

American Association of State Highway Officials, *Road User Benefit Analysis for Highway Improvement*, Washington, D. C., 1960.

Apgar, William C. and James H. Brown, *Microeconomics and Public Policy*, Glenview, II. : Scott, Foresman, 1987.

Appleby, Paul H., "Public Administration and Democracy," *in Roscoe C. Martin*(ed.), Public Administration and Democracy, Syracuse, New York : Syracuse University Press, 1965.

Armstrong, J. Scott, *Long-Range Forecasting : From Crystal Ball to Computer*, New York : John Wiley and Sons, Inc., 1985, pp. 81-85.

Ascher, William, *Forecasting : An Appraisal for Policy-Makers and Planners*, Baltimore : The John's Hopkins University, 1978, pp. 6-7.

Ayyub, Bail M, *A Practical Guide on Conducting Expert-Opinion Elicitation of Probabilities and Consequences for Corps Facilities*, 2001, http://www.iwr.usace.army.mil/wr/Pdf/PEEfinal.PDF

Bailey, Stephen K., "Ethics and the Public Service," in Roscoe C. Martin(ed.), *Public Administration and Democracy*, Syracuse, New York : Syracuse University Press,

1965.

Baker, Rober F.(et al.), *Public Policy Development : Linking the Technical and Political Processes*, New York : John Wiley & Sons, Inc., 1975.

Bardach, Eugene, "Problems of Problem Definitions in Policy Analysis," in John P. Crecine(ed.), *Research in Public Analysis and Management*, Greenwich : JAI Press, Inc., 1981.

_____, *A Practical Guide for Policy Analysis*, New York : Seven Bridge Press, 2000.

_____, *The Implementation Game*, Cambridge : MIT Press, 1977.

_____, *The Skill Factor in Politics : Repealing the Mental Commitment Laws in California*, Berkeley : University of California Press, 1972, p. 216.

Bardes, Barbara and Dubnick, Mei, "The Why and How of Policy Analysis", *Society*, Vol. 16, No. 6, 1979, pp. 11-23.

Bauer, Raymond, "Direction and Anticipation of Impact : the Nature of the Task," Raymond Bauer(ed.), *Social Indicators*, Cambridge, Mass. : the M. I. T. Press, 1966, p. 11.

Baumol, W. J., "On the Social Rate of Discount," *American Economic Review*, Vol. LVIII, No. 4, September 1968, pp. 788-802.

Baumol, W. J., "On the Appropriate Discount Rate for the Evaluation of Public Projects,"

Benn, Robert D., "Policy Analysis, Clients, and Social Scientists," *Journal of Policy Analysis and Management*, Vol. 4, No. 3, Spring 1985, pp. 428-432.

Benn, Robert D., and Vaupel James W., *Quick Analysis for Busy Decision Makers*, New York : Basic, Inc., 1982.

Bickner, Robert E., "Pitfalls in the Analysis of Costs," *in Pitfalls of Analysis*, Giandomenico Majone and Edward S. Quade(eds.), New York : Wiley, 1980.

Bingham, Richard D. and Fellinger Claire L., *Evaluation in Practice : A Methodological Approach*, New York : Seven Bridge Press, 2002.

Blalock, Jr., Hurbert M., *Causal Inferences in Nonexperimental Research*, New York : W. W. Norton & Company, Inc., 1964, p. 9.

Bozeman, Barry, *Public Management and Public Analysis*, New York : St. Martin's Press, Inc., 1979.

Braybrooke, David & Lindblom, Charles E., *A Strategy of Decision : Policy Evaluation as a Social Process*, New York : The Free Press, 1963.

Brewer, Garry D. and DeLeon, Peter, *The Foundation of Policy Analysis*, Homewood, Illinois : The Dorsey Press, 1983.

Brock, Bernard L.(et al.) *Public Policy Decision-Making : Systems Analysis and*

Comparative Advantages Debate, New York : Harper & Row Publishers, Inc., 1973.

Buchanan, James M., *The Demand and Supply of Public Goods*, Chicago : Rand and McNally, 1968.

Bunge, Mario, *Causality*, Cambridge : Harvard University Press, 1959, pp. 46-48.

Cameson, Mitchell Robert and Canon, Richard T., *Using Surveys to Value Public Goods : The Contingent Valuation Method*, Washington, D. C. : Resources for the Future, 1989.

Campbell, Donald and Stanley, J., "Experimental and Quasi-Experimental Designs for Research and Teaching," in N. L. Gage(ed.), *Handbook of Research on Teaching*, New York : Rand Mcnally, 1963.

_____ and Converse, P. E. (eds.), *The Human Meaning of Social Change*, New York : Russell Sage Foundation, 1972.

Carley, Michael, *Rational Techniques in Policy Analysis*, London : Heineman Educational Books, 1980.

Champ, Patricia, Kevin J. Boyle and Brown, Thomas C., *A Primer on Nonmarket Valuation*, Boston : Kluwer Academic Publishers, 2003.

Coats, J. F., "The Role of Formal Model in Technology Assessment," *Technological Forecasting and Social Change*, Vol. 9, 1976, pp. 139-190.

Cohen, Michael D., March James G., and Olsen, Johan, "A garbage can model of organizational choice," *ASQ*, Vol. 17, No. 1, March 1972, pp. 1-25.

Coplin, William D., *Teaching Policy Studies*, Lexington, Mass : D. C. Heath and Company, 1978.

Crowe, Thomas and Cheng, Chau-Chun, "Using quality function deployment in manufacturing strategic planning," *International Journal of Operations & Production Management*, Vol. 16, No. 4, 1996, pp. 35-48.

Dahme, J. and Grünow, D., "Implementation persuasiver Programme," in Mayntz, R.(ed.), *Implementation Politischer Programme* Ⅱ : *Ansätze Zur Theoriebildun g*, Oplanden Westdeutscher Verlag, 1983, pp. 117-141.

Daneke, Gregory A., "Ethics on Public-Policy Education," in William N. Dunn(ed.) *Values, Ethics and the Practice of Policy Analysis*, Lexington, Mass : D. C. Heath and Company, 1978.

Daneke, Gregory A. and Steiss A. W., *Performance Administration*, Lexington, Mass. : Lexington Books, 1980.

De Bruijin, Hans A. and Hufen, M., "The Traditional Approach to Policy instruments" in B. Guy Peters and Frans K. M. Van Nispen(eds.), *Public Policy Instruments*,

Northampton, MA : Edward Elgar, 1988, pp. 13-15.

De Neufville, Judith Innes, "Validating Policy Indicators," *Policy Sciences* Vol. 10, No. 2, 1978, pp. 171-188.

_____, *Social Indicators and Public Policy : Interactive Processes of Design and Application*, Amsterdam : Elsevier Scientific Publishing Company, 1975.

De Neufville, R. and Stafford, J. H., *Systems Analysis for Engineers and Managers*, New York : McGraw-Hill Book Company, 1971.

Dery, David, *Problem Definition in Policy Analysis, Lawrence*, Kansas : The University Press of Kansas, 1984.

Dewey, John, *How We Think*, Boston : D. C. Heath & Co., 1910.

Dexter, Lewis Anthony, *Elite and Specialized Interviewing*, Evanston, II : North western University Press, 1970.

Dinkel, John J. and Erikson, Joyce E., "Multiple Objectives in Environmental Protection Programs," *Policy Sciences*, Vol. 9, No. 1(February, 1974).

Dror, Yehezkel, *Design for Policy Sciences*, New York : American Elsevier Publishing Co., Inc., 1971.

_____, *Public Policymaking Reexamined*, San Francisco, Calif. : Chandler Publishing Company, 1968. p. 179.

_____, *Ventures in Policy Sciences*, New York : American Elsevier Publishing Co., Inc., 1971.

Dryzek, John S. and Ripley, Brian, "The Ambitions of Policy Design," *Policy Studies Review*, Vol. 7, No. 4, Summer 1988, pp. 705-719.

Dubinick, Melvin J. and Bardes, Barbara A., *Thinking About Public Policy*, New York : John Wiley & Sons, 1983.

_____ and Bardes, Barbara A., *Thinking About Public Policy : A Problem-Solving Approach*, New York : John Wiley & Sons, Inc., 1983.

Dunn, William N, *Public Policy Analysis : An Introduction, Englewood Cliffs*, N. J. : Prentice Hall, Inc., 1981.

_____(ed.), *Values, Ethics, and the Practice of Policy Analysis*, Lexington, Mass. : D. C. Heath and Company, 1983.

Dye, Thomas R., *Policy Analysis*, Alabama : The University of Alabama Press, 1976.

Edwards III, George C. and Sharkansky, Ira, *The Policy Predicament : Making and Implementing Public Policy*, San Francisco : W. H. Freeman and Company, Inc., 1978.

Ellis, Ralph D., *Just Results : Ethical Foundations for Policy Analysis*, Washington, D. C.

: Georgetown University Press, 1988.

Elmore, Richard F., "Instruments and Strategy in Public Policy," *Policy Studies Review*, Vol. 7, No. 1, 1987, pp. 174-186.

Elmore, Richard F., "Forward and Backward Mapping : Reversible Logic," in Kenneth Hanf and Theo A. J. Toonen(eds.), *Policy Implementation in Federal and Unitary Systems*, Boston : Martinus Nijhoff Publishers, 1985, pp. 33-70.

Elster, John(ed.), *Rational Choice*, Oxford, UK : Basil Blackwell Ltd., 1985.

EPA, *Guidelines for Preparing Economic Analysis*, Washington, D. C. : US EPA, 2000. 9.

Finsterbusch, Kurt and Wolf, C. P.(eds.), *Methodology of Social Impact Assessment*, New York : McGraw-Hill Book Company, 1977.

Formaini, Robert, *The Myths of Scientific Public Policy*, New Brunswick : Transaction Publishers, 1990.

Forrester, Jay W., *Principles of Systems*, Cambridge, Mass. : Wright-Allen Press, Inc., 1968.

Fox, Karl A., *Social Indicator and Social Theory*, New York : John Wiley & Sons, Inc., 1974.

Friedlaender, A. F., *The Interstate Highway System-A Study in Public Investment*, Amsterdam : North-Holland Publishing Company, 1965.

Friedman, Lee S., *Microeconomic Policy Analysis*, New York : McGraw-Hill, 1984.

Gerston, Larry N., *Making Public Policy : From Conflict to Resolution*, Glenview, Illinois : Scott, Foresman and Company, 1983.

Goldman, Alan H., *The Moral Foundation of Professional Ethics*, Totowa, New Jersey : Rouman and Littlefield, 1980.

Goldwin, Robert A.(ed.), *Bureaucrats, Policy Analysts, Statesman : Who Leads?* Washington, D. C. : American Enterprise Institute for Public Policy Research, 1980.

Gordon, Ian, Lewis, Janet and Young, Ken, "Perspectives on Policy Analysis," *Public Administration Bulletin*, Vol. 25, 1977, pp. 26-35.

Gordon, T. J. and Stover, J., "Using Perceptions and Data about The Future to Improve The Simulation of Complex System," *Technological Forecasting and Social Change*, Vol. 9, 1976, pp. 191-211.

Gordon, T. J. and Helmer, R. H., Olaf, *The Use of Cross-Impact Matrices for Forecasting and Planning*, Middletown : Institute for the Future, Report R-10, 1969.

Gordon, T. J., "Cross-Impact Matrices-An Illustration of Their Use for Policy Analysis," *Future*, Vol. 2, 1969, pp. 527-531.

Gonzalez, Marvine E., Quesada, G., Gourdin, K. and Hartley, Mark, "Designing a supply chain management academic curriculum using QFD and benchmarking," *Quality Assurance in Education*, Vol. 16, No. 1, 2008, pp. 36-60.

Gregg, Phillip M.(ed.), *Problems of Theory in Policy Analysis*, Lexington, Mass, : D. C. Heath and Company, 1976.

Grembowski, David, *The Practice of Health Program Evaluation*, Thousand oaks, CA : Sage Publication, Inc., 2001.

Gross, Bertram M., "The State of the Nation : Social Systems Accounting," in R. A. Bauer (ed.), *Social Indicators*, Cambridge Mass. : MIT Press, 1996, pp. 163-165.

Guess, George M. and Farnham, Paul G., *Cases In Public Policy Analysis*(2nd Ed.), Washington, D. C. : Georgetown University Press, 2000.

Gupta, Kavita, *A Practical Guide to Needs Assessment*(2nd ed.), San Francisco : Pfeiffer, 2007.

Hamington, Winston "Valuing The Environment," *Journal of Policy Analysis and Management*, Vol. 7, No. 4, 1988, pp. 722-745.

Hammond, Kenneth R.(ed.), *Judgements and Decision in Public Policy Formulation*, Boulder, Colorado : Westview Press, Inc., 1978.

Harmon, P. and King, D., *Expert Systems : Artificial Intelligence in Business*, New York : John Wiley, 1985.

Hatry, Harry P., Blain, Louis H., Fisk, Donald M, Greiner, John M. and Schoernman, Philip S., *How Effectiveness are your Community Service : Procedures for Monitoring the Effectiveness of Municipal Services*, Washington, D. C. : Urban Institute and International City Managemnt Association, 1977.

Hatry, Harry P., *Performance Measurement : Getting Results*, Washington, D. C. : The Urban Institute, 1999.

Haveman, Robert M., "Policy Analysis and Evaluation Research After Twenty Years," *Policy Studies Journal*, Vol. 16, No. 2, Winter 1987, pp. 191-218.

Heineman, Robert A., Bluhm, William T., Peterson Steven A. and Kearny, Edward N., *The World of Policy Analysis : Rationality, Values and Politics, Chatham*, N. J. : Chatham House, 1999.

Helling, Amy, Matichich, Michael and Sawicki, David, "The No-Action Alternatives : A Tool for Comprehensive Planning and Policy Analysis," *Environmental Impact Assessment Review*, Vol., No. 2,(June 1982), pp. 142-158.

Helmer, O., "Analysis of the Future : The Delphi Method," and "The Delphi Method : An Illustration," in J. Bright(ed.), *Technological Forecasting for Industry and*

Government, Prentice Hall, Englewood Cliffs, NJ, 1968.

Hinrichs, H. H. and Taylor G. M.,(eds.), *Program Budgeting and Benefit Cost Analysis*, Pacific Palisades, Calif. : Goodyear Publishing Company, 1969, pp. 202-212.

Hoaglin, David C.(et al.), *Dada for Decisions : Information Strategies for Policymakers*, New York : University of America, Inc., 1982.

Hofferbert, Richard I., *The Study of Public Policy*, New York : The Bobbs-Merrill Company, Inc., 1974.

Hogwood, Brian, W. and Peters, B. Guy, *Policy Dynamics*, New York : St. Matin's Press, 1983, pp. 161-162.

_____ and Peters, B. Guy, *The Pathology of Public Policy*, Oxford : Clarendon Press, 1985.

_____ and Gunn, Lewis A., *Policy Analysis for the Real World*, New York : Oxford University Press, 1984, pp. 26-29.

Hoos, Ida R., *Systems Analysis in Public Policy : A Critique*, Berkeley : University of California Press, 1972.

House, Peter W., *The Art of Public Policy Analysis*, Beverly Hills : Sage Publications, Inc., 1982.

_____, *Social Statistics*(2nd ed.), New York : McGraw-Hill, 1979, p. 12.

Hy, Ronald John, "An Overview of Policy Analysis Concepts," in W. D. Coplin(ed.), *Teaching Policy Studies*, Lexington, Mass. : D. C. Heath and Company, 1978.

Ingraham, Patrica W., "Toward More Systematic Consideration of Policy Design," *Policy Studies Journal*, Vol. 15, No. 4, June 1987, pp. 611-628.

Isserman, Andrew M., "The Accuracy of Population Projections for Sub-county Areas," *Journal of the American Institute of Planners*, Vol. 43, No. 3(July 1977), pp. 247-259.

Jansson, Bruce S., *Becoming an Effective Policy Advocate*, Pacific Grove, CA : Thompson Learning, 2003.

Jenkins, W. I., *Policy Analysis : A Political and Organizational Perspective*, New York : St. Martin's Press, 1978.

Jenkins-Smith, Hank, "Professional Roles for Policy Analysis : A Critical Assessment," *Journal of Policy Analysis and Management*, Vol.2, No. 1, 1982, pp. 88-100.

Kane, J., "A Primer for A New Cross-Impact Language KSIM," *Technological Forecasting and Social Change*, Vol. 4, 1972, pp. 129-142.

Kaplan, Thomas J., "The Narrative Structure of Policy Analysis," *Journal of Policy Analysis and Management*, Vol. 5, No. 4, Summer 1986, pp. 761-778.

Kash, D., "Observations on Interdisciplinary Studies and Government Roles," *in Adapting Sciences to Social Needs*, Washington, D. C. : American Association for the Advancement of Science, 1977, pp. 147-178.

Kee, James Edwin, "Cost-Effectiveness and Cost-Benefit Analysis," in Joseph S. Wholey, Harry P. Hatry, Kathryn E. Newcomer, *Handbook of Practical Program Evaluation*(2nd ed.), San Francisco : Jossey-Bass, 2004.

Kimball, W., "Errors of the Third Kind in Statistical Consulting," *Journal of the American Statistical Association*, Vol. 52, 1957, pp. 133-142.

Knowlton, Lisa Wyatt and Phillips, Cynthia C., *The Logic Model Guidebook : Better Strategies for Great Results*, Washington D.C. : SAGE, 2013.

Krone, Robert M., *Systems Analysis and Policy Sciences : Theory and Practice*, New York : John Wiley & Sons, Inc., 1971.

Land, Kenneth C., "Theories, Models and Indicators of Social Change," *International Social Science Journal*, Vol. 27, No. 1, 1975, pp. 7-37.

Lasswell Harold D., "Social Setting of Creativity," in Harold H. Anderson(ed.), *Creativity and Its Cultivation*, New York : Harper & Row, 1959, p. 203.

Lasswell Harold D., "The Emerging Conception of the Policy Sciences," *Policy Sciences*, Vol. 1, 1970, pp. 3-14.

_____, *A Preview of Policy Sciences*, New York : American Elsevier Publishing Company, Inc., 1971.

LaValle, Irving H., *Fundamentals of Decision Analysis*, New York : Holt, Rinehart and Winston, 1978.

Lehman, Edward W., "Policy Mix and The Quality of Information," *Society*, Vol. 16, No. 6, 1979, pp. 37-44.

Levin, Henry M. and McEwan, *Cost-Effective Analysis, Thousand Oaks*, Beverly Hills : Sage Publications, Inc., 2001.

Lindblom, Charles E. and Cohen, David K., *Usable Knowledge : Social Science and Social Problem Solving*, New Haven : Yale University Press, 1979.

Linder, Stephen H., and Peters, B. Guy, "The Analysis of Design or The Design of Analysis?" *Policy Studies Review*, Vol. 7, No. 4, Summer 1988, pp. 738-750.

Linstone, Harold A. and Murray, Turoff(ed.), *The Delphi Method : Techniques and Applications*, Reading, Mass : Addison-Wesley Publishing Company, 1975.

Lowi, Theodore J., "Population Policies and the American Political System," in R. L. Clinton, W. S. Flash and R. K. Godwins(eds.), *Political Science in Population Studies*, Lexington, Mass. : Lexington Books, 1972, pp. 25-53.

Lumsdane, Edward and Lumsdane, Monika, *Creative Problem Solving*, New York : McGraw-Hill, 1990, pp. 112-120.

Lynn Jr., Laurence E., *Designing Public Policy : A Casebook on the Role of Policy Analysis*, Santa Monica, California : Goodyear Publishing Company, Inc., 1980.

MacRae Jr., Duncan and Wilde, James A., *Policy Analysis for Public Decisions*, North Scituate, Mass. : Duxbury Press, 1979.

_____, "Democratic Information Systems : Polocy Indicators and Public Statistics," in William N. Dunn(ed.), *Policy Analysis : Perspectives, Concepts, and Methods*, Greenwich : JAI Press, Inc., 1986.

_____, *Policy Indicators*, Chapell Hill, North California : The University of North California Press, 1985.

_____, *The Social Function of Social Science*, New Haven, Conn. : Yale University Press, 1976, Chapter 4.

Majone, Giandomenico, *Evidence : Argument & Persuation in the Policy Process*, New Haven : Yale University Press, 1989.

Marglin, Stephen, "The Social Rate of Discount and the Optimal Rate of Investment," *Quarterly Journal of Economics*, 1963, pp. 95-111, 274-289.

Marini, Frank(ed.), *Toward a New Public Administration : The Minnobrook Perspective*, London : Chandler Publishing Company, Inc., 1971.

McAllister, Donald M., *Evaluation in Environmental Planning : Assessing Environmental, Social, Economic and Political Tradeoffs*, Cambridge, MA : MIT Press, 1980.

McGranahan, Donald V., "Analysis of Socio-Economic Development through a System of Indicators," *The Annals of the American Academy of Political and Social Science : Social Information for Developing Countries*, Philadelphia, January 1971, p. 67.

McKenna, Christopher K., *Quantative Methods for Public Decision Making*, New York : McGraw-Hill Book Company, 1980.

McKenna, Christopher L., *Quantitative Methods for Public Decision Making*, New York : McGraw-Hill Book Company, 1980.

Meehan, Eugene J., "Social Indicatiors and Policy Analysis," in Frank P. Socioli, Jr. and Thomas J. Cook(ed.), *Methodologies for Analyzing Public Policies*, Lexington, Mass. : D. C. Heath and Company, 1975.

Meltsner, Arnold J., *Policy Analysis in Bureaucracy*, Berkeley : University of California Press, 1976, pp. 18-49.

Merton, Robert K., "Epilogue : Social Problems and Sociological Theory," in Merton and

Nisbet(eds.), *Contemporary Social Programs*, New York : Harcourt Brace Jovanovich, 1971.

Miller, David C., "Methods for Estimating Social Futures," *in Methodology of Social Impact Assessment*, Kurt Finsterbusch and C. P. Wolfs(eds.), Stroudsbur:, P. A. Dowden, Hutchinson & Ross, 1977, pp. 202-210.

Miller, Trudi C.(ed.), *Public Sector Performance : A Conceptual Turning Point*, Baltimore, Maryland : Th Johns Hopkins University Press, 1984.

Mintzberg, Henry Raisinghani Durn and Théorêt, André, "The Structure of 'unstructured' Decision Process," *Administrative Science Quartely*, Vol. 21, No. 2, June 1976, pp. 246-276.

Mishan, E. J., "Shadow Pricing," *Cost-Benefit Analysis*, New York : Praeger Publishers, 1976, pp. 81-97.

_____, *Cost-Benefit Analysis*, New York : Praeger Publisher, 1976.

Mitroff, Ian I., Frederick Betz, "Dialectical Decision Theory : A Meta Theory of Decision-Making," Management Science Vol. 19, No. 1, September, 10972, pp. 11-22.

_____ and Kilman, Ralph H., *Methodological Approaches to Social Sciences*, San Francisco : Jossey-Bass, 1978, pp. 116-118.

Mood, Alexander M., *Introduction to Policy Analysis*, New York : Elsevier Publishing Co., Inc., 1983.

Moor, P. G.(et al.), *Case Studies in Decision Analysis*, New York : Penguin Books Ltd., 1976.

Moore, Mark H., *Creating Public Value*, Cambridge : Harvard University Press, 1995.

Munger, Michael C., *Analyzing Policy : Choices, Conflicts and Practice*, New York : W.W. Norton & Company, 2000.

Murphy, Jerome T., *Getting the Facts : A Framework Guide for Evaluators and Policy Analysts*, Santa Monica : Goodyear, 1980.

Nagel, Stuart S., "Ethical Dilemmas in Policy Evaluation," in William N. Dunn(ed.), *Values, Ethics and the Practice of Policy Analysis*, Lexington, Mass : D. C. Heath and Company, 1983.

_____, "Optimum Decision-Making : Ethics in Policy Analysis," *Management Science and Policy Analysis*, Vol. 3, No. 4, Spring 1986, pp. 32-33.

_____, and Neef, Marian, *Policy Analysis in Social Science Research*, New York : University Press of America, Inc., 1985.

_____, *Contemporary Public Policy Analysis*, Alabama : The University of Alabama Press, 1984.

_____, *Public Policy : Goals, Means, and Methods*, New York : St. Martin's Press Inc., 1981.

Norman R., Mainer F. and Sollen, Allen R. "Improving Solutions by Turning Choice Situation into Problems," *Personal Psychology*, Vol. 15, No. 2, Summer 196, pp. 151-157.

OECD(Organisation for Economic Co-operation and Development), *Government capacity to assure high quality regulation*, 2004.

_____, *Recommendation of the Council on improving the quality of government regulation*, March 1995.

Office of Policy, Economics and Innovation, *EPA's Action Development Process-Guidelines for Preparing Analytic Blueprints*, Washington, D. C. : U. S. EPA, 2005.

_____, *Training Book : Regulation Development at EPA*, Washington, D. C. : Regulatory Management Division, Office of Policy, Economics and Innovation, US EPA, 2005.

Okun, Arthur M., *Equality and Efficiency : The Big Trade-off*, Washington, D. C. : Brookings Institute, 1975.

Olson, Jr. Mancur, "Social Indicators and Social Accounts," *Socio-Economic Planning Science*, Vol. 2, No. 2-4, April 1969, p. 346.

Ostrom, Elinor, "The Need for Multiple Indicators in Measuring the Output of Public Agencies," in Frank P. Scioli, Jr. and Thomas J. Cook(eds.), *Methodologies for Analyzing Public Policies*, Lexington, Mass. : D. C. Heath and Company, 1975.

O'Tool, Lawrence J. Jr., "Policy Recommendations for Multi-Actor Implementation : An Assessment of the Field," *Journal of Public Policy*, Vol. 6, No. 2, 1986, pp. 181-210.

Palumbo, Dennis, J.(et al.), *Evaluating and Optimizing Public Policy*, Lexington, Mass. : D. C. Heath and Company, 1981.

Patrick, Dobel J., "Integrity in the Public Service," *Public Administration Review*, Vol. 50, No. 3, 1990, pp. 354-366.

Patton, Carl V. and Sawicki David S., *Basic Methods of Policy Analysis and Planning*, Englewood Cliffs, New Jersey : Prentice-Hall, 1993.

Pawson, Ray, *Evidence-Based Policy—A Realist Perspective*, Thousand Oaks : SAGE Publications, 2006.

Peterson, R. D., "The Anatomy of Cost Effectiveness Analysis," *Evaluation Review*, Vol. 10 (February 1986), pp. 291-344.

Philips, M., Sander, P. and Govers, C., "Policy Formulation by Use of QFD Techniques : A Case

Study," *International Journal of Quality & Relibility Management*, Vol. 11, No. 5, 1993, pp. 46-58.

Porter, Alan L. and Rossini, Frederick A., Carpenter, Stanley R. and Roper, A. T., *A Guidebook for Technology Assessment and Impact Analysis*, New York : Elsevier North Holland Inc., 1980, pp. 155-211.

Portz, John, "Problem Definition and Policy Agenda : Shaping the Educational Agenda in Boston," *Policy Studies Journal*, Vol. 24, No. 3, 1996, pp. 371-386.

Prest A. R. and Turvey, R., "Cost-Benefit Analysis : A Survey," *Economic Journal*, Vol. 75, December 1965, pp. 683-775.

Quade, E. S., "Introduction and Overview," in T. A Goldman(ed.), *Cost-Effectiveness Analysis : New Approach in Decision-making*, New York : Washington Operations Research Council/Praeger, 1967, pp. 1-16.

Quade, E. S., "Principles and Procedures of System Analysis," in E. S. Quade and W. I. Boucher(eds.), *System Analysis and Policy Planning*, New York : American Elsevier Publishing Company, Inc., 1968, p. 37.

Quade, E. S., *Analysis for Public Decisions*, New York : American Elsevier Publishing Company, Inc., 1975.

Quigley, Joseph V., *Vision : How Leaders Develop It, Share It, and Sustain It*, New York : McGraw-Hill, Inc., 1993, pp. 3-6.

Rae, Douglas, *Equalities*, Cambridge, Mass. : Harvard University Press, 1981.

Randers, Jorgen(ed.), *Elements of the System Dynamic Method*, Cambridge, Mass. : The MIT Press, 1980.

Rawls, John, *A Theory of Justice*, Cambridge, Mass : Harvard University Press, 1971.

Rein, Martin, *From Policy to Practice*, New York : M. E. Sharpe, Inc., 1983.

Rivlin, Alice M., *Systematic Thinking for Social Action*, Washington, D. C. : The Brookings Institution, 1971.

Rochebort, D. and Cobb, R., "Problem definition, agenda access, and policy choice," *Policy Studies Journal*, Vol. 21, 1993, pp. 53-73.

_____, *The Politics of Problem definition*, Lawrence, KS. : University of Press of Kansas, 1994, p. 15.

Rodrigo, Delia, *Regulatory Impact Analysis in OECD Countries : Challenges for developing countries*, OECD(Organisation for Economic Co-operation and Development, June 2005.

Saaty, Thomas L. and Vargas, Luis G., Prediction, *Projection and Forecasting*, Boston : Klewer Academic Publishers, 1991.

_____, and Vargas, Luis G., *The Logic of Properties*, RWS Publications, 1991.

_____, and Kelvin P. Kearns, *Analytical Planning*, Pittburgh : RWS Publiction, 1985.

_____, *Decision Making for Leaders : The Analytical Hierarchy Process for Decisions in a Complex World*, University of Pittsburgh, 2008.

_____, *The Analytic Hierarchy Process : Planning, Priority Setting, Resource Allocation*, New York : McGraw-Hill, Inc., 1980.

Said, Kamal E., "A Policy-Selection/Goal-Formulation Model for Public Systems," *Policy Sciences*, Vol. 5, No. 1(March 1974).

Sanderson, Ian, "Evaluation, Policy Learning and Evidence-Based Policy Making," *Public Administration*, Vol. 80, No. 1, 2002, pp. 1-22.

Sassene, Peter G. and Schaffer, William A., *Cost-Benefit Analysis : A Handbook*, New York : Academic Press, Inc., 1978.

Sheldon, E. B. and Freeman, H. E., "Notes on Social Indicators : Promise and Potential," *Policy Sciences*, Vol. 1, April 1970, pp. 97-111.

_____ and Moore W. E.(eds.), *Indicators of Social Change : Concepts and Measurement*, New York : Russel Sage Foundation, 1968.

Shillito, M. Larry, *Advanced QFD-Linking Technology To Market and Company Needs*, New York : John Wiley & Sons, Inc., 1994.

Simon, Herbert A., "Spurious Correlation : A Causal Interpretation," *Journal of the American Statistical Association*, Vol. 49, 1954, pp. 457-479.

_____, "The Structure of Ill-Structured Problems," *Artificial Intelligence*, Vol. 4, 1973, pp. 181-201.

_____, *Administrative Behavior*(Third edition), New York : Free Press, 1976, pp. 263-265.

Spector, M. and Kitsuse, J., *Constructing Social Problems*, New York : Aldine de Gruyter, Inc., 1987.

Steinbruner, John D., *The Cybernetic Theory of Decision : New Dimensions of Political Analysis*, Princeton, New Jersey : Princeton University Press, 1974.

Stiber, Neil A., *Expert Elicitation for Environmental Policy Analysis*, U.S. EPA Economics Forum, 29 March 2005.

Stokey, Edith and Zeckhauser, Richard, *A Primer for Policy Analysis*, New York : W. W. Norton & Company, Inc., 1978.

Stone, D., *Policy Paradox and Political Reason*, Glenview, Ⅱ. : Scott, Foresman and Little, Brown, 1988.

Thompson, Mark S., *Benefit-Cost Analysis for Program Evaluation*, Beverly Hills : Sage Publications, 1980.

Tobey, Deborah, *Needs Assessment Basics*, Alexandria, VA : ASTD Press, 2005.

Toulmin, Llewellyn M. and Wright, Glendal E., "Expenditure Forecasting," in Jack Rabin and Thomas Lynch(eds.), *Handbook on Public Budgeting and Financial Management*, New York : Marcel Dekker, 1983, pp. 208-287.

Tullock, Gordon and Wagner, Richard E.(eds.), *Policy Analysis and Deductive Reasoning*, Lexington, Mass. : D. C. Heath and Company, 1978.

U. S. Department of Health, Education, and Welfare, *Toward a Social Report*, Government Printing Office, Washington, D. C. January 1969.

Ukeles, Jacob B., "Policy Analysis : Myth or Reality?" *Public Administration Review*, Vol. 37, No. 3, 1977, pp. 223-228.

USEPA, *Economic Analysis of the Proposed Revisions to the National Pollutant Discharge Elimination System Regulation and the Effluent Guidelines for Concentrated Animal Feeding Operations*, Washington, D. C. : USEPA, 2001a.

_____, *Environmental and Economic Benefit Analysis of Proposed Revisions the National Pollutant Discharge Elimination System Regulation and the Effuluent Guidelines for Concentrated Animal Feeding Operations*, Washington, D. C. : USEPA, 2001b.

_____, *EPA's Action Development Process : Guidelines for Preparing Analytic Blueprints*, Washington D. C. : USEPA, 2004.

Van Gigch, John P., *Applied General Systems Theory*, New York : Harper & Row Publishers, 1974.

Walker, Warren E., "Public Policy Analysis : A Partnership between Analysis and Policy Makers," *Rand Paper Series*, P-6074, Santa Monica, 1978.

Weale, Albert, *Political Theory and Social Policy*, London : The Macmillun Press, Ltd., 1983.

Weimer, David L. and Vining, Aidan R., *Policy Analysis : Concepts and Practice*, Upper Saddle River, New Jersey, 2005.

_____, *Policy Analysis*, Upper Saddle River, New Jersey : Prentice-Hall, 1999.

_____, "The Current State of Design Craft : Borrowing, tinkering, and Problem Solving," *Public Administration Review*, Vol. 53, No. 2, March/April 1993.

Weiss, Carol H.(ed.), *Using Social Research in Public Policy Making*, Lexington, Mass : D. C. Heath and Company, 1978.

Wheelwright, Steven C. and Makridakis, Spyros, *Forecasting Methods for Management*(3rd ed.), New York : John Wiley & Sons, Inc., 1980.

White, John A., *Principles of Engineering Economic Analysis*, New York : John Wiley &

Sons, Inc., 1977.

Wholey, Joseph S., Hatry, Harry P. and newcomer, Kathryn E.,(eds.) *Handbook of Practical Program Evaluation*, San Francisco : Jossey-Bass, Inc., 1994.

Wildavsky, Aaron, *Speaking Truth to Power : The Art and Craft of Policy Analysis*, Boston : Little, Brown and Company, Inc., 1979.

Williams, A., "Cost-Benefit Analysis : bastard science? and/or insidious poison in the body politick? in J. N. Wolfe(ed.), *Cost Benefit and Cost Effectiveness : Studies and Analysis*, London : George Allen & Unwin, 1973.

Witkin, Belle Ruth and Altschuld, James W., *Planning and Conducting Needs Assessments— A Practical Guide*, Thousand Oaks : SAGE Publications, 1995.

_____, *From Needs to Action—Transforming Needs Into Solution Strategies*, Thousand Oaks : SAGE Publications, 2000.

Wolf, Jr., Charless, "Ethics and Policy Analysis," in Felishman, Liebman and Moore(eds.), *Public Duties : The Moral Obligations of Government Officials*, Cambridge, MA : Harvard University Press, 1981.

_____, "Policy Analysis and Public Management," *Journal of Policy Analysis and Management*, Vol. 1, No. 4, 1982, pp. 546-551.

Young, K., "Values in Policy Process," *Policy and Politics*, Vol. 5, pp. 1-2.

Zeleny, Milan, *Multiple Criteria Decision*, New York : McGraw-Hill, 1982.

국문색인

영문색인

저자약력

미국 Syracuse대학교 Maxwell School 졸업(행정학석사 및 행정학박사)
서울대학교 행정대학원 졸업(행정학석사)
서울대학교 공과대학 졸업(공학사)
미국 M.I.T. Fellow
미국 University of California(Berkeley) Visiting Scholar
미국 Stanford대학교 Hoover 연구원 Visiting Scholar
미국 연방정부(EPA) Visiting Scholar
행정고시위원·외무고시위원
중앙공무원교육원 겸임교수
한국정책분석평가학회 회장
한국정책학회 회장
서울대학교 행정대학원 교수
서울대학교 행정대학원 원장
행정정보공유추진위원회 위원장
현 서울대학교 행정대학원 명예교수
    영남대학교 박정희정책새마을대학원 석좌교수

저 서

정책학개론(공저, 법문사, 1976)
조직관리론(공저, 법문사, 1978)
정책학―과정과 분석―(공저, 법문사, 1982)
정책평가론(법문사, 제5전정판, 2015)
행정계량분석(법문사, 1985)
계량분석개론(법문사, 1986)
Korean Public Bureaucracy (Coedited)(Kyobo Publishing, Inc., 1982)
세계화와 국가경쟁력(나남출판사, 1994)
정책학원론(박영사, 제3전정판, 2012)
환경부문 규제영향분석 방법 및 사례연구(한국행정연구원, 2005)

제5 전정판

기획과 결정을 위한 **정책분석론**

초판발행	1989년 2월 28일
전정판발행	1999년 6월 30일
제2 전정판발행	2003년 9월 15일
제3 전정판발행	2006년 9월 25일
제4 전정판발행	2010년 2월 28일
제5 전정판인쇄	2017년 1월 23일
제5 전정판발행	2017년 2월 3일

지은이	노화준
펴낸이	안종만

편 집	전은정
기획/마케팅	손준호
표지디자인	권효진
제 작	우인도 · 고철민

펴낸곳	(주) **박영사**
	서울특별시 종로구 새문안로 3길 36, 1601
	등록 1959. 3. 11. 제300-1959-1호(倫)
전 화	02)733-6771
f a x	02)736-4818
e-mail	pys@pybook.co.kr
homepage	www.pybook.co.kr
ISBN	979-11-303-0401-4 93350

copyright©노화준, 2017, Printed in Korea

정 가   29,000원